“普天之下，莫非王土；率土之滨，莫非王臣。”皇帝是权力最大的人，皇帝是最荣华富贵的人，皇帝是最八面威风的人，但皇帝不一定就是最幸福的人。

这是一部撩开皇帝神秘面纱的书，也是一部揭示历史真相的书。

正说中国帝王

Zheng shuo Zhong guo di wang

刘登阁　周云芳 ⊙编著

中国社会出版社

前言

在古代，帝王是国家的最高统治者，拥有法律制定权、行政决策权和军事指挥权等，权力至高无上，惟我独尊。从轩辕黄帝到辛亥革命一声吼，推翻帝制，将“帝王”、“皇帝”扫入历史垃圾堆，前后约5000年，中国共出了300多位帝王。

其间到了秦始皇建立中国第一个中央集权制的封建王朝以后，感到称王称君已不过瘾，于是最先确定，也最先使用“皇帝”这个名称，取德兼三皇、功盖五帝之意。在古代，皇帝代表着至高无上、九五至尊，代表着权力的巅峰和人生事业的顶峰，当然也包括享乐的巅峰和享受的极致。皇帝是政教合一的领袖。皇帝被蒙上了一层神秘的面纱和神化的外衣，他们是“天”之子，他们的皇位是“君权神授”的，是代表上天统治人间芸芸众生、凡夫俗子的。“普天之下，莫非王土；率土之滨，莫非王臣。”人间的一切都归于他们，属于他们。如果他们愿意，他们能够享受到世界上一切最好、最美的东西。他们有许多只有他们才能够使用、拥有的东西。他们说的话是“金口玉言”，就连他们的长相都与众不同，相传：尧眉八采，虞舜重瞳，黄帝龙须，伏羲马口，刘备双臂过膝，萧衍两胯骈骨顶端高高隆起，身上不时发出神异的光彩，杨坚遍体龙鳞……总之是帝王自有异相，不然怎么能君临天下呢？

实际上从历史上看，大凡专制皇朝，开国的第一、二代皇帝大都还过得去，到了第三代、第四代，往往开始变坏。“生于深宫之中，长于妇人之手”，过着锦衣玉食的小皇帝生活，无人监督，脱离实际，不知也不关心民间疾苦，不知创业艰难，更不知守业艰难，不变坏也很难。

既然当皇帝能有这么多好处，无怪乎“江山

如此多娇，引无数英雄竞折腰”了，为了皇位，究竟上演了多少子弑父、臣弑君、兄弟阋于墙、互相斫杀的骇人听闻的悲剧，恐怕很难准确地统计了。在封建专制的淫威下，善良的人们只知对皇帝顶礼膜拜，把宫廷看得无比神圣。殊不知，宫廷绝不是圣洁的殿堂，皇帝也不是天之骄子。宫廷里充满了污垢、阴谋和血腥。所谓君臣大义、人伦大防等等，只不过是防范百姓的樊篱、禁锢异端的锁链罢了。

即使到了今天，帝制已被推翻近一个世纪，但许多人仍有着浓厚的“皇帝情结”，他们对“皇帝”情有独钟、念念不忘，使得皇帝们得以借尸还魂，整日在银幕荧屏上搔首弄姿、大出风头，于是人们从中知道了一些历史教科书上所从来不记载的宫闱秘事，如秦始皇与荆柯的三角恋爱，唐玄宗与杨玉环的千古一爱，武则天原来是位最早争取男女平等妇女解放的伟大先驱，雍正爷是位反腐败的斗士，他的儿子乾隆皇帝则一会儿是武功卓绝的“四爷”，一会儿又成了和善仁慈的皇阿玛……不仅如此，既然皇帝代表着最高、最优、最好、最美，那么移之自己的产品、商品，不就可以说明自己产品、商品的品质了吗？因此，“皇帝”这个头衔深受商家的宠爱、厚爱，商家动不动就宣称自己的产品是业界的“帝王”，于是“霸王”、“画王”之类的广告满街飞，“宫廷秘方”、“御用”之类的宣传甚嚣尘上。

当然，今天人们再谈起皇帝早已没有生活在封建王朝那时候那么多的禁忌、讲究、忌讳，乃至神圣、虔诚了，不管怎么说，人们早已剥去蒙在皇帝身上的“神化”外衣，更多地从“人”的角度来看一看以前人们只能“仰视”的皇帝，满足一下自己的好奇心。

古代绝大多数人是没有机会做皇帝的，对于现代人来说这更是一种奢望，所以人们往往对皇帝充满着无数的艳羡和无穷的想象，而对于那些“亲自”做过皇帝的人来说，做皇帝却又是甘苦自知，不足为外人道的。就拿死来说，对一般人，寿终正寝算不得什么奢望；但一个皇帝要想做到这一点，就很难了。考之历史，在这300 多个皇帝中，不得好死的皇帝就达70多位。

比如被杀死或被逼自杀的皇帝就有：秦二世胡亥，秦王子婴；西晋的愍帝司马邺；东晋孝武帝司马曜（因戏言要废黜张贵人，被张贵人派侍女用被子闷死），他的儿子司马德宗（被刘裕派人勒死），司马德宗的弟弟司马德文（被刘裕派人捂死）；南朝宋文帝刘义隆、前废帝刘子业、后废帝刘昱，齐萧昭业、萧昭文、萧宝卷，梁武帝萧衍（被饿死），萧纲，萧绎；北魏的太武帝拓跋焘，孝明帝元诩，孝庄帝元子攸（被缢死），闵帝元恭、安定王元朗；北齐的高殷，后主高纬，幼主高恒；西魏的恭帝元廓；北周的宇文觉；隋朝的文帝杨坚（被儿子杨广杀死），杨广（被宇文化及杀死）；唐敬宗李湛、他的弟弟唐文宗李昂（都是被宦官杀死的），唐昭宗李晔（被朱全忠杀死）；后梁的三个皇帝朱全忠、朱友珪、朱友贞都是被杀；后唐的李存勖、李从厚被杀，李从珂自焚而死；后汉的刘承祐；辽穆宗耶律璟；金朝的完颜亶、完颜亮、完颜承麟被杀，完颜守绪自缢而死；西夏的元昊被儿子杀死，末主降蒙被杀；元英宗；明思宗也就是崇祯帝系自杀。

被毒死的有：西汉的平帝刘衎（被王莽毒死）；东汉质帝刘缵（被梁冀毒死）；西晋的惠帝司马衷（被东海王司马越毒死），晋怀帝司马炽（被刘聪毒死）；北魏的献文帝拓跋弘（被冯太后毒死）、元修（被宇文泰毒死）；东魏的元善见（被高洋毒死）；西魏的废帝元钦（被宇文泰毒死）；北周的宇文毓（被宇文护毒死），唐哀帝（被朱全忠毒死）；元明宗（被文宗毒死）。

直接因纵欲过度而死的有：汉成帝（宠幸赵飞燕和她的妹妹赵合德，荒淫过度而死）；北齐的高洋（因酒色过度，不能进食而亡）。间接因纵欲而死的就无法统计了。

因服丹药中毒而死的有：东晋哀帝司马丕；唐太宗李世民，唐宪宗李纯（或说被宦官杀死），唐穆宗李恒，唐武宗李炎，唐宣宗李忱；明世宗朱厚熜。死得不明不白的有明惠帝朱允炆，明代宗朱祁钰，明光宗朱常洛；清雍正。

而从人的角度来看这些皇帝们，可知这些皇帝的性情、脾气、性格、才华、手腕也是形形色色、丰富多彩的，有明君、暴君、昏君、庸君……他们的兴趣、爱好更是五花八门、光怪陆离，有喜欢做和尚的皇帝，有喜欢当木匠的皇帝，有喜欢吟诗作赋的皇帝，有喜欢书法绘画的皇帝，有喜欢微服私访的皇帝，当然也有以杀人、折磨人为乐的皇帝……相信他们之中许多人如果不是皇帝的话，可能会是一个很不错的艺术家、文学家，可惜“皇帝”这个名号“毁”了或“误”了他们的一世英名。

他们之中有可恨、可耻之人，也有可爱、可怜之人。

目录

一、人文始祖轩辕黄帝 / 1

二、爱江山更爱美人的商纣王 / 17

三、一笑失天下的周幽王 / 31

四、千古一帝秦始皇 / 39

五、出身草莽开创大汉基业的汉高祖刘邦 / 55

六、“文景之治”的奠基者汉文帝 / 75

七、一代霸主汉武帝 / 91

八、篡汉自立的“伪君子”新朝皇帝王莽 / 113

九、以柔克刚成大业的光武大帝 / 133

十、喜欢做和尚的皇帝萧衍 / 169

十一、迷恋亡国之音的陈后主 / 191

十二、“气管炎”皇帝杨坚 / 201

十三、盛世的开创者唐太宗 / 221

十四、中国历史上唯一的女皇武则天 / 249

十五、英雄气短儿女情长的唐玄宗 / 271

十六、变色龙皇帝朱温 / 289

目录

十七、先智后昏的后唐庄宗李存勖 / 305

十八、一哭得帝位的后唐末帝李从珂 / 323

十九、亡国后成一代词宗的南唐后主李煜 / 339

二十、从流浪汉到开国皇帝的宋太祖 / 353

二十一、从风流天子到亡国奴的宋徽宗 / 383

二十二、不能不说的皇帝元世祖忽必烈 / 411

二十三、从和尚到皇帝的明太祖朱元璋 / 425

二十四、永乐大帝明成祖朱棣 / 447

二十五、当过俘虏又复辟的皇帝明英宗 / 465

二十六、游龙戏凤的正德皇帝 / 483

二十七、不似亡国之君的亡国之君崇祯皇帝 / 505

二十八、光照日月的康熙大帝 / 523

二十九、铁面威猛的皇帝雍正 / 545

三十、最后一位盛世明君乾隆皇帝 / 567

三十一、傀儡皇帝光绪 / 595

一、人文始祖轩辕黄帝

黄帝是传说中上古帝王轩辕氏的称号，相传他有 25 个儿子，分别得 12 个姓，后来的唐、虞、夏、商、周、秦都是这 12 姓的后代。不仅中原的汉族这样说，北方的匈奴、西边的羌族、南方的苗、戎、狄、毛等少数民族，也都自称是炎黄的子孙。所以，黄帝被视为中华民族的共同祖先。他带领中华民族从野蛮走向文明，开启了中华民族灿烂文化的先河，被奉为人文始祖。

在中国的历史纪年中，中华民族五千年文明史只能从距今 4000 年前的夏朝算起，而夏以前的“三皇五帝时代”因无地下文物考古资料，所以只能凭借传说。在这些传说中，尤以黄帝的传说最多，也最引人关注。后来经过文人、学者的记录和加工，散见于先秦的一些文献中。直到西汉司马迁写那部伟大著作——《史记》的时候，才对这些文献进行了整理，使今天的我们可以比较清楚地知道我们祖先的事迹。

据史学家研究，黄帝时代是“龙战于野”的时代，黄帝战蚩尤于涿鹿之野，在今河北省北部桑干河流域，黄帝族“迁徙往来无常处”，黄帝率兵与炎帝作战的“熊、罴、貔、貅、貙、虎”，一般认为是黄帝部族内以野兽为图腾的诸部落的名称，故有黄帝“号曰有熊氏”、“黄帝为有熊”（《史记 · 五帝本纪》）等记载。这些记载，都颇具北方游牧和狩猎民族色彩。

然而，这些传说多年来一直缺乏考古实证。近年来，随着辽河流域红山文化考古的不断深入，考古工作者先后发现了 20 余件形似熊龙的玉玦，这种玉雕熊龙是红山文化玉器中最多的一类，也是红山文化玉器中四大主要类型（即马蹄形玉箍、勾云形玉佩、方圆形玉璧及以玉雕龙为主的动物形玉）中最具形象的一种。

这类玉雕熊龙除在辽宁省牛河梁及附近建平县出土较多以外，在内蒙古自治区赤峰市敖汉旗和巴林右旗、巴林左旗以及河北省的围场县都有出土，其分布面覆盖了红山文化分布区的大部分。可见，玉雕熊龙在红山文化玉器中的地位非同寻常。

据考古专家研究，红山文化及其所在的辽西地区，是中国东北文化区的一部分，又是东北文化区与中原文化区交会的前沿地带。东北文化区的经济生活以渔猎为主，熊崇拜本是渔猎民族所特有的习俗。红山文化以熊为主要崇拜对象，正反映了东北渔猎文化的地域特性。而这种熊崇拜恰好与古史记载中“黄帝为有熊”的传说相吻合。

红山文化玉雕熊龙的确认和以熊龙为图腾的提出，为古史中有关黄帝传说的记载和考证提供了一个重要实证，或许是解开长期以来扑朔迷离的黄帝乃至五帝传说的一把钥匙。因此，根据这些年的考古发现，人们相信黄帝可能实有其人，是原始社会末期父系氏族时代中原地区的一位部落联盟首领。他通过战争，使中原各部落实现了联合，并做了许多好事，因而在古人的口传历史中占有重要的位置。

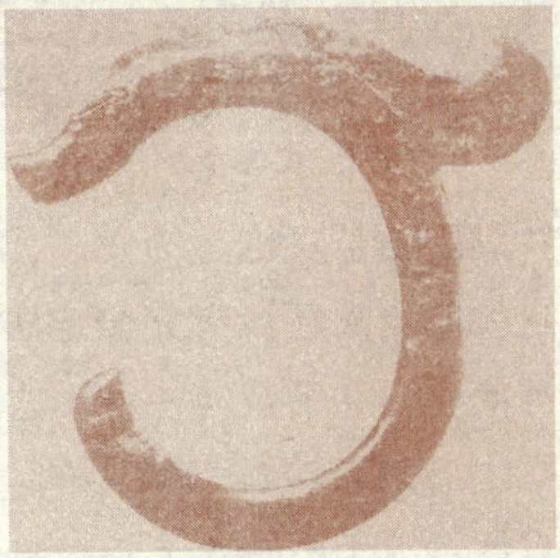
红山文化玉龙

黄帝为什么叫“黄”帝呢？古书里是这样解释的：《淮南子》中说：“中央土也，其帝黄帝，其佐（帮助）后土（管土的神），执绳（法）而制四方。”这就是说，因为黄帝是管理四方的中央的首领，他专管土地，而土是黄色的，故名“黄帝”。还有一种说法，黄帝，古书也写作“皇帝”，它的意思是“皇天上帝”，“皇”是“帝”的形容词，形容“帝”的光辉伟大。

据史籍记载，他姓公孙，因长于姬水，又姓姬，号有熊氏，是少典之子。公元前4856年，在今河南省新郑市区北关的轩辕丘有个龙图腾部落，部落首领叫少典氏。少典氏有两位夫人：一是任姒（女登），二是附宝。她们是姐妹，都是有蟜氏之女。

有一天，附宝看见一道大电光闪耀着缠绕北斗星，把整个宇宙照得通明透亮，顿时腹中有感而怀孕。在孕育了二十五个月之后，她在青丘（轩辕之丘）生下了黄帝，因此取名轩辕。对于黄帝为什么又名轩辕氏还有另一种解释：黄帝曾发明一种车战法，打仗的时候，将士都站在战车上；停战休息时，

黄帝像

将战车连接起来，围成一圈，指挥员在中间，只留一个空当作为出入的门，起到了保护指挥员的作用。古人把带有布幕的战车叫“轩”，把两辆战车中间的空当叫做“辕”，因为黄帝是这种车战法的发明者，所以后人便把黄帝叫做轩辕氏。

黄帝生活的时代还是部落、氏族聚居时期，阶级和国家还没有产生。黄帝部落聚居的地方，历史记载各有不同。有的说，黄帝族发祥于今陕北地方，后来沿北洛水向东南迁徙，渡过黄河，又向东北发展，终于定居在今河北涿鹿附近的山弯弯里，史书上叫做“涿鹿之野”。也有的说，他的部落居住在今河南新郑一带，名曰“轩辕之丘”。这说明当时还没有完全定居，部落经常迁徙，黄帝部落大体活动在今天陕西、河南、河北沿黄河一线。这时黄帝部落已逐步由游牧转为从事农业。

后来黄帝族后裔中的一支进入今山西南部，创造了夏文化，遂称夏族。夏族进入中原建立了中国第一个王朝夏代。

与黄帝同时的还有炎帝族和以蚩尤为首的九黎族，以及江淮流域以三苗等为首的苗族。炎帝族也发祥于陕北，后来沿渭水、黄河东下，到达今山东地区，大约是最早从事农业的民族。传说炎帝牛头人身，大概以牛为图腾。九黎族活动于山东至安徽中部地区，史称“东夷”。

大致来说，北方西部是黄帝族活动地区，中部是炎帝族活动地区，东部是东夷族活动地区，南方则是苗族活动地区。

也有人认为，公元前4500年，甘肃秦安大地湾一带的裔民少典氏、有硚氏等氏族，由于西部山地洪水泛滥，大地湾变为大湖的原因，离开了大地湾—老官台地区，而向南迁徙到秦岭常羊山（常阳山），重新建立了观天祭祀中心，并在这一地区繁衍了炎帝氏族和黄帝氏族，创造了继大地湾文化之后的仰韶文化。

炎帝和黄帝是同父异母兄弟，黄帝是少典与附宝所生，炎帝是少典与任姒所生。这个龙图腾的国家，是华族伏羲帝和女娲帝的直系家族，其国为有熊国，但从秦汉以后，再没有人知道“熊”字的真正含义了。上古的“熊”

炎帝像

字是“上今下酉”,为“帝王”的意思。有熊，是族中有帝王的意思。后来孔丘写《春秋》篡改了,《帝王世系》也不传，加之秦王诅咒楚怀王熊槐为“熊相”,楚语“槐”音与“熊”相近似，秦朝建立后，秦始皇焚书坑儒，李斯统一文字为小篆,故意不造“上今下酉”字，改“上今下酉”为熊字，从此便成了动物的“熊”字了。

当时，各部族之间战争不断，骚扰不已。黄帝用自己的聪明才智，组织和训练部落里的人习武备战，保卫自己的家园。他办事公道，主持正义，周围的部落对他又敬又怕，纷纷前来向他归降，于是结成了一个很大的部落联盟，他成了这个部落联盟的领袖。

那时南方的蚩尤族生性残暴好战，有81个兄弟，一个个铜头铁额，用石头、铁块当饭吃，且部众勇猛剽悍，擅长角牴。蚩尤部族在庐山脚下发现了铜矿，并把这些铜制成了剑、矛、戟、盾等兵器，武器精良坚利，因此，常常凭借自己的强大力量，进攻别的部落，烧杀抢掠，使得人们不能安定生活。他们进入华北地区后，与炎帝部族发生了正面冲突，夺取了炎帝族共工部落的土地，共工便决河放水以阻扼他们。洪水危害了九黎的利益，他们起而与共工大战于今太行山东麓。共工战败，土地被九黎占有。共工“怒而触不周之山”，致使“天柱折，地维绝”，天向西北倾斜，日月星辰都向西落去；地向东南塌陷，江河都向东南奔

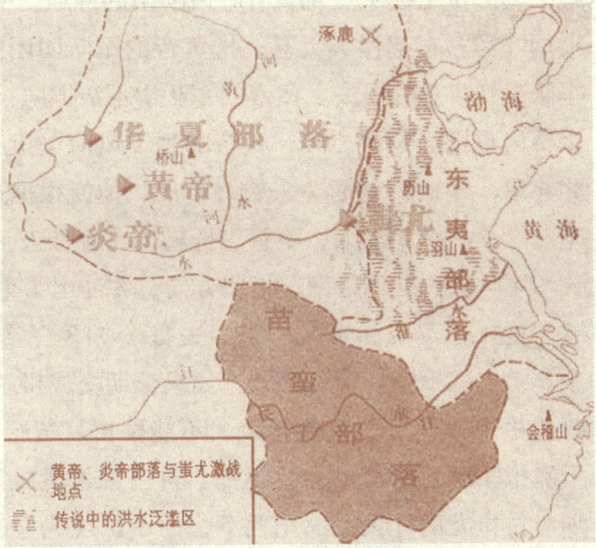

黄炎部落地图

流。这当然是神话，但足可以看出战斗的激烈。

紧接着蚩尤联合巨人夸父部族和三苗一部，用武力击败了炎帝族，并进而占据了炎帝族居住的“九隅”，即“九州”，把炎帝部落赶到了黄帝控制的河北省涿鹿地区。蚩尤联合了风伯、雨师和夸父部族的人乘胜追击，气势汹汹地跟踪到了涿鹿。炎帝族遂向黄帝族求援。黄帝生性爱民，不想战伐，一直劝蚩尤休战。可是蚩尤不听劝告，屡犯边界，黄帝不得已，叹息道：“我若失去天下，蚩尤掌管了天下，我的臣民就要受苦了。我若姑息蚩尤，那就是养虎为患。现在他不行仁义，一味侵犯，我只有惩罚不义！”于是黄帝亲自带兵出征，在涿鹿与蚩尤对阵，双方展开了一场恶战。涿鹿之战是我国古代传说中的一次相当激烈的战争。

当时蚩尤族集结了所属的81个支族，在力量上占据一定的优势，双方一接触，蚩尤族便倚仗人多势众、武器优良等条件，主动向黄帝族发起攻击。

黄帝先派大将应龙出战。应龙能从口中喷水，一上阵，就飞上天空，居高临下地向蚩尤阵中喷水。刹那间，大水汹涌，波涛直向蚩尤部族冲去。蚩尤忙命风伯、雨师上阵。风伯和雨师，一个刮起满天狂风，一个把应龙喷的水收集起来，反过来两人又施出神威，把狂风暴雨向黄帝阵中打去。应龙只会喷水，不会收水，结果，黄帝大败而归。

不久，黄帝重整军队，再次与蚩尤对阵。黄帝一马当先，领兵冲入蚩尤阵中。但蚩尤善于变化，有呼风唤雨的神通。他请来了风伯、雨师施展法术，喷烟吐雾，布起漫天大雾，把黄帝的军队团团围住，然后左右击破，使黄帝军队遭到惨重的损失。黄帝的军队辨不清方向，看不清敌人，被围困在烟雾中，杀不出重围。危急之际，黄帝的手下风后灵机一动，猛然抬头看到了天上的北斗星，斗柄转动而斗头始终不动，他便根据这个原理发明了指南车。他在车前立了一个小仙人，不管怎样转动，小仙人一只伸出的手臂总是指向南方。黄帝军队依靠这辆指南车指明方向，才冲出了重重大雾。

这样，黄帝和蚩尤一来二去打了71仗，结果是黄帝胜少败多，黄帝心中非常焦虑不安。黄帝深知，如果长期交战拼杀，自己确实不是蚩尤的对手，要想尽快战胜蚩尤只能智取，不能硬拼。黄帝一时找不到击垮蚩尤的办法，干脆把军队暂时交给力牧指挥，自己带着风后等一大群谋士上泰山开会，筹划对付蚩尤的计策。夕阳西下，山中出现大雾，开了一整天会议的黄帝在松径散步，只见一位人面燕形的妇女腾云驾雾来到黄帝面前。黄帝见有神人来助，赶快叩首再拜，只听那妇人说：“我乃九天玄女，你有什么难处，请尽管说。”黄帝回道：“我替天行道，欲为民除掉残暴的蚩尤，可是九战不胜，欲求上天赐我百战百胜的良策。”于是，九天玄女就一五一十地把种种神奇奥妙的兵法传授给他。

蚩尤像

也有的说，这一天，黄帝苦苦思索打败蚩尤的方法，不知不觉昏然睡去，梦见九天玄女交给他一部兵书，说：“带回去把兵符熟记在心，战必克敌！”说罢，飘然而去。黄帝醒后，发现手中果真有一本《阳符经》。打开一看，只见上面画着几个象形文字“天一在前，太乙在后”。

总之，黄帝得到九天玄女的兵法后，顿然悟解，于是设九阵，置八门，阵内布置三奇六仪，制阴阳二遁，演习变化，成为一千八百阵，名叫“天一遁甲”阵。黄帝演习熟练，重新率兵与蚩尤在阪泉决战。

阪泉，在今河北省涿鹿县矾山镇黄帝城，涿鹿山东南方向的山下。这里地势空旷，有一自流泉，水自平地涌出，积聚成池，北有一出水口，潺潺流向千年形成的天然小河道，水色清澈，泉涌如注。冬不结冰，夏不生腐，久旱而不竭，常年水温保持在 12.3 ~ 13.4℃之间。

随后，黄帝又得到一柄以昆吾山赤铜铸造的青锋宝剑，为了振奋军威，他还要用夔的皮来蒙成一面惊心动魄的战鼓。他打听到东海中有一座流波山，山上住着一头怪兽，叫“夔”。夔的形貌似牛，体色苍灰，独腿，头上无角。它的目光如日月辉映，声音似雷霆轰鸣，每当它出入海水，必定伴随着大雨大风。

黄帝派人把夔捉来，把它的皮剥下来做鼓面，制成了一面战鼓，声音震天响。好鼓要用好槌来配，黄帝又在雷泽中的雷神身上打主意。雷神长着人的头，龙的身子，常在雷泽里面快活地拍打自己的大肚子玩耍。他每拍一下肚子，便放出一个响雷。从前华胥氏在雷泽边踩着了巨大的足迹，感应而怀孕，生下据说是女娲之兄的东方木德之帝伏羲，那个足迹就是雷神留下的。这下雷神遭难了，黄帝组织一支扫雷队连夜奔袭雷泽，把雷神不由分说地抓来杀了，抽出两根大腿骨做成鼓槌。

传说这夔牛鼓一敲，能震响500里，连敲几下，能连震3800里。黄帝又用牛皮做了80面鼓，使得军威大振。玄女兵法、昆吾剑、夔皮鼓三者齐备，歼灭蚩尤也就指日可待了。

黄帝返回军营，吩咐力牧率偏师牵制蚩尤，自己则依照玄女兵法重新训练部队，等将士们把各套阵势都演练精熟了，就部署十八路人马和近卫军，摆下十面埋伏之阵。黄帝腰佩昆吾剑站在阵中央的山坡顶端，身后，打鼓佬铁胳膊手持雷神鼓槌，肃立于夔皮鼓侧。

为了彻底打败蚩尤，黄帝特意召来女儿女魃助战。女魃是个旱神，专会收云息雨，平时住在遥远的昆仑山上。

先前黄帝上泰山开会，力牧代掌兵权与蚩尤作战，败多赢少，部下兵卒所剩无几，正彷徨无策，黄帝信使传书而至。力牧大喜，遵照密旨领残部挑战蚩尤，故意一触即溃，引着蚩尤大军向十面埋伏之阵逶迤行来。

黄帝在山坡上，看见蚩尤的军队悉数进入包围圈，即命令擂鼓。铁胳膊奋臂猛击，雷神鼓槌、夔皮鼓果然不同凡响，三通鼓罢，三苗之民面无人色；六通鼓罢，魑魅魍魉魂飞魄散；九通鼓结束，蚩尤兄弟手颤足麻，无法跳跃飞腾。黄帝的将士们在鼓声的激励下士气大振，冲锋陷阵，争先杀敌；黄帝把昆吾剑使得车轮儿似飞旋，青色剑锋喷射出赤色光焰，削落蚩尤兄弟的铁额铜头，

迎战蚩尤

轻巧得如同切菜砍瓜；应龙展开一对金色翅膀翱翔空中，张牙舞爪，嘎嘎怪叫，很快地上就堆满了魑魅魍魉、三苗之民破碎的尸首。

奇异的夔皮鼓声削弱了蚩尤军队的战斗力，激烈的搏斗很快就演变成残酷的杀戮。蚩尤看见自己要败，便和他的81个兄弟施起神威，凶悍勇猛地杀上前来。两军杀在一起，直杀得山摇地动。

黄帝见蚩尤确实不好对付，就令应龙喷水。应龙张开巨口，江河般的水流从上至下喷射而出，蚩尤没有防备，被冲了个人仰马翻。蚩尤急令风伯、雨师掀起狂风暴雨向黄帝阵中打去，只见天上雷电交加，浓雾迷漫，地上洪水暴涨，波浪滔天，情况十分紧急。这时，女魃上阵了，她施起神威，霎时间从她身上放射出滚滚的热浪，她走到哪里，哪里就风停雨消，烈日当空。风伯和雨师无计可施，慌忙败走了。

傍晚时分，蚩尤全军覆没，孤身浴血奋战，突围南出，恰遇应龙拦截。蚩尤奋力一跃，猛地一头撞去，只听得一声响亮，那应龙跌落尘埃。跌落尘埃的应龙负了重伤，再也无力振翅高飞，回归天堂，它悄然来到南方，蛰居在山泽里。龙属水性，所居之地，云气水分自然汇聚而来，这就是南方多雨的缘故。许多年后，应龙复出，助禹探水脉，开江河，成为治水功臣之一。

再说蚩尤，蚩尤的头像铜铸般坚硬，且能在空中飞行，在悬崖峭壁上如走平地，黄帝怎么也捉不住他。追到冀州中部时，黄帝灵感突现，命人把夔皮鼓使劲连擂九下，这一下，蚩尤顿时魂丧魄散，不能行走，还没来得及喘口气，黄帝麾下的五虎将、八骠骑就纷纷杀到，挠钩齐出，把他掩翻，一条铁索绑了，黄帝怕日久生变，降旨就地斩首。

为了预防蚩尤日后成精作怪，再起兵祸，就将他的身、首分葬两处：一处在东平郡寿张县阚乡城，坟高七丈，平日常有红色云气从坟内直冲天穹，形似一匹绛红色的锦帛，当地人称为“蚩尤旗”。另一处在山阳郡巨野县重聚乡，坟墩大小和阚乡城的差不多。因蚩尤身、首分离，所以斩首的那个地方取名叫“解”，直到如今，解州还有口大盐池，池里的卤水是殷红的，当地人呼之为“蚩尤血”。黄帝杀蚩尤时怕他挣脱,不敢卸去手铐脚镣,直到蚩尤死后，才摘下沾满血迹的枷铐抛掷在大荒之中的宋山上。后来枷铐长成一大片枫林，枷铐上的斑斑血迹化作了鲜红如血的枫叶。至今在枫叶上还可看到蚩尤枷铐上的斑斑血迹。

战后，黄帝族乘胜东进，一直进抵泰山附近，在那里举行“封泰山”仪式，即在山顶祭天，在亭亭山祭地，然后凯旋西归。同时，在东夷集团中选择一位能服众的氏族首领少皞清继续统领九夷部众，并强迫东夷集团同自己华夏集团互结为同盟。

黄帝战胜蚩尤后，威信更高了，被中原各部落尊为共同的领袖。炎帝虽然被蚩尤打败，但实力尚存。他不满黄帝成为天下共主，与黄帝争做盟主，双方又发生冲突。黄帝收服民心，整治军备，多积五谷，与炎帝大战。三战之后，炎帝大败。

从此，黄帝族、炎帝族与九黎族的一部分相互融合，在黄河、长江流域定居下来，形成了华夏民族。黄帝天下共主的地位也得以最终确立，号令天下，凡是不顺从的部落，他都以天子的身份去加以讨伐。由于中原地处四方之中，故又称中华。华夏族就是中华民族的前身。因此中华民族将黄帝奉为始祖，世世代代把自己称作炎黄子孙。

这之后还有一个插曲，据说炎帝手下有一个特别忠实的臣子刑天，是个身材高大的巨人，他一直为炎帝抱不平，就独自跑去向黄帝挑战。刑天左手握着盾牌，右手拿着板斧，气冲冲地跑到黄帝的宫殿。黄帝听说有个巨人杀进来，立即手提宝剑，出来应战。

巨人抡着板斧，黄帝挥着宝剑，两人直杀得天昏地暗，日月无光。他们从天上打到地下，又从人间打到天庭，当他们打到炎帝的出生地常羊山时，厮杀更加激烈了。突然，黄帝趁巨人不注意，一剑砍到他的脖子上，巨人的头颅应声落地。巨人发现头没了，急忙蹲下身子在地上寻找。黄帝怕巨人安上头颅再与自己交战，就举起宝剑，用力向常羊山一劈，只听一声巨响，大山顿时分成两半，巨人的头颅随着滚了进去，大山也立即又合上了。

巨人找不到自己的头颅，非常愤怒。他站起来，用胸口的双乳当眼睛，用腹部的肚脐当嘴巴，继续大声吼叫，手里还挥舞着板斧和盾牌，做不屈的厮杀，可是黄帝早已离开了。

巨人虽然失败了，但他的英雄气概惊天地，泣鬼神，人们常用“刑天舞干戚，猛志固常在”的诗句，来赞美巨人顽强不屈的精神。

此后，黄帝“经五十二战而天下咸服”，开创了前所未有的一统天下局面。黄帝开拓边疆，实行“靖边”，把燧人氏后裔古匈奴人赶走，使北方的威胁解除之后，便会盟于釜山（在今汲鹿县保岱乡窑子头村后，形似翻扣之釜），并立会盟石在山上。会盟石呈立体方形，高二尺，边长各五尺，方内一圆，直径如边长，圆内雕凿有一个凹平的与四方形的四角相对的交叉点，形成一个圆窝，直径一尺，其含义是：普天之下，四域疆土，天地交叉，皆归于中。中央为黄帝之土。

釜山会盟时，黄帝把天下诸侯的符信没收，统一制作有等级的、太极旋纹龟形四脚勾云玉佩，发给各诸侯作为信物。黄帝因此成为中华民族第一个共主。

黄帝统一中国后，建都今河南省新郑县。他到处视察，带领部下迁徙往来，没有固定的住所，百官都用云命名，军队叫云师，并且设置左大监、右大监，监督各地诸侯。

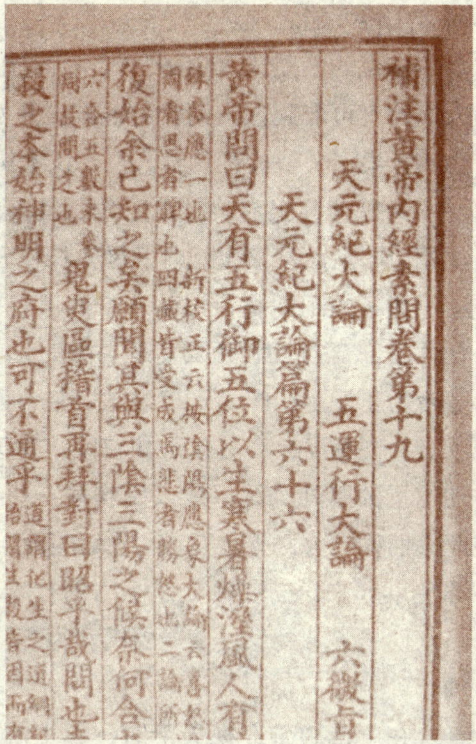
補注黃帝内經素問卷第十九
天元紀大論　五運行大論　六微旨
天元紀大論篇第六十六
黃帝問曰天有五行御五位以生寒暑燥溼風人有
復始余已知之矣願聞其與三陰三陽之候奈何合之
鬼臾區稽首再拜對曰昭乎哉問也
殺之本始神明之府也可不通乎

黄帝内经

黄帝又在今河南灵宝铸鼎原采首山铜，铸造九鼎于荆山下。鼎是国家权力的象征。正如一位诗人所说的：“欲问古今兴废事，请君问鼎于河洛。”黄帝宝鼎置于宝鼎坛的中宫位置，其他八鼎分别为爱鼎、寿鼎、财鼎、仕鼎、安鼎、丰鼎、智鼎、嗣鼎，按八卦之位放置。

在传说中，黄帝是个非常聪明能干的人物，集文化英雄之大成，是智慧的化身。人们把掘井、熟食、铸鼎、衣裳、冠冕、灶具、陶器、酿酒、舟楫、车辆、杵臼、宫室、历法、算数、镜子、货币、几案、嫁娶、礼仪、兵法、弓箭、文字、图画、音乐、中医等等包括日常生活中的诸多器械、政治领域中的典章制度、风俗习惯中的婚丧嫁娶等等，都归功于黄帝或他妻子、臣下的发明。黄帝还别尊卑，定礼乐，创官制、财产、嫁娶和丧葬等制度，在制度文化方面把我们的先民带入了文明的门槛。所以黄帝被尊为“人文始祖”。

传说他既会推算天文，制定出中国最早的历法，又会制造车、船，还精通医术，和神医岐伯一起研究出一套诊治方法。他和岐伯关于医学的对话，被后人编成我国最早的一部医书——《黄帝内经》。他还能种五谷，能驯化鸟兽和虫类，会种桑树，发明了布帛，能用石头制造武器，开采了铜矿造刀……

简直是位万能之神。

古代的人受饮水限制，居者靠河流，牧者逐水草，很不方便。黄帝发明了井，人们才有可能到远离河流的地方去开发。当时的人还不会盖房子，穴居野处，构木为巢，又是黄帝教给人们“伐木构材，筑作宫室，上栋下宇，以避风雨”。

黄帝有四妃十嫔。正妃为西陵氏，名嫘祖。次妃为方雷氏，名女节。又次妃为彤鱼氏。最次妃名嫫母，长相丑陋，但德行高尚，深受黄帝的敬重。

黄帝的正妃嫘祖出生在今四川省盐亭县金鸡镇嫘祖村金鸡青龙山。她在任西陵部落酋长和西蜀聪明首领时，就因安邦治国有方而深受人民爱戴，嫁黄帝为正妃后，嫘祖不仅温柔贤淑，而且心眼灵巧、能干，“旨定农桑，法制衣裳，兴嫁娶，尚礼仪，架宫室，奠国基”。本来，蚕只有野生的，人们还不知道蚕的用处，嫘祖教人民养蚕，总结出一套喂蚕、缫丝、织帛的经验，因此人们称她为“先蚕”。从此人们既会制衣，又会做冕，还能制鞋，从上到下都装束起来，彻底改变了上古时代穿树叶兽皮的原始习惯。她生了玄嚣侯、昌意侯二子。昌意侯娶蜀山氏女为妻，生高阳，继承天下，这就是五帝中的“颛顼帝”。

在黄帝周游巡视天下时，嫘祖病逝，黄帝谥嫘祖为“祖神”。根据嫘祖遗嘱，将其运回出生地，并命令嫫母指挥祀事，监护灵柩。嫫母不但有非凡的组织能力，黄帝还授给她“方相氏”的官位，利用她的相貌来驱邪。

黄帝手下集中了一大批有才能的人，他们都能发挥自己的特长。比如，仓颉造出了象形文字；音乐家伶伦分出 12 音阶，配成乐曲；精通数学的隶首，制定了各种度量衡等等。

关于仓颉造字还有一个令人欷歔不已的故事。相传仓颉是黄帝的史官，在他发明汉字之前，人们是用结绳的办法来记事的。最初，仓颉也是这样做的，他用各种不同颜色的绳子表示不同的牲口、食物等，用绳子打的结代表一个数目，但时间一长，那些大大小小、奇形怪状的绳结都记了些什么，连他自己也忘记了。于是，仓颉就想造出一种简单易记的符号，记下某件事情。

这样，仓颉就在当时的洧水河南岸的一个高台上的屋子里住下来，专心致志地造起字来。可是，他苦思冥想，想了很长时间也没造出字来。有一天，仓颉正在思索的时候，突然看见天上飞来一只凤凰，嘴里叼着的一件东西掉了下来，正好掉在了仓颉面前。仓颉拾起来一看，上面有一个蹄印，可仓颉认不出这是什么野兽的蹄印，就问正巧走来的一个猎人。猎人看了看说：“这是貔貅的蹄印，它与别的野兽的蹄印不一样，别的野兽的蹄印，我一看也知道。”

仓颉造字

仓颉听了猎人的话很受启发。他想，既然一个脚印代表一种野兽，我为什么不能用一种符号来表示我所管的东西呢？万事万物都有自己的特征，如能抓住事物的特征，画出图像，大家都能认识，这不就是字吗？

从此，仓颉便注意仔细观察各种事物的特征来，譬如日、月、星、云、山、河、湖、海，以及各种飞禽走兽、应用器物等。他按照这些东西的特征，画出图形，这样就造出了许多象形字来。比如“日”字，是照着太阳红圆的模样绘的；“月”字，是仿照着月牙儿的形态描的；“人”字，是端详着人的侧影画的；“爪”字，是观察着鸟兽的爪印涂的……这样日积月累，时间长了，仓颉造的字也就多了。

仓颉把他造的这些象形字献给黄帝，黄帝非常高兴，立即召集九州酋长，让仓颉把造的字传授给他们，于是，这些象形字便开始流行起来。有了文字，就方便多了，同时，标志着人类进入了文明时代。

据说仓颉造字以后，惊动了天地鬼神，上帝感动得投下了大米白面，鬼神则惊吓得在夜里大声哭叫起来。

当然，这些发明，掺杂着许多神话传说的成分，实际上任何一项发明，都绝不会是一两个人的功劳。历史上的这些记载，只不过反映了黄帝那个时代我们祖先的聪明才智。黄帝，因为是古代学者一致承认的华夏始祖，所以人们就把一切文明制度都推源于他。

关于黄帝之死，还流传着一个美丽的神话。据说，他并没有死，而是乘龙升天了。传说黄帝活了 110 岁，天宫中的玉皇大帝派了一条巨龙接轩辕黄帝升天。人们把黄帝连同巨龙团团围住，依依难舍。巨龙驮着黄帝昂首腾空。慌乱间，有人扯住黄帝一块衣襟，有人拽下一只靴子，有人拉住了黄帝佩剑。

后来，把这些黄帝的遗物埋葬在桥山之巅，这就是黄帝陵的由来。这说明黄帝受到人们无比的崇敬，人们不希望他死，希望他永生。这个神话，表达了他的部族和后代们的美好愿望。

也有的说，黄帝巡视到黄陵的桥山之巅时，突然一陨石从天而降，火光耀眼，宛如一条巨大的火龙从天而来，正打在黄帝队伍附近，巨形陨石呈磨盘状插入黄土之中，埋进黄土，天崩地裂，火光冲天，在场的大臣、随从、侍女和黄帝被巨大的气流冲出很远的地方，活着的只有几人，黄帝由于年事已高，就这样被巨形陨石的气流震成九段而逝！

黄帝陵位于陕西黄陵县城北的桥山顶上。陵前的围墙正面，有一块石碑，上面刻着“桥山龙驭”四个大字，指的就是这个故事。后人把这个县改名为黄陵县。

黄帝陵壮丽威武，古书记载说，它坐山环水：“其山势如桥，沮水环绕之。”黄帝陵的周围是峰峦起伏的陕北高原，山上古柏成林，郁郁葱葱，参天耸立，象征着中华民族的古老、挺拔、苍劲。

黄帝陵

传说这座黄帝陵汉朝时就已存在了。司马迁的《史记》记载说：“黄帝葬于桥山。”西汉著名的皇帝汉武帝曾经来到这里祭祀。关于这事还有一段小小的插曲：汉武帝北巡朔方（今内蒙古河套一带）南归，带着十余万大军，路过桥山。当他看到黄帝陵时，突然想起了一个问题，对臣下说：“我听说黄帝并没有死，现在又出现了他的坟，这是什么缘故呢？”臣下回答说：“黄帝成仙上天去了。这个陵墓是黄帝的臣下为纪念他，而葬的他的衣冠。”后来，明朝的开国皇帝朱元璋，清朝的康熙皇帝，也都亲自写

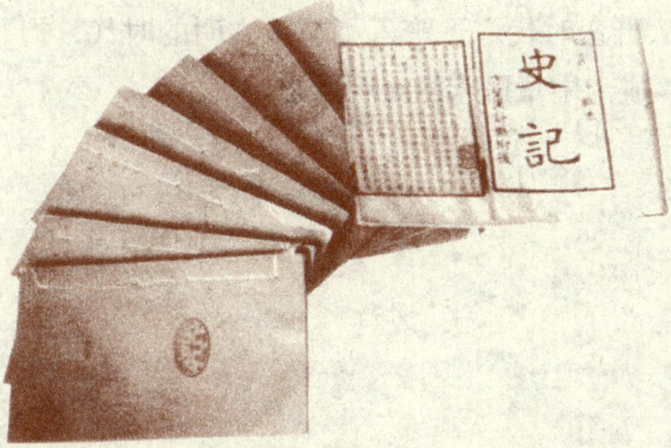

史记书影

过祭文，祭祀黄陵。

抗日战争时期的1937年清明节，陕甘宁边区政府也有一次盛大的祭黄陵活动。4月6日，党中央派林伯渠为代表，参加了这次民族扫墓盛典。毛主席和朱总司令还共同写了《祭黄帝文》，文中盛赞黄帝的功劳："赫赫始祖，吾华肇（开始的意思）造；胄衍（后代延续）社绵（国家长存），岳峨（山高）河浩。聪明睿智，光被遐荒（远近）；建此伟业，雄立东方。"祭文把黄帝作为中华民族抵御外侮、振兴祖国的精神象征。

鲁迅也把黄帝作为伟大的民族象征。他在一首诗中说："我以我血荐轩辕"，就是说要用自己的鲜血来保卫中华民族。近年来，每逢清明节，我国人民纷纷来到黄帝陵，以崇敬的心情，拜谒这位民族之祖。台湾同胞和海外侨胞来到大陆，差不多也都要到这里来寻根，表示后代对祖先的敬意。人们都把黄帝作为中华民族的象征。

悠悠5000年过去了，黄帝的形象一直激励着中华民族奋发图强，为人类做出更多的贡献。

因此，把有关黄帝的神话传说和科学考古发掘资料结合起来，我们对黄帝的了解就会更加深刻与真实了。他当然不是神，而是远古社会的杰出领袖，是在远古社会发生巨大转折变化时的英雄。他生活的时代，正是母系氏族社会向父系氏族社会过渡的时代。他的儿子有12个姓，说明当时还遗留随母姓而不随父姓的社会习惯，但他已经是中国历史上首批出现的男性领袖。在他之前，社会组织的基本形式还是氏族部落或部族，在他领导下的"一统天下"，意味着形成了前所未有的部落联盟或部族集团，为国家的诞生奠定了基础。

黄帝不仅建立了国家制度的雏形，而且使中国原始社会的发展产生了历史性的飞跃变化，从野蛮时代一下跨入了初步文明的时代，揭开了华夏民族文明历史的第一页，成为中华民族的文明始祖。

二、爱江山更爱美人的商纣王

殷商是中国历史上极为强盛的时期，疆域广袤，经济发达，国力强大，但到了纣王时期，却被周所灭。商朝最后一个国王帝辛，叫做纣，是历史上有名的暴君。纣为帝乙少子，帝乙正妻所生。帝乙死后，纣继位为王。纣王定都朝歌，国号商。“纣”是“残义损善”之意，“纣王”是后人对他的贬损评价。史书上记载的纣王的罪行有：沉溺酒色，奢糜腐化。残忍暴虐，荼毒四海。

他虽是一个暴君，但并不是一个酒囊饭袋，而是一个极聪明的人，从小就有过人的才智，能言会道，特别善于辩论，他只要跟人辩论，是很少输的，他能把死的说成活的，能把错的说成对的，这一套本领日后帮了他的大忙，他如簧的巧舌曾经征服了很多糊涂的诸侯。他长得身材高大，力大无比，史书上说他能轻轻地将巨石举起，还能空手和野兽格斗，亲手杀死过许多豺狼虎豹。传说他曾倒拽九牛，面不改色心不跳。

这种天资也给他带来极大的负担，他总认为自己超人一等，别人都不如自己，在宫廷长大的他，更养成一种骄纵的习性，常以文武双全、智勇兼备来标榜自己。

纣王登位之初，天下人都认为在这位精明的国君治理下，商朝的江山一定会坚如磐石。事实上，开始时，他的确显示出自己超人的才干。他曾经攻克东夷，把疆土开拓到我国东南一带，开发了长江流域。

当时的东夷常向商朝发动进攻，掳去大量百姓做奴隶，对商朝是个威胁。纣王的父亲帝乙曾和东夷大战一场，但没有取得胜利。纣王登基后，铸造大量兵器，亲率大军出征东夷。东夷各部联合起来进行抵抗，但挡不住纣王的攻势。

纣王一方的箭镞是用青铜制造的，精巧而锋利、射程远、杀伤力大。两军对阵时，东夷的军队一批批倒了下去。商军如秋风扫落叶一样，一直打到长江下游，降服了大多数东夷部落，取得大胜。从此以后，中原和东南一带的交通得到开发，中部和东南部的关系密切了，中原地区的文化逐渐传播到了东南地区，使当地人民利用优越的自然地理条件发展了生产。实事求是地说，这个历史贡献，应该记到纣王身上。

纣王像

可惜，好景不长。不久，纣王命人用象牙做了一双筷子，被纣王的叔父箕子见了，劝他收藏起来，而纣王却十分高兴地使用这双象牙筷子就餐。这本是一件很平常的小事，满朝文武大臣都不以为然，惟独箕子从此忧愁起来。别人莫名其妙，就问他。箕子回答说："纣王用象牙做筷子，必定再不会用土制的瓦罐盛汤装饭，肯定要改用犀牛角做成的杯子和美玉制成的饭碗；有了象牙筷、犀牛角杯和美玉碗，难道还会用它来吃粗茶淡饭和豆子菜叶煮的汤吗？国君的餐桌从此顿顿都要摆上美酒佳肴了；吃的是美酒佳肴，穿的自然要绫罗绸缎，住的就要求富丽堂皇，还要大兴土木筑起楼台亭阁以便取乐了。想到这样的后果，我感到不寒而栗。"箕子的预言果然应验了，蜕变后的纣王恣意骄奢，暴虐无道，仅仅5年时间，便断送了商汤绵延500年的江山。

毁了他自己也毁了商代江山的，还有他的另外一个大毛病，那就是好淫乐，图享受，纵酒无度，沉迷音乐。自从他得到一个绝世美女妲己以后，这种习性就发展到难以收拾的地步。每个王朝的灭亡，几乎都与一个红颜祸水的传说有关。最著名的例子就是"妲己亡殷"。相传妲己以美色迷惑纣王，掩袖工谗，狐媚惑主，把殷纣王搅得魂不守舍，使得纣王沉醉于声色犬马，不理朝政，最后连好端端的江山也给弄丢了。因此，后人常以"红颜祸水"来比拟以色乱政的后宫姬妾，而"剖腹观胎"则成了历代朝廷闻者足戒的警示。不过，国家灭亡，究其原由，应首推国君的治国不力，把一个政权的灭亡完全算到一个女人的头上是不公平的。

有一次攻打有苏氏，有苏氏为了和商讲和，就让大臣们到全国选美女，妲己就是这样作为礼品而贡献给纣王的。还有的传说妲己是在被其父护送入朝歌的途中，由狐狸附身而成为妖妇的。妇而为妖，似乎为商朝的灭亡找到一个理由。

纣王太宠爱妲己，当他第一次看到妲己的时候，心里就想，有了这个女人，商朝的江山对我还有什么意义。而妲己也着实妖冶动人，有闭月羞花之貌，沉鱼落雁之容，她墨云秀发，杏脸桃腮，眉如春山浅黛，眼若秋波宛转，胜似海棠醉日、梨花带雨，身段纤柔，动若弱柳含风，又天生会作娇媚之态，令纣王丧魂落魄。

纣王自从有了妲己之后，朝朝宴乐，夜夜欢娱，对妲己言听计从。同时，厚敛赋税，把殷都向南扩大到朝歌（今河南淇县），向北扩大到邯郸、沙丘（今河北平乡东北），在这个广大地区修建离宫别馆、苑囿台榭。他花了 7 年时间，在首都朝歌建了一座占地方圆三里、高达千尺的鹿台。鹿台上有巍峨的摘星楼、精致的亭阁，比夏桀的瑶台还要壮观。他命乐师师涓作“北里之舞”、“靡靡之乐”等淫声怪舞，通宵达旦地饮酒作乐，不理朝政，不祭鬼神。

他还特别喜欢吃肉喝酒，便学着当年夏桀的样子，在宫中挖了个大池子，里面灌满了酒，称做“酒池”，据说酒装满后可以行船。又在池边的林木上挂上肉块，称做“肉林”。纣王和妲己在“酒池”、“肉林”中尽情享受。

妲己像

相传妲己不仅荒淫狐媚，而且性情残忍，怂恿纣王设计出种种令人触目惊心的残忍酷刑，以欣赏别人被凌迟折磨至死的情景来刺激自己的欲望。

有一天，纣王与妲己在鹿台上欢宴，后宫妃嫔聚集在鹿台下，纣王命令她们脱去裙衫，赤身裸体地唱歌跳舞，恣意欢谑。纣王与妲己在台上纵酒大笑。只有已故姜后宫中的嫔御 72 人，掩住脸流泪，不肯裸体歌舞。

妲己说："这是姜后以前身边的宫女，怨恨大王杀了姜后，听说私下打算作乱，以谋杀大王。妾开始不相信，现在看她们竟敢违抗大王的命令，看来谋反的传闻不假，应当对她们施以严刑，好使其他人不敢起谋逆之心！"

纣王问："什么才称得上是严刑呢？"妲己说："依妾之见，可以在摘星楼前，在地上挖一个方圆数百步，深高五丈的大坑，然后将蛇蝎蜂虿之类丢进坑中，将这些宫女投入坑中，被百虫噬咬，这叫作虿盆之刑。"

纣王大悦，立即照妲己的话做了一个虿盆，将这72名宫女一齐投入坑中，一时间坑下传出揪心的悲哀号哭。纣王大笑："要不是爱妃的妙计，不能灭此叛妾！"

太子殷郊听到这件事，忙去鹿台进谏纣王说："法令是为有罪之人而设的，现在众妾并没有谋逆之罪，却加以极惨的刑罚，这都是妲己误惑圣聪，致使天下百姓认为父王是无道之君。请斩妲己，以正朝纲！"妲己说："太子与众妾同谋，妄图诋毁小妾，请大王做主。"纣王当即喝令侍卫锤死殷郊，比干慌忙劝阻说："太子是国家的根本，不可随意加刑。"纣王这才没有杀死太子，但把他贬谪到了荒远的地方。

梅伯入觐见纣王说："姜皇后没有过错却被处死，太子无罪过而被贬谪。请大王召回太子，复立东宫，臣愿代死！"妲己谗言道："梅伯是太子一党，因此才狼狈为奸。"

纣王问："那怎么对付这些人呢？"妲己说："群臣轻侮大王的尊严，都是因为刑法太轻的缘故。依妾之见，可铸一个空心的铜柱，里面烧火，外涂油脂，让犯人裸体抱柱，皮肉朽烂，肋骨粉碎，如此他们才知道畏惧，朝中也不会再有奸党了！"纣王立刻依言竖立铜柱，将梅伯的衣服剥光，绑在铜柱上，顷刻间烧得肉焦骨碎化为灰烬。这就是炮烙之刑。

妲己又说："可以再制一个铜斗，也加火在里面。罪轻而不至于处死的，就让他们手持熨斗，手足焦烂，这样可以区别法律的轻重。"妲己听到犯人的惨叫，就像听到刺激感官的音乐一样发笑。纣王为了博得妲己一笑，就在殿前立铜柱、铜斗各数十，凡有罪的大臣，即加此刑。

他对待那些诸侯王也十分残忍。当时有不少诸侯不满于纣的暴虐，奸佞小臣就把这种情况反映到纣王那里，纣王为了加强统治，就任命了三公，让他们管领诸侯，这三公就是西伯昌、九侯和鄂侯。

九侯领受了这个监视别人的任务，心里很不高兴，他对纣的做法恨之入骨，但是又不敢不接受，他有个漂亮的女儿，看到父亲整天愁眉不展，就向父亲打听原因，他知道父亲的心病后，就说：“父亲别急，女儿可以帮助您解除烦恼，我有办法劝解纣王，让他改变目前这种不得人心的做法。”九侯同意了。

九侯女儿来到京城，她的容貌使得纣王一见倾心。但是九侯的女儿天生不是个风流女子，所以她不能满足纣王的淫乐要求。对于九侯女儿的劝解，纣王根本不听，有一天，他干脆把她杀了。

九侯知道这一情况后，心如刀绞，就求见纣王。九侯知道自己早晚也会死在这暴君的手下，干脆豁出去了，就在纣王面前大胆陈言道：“你这个昏庸的君王，现在老百姓都给你逼到了死亡的边缘，我的女儿完全是为了社稷来劝解你，你反而杀了她……”可怜九侯的话还没有说完，就被拖出去杀了。

鄂侯一看到纣王竟然杀了为国家做出重大贡献的老臣，不禁老泪纵横，跪到地下说道：“君王，九侯所说的话并没有错，你怎么就为了这点小事而杀了有功的老臣？”纣王听完，勃然大怒，说道：“难道你们还想串通起来造反吗？给我推出去斩了！”这样又杀了鄂侯。

他觉得杀了还不解气，还命人将九侯和鄂侯剁成肉泥，做成肉饼，派人送到各个诸侯国，并传言道：“以后再有谁违抗，就与两侯同论。”诸侯们一个个噤若寒蝉，谁也不敢再向纣进一言了。

纣王与妲己见群臣畏刑不谏，更加恣意妄为，旦夕荒淫欢宴，他们常常在摘星楼举行盛大的宴会，每次宴会饮者多至三千人，令男女裸体混杂其间，追逐戏谑。妲己道：“这样玩时间长了没意思，不妨在台下挖两个坑穴。一个引酒为池，一个悬肉为林，令各嫔妃裸戏于酒池肉林，互相扑打，胜者浸死在酒池中，败者投于虿盆内。”纣王大笑，依其言而行，每天宫女因此被折磨至死者不计其数。

纣王好酒淫乐，寸步不离妲己，妲己所称赞的就以之为贵，妲己所憎恶的就加以诛灭。纣王又在朝歌与邯郸之间纵横数千里内，每隔五里建一所离宫，每隔十里建一个别馆，与妲己同乘逍遥车，白天在车上欢谑，夜里张灯结彩，管弦歌韵，做长夜之饮。一天，他俩正在摘星楼上欢宴，时值隆冬，天寒地冻，远远地看见岸边有几个人将要渡河，两三个老年人挽裤腿正在水中，但一些年轻人却逡巡不敢下岸。

纣王问妲己：“河水虽然冰寒，但老人尚且不畏，年轻人却那么怕冷，这是怎么回事？”妲己回答：“妾听说人生一世，得父精母血，方得成胎。若父母在年轻时生子，那时他们身体强健，生下的孩子气脉充足，髓满其胫，即使到了暮年，也耐寒傲冷。假如父老母衰时才得子，那他们的孩子气脉衰微，髓不满胫，不到中年，便怯冷怕寒。”纣王极为惊讶：“竟然有这种事？”

妲己说：“大王不信的话，就将此一起渡河的人，砍断他们的胫骨看一看。”纣王命人将过河的几个人活捉到楼下，一人一斧断去两腿，果然老年的那些人髓满，年少的却骨空。

纣王大笑说：“爱妾料事如神！”妲己说：“妾不但能辨老幼的强壮，即使妇女怀孕是男是女，妾也一看就知道！”纣王问：“怎么才能知道？”妲己说：“这也与父母的精血有关，男女交媾时，男精先至女血后临，属于阴包阳，因此会生男；如果女血先至男精后临，就属于阳包阴，生下的孩子必为女。”

纣王不信，妲己曰：“大王不信妾的话，可以搜取城中的孕妇验证。”纣王立刻令兵士捉数十个孕妇，集中在楼下。妲己一一指着说，哪一个怀的是男胎，哪一个怀的是女胎。纣王令人剖开孕妇的肚子视之，果真像妲己说的那样。

纣王淫乱日甚一日，他的庶兄微子不忍坐视国家灭亡，苦劝纣王而不得，只好逃离纣王，隐居民间。纣王的叔父箕子对纣的暴政早有不满，他装成疯子，混在奴隶之中。纣王发现后，命武士将其囚禁起来。

纣王的叔父比干亲眼见微子逃隐、箕子佯狂为奴，非常伤感，又觉得他们未能尽到人臣责任，认为人主有过错而不劝谏，就是不忠；怕死而不敢进谏，就是不勇。于是他以死相争，接连三日苦苦劝谏纣王，不肯离开一步。他劝谏纣王说：“不修先王的典法，而用妇人之言，大祸不远了。”纣王恼羞成怒，要杀比干。妲己说：“妾听说圣人的心有七窍，比干自诩为圣人，剖开比干的心看看如何？”于是纣王就

比干

将比干活活杀死剖开，看他的心是否真有七窍。众朝臣见纣对自己的亲人都如此残暴，更加恐惧。于是商王朝中两个管理祭祀的乐官——太师疵和少师疆抱了宗庙中祭祀时使用的乐器逃出商都，投奔了周。自此朝廷上忠良的大臣几乎荡然无存。

相传，比干在朝歌被纣王挖心以后，面如土色，掩袍不语，愤而跑出朝歌，纵马南行。他知道到了心地（今河南新乡）就会长出新的心来，不料行至牧野遇上妲己变成的老妇拦路叫卖无心菜，比干问："菜无心能活，人无心如何？"老妇答曰："菜无心能活，人无心该死。"比干听后，口吐鲜血，坠马身亡。骤然间，天昏地暗，狂风大作，飞沙走石淹埋了比干的尸体，形成墓冢，故称"天葬墓"。坟墓四周，无心菜圈圈环绕，柏树随着呜呜悲鸣之声，弯了树干、断了树冠，有的还从树干中心裂开变成了"开心柏"。

后来孔子率弟子临墓凭吊，挥剑刻字立石于墓前。孔子把"墓"写成"莫"，意为"借地为土"。后来，有一个不学无术而好为人师的县令看到这块墓碑，讥笑孔夫子写了错别字，就当着身边的随从们说："今天我把这个字给改正一下，我就是孔圣人的一字之师了。"县令把"莫"字下面添了一个土字。刚刚刻好，忽然乌云密布，雷声震天，只听"轰隆"一声，土字又被轰掉了。直至今日，这块石碑断裂的痕迹依稀可见，碑上的"莫"字仍然没有"土"。据专家考证，此处确为国内惟一一处孔子真迹。

商纣王拒谏饰非，残害忠良，使得朝中大臣、贵族以及诸侯和周边属国也都离心离德。西伯姬昌（即周文王）因看到纣王残暴，暗中叹息几声，便被纣王囚禁在羑里监狱，好几年才被放出来。纣王还将周文王的长子伯邑考杀死并剁碎，拌在食物中送给文王吃，还得意洋洋地说："谁说西伯是圣人？吃了自己的儿子肉还不知道呢！"

为转移人民的视线，纣王发动对周边各国的连年征战，后又把全部兵力用于对东夷的战争。战争加重了人民的负担，激化了已经尖锐的阶级矛盾。商王朝已经危在旦夕，不可收拾。

与日薄西山、奄奄一息的商王朝形成鲜明对比的是，商的西方属国——周的国势正如日中天、蒸蒸日上。经过公刘、古公亶父、王季等人的积极经营，周国迅速强盛起来，其势力伸入江、汉流域。

文王姬昌即位后，任用熟悉商朝内部情况的贤士吕尚，"阴谋修德以倾商政"，积极从事伐纣灭商的宏伟大业。

在政治上，他积极修德行善，裕民富国，广罗人才，发展生产，造成“耕者九一，仕者世禄，关市讥而不征，泽梁无禁，罪人不孥”的清明政治局面。他的“笃仁、敬老、慈少、礼下贤”政策，赢得了人们的广泛拥护，巩固了内部的团结。

在修明内政的同时，他向殷纣王发起了积极的政治、外交攻势，争取最大限度地孤立纣王。文王曾公平地处理了虞、芮两国的领土纠纷，还颁布“有亡荒阅”（搜索逃亡奴隶）的法令，保护奴隶主的既得利益。通过这些措施，文王扩大了政治影响，瓦解了商朝的附庸，取得了“伐交”斗争的重大胜利。

在处理商周关系时，文王表面上恭顺事商，以麻痹纣王。他曾率诸侯朝觐纣王，向其显示所谓的“忠诚”。同时大兴土木，“列侍女，撞钟击鼓”，装出一副贪图享乐的样子，欺骗纣王，诱使其放松警惕，确保灭商准备工作能够在暗中顺利地进行。

在各方面准备工作基本就绪之后，文王在吕尚的辅佐下，制定了正确的伐纣军事战略方针。其第一个步骤，就是翦商羽翼，对商都朝歌形成战略包围态势。为此，文王首先向西北和西南用兵，相继征服犬戎、密须、阮、共等方国，消除了后顾之忧。接着，组织军事力量向东发展，东渡黄河，先后翦灭黎、邘、崇等商室的重要属国，打开了进攻商都——朝歌的通路。至此，周已处于“三分天下有其二”的有利态势，伐纣灭商只不过是一个时间问题了。

周文王在一次战斗中生了病，带着未能实现灭亡商朝的遗憾死去了。他的儿子姬发继承了王位，就是历史上赫赫有名的周武王。他继续拜姜太公为军师，并用自己的弟弟周公旦等为辅佐。君臣同心协力，上下齐心，抱定了有朝一日灭商复仇的决心。

周文王像

为了检验一下伐纣的时机是否成熟，公元前 1026 年（一说前 1056 年），周武王和姜太公率领大军来到黄河南岸的孟津（今河南孟津县东北）。消息传开，邻近部族首领纷纷前来参战，据说有 800 路诸侯之多。武王面对滔滔的黄河，对周军将士和各部族的首领们说道：“我们周国接受上天的使命，从先王起就致力于顺天灭商，拯救万民。先王不幸早逝，归天前将重任托付于我。你们要全力助我，上顺天意，下合民心，我们一起来完成这伟大的功业！”说罢下令渡河，只见人人奋勇，个个争先，千舟齐发，不一会儿便到了对岸。

不料周军刚渡过河，武王又下令退了回来。这样一来，不仅那些前来助战的各路诸侯觉得奇怪，就连周军将士们也闹不清，不知出了什么事。

原来，武王另有想法。他想：“商朝内部虽然腐败，但到底还是有一定实力的。真打起仗来，只靠周军难以取胜。”他今天率兵来到孟津，一是举行一次渡河演习，查看一下周军备战的情况；二是借此机会，观察一下众诸侯国的态度，看他们是否真的愿意与周联盟伐纣。他看到周军令行禁止，进退有序，而前来助战的诸侯国首领们，有的带来了参战的队伍，有的只是来看看风向而已。周武王认为，伐纣的时机还不够成熟。

回去后，周武王一方面扩充军队，积极备战，另一方面又派出侦察人员，去探听情况。周武王出兵渡河的消息让纣王大吃一惊，慌乱过后，正准备派军队迎战，又听说周军不战自退，于是以为周武王怯战退缩，不敢与他抗衡，就放松了警惕，继续过那荒淫糜烂的日子。

周武王像

过了一段时间，周国派出的侦察人员相继回来，把侦察到的情况报告给武王。周武王看到出兵条件基本成熟，决定进攻商朝。

公元前 1027 年（一说前 1057 年）正月，周武王统率兵车 300 乘，虎贲 3000 人，甲士 4 万 5 千人，浩浩荡荡东进伐商。同月下旬，周军进抵孟津，在那里与反商的庸、卢、彭、濮、蜀（均居今汉水流域）、羌、微（均居今渭水流域）、髳（居今山

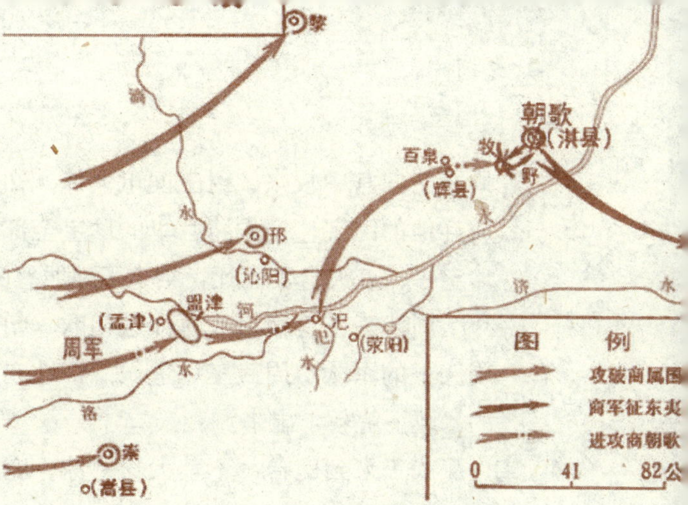

牧野之战

西省平陆南）等方国部落的队伍会合。武王利用商地人心归周的有利形势，率本部及协同自己作战的方国部落军队，于正月 28 日由孟津冒雨迅速东进。从汜地（今河南荥阳汜水镇）渡过黄河后，兼程北上，至百泉（今河南辉县西北）折而东行，直指朝歌。周国大军沿途没有遇到商军的抵抗，故开进顺利，只 6 天便抵达牧野。

在牧野，周武王召集部队，立起讨纣大旗。他站在高高的战车上，大声说道："尊敬的友邦国君、诸位官员和所有远征的将士们，暴君纣王败坏朝政，杀害忠臣，荼毒百姓，天怒人怨。现在，我遵照上天的旨意来讨伐商纣了。所有参战的将士们，拿起你们的武器，奋勇作战吧！你们要勇猛向前，我们是正义之师，是任何敌人也不能战胜的！勇敢的将士们，在这场战斗中建立你们的功勋吧！"誓师完毕，就挥动旗帜，发出命令，千军万马开始了进攻。

这时候，商纣王正带着他的宠妃和一帮大臣，在鹿台上醉生梦死，吃喝玩乐，丝毫没有准备。手下的人把周军进攻的消息报告给纣王，他这才着了忙，连忙召集大臣商量如何应战。商朝的军队当时正在东南地区对付少数民族，即便调动回来也远水解不了近渴。纣王只好下令把大批奴隶和俘虏编入军队，号称七十万人，极为仓促地向牧野进发，与周军对阵，于是爆发了历史上著名的牧野之战。

牧野之战是我国古代史上规模空前的一场大战。虽然在军队数量上，周武王的讨伐大军远远少于殷纣王的部队，可是论士气，周武王的伐纣大军同仇敌忾；论战斗力，周武王的伐纣大军训练有素。这就不是纣王的乌合之众所能比拟的了。

大战开始了，周军的先锋队像下山猛虎，冲向商军，惨烈的战斗一触即发。就在这紧要关头，商军前排的兵士们突然掉转矛头，朝后排冲去。原来这些都是被强征的奴隶和俘虏。他们早就恨透了殷纣王，根本不愿为他作战。商军前排倒戈，队伍顿时大乱，溃不成军。

商纣王本以为人多势众，周武王哪是自己的对手，突然听说商军大败，周军正向宫中攻来，纣王闻讯大惊，知道自己的末日到了，可他临死也不肯放弃他的财宝，命人将宫里的珍宝全部搬到鹿台上，自己用绫罗缠身，躺在珍宝中，点火自焚而死，结束了他罪恶的一生。

周武王带着伐纣大军冲进朝歌。朝歌的老百姓都来到外面，迎接和慰劳周武王的军队。周武王一进城，百姓齐声欢呼，感谢周武王把他们从商纣王的暴政下解救了出来。

武王来到鹿台，不禁大吃一惊。鹿台上的亭台楼榭已成一片焦土，没烧烬的宫梁殿柱还冒着缕缕青烟，武王便下令寻找纣王的下落。不一会儿，将士们发现在灰烬里有一具尸体。那尸体倒在许多珠宝玉器堆中，相貌还依稀可辨，正是罪大恶极的商纣王。武王怒不可遏，对着这个死去的敌手连射三箭，并用剑砍纣王的尸体，然后命令士兵用“黄钺”将纣王头颅砍下，挂在大旗杆顶上。稍后，他又碰到两个上吊自杀的纣王之妾，武王又对着这两具女尸连射三箭，用剑砍击尸体，然后换了一柄“玄钺”将她们的头割下，挂在小白旗上。

随后，周武王庄严地宣告伐纣战争胜利结束，商朝已经灭亡。他建立了周朝，自称为天子，定都于镐，得到各诸侯国的拥戴。周朝是我国历史上第三个奴隶制国家，社会生产力有了很大发展，是奴隶制社会最兴盛的时代。

传说武王令刽子手斩妲己的时候，因为妲己容颜过于娇媚，以致刽子手都不忍心下手。另换刽子手也是如此。刽子手都不忍心杀妲己，愿意替她死。姜太公说：“我听说妲己是妖怪，不是人。”就命人高悬起照妖镜，妲己这才显露出真相，原来是个九尾金毛狐狸。刽子手手起斧落，斩杀了妲己。

20世纪初，考古学家在河南省安阳挖掘出土许多殷商时期的甲骨，根据上面所刻的“卜辞”，后人对妲己和纣王时代生活风俗等资料才有了比较确切的认识。有人据此认为纣王热衷于声色是事实，杀比干也有甲骨文上确切的记载，然而砍掉人脚看骨髓、剖开孕妇之腹难以令人理解，因为当时巫风颇盛，任何重大举措都要求神问卜来决定吉凶休咎，纣王更可能取决于占卜，而不是妇人之言。但这么推测也不可靠。因为砍掉人脚看骨髓、剖开孕妇之腹在一个暴虐的国君看来并不是什么大事，何况敬鬼神的人不一定就是一个慈悲为怀的人。历代昏君不一定不相信鬼神，但残暴起来却连鬼神都为之胆寒。

还有人认为倘若妲己在被宠幸的那些年月之中，具有无限的政治权力，何以有苏氏一族人始终没能得势呢？由此推断妲己的恶名是后人宣传的结果。

今日我们既不能说那些有关妲己的传说是假的，也不能断定历史上实有其事。不过有一点可以肯定，商朝的亡国绝不是因为妲己一个女人的缘故。

周军取得牧野之战的彻底胜利决非偶然。首先是周文王、周武王长期正确运用“伐谋”、“伐交”策略的结果。它起到了争取人心，剪敌羽翼，麻痹对手，建立反商统一战线的积极效果。其次，正确选择决战的时机，即乘商军主力远征东夷未还，商王朝内部分崩离析之时，果断地统率诸侯联军实施战略奔袭，从而使敌人在战略、战术上均陷于劣势和被动，未暇作有效的抵抗。第三，适时展开战前誓师，历数商纣罪状，宣布作战行动要领和战场纪律，鼓舞士气，瓦解敌人。第四，在牧野决战的作战指挥上，善于做到奇正并用，予敌以巧妙而猛烈的打击，使之顷刻彻底崩溃。

商纣王之所以迅速败亡，根本的原因自然是因为殷商统治集团政治腐朽，横行暴敛，严刑酷法，导致丧尽民心，众叛亲离。其次是对东方进行长期的掠夺战争，削弱了力量，且造成军事部署的失衡。三是殷商统治者对周人的战略意图缺乏警惕，放松戒备，自食恶果。四是作战指挥上消极被动，无所作为。加上军中那些临时仓促征发的奴隶阵前起义，反戈一击，其一败涂地也就不可避免了。

牧野之战是我国古代车战初期的著名战例，它终止了殷商王朝的六百年统治，确立了周王朝对中原地区的统治秩序，为西周奴隶制礼乐文明的全面兴盛开辟了道路，对后世历史的发展产生了深远的影响。而其所体现的谋略和作战艺术，也对古代军事思想的发展具有不可低估的意义。

商纣王是中国古代暴君的典型，似乎已成定案。近年来，以暴君纣王为题材的文学作品和电视剧纷出，影响更广。史实果真如此吗？尚难下定论。历来评价纣王，存在两种截然相反的观点。

一是暴君说。此说始于战国，流传至今。《史记·殷本纪》谓纣王“重刑辟，有炮格（烙）之法”；“九侯女不憙淫，纣怒，杀之”；“脯鄂侯尸”，“剖比干，观其心”。自是之后，历代史家举暴君必数夏桀、商纣。魏晋时代，纣为暴君说仍流传，并出现许多离奇的情节。当时出笼的伪托西周太公望所作的兵书《六韬》和皇甫谧撰的《帝王世纪》，将暴君商纣王描绘为杀人成癖、嗜血成性、以炮烙之刑为乐的恶魔。至北魏郦道元为《水经》作注，又增加了新的说法。西晋永嘉之乱，《今文尚书》荡然无存，至南朝梁武帝时，出现汉代孔安国所注《孔传古文尚书》，又为暴君说增添所谓商周时代的文献依据。然而，真正

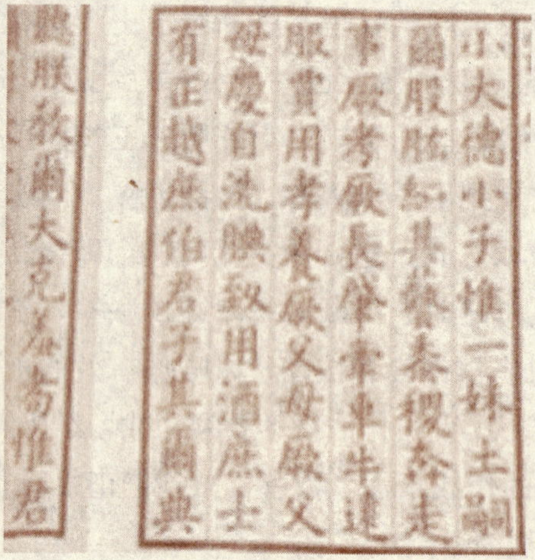

小大德小子惟一妹土嗣
爾股肱純其藝黍稷奔走
事厥考厥長肇牽車牛遠
服賈用孝養厥父母厥父
母慶自洗腆致用酒庶士
有正越庶伯君子其爾典
聽朕教爾大克羞耇惟君

《商书》

商周史料《今文尚书》之《商书》、《周书》诸篇中，均未见商纣王失道失国的罪状，也无焚炙忠良、滥杀无辜、嗜血成性之类记载。

二是非暴君说。早在两千多年前，孔门弟子子贡就曾指出，纣的罪行并不像史书所言那样罪大恶极，只是后人把罪行都推在纣的身上而致。清朝李慈铭也言，纣王的显著罪行，如杀比干、囚箕子、宠妲己、偏信宠优、拘押文王等，比起后世的暴君来，还算不得罪恶深重。近人顾颉刚更撰《纣恶七十事发生的次第》，指出现在传说的纣恶，是层层累积发展而来的，时代愈后，纣罪愈多，也愈不可信。到1960年，郭沫若撰文《替殷纣王翻案》，强调纣王其实是一个很有才能的人，他对古代中国的领土开拓有贡献，所谓“纣克东夷”，就是开拓淮河流域和长江流域。西周正是乘“纣克东夷”的机会东进灭商的。

毛泽东也赞同这一说法。1958年11月，毛泽东在讨论斯大林的《苏联社会主义经济问题》，说到商品生产时，他顺势发挥：商朝为什么叫商朝呢？是因为有了商品生产。这是郭沫若考证出来的。把纣王、秦始皇、曹操看作坏人是错误的，其实纣王是个很有本事、能文能武的人。它经营东南，把东夷和中原的统一巩固起来，在历史上是有功的。纣王伐徐州之夷，打了胜仗，但损失很大，俘虏太多，消化不了，周武王乘虚进攻，大批俘虏倒戈，结果商朝亡了国。史书说：周武王伐纣，“血流漂杵”，这是夸张的说法，孟子不相信这个说法，他说：“尽信书不如无书。”

1959年2月25日在济南召开的一个座谈会上，毛泽东又说，龙山文化很有名啊！商纣王是很有本领的人，周武王把他说得很坏。他的俘虏政策做得不大好，所以以后失败了。

最近王慎行在《纣为暴君说献疑》一文中，对暴君说再次提出质疑，指出战国秦汉时人，因纣之世近，且纣恶之事传之较详，故以纣之恶比附桀者必多，以桀之恶比附纣者必少，此乃附会之由也。

三、一笑失天下的周幽王

在古代，国王固然是国家的最高统治者，享有至高无上的权力，但是国王如果把国家权力当作儿戏，为所欲为，最终只能导致国破家亡。周幽王就是这样一个突出的例子。周朝的八百年江山是中国历代最漫长的，可惜传到周幽王气数就式微了。

周幽王，姓姬名宫涅，生卒年月不详。他统治期间，先是重用虢石父执政，导致剥削残酷，人民不堪重负，流离失所。后期又专宠褒姒，废申后及太子，由此引发西周灭亡的悲剧。“幽王遗恨没荒台，满目苍苍秀作堆。入暮晴霞红一片，尚疑烽火自西来。”这首诗表达了后人对周幽王的憎恨。因为如果没有他的昏庸无道，西周就不可能灭亡。

周幽王像

西周自周厉王、周宣王以来，朝政紊乱，国力日益衰弱。周宣王的时候，在镐京城内有一个红衣小儿教满城的儿童唱着这样一首歌谣：“月将升，日将没，檿弧箕菔，几亡周国……”大意是说：“黄澄澄的新月，将要升起了，红艳艳的太阳，快要落下了，山桑木的弓呀，箕草做的箭袋，神龙家的女孩几乎就要亡了周国……”

谶谣在史籍记载和民间流传中，都显得神秘玄妙。谶谣最主要是通过儿童之口进行扩散的。人们普遍认为儿童天真无知，他们所传的谣谚必非出于自撰，肯定出自天意。因此，周宣王听到歌谣后非常吃惊，他问大臣们："此歌谣什么意思，是凶是吉？"召公说："'檿'是山桑木，可以用来做弓。'萁'是草，可用来做箭袋。据臣的愚见，国家日后将有弓矢之祸！"宣王说："如果是这样，杀尽京城所有做弓箭的匠人，毁掉库内的弓矢，怎么样？"太史令伯阳父说："臣夜观天象，弓矢之祸将出现在陛下宫中，与军中弓矢无关，后世必有女子乱国！请大王勿杀无辜之人，勿毁军旅的兵器。"

周宣王问姜皇后最近宫中的嫔妃有什么怪异的地方，姜后说："宫中没有怪异，只有先王宫内的一个嫔妃卢氏，年方24岁，怀孕8年，才生下一个女儿。"

宣王说："这真是咄咄怪事！"赶紧召来卢氏询问原因，卢氏说："妾听说夏朝桀王时，褒城有个人化为两条龙，降在朝廷，对桀王说——我是褒城二君。桀王非常恐惧，杀了二龙，将龙涎藏在木椟中。自殷朝经历644年，传了28位王，都不敢打开木椟看。到了先王厉王时一时好奇打开木椟，龙涎立刻在宫廷中四处漫流开来，最后化为一个元龟。妾当时17岁，因为脚不小心踩了龟迹而忽然有了身孕，如今才刚生下一个女儿。"宣王说："此女一定是怪物，你抱出来给我看一看！"

卢氏说："妾疑心为怪物，生下来的那天晚上就让宫女将此女扔在御河中淹死了！"宣王对伯阳父说："此女孩已死，卿试着占卜，看妖气消灭了没有？"伯阳父占卜后说："妖气虽然出宫，然而还在人间！"宣王传旨，令士兵马上巡访御沟内外，然而女婴已经不见了。于是写出榜文，挂在各城门口，不论是谁，只要敢将御沟内的婴孩隐匿起来，就满门抄斩。

西城军卒巡访时看见一个男子背着山桑木弓，一个女子背着萁草织成的箭袋，在街上叫卖。这个男子就是姒大。军卒看见，就商量道："如今朝廷大臣断定谣歌是山桑木弓萁草箭袋，这两个人必应其事，又说女子乱国，我们放了那个男子，将此女子捉去见天子。"姒大一见救不了自己的妻子，连忙抱头便跑。跑到郊外，他听见深林中群鸟喧噪，有婴儿啼哭的声音。

他进入林中，看见百鸟用翅膀上的羽毛覆盖着一个躺在青草上的女婴，他想："我妻子被朝廷捉去，估计没有了性命，不如将这个女孩抱回去，抚养成人，也算有个寄托。"于是抱起婴儿，奔褒城逃难而去。军卒将姒大的妻子抓去见宣王。宣王一听是卖箕草箭袋的女子，就急令推出斩首。

宣王以为杀了这个卖箕草箭袋的女子，便破了周朝倾亡的预言。但是他万万没有想到，几年后，要让周朝付出最惨重代价的女子，却还是进了周王的皇宫。

这年的7月，宣王崩，他的儿子宫涅即位，是为周幽王。幽王为人性情暴躁，待人刻薄寡恩，而且喜怒无常、狎昵群小，什么国家大事都不管，光知道吃喝玩乐。刚一即位，就打发人四处为他寻找美女。幽王还拜尹球为大夫，虢石父为上卿，祭公为司徒。三人皆谗佞阿谀之人，贪位慕禄之辈，惟王所欲，逢迎不暇。

一次三川守臣上表奏称三川地震，幽王笑说："山川地震是常事，何必动表告诉寡人？"伯阳父对赵叔带说："以前伊洛竭而夏亡，河竭而商亡，现在周如夏商的末季啊！"赵叔带骇然问："何以见之？"伯阳父说："源塞必然川竭，川竭必然山崩，山崩是预兆，周室天下不出20年当亡！"

这年冬，岐山又崩，赵叔带上表说："山崩地震，是国家不祥之兆，望大王抚恤下民，广开贤路，以弭天变，使社稷无危。"虢石父却说："山崩地震，大王所谓天道之常，有什么不祥？叔带是迂腐的读书人，不知天道，望陛下详之！"幽王听信虢石父之言罢免了赵叔带。右谏议大夫褒珦劝谏道："不可罢赵叔带的官职，否则会阻塞谏诤之路。"幽王大怒，就把褒珦关进监狱。

褒珦在监狱里一关就是三年。褒家的人千方百计要把褒珦救出来，他们想了许多法子都没有奏效，最后儿子洪德说："我听说天子荒淫，耽于女色。现在褒城中姒大家女儿十分清丽，家贫无资，若以百金买下这个女子，进贡给朝廷，一定可以赎回父亲。"

他母亲同意了，就以百金买下此女子，教会她唱歌跳舞，把她打扮起来，献给了幽王，替褒珦赎罪。这女子年方14岁，眉清目秀，唇红齿白，发挽乌云，有如花如月之容，倾国倾城之貌。

幽王见美人仪容娇媚，流盼之际，光艳照人，因褒地所进，就赐名褒姒，充入后宫。群臣都谏阻说："色倾人国，自古都有。夏因妹喜而亡，商因妲己而丧。陛下宜鉴前朝得失，不可接受此美人。"尹球、虢石父却说："种田的多收了几捆禾麦，尚且重婚，大王以天子之尊，受一宫人，你们怎么就那么多废话？"幽王也大怒："有再谏受美人者斩！"自此幽王与褒姒坐则腿叠腿，立则肩并肩，饮则交杯，食则同器。一连十日不上朝，与褒姒朝夕饮宴。

皇后申氏逐渐失宠。一天幽王与褒姒在翠华宫，申后忽然来了，褒姒正与幽王谈笑自如，没有起身迎接，申后心中虽有忧怨却口不敢言，回宫后忧容不展。申后自从那天见到褒姒的天姿国色后，就明白自己已年近四十，再也无法以美色和褒姒争一日长短了，惟有终日长吁短叹，郁郁寡欢。太子宜臼看见母亲忧闷，连忙跪问原因。申后说："你父王宠爱褒姒，不分尊卑，今日在翠华宫，见我来了，她仍饮酒自乐，全不退避。将来此婢得志，我母子一定没有容身之处！"太子说："这事好办，改天与数十宫人游御苑赏花时，如果褒姒一同过来，我令宫人将此贱婢乱打一顿。待她禀奏父王，父王不听则已，若有什么事，孩儿必杀之！"

褒姒像

申后果然将褒姒打了一顿，褒姒对幽王垂泪说："申皇后无故令宫人痛打小妾！"幽王变色："皇后怎么敢如此无礼！"虢石父、尹球说："臣闻皇后失德，嫉妒之心太甚。"幽王大怒，下诏废皇后，册立褒姒为正宫。太子宜臼忿恨不平，要杀虢石父。虢石父逃走，来见幽王。幽王大怒，命尹球追捕太子。幽王将申后囚禁在冷宫，并废掉太子宜臼。这种处理引起了朝中大臣的共愤，告老归田者很多。

褒姒天性忧郁，成天紧蹙眉黛，终日闷闷不乐，周幽王为博其开颜一笑费尽心思。但千方百计，褒姒却始终不开口一笑。幽王召乐工鸣钟击鼓，品竹弹丝，宫人载歌载舞，褒姒全无悦色。

幽王问："卿不好音乐，不知所好何事？"褒姒说："妾无所好。曾记得昔日手裂彩绢，爱听绢裂的声音。"幽王说："那你怎么不早说呢？"幽王即命司库每日进彩绢百匹，使有力的宫女撕裂，以取悦褒姒。褒姒虽爱听裂绢的声音，却依旧不见笑脸。

幽王问："卿为何不笑？"褒姒说："妾平生不会笑。"

幽王私下与虢石父说："你若有什么办法让褒后笑一笑，就赏你千金！"虢石父就献计说："先王曾在城外，五里置一烽火台，用来防备敌兵。如有敌兵来则举烽火为号，沿路相招天下诸侯带兵勤王，假如诸侯来了却没有敌兵，

骊宫春韵图

皇后必然会笑！”

原来，周王朝为了防备西部犬戎等少数民族部落的进攻，在骊山一带造了二十多座烽火台。如果犬戎打过来，把守第一道关的士兵就把火烧起来；第二道关的士兵见到烟火，也把烽火烧起来。这样一个接一个烧着烽火，附近的诸侯见到了，就会发兵来救。

幽王遂与褒姒驾幸骊山，在骊宫夜宴，到处灯火辉煌，笙歌曼舞。周幽王向褒姒解释烽火台的用处，告诉她这是传报战争消息的建筑。那时候，从边疆到国都，每隔一定距离就修一个高土台，派士兵日夜驻守。当敌人侵犯边境的时候，烽火台上的驻兵立刻点燃烽火，向相邻的烽火台报警。这样一路传递下去，边境发生的情况很快就能传到京城。而一旦国都受到威胁，骊山的烽火台也点燃烽火，向附属周朝的诸侯国传递消息，诸侯国就会立刻派兵前来援助。

褒姒听了周幽王的话后，不相信在这样一个高土堆上点把火，就能召来千里之外的救兵。为了讨得褒姒的欢心，周幽王立即下令士兵点燃烽火。群臣都来劝谏说：“烽火台用来救急，必须取信于诸侯，现在无故而点烽火，是戏弄诸侯。以后倘有不测，将用什么办法来让诸侯救急呢？”幽王不听，遂点燃了烽火，与褒姒在望边楼欢宴。

烽火在一个接一个的烽火台上点燃起来，刹那间火焰直冲霄汉，像一条逃命的巨鲸一样，不断地一股股喷出火柱，向黑暗的远处奔腾而去。各地的诸侯乍见焰火冲天，以为国都受到进攻，纷纷率领军队前来救援。

没多久，列国诸侯皆领兵而至，一路烟尘滚滚，来了只见周幽王正和褒妃在高台上饮酒作乐，根本就没有什么敌人，才知道自己被国王愚弄了。诸侯们不敢发脾气，只能悻悻地率领军队返回。

褒姒凭栏远眺，见各路军马擎火炬漫山遍野奔跑的狼狈样，觉得很好玩，不禁嫣然一笑。周幽王一见宠爱的妃子终于笑了，心里痛快极了。

等诸侯都退走了以后，周幽王又让士兵再点燃烽火，诸侯们又急匆匆地带着军队赶来了。周幽王和褒姒一见诸侯们又上当了，在烽火台上一起哈哈大笑。幽王说：“爱妃一笑，百媚俱生，此皆虢石父的功劳！”遂以千金赏虢石父。“千金买笑”的典故就出自这里。就这样，周幽王反复点烽火，戏弄诸侯。最后，当烽火再点燃时，已经没有一位诸侯再上当了。

申侯在回去的路上就上表责备幽王弃皇后、废太子、宠褒姒、戏诸侯四事。虢石父奏报说：“申侯打算与太子宜臼谋反，因此故意揭露大王的过失。”幽王说：“那怎么办呢？”虢石父说：“赶快发兵讨伐他，免生后患！”

于是幽王发兵讨申。申侯大惊：“国小兵微，

烽火戏诸侯

《诗经·小雅》

何以当敌？”大夫吕章说：“申国近邻犬戎、西夷，主公赶快写信给犬戎，请求他们出兵讨伐无道的幽王，这样就一定可以免掉申国的灾祸！”申侯便写信给犬戎。犬戎于是发兵五万，杀奔京师，将周朝都城围得水泄不通。

幽王见此情景，大惊失色，对虢石父说：“速点烽火以搬诸侯的救兵！”幽王点烽火数日，烽火台上白天冒着浓烟，夜里火光冲天，诸侯之兵却没有一个来的。因为前几次被烽火所戏弄，诸侯以为幽王又想戏弄他们来博取美人一笑，所以都不当回事。不久镐京陷落。

幽王逃奔临潼。犬戎在城中放火焚烧宫室，掳掠库内财物。幽王在骊山下被追上杀了。褒姒被犬戎掳去，不知道下落。宫中士卒嫔妃，死者不计其数。犬戎在城中大肆劫掠数月。

周幽王“烽火戏诸侯”的故事如今已被当作笑话。这个爱美人的故事早已超出了“个人行为”，为了博美人一笑，竟以江山社稷的保护伞——军队为代价，最终只能留下千古骂名。《诗经·小雅》说：“赫赫宗周，褒姒灭之。”中国还有句古话，“一笑倾城，再笑倾国”，只有无道昏君才能有这样的荒唐之举。

后来，各地诸侯知道犬戎真的打进镐京了，就联合起来，带着大队人马来救。诸侯们打退了犬戎，立原来的太子宜臼为天子，就是周平王，然后诸侯们就回各自的封地去了。

没想到这些诸侯们前脚一走，犬戎后脚就又进来了，而且是经常进犯。当时京师宫殿焚毁，仓库空虚，西边很多土地都被犬戎占去了，边境烽火连年不息，平王就与群臣商议迁都到洛阳。周公说：“不可！洛阳虽为天下之中，却四面受敌；而镐京，左有崤函，右有陇蜀，沃野千里，四塞为固，所谓天府之国，天下之势，莫过于此。今若弃之东迁，臣以为不可！”平王不听，即日东迁于洛阳。

镐京险要的地方都归了秦国，后来秦国凭此灭六国得天下。从此诸侯们各霸一方，展开了长达五百多年的残杀。

四、千古一帝秦始皇

在中华民族这个历史舞台上，上下五千年中来去匆匆走过了许多位风云人物，秦始皇就是在这个历史舞台上留下了重重的脚印的一位。他从父亲秦庄襄王手中接过了秦国先公先王传下来的统一六国事业的接力棒，奋力拼搏，终于跑到了终点，建立起第一个统一的多民族的专制主义中央集权的封建国家。在我国历史发展长河中，树立起一块新的里程碑，其功绩是伟大的。但是，秦始皇横征暴敛，农民被迫把收获物的三分之二上交赋税，还要负担沉重的徭役，被征去修阿房宫、陵墓、筑长城达200多万人。秦始皇的暴政，给自己种下覆灭的恶果。

离奇身世

战国末期，各国之间的争斗异常激烈。秦是当时的七雄之一，秦始皇的曾祖父秦昭王听取了范睢“远交近攻”的战略，把进攻的矛头先对准了邻国韩国和魏国，而和较远的赵国联合。遵照当时的惯例，两国互换人质以示真诚。秦国派到赵国的是秦始皇的父亲子楚，子楚是秦昭王的孙子，即太子安国君的儿子。子楚的母亲夏姬不被安国君宠爱，子楚又在安国君20多个儿子中排在中间，不是长子，所以地位很低，挑选人质时便被选中，不久便作为人质被送往赵国居住。

当时，阳翟有个叫吕不韦的大富商经过赵国国都邯郸时，遇到了子楚，吕不韦是个善于投机钻营的人，一遇到子楚便觉得“奇货可居”，打起了要利用他来赚取功名利禄的算盘，于是便倾心结纳。子楚身在异国他乡，备感孤独寂寞，现在竟有人如此关心自己，不禁令他感激万分，两人渐渐成为好朋友。

吕不韦决定想方设法让子楚不但能够回到秦国，而且还要在秦国占有举足轻重的地位，为此他做了一系列精心的策划。他很熟悉秦国的内幕，知道安国君虽然最宠爱华阳夫人，但华阳夫人却没有儿子，他便打定主意要让华阳夫人过继子楚为子，这样太子安国君即位后，子楚就会成为太子了，自己肯定能利用特殊的政治资本赚来无数的钱财。

吕不韦像

于是，吕不韦拿出千金送给子楚，让他广交朋友，他自己则带着大批奇珍异宝，去了秦国。到了秦国后，他首先找到华阳夫人的姐姐。吕不韦施展口才，说子楚如何贤达聪慧，富有大志，虽然身处异乡，但天天想念安国君和华阳夫人，有时思念得都泪流满面。吕不韦又劝说华阳夫人的姐姐去游说华阳夫人，让她尽早在众公子中过继一个，并立为储君，不然等到自己年老色衰的那天，有何依靠呢？现在子楚在赵国做人质，日夜思念太子和夫人，何不趁此机会，立子楚为嫡嗣，这样子楚必感恩不尽，夫人也就终身有靠了，何乐而不为？

虽然深受太子宠爱，但无子嗣一直是华阳夫人耿耿于怀的心事，经姐姐一番游说，华阳夫人欣然同意了吕不韦的主张，于是她便利用安国君的宠爱，说服了他立子楚为继承人。

从此，子楚的处境和地位都发生了很大的变化：安国君和华阳夫人给了子楚足够的钱财，还让吕不韦做他的师长，扶助子楚。从此，吕不韦与子楚的交情越加深厚，他们一起期盼着子楚回国做太子，准备以后继承王位的那一天早点到来。

吕不韦是个深谋远虑的人，此时他已经开始为将来依靠子楚在秦国大展宏图做准备了，他先是不惜重金买来邯郸的一位名歌妓赵姬为妾，等她怀孕之后，吕不韦就对她说："我打算谋取秦国的天下，现在子楚在赵国做人质，尚未娶妻，我打算将你送给他，因为他以后必定要回到秦国，也必定会登基。等他去世之后，我们的儿子就必定会被当作子楚的子嗣，继承王位了，那么秦的天下不就是我们的了吗？"赵姬答应了。

于是吕不韦便刻意制造了个机会让子楚与赵姬见面，子楚一见赵姬，便立刻被绰约多姿、风情万种的赵姬迷住了，吕不韦便借机“慷慨”地把美人拱手相让，而美人已怀有孩子的事却隐匿不提。不明就里、感激万分的子楚当即表示若他日后为秦王，必与吕不韦共富贵。

子楚得到赵姬之后，与赵姬日夕缠绵，8个月后，赵姬生下了一个儿子，子楚也就有了“自己的”第一个儿子。因孩子出生之日恰好是农历正月初一，因此取名为正，后来改为政，又因为出生在赵国，所以就叫赵政。

三年后秦赵失和，邯郸被围，赵国在秦军围攻时想杀死子楚，结果吕不韦重金贿赂了守城门的官员，使子楚得以逃出邯郸城，跑回秦国。赵政和母亲在外祖母家的掩护下，逃过了杀身之祸。

子楚回到秦国见了华阳夫人就哭着诉说多年离别的思念之情，因为华阳夫人本是楚女，所以子楚就特地改穿楚服。华阳夫人激动不已，对子楚说：“我本是楚人，你能曲体我心意，我愿养你为子。”于是子楚便拜只比他大三岁没有子嗣的太子妃华阳夫人为母。从此早晚问安，格外殷勤。

六年后，公元前215年，秦昭襄王死，安国君即位，这就是秦孝文王，华阳夫人立为王后，子楚立为太子。此时，秦国和赵国的关系也恢复到以前的友好状态，赵政和母亲得以回到秦国。秦孝文王在位时间很短，先是为父亲服丧一年，正式即位仅三天便死了。于是子楚即位为秦王，就是秦庄襄王，尊华阳夫人为华阳太后，生母夏姬为夏太后，立赵姬为王后，赵政为嗣子。这时的赵政因为回到了秦国，因此已改成了国姓嬴，改名为嬴政。子楚没有违背当初的诺言，不但让吕不韦做了相国，还封他为文信侯，食河南洛阳十万户，拥有上万名家僮，吕不韦终于靠投机实现了自己的夙愿。

因为子楚过着糜烂的宫闱生活，精血耗尽，元气大伤，即位4年之后便中风身亡，年仅36岁。于是公元前247年，刚13岁的嬴政便登上了秦王的宝座，因为年幼，便由太后赵姬听政，国事都委任吕不韦，称为“仲父”。

发愤图强吞六国

当年赵姬与吕不韦的感情就非常好，现在虽然做了太后，地位尊贵，但守寡时间一长，耐不住深宫寂寞，便和吕不韦又重新走到了一起。可是，随着嬴政一天天长大，吕不韦惟恐奸情败露，引来杀身之祸，便给自己找了个替身，他向赵姬推荐了嫪毐，让嫪毐冒充宦官进宫，入宫服侍赵姬。从此赵姬与嫪毐在后宫朝夕贪欢，不久赵姬就怀孕了。嫪毐与赵姬密商，买通占卜之人，假称宫中不利母后，应该迁居避祸。嬴政不知有诈，就请母后徙往雍宫。从此母子不在一处，不必顾忌，以至于赵姬连生两个男婴，嬴政均不知晓，反而在母亲的要求下，封嫪毐为长信侯，赐他数千奴婢，食邑山阳。

这样，在嬴政的身边就有了两个对他政权构成威胁的人，一个是吕不韦，一个就是嫪毐。公元前 239 年，嬴政满 21 岁，依照秦国的旧制，第二年要举行加冠礼，然后就可以亲政了。而吕不韦和嫪毐却在此时向他示威，尤其是嫪毐依仗赵姬的势力，私自分土封侯，甚至私下与赵姬密谋，打算将他们的私生子立为嗣王。可是嬴政在挑衅面前不动声色，而是按计划举行了加冠礼，暗地里却在寻找机会，铲除威胁。

嫪毐虽然威权日盛，但毕竟是个市井小人，得意时难免会忘乎所以。有一天，他与一个大臣饮酒，喝得酩酊大醉，便与之起了口角，嫪毐叱骂对方说："我是秦王的假父，你敢与我斗嘴？你难道有眼无珠，不识高下吗？"那位大臣不甘心受辱，便将这些话告诉了嬴政。嬴政听到这一消息，不禁勃然大怒，立刻秘密派人暗中调查。后来得到密报，说嫪毐本不是阉人，确与太后有通奸且生子的丑事。嫪毐得知消息后，不甘心坐以待毙，便伪造诏书想乘机叛乱，结果被早有防备的嬴政平息，嫪毐被捉，最后被五马分尸，诛灭三族。他的同党被诛杀的有二十多人，牵连的多达四千多家。赵太后和嫪毐生的两个私生子也被杀，赵太后则被软禁起来，最后经过群臣的劝说，嬴政才亲自把母亲接回咸阳。

吕不韦因送假太监进宫伴太后，犯下欺君之罪，本当连坐，因念他侍奉先王有功，功罪相抵，被免去相国职衔，勒令去河南乡下闲置。吕不韦在河南住了一年多，山东各诸侯国，多派遣使节前去问讯，使者络绎不绝。这件事被嬴政知道后，为了防止他谋变，嬴政就派人给吕不韦送去绝命书，信中对吕不韦大加斥责："你对秦国有什么功劳，却能封土洛阳，食邑十万？你和秦国又有什么亲缘，却得到仲父的称号？你快给我滚到西蜀去吧！"吕不韦看完书信，长叹数声，几乎泪下。他想如果告知嬴政自己是他的生父，那么性格暴戾高傲的嬴政，为了不让家丑暴露，肯定不会放过自己，可是如果去了西蜀也不会有什么好结果。想来想去，他觉得不如就此自尽，免得受苦，便取了鸩酒，勉强吞下，顷刻间毙命。几年后赵姬也死了，赵姬死后，嬴政把母亲悄悄埋在了子楚的陵墓中。

至此，嬴政可以说是清除了对自己政权构成威胁的所有对手，于是他便开始对六国采取了军事行动。在嬴政手下，有一批很有才干的文臣武将，在他们的辅佐下，嬴政采取了远交近攻，集中兵力，先易后难，中间突破，后扫两翼，最后灭齐的方针。在执行中又及时抓住可乘之机，灵活机动地变通主攻方向，在军事进攻的同时，配合以政治上的分化瓦解，两者结合，得心应手，加速了统一的进程，前后用了十年的时间灭掉了六国，统一了中国。

最先灭掉的是韩国，公元前233年，韩国割地称臣，也没能挽救败亡的命运。三年后，秦国俘虏了韩王，灭掉了韩国；然后秦国攻打赵国，俘虏了赵王，公子嘉逃到了代郡，称代王。到秦王二十五年，代王也被俘，赵最后灭亡。

秦王二十年，大将王翦领兵攻燕，在易水西面打败了燕、代联军，攻占了燕国都城蓟城（今北京），燕王向辽东方向出逃。后来，燕王只得杀死曾经派荆轲刺杀秦王的太子丹，把他的头献给秦军求和。到秦王二十五年，燕国最后的一个王——喜被俘获，燕国也被灭了。同时，魏国也被秦军灭掉。

秦王二十三年，攻打楚国的秦军因为兵力太少，被楚军打败。秦王又派老将王翦出征，并听从他的建议，给了六十万重兵，王翦用了三年时间，终于拿下楚国。

嬴政像

最后灭掉的是齐国。在秦国先后对其他五国用兵时，齐国不但袖手旁观，而且和秦国结盟，根本没有意识到自己的前途将来也会和其他五国一样。因此，齐国没有做任何战争准备。等到五国都被灭掉后，齐国这才派兵准备抵御秦国，并和秦国断交，但为时已晚。秦国大将王贲在最终灭掉燕国后，领兵大举南下，一战俘获了齐王。从此，春秋战国以后在中国大地上形成的诸侯争霸、连年混战局面结束了，六国统一于秦。秦的疆域异常辽阔，北到长城和阴山，南到南越，即现在的岭南地区，秦还设置了南海、桂林、象郡进行管理。疆域的西界是陇西，东则延伸到了辽东。

这时，嬴政才39岁。

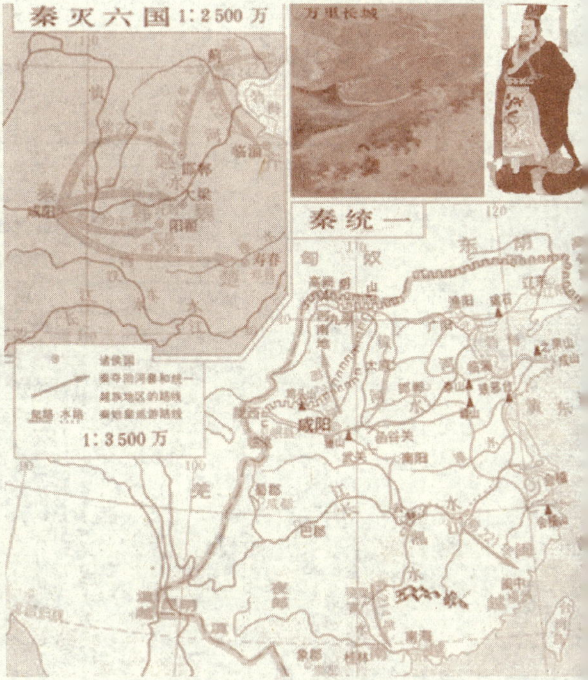

秦王灭六国简图

实行改革建帝国

统一六国以后，嬴政认为自己德高三皇，功过五帝，于是将皇和帝并称为“皇帝”，并称自己为始皇帝，意即从他开始的后世称二世、三世，以至万世，传之无穷。从此以后，中国历代君主均称皇帝。他推行了一整套维护大一统封建帝国的改革措施，对中国政治、经济和文化的统一和发展起到了巨大的作用。

秦始皇认为必须由皇帝来掌握全国的政权，不能再像西周那样分封诸侯，各管一地，致使最后诸侯各自独立，导致天下大乱。于是他废除了自殷、周以来的分封制，实行郡县制，即把全国分为三十六郡，郡下设县，郡的长官是郡守，县的长官有两个名称，一是县令（万户以上），一是县长（万户以下）。县以下依次是乡、亭、里、什、伍，是一种准军事化的管理体制。基层百姓五家为一个单位，由伍长负责。什则由十家组成，由什长负责。

在中央设三公九卿，帮助皇帝处理国家大事。三公是丞相、太尉和御史大夫。丞相是最高行政长官，辅助皇帝处理政务，同时负责对文武百官的管理。太尉则是最高的军事长官，负责军事事务，但他平时没有军权，战时也要听从皇帝的命令，而且要有皇帝的符节才能调动军队，军权实际上也是掌握在皇帝手中。御史大夫是负责监察百官的，也是副丞相，皇帝的诏令一般由御史大夫转交给丞相去执行。

三公的下面是九卿：奉常，掌管宗庙礼仪；郎中令，负责传达皇帝命令，以及皇帝的警卫；卫尉，就是宫廷的警卫首领，负责皇帝住所的日常守卫；太仆，主要工作是负责侍从皇帝，掌管皇帝的车马；廷尉，掌管全国的司法事务，负责审理重案要案；典客，负责国家的外交事务，同时负责内部少数民族的事务；宗正则是专门管理皇室事务的官员；治粟内史，管理中央财政，

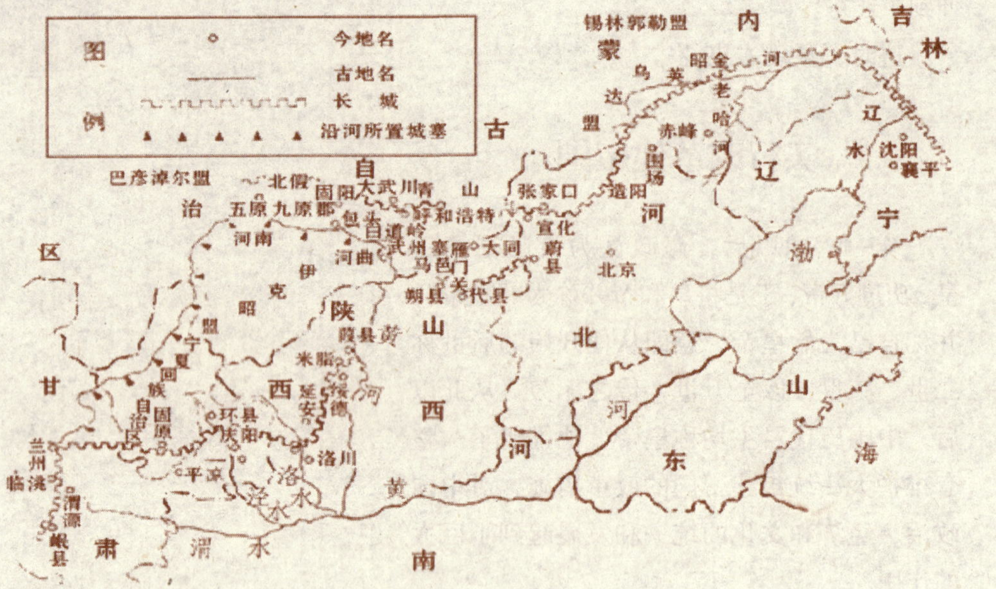

秦始皇修长城时的路线走向

并负责全国的税收工作；少府是皇帝个人的财政官员，管理归皇帝私有的山泽湖泊和宫廷手工业。

秦朝对于官吏的管理是很严格的，制定了很多处罚官吏的法令。官吏犯法，不是像西周那样享有特权，而是加重处罚。这使得秦朝的吏治非常清明，政府的办事效率极高。

这样从中央到地方，一切权力均集中于皇帝，大大加强了中央集权制的君主统治。

除了政治体制改革外，秦始皇还采取了一系列的措施来巩固集权统治。

为了保卫北方领土，他让大将蒙恬率军北防匈奴，并把战国时期各国修筑的长城连接起来以抵御匈奴的袭击。秦的长城西起甘肃岷山，东到辽东，共一万多里，号称“万里长城”。这是我国古代劳动人民修建的一项伟大工程，也是世界奇迹之一。

秦始皇还下令修建官道，即驰道。以咸阳为中心，共修成三条，一条向北通到了内蒙；一条通向东面的河北和山东，直到海边；一条向南，通两湖和江苏。驰道宽达五十步，两旁每三丈远就种一棵青松树。驰道的建立，大大缩短了信息传播的时间，有利于中央集权的加强和政令的及时传达。

为了根绝先前六国后裔的反叛行动，秦始皇将后裔贵族们连同富豪等12万余户，一律迁到了咸阳附近，这样便于监视，同时也繁荣了都城的经济。

另外，秦始皇还改革并统一了原来混乱的度量衡和货币，汉字也得到了统一，以秦小篆为全国通用文字，这大大促进了各地文化的交流。

苛政猛于虎　焚书又坑儒

秦始皇在统一天下之后，志满意骄，凶暴残忍，酷法严刑，无休无止地征调赋税和劳役，修长城、建宫殿、筑陵寝、开边戍守，使刚刚脱离战乱之苦的广大农民，又陷于疲于奔命的劳役之中。

秦始皇很喜欢六国华丽的宫殿，所以，每灭掉一个国家，他都让人将宫殿的样式画下来，然后在咸阳照样仿造。单单咸阳的周围就建有宫殿270多座，行宫在关外有400多座，关内300座。在这些宫殿中，最大最有名的还是阿房宫。因为在秦末已经被项羽烧毁，所以其规模究竟有多大，现在无法估计，但根据历史记载，光阿房宫的前殿就宽达500步，相当于700米。南北有50丈，相当于115米。殿的门用磁石砌成，主要是用来防止人带兵器行刺。在殿门前排列着12个铜人，是用没收民间兵器熔铸而成的。但在秦始皇死在出巡的路上时，阿房宫还没有建成，这个巨大的工程，每年都要调用民工70万人。

另一个宏大的工程是修建秦始皇自己的骊山墓，每年也用工70多万人。加上其他的用工，如修建长城，修驰道，常年的兵役征发，使秦朝每年服役的人达3万之多，男子征发不足，有时还要征发女子。

为了聚集财富以供自己大兴土木，秦始皇制定了多如牛毛的苛捐杂税。本来按照传统，人们都主张和长辈同住，以便尽孝，而秦始皇却要成家的男子和父母分居，这样国家可以按照户数多收赋税。

秦始皇的暴政导致民怨沸腾，为了防止老百姓对自己的反叛，秦始皇制定了严酷的法律，秦法仅死刑就分为戮、腰斩、车裂、坑（活埋）、凿颠（凿破头脑）、抽胁、枭首等，并推行连坐法和族诛。严酷的法律，使人民生活在水深火热之中，老百姓稍有不慎就会触犯法律，而且处罚相当严厉，常将人的脚砍断，造成大量的残废人。老百姓渴望统一，结束无休止的战争，是想从此过上安宁的日子，现在秦的暴政让他们失望至极，秦的民心丧失正是它迅速灭亡的主要原因。

秦始皇是中国历史上以残暴著称的封建统治者。焚书坑儒是他最骇人听闻的、震烁古今的暴行之一，数千年来受到千夫所指，众口所矢，几乎妇孺皆知，也是知识文化和知识分子在中国遭受的首次大规模浩劫。

秦始皇由于实行严酷法律，引起了士人的不满，纷纷指责秦始皇。丞相李斯主张严厉镇压这些胆大妄为的士人，就给秦始皇写了一封奏疏，要求进行焚书，即除了《秦记》之外的所有史书一律烧毁，全国百姓和士人私自收藏的经书和诸子百家的典籍，也全部由官府统一烧毁。敢于违抗命令，议论政事的人一律处死。如果官吏知情隐瞒不报，也和藏书的人同等治罪。除了少数史书之外，只留下关于农业、卜筮和医药的书籍。秦始皇同意了李斯的意见，下令全国进行焚书，这是对中国文化的一次清洗，也是秦朝暴政的集中体现。

在统一六国之前，秦始皇对士人的意见可以说是相当重视。但这只是他为了实现其统一目标而暂时将其暴戾的一面掩藏罢了。现在统一大业已经实现了，他暴戾的性格便不再掩藏，也没必要掩藏了。因此有人敢批评他，挑战他的权威，秦始皇便不能容忍了。当时很多人对秦始皇的暴政怨愤异常，对他不利的言论遍布天下。这使秦始皇勃然大怒，派出御史到全国各地追查，最后抓到 460 多人，秦始皇下令一块押到骊山的山谷中，全部坑杀，活埋。因为这些人绝大部分是儒生，所以被后人称为“坑儒”。他还将不少人流放，长子扶苏劝阻他，也被他外放到边疆。

向东求仙　寿终归西

秦始皇非常迷信，有一次他因风水受阻而不能渡湘水，归罪湘水女神作祟，于是遣发 3000 囚徒，去砍伐山上的树木以示报复。

秦始皇做了皇帝之后，为了能永居帝位，幻想成神成仙。最初他想皇帝的宝座由他一家独坐，要“传之万世”。但传之万世还不如他自己坐万世更惬意，于是他便迷信成仙，妄想长生不死，千方百计地寻求仙丹妙药。他听信了当时著名的方士徐福、卢生、韩终、石生、侯公等人的欺骗，多次入海求仙，寻找长生不老的仙药。秦始皇后来率领百官群臣到泰山封禅，五次大规模地出巡，前呼后拥，浩浩荡荡，劳民伤财，虽有向天下人炫耀自己的文治武功的目的，但到东海寻求长生不死药也是一个非常重要的原因。为了找到神仙，求得仙药，秦始皇的出巡总是到海边去，因为他听说神仙总是在海边出现。到碣石（现在的河北昌黎）一次，到成山（现在山东成山角）两次，到琅邪和罘罘三次，就是因为这些地方传说是神仙常来登陆的地点。

为了兴建阿房宫和骊山墓，秦始皇从全国各地先后征发了 70 多万民工，耗费了无数的钱财物资，因而遭到了全国人民的反对。公元前211年，在东郡（今河南濮阳一带）发生了一起咒骂秦始皇的严重事件。那一年，有颗陨石落到了东郡。有人因为痛恨秦始皇，就在上面偷偷地刻了七个字："始皇帝死而地分。"这件事传到京城，把秦始皇气坏了。他马上派御史大夫到东郡，追查是谁在陨石上刻的字。御史大夫在那里追查了许多天，始终没有查到一线索。秦始皇非常生气，索性下令把陨石附近的老百姓全都抓起来杀了。

秦始皇本来就迷信，自从发生了这件事，就更加疑神疑鬼，整天坐卧不安。后来，他找来卜筮令，给自己算了一卦，卜筮令对他说："陛下今年犯点儿灾星，不太吉利，只有搬家或者到外边去巡游，才能消灾免祸。"秦始皇听了卜筮令的话，就决定到东方去巡游。

公元前 120 年，秦始皇率领大队人马外出巡游。他从都城咸阳出发，直奔南方的云梦（现在的洪湖和洞庭湖地区），并到九嶷山祭祀了祖先舜。接着，乘船东进，在丹阳（现在安徽当涂）上岸，到了钱塘（现在浙江杭州），又向西渡江登会稽山，祭祀了治水的大禹，然后刻石于会稽山。下山后，从吴中（现在江苏吴县）北上，继续他的求仙之旅。为了能见到神仙，秦始皇一直是沿着海边北上，但总是一无所获。最后，失望的秦始皇只得往回返，没想到到达平原津（现在山东

秦始皇求仙

平原县）时，由于旅途劳顿、身体疲惫加上高温等因素，使得秦始皇一病不起。随行的赵高、李斯和胡亥等人知道秦始皇时日不多，但因为秦始皇忌讳说“死”字，所以没有人敢向他问身后的国事如何安排。随着病情越来越重，秦始皇也知道自己已日薄西山，活不了多久。他这时想到了死后的皇位继承问题，便想到了老成持重、富有政治头脑的长子扶苏，想让扶苏继位，可是此时扶苏因提出反对秦始皇的焚书坑儒政策，而被派往北方监军，于是秦始皇让随侍的中车府令赵高赐公子扶苏书信，叫他速回咸阳，守候丧葬，准备即位。书信写好后，赵高却迟迟不发出，藏在手中。当出行的车队到沙丘（今河北平乡）时，秦始皇就断了最后一口气。秦始皇死时仅 50 岁，他在秦王位共 25 年，称皇帝 12 年，总共 37 年。

为了防止秦始皇的儿子们争夺皇位而导致天下大乱，丞相李斯封锁了消息，将秦始皇的尸首放在车里继续向咸阳赶路，但由于天热尸体开始腐烂，散发出臭气，李斯便让每辆车上都装一石鲍鱼，用鱼臭掩盖尸体的腐臭。

赵高是个宦官，他的父母都是秦国的罪人，据说是秦统一战争中灭赵时的俘虏。赵父受秦宫刑，母亲是官奴。赵母在秦宫中生下赵高兄弟几人，都是生而为奴。后来秦始皇听说赵高身强力壮，懂点“狱法”，提拔他作了中车府令，是专管宫廷乘舆与印信、墨书的宦官头，秦始皇还命令赵高教自己的小儿子胡亥学习法律。赵高始终以坐上皇帝的宝座为目的，但他无法左右活着时的秦始皇。现在秦始皇死了，对他来说无疑是天赐良机，于是他决定假传遗诏，一步一步实施他篡权夺位的计谋。为了拉拢李斯，他竟借扶苏不喜欢李斯的事实来蛊惑李斯和他一起篡改了诏书，让胡亥继承了皇位。同时，还以秦始皇的名义指责扶苏为子不孝，让他自杀，不得违抗。在得到扶苏自杀的消息以后，胡亥、赵高、李斯这才命令车队日夜兼程，迅速返回咸阳。

秦二世即位后，残暴的统治不在其父亲之下，仅仅 3 年，不但秦二世被赵高所杀，秦的江山也在风雨中分崩离析，秦始皇想传到千代万代的王朝仅到二世便结束了。

秦陵之谜

秦始皇死后被葬在骊山墓中。墓高 50 丈，像座山陵一样。皇帝原来的墓都是依山而建，所以叫陵墓，后来，皇帝的墓不都依山而建，而是建成

秦兵马俑坑

山丘一样高，所以，“陵”除了指小山外，就是指皇帝的墓了。按照规定，皇帝的墓可以建9丈高，但至高无上的皇帝陵墓总是超过这个高度。至于百姓的墓，不但要称为“坟”，还限制在3尺以下，否则就是触犯法律，

秦兵马俑

要受处罚。其他大臣们的坟墓也有规格限制，不能随便超越。

秦始皇陵位于西安以东30公里的骊山北麓，南依骊山，北临渭水。高大的封冢在巍巍峰峦环抱之中与骊山浑然一体，景色优美，环境独秀。

公元前246年，秦始皇即位之初就开始修建陵墓，直至公元前210年入葬，陵墓的修建工程长达37年，用工最多时达70余万人。陵墓的封土呈平顶的四方锥体，底部南北长515米，东西宽485米，高115米。陵墓的周围有内外两重城垣，内城周长3875米，外城周长6210米。内外城均四面有门，并有门楼建筑。

陵墓建得很豪华，因为墓室很深，有泉水渗进，为了阻止泉水，便用铜汁浇铸。墓顶则用无数珠宝镶嵌，做成日月星辰的样子，底部用水银做成江河湖海的样子。墓室里还有文武百官排列两边。为了防止偷盗破坏，墓中遍设机关，如有人进入，弓箭会自动发射。

秦始皇陵周围陪葬坑众多，规模空前，例如秦兵马俑坑，自1974年被发现以来，引起国内外考古学者、历史学者以及广大旅游者的高度重视和浓厚兴趣。兵马俑坑建造规模宏大，埋藏的文物丰富、精湛，被誉为“世界八大奇迹”之一。秦兵马俑坑布局严整，结构奇特，布成军阵的陶人或着铠甲，或披战袍，手持矛、戈、戟等兵器，姿态神情各异，显示出各自不同的身份、兵种、性格，可谓栩栩如生。由于兵马俑坑建造于秦始皇陵附近，因此自发掘以来，国内外学者一般认为，这是秦始皇的陪葬坑。也就是说，这支装备齐全、威武雄壮的兵马俑队伍，是守护黄泉之下的秦始皇的。

除闻名遐迩的兵马俑陪葬坑、铜车马坑之外，后来又新发现了大型石质铠甲坑、百戏俑坑、陪葬墓等600余处。

秦始皇陵是中国第一座皇家陵园，是我国劳动人民勤奋和聪明才智的结晶，是一座历史文化宝库，在中国近百座帝王陵墓中，以其规模宏大、埋葬丰富，著称于世，1961年被公布为第一批重点文物保护单位；1987被联合国教科文组织列入世界文化遗产保护名录，成为全人类共同的财富。

中国古代帝王均立皇后，秦始皇却未曾立皇后，致使秦始皇陵园内一墓独尊，没有皇后墓。秦人在秦孝公（公元前 4 世纪）以后对于立后和立太子之事已制度化，秦国在发展壮大过程中，各种国家制度已臻完善，秦统一中国后更全面建立了各种制度，并定出了皇帝的正妻为皇后、母亲为皇太后的制度。但是秦始皇始终没有设立皇后，这成为令人费解的千古之谜。

另外陵墓的朝向为坐西向东，这是一个奇特的布局。众所周知，我国古代以朝南的位置为尊，帝王即位常称“南面称孤”，这“南面”也就是面朝南的意思。历代帝王的陵墓几乎都是坐北朝南的格局，而统一天下的秦始皇，为什么愿意坐西向东呢？一般认为，秦始皇生前派徐福东渡黄海，寻觅蓬莱、瀛洲诸仙境，又多次亲自出巡，对东海仙境十分向往。可惜徐福一去杳无音信，回归无期，使始皇帝亲临仙境的愿望如同泡影，这不能不成为秦始皇晚年的一大遗憾。即使生前得不到长生之药，死后也要面朝东方，以求神仙引渡而达天国。于是秦始皇建造了这坐西向东的陵墓。

而对于秦始皇的死亡原因，长期以来史学界也有两种截然不同的观点，

一说死于疾病，一说死于非命。这两种观点，至今尚无定论。不过，人们对解开此谜充满信心，因为据考察，秦始皇陵没受破坏，秦始皇遗体尚在，而且墓中大量的水银形成的水银蒸汽对遗体有冷凝防腐作用，待秦始皇陵发掘之时，不仅秦始皇死亡之谜可以解开，而且还可能看到秦始皇入葬时的遗容。

五、出身草莽开创大汉基业的汉高祖刘邦

由于刘邦出身无赖，以行伍定天下，轻慢儒生，诛杀功臣，因而很少赢得历代正直文人的好感。历代文人更是耿耿于怀："世无英雄，遂使竖子成名！""原来刘项不读书"；"偶因乱世成功业，更向翁前与仲争"。在他们看来，刘邦平定海内，称雄天下，并不是靠品德和真功夫，而是由于他品性奸诈和历史提供的机遇。其实历史地看，刘邦确有过人之处和领袖魅力，并非一般凡夫俗子所能企及。刘邦毕竟不是一位草莽英雄，前人对刘邦最终获胜，成为汉高祖的原因多有分析。刘邦有驾驭全局、举重若轻的雄才大略，审时度势、因时而动的精确的判断能力，能屈能伸、趋利避害、出生入死、大厦倾于前而不惊的大将风度，不拘一格的用人术，虚怀若谷、从善如流的气度，坚忍不拔、百折不挠的奋斗精神。纵观刘邦的一生，其成功的经验无不闪耀着智慧的光芒。

豪杰原本是"无赖"

刘邦生于公元前256年，沛郡丰邑人（现在江苏丰县），他在兄弟四人中排行第三，他的父母都是普通得不能再普通的老百姓。刘邦年轻时整日游手好闲，常常到酒店里赊酒，喝醉了就倒在酒店里睡觉。刘邦性格豪爽，对人很宽容，但他不喜欢读书，也不喜欢下地劳动，他的哥哥和嫂子不愿与其同过，刘邦的父亲只好把长子一家分出另过，刘邦仍随父母居住。刘邦长到弱冠之年，仍是不改旧性，父亲就斥责他说："你真是个无赖，什么时候才能像你哥哥一样买地置房！"刘邦并未觉悟，还是经常带着一伙狐朋狗友到哥哥家白吃。嫂子被吃急了，就厉声斥责，刘邦也不以为然。一次，刘邦一伙又赖在哥哥家蹭饭，嫂子急中生智，用勺子猛劲刮锅，弄出了震天的响声，刘邦一听，以为饭已吃完，自叹来迟，只好请朋友回去。等他送走朋友，回头到厨房一看，锅灶上正热气腾腾。刘邦这才知道长嫂使诈，受了刺激，从此不再回来。

刘邦像

刘邦的这种“无赖”本性一直没有得到彻底改变。楚、汉相争之时，刘邦曾经兵败彭城，自己只身逃走，两个孩子也被冲散。其后在逃难人群中发现了自己的一子一女，但楚军紧追，刘邦急于逃命，嫌车重太慢，竟将两个孩子推下车去。部将夏侯婴看见，急忙把孩子放回车中，如此反复了三次。刘邦说：“我如此危急，难道还要收管两个孩子，自丧性命吗？”夏侯婴反驳说：“这是大王的亲骨肉，怎么能舍弃？”刘邦竟然舍人救己，拔剑就砍夏侯婴，夏侯婴无奈，再也不敢把孩子放在车上，只好把孩子挟在腋下逃跑。俗语谓虎毒不食子，也许因为刘邦非虎而龙，也就顾不得这条古训了。

“无赖”刘邦快 30 岁的时候，做了泗水的亭长，时间一久就和县里的官吏们混得很熟，在当地也小有名气。在亭长这个官位上，刘邦整整待了 18 年。

那时的刘邦虽然职位低下，但他是一个很有野心的人。有一次刘邦送服役的人去咸阳，路上碰到秦始皇大队人马出巡，远远看去，秦始皇坐在装饰精美华丽的车上威风八面，羡慕得他脱口而出：“大丈夫就应该像这样啊！”这句话泄露了他心中的秘密，表明他渴望成为一名威震四方的豪杰。

刘邦的妻子是吕公的女儿吕雉，吕公本来不住在沛县，后来和家乡的人结下冤仇，便带着家人投奔自己的好朋友——沛县的县令，所以就把家安在沛县了。在吕公刚刚到沛县时，沛县的许多上层人物听说了他和县令的关系，便纷纷上门拜访，借机与他拉关系，套近乎。当时在沛县担任主簿的萧何负责接待宾客，由于客人很多，所以萧何就宣布了一条规定：凡是贺礼钱不到一千钱的人，一律到堂下就坐，刘邦本来就瞧不起这些官吏，他没有带一个钱去，却骗负责传信的人说：“我出贺钱一万！”

吕后

吕公听说了，赶忙出来亲自迎接他。萧何担心出现尴尬的局面，所以忙不迭地对吕公解释说："刘邦平时就愿意说大话，很少干实事。"吕公本就是个善于维护别人尊严的人，况且一见刘邦器宇轩昂，超凡脱俗，所以不但没有生气，反而请刘邦入上席就坐。

这次刘邦不但吃了一顿免费的盛宴，而且散席之后，还被吕公单独留下，原来吕公想将自己的女儿嫁给刘邦，所以特地征求刘邦的意见。刘邦当然求之不得了，可是吕公的夫人却不愿意，骂吕公说："你常说这个女儿有出息，要嫁给贵人，沛县县令要娶他，你都不肯，怎么会要给毫无出息的刘邦？"吕公说："你们女人就是目光短浅。"于是不顾夫人的极力反对，硬是把女儿嫁给了刘邦，这就是以后历史上有名的吕后。汉惠帝就是她和刘邦所生的儿子，还有一个孩子就是鲁元公主。

利用迷信起大事

有一天，吕后和女儿在地里除草，有一个过路的老人向她们讨水喝，喝完水便给吕后和她的女儿相面，说她们都是天下的大贵人。老人刚走，刘邦就回来了，吕后便把刚才老人说的话告诉了刘邦，刘邦一听也很高兴，他赶紧又追上了老人，让他也为自己看看面相。老人说刚才之所以说他的夫人和女儿长得有贵人相，就是因为他的缘故，而刘邦的面相是贵不可言。刘邦一听高兴极了，对老人拜了又拜，谢了又谢。

在秦始皇执政的晚年，全国政局已处于很不稳定状态。秦始皇征讨匈奴、建筑长城而动用大批人力、物力，加上原先进行的修驿道、修宫室以及骊山陵的工程，使得原有的人力根本不足派用，只好由民间征调大量的劳役。

这一次，沛县接到征调劳役的命令后，县令不敢怠慢，立刻编造名册，并决定派遣一名亭长负责领队的工作。这次的劳役是建筑骊山陵，是件非常艰险的工作，加上大家对过多的劳役反感颇深，因此负责领队是件危险的差事，万一有人逃亡，领队也要连坐论罪。

在考察了所有亭长的领导能力后，县令认为只有刘邦压得住阵脚。县令的命令刘邦当然不敢违抗，只好硬着头皮带领征调的500多人出发了。

没想到走出县城才30多里，刘邦就发现少了好几个人。原来，那些比较机灵的人，趁刘邦不备，偷偷地溜了。虽然发现有人逃跑，无奈监管的人太少，山路又崎岖复杂，所以很难加以搜捕。这时的刘邦束手无策，只能佯装不知，继续领着剩下的人往前走。接下来，逃亡的人越来越多，刘邦害怕了，他担心这样下去，到咸阳时恐怕只剩下他一个人了。如何是好呢？如交不了差，身为押送官员，只能是死路一条。怎么办？与其坐以待毙，不如干脆好事做到底，把这些人全放了吧。

一天晚上，刘邦把那些役夫们手上和身上的绳索解开来，对他们说："现在你们自由了！都各自逃命去吧，想回家的，可以回家，但不能声张，回家后也要找个安全的地方躲起来，等事情平息了再出头露面。"

役夫们听了之后，心里非常高兴，对刘邦也十分感激，但他们仍不敢相信，因为按照当时的法律，这样做肯定会受到严刑惩罚的。所以有人就问刘邦："我们走了，官府追究起来，你怎样办呢？"刘邦回答说："你们走后，我当然也要找个地方躲起来。"

后来，就有一些人逃跑了，但也有一些人被刘邦的仁义所感动了，没有走，他们都表示，愿永远跟随着刘邦，不管逃到哪儿，大家都在一起。刘邦同样被这些役夫感动了，他领着大家往深山里走。这一方面是为了避免消息走漏后会被官方逮捕；另一方面是进入山区也比较容易找到吃的东西，存活机会较大。

由于对山中道路不熟，刘邦总是派一名机警的役夫在前面探路。这样做，一来可以探路，二来可以侦察一下情况，以免因人数太多而被别人发现，惹出麻烦。这天，负责探路的那名劳工没走出多远，就慌慌张张地赶回来，对刘邦说："亭长，前面有一条巨蛇，盘踞在小路上，从蛇身上踏过去是很危险的。您看，我们是不是从别的地方绕过去？我察看了一下，如果从别的地方走，那又要绕十多里路，这样到天亮时就很难保证我们能进得了大山了。如果在天亮前进不了大山，被人发现就很危险了……"

刘邦说："不过是一条蛇，有什么可怕的，让我过去看看！"

刘邦拔出佩剑，领着大家继续向前走。走不多远，果然见一条巨蛇盘踞在路上，刘邦二话不说，挥剑向巨蛇砍去。巨蛇猛地跃了起来，尾巴向刘邦横扫过来。刘邦又劈又砍，巨蛇终于被杀死了。

杀了巨蛇，刘邦又领着大家继续往前走。不一会儿那位负责探路的劳工又跑回来报告，说前边有位老妇人在痛哭。刘邦领着大家赶忙赶过去一看，果然见到了那个哭泣的老妇人，刘邦就上前问老人缘何如此悲伤，老人回答说："我的儿子被人杀了哟！我的儿子是白帝之子，刚才躺在路上睡觉，想不到却被赤帝之子给杀了！"

刘邦听了，刚想安慰她几句，老人却突然消失得无影无踪了。这使大家深感惊奇，他们仔细琢磨着老人的话，最后都认为老人说的白帝之子，就是那条被斩杀的蛇；而赤帝之子，无疑便是斩蛇英雄刘邦了。于是刘邦在这些役夫们心中的形象更加神圣了，他们坚信刘邦一定能做一番大事业，所以就更加坚定了永远跟着刘邦的决心。

当然，也有一些史学家认为，这是刘邦和劳工在逃亡期间，故意创造出的神话，用以宣传刘邦的天生贵相，借此扩大这个流亡集团的影响力和

陈胜、吴广起义

威慑力。不管怎样，这件事的确让刘邦欣喜若狂，他以后便常常借此来提高自己的威信和地位。此后，刘邦带着人到处逃亡，但每次他的妻子吕雉都能找到他，刘邦很奇怪，问妻子原因，吕雉说他藏身的地方常有彩云缭绕，所以很好找到。刘邦后来便让手下人广为传播这种谣传，很多人便相信了，都想来投奔他。没过多久，刘邦的势力就大了起来，他也被当地人称为沛中的豪杰。

公元前209年，陈胜、吴广揭竿而起，率领起义军攻占了陈以后，自立为王，建国号张楚。当时，各郡县的民众纷纷杀掉秦朝的官吏来响应陈胜。沛县的县令害怕了，觉得与其被人杀掉，还不如率人造反，就想以沛县来响应陈胜，萧何和曹参当时都是县令手下的主要官吏，他们劝县令说：您是秦朝的官吏，却要率沛县人背叛秦朝，百姓未必会听您的。不妨把本县流亡在外的人召集回来，能得到几百人，有了这些人百姓就不敢不听您的了。县令觉得有道理，就让刘邦的妹夫樊哙去把刘邦找回来，刘邦便带人往回赶。后来县令后悔了，害怕刘邦回来抢了自己的位置，担心引狼入室，就命令将城门关闭，还准备捉拿萧何和曹参。萧何和曹参闻讯赶忙逃到了城外，刘邦将信射进城中，鼓动城中的百姓起来杀掉出尔反尔的县令。百姓对平时就不太体恤他们的县令很不满，杀了县令后开城门迎进刘邦，又推举他为沛公，领导大家起事。刘邦便顺从民意，设祭坛，自称赤帝的儿子，领导民众举起了反秦大旗。这时的刘邦已经48岁了。

楚汉相争

秦末农民战争中还有一支强大的力量，这就是原来楚国贵族的后代项羽和叔叔项梁，他们在吴中（现在江苏的吴县）起兵，兵力很快达到了近万人。同时，其他被秦国灭掉的六国贵族后裔们也纷纷起兵，加入了灭秦的行列。

在陈胜被车夫庄贾杀死后，项梁便拥立楚怀王的孙子心做了楚王，定都盱眙（现在江苏盱眙），后来和章邯率领的秦军展开了激战，开始几次都取得了胜利，项梁就骄横狂妄起来，别人的话一概听不进去，最终被得到援兵的章邯偷袭，大败被杀。章邯在项梁死后，觉得楚国不会再构成大的威胁，于是将主要精力转向了赵国。赵国受到攻击又向楚国求救，楚王在和众将商议

项羽像

之后决定兵分两路去增援赵国。一路由宋义和项羽率领北上，直接救援，一路则由刘邦率领西进关中，牵制秦军，策应北路援军。楚王和众将约定：谁先入定关中谁就做天下之王。但大家都对做王没抱什么大的希望，因为当时的秦军还很强大，将领们都不愿意冒险西进和秦军决战。项羽为了给叔叔报仇，要求和刘邦一起西进关中，但遭到大家的一致反对，大家觉得项羽做事比刘邦要残忍得多，而且又年轻没有经验，刘邦则是个长者，宽厚仁慈，威望较高，所以，最后决定只让刘邦一人领兵西进关中。

开始时，刘邦也不太顺利，但经过几次战役，刘邦步步西进，最后兵临城下，到达了咸阳东边不远处的灞上（现在西安东），秦王子婴见大势已去，只得献城投降，将玉玺亲手交给了刘邦，秦王朝至此灭亡。

刘邦进入咸阳之后，以为自己与诸侯有约定，便以“关中王”自居。看着富丽堂皇的宫殿，刘邦留恋不舍，准备在宫中住下，享受一番。他的手下大将樊哙劝他注意天下还没有平定，别忘了秦的前车之鉴，刘邦根本听不进去，樊哙又厉声斥责说：“秦宫奢丽，正是败亡的根本，请您立即还军灞上！”刘邦竟然现出了其无赖的本色，央求樊哙说：“我觉得困倦，你就让我在这里歇一宿吧！”樊哙见自己说不动刘邦，只好出去找来了张良，刘邦架不住张良深明大义而又百折不挠的劝说，才出了秦宫，回到军中，并将军队撤退到了灞上。

刘邦还军灞上之后，便召集各县的父老豪杰，和他们约法三章：杀人者死，伤人及盗抵罪，其他秦朝的苛刻法令一律废除。秦人大悦，唯恐刘邦不能留在秦地为王。有人对刘邦说：“秦国这地方有天下十倍那么富，地形也险要。听说秦朝大将章邯投降了项羽，项羽封他为雍王，做秦地的王。他如果来了，您就做不成关中王了，不如派兵把守函谷关，不让诸侯的兵进来，您征集关中的兵来补充自己就可以了。”刘邦听信了他的话，就派兵把守函谷关。

项羽在打败章邯，迫使他投降之后，也领兵直奔关中而来，想争夺做天下王的资格。等到了函谷关，见刘邦不但已经平定了关中，而且还派兵把守函谷关，不由得大怒，立即命令英布领兵攻下了函谷关，然后领兵 40 万直奔咸阳，驻扎在了戏下（今陕西临潼东北的戏水西岸）。

刘邦的部将曹无伤，见项羽对刘邦不满，便想借机讨好项羽，暗地里派人向项羽挑拨说：“沛公刘邦想在关中做王，然后让子婴做宰相，自己将秦的财物都纳入私囊。”项羽大怒，项羽的谋士范增劝项羽趁机灭掉刘邦这个对手，项羽便大飨士卒，准备第二天攻击刘邦。

当时项羽和刘邦的实力悬殊很大，项羽有兵四十万，号称百万，刘邦有兵十万，号称二十万，项羽又勇猛无敌，战事一起，结果肯定是刘邦失败。这样，就发生了历史上著名的戏剧性的鸿门宴的故事：项羽的叔叔项伯和刘邦的谋士张良很要好，他知道项羽要攻击刘邦，就连夜找到张良，让他赶紧逃走，以免被杀。张良却说不能丢下刘邦，就去问刘邦：沛公真的要背叛项羽吗？刘邦说有人告诉我，只要不让诸侯的兵进来，我就可以占领秦地为王了。张良问：你认为能抵挡住项羽吗？刘邦沉默了好久，才说：

鸿门宴图

当然不能，那现在怎么办呢？张良于是硬拉着项伯去见刘邦，刘邦设盛宴招待项伯，还和他在酒宴上约定为亲家。他对项伯说：“我自从入关之后，没有敢占有丝毫财物，将吏民进行登记造册，把府库封存起来，就是等着将军来的。我之所以派兵把守函谷关，并不是阻止将军入关，而是为了更好地守好关中地区，同时防止强盗入侵。我和将士们日夜都盼望将军你们能早点来，怎么会有造反之心呢？请您回去务必向项羽将军说明此事，消除误会。”项伯满口答应，然后对刘邦说：“将军你明天一定要到我们的营帐亲自向项羽说明情况，当面赔礼才能得到项羽的原谅。”刘邦听了连忙答应。项伯当天夜里就返回了军营，他对项羽说：“因为沛公先行进入关中，为我们扫除了入关的障碍，我们这才能顺利地通过函谷关，沛公是有功劳的人，我们不应该猜疑他，应该真诚相待。”项羽听了，便决定不再进攻刘邦。

第二天，刘邦如约来到了项羽的军营，只带了樊哙、张良和100名精锐亲兵。到了项羽的大帐鸿门，当面向迎接他的项羽赔礼道歉。项羽请刘邦入内赴宴，在酒宴上，范增多次以目示意项羽除掉刘邦，项羽却犯了妇人之仁，假装看不见。范增又让项庄在席间借舞剑为名，趁机刺杀刘邦，又被项伯用身体保护住了刘邦，这就是成语“项庄舞剑，意在沛公”的由来。刘邦借上厕所的名义中途离开，回到了大营。逃过了这一劫，他回到军中后立即处死了险些置他于死地的小人曹无伤。

鸿门宴之后，项羽便领兵西进，在咸阳城大肆屠杀，秦王子婴也被杀死，秦的宫殿阿房宫被项羽放火焚烧。火烧阿房宫后，项羽分封各路将军为王，共封了19个诸侯王。刘邦被封为汉王，领地是巴、蜀和汉中共41县，国都为南郑（现在的陕西南郑）。项羽自己为西楚霸王，掌握军队最高统帅权，楚王被尊为义帝。

分封完后，项羽让大家到各自的诸侯国去就职，刘邦也只好到南郑去。项羽只分给了刘邦3万军队，后来又有一些人追随他到了南郑，但总兵力也不足十万，刘邦暂时还无法和项羽抗衡，只能坐待时机。为了消除项羽对他的猜疑，也为了断绝其他王侯对汉中的袭击，张良建议刘邦将通向汉中的栈道烧毁了。

最初，刘邦并没有东进和项羽争雄的打算，但他到了南郑之后，形势的变化促使他下决心东进，和项羽争夺天下。一个原因是将士们不服南郑地方的水土，日夜思念家乡，士气低落。二是项羽封在齐国的田荣嫌项羽分封不公，起兵反叛，这给刘邦创造了进兵的绝好机会。正巧此时刘邦得到了大将韩信，萧何对刘邦说，如果要争霸天下，非重用韩信不可。韩信被封为大将后，提议立即出兵东进："我们的将士都是山东之人（指函谷关以东地区），现在正好可以利用他们东归回家的强烈愿望，鼓舞士气，东进之后必将建功立业。事不宜迟，应当立即进兵。"

公元前206年，刘邦让萧何任丞相，负责管理后方巴蜀地区，他亲自和韩信领兵从陈仓（现在陕西宝鸡东）偷渡，迅速占领了关中全部，至此，著名的楚汉战争正式爆发。

刘邦东进之后，曾经趁项羽和齐、赵交战之机拿下了河南，然后挥师东进，攻下了彭城。原先项羽打算在平定齐和赵后再和刘邦决战，现在见刘邦攻下了彭城，便领精兵3万急行军赶回，趁刘邦设酒宴庆功之机，在清晨发动袭击，一天之内便将汉军打败。汉军撤退时，又被项羽追杀消灭了十几万人。到了灵壁（现在安徽宿县西北）东边的濉水又被项羽追上，又丧失十几万军队，以至濉水竟被尸体堵塞了。只有刘邦和几十名骑兵奋力逃脱，他的父亲和妻子吕后都被项羽抓获。原来跟随刘邦的其他诸侯王见刘邦大败，先后舍他而去。

刘邦退到荥阳之后，得到了萧何从关中派来的增援部队，韩信也收拢打散的军队前来会合，汉军又重整旗鼓，在荥阳的南边打败了项羽的军队，两军在荥阳一带开始对峙。后来，刘邦策反了项羽的大将英布，分化了项羽，也使项羽因为要分兵镇压而削弱了兵力。但项羽派兵侵扰汉军的运粮通道，最终将荥阳的汉军围困起来。刘邦无奈，只好向项羽求和，提出以荥阳为分界线，荥阳以西为汉，项羽想答应刘邦，但范增却不同意，说现在正是消灭汉军的好时机，错过这个机会，就后患无穷了。项羽于是又开始攻打荥阳。刘邦采用了陈平的离间计：等项羽派使者来劝刘邦投降时，刘邦就让人先摆出盛情招待的样子，送去精美的食品，等见了使者，又故意惊奇地说："我们听说是亚父（范增）的使者来了，原来是项王的使者啊。"接着就将精美的食品拿了下去，换来不好的饭食。结果使者非常生气，回去便告诉了项羽。项羽不知其中有诈，怀疑范增背叛自己，私下和刘邦交往，从此不再听范增的意见了。范增得知了内情，勃然大怒，他对项羽说："现在天下局势已定，大王您自己多保重，我还是回家做一个平民百姓吧！"范增负气离开了项羽，但没有能到达彭城，就因为背上生疮病死在半途。由此可见项羽刚愎自用，勇猛有余、智谋不足的一面，这是他最后失败的主要原因。

范增走后，项羽加紧进攻荥阳，刘邦也设法从荥阳突围。大将纪信自告奋勇，替刘邦向项羽假投降。纪信乘坐着刘邦的车出东门假降，刘邦则从西门出城突围。纪信果然将项羽的大部分军队吸引住，项羽没有抓住刘邦，一气之下将纪信烧死了。拿下荥阳之后，项羽又占领了成皋（现在河南荥阳汜水镇），刘邦后来集中兵力将成皋收回，然后围困荥阳。项羽和刘邦在荥阳东北部的广武山一带相持不下，对峙达几个月之久，战局呈胶着状态。项羽几次猛攻，刘邦就是不出战，凭着深沟高垒固守。项羽急于和刘邦决战，因为持久战对他不利，刘邦的粮草供应顺畅，而他的粮草供应却常遭到彭越的袭击。为了尽早结束战斗，同时迫使刘邦投降，项羽就把原先俘获的刘邦的父亲和妻子押到了两军阵前，他对刘邦说："你如果再不投降，我就把你的父亲煮了！"刘邦知道项羽在要挟他，干脆耍起了无赖："我和你曾经'约为兄弟'，所以我的父亲就是你的父亲。你要是一定要煮了你的父亲，那就请便吧。不过，别忘了也送给我一碗肉汤。"项羽听了气得七窍生烟，当场就下令要将刘邦的父亲杀死，项伯从旁劝说道："现在天下未定，而争夺天下的人是不会顾及家人生死安危的，杀了他的亲人也起不到什么作用，只会加深祸患。"项羽便命人将刘邦的父亲带回去。项羽又对刘邦说："天下连年战乱，只因为我们两人，我们单独挑战来决一雌雄吧。"刘邦没有上他的当，只说："我和你只斗智不斗力。"这一句话实际上道出了刘邦取胜的根本所在！

楚汉双方对阵了十个多月，在侯公的撮合下，项羽和刘邦定下了停战协定：楚汉以鸿沟（现在河南荥阳、中牟和开封一带）为分界线，东西分治。协定达成之后，项羽将刘邦的父亲和妻子送还。项羽领兵东返，刘邦也打算领兵回关中。张良和陈平则极力劝说刘邦趁机灭掉项羽，因为这时项羽兵不精粮不足，万一他回到彭城，等于是纵虎归山。刘邦听了赶紧命令追击。同时命韩信和彭越火速集结，合击项羽。

公元前202年的10月，刘邦追上了项羽，但韩信和彭越的军队还没有到达。项羽向汉军猛烈反击，将汉军击溃，刘邦只得坚守不出，问谋士张良有什么良策。张良说如果能封给韩信齐地，封给彭越梁地，那他们两个肯定会火速进兵的。刘邦马上许诺韩信和彭越，在击败项羽后立即封他们为齐王和梁王，韩信和彭越很快有了回音：立即进兵。同时，楚的大司马周殷被刘邦劝降，淮南王英布领兵也赶来会师。汉军会合各路援军共三十万将项羽包围在垓下。

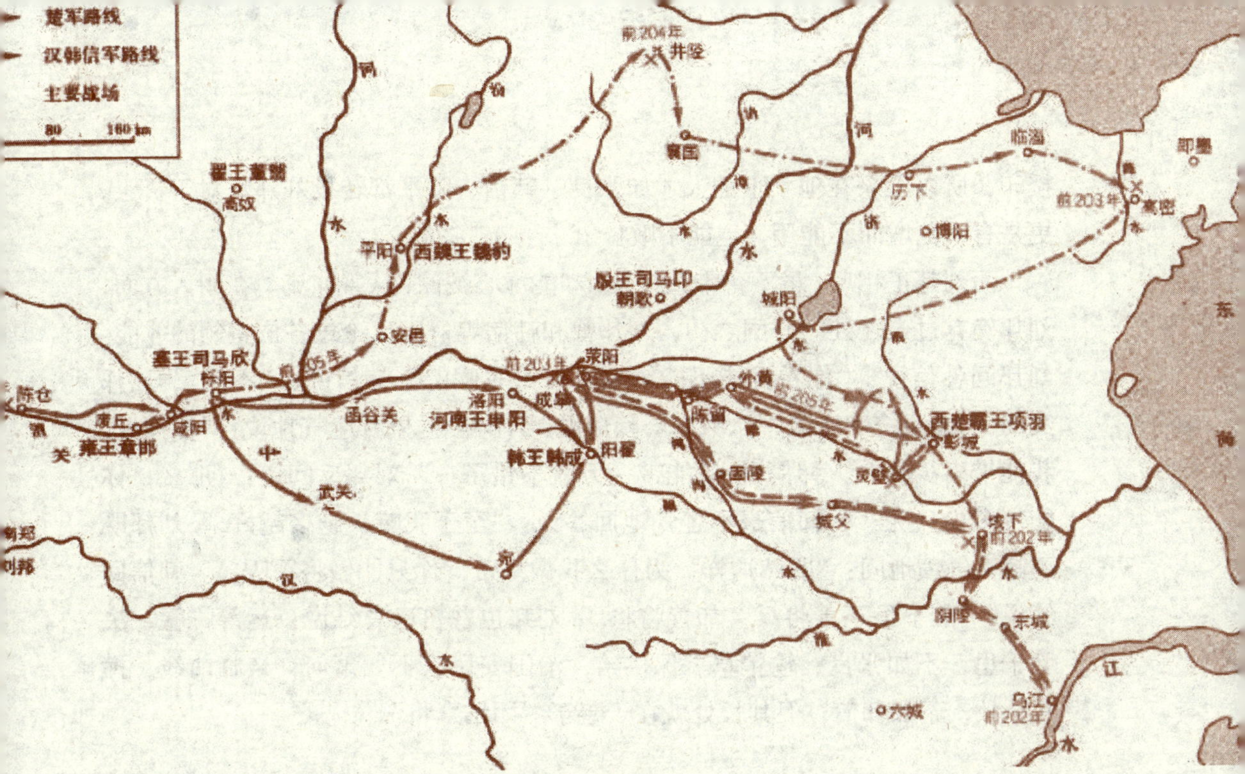

楚汉战争简图

夜里，围困项羽的汉军唱起了楚地苍凉的歌，使项羽以为汉军已占有全部楚地。走投无路的项羽在大帐中和心爱的虞姬饮酒，借着酒力慷慨而歌："力拔山兮气盖世，时不利兮骓不逝。骓不逝兮可奈何，虞兮虞兮奈若何！"虞姬唱道："汉兵已略地，四方楚歌声。大王意气尽，贱妾何聊生。"

随后，虞姬含泪自刎，项羽跃马率领八百骑兵趁夜突围。第二天早晨，汉军才发现项羽已经突围而去，刘邦命令灌婴率骑兵火速追击。项羽在渡过淮河后，身边只剩下 100 人，到达阴陵时，因为迷路走入大泽之中。从大泽出来后，项羽向东撤退，在东城被灌婴的骑兵追上。项羽随从只有 28 人了，和汉军激战三次，杀伤几百汉军后，项羽拒绝了渡江回江东以图东山再起的建议，横剑自刎，至此楚汉战争结束。项羽虽然失败了，但后人对这个失败的英雄充满了同情和崇敬。

楚汉之争，争的是天下。而争天下必然要争人才，从这个意义上讲，楚汉战争是智慧与蛮力之争，是人才之争，谁拥有大量的能人贤士，并且又能知人善任，谁就能取得战争的最后胜利。

项羽勇猛善战，无人能敌，性格也直爽豪阔，塑造了西楚霸王这一令人敬畏的形象。但项羽却又多妇人之仁，心胸不够宽广，又不善于拉拢使用人才，愿为士兵吸疮疗毒，却舍不得封官设将，把刻好的官印玩没了棱角还舍不得授印，所以原来在他手下的人才如张良、韩信、陈平都转投刘邦。对于贤士，更是有一范增而不能用，岂能不败！

而刘邦正相反，虽不善带兵打仗，却能虚心纳谏，从善如流。在用人方面，刘邦确有过人之处。开国之初，刘邦曾和韩信等群臣议论过各位将领的才能。刘邦问韩信说："你看我能不能统率百万大军呢？"韩信说："不能。"刘邦又问："能否统率十万军队呢？"韩信说："不能。"刘邦生气地说："依你说，我能带多少兵？"韩信说："能带一万就不错了！"刘邦反问道："那么，你能带多少兵呢？"韩信毫不客气地回答说："至于我嘛，越多越好。"刘邦既不解又气愤地问："既然这样，为什么我做皇帝，你只能做将军呢？"韩信回答说："陛下虽不善将兵，却善将将。"刘邦也曾自己总结说：运筹帷幄，决胜千里，不如张良；输粮草、保供给，治国安民，不如萧何；亲临前线，挥兵杀敌，不如韩信；但其长处就在于善于"团结众将"。

建汉称帝

公元前202年正月，刘邦兑现了先前的诺言，封韩信为楚王，彭越为越王。受封的韩信和彭越联合原来的燕王臧荼、赵王张敖以及长沙王吴芮共同上书刘邦，请他即位称帝。刘邦开始假意推辞，韩信他们说："大王虽然出身贫寒，但能率领众人扫灭暴秦，诛杀不义，安定天下，功劳超过诸王，您称帝是众望所归。"刘邦顺水推舟地说："既然你们大家都这样看，觉得有利于天下吏民，那就按你们说的办吧。"

这年的二月初三，刘邦在山东定陶汜水之阳举行登基大典，定国号为汉。同时，封妻子吕雉为皇后，儿子刘盈为太子。开始时，刘邦将都城定在了洛阳。

后来，一个叫娄敬的士卒从山东赶来见刘邦，说刘邦得天下和先前的周朝不一样，所以不应该像周朝那样以洛阳为都城，应该到关中定都，这样可以在秦地固守险地，国家才能长治久安。刘邦将他的意见说给众大臣讨论，但遭到许多人的反对，认为还是洛阳好。最后还是张良同意娄敬的建议，他说关中是"金城千里，天府之国"，退可守，攻可出。刘邦表示同意，很快将都城迁到了长安。

刘邦建立汉朝后实行的规章制度基本上都是继承秦朝的，比如中央是三公九卿，地方是郡县制。不过，在汉朝的乡一级的地方机构中和秦朝有一点不同，即在各乡的三老中，又选出一个作为县的三老，负责和县级的官吏联系，沟通上下关系。

除了郡县制外，还实行了封国制，即分封诸侯王到地方建立诸侯国和王国。最初，分封的是异姓王，如韩信等人，主要是为了团结众将取得战争的胜利，到后来，只剩下了长沙王吴芮，其他的王基本上被杀。消灭了异姓王，刘邦又封了9个同姓王，都是刘邦的儿子、侄子和兄弟。他觉得他们会巩固自己的刘姓政权，封同姓王的同时，刘邦还立下了规矩来约束他们：诸侯王国的政治地位和郡相同，辅佐诸侯王的相国和太傅都要由中央政府来任命，属于中央官吏，不得依附诸侯王对抗中央，否则就要以“阿党附益”（就是诸侯有罪时不举报，反而依附诸侯结成死党）的罪名处罚。而侯国的地位和县相同，主要是封给建国功臣们的。诸侯国和郡县并立，后来导致了地方政治和法令的混乱，因为王国和侯国有自己独立的司法审判权。

不过需要注意的是，汉朝的统治政策比秦朝有了很大的变化，主要是将原来秦朝的残酷刑法和严厉的治国思想改变了，用一种清净无为的黄老思想作为治国的指导思想，体现在经济方面就是减轻百姓赋税的负担。

兔死狗烹　鸟尽弓藏

刘邦虽然做了皇帝，但他丝毫没有敢对自己的皇位掉以轻心。在享受的同时他也采取措施对皇权进行了巩固。第一个让他不放心的就是在各地的异姓王。他们都有兵将，有的还三心二意。第二个问题就是手下将领为功劳大小和赏赐的多少争斗不止，如果安抚不当，就会投奔那些异姓王作乱。对那些六国的后代也不能掉以轻心。在中央，丞相的权力对他这个皇帝也构成了威胁。刘邦从做了皇帝到最后病死，中间有8年时间，基本上都用在了解决这些让他不放心的问题上。

他先收拾的是韩信。项羽失败后，其部将钟离眛、季布只得四处逃亡。刘邦称帝后，立即诏令全国通缉，悬赏捉拿。钟离眛走投无路，因与韩信同乡，一直友善，便往投韩信。韩信顾念旧情，就收留了他，将他藏在府中。后来，此事不知被谁密报给了刘邦。刘邦闻后大惊。他一直在提防韩信，恐其为乱，现在韩信又收留钟离眛，是否有反心？于是，他颁下诏书，命韩信把钟离眛送入都城。韩信接到诏书，不忍将钟离眛献出，托言钟离眛并未在此，请使者回报了刘邦。刘邦接到回报，内心仍存疑惑，于是派人暗中探察。韩信初到他的封地时，常带着兵马出入，车马喧嚣，声势显赫。来人看到这些也密报了刘邦，说韩信兵马甚多，恐有反意。

刘邦立即召集众将领，商讨对付韩信的办法。众人都主张讨伐，向刘邦进言道："韩信造反，请陛下发兵征讨。"刘邦听后，没有讲话。后来陈平来见，刘邦便向他请教应该采取什么样的措施。陈平对韩信是否确有反意还在怀疑，但对刘邦所问又不能不答，就说："诸将态度如何？"刘邦说："都劝我发兵征讨。"陈平说："陛下怎知韩信要造反？"刘邦说："有人密书奏报。"陈平接着问道："除上书人外，还有没有人知道韩信要反？"刘邦道："尚无人知道。"陈平又问："韩信可知道有人上书？"刘邦又说不知。陈平问："陛下现有士卒能否胜过韩信的楚兵？"刘邦摇首道："不能。"陈平又说："陛下用兵之将，有谁能比得上韩信？"刘邦连说没有。陈平听后，说道："今兵不如楚精，将又不如韩信，如发兵征讨，促成战事，恐怕韩信不反也要反了。"刘邦听了他的这一番话，觉得十分有道理，问："这该怎么办呢？"陈平沉思片刻，说："臣有一计，请陛下考虑。古代天子巡狩，必定大会诸侯。我听说南方有云梦泽，是游览的胜地。陛下伪称出游云梦，遍召诸侯，会集陈地。陈与楚西境相接。楚王韩信闻陛下无事出游，一定前来拜见，趁他拜见之时，伏下甲兵将他拿下，这不是唾手可得吗？"刘邦同意了他的计策，当即遣使四出，说要出游云梦，召各诸侯会集陈地。

韩信像

韩信得命，当然要怀疑，他曾被刘邦两次夺去了兵权，深知刘邦性格多疑，为此格外小心。这次刘邦突然游览云梦，如果不去迎驾，就有失君臣之礼，如去迎驾，又恐出意外。属将见他迟疑不决，进言道："大王并无过失，不过就是收留了钟离昧，违犯了君命，不如斩了钟离昧，献给陛下，陛下一定会十分高兴。如此一来，您还怕什么呢？"韩信觉得有理，便找到钟离昧，话中露出了为难的意思。钟离昧说："汉所以不敢攻楚，是恐我与你联合造反，同心抗汉。如果把我献给刘邦，那么，我今日死，明日你就必亡。"说完后，见韩信毫无反应，便起座骂道：

萧何庙

“你不是个成大事的君子，我不该往投你处！”说完，拔剑自刎而死。韩信见钟离昧已死，便命人割下他的头，前往陈地面谒刘邦。

刘邦派出使臣，可是不等他们回报，便从洛阳起身直达陈地。韩信当即呈上钟离昧的首级。忽听刘邦厉声说道：“给我拿下韩信！”话音刚落，从车队中涌出许多武士，将韩信反绑起来。韩信并不惊讶，说：“果如人言，狡兔死，走狗烹，飞鸟尽，良弓藏，敌国破，谋臣亡，今天下已定，我固当烹。”刘邦道：“有人告你谋反，所以擒你。”说着，令将韩信放置后车，也不再游什么云梦，当即返回洛阳去了。

楚、汉相争之时，韩信帮助项羽，则项羽可以统一天下；韩信帮助刘邦，则刘邦可以统一天下；如果韩信背叛刘邦，自树一帜，则可与项羽、刘邦形成三足鼎立之势，而且当时的具体情况为韩信提供了多次可以自立的机会，也有很多人极力劝告韩信自立为王，但韩信思来想去，还是跟刘邦干了下去。所以，韩信对于刘邦建立西汉政权，功劳应是第一位的，如果要论功行赏的话，别说只封他做了一个王侯，就是裂土并立，共同为王，也不算太过分。

但封建社会的铁律是一山容不得二虎，刘邦绝不可能和他并立为帝，最多只能封王，而韩信多少又觉得委屈，用当时的话来说，叫做“心怀怨望”，用今天的话来说，就是“不满情绪”，这种情绪发展下去，必然导致反叛。因此刘邦为了防患于未然，就先下手为强。刘邦返回洛阳，因思韩信功多过少，且说他谋反，也缺少实据，便把他从狱中放出，由楚王降为淮阴侯。韩信的确不简单，居然只用几句话就策反了刘邦最信任的将领陈豨，让他在外地反叛，使刘邦亲自前去平叛，然后自己在都城袭击太子和吕后。陈豨反后，刘邦果然亲自去平叛，可是韩信尚未举事，就被家奴告发，吕后采用了萧何的主意，将韩信诱骗入宫中抓捕，斩首长乐宫。当初力荐韩信的是萧何，如今出计杀韩信的还是萧何，留下一个“成也萧何，败也萧何”的成语，让人感慨。

除心腹之患

杀掉韩信后，与韩信一同被封的异姓王英布、彭越自然也不安心，两人先后谋反而被杀。异姓诸侯王中只剩下了长沙王吴芮。

对于其他将领，刘邦也颇费心机。先是分封了萧何等二十余人官职，但众将领因为互不服气，争功不止，刘邦就没有接着封赏下去。一次，在洛阳南宫，刘邦看见众将坐在沙地上不知在说什么，问身边的张良怎么回事，张良说他们在谋反。刘邦问为什么，张良说怕他以后不会封他们高官。刘邦又问怎么办，张良就问他最恨的人是谁，刘邦说是雍齿，因为他虽然功劳多，但太张狂，自己曾经想将他杀掉。张良听了就让他封雍齿为侯，这样，大家就会觉得被刘邦记恨的雍齿都能受封，他们就更不用着急了。于是，刘邦大摆庆功宴，封雍齿为什方侯，还当场命丞相和御史抓紧时间草拟论功行赏分封的名单。张良的计策果然奏效，众将的心都安定了。

对于六国的后裔，刘邦则将他们和地方的名门望族共十几万人全部迁到关中居住，置于中央控制之下，消除了后顾之忧。

关于丞相的过大权力，刘邦通过把萧何下狱来削弱相权。刘邦平定了英布叛乱回到长安后，萧何提议把上林苑开放，让百姓去耕种，因为上林苑已经荒芜。刘邦一听就恼了，硬说萧何拿了商人的贿赂，是借百姓之名为商人牟利。刘邦将萧何关进了监狱，几天后，有大臣问丞相犯了什么罪，刘邦却为自己狡辩说：“原先李斯做秦国的丞相，凡是功劳都归始皇，不好的事都由自己承担。现在丞相萧何却接受了商人的贿赂，替他们求我开放上林苑，刁买人心。因此要治他的罪。”通过打击元老功臣萧何，刘邦在削弱相权的同时将皇帝的权力提高了。

在巩固强化皇权方面，刘邦也是想尽了办法，一是通过尊父亲太公为太上皇，二是通过对季布和丁公的处理。这两件事最终达到了他的目的。

在经历了春秋和战国长期的混乱之后，又经历了短期的秦朝统治，再加上秦末战争，这使得人们心中没有忠君的观念，还保持着战国以来就形成的“士无常君，国无定臣”的思想，这不利于皇权的巩固。刘邦通过尊重父亲来教育大臣和百姓遵循礼法，尊重长辈，效忠君主。

刘邦和父亲太公在一起住，为了向大家表示他孝顺，每五天就去拜见一次。太公觉得没什么，也习惯了，但太公的属官却觉得不合适，就劝他说：“俗话说，天无二日，人无二主。当今皇帝是您的儿子，但他也是人主。您虽是他的父亲，但也是他的大臣。让他这个主人拜见您这个大臣，不合礼仪，况且这样也显不出皇帝的威严。”

等刘邦再拜见父亲时，太公就提前拿着扫帚出门相迎，然后倒退着进屋，不给刘邦行礼的机会。刘邦很吃惊，跳下车去搀扶父亲，太公赶忙说：“皇帝贵为人主，不能因为我一个人破坏了国家的礼法。”刘邦便下诏书，尊太公为太上皇，这样一举两得，不但明示了皇帝的尊严，他也可以顺理成章地拜见父亲了。

第二件事是对季布和丁公的处理。在刘邦和项羽争天下时，他们俩都是项羽手下的大将。季布领兵几次将刘邦打败，丁公也领兵追击过刘邦，但最后放过了他。刘邦做皇帝后，记恨季布打败过自己，就把他抓了起来。但想到自己也需要他这样的忠臣来辅佐，就不再记仇，不但放了他，还封为郎中。丁公听说了，就觉得连季布这样给过刘邦难堪的人都能释放做官，他这个曾对刘邦有恩的人就更不用说了。没想到，却被刘邦抓起来。刘邦对众人说：“丁公做项羽的将领时不忠，就是他这种人使项王丧失了天下。”刘邦下令处死了丁公，还在军中示众，警示大家要做忠臣，不要学丁公。

撒手人寰

做了皇帝，为了皇权的巩固，刘邦费尽心机。本来他年龄就大，在平定英布叛乱时又中了箭伤，到了长安病情加重。吕后找来名医，刘邦问他病情，医生说能治，刘邦一听口气，就知道不会好了，气得大骂医生：“我原来只是一个百姓，手提三尺剑得到天下，此乃天命。现在天要我死，就是神医扁鹊来了也没有用！”说完赏赐给医生五十金打发他走了。吕后看着弥留中的刘邦，问他死后人事的安排：“萧相国死后，由谁来接替呢？”刘邦说曹参。吕后问曹参之后是谁，刘邦说：“王陵可以在曹参之后接任，但王陵智谋不足，可以由陈平辅佐。陈平虽然有智谋，但不能决断大事。周勃虽然不擅言谈，但为人忠厚，日后安定刘氏江山为国立功的肯定是他，用他做太尉吧。”吕后又追问以后怎么办，刘邦有气无力地说：“以后的事你不会知道了。”

刘邦死于公元前 195 年，葬于长陵，谥号为高皇帝，庙号是高祖。一般都称为汉高祖。他开创的汉朝奠定了中国封建社会的主要文化，即儒家思想影响下的文化制度。

六、“文景之治”的奠基者汉文帝

汉文帝，名恒，是汉高祖的第四子。生于公元前202年，8岁的时候被封为代王。刘恒正式称帝后，采取了一系列轻徭薄赋，与民休息的措施，从而开创了历史上所称的“文景之治”。汉文帝可以说是历史上最厚民宽仁的皇帝之一，他体贴百姓、爱民如子，深受天下百姓的爱戴；他非常虚心，而且知错就改，以俭约节欲自持，是个谦逊克己的君主，他在位期间，没有建新房子，把省下的钱用来照顾孤儿和老人。汉文帝当了23年皇帝，监狱中几乎没有犯人。

汉文帝很有胆识，也很有才能，是中国历史上一位贤明的皇帝。他开创的稳定局面为此后景帝时的经济繁荣奠定了坚实的基础，他自己也作为一代名君载入史册。

幸运皇子登宝座

刘恒在刘邦的众多儿子中是很幸运的。刘邦共有八个儿子，吕后仅生了一个，即惠帝刘盈。在刘邦的众子中，刘恒是最不引人注目的一个，这和他的母亲薄姬有关。薄姬是苏州人，她的父亲在秦朝之时与从前魏国的宗室之女魏媪相好，未婚而生下了她。不久年纪轻轻的薄生就死在了山阴，成了异乡之鬼。魏媪拉扯着独生女儿，在乱世之中苦苦求生。

不久，秦朝陷入了乱世。在这一片混乱中，从前战国年间的诸侯遗族纷纷割据自立，魏国宗室魏豹就在此时自立为王。这时薄姬已经长成亭亭玉立的少女，魏媪心怀故国，便将心爱的女儿送进了魏豹的王宫，薄姬便成了魏豹的姬妾。

当时有一位很著名的星象家许负，魏媪请他来给女儿薄姬相面，看她能否在魏宫中出人头地。谁知许负一见薄姬，顿时大惊失色，道：“何止是在小

汉文帝像

小王宫出人头地那么平常？她日后还要生下天子，成为世间第一贵妇人！”

魏媪一听心花怒放，而魏豹听说薄姬竟然还有这等远大前途，更是喜上眉梢，他想：薄姬的儿子要做天子，而她是我魏豹的小妾，她当然只能生出我的儿子来。那么，我的儿子做天子，我岂不是也有当天子的福分？或者至少也可以放手一搏，为儿子打下前程吧。

于是魏豹开始背弃自己和汉王刘邦所订的攻楚盟约，转而在楚汉之争中保持起中立来，大有坐山观虎斗，轻取渔人之利进而吞并天下的意思。不曾想他的如意算盘打得太过精明，令刘邦怒火中烧，刘邦连忙派手下将领曹参率兵，轻而易举地就打败了两面三刀的魏豹。可怜魏豹天子梦未圆，自己辛苦打下的“魏国”倒先成了汉王刘邦的一个郡。而魏宫中的女人们全部被俘，由于是“罪妇”，薄姬等人没有资格充当刘邦的姬妾，只能去做宫中役使的婢女，于是她们都被送进了“织室”。

不过，刘邦对魏豹还算客气，封他做了御史大夫，并让他守城。可是魏豹不久又落入项羽手中，项羽部下周苛认为，魏豹曾为国王，是个靠不住的人，于是魏豹这次终于成了阴间之鬼。魏豹死后，一天，刘邦偶然想到了魏宫的姬妾宫人，便决定到囚禁她们的织室去看看。

这一去，顿时让刘邦心旷神怡，他发现魏豹的宫人中居然不乏美色婵娟。于是色心大动，挑选了一批姿色出众的女奴送进自己的后宫中，这其中就包括薄姬。尽管如此，由于刘邦内有悍妻吕雉，外惑诸夫人，何况薄姬的姿色在魏宫女眷中并不出众，所以刘邦压根就不曾注意过这个小妾。所以一年多的时间过去了，薄姬连刘邦的面都没能再见到。

当初在魏宫中，年少的薄姬有两个最要好的朋友，一个叫管夫人，一个叫赵子儿。薄姬视二人如同姐妹，还和她们立下了盟誓：假如三人中有谁先得富贵的话，一定不会忘记另两人，要共享富贵和机遇。想当初薄姬在魏宫中时，可是不折不扣地履行了自己的誓言，然而到了汉宫，管夫人和赵子儿却将薄姬的盟誓当成了笑话。

汉高祖四年，刘邦来到了河南成皋灵台。这时陪伴他的姬妾正是管夫人和赵子儿。这两个女人一时间十分受宠，得意非凡，闲聊的时候提起了薄姬以及当初她们立下的誓言，两个女人都认为薄姬十分可笑，于是嬉笑不止。这两个人的对话被刘邦无意间听到了，刘邦对这两个没有良心的女人十分反感，对单纯的薄姬不禁同情起来。当天刘邦就让薄姬侍寝，就这么一次偶然的机会，薄姬居然就怀上了身孕，当年便生下了一个儿子，取名刘恒。

但是，刘邦并没有喜欢上薄姬，他当初召她侍寝，仅仅是出于一时的怜悯，所以事后立刻就把她忘到了脑后，因此即使是薄姬为刘邦怀孕生子之后，也没能再见到刘邦一面。

薄姬在长达 8 年的时间里，枯守孤灯，默默无闻地抚养着刘恒。由于她极其不受刘邦的宠爱，受到宫中之人的轻辱，偏偏又生了儿子为诸宠姬所妒，所以渐渐地她养成了谨小慎微、凡事忍让的态度，就连照例派来侍候她的宫女，她都不敢得罪。

刘恒 8 岁这年，几乎不曾多看他一眼的父亲刘邦去世了。继位的是刘邦的嫡长子刘盈。刘盈生母吕雉，早年跟着刘邦历尽了辛苦艰难。刘邦能够得天下，吕雉功不可没，而刘邦得了天下之后，却又色心大盛，冷淡了结发妻子，宠爱起那些只会靠姿色争宠的姬妾来，尤其是赵王刘如意的母亲戚懿，更是想要取吕后而代之，这一切让吕雉对以戚懿为首的宠妃们早已恨之入骨。现在刘邦死了，自己成功地当上了皇太后，她要发泄积蓄已久的怨毒了。

刘邦在未娶吕雉之前，就曾在外眠花宿柳，跟外头的野女人曹氏生下了儿子刘肥，刘肥的母亲虽然不曾在汉宫中与吕雉争宠，但是吕雉依然衔恨多年，在成为皇太后独揽大权之后，她照样对刘肥百般折辱，最后逼得刘肥不得不认自己的妹妹、吕雉的女儿鲁元公主为义母，认嫡母吕雉为外祖母，由她的儿子自愿降为她的孙子，这才保住性命和王爵。

吕太后虽然按规矩将刘邦的所有庶出子女封赏一番，送他们各归封国，但是对他们的母亲——刘邦的宠妃们，却统统幽闭起来，打入冷宫，让她们过着粗衣旧衫，勉强维持温饱的日子。尤其是曾经想要取代吕雉皇后之位的戚懿，命运更是悲惨。她连枯坐冷宫的"运气"都没有，而是被剃成光头、以铁链系颈、穿上土褐色的囚衣，白天在宫中捣米，晚上就被牵着铁链锁进"永巷"（宫中监狱）严加看守。戚懿多年来被刘邦百般宠爱惯了，从来没有遭受过这样的折磨，更难忍受这样的耻辱，所以也就不懂得忍耐，更看不清形势，还天真地以为：你吕雉不是依靠儿子起家的吗？你以为只有你有儿子吗？我戚懿也有，而且比你的儿子还得先皇的宠爱！

于是戚懿每天不停地唱："子为王，母为虏，终日舂薄暮，常与死为伍！相离三千里,当谁使告汝！"她希望能有人把自己受虐的消息告诉做王的儿子，让他来为自己报仇雪恨。很快吕雉就知道了这个消息，她想赵王如意如今虽然年幼无知，但是一旦长成，很可能对自己和儿子刘盈切齿怨恨，到那时如果利用王权为母亲报仇作乱，那还了得，于是吕雉下定决心，要铲除刘如意这个隐患。

刘如意这年不过十四五岁，虽然名为国王，实际上年幼识浅，凡事都靠国相周昌主张。当年刘邦已预知吕雉不会轻饶如意，曾经郑重其事地向周昌托孤，更因为周昌有大恩于吕雉，所以刘邦希望周昌能够利用这一特殊条件，保护刘如意的平安。果然，周昌不让刘如意奉召，吕雉征召了赵王三次，三次都被周昌强硬地拒绝了。吕雉拿周昌没有办法，只得调虎离山，转而征召周昌。

周昌一离开赵国，吕雉便跟着下令再召赵王，刘如意不敢拒绝嫡母的命令，只能奉命来到长安。本来照吕雉的心意，她几乎是要立马向刘如意下手的，但是刘盈却手足情深，无论如何都要想法子保全弟弟的性命。所以打从刘如意踏进长安地域的那一刻起,他就亲自出城迎接,并从此与弟弟同食同寝,这就使得吕雉难以对如意下手。

苦苦等待中，吕雉终于找到了一个绝好的机会。原来，刘盈有个习惯，每日都早起锻炼，刘如意年纪小，不像哥哥那么有恒心，有一天，他坚持不了啦，就赖在床上不起来，刘盈心软，想想一时半刻也没什么要紧，就依了弟弟，独自一人出去射箭了。刘盈前脚刚走，吕雉派来的杀手就到了，就在刘盈的寝宫之中，杀手将毒药灌进了刘如意的口里。等刘盈回来，见到的是刘如意七窍流血的尸体。

刘如意被除掉了，吕雉没有了后顾之忧，立即开始了对戚懿的大报复。她下令将戚夫人的手脚全部砍掉，挖去眼睛、熏聋耳朵、灌下哑药，然后丢进粪池里。吕雉对自己的战果十分满意，特地召儿子刘盈前来观赏"人彘"。刘盈初看之下，惊恐之余觉得莫名其妙，便问母亲："这到底是什么东西？"吕雉回答说："这就是戚夫人。"

吕雉像

刘盈当场放声大哭。他万万没有想到，母亲杀死了弟弟还不罢休，就连弟弟已无还手之力的生母都不放过。刘盈天性温和儒雅，这一次惊吓超过了他的承受能力，病倒在床一年多都不能痊愈，眼前梦里尽是弟弟和戚夫人惨死的模样。刘盈虽然身为帝王，却对自己的母亲无计可施，他只能对吕雉说："你做的这些事都不是人能够做得出来的，我作为你的儿子，实在无法再治理天下。"从此刘盈沉醉于宴饮女色，自我放纵，拒绝上朝理政，浑浑噩噩7年之后，年仅25岁的刘盈便离开了人间。

刘如意被毒死后，吕雉将淮阳王刘友迁到赵国为赵王，并将一位吕姓王后塞给了他。刘友对这位吕姓王后望而生畏，敬而远之。结果惹得胭脂虎勃然大怒，立即回娘家，向吕雉诬陷自己的新婚丈夫意图谋反。吕雉立刻将刘友召至长安，囚禁起来，断绝他的饮食。凡是同情刘友偷送饮食的官员，都被逮捕问罪。刘友被悍妻恶母所害，最终活活饿死。

接着，吕雉把梁王刘恢迁为赵王，将吕家的女儿嫁给刘恢，这位吕王后倒还不至于谋杀亲夫，她对才貌俱佳的刘恢倒是很满意的，刘恢温文尔雅，对吕氏也还不错。但是万没想到，吕王后的狠妒却比吕雉还更上层楼。新婚还不到一年，她就撕去了新嫁娘的面纱，派人把刘恢的爱姬毒死了。刘恢悲伤不已，爱姬死后仅仅过了四个月，伤心欲绝的刘恢便自杀殉情了。

接下来是燕王刘建。刘建也娶了吕氏为王后，这位吕氏虽然比前两位要好那么一点，但是刘建对她也绝无感情，反倒是与宫中的美人有情，生下了一个儿子。不久刘建也在抑郁中早逝。吕雉听说刘建的儿子身上流的居然不是吕家的血，他竟敢冷落吕妃，于是怒火再次燃烧，派人把这个幼儿给杀了。

齐王刘肥是兄弟中最年长，也是最早善终的一个，他去世后，长子襄继位为王，次子刘章15岁，封为硃虚侯，娶吕禄女为妻。刘章性情豪爽，与吕氏倒真有夫妻情谊，因此深得吕雉欢心，几乎被这位嫡祖母视作亲儿子看待。

在三位刘氏亲王相继早逝之后，满朝文武都愤愤不平却又不敢作声。刘章却胆大，要为小叔叔们打抱不平。于是在一次陪吕雉宴饮当监酒官的时候，刘章首先要求以军令行酒。接着还当场借题发挥，说种好地的关键，就是要把地里不是自己所种的苗拔尽才行。吕雉听了这话，知道是在讥刺自己，也知道是在影射诸吕非刘氏种，未见得有好下场。于是默然无语。

正在这个时候，有一位吕姓族人逃酒，刘章立即追出殿宇，当场把他一刀两段，然后回报吕雉：“有一个逃酒的，被我用军法处死了。”吕雉和诸吕一听之下，顿时大惊失色，从此都对刘章畏惮不已。

然而，吕雉对薄姬的态度却很友善，这一方面可能是因为薄姬为人小心谨慎，另一方面可能是因为薄姬和吕雉一样，没有得到丈夫刘邦应该给予的善待，所以薄姬意外地得到了吕雉特别的恩遇：吕太后将薄姬送往儿子刘恒的封地，不但让她们母子团圆，更给予她“代王太后”的称号，使她成为大汉王朝仅次于吕雉的贵妇人。

后来，吕雉去世了。诸吕阴谋作乱，想要夺取刘氏天下。然而刘章之妻吕氏，却对丈夫一往情深，唯恐他死于非命，就做出了背叛家族的举动：将诸吕的计划向刘章合盘托出。刘章又立即将消息飞报给了哥哥齐王刘襄，于是吕氏家族很快就覆灭了。为了消除隐患，以周勃为首的大臣们愣说小皇帝刘弘不是刘盈的亲生儿子，将他赶下皇座，他的嫡母也就是刘盈之妻、吕雉外孙女也因此被打入冷宫。不久刘弘就和他的皇后双双“暴毙”。至此，与吕氏家族有关联的最后一丝血脉被斩断。

此时刘邦的儿子们，只剩了代王刘恒和淮南王刘长了。齐王刘襄一系虽然在铲除吕族方面立下了首功，但是他们毕竟是孙辈，而且他们还有一个凶悍无比的舅父——谁也不想再侍候一个换汤不换药的阴狠外戚家族。刘长母亲家的亲戚为人也不比刘襄家好多少，只有代王刘恒之母薄氏家族，一向以克己谨慎闻名于世。一比之下，大臣们立刻拿定了主意。

就这样，幸运女神突然降临到了远在晋阳与世无争的代王刘恒头上。公元前 189 年闰九月，迎接刘恒进京为帝的使者来到了代国。这时的刘恒，已经做了 17 年的亲王，时年 24 岁。他简直不能相信世上有这样的好事，他和他的绝大多数臣属们都认为这是一个阴谋，万万不能相信。然而他的母亲薄姬却觉得这是天意。为了稳妥起见，薄姬让刘恒采用自己深信的卜筮之术，以占卜星象决定。占卜的结果是上上大吉。于是刘恒放了一半心，让舅父薄昭随使者进京，直到得到舅父的肯定答复，他才开始向长安进发。

这时刘恒的心还没有完全放下，来到长安城外50里处，他再次派人打探消息，确信无疑后，才前往渭桥与迎接的大臣相会。当人群将他前呼后拥送进未央宫后，他成为大汉王朝的第三任皇帝。

笼络人心，巩固权势

因为得到皇位不易，文帝即位后首先任命自己的心腹负责守卫皇宫、京城，从根本上保证自己的人身安全。为了巩固自己的权势，他虽说也采取了一些打击气焰嚣张的重臣的措施，但和封建时代很多皇帝相比，还是做得比较仁慈的。比如对大功臣周勃的处理。

周勃因为拥立文帝有功，每次上朝结束后，出来时总是很骄横的样子，似乎不把文帝放在眼里。而文帝对他更加有礼，经常目送他离去。有大臣劝说文帝，不该对周勃行这样的重礼，有失君主的身份。周勃的属下也及时提醒周勃：小心功高盖主，引火烧身。周勃猛然醒悟，提出辞去右丞相职务，文帝很快也答应了。一年后，因为右丞相陈平谢世，文帝又任命周勃做丞相，但仅10个月后，因为当时很多的列侯都住在长安，这给京城的粮食供应增加了负担，文帝就下诏命列侯到自己的封国去生活，即使朝廷恩准留在京城，也要将自己的儿子派到封国去。但很多人找各种各样的借口留在京城，这使文帝很生气，便让丞相周勃带头做表率，免了他的丞相职务。

后来有人举报周勃在家常身披盔甲，有谋反之心时，文帝马上把他抓捕。周勃赶忙通过文帝的舅舅薄昭向文帝说明实情：被罢免丞相职务后害怕被抓，所以家中有些防备，并没有反叛之心。文帝在重新调查后，没有发现周勃谋反的事实，便释放了他。

汉文帝金印

文帝在打击重臣之外，更多的却是采用拉拢的手段巩固权势，他对拥立他做皇帝的功臣们一一赏赐、封官晋爵，同时，对于跟随父亲刘邦开国的功臣们也分别赏赐、分封。这些措施使文帝的帝位很快得到巩固。

被吕后贬斥的刘姓王也恢复了称号和封地，由于汉初刘邦大封诸侯王，诸侯王国地盘过大，所以文帝一旦恢复了他们的称号和封地之后，反而形成了尾大不掉之势，成为稳定政局的严重问题。济北王刘兴居首起叛心。他趁文帝到前线督战之际，在后方举行叛乱。文帝闻讯赶回长安下诏宣布：叛军凡投降者皆赦之，复官爵。结果，叛军迅速瓦解。接着，淮南王刘长自以为与文帝最亲，处处表现得骄横跋扈，无视法令，后来也起兵反叛，最终死于流放途中。

针对诸侯王势力的膨胀，大臣贾谊上《治安策》，向文帝痛陈天下形势，提出削弱诸侯王势力的政策。文帝虽采纳了贾谊的建议，把齐国分为六，把淮南分为三，稍微压抑了诸侯王的叛心。但文帝对诸侯王的严重情况，未引起足够的重视，不忍心对宗室亲族诸侯王开刀。刘长死后，他又封其长子刘安为淮南王；对汉廷有怨嫉而多年来一直以有病为由不参朝的吴王刘濞，文帝也恩准他的无理之求，允许他可以不来朝廷请安。总之，文帝对同姓诸侯王的权势虽曾有所限制，但基本上采取姑息政策，结果他死后不久就爆发了吴楚七国之乱。

同时，文帝的一些随心所欲的口谕，也影响了社会经济生活，比如佞人邓通因阿谄媚上，得到文帝赏识，一句话就把严道铜矿的开采权赏予了他，致使他可以私铸钱币，形成“邓钱布天下”的局面，严重扰乱了货币制度。

孝顺的皇帝

汉文帝从小便奉行孝道，他被封为代王时，生母薄氏跟随他住在一起。刘恒与母亲感情深厚，倾心地侍奉她，尽力让她感到快乐和满足。薄氏成为皇太后之后，汉文帝以皇帝之尊，仍然对母亲孝顺如初。薄太后曾经生了一场重病，卧病在床达三年之久。俗话说，久病床前无孝子。然而刘恒却破了这句话，在三年之中，他每天都要看望母亲，常常衣不解带、不眠不休地陪伴在旁边，凡是御医送来的汤药，刘恒都要亲口尝过，确认无误之后，才放心给母亲喂下。

公元前157年，文帝先于薄太后离开人世。临终时，他对于让母亲“白发人送黑发人”的“不孝”行为深为抱憾，反复嘱咐妻子窦皇后和儿女们一定要对薄太后尽孝。为了弥补这个缺憾，刘恒要求将自己的陵墓照“顶妻背母”

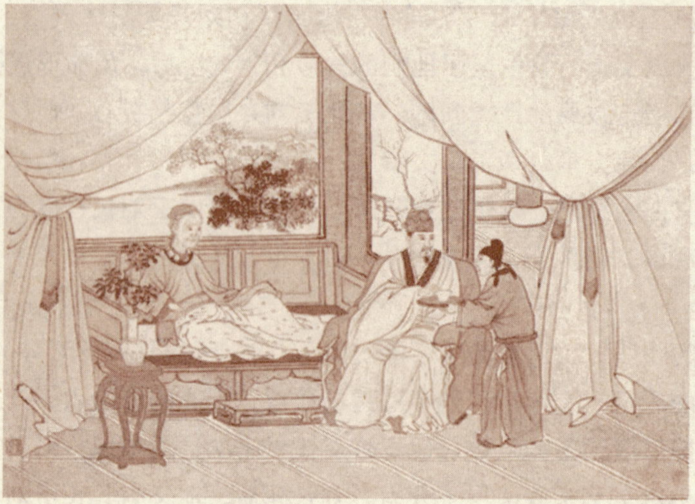

汉文帝亲尝汤药

的方式安置。

两年后，薄太皇太后去世，窦太后谨遵丈夫文帝的心愿，将婆婆落葬在刘恒霸陵的南方，仿佛刘恒背着母亲的样子。

文帝不但以身作则，奉行孝道，而且在全国提倡发扬孝顺之风。汉文帝时，有一位叫淳于意的人，拜齐国著名医师杨庆为师，学得一手高超的医术，曾经做过齐国的仓令。他的老师去世以后，弃官行医。因为个性刚直，行医的时候，得罪了一位有权势的人，导致后来自己遭陷害，被押往京城治罪。他的女儿缇萦，虽然是一位弱小女子，然而不辞劳苦，长途跋涉一同前往长安向皇帝诉冤。她陈述了肉刑的害处，并说明了父亲做官时清廉爱民，行医时施仁济世，现在确实是遭人诬害，愿意替父受刑。汉文帝被缇萦的孝心深深感动，赦免了她的父亲，并且下诏废除了肉刑。

薄役轻赋

文帝即位后继续惠帝的与民休息的政策，这是他开创“文景之治”的重要原因。在即位之初，他就连续下了两道诏书，表达了自己爱护百姓、体恤民情、关心老人的意愿。管理民政的政府机关向各县发布了命令：对八十以上的老人，每人每月可以赐给米一石、肉二十斤、酒五斗；九十以上的老人，每人再加赐帛二匹、絮三斤。赐给九十岁以上老人之物，必须由县丞或者县尉送达；其他由乡的官吏来送达。

文帝对农业非常重视，认为农业是天下的根本，到了播种的时候，他亲自带领大臣去乡下帮助农民耕地、播种，在百姓之中引起了极大的反响，农民的积极性调动起来了。他即位后多次下诏劝课农桑，按户口比例设置三老、孝悌、力田若干员，经常给予他们赏赐，以鼓励农民发展生产。他甚至采纳了晁错的建议，允许以粮食换爵位，或者用粮食来赎罪。

公元前 178 年和公元前 168 年，他曾两次颁布减租令，公元前 167 年还宣布全部免除农民的租税。文帝时，徭役减至每三年服役一次。

文景之治

此外，文帝还下诏开放原来归国家所有的山林川泽，从而促进了农民的副业生产和与国计民生有重大关系的盐铁生产事业的发展。文帝十二年还废除了过关用传的制度，这有利于商品流通和各地区间的经济联系。

文帝这一系列措施的实施，使得当时汉朝富商大贾周流天下，交易之物无不流通，商品迅速发展。农工商业的发展，使文帝时期蓄积财增，户口渐多，国家的粮仓钱库溢满，海内殷富，百姓安居乐业，社会经济繁荣。

虚心纳谏

文帝是个宽容大度的君主，他能通过纳谏，纠正自己的错误判断或决定。文帝的皇后窦姬是赵国清河观津（今河北武邑）人，她家境贫苦，父母早逝，留下了哥哥弟弟和她三兄妹在人世苦苦挣扎。在高祖刘邦去世、吕雉太后掌权之前，还是一个天真少女的窦姬被选美的官员挑中，送进长安皇宫为宫女，由于窦姬品性温良，成为吕雉宫中的小侍女。不久，刘邦病逝，成为太后的吕雉送刘邦诸庶子就国时，赐给他们每人五名宫女，窦姬在入选之列。

窦姬听说高祖有个名叫如意的儿子被封为赵王，他的领地（河北武邑）正是自己的家乡。于是出于想离家乡近一点好打听久别的兄弟消息的想法，窦姬将自己所有微薄的私蓄都送给负责分配宫人的主管太监，请求他格外开恩，将自己的名字列入遣赵的名单中，然而太监头贵人事多，窦姬的一点散碎银子也根本没让他多注意，所以到了分配的时候，他照样漫不经心地大笔一勾，顺手就把窦姬放到了遣送代国（山西晋阳）的名单里。

一想到山西晋阳和河北武邑之间，路远地遥，窦姬知道，一入宫门深似海，自己不知什么时候才能得到家乡的一丝消息，这样一想，她不禁泪下如雨。皇宫里精心挑选出来的宫女，自然个个姿色出众，但在五位宫女中，代王刘恒愣没看上那四位争奇斗艳的，偏偏就喜欢上了神情落寞的窦姬。

后来，代王宫的五位宫女，四位仍旧是宫女，而窦姬却成了代王的宠妾、亲王妃，并且一连生下了三个孩子：长女刘嫖、长子刘启、次子刘武。但是当时代王另有王后，这位王后比窦姬的身份地位都高，而且还前后生了四位王子。而窦姬对代王的王后甚至于嫡出的王子们，都十分恭敬，她安分守已地过着王姬的生活，没有任何觊觎皇后之心。她的克己守礼，在代王国里赢得了内外一致的好名声。

几年过后，代王后病逝了，当时代王刘恒不过二十来岁，所以继立王后成为当务之急。而这时在代王宫里，育有儿子的女眷，就只有窦姬一人。于是在薄太后的主张下，窦姬开始代掌王后的宫务。正在这时，代王刘恒被选中成为大汉王朝的皇帝。

不久刘恒发妻嫡出的四个儿子都在春天来到之前，陆续病死了。刘恒悲叹自己的福分恐怕不足以胜任皇帝之位，以至于嫡子尽丧，在正月有司请他立太子的时候，他甚至产生了立叔伯兄弟们为继承人的念头。但架不住大臣们的再三进谏，刘恒终于答应册立窦姬的长子，也是自己如今的长子刘启为太子。于是，窦姬也就成为了大汉王朝的第四任皇后。

正当窦氏准备好好享受身为国母的尊荣之时，病魔缠上了她。她害了眼病，并且因此而双目失明。本已徐娘半老的窦皇后，此时又失去了动人的眼睛，在文帝那里失宠便是自然而然的了，于是文帝迅速把目光转向后宫中如云的美女群里。在这些千娇百媚的美女群中，文帝最宠爱的是邯郸慎夫人。在后宫之中，慎夫人的物质待遇、侍从车驾，都与窦皇后一模一样，文帝面对慎夫人，几乎已经爱得晕了头。

有一次，文帝带着窦皇后和慎夫人等后宫宠妃，一起前往上林苑游玩。游嬉尽兴之后，大家都要坐下休息。当文帝和窦皇后依次坐下后，慎夫人就如同往常在内宫时一样，准备坐到窦皇后身边去。结果，跟随文帝而来的郎中袁盎却不让慎夫人就座，将她引到旁席与侍者同坐。慎夫人顿时觉得受辱，满脸怒色，怎么说也不肯坐下。文帝觉得袁盎扫了自己宠妃的面子，自己也不肯再安坐席上，起身就走。窦皇后不敢出声，也只得紧跟皇帝身后，低着头跟着走了。

而袁盎不但不怕皇帝发怒，反而追着上去对文帝讲大道理：“俗话说尊卑有序，皇上虽然宠爱慎夫人，但是名分有高低，后宫之主是窦皇后，慎夫人不过是妃妾，怎么能与嫡妻皇后平起平坐呢？如果皇上因为偏心就没有规矩地对她滥加恩宠，乱了国家规矩，虽说是爱实际上却害了她。前车之鉴并不远，皇上难道忘了戚夫人变成‘人彘’的惨状吗？”

文帝这才恍然大悟，顿时全身冰凉，不但怒气全消、转怒为喜，而且立刻赶进后宫，将袁盎所说的话转述给慎夫人听。慎夫人听后，也觉得后怕，对袁盎保全自己的好意十分感激，立刻拿出50斤黄金，赠给袁盎，以表感激之情。

文帝在位时，有一个铁面无私的法官张释之，以正直、敢于和文帝争辩而扬名，文帝让他做了廷尉，即最高司法官。一次，文帝出巡路过中渭桥，拉车的马受到行人惊吓，这在当时属于违法，因为触犯了皇帝的行动。张释之经过审理得知，这名行人听到皇帝的车队要过来了，急忙躲藏，因为来不及跑远，只好躲到了桥下边。一会儿，他觉得车马应该走远了，就从桥下出来，结果却恰好撞上了文帝的车驾，于是这名行人惊慌得拔腿就跑，从而使马受惊。

张释之依照法律规定，对这名行人罚金四两。文帝听说了很不高兴，嫌他判轻了，张释之据理力争：“国法应该是天子和天下百姓一起遵守，如果违背律条，随意重判或者轻判，就会使法律失去信用。当然，您如果要把他杀掉，那是您的事。现在既然陛下让臣来处理，我就必须按照条文来办。我是天下司法的标准，我出现偏差，全国的司法官吏都有了犯错误的借口，希望您能够理解。”文帝心服口服地说：“你是对的。”自古以来，皇帝都是正确的化身，能在大臣面前承认自己的错误，实属难得。

还有一次，祠庙中高祖刘邦塑像前边的玉环被人偷走了，盗贼被抓住后，文帝让张释之重重处罚。张释之则按照法律规定判处此贼被斩首并陈尸示众，以表示被众人唾弃。文帝听了恼怒不已，说自己让张释之负责处罚，是想让他对此罪犯处以族刑，即诛杀其全族的人，而张释之却只杀他一人。张释之摘下帽子跪下说：“国法没有规定盗哪个庙的东西重处，盗哪个庙的东西轻处。如果现在判此人族刑，那将来万一有小民在高祖的陵墓上抓了一捧土，陛下又要用什么国法来治罪呢？”文帝觉得张释之说的有道理，又问了一下太后的意思，便承认张释之处罚得当不再追究了。

魏尚一案也表现了文帝知错就改的品格。魏尚原是云中郡的太守，他爱护将士，多次击败匈奴，使匈奴一直不敢轻易南下。后来因为在上交的敌人首级比原来报告的少了六个，文帝一气之下就罢免了他的官职，还判了刑。文帝在一次和郎署长官冯唐聊天时，得知冯唐祖先是赵国人，父亲住在代郡，文帝曾经做过代王，于是二人便很投机地谈起来，自然谈到了赵国有名的将军廉颇。文帝很高兴地说，如果他能得到像廉颇那样的将军，就不怕匈奴人侵骚扰了。冯唐听了很不以为然，很不客气地说，如果陛下能得到廉颇那样的将军，恐怕也不能很好地重用。文帝听了很生气，就问为什么。冯唐说，廉颇之所以能经常打胜仗，是因为赵王信任他。现在将军魏尚仅仅因为上交的首级比报告的少了六个，就落个罢官入狱的结局。所以由此知道就是得到了廉颇那样的将军也不能很好地使用。文帝听了，转怒为喜，当天就派使者释放了魏尚，恢复了他原来的官职，对于敢于直言的冯唐也给予了奖赏：提升他做了车骑都尉。

体恤民情，不轻易动武

汉文帝为了给百姓创造一个相对安定的环境，使国家集中精力进行生产，便采取措施解决了南粤赵陀的独立问题。

赵陀原是秦始皇时的南海郡的郡尉，即郡的军事属官。秦始皇平定南方后，曾设置了三个郡，即南海郡（官府所在地是现在的广州市）、桂林郡（官府所在地是现在的广西桂平）和象郡（官府所在地是现在的广西崇左），在秦朝末年，赵陀趁农民战争混乱之机兼并了其他两个郡，还自立为南粤武王。西汉初期，刘邦还没有力量征讨，就采取了缓兵之计，封赵陀为南粤王，让他治理当地粤族各部。在吕后当政时，觉得南粤是蛮夷之地，就限制对南粤的贸易，如不向南粤输出铁器，卖给他们的马、牛、羊都是公的，没有母的，就是不让他们得到的牲畜自己繁殖。赵陀见吕后如此对待自己，就干脆独立，自称为南武帝，还攻打长沙郡。吕后派兵镇压，却被赵陀打败。赵陀的老家在真定，听说祖先的坟墓被毁，家族兄弟被杀后，发誓要替祖先和兄弟报仇。文帝命令修好赵陀的祖先墓，又派人抚慰其家族的人。最后派使者带着诏书和礼品出使南粤，告诉赵陀只要他取消帝号，就恢复他南粤王的称号，照旧让他管理南粤地区。赵陀最后又归顺了汉朝。

对于北面的匈奴，文帝采用和亲与积极防御相结合的措施，不轻易动兵，尽量和平相处。文帝初年，匈奴对汉朝的骚扰加剧，公元前177年，匈奴右贤王进犯河南，在上郡劫杀吏民，抢掠牲畜，丞相灌婴奉命率八万轻骑将匈奴驱逐出塞，初步取得胜利。此后匈奴虽屡犯边地，文帝只是诏令边郡严加守备，并亲自出巡，视察边境军营，对治军严饬的细柳营，大加称赞，对防备松懈的灞上、棘门军营，提出批评。他还采纳晁错“募民徙塞下”的建议，把一些奴婢、罪人和平民迁徙到边塞屯戍，将他们以什伍编制组织起来，平时进行训练，有事则可应敌。既充实了当地的经济力量，也为边疆的兵力补充提供了保证。文帝上述的重农和罢兵措施使汉朝的经济有了长足的发展。

但另一面，文帝又做好了充裕的防御准备。为加强同匈奴的作战能力，文帝大力推进鼓励养马的政策，并在西北边境设立了36个牧马所，用官奴三万人从事牧养、繁殖战马。这些措施对防备匈奴大规模入侵起到了一定的作用，也为后来武帝开展对匈奴的大规模反击战提供了物质保证。

法制改革

“文景之治”之所以成为封建社会的盛世，与刘恒这个人励精图治是分不开的。他即位不久，就废止诽谤妖言之罪，使臣下能大胆地提出不同的意见。汉文帝对秦朝以来的刑法也作了重大改革。比如：秦代以来有所谓“秘祝”之官，凡有灾祥就移过于臣下，文帝十三年文帝下诏废除此条并且声明：百官的错误和罪过，皇帝要负责。

秦朝大多数罪人，即被判处为隶臣妾以及比隶臣妾更重的罪人，都没有刑期，终生服劳役。文帝诏令重新制定法律，根据犯罪情节轻重，规定服刑期限；罪人服刑期满，免为庶人。

秦朝法律规定，罪人的父母、兄弟、姊妹、妻子和子女都要连坐，重的处死，轻的没为奴隶，丧失平民身份，这很残忍，一人犯罪常常连累家族的人一起受罚，文帝对此明令废止。

秦朝有很多的肉刑，如黥刑，即用刀划面额然后涂墨；劓刑，即割掉鼻子；刖刑，即砍脚；宫刑，即破坏生殖器。汉文帝下诏废除黥，劓、刖，改用笞刑代替。这些改革有着重要的意义，文帝时许多官吏断狱从轻，持政务在宽厚，不事苛求，因此狱事简省，人民所受的压迫比秦时有显著的减轻。

节俭表率

文帝在历史上是个以节俭著名的皇帝。他曾严责各级官员要节省，防止扰民。公元前178年，即文帝即位的第二年，他下诏清点长安的公用马匹，将多余的一律送到驿站使用。因为文帝提倡俭约，所以当时的国家财政开支有所节制和缩减，贵族官僚也不敢滥事搜刮，奢侈无度，从而减轻了人民的负担，这是“休养生息”政策的重要内容之一。

文帝在位23年，宫室园囿、车骑服御全都是从先帝那里继承来的，自己没新增加什么。一次，他想建一个露台，召工匠估算了一下，需要耗资百金。他说，百金相当于十个中等之家的财产，这太破费了，于是取消了计划。

他屡次下诏禁止郡国贡献奇珍异物，他即位后，所穿的一件袍子，一直穿了20年，补了又补，就是舍不得换一件新的。后宫所用的衣服器物也因为文帝的监督和表率，没有任何奢侈攀比之风。他甚至不准后妃们穿长裙，不准用贵重的刺绣品，以免带起奢华的风气。比如他所宠幸的慎夫人衣着朴素，所用帷帐没有纹绣。

公元前157年，45岁的刘恒死了，葬于霸陵。临死前他告诫太子：万物有生就有死，人们欣喜于生而厌恶于死，这是不对的。特别是追求厚葬以致倾家荡产，守孝以致损害身体，我是最不赞成的。我能力有限，没有给百姓多少实惠，现在我死了，不忍心让百姓因为给我治丧守孝经年累月而损其饮食、绝其祭祀。现诏令天下吏民，我的丧事从俭，三日皆除丧服。不要禁止百姓娶妇嫁女，不要禁止祭祀和饮酒吃肉，不要在墓中摆放车马兵器，不要让百姓哭临宫殿。他还嘱咐太子，他的陵墓要依山建陵，不要占耕地另起高坟；殉葬品不用金玉珠宝，只用瓦器。难怪史学家评价：“功莫大于高祖，德莫厚于汉文。”后来，赤眉军杀进长安，西汉皇陵均被破坏，唯有文帝的霸陵完好无损。

七、一代霸主汉武帝

公元前140年，景帝驾崩，太子刘彻登基，是为武帝。也许这位刚满16岁的少年天子自己都没有预料到，他对这片疆土的统治竟然绵延了整整53年。

西汉在武帝时达到了鼎盛时期，在“文景之治”打下的经济繁荣、府库充溢的基础上，汉武帝在政治、经济、军事等方面采取了一系列改革措施，加强了专制主义中央集权；在书写汉代历史最光彩夺目的篇章的过程中，他大胆改革选官制度，不拘一格选拔人才，并知人善任，使得各方面人才风起泉涌，极一时之盛。所以，很多人称他是一位有雄才大略又善于用人的盛世君主。

然而与他的傲世功业相对照的，却是他的文臣武将们几乎都难得善终；而在他的后宫里，成为他妻子的女人，也一样没有谁能有好结果……所以也有人说他是一个好大喜功、刚愎自用、刻薄寡恩的大独裁者。

金屋藏娇

汉武帝刘彻的母亲叫王娡，入宫之前本来已经与一金姓人家结婚，并生下一女。后来王夫人的母亲偶遇一位相士指点，称其女儿将来要大富大贵，恰在此时，时为太子的刘启在民间选美，于是王娡的母亲就亲自出面，软硬兼施与金家退婚，然后撺掇王娡前去参加选美，结果入选，当上了刘启的姬妾，而且得到刘启的宠幸。公元前156年，刘启继位，也就在这一年刘彻降生。虽然刘彻是王娡惟一的男孩，但在兄弟中却排行第九。他的降生颇有点离奇色彩——据说王娡怀胎的时候，曾做了一个太阳钻入怀中的梦，令刘启大为惊喜，认为是吉祥之兆，说明不但要生儿子，而且

汉武帝刘彻像

要生一个将来会有大作为的儿子，刘彻的降生被视为新帝登基的吉兆，于是景帝刘启很快就将王娡擢升为“美人”，而“美人”是当时后宫中地位仅次于皇后一级的。

在刘彻4岁的时候，景帝刘启封自己的长子刘荣为太子，刘彻为胶东亲王。第二年，刘启废掉结发妻子小薄氏，大汉王朝的皇后空缺。照常理，继任的无疑应该是太子刘荣的生母栗姬。栗姬模样出众，而且一连为景帝生下了三个儿子，自然是景帝后宫中极得宠的一个，加上她的长子刘荣被封为太子，她本人离皇后宝座也仅有一步之遥。然而作为皇帝的女人，她有一个致命的弱点：嫉妒，而且是毫不掩饰的嫉妒。

当时汉景帝同胞长姐馆陶公主刘嫖作为窦太后的亲生女儿、景帝刘启的胞姐，自然是当时最有影响力的女人。而在景帝刘启的后宫里，数不清的宫娥美女们都希望自己能够被皇帝看中，从而脱离普通宫女身份进而成为妃嫔之一。因此，她们都不约而同地想到了馆陶长公主，纷纷向她赠送金钱礼物，希望她能在皇帝面前推荐自己。馆陶长公主则觉得这是一件一举三得的美事——既讨好了皇帝弟弟，后宫得宠的妃嫔又欠了自己的大人情，自己还实实在在地赚了一大笔，何乐而不为呢？可是，孰不知，她的这一举动却让栗姬不满，她恨透了馆陶长公主与“狐狸精”们沆瀣一气的行径，人前背后也不知道咒骂过多少回了。

而蒙在鼓里的馆陶长公主却相中了栗姬的儿子刘荣，想把自己的宝贝女儿陈娇嫁给刘荣做太子妃，这样一来，不但能与未来皇后化敌为友亲上加亲，更能让自己的女儿成为以后的大汉国母，自己的荣华富贵就更是登峰造极牢不可破了。

不料，馆陶长公主的美梦却被栗姬击了个粉碎。面对馆陶长公主的提亲不但一口回绝，而且还摆着一副“准皇后”的架势，狠狠地嘲弄了馆陶长公主一番。

馆陶长公主长这么大，还从没受过如此“礼遇”，内心的愤怒自不用说了，一天，她见到胶东王刘彻的母亲王娡时，便将这件事向王娡说了。颇有心计的王娡听了馆陶公主的话后，忙谄媚说：“栗姬可真是没有眼光，您去提亲她还不肯。我要是她呀，不用等您开口，自己早早地就主动去向您提亲了。”馆陶公主一听，立即接口说：“既然您看得上我家阿娇，不如我就把她许配给胶东王吧！”精于世故的王娡忙不迭地就应承了。当王娡见了景帝时，就说起长公主愿结儿女姻亲。景帝觉得阿娇长刘彻数岁，似乎不合适，就没有答应。王娡又请来长公主，希望她去向景帝求亲。而长公主索性带着女儿阿娇一起入宫。

长公主把刘彻抱在膝上，抚摸着他的头，开玩笑一般地问道：“你想不想娶媳妇？”刘彻生性聪明，对着长公主嬉笑无言。长公主又故意一一指着宫女们问刘彻：“让她们给你做媳妇，你愿不愿意？”刘彻一概摇头拒绝。最后长公主指着阿娇说：“那么，阿娇行不行？”刘彻嬉笑着回答：“如果能娶阿娇为妻，我一定造一座金屋把她藏起来。”景帝想刘彻小小年纪，惟独喜欢阿娇，大概是前生注定姻缘，就认可了这门婚约。长公主与王美人，彼此更加情好关系深，两人就私下计议，怎样把栗姬母子除去。

陈阿娇

从此以后，只要见到景帝，长公主就不停地在弟弟面前揭栗姬的短，不停地推荐新晋美女。在她的作用下，这些美女一时间受宠的程度远远超过了栗姬。面对这样的情形，自认为应该是后宫之首的栗姬怨气更盛，醋劲愈发得汹涌，做出了很多失控到愚蠢的举动来。这正中馆陶公主的下怀，她抓住栗姬的每一个疵漏，每天都向景帝汇报。尤其对栗姬向宠姬们吐唾沫、派侍者诅咒她们这一点更是不放过。

景帝这时早已被众多新鲜美女迷得七颠八倒，怎么能够容忍年长色衰的栗姬诅咒自己的新宠呢？只是碍着栗姬是太子之母，一时还不便发作。一天，景帝打算试探一下栗姬，就故意对她说："你看，这满宫中的孩子，虽然都是亲王公主，其实都是幼子弱女。我百年之后，我们的儿子继了位，你成了太后，可一定要代我好生照料这些年幼的孩子们。"栗姬一听景帝竟在自己面前一个劲地护着那些小妖精和她们的孩子，禁不住又吃起醋来，不仅一声不吭，而且还故意转过脸去不看景帝，这让景帝很恼火，虽然他当时没说什么，其实心里已经有了废栗姬的想法。

馆陶公主更是不住地在景帝面前说胶东王刘彻的好话，夸他简直是世上无双，若立为太子，必能继承大统。而且她还捎带着不时赞美刘彻的母亲王娡贤冠群芳，渐渐地景帝也有点动了心，但决心还没有最后下。这时候王娡要了个阴谋，她暗地里派人去"晓谕"大臣，要他们关心国中有帝无后的大事，尽快上表请立太子之母栗姬为皇后，结果负责礼仪的大行官便真的当众向景帝进言："'子以母贵，母以子贵'，今太子母无号，宜立为皇后。"正在气头上的景帝被这不合时宜的话一激，当场大怒："这是我的家务事，轮得着你来管吗？"当场便将他关进牢狱，不久便砍了他的脑袋。他认为这一定是栗姬或太子刘荣勾结朝臣干的，因此趁势也就将太子刘荣废为临江王。栗姬从此彻底失宠，被贬入冷宫，连见景帝一面也难，不久因怨愤一病而亡。

就在刘荣被废3个月后，景帝册立王娡为他的第二任、也是最后一任皇后。12天后，王皇后7岁的儿子刘彻成为皇太子。刘彻做了太子后，更加勤奋学习，景帝还给他请了很有学识的卫绾做他的老师。刘彻的学习范围很广，包括骑马、射箭、经学与文学等。

公元前141年，在位15年的景帝驾崩，卒年48岁，从此刘彻作为汉武帝登上历史舞台，这年，刘彻16岁。而在刘彻登基为帝之前，已娶长公主的女儿陈阿娇为妃，此时尊为天子，当然就立陈氏为皇后了。

即位初期改革受阻

汉武帝继承皇位之后，雄心勃勃地想将文景之治的盛世继续下去，于是便开始实行自己的政治方略：安排自己信任的人掌管朝中大权，为了更多地选拔人才，武帝还下诏命令全国官吏向中央推荐人才，有名的董仲舒就是在这次推荐考试中得了第一名。武帝召见他，探询治国的良策。董仲舒便将自己一整套经过发展的儒家治国思想说给武帝听，武帝非常赞赏。但是武帝的改革却遇到了阻力，这阻力主要是来自当时的太皇太后窦氏，即武帝的爷爷汉文帝的皇后。从她做皇后到这时，已经有了40年，窦氏家族在朝廷的势力已经很庞大。按照规定，分封的一些王与侯都要到各地自己的封地去，但窦氏的亲属们都不愿意到那些边远的地方去，都留在京城，互相勾结，违法乱纪的事经常发生。窦氏和武帝的治国思想也有很大的分歧。

窦氏喜欢的还是汉初很盛行的黄老思想，即远古的黄帝和近世老子的思想，主要是“无为而治”，这是汉初与民休息政策的基本治国思想，这使国家的经济得到了恢复和发展，促成了“文景之治”盛世景象的出现。但到了武帝时期，因为分封的诸侯王们对抗中央，所以武帝迫切希望加强中央的权力来压制地方势力。而武帝此时还没有力量和自己的奶奶窦氏较量，在他任命的重臣赵绾提出窦氏不应再干涉朝政时，惹恼了窦氏。窦氏逼迫武帝废除了刚刚实行的一系列改革措施，武帝所任命的公卿大臣横遭黜免、杀害，然后，窦氏宠信的人接替了这些重要职位。这对武帝是一个打击，于是，他开始四处游浪射猎，不再过问大政方针。由于长公主在太皇太后面前的保护与武帝自己的韬光养晦，才使他的帝位得以保全。

公元前135年，窦氏去世，武帝终于可以推行自己的改革思想了，他马上将窦氏的人一律罢免，将自己当初提拔的那些大臣重新重用，治国思想也采用了儒家的主张，开始加强中央集权，对付地方的豪强势力。

励精图治，苦铸大汉版图

这时的汉朝一方面政治形势比较稳定，国家经济状况也比较好；另一方面诸侯王国的分裂因素依然存在，封建统治思想尚待确立。所以，武帝在继续推行景帝时各项政策的同时，采取了一系列强化专制主义中央集权的措施。

在政治方面，首先进一步削弱诸侯王国势力，颁行“推恩令”。在高祖刘邦时期，曾经封了很多刘姓的王，叫做同姓王，但后来这些同姓王的后裔却横行乡里，对抗中央，不肯听从中央的命令。为了彻底削弱诸侯王的势力，武帝就颁布了这项命令，内容主要是：诸侯王的王位除了由嫡长子继承以外，还可以用“推恩”也就是广布恩惠，让更多的人来享受特权的形式把其他的儿子在本国内分封。新的侯国脱离原来王国的限制，地域独立，而且政治权力也基本被剥夺，受当地郡县官吏的管辖。这样，就使原来独立的地方王国自动将权力上交给了国家。此后，地方的王与侯仅仅享受物质上的特权，即享用封地的租税，但没有了以前的政治特权。

其次削弱相权，巩固皇权。当时的丞相负责管理文武百官，实权很大，皇帝有时也不如丞相的权力大，这是皇帝们所不能忍受的，武帝即位后，削弱相权。

再是设置部刺史，加强了对地方的控制。公元前106年，武帝将全国分成了13个监察区，每个区叫做部，每部派出一名刺史。中央的刺史叫做司隶校尉，其他12个州都叫刺史。刺史的作用主要是为了防止郡守和地方的豪强们相互勾结、对抗中央，重蹈原来同姓王犯上作乱的局面。同时，刺史也负责向中央推荐认为较好的官吏，对于政绩不好的还可以罢免。

在经济方面，整顿财政，将冶铁、煮盐收归官营，禁止郡国铸钱，向商人征收财产税，鼓励人们告发那些偷税漏税的商人，告发的人可以得到被告发商人财产的一半作为奖励……这些措施大大增强了国家经济实力，在加强经济管理权力、打击商人的同时也贯彻了加强中央集权的指导思想。

在思想方面，采纳董仲舒的建议，罢黜百家，独尊儒术，使儒学成了封建社会的统治思想。武帝还听从董仲舒的建议，在京城设立了“太学”，以儒家的经典为主要讲课内容，学生是国家选拔的杰出青年和各地郡国推荐的青年。在太学学习一年之后，通过考试依照成绩来任命官职。

、在军事方面也有了新的变化。最有名的就是对匈奴的战争，武帝不断地派兵遣将打击匈奴，将匈奴往北驱赶，使之不再对汉族地区产生威胁。

董仲舒像

汉武帝反击匈奴之战

匈奴是中国北方一个古老的游牧民族。在秦代，匈奴曾一度为蒙恬所击败，逃往漠北，有十多年不敢南下。秦朝覆灭后，匈奴趁楚汉相争、无暇北顾之机再度崛起。在其骁勇善战的领袖冒顿单于统率下，四面出击，汉朝初年，已建立了奴隶制国家，国势强盛。东面打败了东胡，西面赶走了居住在今甘肃境内的大月氏，北面臣服了丁零族，而在南面，则经常侵犯汉朝边境，有时竟深入到离汉朝都城仅 350 公里的地方，严重地威胁着汉朝政权。

从刘邦到汉武帝初年，由于经济力量尚未恢复起来，而且内部不够稳定，所以汉王朝一直对匈奴采取和亲政策，每年送给匈奴大量的礼物和金钱。但是，和亲政策并没能阻挡匈奴贵族的掠夺，北部边疆的生产时常遭到破坏，无数汉族人民被抢走或杀死。汉武帝即位后，专制集权空前强化，社会经济有了很大发展，军事力量也得到加强。汉武帝决定改变和亲政策，发动了全面反击匈奴的大规模战争。

汉武帝反击匈奴之战，始于公元前 129 年，共历时三四十年之久，取得了决定性的胜利，从根本上摧毁了匈奴赖以发动骚扰战争的军事实力，使匈奴再也无力对汉王朝构成巨大的军事威胁。战争中，匈奴被歼人数累计高达 15 万之多，失去水草丰盛、气候温和的河南、阴山和河西两大基地，远徙漠北苦寒之地，人畜锐减，开始走向衰落了。

汉武帝在反击匈奴的同时，移民垦边，加强了北部的边防并派张骞等人通西域，扩大了中外交流。而对匈奴战争的胜利，则帮助解除了东北、西北各少数民族所受匈奴的威胁，送去了汉族先进的农业、手工业技术和文化成就，促进各族人民的通商和友好往来，推动了边疆少数民族的发展和民族间的融合，也使中国同中亚、西亚各国的经济文化交流比较通畅地开展起来。

汉武帝反击匈奴之战的胜利，在军事领域中也具有积极的意义。它推动了骑兵队伍的建设，积累了大规模骑兵作战的经验，促进了战术的革新。对于古代军事理论的建设和战争实践的发展均具有深远的影响。

武帝还使现在的新疆和甘肃地区纳入了中国的版图范围。当时东北方向的版图则扩展到了现在辽东半岛和鸭绿江和浑江一带。

爱江山也爱美人

武帝一生宠幸过的妃子有“金屋藏娇”的陈阿娇、卫子夫、王夫人、李夫人、尹婕妤和赵钩弋等，就像走马灯一样地替换。

起初武帝与皇后陈阿娇的感情还好，武帝还比较尊敬她，原因就在于长公主的家族势力足以左右朝政。但陈阿娇久未生育，且陈皇后自恃母亲拥立皇帝有功，有时表现得未免过于骄悍，武帝渐渐开始在感情上疏远起阿娇来。

最初由于武帝在与窦太后的较量中处于劣势，他只好暂时偃旗息鼓，等待时机，就在他韬光养晦的这段时间里，他结识了对自己日后事业有着重要影响的女人卫子夫。

一天，武帝从灞上祭扫回来路过姐姐平阳公主家，受到盛情款待。平阳公主还召出那些精心挑选调教十多年的年轻美貌女子来到席上劝酒奉觞。武帝本好色，此时左右四顾，却没有一个中意的。平阳公主见此，便将准备好的歌伎卫子夫召入。武帝大惊，不由得看呆了，这个女人实在太美了，公主揣摩到武帝的心思，顺势将卫子夫送与武帝。武帝十分高兴，便携美女回了宫。

不料陈皇后恰在宫中等着迎武帝，此时与卫子夫碰了个对面，顿时脸色铁青，扭头就走。武帝恐惧陈皇后一家的庞大势力，不敢得罪陈皇后，只好无奈地把卫子夫安顿在别室。后来，架不住陈皇后的软磨硬泡，只得答应了陈皇后“将卫子夫锢置冷宫，不准私自见面”的要求，从此卫子夫一年多没有见到过武帝，而武帝因为身边不乏美女，所以也渐渐将她忘记了。

一天，武帝随手翻阅宫人名册，当看到“卫子夫”三个字时，不由得触起前情，忙命内侍召入。武帝一见消瘦了许多的卫子夫，心头立刻涌上一阵怜惜之情，而卫子夫更是泪流满面，战战兢兢地说：“我不该再接近陛下，如果被皇后知道了，妾死不足惜，只是担心会给陛下带来许多麻烦！”武帝安慰她道：“这里离正宫很远，皇后不会知道的。况且我昨天晚上做了一个梦，梦见你站的那个地方，周围有好几棵梓树，梓与子谐音，我现在还没有一个儿子，莫非是天意让你为我生一个儿子吗？”说着与子夫携手入床，果然卫子夫怀孕了。

卫子夫

这件事被陈皇后察觉后，非常气愤，立即去见武帝，并且和他争论起来。但这次武帝却不肯让步了，他反而指责陈皇后没有儿子，所以自己不能不另幸卫氏。陈皇后哑口无言，生气地离开了。

回去以后，陈皇后四处出重金求医，希望自己也能生个儿子，可是尽管吃了无数药，却始终没有成效。而就在陈皇后怀孕的希望一次次落空的同时，卫子夫却在不停地为武帝生孩子，前后生下了三个女儿：卫长公主、阳石公主、诸邑公主。她虽然一直生女儿，武帝对她仍然偏疼偏宠，大有不让她生出儿子誓不罢休的势头。

这样的情形使陈皇后日益气闷，她脑子里整天想的都是如何除去卫子夫，可是偏偏卫子夫甚得武帝专宠，几乎每时每刻都与武帝在一起，所以陈皇后根本没有下手的机会。于是穷极无聊的她就召入一个女巫，要她设法祈禳，以挽回武帝的心意。可是，好几个月过去了，仍不见应验。更为严重的是女巫不但为陈皇后举行巫祭之礼，还把自己打扮成男子模样与她同吃共寝。陷于绝望的陈娇对她言听计从，将她看成了自己各方面的抚慰和依靠。

武帝听说了这件事后，怒不可遏，当下彻底查究，立刻将女巫拿下斩首，而受这件事辗转牵连的小巫，以及皇后宫中知情不知情的宦官宫女达三百余人，一起被当街斩首。陈皇后则被废徙于长门宫。

陈皇后自从入居长门宫中，终日以泪洗面，无奈中重金求得大文士司马相如为她写了一篇《长门赋》，表达了自己深居长门的闺怨，她命宫人天天传诵，希望武帝听到能回心转意。但《长门赋》虽是千古佳文，却挽不回武帝的旧情。

陈皇后被废两年后，卫子夫终于为武帝生下了长子刘据。高兴不已的武帝遂于公元前128年册立卫子夫为皇后。空缺两年的大汉皇后宝座有了新主人。

而陈皇后则在寥落悲郁中，很快魂归黄泉。卫子夫取代了陈阿娇，而武帝在此之前还把她的兄长卫长君、弟弟卫青召入宫中重用。

然而对于喜新厌旧的武帝来说，他拥有美女如云的后宫，对任何一个人的专宠都是暂时的，随着时间的推移，他身边总有新的美女取代昔日宠极一时的佳人。所以，卫子夫虽然终于贵为皇后，但她也有年老色衰的时候，所以她不久也步陈皇后的后尘而受到冷落，最后在宫廷斗争中被汉武帝削去皇后之称，悬梁自尽了。

对武帝来说，也许用情最深的应该是李夫人。李夫人名叫李妍，有沉鱼落雁之美，而且精通音律，擅长歌舞，只是不幸沦落风尘，石榴裙下拜倒了大批王孙公子。李夫人的哥哥李延年能作曲，能填词，也能编舞，当时是汉宫内廷音律侍奉，担当替汉武帝消愁解闷的优伶角色。

汉武帝，一方面热衷于富国强兵，开疆辟土；一方面也醉心于丝竹管弦，声色犬马。有一天汉武帝罢朝回到内宫，李延年率领一班乐师和舞姬，为皇上唱自己创作的新歌：

北方有佳人，绝世而独立；一顾倾人城，再顾倾人国；宁不知倾城与倾国，佳人难再得。

汉武帝听了以后，忙问李延年："果真有如此美貌的佳人吗？"李延年奏称："舍妹及笄年华，国色天香，确有倾城倾国之貌！"汉武帝眼睛一亮，十分好奇地说："召她立即入宫来见。"

妓女出身的李妍，在风韵、举止方面，与那些来自闺秀的后宫妃嫔比，更加自然、奔放、热烈，给汉武帝一种全新的感觉，旋即纳其为妃，号为李夫人。

汉武帝自得李夫人以后，爱若至宝，一年以后李夫人生下一子，被封为昌邑王，李夫人原就身体羸弱，更因为产后失调，从此，萎顿病榻，日渐憔悴。

色衰就意味着失宠，然而李妍却心机活泼，自始至终给汉武帝一个美好的印象。武帝去看她，李夫人却用被蒙住头："妾长久卧病，容貌已毁，不能见陛下，惟愿陛下多多关照昌邑王和我的哥哥、弟弟。"汉武帝坚持要看一看，甚至不惜以赏赐黄金及封赠她的兄弟官爵作为交换条件，但她仍执意不肯，只是独自啜泣。武帝只好走了。

汉武帝离开后，李夫人的姐妹们都埋怨她。李夫人叹口气说："我本出身微贱，皇帝眷恋我，只因我的容貌而已。现在他如果看见我没有平时漂亮，必然心生嫌恶，惟恐弃之不及，怎么会在我死后照顾我的儿子和兄弟呢？"

几天后李夫人去世。

李夫人拒见武帝，非但没有激怒他，反而激起他无限的痛苦，他将李夫人用皇后礼安葬，命画师将她生前的形象画下来挂在甘泉宫，思念之情日夕递增，对她的儿子钟爱有加，对她的哥哥和弟弟也都极力提拔重用。

有一天武帝去了昆明池，昆明池东西各立一个石人：一是牵牛，一是织女，做成天河的样子。时值秋日，武帝坐在小船中，见夕照西斜，景色凄凉，不禁触事怀人，想到李夫人生前的种种好处，于是自做新诗一首，名《落叶哀蝉曲》。

武帝游昆明池，本为散闷解颐，谁知反添了许多新愁，于是回到延凉室中休息。他觉得很疲倦，睡眼惺松之间，忽见一人袅袅走进。原来竟是李夫人，她手携一物，赠与武帝，并说："这是蘅芜香。"武帝忽然惊觉，回忆刚才的梦境，历历如在眼前。又闻到一阵香气，经久不息。他记起李夫人梦中所赠的香，到处摸索却找不到。但是枕席衣襟，却不知怎么沾染了香气，因此改延凉室为"遗芳梦室"。

惟才是举，知人善任

汉武帝在位的54年，是中国历史上少有的一个人才盛世，群星灿烂，各尽其能。他们辅佐雄才大略的汉武帝，造就了不朽的历史功业。

汉武帝即位后对汉初的用人政策作了大刀阔斧地调整，汉初用人看重资历，担任一定的官职还要有相应的财产标准，凡是两千石以上的高级官吏，都可以保举自己的子弟做官。这种近亲繁殖的制度，造成了人才的退化，压制优秀人才的崛起。汉武帝在继续推行汉初的察举制的同时，扩大了察举的范围。汉初只有贤良和孝廉两科，武帝增加了儒学、明法以及德行、学术等科。他下了一道"兴廉举孝"的诏书，宣布不讲出身门第，"惟才是举"，并把它制度化，哪级官吏"不举孝、不察廉"就免职罢官。同时允许官吏和百姓上书评议政事。武帝通过这种方式最大限度地选拔出了有德有才的人。

汉武帝未曾在战场里实际指挥作战，但是他知人善用。卫青是卫子夫的弟弟，霍去病又是卫青的侄子，都以外戚创立不世军功。霍光与霍去病为异母兄弟，以后更成为汉朝宫廷里的中枢人物。

一次，汉武帝到郎署见到一位白发苍苍的老翁，这个老翁步履蹒跚，衣衫不整。武帝感到很奇怪，因为郎官一般是20来岁的年轻人，而这个人都这么大年纪了为什么还当郎官呢？汉武帝就问他：“你从什么时候开始做郎官的？为什么这么大年纪了还做郎官呢？”老翁回答说：“臣叫颜驷，是江都人，从文帝时开始做郎官。”汉武帝又问：“为什么这么长时间一直没有得到提拔？”颜驷回答说：“文帝好文而我好武；景帝喜欢年纪大的成熟稳重者，可是我那时很年轻；陛下您喜欢年轻有为者而我却已经老态龙钟了。因此三世都没有得到帝王的恩遇，一直老于郎署。”听颜驷这么一说，武帝深为震惊，这么一位三朝为官的老者，就是因为碰不上皇帝所好，总也得不到提拔重用，干了大半辈子还是个郎官，这不是颜驷的过错，而是用人上的疏误。武帝当即考察了颜驷的才识，任命他为会稽都尉，也就是会稽郡的军事首领。

蛮横专制，残忍多疑

武帝是雄才大略的帝王，由于他的富于进取心和野心，中国得以拓土开疆。但是他也有令人望而生畏的特征：多疑残忍。他一巡视各地，当地太守或因供应不周，或因境内配置不如法，就纷纷避罪自杀。到他在位后期，朝中更是为恐怖政治所笼罩。文臣武将动辄得罪下狱，亲信的大臣如丞相及御史大夫因小事互相倾轧，失败的只能以身死解脱。

汉武帝时期，前后共任免了13个丞相，其中被罢黜者2人，病死任上者4人，而被杀的竟有6人！这使当时人们视丞相这一职位为畏途，认为谁任丞相，谁便离死不远了。

为强化皇权，严惩不法的宗室、外戚、豪强富商和游侠，武帝比其父辈更加重用酷吏。当时著名的酷吏有张汤、赵禹、王温舒、杜周等，不胜枚举。王温舒杀河内豪强，流血十余里，株连千余家。杜周为廷尉，专伺人主旨意为狱，以诏令捕系者多至六七万人……酷吏嗜杀成性，妄杀无辜，虽维护了皇权，也激化了社会矛盾。

对于在抗击匈奴中立下汗马功劳的卫青，开始时，汉武帝的确给予重赏和重权，但是后来汉武帝渐渐对卫青军权过大产生疑虑，而这时恰好霍去病开始崭露头角，于是汉武帝毫不犹豫地重用霍去病。霍去病年轻，性格豪迈有气魄，敢作敢为，从不泄露别人说的话，汉武帝对他非常喜爱，甚至达到了纵容的程度。他要借提高霍去病的地位来遏制卫青的气势。尽管卫青性情和善，谦恭退让，对武帝所做的任何决定都毕恭毕敬地接受，即使他对汉武帝重用霍去病的

霍去病石刻

目的一目了然，也毫无怨言，但是，霍去病英年早世后，武帝仍然不愿再起用有军事天才更有出兵必胜运气的卫青，以至于在霍去病死后很长一段时间里，汉朝都没有再次对匈奴用兵。

霍去病死后的元鼎元年，卫青的儿子宜春侯因犯法被夺去封爵。元鼎五年九月，疑心病越来越重的汉武帝又找借口，一口气废去一百多名列侯的封爵，其中包括卫青的另两个儿子阴安侯和发干侯，4年后，卫青去世了。

可以说汉武帝到了晚年已经残忍、多疑到了极点，如果他觉得自己的王权受到了威胁，就六亲不认，杀人如麻。

汉武帝因为好色，再加上年老，在他将近70岁时疾病缠身，耳目不灵，常产生幻觉。一天中午他在宫中睡觉，梦见有无数木头人拿棍子打他，顿时吓出一身冷汗。醒来之后还感到心惊肉跳，魂不守舍。后来他对奸臣江充谈到了这个梦，江充一口咬定是巫蛊作祟。武帝便令江充随时查办。

当时江充担任绣衣使者之职，主要负责都城的治安，因执法严明，深受武帝宠信。汉法规定：无军情重事，任何人不得在驰道上奔驰。一次太子刘据的侍仆犯了禁，江充就毫不客气地捉住了太子的侍仆，没收了车马。太子闻讯，忙派人前来谢罪说：我并非舍不得车马，实在是怕父皇责怪我训导无方啊，万望江君见谅。江充不但不听，还奏闻了武帝，又一次得到了武帝的夸赞。

江充由此与太子刘据结怨，他生怕太子有朝一日继承皇位后，对自己打击报复，就处心积虑地要颠覆刘据的地位，现在机会终于来了，他决心借此次“巫蛊”事件，除掉刘据。他挨家挨户地掘地找蛊，只要看见木偶，便不论出身贵贱，一律办罪。其实他从地中掘出的木偶，全是他暗中派人预先埋下的，以至于当时因此而被陷害受戮的官员、百姓多达数万人。

接下来江充继续努力，将案情进一步扩大，一直查到皇后卫子夫和太子刘据的头上。他将他们所居住的宫室挖得如同菜地，使得做了 38 年皇后的卫子夫和拥有理政大权的太子连放一张坐榻的平地都没有。尽管卫子夫和刘据难以忍受江充肆无忌惮的羞辱，但他们还是坚信清者自清，事情总有大白于天下之日。可是等到江充居然“挖”出“证据”的时候，他们才明白了江充的险恶用心。于是刘据要求面见父皇申辩，然而这个再正常不过的请求却被江充一口回绝。面对这样的情形，卫子夫让刘据向一些大臣求救，于是有人对刘据说江充明摆着就是想要除掉你们母子，事已至此，只能逮捕江充一行，追查真相，免得他们去向皇帝胡言乱语。

于是皇后卫子夫与太子刘据在愤怒和恐惧中，听从了他人的建议，派人假冒武帝的使者斩杀了江充。但是在混乱中却没能将江充的同党一网打尽，使得江充的搭档——宦官苏文逃之夭夭，苏文逃跑后立刻去向远在淳化甘泉宫的武帝诬告皇后和太子谋反。

武帝不相信一向胆小懦弱的刘据居然敢谋反，就派了一个人赶往长安打听底细，结果这个人胆小如鼠，连长安城门都不敢进去，却回来谎奏道：太子真的造反了，要杀臣，臣只得逃回来了。武帝这才勃然大怒，立即派大军前去跟儿子决一死战。卫子夫和刘据到此时已是骑虎难下，只能跟武帝动起刀兵。但他们哪里是武帝的对手，8 天后，长安城内死伤数万人，刘据大败，只好踏上了逃亡之路。获胜的武帝一面派人追捕儿子，一面派人前往未央宫，向卫子夫宣布诏令，收缴她的皇后玺绶，等待制裁。卫子夫深深了解丈夫的无情，她拒绝再受任何羞辱，愤然自杀身亡。

卫子夫死后不久，亡命河南的刘据迫于父亲派来的追兵的围捕，自缢而死。在卫子夫和刘据死后，卫氏家族尽数被灭，刘据的幕僚与眷属也被杀光，只有一个数月大的婴儿刘询幸免于难，而与卫氏沾亲带故有交情的侯爵、将领，也都被抄家杀头，数以十万计的人死于非命。而在这场大混战中为刘据出过力的兵丁则举族流放敦煌，这一路拖老带少地颠沛流离，死去的只会比十万更多。

自认为大功告成的苏文心花怒放，找来另一名宦官作帮手，将卫子夫的尸首拖到小空房里，装进一具平民使用的小棺材，胡乱埋到长安城南桐柏这个地方。

这就是历史上所谓的“巫蛊之祸”。

一年多后，事情渐渐弄清了，所谓“巫蛊”一案，多属虚妄。武帝也终

汉武帝的《周公负成王》之图

于明白：太子是被逼无奈，才发兵自卫的，根本就没有造反的意图。武帝追悔莫及，便将苏文烧死于渭桥之上，又杀光了江充的家族。在湖县围捕时，一个人的兵刃曾触及太子尸身，此人已因此功被封为北地太守，这时也被灭了族。由于感念太子无辜，心中伤痛，汉武帝又在长安建造了一座思子宫，并在他丧命之处兴建“归来望思”台，希望能为刘据招魂追思。

然而他好像忘却了与自己做了 38 年夫妻之久的卫子夫，没有对她进行任何改葬追悼。

太子刘据死后，面临立储问题，继承人只能在剩下的三个儿子中选择。这其中，三子燕王刘旦和四子广陵王刘胥都是另一位李夫人所生。按年龄燕王居长，于是他从封国内派出一位使者，试探性地向武帝上书请求返回都城侍奉父亲。武帝大怒，认为有必要杀鸡给猴看，遂将倒霉的使者一刀两断。燕王没了指望，那么是不是就轮到广陵王刘胥了？然而武帝另有安排。

原来武帝是想立自己的小儿子刘弗陵，无奈刘弗陵年纪尚幼，武帝思来想去，只有先择一个可靠的大臣，交付托孤的重任。汉武帝觉得朝中只有霍光与金日磾老成持重，可以托付大事。但金日磾是胡人，不能服众，于是决定授意霍光。公元前 88 年的一天，在甘泉宫中养病的武帝召来画师，画了一副《周公负成王》图赐与霍光，于是人们这才明白了武帝的心思。

刘弗陵的母亲赵钩弋，家境非常不幸，早年父母双亡，随着姑妈一起生活。

在卫子夫皇后因“巫蛊之祸”而自杀之前的两三年，武帝巡行至河间，忽然有一个术士声称此地有祥云，显示必有奇女生长于此。武帝听后立即下令就地寻访，果然找到了这个美丽的少女。但有一件怪事：她从出生就两手拳曲不开。武帝亲自去验看，命人试图解开她紧握的双手，没能成功。待武帝亲自去解，紧握的双手却慢慢展开，手中握着一个碧绿的玉钩。武帝大为惊异，并为她的美丽所倾倒，立即将她纳入后宫。赵氏很快就怀上了身孕，公元前94年，她为武帝生下了最小的孩子刘弗陵，也因此被晋封为婕妤，号钩弋夫人。

因为刘弗陵足足在母亲腹中稳待了14个月方才降世，令武帝大喜过望：“我只听说过尧帝是母亲怀胎14个月降生的，没想到如今钩弋夫人也为我生了一个怀胎14个月的儿子。”立即将钩弋生子之处的宫门改名为“尧母门”。

到刘彻70岁这年，刘弗陵年仅六岁，虽然年纪小，却长得虎头虎脑，不但健壮俊秀，而且聪明伶俐，非比寻常。刘彻对刘弗陵爱如珍宝，不停地夸他讨人喜欢。再联想到刘弗陵与众不同的降生经历，更下定决心要册立这孩子做自己的继承人。

就在群臣都忍不住在心里羡慕年轻的钩弋夫人及她的家族将要一步登天之际，却发生了一件几乎让所有人震惊的一幕。

原来武帝在想要册立刘弗陵为太子的同时，觉得刘弗陵年纪太小，而钩弋夫人正值青春年少，将来儿子为帝，钩弋夫人必然干政，恐怕又是一个吕后，所以武帝认为钩弋夫人继续活着是一个危害，必须要想法子把她杀死。而且还要让她背负着罪名而死，以免日后她的堂表兄弟们有入朝为官的可能。

一天武帝在甘泉宫，借一点小到不值一提的过错对钩弋夫人厉声责骂起来，钩弋夫人吓得脸色惨白，慌忙拔下头上的簪珥饰物，披头散发地磕头求饶。然而汉武帝毫不动容，厉声对近侍群臣下令：“将她带走，送掖庭狱问罪！”侍卫们立即将钩弋夫人连拖带拉地拽下去。钩弋夫人仍然想做最后的乞求，回头望着武帝，希望他能够在最后一刻念及旧情放自己一条生路。然而武帝却将她所有的希望都立即扼杀：“快走，你不能再活着。”这天晚上她被下诏赐死，尸体连夜被就近埋在甘泉宫以南，而且小土坟上连墓碑都没有树立，仅仅是做了一个小标记。这一年，她的年龄最多不会超过25岁。

据说，就在这一天当地暴风大作，飞沙扬尘，百姓们都为这位无辜的少妇感到悲伤。不久人们传说她的尸身在待葬的时候有异香扑鼻。

武帝也知道自己这事做得太过狠毒，有一天便向身边人询问道：“人们对这件事有什么样的议论？”侍从们不敢直言，只是婉转地表达：“人们只是不能理解，为什么在册立儿子之前，却杀掉了他的母亲？”武帝打鼻子里哼出来：“我这样的远见，岂是你们这样的蠢才能够猜想得出来的？自古以来国家大乱，总是由于君主年少而其母年轻。你们没听说过吕后的事情吗？”

钩弋夫人被杀的第二年，71 岁的汉武帝卧病不起，于是他正式册立刘弗陵为太子。两天后他离开了人世，人葬茂陵。随后，7 岁的刘弗陵即皇帝位，是为汉昭帝。追封其母赵钩弋为皇太后，发兵二万为母亲兴建“云阳陵”，迁三千户守陵。

在处死继承人刘弗陵生母钩弋夫人的同时，武帝也将自己其他儿女的生母统统杀掉了——比钩弋夫人更不幸的是，由于她们的儿子始终没有做皇帝的福气，她们虽然同样是因为生下皇子而死，却死得更无声无息。也许是为了不留下任何一个能够充当刘弗陵养母的女人，所以就连只生了女儿的公主们的母亲，汉武帝也没有轻易放过。这些女人只是因为为皇帝生下了后代，就葬送了如花的生命。

求长生敬鬼神

汉代初期崇尚黄老之说，讲究天人合一，故而巫风特别盛行。汉武帝的很多文治武功都追随秦始皇的做法，在敬鬼神、求长生方面，比起秦始皇来也毫不逊色，甚至有所过之。他从 16 岁继位起，就开始修筑自己的陵墓，一直修筑到死，整整 50 多年，这期间他不断把各种金银珠宝送入墓穴中，给自己做陪葬；另一方面，为了使这种穷奢极欲的生活能保持永久，武帝和秦始皇一样也相信鬼神，相信仙药。他遍求方士，大炼丹药，祈求长生不老。

汉武帝先后宠幸过很多方士，比如他因为极度思念已经死去的李夫人，当听说山东某地有一位名叫少翁的方士，能够召神唤魂时，特地命人千里迢迢地把他接进宫里设坛招魂，希望能够再见李夫人一面。折腾了三天三夜，到了第三天午夜时分，少翁点燃灯烛，请武帝坐在纱帐重帷中，忽然灯烛尽灭，浮云掩月，一片朦胧中，隐约一美人身影翩然而至，纤纤玉手，袅袅腰身，模样神态与魂牵梦萦的李夫人一般无二，汉武帝急呼：“夫人！你想得我好苦！”连忙趋前审视，可惜美人却徐徐远去。武帝痴痴地看着那个仿如李夫人的身影，凄然写下：“是邪？非邪？立而望之，偏何姗姗来迟？”汉武帝出于感激，封少翁为文成将军，并遵其嘱建甘泉宫以致天神。

而这些被宠幸的方士中最有名的是胶东人栾大。公元前 112 年，栾大到了长安，胡说自己经常在海上来往，见过仙人，还能“通言于神人”，并找到了长生不老药。一直想长生不老的汉武帝轻易地就上了当，不仅封他为五利将军，而且还把女儿鞴长公主嫁给了他，甚至赐他“天道将军”的玉印。按照当时的规定，只有皇帝才有资格用玉来做印，叫做玉玺，其他人如果敢私刻玉玺，就是犯上作乱的大罪。武帝给栾大玉印，可见对他的重视和迷信，汉武帝还特许栾大不行君臣之礼。在栾大的怂恿下，武帝兴师动众出巡蓬莱，在海边呆了半个月，希望能够遇到神仙，结果无功而返。公元前 110 年，栾大骗局被揭露后，武帝便怒斩了栾大。不过，武帝并没有吸取教训，仍然派人到海上寻找神仙。

尽管一而再、再而三地上当受骗，汉武帝仍然痴心不改。有一次，他去陕西的黄帝乘龙升天处祭祀，臣属问他，黄帝当年升天时家人、随从都希望跟着他一起升天，但是却不可能，最后只能抛妻别子；如果让他在升天和妻子团聚之间选择，他将怎么办？结果武帝毫不犹豫回答：“像扔掉破鞋子一样抛弃妻子儿女！”

晚年的汉武帝更是由于迷信，才导致了害死太子刘据及其母亲等几万人的“巫蛊之祸”的发生，临近生命终点的武帝逐渐有所醒悟。公元前 89 年，他最后一次巡游时，在山东的海边等了十几天也没有见到神仙的影子，失望地往回走，在路过泰山时，他在泰山的明堂向天神和大臣们检讨自己的过错。时间不长，他应大臣的请求，将所有的方士都赶走了。后来，武帝又下了罪己诏，采取了一系列有效措施，如与民休息，任用有为的大臣，两年之后，政治和经济都有了较大的改善，汉朝又恢复了活力，这为武帝的儿子昭帝和曾孙宣帝时期的“昭宣中兴”奠定了基础。

举大事不拘小节

汉武帝既雄才大略，又穷奢极欲，但他还有非常随和一面，对社会伦理、礼法教化更是不以为意。比如皇后卫子大曾为歌伎，他宠爱的李大人，曾为娼妓，但他毫不在乎。他母亲在入宫之前，曾结过婚，又有金氏女，虽然在汉代整个社会对妇女的贞洁还是比较淡薄的，但是毕竟贵为皇家之尊，其母亲本人对年轻时的这段历史一直讳莫如深，旁人都隐匿不敢提及，但当汉武帝偶然得知这件事后，不但毫不计较母亲的过去，而且还激动地带领一支车队找到了那位同母异父的姐姐家，他姐姐一家还以为是家中谁触犯了法律，吓得把他姐姐藏了起来。武帝亲自到房间搜查，终于找到吓得瑟瑟发抖的姐姐，他一边对姐姐说明真相，一边感慨万千地责怪她："阿姊，何隐匿如此之深也！"

随后，武帝率领车队，浩浩荡荡地把姐姐接到了宫中，带到了还不知实情的母亲面前，母女俩抱头痛哭。武帝随即下令，赏赐姐姐一座大宅院，仆人钱币绸缎若干，并封给爵位，一时传为佳话。

汉武帝时，有一位公主新寡，和家中一个年轻仆人好上了，皇族内议论纷纷。武帝特意去看他们，一进门就热情招呼：请你们家主人翁出来吧。公主扭扭捏捏不好意思承认，倒是武帝主动邀他们喝酒，完了还赏赐了大量钱财。

武帝对待臣属，也视人而定。他可以在厕所里见大将军卫青，也可以平常燕居的服装接见大臣，只有右内史汲暗老是据事直言，皇帝偏偏怕他，非戴冠整容不见，否则宁退避帐中，也不去见他。

在其他方面，汉武帝也不拘形迹。他一贯胆子大，常化装微行，几遇不测。他年轻时就经常改装易容去终南山狩猎，有一回路过一个农户家，进门就要求搭伙吃饭，农户正愤恨这群公子哥踩坏了庄稼，准备在酒中下毒。幸亏女主人见过世面，觉得这为首的公子哥器宇轩昂，不像凡人，就把自己丈夫灌醉了，好茶好饭款待。武帝事后知道实情，不但不生气，还重重赏赐了这家人。

奢靡浪费

汉武帝虽然政绩突出，但他也很奢侈，在武帝刚即位时，由于有文景之治的基础，国家还很富足，但武帝在位几十年后，国库已经快要空虚了。

为了供自己享受，他不惜大兴土木，四处建造离宫别馆以及苑囿。例如他听信方士的妄说，嫌旧宫矮小，不足以迎神，同时也想使后宫可以容纳更多的佳丽，就在太初元年修了"建章宫"。建章宫周长 30 里，内殿有 12 个门，

八、篡汉自立的“伪君子”新朝皇帝王莽

西汉与东汉之间，隔了一个短短的朝代，这就是历时十八年的王莽新朝。一般的历史著作不大提这一朝代，认为是西汉和东汉两个朝代的衔接过渡阶段，是汉朝的暂时中断。其实，还是应当算作一个独立的朝代，这不仅因为王莽正式称帝建年号，还因为他掌握了实际政权，颁布实行了许多重要的政策法令。

王莽，是中国历史上独一无二的由书生通过和平方式而走上帝位的书生皇帝，也是近两千年来中国历史上争议最多的人物之一，有人称他是改革家，有人斥他为复古狂。有人把他比作“周公再世”，是忠臣孝子的楷模。有人把他看成“曹瞒前身”，是奸雄贼子的榜首。有人赞他救世主，有人骂他野心家。有人说他虚伪奸诈，有人说他坦荡无私。唐代大诗人白居易曾说他：“向使当初身便死，一生真伪复谁知！”

依附家族入仕途

公元前 45 年王莽出生在一个煊赫的家庭，他的祖先是被秦国所灭的齐国王公子弟，到了汉武帝时，家族中有个叫王贺的进宫做了绣衣御史，这本是一个小官吏，但却使王氏家族有了难得的历史机遇。王贺的儿子是王禁，王禁的妻妾共生了八个儿子四个女儿，其中一个女儿王政君后来成了汉元帝的皇后，而王禁的八个儿子中就有一个是王莽的父亲王曼，也就是说王莽是王皇后的侄子。

公元前 33 年，汉元帝病死，王政君的儿子刘骜即位，这就是汉成帝。汉成帝尊生母王皇后为皇太后。于是，王家先后有九人封侯，五人担任大司马，是西汉一代中最显贵的家族。但王莽父亲早死，没有轮到封侯；哥哥也年纪轻轻就死了，留下了孤儿寡母。王莽自幼丧父，母亲虽然被太后怜悯得以住进太后的宫里，但自己由于失去父荫，一直默默无闻，而他的堂兄弟们则因为父亲或者是大将军大司马，或者是这侯那侯的，都过着王孙贵族的生活，一味声色犬马。但王莽并没有因此而怨天尤人，反而使他从小就养成了与富贵的堂兄弟们不同的好习惯，他谦恭好学，节俭勤奋，拜名士为师，虚心学习，苦读经书。平时恭敬地侍奉母亲和寡居的嫂子，负责教育已亡兄长的孩子。他还广交朋友，对待掌握朝政大权的叔叔伯伯们更是恭敬有加。

王莽像

公元前 22 年，王莽的伯父、独掌朝政的王凤生病在家休养时，王莽对其侍奉得无微不至，一连几个月衣不解带地陪夜陪聊。为了避免烫着伯父，他每次都亲尝汤药，其孝道超过了伯父的亲生儿女，这使王凤极其感动。王莽的辛苦没有白白付出，王凤临死时请求太后和成帝委任王莽官职，太后和成帝都答应了。不久，王莽就做了黄门郎，虽然官品很低，但这是皇帝身边的官职，升迁的机会很多也很快。果然，没多长时间成帝便升王莽为射声校尉，品秩二千石，相当于地方的郡守，官职已经很高了。这时的王莽仅仅 24 岁，可谓前途无量。

公元前 16 年，王莽的另一个叔父、继王凤而主持朝政的大司马王商又请求成帝将自己的户邑分封给王莽，实际上是为王莽向皇帝讨封，同时，戴崇、金涉等当世很多名士也都联名上书，赞誉王莽的人品和才德，再加上太后的一再推荐，汉成帝便顺水推舟，封王莽为新都侯，晋升为骑都尉光禄大夫侍中。其中的骑都尉表示武官，而加上光禄大夫便可以参与朝政大事了，至于侍中更加重了他的权势，因为侍中表示在皇帝身边侍奉。

巧用心机踏青云

三十来岁的王莽已是掌握大权的重臣了，但王莽并没有显露出一点骄横之气，相反，他为人更加谦恭了。不仅广交名士，和众大臣友好往来，还经常将家财分发救济贫寒的宾客。一时之间，王莽不但得到在朝者的推荐，还得到在野者的褒扬，名声超过了他的几位位高权重的叔伯。

王莽当时之所以不敢太放肆，是因为他还有一个强大的对手，这就是淳于长。淳于长是王太后的外甥，也就是王莽的表兄。当初淳于长为了能巴结汉成帝，以便日后高升，就极力说服了太后，将成帝宠爱的妃子赵飞燕立为皇后，这使汉成帝对淳于长感激不尽，很快便封他做了关内侯，然后又封定陵侯，使之名列九卿之首，按惯例应继任大司马。他的官位和声势都在王莽之上。

这个淳于长虽然有计谋，但没有长久的大谋略，在得志之后便忘乎所以，不知道螳螂捕蝉黄雀在后。大权在握的淳于长骄横过度，大肆收受地方官的贿赂，妻妾成群，生活侈靡。还和被废的许皇后的寡居姐姐许孊私通，后来又纳其为妾。

被废的许皇后想求淳于长在皇帝面前替自己求情，让汉成帝给她复位，因此送给淳于长大批宫中用品和财物。淳于长则一边通过许孊不断给皇后写调情的信，一边为了讨被废许后的欢心，向成帝说情，使成帝又将许后升为婕妤。

此事让王莽知道后，他马上报告自己的另一叔父曲阳侯王根，王根担任大司马已多年，因一直有病，几次要求退休。王莽在前去探病时，不仅揭发了淳于长胆大包天，对许后也敢调戏这件事，而且还添油加醋地说："淳于长见您久病，好不高兴，自以为应该代您辅政了，已经给不少人封官许愿了。"王根大怒，要他赶快向太后汇报，太后气得让成帝罢免了淳于长的官，淳于长丧失了所有的要职，回到了自己的封地。

不久，王莽的另一位叔父红阳侯王立接受了淳于长通过儿子王融送来的大批珍宝后为他在成帝前说情。成帝让有关部门调查，王立让王融自杀灭口。成帝更怀疑他们中间有阴谋，就将淳于长关押在洛阳的诏狱中反复审讯，查清了他的罪行，将他定为大逆之罪，这是封建社会"十恶不赦"的大罪之一，最后淳于长死于狱中。

王莽主动揭发表兄，大义灭亲，赢得了群臣的一致赞赏，为他在仕途上昂首挺进又增加了一枚重重的砝码。不久，任大司马大将军的叔叔王根推荐王莽代替自己摄政。在公元前 8 年，成帝升王莽为大司马，当时他 38 岁。

坎坷之时韬光养晦

王莽做了大司马，决心要在名声上超出他的上辈，于是，就礼贤下士，延揽名士作为幕僚；从朝廷上得了赏赐，他全部分给宾客僚属，自己分文不取；在生活上，他也格外节俭，穿的是破旧的衣服，吃的是素淡的饭菜，几乎和一般的百姓没有什么两样。一次，王莽的母亲有病，朝廷上的公卿侯爵多派夫人前来探视，这些人都穿着绫罗缎匹，头上戴着珠宝首饰，王莽的妻子急忙出门迎接，穿的是粗布衣服，衣不拖地，裙子才刚刚盖过膝盖。客人们以为她是王家的仆妇，等悄悄问过别人之后，才知道她就是王莽的妻子。王莽家招待客人礼数十分周到，但仅是清茶一杯而已。自这以后，王莽开始有了清廉俭约的名声。

当然，王莽也有不检点的时候，有次悄悄买了个侍妾，被他的堂弟们知道了，王莽怕他们坏了自己的名声，就死不认账，一口咬定说："后将军朱博无子，听说此女有多子相，就悄悄为朱博买了此女。"当日就把自己的侍妾送给了朱博。也就是说王莽善于遮掩自己的丑陋之处，总是将自己美好的一面拿来示人。

正当王莽声誉日隆时，成帝驾崩，太子继位，太子是成帝侄子、原定陶王刘欣，也就是汉哀帝。哀帝继位后，想恢复皇权的权威，在他的锋芒之下，王家受到沉重打击，被迫淡出政坛，历年由王家荐举的官员统统被革职。而他的母亲娘家——新的外戚傅氏、丁氏掌权，王太后由于儿子死了，没有孙子继承大统，只得暂避其锋，处处忍让元帝的傅妃——哀帝的祖母傅太后，而王莽更是因为曾经得罪傅太后，只得"主动辞职"回到新都侯国。原来，当年王莽得意时，曾博得直臣的美名。也就是说，他敢于"犯上"。一次，太皇太后王氏设宴邀请傅太后、赵太后、丁皇后等人一同聚会，主事官员在座位正中摆下一把椅子，归太皇太后坐，在旁边又摆下一把椅子，归傅太后坐，其余则排列两边。这时王莽走进来，大声喝问："上面为什么设两个座位？"主事官员回答说："一个是太皇太后的，一个是傅太后的。"王莽说："傅太后乃是藩妾，怎得与至尊并坐，快撤下来！"

傅太后听说她的座位被撤掉，就没来赴宴。后来，傅太后胁迫哀帝罢免王莽，王莽听到了消息，马上自请免职，哀帝也未加挽留，就这样，王莽又回到了他的新都封地。不过，这件事虽使他遭到罢官，却为他赢得了更多的名声，大家都认为王莽有古代大臣的风范。

回去之后，他一直闭门不出，对地方官极其恭敬，丝毫没有侯爷的架子。他的儿子杀了一名奴婢，被他痛骂一顿，逼令自杀，由此王莽得到了大义灭亲、公而忘私的美名。三年间，官员们为王莽鸣冤的上书数以百计。

汉哀帝即位后，本想改变王氏家族一统天下的局面，但由于其昏庸无道，宠信小人，从而使得忠直见斥，正道下沉，再加上天不假年，不给其改正错误的机会，加速了权力转移。汉哀帝想加强皇权，却滥杀名臣立威，他杀了将军朱博，逼死了丞相王嘉，杀尚书仆射郑崇，黜退忠直之臣师丹、傅喜等。尤其是其逼死王嘉、杀害郑崇让满朝文武寒心。再加上他私生活过于放荡，姑息、重用他的同性恋人董贤，甚至为了董贤，竟到了不要江山社稷的地步，这就使得自汉成帝以来本已衰落的汉室，经他的错误整顿后，进一步走向败落。

汉哀帝统治的六年间，西汉各方面均已显得十分腐败，别的不说，仅举汉哀帝宠爱男色的一件事就足以证明。

汉哀帝像

董贤的父亲曾任御史，因此董贤得以为太子舍人，当时年纪才十五六岁，常以美丽自喜。哀帝即位后，董贤因为太子舍人之故而官进侍郎。一天轮到董贤传报时辰，哀帝从殿中看见他，还以为他是女扮男装，后来一问才知是个不折不扣的男子，哀帝心想，男子中有此姿色，真是绝无仅有，就是六宫粉黛，也相形见绌。于是哀帝让董贤坐到自己腿上，与之促膝而谈，并当即授董贤黄门郎的官职，让他随侍左右。

董贤生就一种女性的柔媚，娇声下气，搔首弄姿，使得哀帝对其越来越爱恋，两人很快就成了同性恋人，于是董贤一月三迁，升任驸马都尉侍中，出则与哀帝同车乘，入则共床榻。

一天哀帝早晨醒来，见董贤还睡着，哀帝欲将衣袖掣回，不忍惊动董贤。可是衣袖被董贤的身体压住，不能取出，待要仍然睡下，自己又有事不能待他醒来，一时性急，哀帝竟从床头拔出佩刀，将衣袖割断，然后悄悄出去。等董贤醒来一看，见自己身下压着哀帝的断袖，感到哀帝对自己用情之深，从此越发柔媚，须臾不离帝侧，连自己的妻子也不回去看望了，借口是哀帝多病，得在旁煎药伺候。哀帝不能一日离开董贤，见他连家都不回，心中很是过意不去，就破例让董贤的家眷移入宫中居住，

董贤像

董贤有个妹妹，还未结婚，长得跟董贤非常相像，哀帝对其一见钟情，于是封她为昭仪，地位仅次于皇后。皇后的宫殿称“椒房”，董昭仪居处特赐号“椒风”，表示与皇后名号相等。

董贤的妻子美艳非常，她出入宫禁，被哀帝看见，哀帝不禁心动，令她与董贤同侍左右。从此董贤与妻、妹三人，轮流值宿在汉哀帝身边。

仅仅一月之间，董贤所得赏赐已不计其数。哀帝替董贤筑造华丽的屋宇，规模与皇宫相同。房屋重叠，内有五座大殿，皆雕梁画栋，云气花草山灵水怪彩绘其间，殿室梁柱都是华美的锦缎捣烂成浆，围涂成彩。第中楼阁台榭，连亘如云。引御沟水流入董府后园中。兵器库房中的名重兵器，皇宫密室中的珍玩宝贝，都流到董贤家里去了，甚至连皇宫御园中的秘宝珍器、珠衫玉匣，哀帝统统都送给董贤。哀帝还在自己的陵墓旁，专门为董贤另造一墓冢，使董贤可以死后陪伴黄泉。

后来哀帝加封董贤为高安侯，丞相王嘉竭力上书劝阻，被哀帝嫌恶，不久借故处死。而大司马丁明同情王嘉，被哀帝知道，就将丁明免官，让董贤代任。董贤故意推辞，哀帝于是先让光禄大夫薛赏为大司马，薛赏任职才几天，忽然不明不白地死去。接着董贤做了大司马，总领尚书之职，百官都要向他奉事。当时董贤只有 22 岁，已是位超三公，掌握天下的兵权。一人得道，鸡犬升天。董贤的父亲迁为光禄大夫，弟弟为驸马都尉，其余董氏亲属均被封赏。每次董贤家有婚丧嫁娶等大事时，哀帝便命百官各备礼物前往祝贺。

更让人难以置信的是：有一天，哀帝和群臣正一起饮酒，突然间他竟对董贤说：“朕欲效仿尧禅舜，把帝位传给你。”一时间众大臣竟不敢相信自己的耳朵。而董贤虽然内心极为高兴，但由于事出突然，也一时不知该如何回答，这时忽然中常侍王闳进言：“天下是高皇帝的天下，非陛下所私有。陛下

上承宗庙，应该传给子孙，世世相继，天子岂能出戏言！”哀帝当下十分恼怒，竟将王闳赶了出去。王太后听说此事，代王闳向哀帝道歉，哀帝才慢慢平息了怒气。可能后来他仔细想想也觉得自己当时说的那句话有点太出格了吧，因此就没有重提禅位的话题。

哀帝因纵欲过度，不久一病不起，元寿二年六月去世。只有 26 岁，在位仅 6 年。董贤虽对哀帝忠心耿耿，怎奈不习事务，当王太后召董贤问丧事该如何调度时，他一时对答不出。王太后便命王莽入宫帮助董贤治理丧事，这又给了王莽一个捞取政治资本的大好机会。王莽入朝，先不说丧事如何办理，而是先顺应人心，罢黜了董贤。他首先对王太后说董贤无功无德，不应尸位素餐，接着禁止董贤出入宫殿。董贤惊惶失措，站在大门前，脱官帽，赤双脚，向内谢罪。不久王莽假太后命令，收走皇帝玺绶，董贤这个现任大司马就像吓傻了一样，一任王莽作为，任凭宰割。后来董贤自思王莽肯定不会轻易放过自己，还不如自尽。董妻情愿同死，两人抱头痛哭一场，先后自杀。家人不敢报丧，悄悄将董贤夫妇棺殓，趁夜埋葬。此事被王莽听到，怀疑他诈死，命有司开棺验尸。因为董贤棺用沙金画棺材，涂上了四时之色，左苍龙，右白虎，上面还镶上了金银打制的日月之像，穿的是玉片做的衣服，四周是珍珠满缀的棺壁，王莽便指责他僭越王制，把董贤的尸体拖出棺外，剥去衣服饰物，用草席裹起来，埋在了狱中。家属俱受牵连，家产抄封。然后王莽才料理了哀帝的丧事。这时的王莽实际上已独掌汉的大权，王莽与王太后商议，迎立中山王箕子即位，是为汉平帝。

当时平帝只有九岁，由太皇太后王政君临朝听政。王莽位居首辅，一切政令都出自王莽。因为太皇太后已被王莽哄得团团转：王莽将皇太后赵氏贬为孝成皇后，令皇后傅氏徙居桂宫。又追贬傅太后为定陶共王母，贬丁太后为丁姬，接着再废傅太后、赵皇后为庶人，二人后皆自杀。丁、傅两家亲属都被免去官职，流放蛮荒之地。这些做法使得王太后满心欢喜，以为王莽替她出了口恶气，其实这是王莽在为自己以后进一步夺取政权扫清道路。

小心翼翼争朝权

朝廷中的正直大臣，见王莽专权，贬降太后，擅立新君，渐无人臣之礼，大多数陆续辞职引退；在朝的官员，多趋炎附势，尤其是历任三朝的大司徒孔光，竟去揣摩王莽的心意，奉承王莽。不过，王莽自己也很明智，他知道自己多半是靠了太皇太后王氏的信任才得以独揽大权的，人心其实并未收拢。于是王莽想出一个办法，他秘密派人前往益州，告诉地方长官，让他买通塞外蛮夷，假称越裳氏，献入白色雉鸡。不久，塞外果有蛮人入朝，说是由于仰羡汉朝德仪，特来入献白雉一只。王莽一听，非常高兴，立即禀告了王太后，把这只白雉送到了宗庙里。原来，周朝成王的时候，越裳氏也曾来中原献白雉，王莽是想把自己比成辅佐幼主的周公，才买通塞外蛮夷来汉献雉的。其实群臣都知是王莽所为，但谁也不愿揭破，反而仰承王莽的意思，说大司马王莽安定汉朝，当加为安汉公。太皇太后即日下诏，王莽故作姿态，上表一再辞谢，并要求加封迎立平帝有功的孔光等人，自己最后只受爵位，退还了封邑。

王莽又为已死的东平王刘云伸冤昭雪，立中山王刘宇的孙子为中山王，封宣帝孙三十六人为列侯。此外汉宗室、汉初以来功臣子孙也都立了嗣。皇族中有因罪被废的，都恢复属籍；年老退休的官吏，仍享受旧俸的三分之一，以赡养终身。甚至庶民鳏寡，无不周恤，使得天下吏民，无不称道。后来，王莽又上书太皇太后，说她年事已长，不宜署理小事，凡封爵以下诸事，均交自己处理。太皇太后当然同意，于是，天下就更是只知王莽而不知汉天子了。

王莽还不满足，又秘密派人安排。第二年，黄支国献入犀牛，汉廷上下均感惊异，都觉得黄支国远在海外，从不和汉朝交往，难道又是仰慕安汉公王莽的威仪，前来拜服。随后，又接到南方某郡的报告，说是江中有黄龙游出。祥瑞迭出，真是称颂不迭。

有一年盛夏大旱，郡国飞蝗成灾，王莽自己带头不吃荤，并出钱一百万，献田三十顷，以赈灾民。满朝公卿，见王莽如此，也都纷纷捐田献宅，连王太后也省下自己的“汤沐邑”十个县交给大司农管理。王莽派使者去民间捕蝗。又废汉皇室的呼池苑，改设安民县，募贫民迁居，沿路饮食及所需田宅、器具、犁牛、谷种、食粮都由官府供给。在长安城中造五个里，有住宅二百区，让贫民居住。过了不久，连下阴雨，蝗灾渐退，稼禾复生，大家都说安汉公德感天地，王莽由此又得到了一片赞誉之声。

平帝十二岁时，王莽为平帝择婚。他下令选择世家良女造册呈入。主管官员揣摩王莽的用意，多选豪门士族之女，尤其是王氏女子几乎占了一半，连王莽的女儿也在内。王莽想让女儿当皇后的企图再明显不过，然而他又欲擒故纵地对王太后说：“身亡德，子材下，不宜与众女并采。”不料王太后误会了王莽的用意，以为王莽生性至诚，就下诏将王氏女一概除名。王莽正骑虎难下的时候，已有许多趋炎附势的朝臣陆续上书，要求立王莽的女儿为皇后，王莽总算如愿以偿。

王莽之女既为皇后，王莽就更加想方设法地讨太皇太后的欢心。他认为太皇太后年老体弱，独居深宫一定十分憋闷，就建议她外出旅游，并借机慰问民间的孤寡。太皇太后当然求之不得，立刻答应。王莽还准备了许多钱帛牛酒，沿途赐赏穷困老弱之人，弄得万民拜呼，好不热闹。再加上所到之处皆是名胜古迹，老妇人仿佛到了另一个神奇的世界，真是说不尽的欢愉。王莽讨好太皇太后，真可谓体贴入微。太皇太后自然是越来越喜欢王莽了。

王莽征集天下通古文、今文经学及天文、历算、兵法、文字、方术、本草之人数千人到京城，筑学舍万间容纳一万八百人。贤者为师，愚者为徒，都有免费的饮食供应。群臣都说周公摄政七年，制度始定，如今安汉公辅政四年，大功毕成，位置应在诸侯王之上。吏民也陆续上书，请求加赏安汉公。上书人数，总计四十八万七千余名。派往各地了解民情的八位风俗使回到长安，带回各地歌颂王莽的民歌三万字。可见王莽确实已尽得人心。太皇太后见得朝野上下如此，于是下诏给王莽九锡封典。

之后朝中只知有王莽，不知有汉帝。平帝年已 14 岁，渐渐懂事，恨王莽专横跋扈，每次见到王莽，都面露愠色，私下也说了不少怨言。宫中的侍役多是王莽安插的耳目。王莽得知后，便先下了手，他在腊日进献一杯毒酒。平帝喝了酒后，腹痛难忍。王莽假意做愁眉泪眼的样子，并写了一篇祝文，情愿以身代帝，群臣都称誉王莽对平帝忠心耿耿。不久平帝腹痛而死。

欲壑难填终称帝

汉平帝死的时候才 14 岁，当然没有儿子，群臣想在宣帝曾孙五人中推立一人为太子，王莽嫌宣帝的曾孙辈都已成年，就借口这五人都是已故平帝的兄弟，不能相继为帝，应在宣帝的玄孙中选立。宣帝玄孙有 23 人，王莽却找了一个年仅两岁的刘婴为皇太子，号为孺子。

不久武功县长孟通在井中挖得一块白石，上面用红颜色写着“告安汉公莽为皇帝”几个字。王莽派王舜将此事转告王太后，太后作色说：“这纯是欺人的妄语，不宜施行！”可是很多大臣却让太后根据上天的符命下诏王莽“摄行皇帝之事”，王太后无奈，只好下诏封王莽为“摄皇帝”。从此王莽身穿天子衮服，戴天子的冕旒，南面受朝，出入坐銮驾，自称为“予”。年号称为居摄元年。

王莽要当皇帝的企图已经很明显，以刘氏宗室为主的反对势力开始发起反抗。首先发难的是安众侯刘崇，但只拉起了百余人的队伍进攻宛城，连城门也没有攻入就失败了。第二年九月，东郡太守翟义起兵，立严乡侯刘信为天子，通告各地，长安以西23个县的“盗贼”赵明等也起来造反。王莽十分恐惧，饭也吃不下，日夜抱着孺子在宗庙祷告，又模仿《大诰》写了一篇文章，说自己摄位是临时的，将来一定要将皇位归还孺子。王莽调动大军镇压，攻灭翟义的部队。赵明等本来就是乌合之众，不到一个月就被平息了。

待王莽扫清了这些障碍，有些文武官员想做开国元勋，就劝王莽即位做皇帝，王莽也觉得做代理皇帝不如做真皇帝好。于是，有一批吹捧的人纷纷制造出许多迷信的东西来骗人。

齐郡临淄县亭长辛当，夜里梦见天使对他说：“摄皇帝当为真皇帝，如若不信，亭中发现新井便是确证。”第二天早晨辛当起来，见亭中果然有一口深百尺新井。巴郡也有石牛出现，上有红色的文字，大体都是上天命王莽为帝之类的话。王莽便改年号为初始，以应天命。

在长安求学的梓潼人哀章是一个地痞无赖，他投合王莽，私下制了一个铜匮，上刻传位王莽的谶言。哀章穿黄色衣冠，扮成一个方士，趁黄昏将铜匮交给高祖庙里的守吏，然后装神弄鬼地匆匆离去。守庙官忙报知王莽，王莽打开铜匮，上刻摄皇帝王莽应为真天子，并署佐命大臣11人，其中当然少不了哀章的名字。

一直以推让出名的王莽这会儿不再推让了。王莽向太皇太后去讨汉朝皇帝的玉玺。王政君这才大吃一惊，不肯把玉玺交出来。后来被逼得没法子，只好气愤地把玉玺扔在地上。

次日王莽率群臣入太祖庙拜受金匮，王莽正式即位称皇帝，改国号为“新”，都城仍在长安，废孺子婴为定安公。从汉高祖称帝开始的西汉王朝，统治了210年，到这时候就结束了。

接着王莽照金匮册书按名授官，只有王兴、王盛两个姓名是哀章捏造的，王莽遣人四处寻访，不久找到一个城门令史叫王兴，还有一个卖饼的叫王盛，当即把他们封为将军。

从公元前22年步入仕途，至公元8年当上新朝的皇帝，王莽花了31年时间。

行新政危机四伏

如果王莽只是为了夺取权力而当皇帝，那么他已经成功了，因为他已经相当平稳地取得了汉朝的最高权力，又顺利地当上了新朝的皇帝。但王莽不但要当皇帝，还想当改革家，当圣君，于是上台以后，他以更大的热情顽固地推行他的复古改革，也把自己推上了绝路。

王莽曾经使社会各阶层、各类身份的人都获得过实际利益，因而赢得了最广泛的支持。当王莽实行改革时，又走上了另一个极端，为了达到尽善尽美的目标，不惜得罪所有的人。

第一，掀起轰轰烈烈的改名运动。

王莽泥古不化，一切都要符合古义，恢复古代的面貌。于是王莽掀起了空前绝后的改名运动，无论地名、官名、建筑名，差不多都改了，而且百姓养生嫁娶、宫室封国、刑罚、礼仪、田宅车服等仪式皆遵照西周制度，官职多半改为古代的名称。

他还将传说的上古官制拿来和汉朝官制相结合，形成新朝的官制。具体说，就是中央设置了四辅、四将、三公、九卿和六监。地方上则将全国分为九州，一百二十五郡。州设州牧，郡的长官按照爵位的不同分为卒正、连率和大尹。县则设县宰。

这样改一次已经够折腾了，王莽却一改再改，有的郡名一年间改了五次，最后又改回到原来的。官吏和百姓根本记不住，所以每次颁发诏书和公文，都要在新名后注旧名。可以想象，这样频繁地改名必定会给正常的行政工作和百姓的日常生活带来极大的麻烦，不但影响效率，造成浪费，而且造成官民心理上的厌恶。尤其是改动地名、官名，改来改去，令人记载不清，书写不明，以致下诏令时需注明原地名才能看明白。

琉璃官印

第二，把全国土地改为“王田”，不准买卖；把奴婢称为“私属”，不准买卖。

王莽自称为黄帝虞舜的后裔，尊黄帝为初祖，虞舜为始祖。他参照夏商周的井田制，颁布“王田令”，即将天下土地改称“王田”，不得私下买卖。如果一家人中男丁不满8人，但土地超过了900亩，就要将多余的土地交给国家，再分给本族人耕种。以前没有土地的家庭则依照一夫一妻一百亩的标准重新分配。

违背法令的人将被流放。流放在封建社会是仅次于死刑的一种刑罚，流放后还要服劳役，以后也不准再返回家乡。

王莽为了防止奴婢的增多，影响国家劳动力的减少，还颁布了“私属令”，将奴婢改称为“私属”，禁止买卖，违令者也是流放。

对于这条改革令，大地主豪强当然会激烈反对，因为他们占有的田地远不止一井，要他们将多余的土地交出来等于要割他们的肉。他们占有的大部分奴婢是用于农业生产的，现在将土地都交了，难道将奴婢白养着？而奴婢又不许买卖，岂不是逼着他们白白送掉吗？小土地主，包括刚够得上自给标准的农民也不满意，一则这些人多少要减少一些土地，更主要的是原来实际上已经私有的土地现在要变成公田了，如果将来家庭人口减少，还得再交出去。由于既没有可行性，又没有切实的强制措施，地主豪强多余的土地大多没有交出来，所以政府没有足够的土地分给应该受田的无地、少地农民，对这一纸空文，农民自然也不会满意。侥幸分到土地的人心里也不踏实，因为这是“王田”，不属于自己。至于奴婢，改称“私属”，不会给他们带来任何利益，禁止买卖更没有改变他们的身份，相反，由于买卖改为暗中进行，或者主人原有的土地减少，他们的处境只会更坏。实际上官僚地主的土地和奴婢买卖并未停止，因而被处罪的不计其数，更引起了他们的反对。三年后，王莽只得让步，于是土地和奴婢买卖合法恢复，原来的业主肯定要索回已交了公而被其他人“受”了的土地。至此，王莽就将唯一拥护这项政策的受益者也得罪了。

第三，颁布“五均”、“赊贷”以及“六管”。

所谓的“五均”，就是由国家来管理工商业和物价。而“赊贷”就是由官府在百姓遇到诸如丧事、祭祀和经营工商业无钱时，向百姓发放贷款，但利息相对要少一些，工商贷款利息每年百分之十，而丧葬和祭祀贷款则不收利息。但是，祭祀要在十天内还清，丧葬归还期限则是三个月。另外，国家还将盐、铁、酒收回专卖，国家垄断铸钱，国家管理山林水泽，并收山泽税。这一共是五项，加上国家负责的“五均”、“赊贷”，就称为“六管”。

从这些政策的内容看，似乎相当合理，制订的出发点也不能说不对，如果真能实行，政府和百姓双方都能得益。很明显，五均的前提是政府必须掌握相当数量的商品和货币，并且有强有力的管理手段。由于没有这两方面的条件，王莽只能依靠富商大贾来推行，使得评定物价的权力掌握在贵族官僚手里，反而给了他们利用职权投机倒把、贪污勒索、搜刮百姓的机会，形成危害更大的官商垄断性经营，反倒增加了人民的痛苦。

由国家对盐铁等实行统管统制，早已被实践证明是行不通的，再次实施自然不会有好结果，而由国家控制名山大泽，实际只是给主管官员增加了财源。总之，国家没有增加收入，百姓却加重了负担，正当的商人和手工业主也受到打击。

第四，改革币制。

王莽对货币的改革，开始时只是为了复古，模仿周朝的子母钱。以后又不顾五铢钱从武帝时开始已经生产了二百八十亿万的现实，盲目推行花色繁多却没有信用的各种新货币，如金货一种、银货两种、龟货四种、贝货五种、泉货六种、布货十种……共分六类二十八种。由于种类错杂，名目纷繁，民间都搞不清，所以人们仍旧用汉朝的五铢钱。受到百姓抵制后，王莽企图通过严刑峻法强制推行，规定携带使用五铢钱的人与反对井田制同样处罚，流放边疆。为了限制盗铸，他规定"一家铸钱，五家连坐，罚为奴婢"，以致沦为官奴的人"以十万数"。

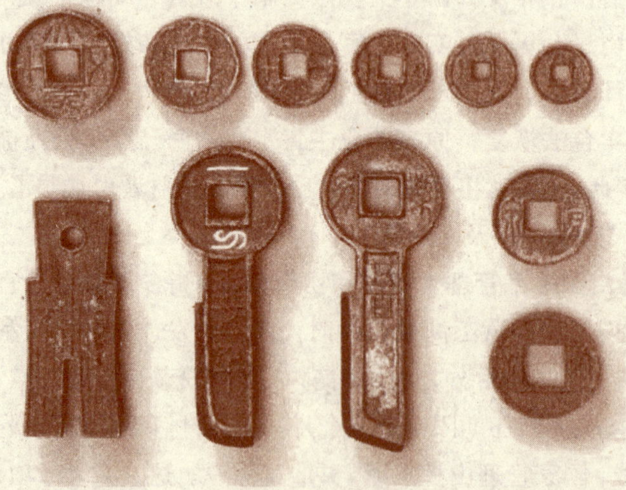

汉武帝时期的货币

为了提高他颁布的"布钱"的地位，王莽规定官民出入都得带上，否则，就是有合法的证明，旅馆也不接待食宿，城门和渡口可以加以拘留。连公卿出入宫门时，也必须出示所带布钱。一种货币变成了通行证后，流通的作用也就不存在了。

币制改革前后有

四次之多，钱越改越小，无形之中又刮了老百姓一笔钱。

王莽时期的布钱

总之，这些改革，听起来都是好事，可是没有一件办得好。这种复古改制，不但受到农民反对，许多中小地主也不支持。

就在王莽的改革遇到了困境之时，边陲又起了战祸。

由于胁迫羌人“献”出青海湖一带的土地设立西海郡，以便与国内已有的北海郡、南海郡、东海郡合起来凑全“四海”，为了使这块荒地像一个郡，必须强制移民，于是王莽增加了五十条法令，以便增加成千上万的罪犯，满足移民的需要。为了这个西海郡，王莽招来了一连串不满。

王莽做了皇帝后，觉得少数民族的首领也称王，是不符合大一统的传统的，于是，他派人出使匈奴，收回汉朝原来给的印玺，换给新朝的印章，又将匈奴改为“恭奴”、“降奴”，将“单于”改为“善于”、“服于”，匈奴单于改名为“降奴服于”。匈奴单于怒不受封，他知道“玺”是皇帝专用物，而“章”则是臣子用的。于是，单于想要回印玺，但被使者弄碎，单于盛怒之下派兵攻打云中郡，杀死雁门郡、朔方郡都尉。这些无端的挑衅使一度平静的边塞又起了战火。王莽召募天下囚徒、丁男、兵卒32万人，分12路攻击匈奴。这些乌合之众毫无战斗力，打仗不行，骚扰百姓却很在行。

公元19年，王莽又一次大举集重兵于边境。但可笑的是两次发兵，都停留在边境上不出击。其实王莽是想借此将内地的穷人送到边境上战死或饿死，以使国家显得很富裕，成就他一代尧舜的美名。

王莽又贬西域诸国王为侯，多次无故侵侮诸国，并下令断绝西域诸国与内地的交通。公元12年，王莽征高句丽兵击匈奴，高句丽侯率众逃遁。王莽诱杀高句丽侯，又改高句丽为下句骊，引起高句丽、夫余诸族的不断反抗。句町国在西南，汉昭帝时封句町国君为王，王莽却改句町王为侯，又诱杀句町王。公元16年，王莽发动二十万人击句町，兵士死亡约十分之六七。西南地区各族纷纷起兵而反。

王莽随意改变西汉以来的惯例，引起了各族首领的不满；又轻率地动用武力，不仅导致边境冲突，还使数十万军队长期陷于边疆，无法脱身，耗费了大量人力物力，造成了北方边疆人民深重的灾难。以后的反抗首先在北部边区爆发，绝不是偶然的。本来，中原王朝的政权更迭不至于影响它与周边少数民族政权的关系，王莽完全可以维持现状，他却主动挑起了无谓的争端，使自己内外受敌。

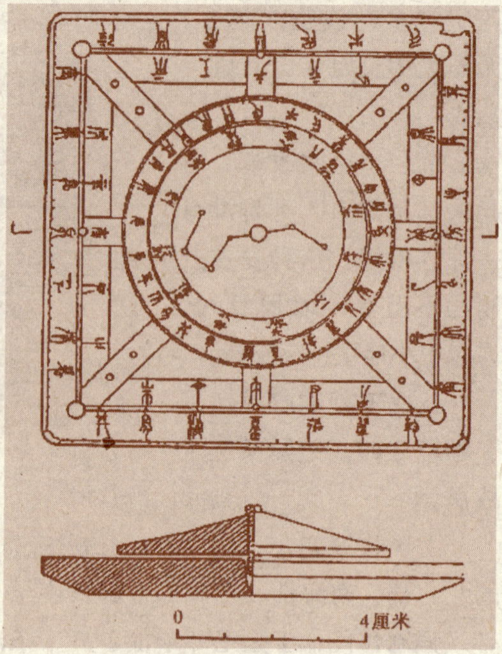

漆木六壬式盘

俗话说屋漏偏遭连阴雨，疲于应付边陲战事的王莽，又不得不分出身来解决“内患”。

原来王莽的手下重臣甄丰虽然受王莽器重，但心里不满他取代汉朝，觉得以后会给家族招来灭顶之灾。所以，甄丰内心惶恐。王莽觉察出来后，便降了他的职位，这又使甄丰父子更加恼怒。甄丰的儿子甄寻便伪造了符命，说新朝应当将陕地分成两部分，让甄丰和太傅平晏分别治理。王莽很生气，但还是依照符命做了。接着甄寻又伪造了一个符命，说王莽女儿，即已故汉平帝皇后要做他的妻子。这使王莽再也无法忍受了，下令抓捕甄丰父子，结果甄丰自杀，甄寻逃跑一年后也在华山被捕。当时甄寻手上刺着“天子”二字，王莽让人将他的这个胳膊砍下来送给他查验，王莽说不是“天子”，而是“一六子”或者“一大子”，六就是戮，即杀死，最后王莽将甄寻也杀了。

王莽由于这件事的刺激，对很多亲信也不再相信了。每当外出的时候，他都要事先派兵在京城搜查，还美其名曰“横搜”。有一次外出，王莽惶恐得竟命令在京师搜查了五天之久。为了防范其他的人谋反，王莽对大臣入宫的随从人数做了限制，这又导致了新的矛盾。太傅平晏有一次进宫时带的随从超过了规定的人数，结果被把守宫门的仆射拦住，双方发生了纠纷，平晏的随从盛怒之下将仆射捆了起来。王莽听说后，气得七窍生烟，马上命人围攻太傅府，把闹事的卫士处死，这才算完。

王莽不仅和大臣矛盾激化，自己的儿孙们也和他不和。他的孙子王宗想取代他，让人画了自己穿着皇帝衣服的像，还刻了准备做皇帝用的印章。事情被王莽得知，孙子自杀。有了这件事，王莽对子孙们也不信任了。后来，王莽借口大风将殿堂吹坏，将太子王临废黜，赶出京城到外地做王。

王莽原来和妻子的侍女原碧私通，王临侍奉母亲时也和原碧私通，后来王临给母亲写信，说自己不知道命丧何处，表示了对父亲的不满。信被王莽看到，王莽暂时没有采取行动。在妻子病死埋葬后，王莽便将原碧抓起来拷打讯问，原碧经不住拷打，将她和王临私通的事招认了。王莽为了遮家丑，残忍地将所有参与拷讯原碧的官员暗地处死，将尸首埋在监狱中。然后，王莽派人给儿子王临送去了毒药，命他服毒自尽。王临不愿意喝毒药，最后引剑自杀。

王莽虽然将内部的祸患消除了，但由于他大量征用民夫，加重捐税，纵容残酷的官吏，对老百姓加重刑罚。这样，就逼得农民不得不起来反抗了。正是风云突起的起义军把王莽的统治送上了穷途末路。

丧命起义军之手

由于政治极其腐败，王莽新朝的诸多措施根本不合实际，所以王莽政权遭到了从官吏豪强到普通百姓的一致反对。而由于王莽连年挑起战事，所需入不敷出，因此只有课重税于民间：盐税、酒税、铁税、山泽采办税、赊贷税、铜冶税等多如牛毛。贫民无法谋生，富人也朝不保夕。揭竿造反的流民，四处攻城掠地。从新朝十几年开始，刘氏宗族及各地豪强就不断起兵反抗，乱世之中，王莽不知道该如何挽救自己的命运。他的所谓救亡措施给后人留下了很多的笑柄。

王莽为了平息此起彼伏的大大小小的叛乱，便亲自去南郊祷天禳灾，用五彩药石烧了一个北斗形的铜斗，号为“威斗”，用来象征性地表示平息天下的叛乱。

一天，他梦见长乐宫铜人站起来行走，醒来后看见铜人刻有“皇帝初兼天下”的文字，便命人磨去铜人的撰文。又梦见汉高宗庙里有神灵，就遣虎贲武士在高祖庙拔剑四击，结果户牖全被砍坏，还以煮沸的桃汤洒在屋子的四壁，并令轻车校尉住在里面。

有人见他很害怕，便对他说，远古的黄帝曾经建了一个华盖，后来黄帝就成了仙。王莽听了，赶忙命人建了一个九重的华盖，高达八丈一尺，金银装饰，以安有秘密机括的四轮车装载，王莽将这当成了成仙的车。每次外出，都要在前边拉着，还让几个人在车上击鼓，那些拉车的三百勇士边拉还边喊：“登仙！登仙！”

王莽征集天下的奇能异士，有许多人应召前来。有的说自己渡水不用舟楫，只用马匹就可渡百万兵士过河；有的说吃了仙丹，打仗时不饥饿；有的还说自己插翅会飞，一天远翔千里。王莽让那个会飞的当场试演。那人取出两片鸟羽织成的翅膀系在身上，两翼间有机关，用手一扳，徐徐飞起十几米，接着坠落在地。王莽为了稳定人心，就让这些人留在军中为将。后由韩博保荐了一个人，用四匹马拉的大车运入都城。这人叫巨无霸，身长一丈，腰大十围，睡觉时枕鼓，吃饭用铁筷子。王莽让巨无霸充当卫士。

但这些奇能异士与巨无霸并不能挽回新朝的分崩离析，这时天时也对王莽极其不利。公元初前后这一段时间，是中国历史上自然灾害最严重的阶段之一，见于记载的有旱、蝗、瘟疫、黄河决口改道等，灾区范围大，持续时间长。如此大的灾害，即使是在国家储备充足，社会秩序稳定的条件下也会造成巨大的损失，何况发生在这样一个剧烈变革的动荡时代，出现在国库早已耗费殆尽之时。面对四起的饥荒，王莽所做的只是叫百姓煮草根以代粮，饥民起而暴乱，赤眉、绿林军相继揭竿而起。

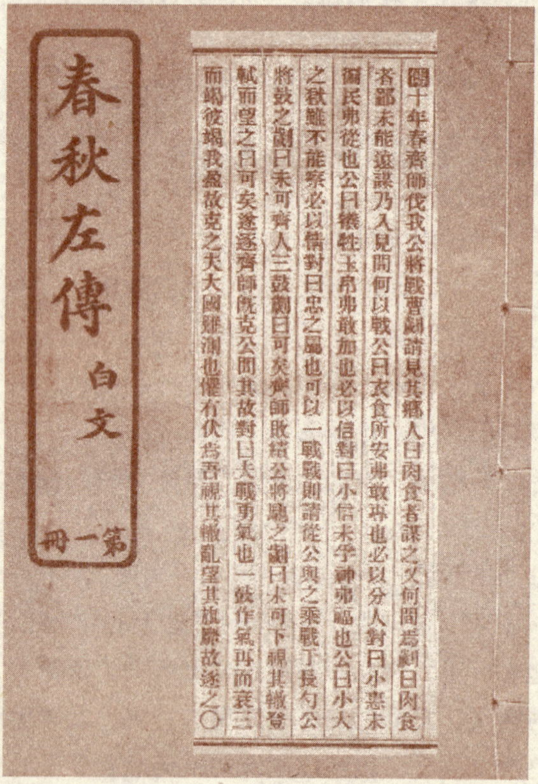
春秋左傳

白文

第一冊

傳十年春齊師伐我公將戰曹劌請見其鄉人曰肉食者謀之又何間焉劌曰肉食者鄙未能遠謀乃入見問何以戰公曰衣食所安弗敢專也必以分人對曰小惠未徧民弗從也公曰犧牲玉帛弗敢加也必以信對曰小信未孚神弗福也公曰小大之獄雖不能察必以情對曰忠之屬也可以一戰戰則請從公與之乘戰于長勺公將鼓之劌曰未可齊人三鼓劌曰可矣齊師敗績公將馳之劌曰未可下視其轍登軾而望之曰可矣遂逐齊師既克公問其故對曰夫戰勇氣也一鼓作氣再而衰三而竭彼竭我盈故克之夫大國難測也懼有伏焉吾視其轍亂望其旗靡故逐之○

《春秋》

公元23年，绿林起义军拥立刘玄称帝，年号定为“更始”。这使王莽受到了前所未有的打击。为了冲走这个不好消息所带来的晦气，王莽举行了盛大的婚礼。为了显示自己没有老，他还特意将自己的胡子染成了黑色。但这丝毫不能挽救王莽的败亡命运。

当时，隗崔等人推举隗嚣为大将军，在陇西举起义旗，劫持了地方官员，攻杀了雍州太守，直逼长安。紧接着，邓晔、于匡百余人在南乡起兵，劝说析县县令统率数千名士兵，一起投了降。邓晔自称辅汉左将军，于匡自称辅汉右将军，进攻武关。武关守将不战而降。邓晔、于匡直接向长安进军，势如破竹，很快便抵达京兆地区。

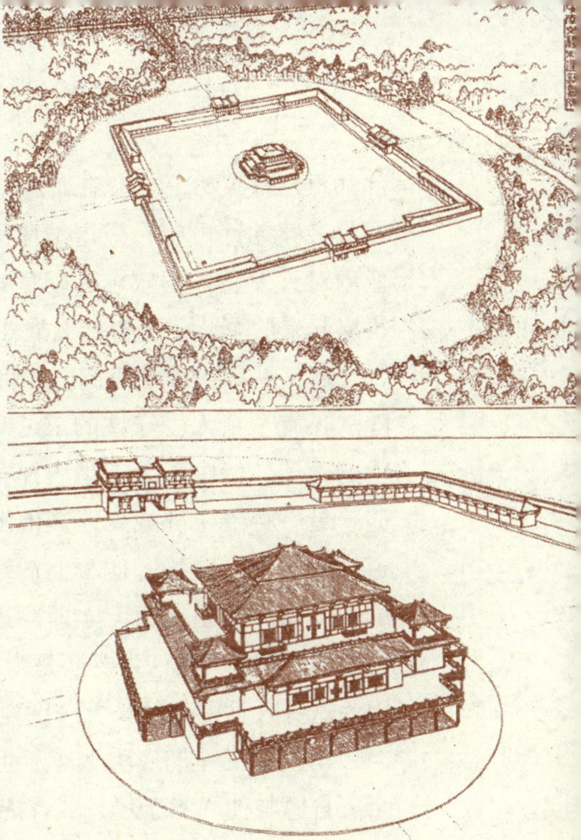
王莽明堂和辟雍

王莽万分忧愁，不知怎么办才好。有个叫崔发的人对他说："《周礼》和《春秋》、《左传》上都有记载：国家有了大灾大难，可以用哭来压制它。所以《易经》上说：先号陶而后笑。应该祷告上天，祈求解救。"感到山穷水尽的王莽居然听信了他的话，带领群臣到南郊祭祀。他仰天说道："我是受皇天的旨意才做皇帝的。皇天既然授命于我，为什么不消灭这些乱臣贼子呢？如果我说的是假话，就请雷霆劈死我吧！"说罢就大哭起来，哭得差点断气。他伏在地上不停叩头，最后，又陈述自己的上千条功劳，祈求皇天垂怜开恩。

他又动员城中的百姓跟他一齐哭。一时间，长安街头日夜大哭。他特别设立粥棚，好让百姓吃饱了，有劲再哭。整个长安城哭得天昏地暗。他在这些人中，挑选粗通文墨的年轻人为侍卫官，多达5000余人，让他们带兵到前线作战。又封了九名将军，都以虎为号，称为"九虎"。把他们的妻子搬进宫中，作为人质，让他们统率数万精兵去抵御郑晔、于匡的军队。

"九虎"到达华阴一带，在险要关隘防守。于匡带兵在正面挑战，邓晔带兵抄了他们的后路。双方一交战，"六虎"就被打得丢盔弃甲。"两虎"自杀，"四虎"溜走，剩下"三虎"带领残兵败将退回京师。

这时，更始皇帝刘玄的先头部队，由李松带领已经抵达京郊，与邓晔、于匡的部队合在一起，猛攻长安。陇西举兵的隗嚣军队也到达长安城下。各部都想抢得头功，攻击更加猛烈。

王莽无计可施，只得把监狱的囚犯放了出来，编入军队，并让他们喝猪血酒对天发誓：不效忠新朝皇室，鬼神会记下他们的罪孽。然而，这些临时拼凑起来的军队，哪有什么战斗力，一触即溃，一哄而散。

起义军很快攻至宫门，王莽在王揖等护卫下逃往渐台，公卿大夫、宦官、随从还有千余人。守城的王邑日夜搏斗，部下死伤殆尽，也退至渐台。这时他的儿子、侍中王睦正想脱掉官服逃命，王邑将他喝住，父子俩一起守着王莽。最后将士全部战死，其他随员在台上被杀。商人杜吴杀了王莽后还不知道他的身份，取下了他身上的绶带。校尉公宾看见后，忙问是从谁身上拿到的，得知尸体还在后，立即冲进室内砍下王莽的头，王莽的尸体随后被争夺的士兵支解。当然这主要还是为了争功领赏，甚至有人割下他的舌头切碎分食，因为这些人觉得他的长舌一度欺骗了天下。

至此，王莽彻底失败了，但在他山穷水尽，必死无疑时，竟然还会有千余人自愿与他同归于尽，或许能给他一丝安慰。

九、以柔克刚成大业的光武大帝

提起中国历史上的皇帝，大家首先想到的肯定是秦皇汉武、唐宗宋祖、明太祖成祖、康乾盛世这类立下赫赫伟功的明君贤君，要不就是纣王幽王、隋炀帝、宋徽宗这类因荒淫残暴、昏庸无能等而致国破家亡的昏君、暴君，但对东汉开国皇帝、神武不可测的刘秀却知之甚少。这位谥号光武帝的刘秀的名气虽然不如前面提到的几位皇帝，但在政治、军事作为方面却毫不逊色，甚至有过之而无不及。他不仅是我国历史上为数不多的通过农民起义登上宝座的皇帝，也是一位中兴汉室，使汉室亡而复兴，断而再续的明君。有人甚至称他是中国历史上学识最高的皇帝、最会御权的皇帝、最善用兵的皇帝、“忍术”最好的皇帝，堪称中国帝王中的顶峰人物。文才武略、相貌人品，都达到了无人企及的程度。的确，在这些皇帝中，汉高心黑，魏武残忍，唐宗好色，宋祖贪杯，明祖嗜杀，而光武身上却没有这些让后人印象深刻的有特色东西。也正因为如此，他的知名度甚至还不如那些亡国之君。

中国人追求的处世的理想境界是柔中含刚，刚中存柔，刚柔相济，不偏不倚。这一点在太极图上表现得最为形象：在一个圆圈中有一个白色的阳鱼和一个黑色的阴鱼，阳鱼头抱阴鱼尾，阴鱼头抱阳鱼尾，互相纠结，浑融婉转，恰成一圆形，无始无终，无头无尾，无前无后，无高无下。最妙的是阴鱼当中有阳眼，阳鱼当中有阴眼，相互包容，相互蕴涵，相互激发，相互转化而又相互促生。我们一度对这一处世方式进行过轰轰烈烈的批判，但当我们真正凝神谛视这个小小的太极图时，我们却不能不承认它包含了宇宙中的至理，同时也是我们处理人事的最高准则。

中国人追求的理想化的处世方式是以柔胜刚，以柔克刚。遗憾的是，不论在历史上还是现实中，却是刚者居多，柔者居少。若能以柔为主，寓刚于柔，其表现方式就是人们推崇的“柔道”。然而，“柔道”尽管是治国治民、为人处世的最佳方法，却由于贪婪、暴躁、逞一时之快、急功近利、目光短浅等人性的弱点，人们一般不去施用，或是施行得不好。刘秀是这些少数将“柔道”处世，“柔道”治国发挥得淋漓尽致的佼佼者。他是一位以柔开国、以柔治国的皇帝，在政治、军事诸方面都体现出了这种精神，应该说他把中国的“柔道”发挥到了一个很高的境界。他的成功充分证明了“柔道”比“刚道”行之有效，其事半功倍、为利久远的特点，更是为“刚道”所不及。

牛背上的皇帝

刘秀，字文叔，是南阳郡蔡阳乡（今湖北省枣阳县）人。他的身上流着西汉皇家的血液——汉高祖刘邦的九世孙，定居南阳的原因则是由于他的六世祖：景帝之子长沙定王刘发。不过到了刘秀这一代的时候，封爵的传承已经结束，他的父亲刘钦只是南顿县令而已。

公元前 6 年，刘家的稻谷丰收，田地间甚至出现了一茎九穗的现象。就在这一年的 12 月，刘秀出生了。刘钦夫妻对小儿子降生在这样的好年成非常高兴，特地为他起名为“秀”，意思就是庄稼出好穗。

虽然刘秀已经离皇家宗室很远，但他出生时，家境还是相当不错的。刘钦樊氏夫妻很恩爱，生了很多孩子。刘秀有两个哥哥：刘縯、刘仲，还有两个姐姐：刘黄（后来的湖阳公主）、刘元和一个妹妹刘伯姬。

刘秀九岁这年，他的父亲刘钦去世了。刘秀兄弟三人从此寄居叔父刘良家中，几个姐妹则继续跟随母亲生活。

刘秀性情温和，喜欢在田野间嬉戏，刘家的佃农不免要照应着他。时间长了，刘秀竟渐渐对农桑稼穑产生了浓厚的兴趣，常常把自己的小主人身份甩在一边，和佃农们一起耕作田园。哥哥刘縯的性格与刘秀恰恰相反，对田园生活毫无兴趣，专喜欢交朋结

刘秀像

友、弄侠使气，养着不少乡间豪悍的少年。他对弟弟这种与世无争的生活态度很看不惯，常常笑话他没有出息。

公元 8 年，王莽废汉立新朝，刘氏宗亲后裔失去了所有的特权和财富。刘秀这年 14 岁，看起来，他真要做一世农夫了。

在这种改朝换代的困境中，刘家很快就成了普通的老百姓，过着与从前截然不同的窘迫生活。这样的生活令刘秀的大哥刘縯非常不满，经常在家中大发牢骚，声言定要重振大汉王朝不可。他见弟弟仍然是老样子，心急如焚。有一天，刘秀在地里锄草，刘縯率领宗室兄弟与宾客侠士，忽拉拉围过来。刘縯指着刘秀，对众人说："我小弟刘秀喜欢耕作，能够喂饱一个人的肚子，跟汉高祖刘邦的哥哥刘仲不是很像吗？"众人哗然大笑。刘縯又说："诸位如果能成大事，不要忘了提携一下我的小弟。"众人七嘴八舌，都嘲讽他。刘秀脸涨得通红，顿时醒悟："天下大乱，醉心于田园牧歌、从事耕作不是长久之计。"于是，他用脚一踏禾苗，扔了锄头，愤然变色说："大丈夫生长于天地间，你们能够建功立业，我亦能名载史册。"

当同龄的朋友都纷纷成婚聘娶、沉浸于家室之乐的时候，20 岁的刘秀却作出了另一个决定：西去长安，开拓视野、研习学问。

来到长安以后，刘秀成为许子威的学生，学习了《尚书》等当时最经典深奥的学问。刘秀生性聪颖，举一反三，对这部阐述政事的著作有相当的见解，很多人都对他的天资表示非常惊讶。

由于家境并不宽裕，学费不足。刘秀还曾与同学合资买了头驴，让仆人赶驴拉脚挣钱。不久，刘秀的盘费用尽，返回了家乡。返乡后，刘秀在亲友中找到了自己的知己：姐姐刘元的丈夫新野人邓晨。

作为弟弟，刘秀不免要经常前往新野拜访姐夫，并且常常在姐姐家里住宿。就在这样的情形下，刘秀遇见了他这一生最重要的女人、未来的光武皇后阴丽华。

阴丽华的母亲姓邓，与刘秀姐夫邓晨之间有亲缘关系。阴丽华比刘秀小九岁，这时还是一个天真的少女，远未到出嫁的年龄。然而她的美丽和孝顺，在新野一带已经非常出名，有新野第一美女之称。刘秀活了二十多年，还从来没有对哪个女人动过心，可是不知道为什么，一听说阴丽华的名字，他就神魂飘荡。想起当初在长安城里看到皇帝出巡时，在前面为皇帝开路的二千石官执金吾的威风，他不禁立下心愿："做官当做执金吾，娶妻当娶阴丽华。"

刘秀名如其人，长得很俊秀。不但个子高，身长七尺三寸，鼻梁挺拨、额头饱满，生就一副帝王之相，而且皮肤白晰、眉目传神，宛若温柔秀美的女子。

有一次，刘秀和二姐夫邓晨一起去拜访名士蔡少公。当天宾朋满座，贵客云集，由于他们都是后生晚辈，所以只能陪坐末席。

这位蔡少公，喜欢研究图谶预言之学，这天的聚会也不例外。聚会中途，他忍不住讲出自己的研究心得："以某对图谶的参详，将来的天子将是刘秀。"话一出口，满座中诸宾客顿时纷纷议论起来，最后有人想到了一个高高在上的大人物：篡汉的王莽国师刘歆——他也喜欢研究图谶，而且还刚刚改名为刘秀，看来他是想应这个预言啊！

这位宾客一想到这里，就连忙站起身来，问蔡少公："莫非预言所指的，就是国师刘秀？"蔡少公还没有来得及回答，叨陪末座的刘秀就忍不住反驳道："为什么非要是那些有权有势的人物？怎么就不见得是我呢？"

大家回头一看，竟是刘縯的弟弟刘秀，不禁一阵哄堂大笑。所有的人都觉得，这个文质彬彬的少年竟然敢跟国师相比，真是可笑之极。刘秀对这些所谓的名士对自己的轻视很不满，起身扬长而去。邓晨也连忙告退，跟着小舅子出了门。

然而喜好谶文的绝不止蔡少公一人。当时刘秀和姐夫邓晨经常贩卖粮食到宛。在宛地，刘秀结识了当地大商人，也是宛地大姓的李通。李通的父亲李守，是王莽新朝的官吏，他看到由于王莽的倒行逆施，使民怨沸腾，农民起义此起彼伏，一些豪强地主也兴兵自保，感到王莽的统治不可能长久。作为皇族众多的南阳，很可能出现一个重兴汉王室的刘氏，加上他精通星历，他研究的结果比蔡少公更进一步，"刘氏不久复兴，李氏必将为辅"。李守与儿子李通讨论后，认为这说的正是西汉王室后人刘縯、刘秀兄弟。他们觉得作为宛地大姓的李氏，应当起来辅佐刘氏，做乱世英雄，成复国元勋。

公元22年10月，当绿林军、平林军北进南阳时，刘秀正推着小车到宛地卖谷物，李通兄弟一见刘秀，顿时如获至宝，大力游说他趁天下大乱的时机，匡复汉室江山。刘秀卖完谷物，回乡将李通兄弟的话转告了大哥刘縯。李通兄弟的话正中了刘縯的心意，他将自己素来结交的百余名好汉召集起来，决定就此兴兵造反。

因为刘縯平日里在乡间呼朋唤友，来往的尽是强梁子弟，时不时地还关上门来神神秘秘商议，所以他一宣布自己要起事，同乡同族的子弟们便大惊失色，纷纷逃跑，拒绝征召，说："刘伯升（刘縯的字）造反，那是要我们去送死的。"正在伤脑筋的时候，刘秀第一个响应哥哥的倡议，还穿上了红袍高冠的戎装。刘秀的举动在当地引起了很大的反响。原来纷纷出逃保命的乡亲们都改变了主意，说："刘秀可是出名的稳重厚道人，他都从军了，那肯定此事是有道理的。跟着他准没错儿。"

刘秀的人格魅力，使人们竟然忘却了杀伐的惨烈，已经外逃的人又都跑了回来，主动应征入伍。很快，刘秀就帮助哥哥召集到了八千子弟兵，自号"舂陵兵"。这年，刘秀 28 岁。

然而，这支刚刚组建的起义军毫无经验，尤其是最初的倡议者李通。他原本是作为刘縯兄弟的内应在宛城谋事的，结果消息走漏，全家六十四口都被诛杀，只有李通一人逃走。

宛城是打不了了，刘縯只好另想办法，联络上从湖北大洪山（即绿林山）出来的、一支以王凤为首的绿林军，壮大声威之后再作打算。

很快，这支队伍连连得胜，攻下了周围唐子乡等地，得到了大量财物。得到了财物之后，匪气浓重的王凤便对着掠夺来的财物眼红起来，为了多抢些，他甚至还要跟刘縯率领的刘家军分道扬镳，大打出手。

在这个节骨眼上，刘秀站了出来，向刘氏宗族百般劝说，让他们将抢到手的财物都让出来，全部送给绿林军。王凤是土匪本色，拿到了全部钱物，自然又讲起兄弟情谊来。一场可能诱发内讧、使大家都死于非命的灾难就此被刘秀制止，两军继续精诚合作，又攻下了棘阳。

刘秀身上，有一种非常典型的超然气质，金银财宝和美色对他都不起任何作用。最初起兵的时候，军中战马不足，许多军官为了争抢坐骑抬高身份而发生争执。刘秀对此却毫不在乎，他是首领的弟弟，照理说，再缺也要给他一匹马，但他却主动将马让给其他军官，自己一直骑着起兵前卖谷所用的一头牛。直到后来棘阳大捷，他才有了第一匹很不起眼的战马。因此，刘秀也是中国历史上惟一一个在"牛背"而非马背上开国的皇帝。

在第一场战役中，刘秀目睹了士兵抢掠百姓、强取财物的恶行，这给了他很深的触动，也让他对百姓的苦难非常痛心。从棘阳之战开始，刘秀严格要求自己的下属部队，绝对不可以借着起义杀敌的名义，掳掠无辜百姓。这项由同情心而产生的纪律，在后来为刘秀争取了无数的支持和民望。

棘阳大胜使得刘縯过于自信，认为自己无坚不摧，以至于在随后的宛城之战中，竟然带着家小一起出发了。

就在去往宛城的路上，起义军与在宛县南驻扎的王莽军队不期而遇。由于起义军缺乏心理准备，加上当时又是浓雾遮天，仓促应战的起义军大败而退。刘秀单骑突围，半路上遇到正在逃命的妹妹刘伯姬，便与她共乘一骑。没跑多远，又碰到姐姐、邓晨的妻子刘元也在拖着三个失魂落魄的女儿逃命，刘秀急忙停下，大叫："快点上马！"刘元见马上已有两个人了，不可能再骑上四个人，便说："你快走吧，追兵马上赶来了，一匹马不可能救那么多的人，不要因我们而一齐遇难，只要你能早建大功就行了！"刘秀不忍丢下姐姐和三个小外甥女，刘元再一次催刘秀快逃，她说："快点跑吧，就当我们已经死了，只要你能逃出去，我们就放心了！"刘秀还没来得及再次开口劝说，追兵就到了。刘元和三个女儿，以及刘秀二哥刘仲等几十个刘氏族人，都被追杀丧命。刘秀和刘伯姬侥幸逃生。

这是刘秀一生中第一场，也是最惨烈的败仗。刘縯、刘秀兄弟劫后余生，在棘阳重逢。进攻宛县的失利，使起义军不得不死守棘阳。

就在这个时候，李通找到了刘氏兄弟。他的家族 64 人死于非命，他对王莽新朝切骨痛恨。他为刘氏兄弟出了一个好主意：宜秋有一支起义军，首领名叫王常，人马多达数万之众，若想死里逃生，就要去跟王常联合。

公元 22 年 12 月，刘氏兄弟的军队和王常的军队整合，起义军实力大增，向王莽的精锐部队发起了复仇之战。在一个寒冷的夜晚，刘縯、刘秀指挥的起义军偷袭了王莽军队存放粮食辎重的兰乡（今河南泌阳），夺取了敌人的全部辎重。第二年正月，在敌人惊魂未定之际，一举消灭敌人二万余人，敌军两名主帅也在战斗中丧生。

这时的起义军已经有了相当的规模和领地，土匪出身的绿林好汉们，忍不住又露出了当初抢财宝时的猴急形象，想要自立当皇帝了。

刘縯、刘秀兄弟反对如此仓促的称帝行为，这固然是因为他们胸有大志，更重要的是因为他们觉得时机不成熟，起义军的势力仍然不够，推举一个首领称王是可以的，但是称帝却不行，因为那一定会成为其他地方武装和王莽新朝的靶子。但是，刘氏兄弟的兵马远远不如绿林军的多。所以抗议无效，绿林军立刘玄为皇帝，称玄汉王朝，刘玄自称更始皇帝。

这位刘玄，名义上是刘縯、刘秀的族兄，实际上他除了年长，毫无能力和功劳，而且他对堂弟刘縯、刘秀的战功眼红心热，与绿林军很有共同语言。

事实上，他就是绿林军扶起来的一个傀儡——绿林军看中的就是他既没本事又姓刘，他则指望靠着绿林军称孤道寡。

公元23年2月，刘玄登上了玄汉王朝的草头龙椅，对刘縯、刘秀兄弟反对称帝、众多刘氏子弟推举刘縯为帝的事情记在心里，满怀杀机地封刘縯为大司徒，刘秀仅任太常偏将军。

昆阳大战

随后刘縯率兵进攻宛县，与此同时，王凤、王常和刘秀也率二万多义军向颍川(今河南禹县)、洛阳进军，3月攻克了昆阳(今河南叶县)、定陵(今河南舞阳)和郾城(今河南郾城)。

更始政权的建立和连连胜利，使王莽非常恐慌，特别是农民军占领昆阳，对王莽威胁最大，因为昆阳是南阳盆地的重要门户，占据了昆阳，向西可攻洛阳，向东可长驱直入黄淮平原。所以王莽决定孤注一掷，调集全国精兵四十余万，号称百万，要和农民军决一死战。

面对百万敌军，农民军退守昆阳，许多将领心生畏惧，都想分散突围，弃城而逃。在这关键时刻，刘秀站出来对诸将说："如今确实是我军人少，粮食又不足，而王莽军队又有上百万之多。但如果我们齐心合力抗击敌人，胜利的可能性还是有的。可如果分散兵力，必败无疑，况且现在义军大部分都在进攻宛城，不可能分兵支援我们。一旦昆阳失守，不到一天，其他各部包括攻宛城的军队也将灭亡。今天我们不能同心同德、共图大事以成功名，难道要守着自己的老婆、孩子和财富吗？只怕到那时连性命也保不住了！"

刘秀越说越激动，一时忘记了自己在义军中仅是一个太常偏将军。听了刘秀这番话，一部分主张分散突围的将领认为刘秀是在讥笑自己只会守着老婆、孩子和财富，是鼠目寸光之徒，他们气愤地说："你有什么胆略，竟然来指责我们。南阳士大夫都说刘氏兄弟文武全才，今日怎么没见你有什么良策？"一时营帐里的气氛陡然紧张起来。

面对这些纷纷责问自己的众将领，刘秀没有去反驳，而是诚恳地说："我愿意让士兵们去送死吗？我也不愿意。但退一步讲，现在王莽的军队已经兵临城下，如果发现我们撤走，能不追击吗？用不了一天，我们就都得死在敌人的刀下。"听了刘秀的话，一度紧张的气氛开始慢慢缓和下来，将领们开始认真思考刘秀的话是否有道理。

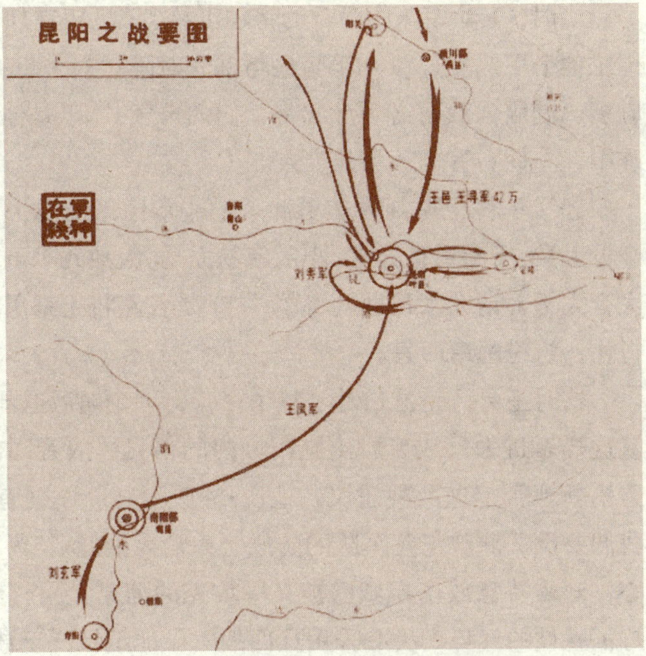

这时，王常也说：“弃了昆阳，不但保不住妻子儿女，也保不住自己的性命。大敌当前，只有同心合力，才能战胜王莽的军队。”正在讨论的时候，有人来报：新朝大军已经到了城北门，诸将面面相觑，没有了主意。刘秀说：“现在城里只有八九千兵力，出城与王莽军队决战是行不通的，昆阳城池坚固，易守难攻，只要我们拼死抵抗，便可以与王莽军队相较量。只是我们没有粮草，恐怕坚持不了多久，最多能顶住一个月。当务之急，是派人到郾城、定陵一带召集援兵，然后里外夹击，破敌解围才有希望。”大家都同意刘秀的意见，最后决定由王凤、王常率主力坚守昆阳，消耗、牵制王莽军队，刘秀率十二骑突围去定陵、郾城，调集救兵。

刘秀等十三骑在千军万马中，杀出一条血路，突围到了定陵。定陵守将急忙把疲惫不堪的刘秀一行迎进府内，欲设宴款待，刘秀说：“不必了，只要填饱肚子就行。现在王莽四十万大军围困昆阳，昆阳危在旦夕，我们要将全部兵马，发往解救。”当时，定陵城中还有起义军缴获的财物没有运走，定陵守将请求分一部兵力把守定陵。刘秀愤怒地说：“不行。王寻、王邑率大军前来，兵多将广，我们必须全力以赴，才有胜利的希望。这次若破了新军，大功告成，财富珍宝岂止是这里的一万倍？如果这次被新军打败了，昆阳守不住，定陵、郾城也要陷入王莽军队手中，到时候我们连脑袋都保不住，守住这些财物又有什么用？”守将恍然大悟，说：“愿意听将军号令。”刘秀又到郾城，集中定陵、郾城两处近万人的兵力，向昆阳奔来。大军行动缓慢，刘秀自己做先锋，率领一千骑兵，冲在前面。

当时，王莽军队中为首的将领王寻、王邑正在加紧进攻昆阳，见刘秀兵少，想杀他个下马威，派几千骑兵与刘秀对阵。刘秀想："这是一场硬仗，要以少胜多、制服强敌，必须激起将士们的勇气。"于是他一马当先，闯入新军骑兵阵中，左砍右劈，杀敌几十人。

起义军将士见刘秀奋勇冲杀，非常惊讶地说："刘将军平时见小敌怯阵，今见大敌，反而勇猛异常。小敌容易立功，大敌几乎可以丧命。刘将军为人仁厚，大智大勇，请大家帮助刘将军。"于是各路将士都勇敢冲上去，敌军哪里抵挡得住，纷纷逃窜而去。

这时王寻、王邑怕乱了整个军营，下令向后退却，许多将士向刘秀请战：就这样杀进去，或者救出昆阳城内的弟兄，或者同他们会合，共同防守。刘秀果断地否定这两种建议，他说："吸引住新军，有利于宛城主力攻克宛城，我们要设法冲破王莽军队的防线，并消灭他们。"为了鼓舞士气、扰乱新军人心，刘秀特意放出宛城已被义军攻克的消息。同时分析双方形势，利用义军打了胜仗的气势，决心采用迂回战术。他组织三千敢死队，令大队做好准备，佯装进攻，掩护敢死队突袭新军大营。敢死队一旦成功，大队立即发动进攻。

刘秀亲自率三千敢死队，直扑新军大营。将士个个英勇，杀得新军狼狈逃窜，新军主帅王寻被当场杀死，王邑急忙退回大营。

刘秀在昆阳城外打的胜仗，使城内汉军无比振奋，于是他们七八千人马全部冲出来，几处兵马合在一起，越战越勇，大败新军。新军主帅王邑慌忙逃走，侥幸逃得性命。昆阳大战，是更始政权军队同王莽军队的一场大决战，以王莽军队主力折损殆尽而告终。

昆阳大战是中国军事史上以少胜多的光辉范例，同时也敲响了王莽新朝灭亡的丧钟。在昆阳大战中，刘秀充分显示了他智勇双全的军事才华，一下子从被起义军诸将领所轻视的地位，一跃而成为举足轻重的人物，奠定了他在起义军中的领导地位。

忍辱负重

随后刘秀继续领兵作战，很快就攻下了河南的大部分区域。在所有的战役中，刘秀继续他不扰民的纪律，所到之处深受士绅百姓的欢迎。他一如既往不好财色，所有的战利品都如数运回宛城，交给更始帝刘玄。

经过，非常高兴，亲自打开城门热情相迎，不但向刘秀推荐了诸多人才，还主动表示自己愿意接受刘秀的统领。

冯异与刘秀之间有着很深的渊源。早在刘秀攻打父城的时候，冯异作为敌人，曾经被刘秀的手下活捉过。当冯异亲眼看见刘秀严整的军队、非凡的仪表之后，顿时被折服，改变了自己原本借兵反攻刘秀的想法，转而向刘秀提出：愿意回去替刘秀劝降。

刘秀的部下对冯异的说辞绝不相信，认为他非常聪明，如果放走了他无异于放虎归山。刘秀对部属的意见一笑置之：他自信已经准确判断了冯异的诚心，更何况他刘秀一向不杀俘虏和百姓，冯异也不例外。

冯异没有辜负刘秀的信任，回到父城之后，他为刘秀说服了父城五县一齐投诚。然而，就在刘秀为玄汉王朝立下这桩大功劳的同时，他的哥哥刘縯却在宛城被刘玄杀害了。因此，冯异不但是刘秀的好友，更非常清楚刘秀丧兄别妻的处境。

好友重逢，有心的冯异很快发现刘秀虽然在公众面前谈笑风生，公务以外却经常郁闷无语，冯异便经常劝慰刘秀。然而，外表柔和的刘秀，却不是一个愿意被人同情的人。他虽然很感激冯异的友情，却常常摇手制止冯异对自己的安慰，示意他不要再说下去。

在父城短暂停留之后，刘秀来到了洛阳。他很快就将一片混乱的洛阳城恢复了正常的秩序，并且修复了官署和宫室，派人向宛城的更始帝刘玄汇报。

得到消息的刘玄虽然懊恼刘秀居然没死，但是对自己能进京登基却不免喜出望外，很快就选了个黄道吉日“迁都”洛阳了。

刘氏的玄汉王朝入主洛阳，似乎预示着汉室的复兴。于是，经历过西汉和新朝的老臣们都从长安城来到洛阳朝见更始帝。

这些两朝官员有长安城京兆尹、左冯翊、右扶风，等等。来到洛阳，这些见多识广的老官员们顿时目瞪口呆：那个站在高台上神气活现的更始帝刘玄和他身边的亲信们，虽然一个个身着盛装，却居然都是女人的！汉服制度是非常复杂和考究的。君王后妃以及公侯高官的服饰都有严格的规矩，与平民百姓完全不同，稍微搞错一点就会变成四不象。

刘玄大字不识几个，虽然叨先人的光姓了刘，哪里知道什么制度规矩。而他那些同样狗屁不通的亲信，本就是一群江湖上的乌合之众，更对国家典籍一窍不通。这帮家伙，谁也不知道大汉天子和公侯将相应该穿戴怎样规制、怎样花纹的服装佩饰。结果就是这样了：这帮男人，把后妃的服饰堆到了自己的身上。

台下的长安旧臣们面对这样一群帝王将相，哭笑不得。正在面面相觑、暗暗嘀咕的时候，刘秀出现了。对典籍非常熟习，并且素好整洁的刘秀，是整个大殿里，唯一真正穿着合乎制度的汉服，并且也是将汉服穿得格外风神俊朗的一个人。

西汉老臣们看见刘秀的风采，顿时有恍如隔世的感觉，仿佛刘秀的出现，将逝去的大汉王朝又活生生地展现在了他们的面前。他们喜不自禁，纷纷感叹："真没想到，我们这把老骨头还能看到旧日的样子。"

整个玄汉王朝，只有刘秀使他们产生了好感。玄汉王朝虽然定都洛阳，但是实际势力所及，只有大部分的河南以及长安、南阳等地。在这片区域之外，充斥着各种旗号的地方割据武装，他们对"更始帝"嗤之以鼻。而洛阳开阔的地势，更有容易受到侵袭的弱点。

为了保证王朝能够坐定天下，一定要招降各地的武装，尤其是冀州一带（紧邻玄汉的河北地区）。这是一项非常危险的任务，谁有这个能力和勇气去完成呢？新任大司徒刘赐，是刘玄和刘秀的堂兄，他清醒地意识到，整个玄汉王朝的文官武将里，只有刘秀有这个能力和勇气。更始帝刘玄很想让自己的亲信干这件事，因为被招降的军队势必会与前去招安的将领产生深厚的交情。可是他团团乱转之后，发现事情确如刘赐所言，只有刘秀能够担此重任。无可奈何之下，刘玄任命 29 岁的刘秀为行大司马事（代理三军总司令），前往河北一带招降人马。当然，刘玄心里巴不得刘秀被不服招降的地方武装一刀两断。因此，他居然没有给刘秀任何护卫军队。

刘秀接受了这项没安好心的任命，只带着自己的亲信冯异等不足二百人渡过黄河，出发了。

刘秀沿途考察民情吏治，惩治了一批批恶霸贪官，并且审理战乱中积压的旧案，平反大量冤狱，将因王莽苛政被无辜关押的百姓放出监牢，恢复生产，同时他凭借自己对典章的熟练掌握，将所到之处的新朝苛政废除，重新恢复汉时的官制法典。

刘秀爱民的名声很快传播开来，沿途的百姓听说刘秀来了，都拿出家中最好的饮食远远出迎。官员们则赠送财物和美女。

刘秀对士绅百姓的好意，一如既往地婉言谢绝。财物拒收，奴婢则送还与家人团聚。刘秀的举止，得到了所过之处众口一辞的好评和拥戴，许多人主动要求做他的部属兵卒。

当刘秀一行来到邺城（河北临漳）时，他十年前在长安求学时的老友邓禹找到了他。刘秀见到老朋友非常高兴，与邓禹同食同睡，彻夜谈论天下大事。

谈话中，刘秀询问老友："我如今奉皇命管治河北，你远来投奔，想要我安排一个什么官职给你呢？"邓禹回答："我现在不想做官。"刘秀很惊讶，笑道："那你甩下家人来找我，不会只是想追忆友情吧？"邓禹打开天窗说亮话："我的心愿，就是你日后威加海内、一统天下，成为一代明君，而我邓禹能够在你身边为你所用，以开国功臣名留青史。"

邓禹的来到和他不加掩饰的直言，触动了刘秀的心思。跟着刘玄只能是重蹈哥哥的覆辙。他又想起了当年"刘秀得天下"的预言，少年时的壮志又重新燃起，他接受了邓禹的建议。这个秉烛夜谈的夜晚，使中国从此诞生了一位帝王。

来到河北邯郸的时候，刘秀招揽到了一个很重要的人才：巨鹿人耿纯。他是当地有名的豪族巨富，对刘秀的才干见识钦佩不已，甘愿投靠。

与人才同来的，还有一个西汉皇室后裔刘林。刘林一见刘秀，就把一个绝招拿出来兜售："如今赤眉军势大，我有一个好主意，可以把他们杀得干干净净——挖开黄河的堤坝，叫他们有死没生。"这个主意既狠且辣，刘秀悚然而惊，斥责道："为了灭敌得富贵，堤岸两边的百姓和万千生灵竟然全不在你眼里？你不觉得太残忍了吗？我即使因此得了天下，也无颜为人。"

刘林对刘秀的"没有气魄"非常不满，转而决定自树旗帜，自打天下。刘林找到了一个在邯郸街上算命卖卦的王郎，让他改名刘子舆，自称是西汉成帝流落民间的皇子。就在这年12月的一天，刘林与王郎率领几百人，在邯郸城称帝了。

汉成帝竟有皇子流落民间，这爆炸性的消息立即得到了许多人的信任。邯郸汉帝立即大壮声威。而刘林、王郎自立为帝后的第一件事，就是追杀刘秀。他们很清楚，自己的对手玄汉王朝，真正的顶梁柱就是刘秀，只要除掉了他，自己这个天下就稳当了一大半。于是，他们发布命令，开出十万户侯爵的天价悬赏刘秀的人头。

刘林确实是个很有手段、很会制造谣言的高手，在他的运作下，邯郸汉帝的影响很快就水涨船高。刘秀再往前走，几乎是寸步难行了。

公元24年春天，刘秀来到了蓟州（北京一带）。城内的汉室宗亲刘接，对十万户侯爵的悬赏垂涎三尺，派人迎来了王郎的使臣，想要关上城门活捉刘秀。刘秀带着忠心耿耿的部属，拼死从城南门杀出一条血路，才得以逃脱。

他们一路忍饥挨饿，手脚都被冻得肿烂，好不容易才来到曲阳，又被王郎的兵马追赶上来。无奈之下，他们又冒险踏冰，过了将要开冻的滹沱河，在雨雪交加中来到了河北冀县。冀县的太守任光，曾经在昆阳大战中与刘秀同生共死，对刘秀以一当十指挥作战的军事天才和品德十分景仰。听说刘秀前来投奔，他十分高兴，亲自出城远迎。刘秀到冀县不久，和戎太守邳彤也闻讯前来响应。

在邳彤和任光的倡议下，刘秀决定起兵与王郎对抗。他封任光为左大将军，派耿纯返乡征兵。

即使集结邳彤和任光的军队，刘秀此时手里的兵员也不足万人，怎样才能以一敌百获胜呢？首先，他让任光派人四处贴出榜文，声称玄汉政府派自己率百万大军前来讨伐王郎。老百姓顿时四处哄传，把不知底细的官吏都吓得胆战心惊。接着，刘秀在黄昏之后率兵来到堂阳县，趁着天黑，让军队击鼓呐喊，马匹不停地围着城池转圈狂奔，其他士兵则每人都扬旗举火。

县城里的守兵和官员早被吓晕了，再加上刘秀百战百胜的威名远扬，他们根本不敢应战，当夜便开门投降。用同样的方法，刘秀不费多少力气，就将堂阳、贯县、昌城都收入了自己的势力范围，军队也越来越多。其中包括耿纯从家乡带来的两千耿家军。有了真正的军队，刘秀指挥作战更是得心应手。很快，赵县、卢奴、曲阳、中山都归附了刘秀。

当刘秀的军队来到真定的时候，他遇到了另一个强劲的对手：真定王刘扬。刘扬，与刘秀有一定的亲戚关系，是西汉末年的真定王，虽然王莽篡汉，但他手里仍然控制着有号称十万之众的军队。

如果硬打，刘秀即使能够以智取胜，也势必伤损严重。这使得他非常忧虑。在这样的情形下，在昌城投靠他的刘植愿意以同宗的名义，前去游说刘扬，让他与刘秀联合作战。

刘植很快就带来了刘扬的回音：刘扬对刘秀的才干非常钦佩，愿意主动归附。但是他不想做刘秀的部下，而是要刘秀做他的晚辈。也就是说，要跟刘秀联姻。刘秀一时反应不过来，不知道这姻从何联起，惊讶之极：“我刚刚成亲，还没有儿女，而我的妹妹刘伯姬虽未出嫁却已经与李通有了婚约，我怎么能毁约呢？”

刘植挠着头道：“去联姻的不是别人，就是主公你自己。刘扬有个外甥女名叫郭圣通，他愿意让你去做他的外甥女婿。这事确实有些不好办，不过我已经替主公应承下来了，你还是答应了的好。”刘秀一听，顿时窘迫不已：“我已经有阴丽华做妻子了，怎么还能娶别的女人呢？”

刘秀与阴丽华两情缱绻，对于他的亲信部属来说，是人人皆知的事情。所以刘植回报的时候，早已想好了一堆说辞。不过亲眼看见刘秀的表现，刘植仍然忍不住为他的反应感到不解：“常言道，天子娶九女，诸侯纳三妇，主公你就算娶了郭圣通，那也还不过两个而已。再说了，这对你又有什么不好？难道这样的飞来艳福不享，反倒要去跟刘扬拼个你死我活么？请主公好好考虑考虑。”

刘秀的反应，恐怕别说刘植，就是如今很多男人看了也会想不通：娶一个美娇娘，那是天上掉馅饼的美事，有什么为难的？但刘秀为什么就有抵触情绪呢？因为古代并不是一夫多妻制，而是一夫一妻多姬妾制。妻子的名分只能属于一个女人，其他的女人只能是姬妾。而姬妾在正妻面前是非常卑微的：她要向正妻跪拜，自称奴婢，她没有资格当亲生儿女的母亲，她的儿女只能喊丈夫的正妻为母亲。在悍妒的情形下，正妻甚至有随意杀死姬妾的权力。

毫无疑问，郭圣通是不可能做姬妾的。那么事情就明摆着：刘扬是在要刘秀停妻另娶他的外甥女为正妻。而刘秀心爱的结发之妻阴丽华，即使不被休掉，也只能退为小妾。

娶妻与纳妾，是有着天壤之别的。刘秀还从来没有想过要让别的女人凌驾于阴丽华之上。他对阴丽华苦恋多年，终于达成心愿之时，对阴丽华许下了海誓山盟。恐怕他做梦也没有想到，如今居然会有人要他停妻再娶。

不过眼下的情况是：要么娶郭圣通为妻，当刘扬的外甥女婿；要么就来一场十几万兵马的混战。刘秀终于答应了这桩婚事，派刘植去真定下聘礼了。

刘扬对刘秀的态度十分满意，亲自为他和郭圣通举行了婚礼。这场婚礼，毫无疑问是一场政治联姻，看来看去更令人产生一种逼婚加入赘的感觉。当刘秀在尴尬中行完礼，终于大松一口气地进入洞房之后，才第一次有机会看清郭圣通——这个被硬塞给他的新娘。

郭圣通的父亲郭昌曾经在真定郡担任过功曹。虽然官职不高，但是他的品行卓异，曾经主动将数百万的家产让给异母弟弟。出人意料的高风亮节，令人刮目相看，于是他被相中，娶了真定恭王刘普的女儿、刘扬的妹妹——由于嫁入郭家，这位刘郡主被称为“郭主”。郭主为郭昌生下了儿子郭况、女儿郭圣通。

郭圣通出身高贵，美丽动人，而且很有才学。刘秀虽然进洞房时多少有些不情愿，但是看见这样的美人，却也不禁动心。他刚娶了阴丽华，初识男欢女爱不到百日就被迫分开，一年多来尽跟着一帮老粗们在刀光剑影中混日子，如今在郭圣通这里又重新看见了万种风情，虽然心里对阴丽华万分愧疚，却也身不由己地掉进了温柔乡。

家世、美貌，再加上给丈夫带来的军队，从客观上讲，这时的郭圣通比阴丽华的综合评分还是要高得多的。然而，她来迟了。郭圣通如果不是来迟了一年，如果不是在这样一种情形下被舅舅强加于刘秀，也许她未来的人生会是另一种情形。

天上的雷公，地上的舅公，刘扬成功地将外甥女嫁给了刘秀，使得自己虽然归附刘秀，却成了刘秀的尊长，好不舒坦。更重要的是，刘秀年轻有为，远远超过其他各路首领，最有成就功业的可能。再推测一下：刘扬兄弟三人，难道就没有一个女儿侄女，而非要嫁外甥女儿不可吗？刘扬三兄弟恐怕此时早已经做好了其他打算，所谓的联姻，只是权衡之计。因此，嫁亲生女儿的危险性大，万一刘秀不能成事，或者自己有朝一日另起炉灶，把自己的女儿放到他身边陪着送死，那怎么舍得呢？而外甥女却没关系。

现在，刘秀不但避免了一场决战，还得到了刘扬的军队，顿时声势大涨，几天后便将元氏、房子、攻口、柏乡等地收为囊中。刘秀大军的威名远扬，很多人都主动前来加盟，其中包括不少刘姓的汉室宗亲。

兵马多了，胡作非为的事情也就多了，各位刘氏宗王宗亲，以及各路豪杰，都是各自地盘上的一方人物，如今虽然归附刘秀，毛病却实在不少。

不久，刘秀的一个族侄就因为违抗命令，被军纪官祭遵给杀了。刘秀刚听到这个消息的时候，忍不住大怒：“这人竟敢杀我的侄儿？”立刻就要把祭遵杀了。主簿陈副连忙进谏道：“主公你一直想让部队整顿军纪，却苦于没有好办法，这个祭遵如此铁面无私，正是一个好人才，您怎么能因私废公呢？”

刘秀怔了很久，终于下定了决心，不但不追究杀侄之事，还晋封祭遵为将军，统管全军上下将领军士的纪律。他还特地提醒手下那群剽悍的将领：“从今以后，你们凡事都要守规矩了，可要小心祭遵，他连我家的人都敢杀，更不会对大家客气。各位还是小心些好。”将领们从此对祭遵畏如虎蝎，祭遵还啥都没干，整支大军就顿时肃然严整起来。

军队一路前行，势头越来越大。经过二十多天的围城，邯郸终于被攻破，在混战中，自称刘子舆的王郎被大将军王霸杀死。

进入邯郸后，刘秀搜出了许多书简，其中有相当一部分，是投靠之心不诚的部下暗中与王郎来往的信件。眼看行迹败露，骑墙派们忍不住心里打鼓。刘秀将所有的将领都召集起来，将所有的信件不开封便当众烧毁。他笑着解释说：“让大家都睡个好觉。”从此就将这事丢到一边。

消灭王郎、刘林进入邯郸，刘秀手里已经掌握了比更始帝刘玄更大的地盘、更多的兵马。但是他仍然向刘玄定期汇报工作，并且在攻下邯郸后，接受了刘玄的册封：“萧王”。

他的部下们看见主公仍然安心地为玄汉王朝当牛做马，都忍不住了：他不想当皇帝，我们还想做开国功臣呢。于是，他们公推刘秀从小一起长大的伙伴朱佑去劝说。朱佑对刘秀说：“刘玄根本就不配做皇帝，主公您才是真正有帝王之相的人，何况早有预言天命所归，您不必再耽搁，赶紧称帝吧。”

刘秀还没等朱佑说完，就笑着吓唬他：“再说下去，就叫祭遵将军，把你关押起来。”朱佑吓得魂飞天外，赶紧闭嘴。

不久，将军耿彪来见刘秀，对他说：“王莽之败，是因为政令苛刻，如今刘玄政府尚未平定天下，苛刻无能便已经远超王莽，民怨沸腾，歌谣都唱：灶下养，中郎将；烂羊胃，骑都尉；烂羊头，关内侯。照此下去，玄汉灭亡也指日可待。而主公所到之处，声名卓著。如今您要得天下，只消发布一道榜文，就能民心归附。如果您再不起事，玄汉政府失尽民心之后，刘家天下还能再振兴吗？”

刘秀不出声。虎牙将军姚期在殿外听得心急，不等通报就跑了进去，附和耿彪，要求刘秀赶快拿定主意。刘秀被部下急不可耐的表情逗得哈哈大笑。从此，刘秀正式与刘玄决裂。但是他仍然不愿称帝。

正式割据一方的刘秀，河北是他的重要势力范围。因此他更进一步地讨伐河北境内的其他势力，并且很快将主要的铜马、高湖、重连收服，并且封他们的首领为王侯。

降人们都害怕刘秀日后加害自己，人心惶恐不安。刘秀明白降部的心境，于是不带任何护卫，单骑巡视降部军营。降人对刘秀感激涕零，都说：“萧王有如此胸襟，我们只有拼死报效才对得起他。”

在河北顺水，刘秀遇到了敌人的袭击，在战斗中，身先士卒的他被敌人偷袭，战马负伤将他摔在了地上。将军耿彪和王丰拼死将围攻刘秀的敌人杀退，发现他的脚负了伤，刘秀笑着说：“要不是你们来得好，我就要让敌人嘲笑了。”耿彪却没有这个心情说笑，赶紧将主人扶上战马，一起返回范阳。

刘秀重整军队，再次势如破竹地攻下了很多城池。一路上，将领们轮着班儿地劝他做皇帝，刘秀仍然没有答应。

来到棘城时，刘秀听到了更多消息：平陵方望立西汉废帝刘婴重新登基，不久被李松杀掉；蜀郡公孙述也自立为皇帝。这些消息令刘秀很是感叹，对冯异叹道：“他们怎么一个个地都想当皇帝呢？”冯异趁机劝说：“他们怎么能比得上你？何况李松公孙述都不姓刘，要想保住汉家宗庙，眼下只能靠您了。”

正在刘秀沉吟不语的时候，又一位老同学强华找上门来。强华将一本图谶《赤伏符》送给刘秀，上面第一页便写着：“刘秀发兵捕不到，四夷云集龙斗野，四七之际火为主。”趁着这本谶文的东风，众将再一次集体请愿，于是刘秀终于在公元 25 年 6 月，在河北柏乡登基为帝。

就在刘秀称帝的当年，郭圣通为他生下了长子刘彊。当上父亲这一年，刘秀已经 32 岁。

与此同时，长安城内绿林军策立的更始帝刘玄被赤眉军击败，向赤眉军策立的刘盆子（西汉城阳景王刘章后人）投降，不久被缢杀。刘秀闻讯，挥军南进洛阳。

守城的更始帝旧部朱鲔，就是当年设下圈套杀害刘秀大哥刘縯的主谋之一。他听说刘秀来攻，非常害怕。刘秀派岑彭去招降朱鲔，指黄河起誓，假如朱鲔不损兵卒百姓自动投降的话，自己绝不追究他当年各为其主时的旧怨。朱鲔归降，刘秀不但保全他的性命，甚至维持了他从前的官爵。

刘秀大军进城，定都洛阳。洛阳史称“东都”，刘秀开创的汉王朝，从此被称为“东汉”。

终于定下了都城，刘秀从此才算是安下了家。安家后，刘秀做的第一件事，就是派侍中傅俊前往新野迎接阴丽华。面对结发之妻和继娶之妻，刘秀左右为难——如果有选择，他只愿意让阴丽华做皇后，可是郭圣通与自己也有夫妻情谊，而且她不但有儿子，背后还有舅父刘扬的十万大军。困窘之下，刘秀只得选择当蜗牛，先把她们都封为仅次于皇后的“贵人”。封后之事暂缓。

柔道治国

建国后，刘秀首先妥善安置了开国功臣。对这些跟自己一同打天下的开国功臣，刘秀一方面给他们高爵厚禄，给予优厚的待遇。同时，刘秀不忘在各种公开场合回忆这些功臣和自己打天下的艰难历程，以示不忘他们的功劳。读书人博士丁恭觉得不妥，对刘秀说："您封了这么多侯爵，而且给他们那么大的封地，合适吗？不怕变成国家隐患吗？"刘秀对丁恭的话一笑了之："亡国必是因为皇帝无道，世上哪有因为功臣多得奖赏而亡国的事情？"封过功臣，刘秀将长安城里的西汉诸帝灵位迎到洛阳宗庙供奉。

有一次，刘秀在宴请群臣时问各位功臣说："你们如果不是跟我一起打天下，你们自己揣度一下现在能得到哪种爵禄？"邓禹回答说："我可以当文学博士。"刘秀说："你太谦虚了，你至少能当个功曹。"其他各位都一一回答，刘秀也是一一评点。轮到马武时，马武说："我可以当捉拿盗贼的尉。"刘秀一听大笑起来："你能当尉？你只要能保证不会因做盗贼而被亭长捉住，就烧高香了。"由于君臣关系相当融洽，东汉的功臣们很少有像西汉初年那样人人自危的。

另一方面，刘秀也不忘时时告诫功臣们不要居功自傲。公元26年，刘秀在封邓禹、吴汉为侯时，一面封侯，一面下诏告诫说："人心要知足，不要只顾一时的放纵快活而忘记法纪刑罚。诸位的功劳都很大，要想世代相传，就应当如临深渊、如履薄冰、战战兢兢，不可一日大意。"

为防止外戚干政的问题再次出现，刘秀规定：凡是后族、外戚，一律不得封侯参政，并对其进行了严密的防范。公元33年，刘秀想封外戚阴兴，阴兴极力推让，认为"家贵已极，不可复加"。刘秀对他这一举动深表赞许。就这样，刘秀既不愿外戚权势增长，又有意鼓励他们谦退，所以光武年间，外戚都没有很大的权势。

为了加强皇权，光武帝从建立东汉王朝起，就不断加强对官吏的法律监督，强化专制主义中央集权制度。如东汉时期的三公，名义上司徒掌民政，司空掌水土工程，太尉掌军事，但实际上，三公都没有实际权力。一方面，三公之下有九卿，分掌庶政；另一方面，军国大事、典要机密、刑政诛赏的权力，已转归尚书，三公权力得到了极大的削弱，从而加强了中央集权。

刘秀深知治理国家首先必须有贤明的人才。他沿用了西汉的察举征辟制度，颁布了“四科取士”的诏书。“四科”是选择官吏的德才标准：一是品德高尚，志节清白；二是有知识，是通经的儒士；三是熟悉法令，能够熟练地依法办事；四是有魄力才干，遇事不会犹豫，能独当一面。通过这种制度得以选拔上来一批德才兼备的官吏，但刘秀依然对他们严格要求，不仅要求他们严守法度、勤于职守，还经常亲自对他们进行考核，选优汰劣。对违法官吏，严加处罚，就是对尚书近臣，只要有过错，也要进行处罚。

正是在刘秀的这种政策下，东汉开国初年出现了一批忠正耿直的官员。董宣，曾任洛阳令。有一次，光武帝的姐姐湖阳公主的家奴光天化日之下在洛阳城内仗势杀人，事后藏在湖阳公主家不敢出门，官吏们对此无可奈何。几天后，湖阳公主出门，那家奴以为在湖阳公主身边不会出事，便随同驾车。董宣闻讯后，挡住公主车马，厉声指责公主管教不严，并让人把那名家奴拉下车，就地斩首。

湖阳公主哪能受此羞辱，跑进宫去向光武帝哭诉，光武帝听后大怒，立即召董宣进宫，准备将其鞭打至死。但董宣入宫后，面不改色，平静地对光武帝说：“我请求说完一句话再死。”光武帝问：“说什么”董宣说：“陛下圣德，中兴汉室，却纵容家奴枉杀平民，如此下去，不知陛下将怎样治理天下？”说完一头向楹柱撞去，顿时血流满面。光武帝马上让左右扶起董宣，放弃了将董宣鞭打至死的念头，让董宣向湖阳公主叩头认罪。董宣自认为没罪，不肯服从，左右用手压着他的头，企图让他把头低下，可董宣双手撑地，死不低头。湖阳公主见状不满地说：“皇上在做平民的时候，也藏过逃亡和犯死罪的人，官吏都不敢上门，现在身为天子，难道威力反倒对付不了一个县令吗？”光武帝苦笑着说：“天子和平民是不一样的。”光武帝让人把董宣的头包好，并赐他到太官府吃饭。饭后，董宣把碗反扣在桌子上，光武帝问他这是什么意思，董宣回答说：“我吃饭不敢有余粒，如同奉

东汉铜奔马

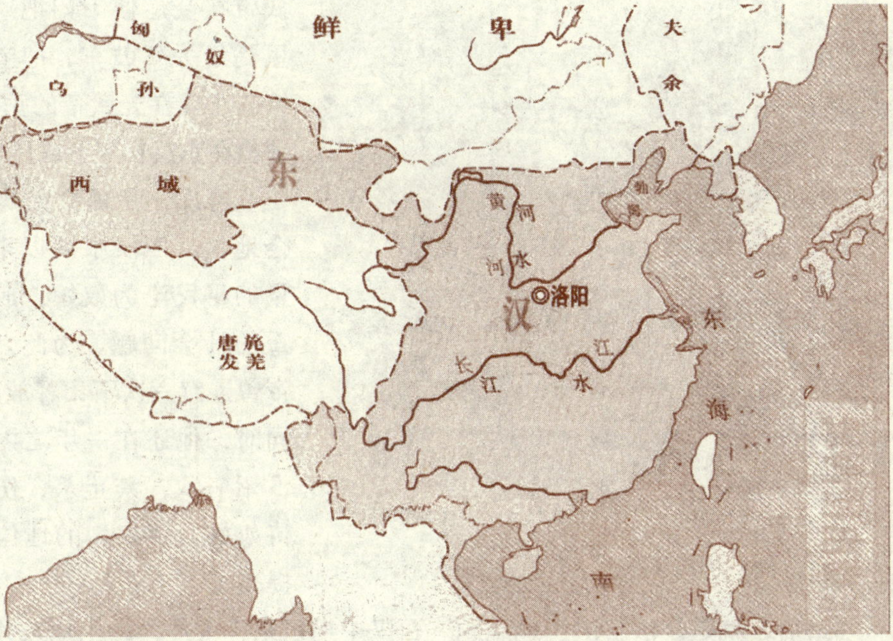

东汉疆域图

职尽忠不遗余力一样。”光武帝深为他尽责尽忠的精神所感动，称之为“强项令”，也就是硬脖子县令的意思。

董宣担任洛阳令五年，对各种不法行为严加打击，被人称为“卧虎”。74岁那年，董宣死在任上。光武帝专门派使者前去吊唁，只见董宣身覆一布被，妻子儿女相对而泣，家中仅有大麦数斛，破车一乘。光武帝听说后，伤感地说：“董宣廉洁，死后才真正知道。”

刘秀还深切地认识到，要使国家真正地长治久安，必须安民，与民休息，才能保持社会稳定，才能发展社会生产。

首先，是给老百姓一个安定的社会环境。刘秀生长在民间，经历过王莽的残暴统治，知道耕作的艰难及百姓的痛苦。因此建立东汉后，通过废除王莽的繁苛法令，恢复汉初的简政轻刑，给百姓创造一个宽松的社会环境。此后，他多次下诏裁减各地的监狱，不断地告诫各级官员尤其是地方官要体恤百姓、宽松执法。

其次，是有效减轻人民的负担。光武帝认为官吏的奢侈、官僚机构设置无度以致冗官无数，是百姓最大的负担。因此他在位期间，始终提倡节俭。公元37年，一国使者向光武帝献上一匹可日行千里的名马和一柄宝剑，光

“强项令”董宣

武帝接受后便下诏把这匹千里马送去驾鼓车，把宝剑赐给骑士。在光武帝的垂范下，节俭在东汉初年形成风气。

再次，是提高奴婢的社会地位。西汉中期以来，大量的平民沦为奴婢，成为严重的社会问题。为此，光武帝曾连续六次下诏释放奴婢。同时，他还在一年之内连续下诏三次，禁止杀、伤和虐待奴婢，使奴婢的地位有所提高。

最后，就是设法解决土地问题。西汉中期以来，大规模的土地兼并使土地急剧集中。但那些占有土地的豪强们却不如实地向国家申报土地、交纳田赋。为准确地掌握全国的垦田数目和户口名籍，打击豪强，保证赋税收入和徭役征发,光武帝于公元39年下令在全国“度田”即丈量土地,同时核定人口。但在度田过程中，官吏们和豪强相互勾结，或抵制清查，或隐瞒不量，而对百姓土地却是多量，连墙头地角、房前屋后也不放过。光武帝了解到这种情况后，曾经先后诛杀了大司徒、河南尹及郡守十多人，引起了一场大规模的地方骚乱。地方上的豪族大姓纷纷起来叛乱，光武帝用镇压和分化相结合的手段，好不容易才平息了叛乱。

光武帝刘秀通过集权加强了中央的统治，通过休养生息使人民安心从事生产，经济得到发展，社会比较稳定。由于刘秀的文治武功，终于迎来了汉朝的中兴。这一历史时期被称为“光武中兴”。

伉俪情深

就在刘秀册封功臣的时候，谁也没有想到的事情发生了。早在联姻之时就已经不安好心的真定王刘扬——郭圣通的舅舅大人，看见外甥女婿刘秀打下了江山，终于想要撕下面纱，坐享其成，密谋造反了。这简直是做梦都想不到的事情。如果不是部属对刘秀忠心报讯，谁能想到，眼看就要当上皇后舅父、太子舅爷的真定王，居然暗地里打的是这个主意？

趁着风声还没有走漏，刘秀想出了一条妙计，命令将军耿纯以“皇帝登基、大赦天下”的名义前往真定，诱杀刘扬兄弟。刘扬没想到自己密谋多年的事情，居然会在最后这个节骨眼上败露，他趾高气扬地以“皇帝舅父”的身份，接见了耿纯。耿纯不动声色，将刘扬三兄弟请到自己下榻的驿馆，请他们进内室宣读皇帝密诏。就在早已安排好的密室里，过于自信的刘扬三兄弟被侍卫当场杀了。

耿纯将刘扬兄弟的首级以及他们谋反的罪证公开示众，并宣布只杀首犯，不追究他人。三个主子都被一窝烩了，真定大军没有了主心骨，很快就被耿纯顺利收编了。

郭圣通不但没有了舅父撑腰，更成了舅父谋反的工具，虽然丈夫没有追究郭氏家族，但是一时间，她自己都对做“皇后”彻底没有了指望。

刘扬的叛变，帮助刘秀解决了一个大难题，他觉得自己终于可以理直气壮地立阴丽华为皇后了。谁知道，阴丽华却拒绝了。

三年前被迫离开刘秀的时候，阴丽华最大的失落，就是自己居然没有为丈夫孕育一个孩子，就眼巴巴地看着他去赴生死之险，万一他死在了战乱之中，岂不是连一丝血脉都留不下来了吗？对自己未能尽为妻之责的埋怨，甚至已经超过了对丈夫另娶郭圣通的哀伤。阴丽华想孩子都快想出病来了。所以，当她第一眼看见神似刘秀的刘彊的时候，她就爱上了这个孩子——刘秀的孩子。也因此，当刘秀郑重其事地提出，将要册封她为皇后的时候，阴丽华拒绝了，她告诉刘秀，现在他的孩子是郭圣通为他生育的，而自己也不知道将来是否能够为他生育儿女。所以，为了不伤害孩子，应该当皇后的不是自己，而是郭圣通。

刘秀面对阴丽华这样的主张，哑口无言。在阴丽华的坚持下，公元26年6月，郭圣通意外地成为东汉王朝第一任皇后，她所生的儿子刘彊，成为第一任皇太子。

当封后拜天的仪式结束，刘秀和盛妆的郭圣通返回内宫的时候，阴丽华按照妾室的礼仪，向丈夫和正妻行三跪九叩的大礼。这是国家制度，刘秀没有办法制止，但是和郭圣通一起端坐在椅中的他，只觉得难堪无比、如坐针毡。而郭圣通眼看丈夫心神不定的样子，刚刚成为皇后的喜悦也凉了半截。从此以后，刘秀在两个女人中间，过起了他从前做梦也没有设想过的“幸福生活”，享起了他压根就不想要的“齐人之福”。

当刘秀在洛阳的时候，他总是满怀愧疚地想方设法弥补自己对阴丽华的亏欠。就在册立郭圣通为皇后不久，他提出要把阴丽华的兄弟们统统封为侯爵。阴丽华再一次拒绝了。她认为自己如今的身份只是媵妾，自己的兄弟们没有做“国舅”的资格。如此一而再、再而三的拒绝，虽然都是事出有因、制度规定，却越来越使得刘秀自感对阴丽华亏欠太多。每当他看见阴丽华坦然地向郭圣通跪拜请安的时候，就更不是滋味，难受得够呛。

而此时东汉王朝的天下还没有完全平定，刘秀经常要率军出战。自己离开之后，阴丽华少了自己的照顾，面对嫡妻会是怎样的场面？刘秀简直不敢想象。于是，他所能想出来的惟一办法，就是每当自己离开洛阳统兵出征的时候，都把阴丽华带走，尽可能地不让她与郭圣通单独相处，尽可能地减少她向郭圣通自称姬妾的机会。就在一场场风云突变的战役中，共同面对生死考验刘秀和阴丽华，感情越发地如胶似漆。

公元 28 年，就在刘秀征讨彭宠的战役中间，阴丽华在中军帐里，生下了她和刘秀的第一个孩子：未来的汉明帝刘庄。

刘秀也仍然没有忘记郭圣通，他对郭圣通仍然有一定的感情。此后，郭圣通也陆续为刘秀生育了不少孩子，除了刘彊，后来还有刘复、刘康、刘延、刘焉，一共五个儿子。不过，即使在生儿育女方面，刘秀似乎也不情愿让阴丽华输给郭圣通。阴丽华也同样为刘秀生下了五个儿子：刘庄、刘苍、刘荆、刘衡、刘京，以及若干个女儿。

如果可以选择，郭圣通宁可自己不当这个皇后，宁愿自己是阴丽华。可惜，她不是。从年龄上说，郭圣通比阴丽华年轻漂亮。当郭圣通嫁给刘秀的时候，阴丽华已经 21 岁了。如果说，刚开始的时候，郭圣通对阴丽华姐姐般的雪中送炭满怀感激，时间慢慢推移，她的心情却在慢慢地转变。尤其是当阴丽华生下儿子，而且是一大群儿子之后，郭圣通的心思便急剧转变了。

她知道，自己之所以能够当上皇后，是阴丽华的谦让，而谦让的原因是因为阴丽华当时没有儿子。现在阴丽华已经有儿子了，并且刘秀对她的恩爱日久弥坚。难道阴丽华当真不会想要利用丈夫，把自己的儿子推上未来皇帝的宝座？她真的这么多年来，一直甘心放弃原配发妻的身份？自己不是原配都做不到这么谦让，世上难道真有女人做得到吗？

有时候，出身高贵世家未见得一定是好事。正因为出身高贵，她的舅舅们才敢于造反。更重要的是——也正是因为出身高贵，郭圣通读了很多的经史书卷，更因为她出身西汉皇族，非常清楚西汉王朝历次姬妾夺嫡的惨烈阴险。有了这样的认知之后，郭圣通怎么看阴丽华，都觉得这位姐姐平静恬淡的面容后，一定隐藏着不利于自己的想法。

公元33年，一个晴天霹雳劈中了阴丽华。一群不知道从哪里来的盗贼，半夜闯进了阴丽华乡间的娘家。由于阴丽华的谦让，阴家没有侯爵之封，也就没有了护卫兵士，强盗很轻易地就得了手。在抢劫的同时，还杀死了阴丽华的老母邓氏及弟弟阴䜣。

阴丽华生性羞怯温和，七岁就死了父亲。没有了父亲的依靠，一家人的生活十分艰难，直到成年后，每每提及亡父，她都禁不住流泪不止。刘秀每次看见她独自流泪，就知道她又想起了父亲，想到自己九岁丧父的经历，总是忍不住陪着她一起感伤，再想方设法让她破涕为笑。谁知道，现在阴丽华居然连母亲都没有了！刘秀面对哭得死去活来的阴丽华，想到阴家岳母对自己多年的关爱，哀伤溢于言表。

他传令大司空，颁下一道诏书："我在微贱的时候，就娶了阴贵人，由于兵荒马乱，被迫别离。幸亏老天有眼，我和她都从战乱中劫后余生，再次团聚。对她的美德我非常了解，因此想要立她为皇后，她却坚决推辞，甘愿为姬妾。我敬慕她的谦让高尚，曾经想要封她的弟弟们为侯爵。可是没想到，他们没有得到我的封爵，却陡遭祸患，母子俱丧，我十分愧疚伤怀。虽然他们不能活着享受高官厚禄，但身后应该得到尊荣。所以我决定，追封阴贵人的父亲阴陆为宣恩哀侯，弟弟阴䜣为宣义恭侯。让阴贵人的另一个弟弟阴就代阴䜣为长子，继承宣恩哀侯的爵位。虽然阴夫人和阴䜣死了，太中大夫也要在他们的棺木前按照活着的列侯礼仪为他们举行典礼。假如他们在天有灵，请来接受我的心意。"刘秀的哀思，多少抚慰了阴丽华的伤痛。

然而，读了这封诏书，郭圣通却忍不住五味杂陈。七年过去了，丈夫仍然念念不忘阴丽华才是他的结发妻子，更甚至把当年只有夫妻间才知道的"让位"之事公诸于世，这等于是在提醒世人，郭皇后的位置是阴丽华"让"出来的。如今阴家也同样拥有了不亚于皇后家族的爵位，这顿时让郭圣通觉得自己这个皇后，已然沦为朝廷内外的话柄。因此，这道诏书对阴丽华是安慰，对郭圣通，却是一个刺激。

刘秀在为阴丽华哀伤，而郭圣通却在为自己哀伤。她怎么也想不通，相貌年华都不如自己的阴丽华，为什么能在丈夫眼里那么的重要？自己十年的努力，依然不能真正取代阴丽华在丈夫心目中的地位。

刘秀和阴丽华同样不会想到，当年的谦让，如今已经变成了郭圣通的负担，她甚至因此对丈夫和当年的阴姐姐满怀怨恨。裂痕在无声无息中悄悄变大。等到她和阴丽华的儿子们都长大之后，她终于控制不住了。

皇太子刘彊长大之后，非常喜欢钻研兵书。刘秀有时候询问儿子对政事的看法。刘彊对政务的见解倒也中规中矩，可是他对军事却显得过于热衷，常常表现出日后要开疆拓土、四方征战的心思。这可太让刘秀受不了了。

刘秀虽然是个军事天才，但他实在不喜欢征战杀伐。多年来他身不由己地卷入一场又一场战争，眼看着生灵涂炭，自己也失去了诸多亲人，他对战争厌烦透了。对于他来说，修习兵书整兵修武，只是为了保土安民，他不能容忍别人的侵犯，但是他也绝对不愿意好大喜功，没事找事地到处找仗打，给本国也给别国带来灾难。

因此，年轻气盛的刘彊让刘秀极为不满。他对这个儿子日后会干些什么，给国家百姓带来什么，真是不敢想象。于是他经常忍不住责备刘彊。从他本人来讲，只是在努力调教一个未来的帝王，从严要求是很正常的。可是看在早已心神不定的郭圣通眼里，却是另一种解释。她已经到了爆发的边缘，只等一个机会来点燃引线了。

与此同时，刘秀的次子、阴丽华所生的刘庄，却在各个方面都让做父亲的刘秀非常满意。

公元 39 年的一天，终于平定天下的刘秀开始进行全国范围内的田地和人口普查。就在各地送上来的统计资料里，他意外地发现了一张被办事人员遗忘的纸条。纸条上写着："颍川弘农可问，河南南阳不可问。"

同是大汉国土，凭什么有的地方能调查，有的地方就不能调查？此事对刚建立的东汉王朝至关重要，非要查清楚不可。因为此时的刘秀，已经一连发下了七道圣旨，要求各豪门大族限制使用奴仆，将战乱中贱买的奴婢一律听凭自愿的原则无偿送还各自的父母。

刘秀质问大臣和各地方官，所有的人都不肯说实话，逼急了，就愣说那纸条是从街上随手捡来的。刘秀知道这帮家伙是在胡说八道，但是他越发怒，就越没有人敢吱声。这时候，12 岁的刘庄在父亲背后的帷帐里说话了："这张纸条是在提醒办事的官员——洛阳是首都，到处都是高官贵臣；南阳是皇帝的故乡，到处是皇亲国戚，他们的奴婢数量田宅规模，就算超越制度，也不能管。”刘秀一听，顿时恍然大悟，立即从严查办了这件事。

刘秀对儿子年幼聪慧，极为欣喜。但也诱发了郭圣通歇斯底里的大爆发，她控制不住，跟丈夫大吵大闹了起来。口子一旦打开，多年积压的怒气就再也收不回来了。郭圣通对刘秀的怨恨、对阴丽华的妒忌，以至于她对阴丽华所生的孩子们的猜疑，都控制不住了。无论刘秀怎么好说歹说，她已经听不进去了。

处在风口浪尖的阴丽华没有办法，只好暂时避开郭圣通的怒火，移居洛阳以外的宫室。可惜郭圣通的情绪已经失控了。无论刘秀说什么，郭圣通都听不进去。更重要的是，如今的刘秀不再年轻，他 50 岁了，夫妻间也就不再像从前那么热情。郭圣通更觉得丈夫心里有鬼，怒不可遏。

当年刘植劝娶郭圣通时说过：“天子娶九女，诸侯纳三妇。”如今刘秀可是不折不扣的天子，就算他不想娶九女，大臣们都会给他弄出九个来，不但是“符合制度”，更重要的是把和自己有关系的女孩们送到皇帝身边，自己就成了“皇亲国戚”。

但是刘秀为了尽可能地减少后宫人数，更改了西汉以来的宫廷制度，把多达十五级的后宫姬妾制度缩减为五级，除了“皇后”郭圣通和“贵人”阴丽华，其他的就是“美人”、“宫人”和“采女”。由于他对后宫的莺莺燕燕没有兴趣，所以后头这三级连俸禄都没给安排，不但姬妾的人数少，而且她们的寝宫，他也很少光顾。因此，其中只有许美人凑巧为他生下了儿子刘英，被封为楚王。这是刘秀惟一没由郭圣通和阴丽华生育的孩子。

虽然阴丽华避开了，但是许美人和其他姬妾却没法走，她们还留在皇宫里。于是，每当夫妻争吵，刘秀避开之后，郭圣通便认定他是去了其他姬妾的宫室寻欢作乐，越想越气，也越来越没有道理可讲。

刘秀这个靶子不在眼前，郭圣通的愤怒便转向后宫中的其他姬妾、向那些她臆想中的狐狸精们发作。非她所生的皇子公主们当然更不例外。很快，后宫中所有的女人和敏感的孩子们，都对郭圣通畏惧至极。

刘秀对郭圣通莫明其妙的变化百思不得其解，一开始她只是针对自己，倒也罢了，没想到三年来她愈演愈烈，居然整个宫廷都成了她眼里的仇家。更不能忍受的，是她对孩子们的态度恶劣得无以复加。

建武十七年10月，忍耐到了极限的刘秀突然发作，颁下了一道废后诏书：皇后郭圣通总是满怀怨恨，屡次违背我的心意，不肯善待非她所生的孩子。宫廷之中，谁看见她都像看见鹰鹫一样。如今她没有慈爱的品德，却有吕雉、霍成君的风范，日后我怎么能把幼小的孩子们托付给她？现在我派大司徒戴涉、宗正刘吉，代表我去收缴她的皇后玺绶。贵人阴丽华，是乡间良家女子，在我还是平民的时候就嫁给了我，她的品性足以母仪天下。大臣们照从前皇帝废后立新的规矩，把仪式办好。这件事的前因后果，对于我和新任皇后来说，是人生和家庭的不幸，更不是国家的福气。你们都不必上书祝贺。

事情演变到这一步，几乎可以用“疑心生暗鬼”来形容。原本没有的事，愣是在郭圣通的疑神疑鬼中一步步成真，无可挽回。郭圣通终于发现自己已彻底失去了曾经拥有的一切。自己最害怕的事情，终于降临到头上了。她几乎可以预见，接下来就是冷宫、举族流放、母子一起死于非命。这样的记录，在西汉皇家几乎是家常便饭。

刘秀与阴丽华、郭圣通之间的特殊关系，东汉王朝的开国元老以及文武百官们都十分清楚，面对如今这样的局面，他们都无话可说。但殿中侍讲郅恽，与刘秀和郭圣通、刘彊都有特殊的交情，他有话说。郅恽曾经做过洛阳城的守北门小吏，有一次刘秀出猎，天黑才返回，让侍者去叫门，郅恽却说：“天黑了，我怎么能相信真是皇帝进城呢？”刘秀对这个小官员的较真劲儿很赏识，第二天赐了一百匹布给他，后来还让他做皇太子刘彊的殿中侍讲，教授《韩诗》。因此，郅恽也就与郭圣通比较熟悉。

这时，他主动向刘秀说：“夫妻之事，连父母都不能过问，这是陛下的家事，我一个部下当然不能说什么。只请陛下妥善处理，不要留下麻烦。”刘秀叹息道：“你应该了解我的性格，我不会做出绝情的事来的。”就在郭圣通惶恐不安的时候，刘秀的又一道诏书来到了她的面前。她原以为这一定是贬居冷宫，甚至逼令自杀的旨意了。

谁知道完全出乎她的意料。刘彊继续他的太子之位，郭氏所生的次子刘辅升为中山王，封地额外增加一郡——这一郡的收入，则是为郭圣通准备的生活费用，她由皇后改称“中山王太后”，和儿子一起生活。

“太后”，那是丈夫死了妻子才能得到的封号。而郭圣通居然在丈夫活着的情况下就成了“中山太后”，真不知道刘秀是怎么想的，为了不把郭圣通由妻变妾送进冷宫，他可还真是不怕忌讳。

为了进一步安慰郭圣通和郭氏家族，也让刘彊宽心，皇后阴丽华也向丈夫提出了一些建议。于是，出人意表的诏令一道接一道地飞出来，令人眼花缭乱。郭圣通的哥哥郭况，得到了比当初郭氏为皇后时更多的封地，成为阳安侯。儿子郭璜不但成为驸马，而且在阴丽华的格外安排下，他迎娶的是阴丽华所生的女儿淯阳公主刘礼留；而郭圣通的堂哥郭竟，封为新郪侯；堂弟郭匡，封为发干侯；郭圣通的叔父郭梁早逝无子，刘秀干脆就封郭梁的女婿陈茂做南侯。

郭家提前得到了"皇太后家族"的待遇和爵位。郭圣通于是成为中国历史上惟一一个不入冷宫反得尊崇的废后，郭氏家族也成为史上惟一一个非但没有遭殃丢命，反倒全家升官发财的废后家族。

不过，尽管刘秀百般抚慰，太子刘彊仍然忐忑不安。自从母亲被废离宫，刘彊就在忧虑中过日子，终于，他在郅郢的劝说下找到了好办法，向父亲上书表示要退出太子位,让给继母的长子刘庄。刘秀与阴丽华觉得长子没有过失，父母之间的纠葛不应该连累孩子，都表示不同意。

刘彊仍然不能安心做太子，他屡屡向身边的官员和弟弟表示自己甘愿去做外藩亲王。如是者多次，刘秀知道事情已经无可挽回，终于在两年后作出了决定：改封刘彊为东海王，原来的东海王刘庄成为新任太子。

为了进一步向儿子表明父亲继母的歉意和慈爱，刘秀随后又将刘辅迁到更富饶的沛地为王，改封郭圣通为沛太后。同时升郭况为大鸿胪。

郭况升官晋爵之后，刘秀仍然觉得自己废太子的决定对不住郭圣通与自己曾经的二十年夫妻情分。为了表示自己的诚心，他经常到她的哥哥郭况家去做客，将所有的公卿诸侯都带去作陪。虽然刘秀自己生活节俭，但是他毫不吝惜地把大量的金银绸缎赠给郭况，以至于郭况后来富得流油，整个洛阳城都称他家为"金穴"。

郭圣通被废九年后，她的母亲"郭主"去世了。对刘秀来说，"郭主"是这世上最后一个跟他有过"母子"情分的老太太。于是，他用最高的礼仪为这位被他喊过二十年"娘"的老妇人举行葬礼，并且亲自以子婿的身份，带着所有的文武百官一起出席。

可以想象，刘秀的这一系列举措，背后都有阴丽华的支持和默许。然而，刘秀和阴丽华越是厚道，郭圣通所受的刺激就越大，她追悔莫及，身体也在心情的影响下越来越差。

后来刘彊终于要离开父亲和继母，前往自己的封国东海了。刘秀始终对儿子无过而废太子位感到歉疚，阴丽华也对自己生的刘庄取代长子地位心中不安。于是，刘秀将刘彊的封地再次扩大，使他实际上成为拥有两个封国的亲王，领地合计二十九县。而其中特地加入鲁郡的原因，则是因为那里有最为壮观华丽的宫室灵光殿。

刘秀御用漆器

为了更好地照顾远行的儿子，刘秀特意安排刘彊的堂舅郭竟去担任外甥的东海国相。临行时，他还下诏，将刘彊的车马仪仗以及宫室陈设，都升至跟自己这个皇帝一样的档次，以此弥补刘彊未能登基为帝的遗憾。

在得知儿子被如此优遇的消息之后，当年六月，郭圣通终于了无牵挂地离开了人世。刘秀与阴丽华对郭圣通的去世百感交集，以封国太后的礼仪将她葬于北邙。

刘彊虽然对父亲的慈爱感激万分，但也不禁对自己所得到的超乎常理的待遇而不安，屡屡向刘秀上书，表示不想再做这个旷古未有的“双料亲王”，请求退还鲁郡，只当一个东海国王就够了，至于自己等同皇帝的服饰器物，他更是强烈推辞，唯恐新任皇太子刘庄心里不受用。对于刘彊的推辞，刘秀毫无商量余地地拒绝了。他对儿子的良苦用心非常清楚，叹息着将刘彊的奏章给公卿大臣传阅。

公元56年春天，包括刘彊在内的诸王都到洛阳朝见年已花甲的刘秀。刘秀带着他们一起登泰山封禅。封禅结束后，已经年老多病的刘秀希望长子能够多陪自己一段日子。刘彊没有返回封国，而是跟着父亲回到了洛阳皇宫。

和儿子相处时间长了，刘秀和阴丽华都发现刘彊心境黯淡，而且体弱多病。虽然他不肯承认，但是原因不说自明。在百般宽慰无果之下，刘秀和阴丽华作出了另一个决定。由司空带着这样一道诏书来到了西汉高祖刘邦的祭庙：“高皇帝与群臣约，非刘氏不王。吕太后贼害三赵……不宜配食高库存，同祧至尊。薄太后母德慈仁，孝文皇帝贤明临国，子孙赖福，延祚至今。”他们希望能用这种方法，明明白白地告诉长子：即使父亲不在世了，继母也绝不会做出损伤他的事来。东汉王朝，绝不会重演诛杀异母兄弟和废太子的历史。

公元57年2月，62岁的刘秀病逝于洛阳南宫前殿。临终的时候，他相濡以沫34载的结发妻子阴丽华陪伴在他的身边。

刘秀虽然去世了，但是阴丽华还在。刘庄遵照父亲的遗愿和母亲的嘱咐，对长兄一如既往地友爱。然而阴丽华的母爱和明帝刘庄的手足之情，并不是每个人都真正相信的。刘秀刚一去世，广陵王刘荆就想陷害刘彊，逼他造反走上绝路。

刘荆假冒郭况的名义，写了一封信让人送给刘彊，鼓动他为郭圣通报仇、夺回自己的皇位，并以秦始皇长子扶苏的遭遇恐吓他。刘彊惊慌失措，连忙把这封信连同送信人一起交给刘庄。

经过讯问，刘庄发现是自己的同胞弟弟在搞鬼，便将这事隐瞒下来，只是暗地里限制刘荆的活动而已。其实刘荆真正的目的，是想趁乱谋夺皇位，刘庄发现之后，便将他改封广陵，送出洛阳城。刘荆不甘心，到封国后仍然大放厥词："我的相貌很像父亲。他三十岁打天下，我如今也三十岁了，是不是也到了该起兵的时候？"相士被吓得脚软筋麻，立即告发。刘庄仍然不忍心对弟弟下杀手，只是下令不再给他配备侍卫部属，派人看守王府，其他亲王待遇仍然照旧。没想到，刘荆不久又故态复萌，找人来诅咒刘庄，又被人告发。刘荆自杀。刘庄对弟弟屡教不改走上绝路很伤心，追谥思王。

当这一系列的事情都平息之后，这年冬天，刘庄才依依不舍地让终于放下心的大哥返回封国。然而刘庄没有想到，也许是父亲的去世和自己的登基再一次使刘彊回想起了往事，也许是刘荆事件使刘彊受惊过度，再加上因为自己的缘故，使得皇帝惩治了亲生弟弟——返回封国不到半年，刘彊便一病不起。

得知消息的阴丽华和刘庄非常焦急，派太医急赴鲁地为刘彊诊治，并下令刘彊的同母弟弟们都立即赶去宽慰兄长。可惜的是药石只能治病，却不能改命。就在这年五月，38岁的刘彊病逝于鲁地灵光殿。临终时，他写下了最后一道奏章：我蒙受父亲和兄弟的恩遇，得到了两国的封地，还有超越礼制的宫室仪仗礼乐。一切都令我无以回报。由于我没有保重身体，常年患病，使皇太后和皇帝担忧，络绎不绝地派来太医方士。我不能用语言来表达我的感激。如今我命薄早逝，不但不能再孝顺母亲，还要使得皇太后和皇帝哀伤，心里非常惭愧。请皇上照顾我的儿女，为我的女儿们找到好丈夫。如今父亲去世，皇上要格外加意孝顺母亲。另外向其他的弟弟们辞别，从此永远再不能相见了。

可以看得出来，刘彊的性情也很像父亲刘秀，宽厚善良，如果他做皇帝，于国于家也一样是好事。可惜他被自己的生身母亲给耽误了。

刘庄得知大哥的噩耗，捧着奏章泣不成声。他随后下令，以皇帝的仪仗为刘彊举行隆重的葬礼，诸王诸公主诸外戚诸侯都必须参加。伤心的不只是刘庄，还有看着刘彊长大的阴丽华。当年她因为这个孩子而甘愿退出后位，他不但是郭圣通的孩子，也是她阴丽华的孩子。更因为刘彊的猝然去世，与自己亲生的儿子刘荆有脱不了的干系，阴丽华对他的早逝就更为哀伤，自责未能克尽母亲的义务，没有办好丈夫交代的事情。

在皇太后阴丽华的坚持下，刘庄陪着母亲一起参加了刘彊的葬礼，阴丽华流着泪，一直将刘彊的灵柩送到葬地。

阴丽华照顾关爱的，并不仅仅是刘彊。中山王刘焉，由于是郭圣通最心爱的小儿子，所以刘秀和阴丽华一直没有舍得送他去封国就藩，而是一直留在身边照顾。阴丽华对刘焉甚至超过疼爱自己亲生的儿女。直到刘庄即位三年后，阴丽华才恋恋不舍地让早已成年的刘焉离开自己前往封国。

由于是郭圣通的宠儿，刘焉一直都被阴丽华和刘庄格外关照。按规矩，皇帝不召，亲王是不能随意离开封国，更不能随意进京城的。这是为了预防诸王图谋不轨的铁律。但是刘焉却是个例外，他什么时候在封国呆腻了，随时可以回洛阳，完全听凭自由，不必请准。阴丽华叮嘱她的儿孙们善待郭圣通的家族，而且要牢记她曾经做过他们 17 年的嫡母、嫡祖母。因此必须将郭圣通视作母亲、祖母来看待。

这一点，不但明帝刘庄做到了，连阴丽华的孙子汉章帝都牢记在心。中元三年，阴丽华的孙子章帝北巡路过真定时，特地和郭氏家族聚会，赏赐万斛粟米和五十万钱。章帝还以晚辈的身份，在刚刚迁葬返乡的郭昌郭主墓前以“太牢”的祭祖礼节叩拜。

公元 64 年正月，儿子登基十年的时候，62 岁的阴丽华去世了。不久与光武帝刘秀合葬于原陵。

后来的东汉皇族，虽然不是每个皇后都能像阴丽华那样善待丈夫的其他嫔妃，但是确实再没有发生过杀害废太子和非己所出皇子的事情。这不能不说与刘秀和阴丽华的身体力行、传为家训分不开。

十年后，在拜谒原陵的前一夜，刘庄做了一个梦，梦见父亲刘秀和母亲

光武帝墓

阴丽华在陵畔漫步，恩爱之情一如自己从小就看熟的景象。从梦境中醒来，50岁的汉明帝当着文武百官的面，哭得死去活来。悲伤的刘庄下诏，在祭殿两边种下二十八棵柏树，代表“云台二十八将”守护父母的平安。

两千年岁月已过，原陵仍然屹立于邙山边黄河畔，他们相携相伴的身影仍然清晰可辨。

十、喜欢做和尚的皇帝萧衍

南北朝时期的南朝梁的开国皇帝是个马上皇帝，也是个喜欢做和尚的皇帝。这就是有名的梁武帝萧衍。

萧衍，字叔达，南兰陵中都里（今江苏武进县）人。他原来是南朝齐的官员，后来逼齐的皇帝“禅让”，自己建立了梁。萧衍做皇帝时间长达48年之久，在南朝的皇帝中列第一位。

出众的谋略

公元464年的一天，萧顺之家的第三个儿子出世了。父母为他起了个小名，叫练儿。孩子长到六七岁时，该上学了，父亲又给他起了个学名——萧衍。

一个官员家中生了个儿子，这本来是再平常不过的事了。但是，由于这个孩子后来当了皇帝，成了“天之骄子”，“贵人自有异相”，他的出生也便被涂上了许多神秘的色彩。据说，萧衍生下来时样子就很奇特：两胯骈骨顶端高高隆起，舌头和右手上还有文字，身上不时发出神异的光彩……这当然是骗人的鬼话，不足为信。

是萧衍的杜撰，还是无聊文人的帮闲？不得而知。其实，这也不是萧衍的发明创造。在中国古代，封建帝王为了维护自己的统治，每个朝代都在制造着神话，编织着谎言。中国古代的悲剧是，善良的人们只知对皇帝顶礼膜拜，把宫廷看得无比神圣。其实，宫廷绝不是圣洁的殿堂，皇帝也不是天之骄子，宫廷里到处充满着血腥、污秽和阴谋。

古代创业之君，在血腥厮杀中登上帝位以后，为了抬高门第，总要找个名人当祖宗。萧衍没有那么幸运，姓萧的祖上没出过皇帝，不得已只好退而求其次，把汉高祖的第一功臣、丞相萧何当作自己的祖先。

萧衍像

不过，萧衍和萧齐皇族却是同宗。从血缘上来看，萧衍和萧齐关系很密切。他的父亲萧顺之是南齐开国皇帝萧道成的族弟，他们都是东晋淮阴县令萧整的后代。他父亲曾经做过侍中、卫尉等高官。萧衍后来之所以能建立功勋，并最终建立梁朝，他的家族背景起了很大作用。

萧衍小时候就很聪明，而且喜欢读书，是个博学多才的少年，尤其在文学方面很有天赋。当时他和另外七个好友被称为“八友”，其中包括历史上有名的沈约、谢朓、范云等。沈约后来写了《宋书》、《齐纪》等书，而谢朓则是这时期有名的诗人。不过，这八个人当中，萧衍的胆识却是其他七个人无法相比的。

在隋朝隋炀帝正式创立科举制度之前，中国官吏的选拔基本上是世袭加推荐两种形式，所以，家族的背景尤其重要。而在魏晋南北朝时期，更注重门第观念，不是名门望族的人，想做官是非常困难的。萧衍因为有先天的家族背景，所以刚做官时就是在卫将军王俭手下，升官的机会比其他人要多。

果然，王俭见萧衍很有才华，言谈举止也很出众，就提拔他做了户曹属官。因为他办事果断机敏，和同事以及上司关系融洽，不久又被提升为参军。后来因为父亲去世，他回去守丧三年，复官后，升任太子庶子和给事黄门侍郎。

公元 493 年，齐武帝病重时，大臣王融想在武帝去世后立自己喜欢的皇帝，以便控制政权。后来事情败露，王融被入狱赐死。对于王融的如意算盘和悲惨结局，萧衍之前就已经推算出来了，他的好友范云由此对他异常敬佩。

齐武帝去世后，新皇帝只知道吃喝玩乐，根本不理政务，对大臣的劝谏也不接受。掌权的大臣萧鸾很生气，打算把他废掉，另立皇帝。在和萧衍等人商议时，萧衍表示反对，他说：“废立皇帝是大事，不能轻率从事，现在废立难免会遭到众王爷的反对。”萧鸾则说：“现在的众王爷没什么才能，只有随王萧子隆文武兼备，而且占据荆州。如果把他召来，就万事大吉了。但怎么才能让他来呢？”

萧衍说：“这个随王其实徒有虚名，并无什么真才干。他的属下也没有出色的人，只是依赖武陵太守卞白龙和另外一个，这两个也是无能之辈，贪图金钱富贵，到时候只要一封书信许诺高官厚禄，就可以把他们轻易地召回来。没有了左膀右臂，那个随王到时候也会跟着回来的。”

萧鸾对萧衍的分析很赞同，于是照他们商议的执行。先是废立了皇帝，自己掌握朝政大权。三个月之后，萧鸾干脆自己做了皇帝，这就是齐明帝。

在这场骨肉相残的权力角逐中，萧衍为齐明帝出谋划策，运筹帷幄，立下了汗马功劳。萧鸾做皇帝之后，没有忘记萧衍的谋划之功，把他提拔为中书侍郎，后来又升为黄门侍郎、建阳县男，采邑三百户。萧衍的地位开始显赫起来。在以后的几年中，萧衍的军事、政治才干得到了充分的发挥，地位不断上升，逐渐成为南齐政治舞台上举足轻重的人物。

韬光养晦

齐明帝以篡得位，名分不正，总害怕齐高帝和齐武帝的子孙起来推翻他。为了根绝后患，他对高、武子孙大开杀戒。齐高帝十九子中除十一人早死外，其余八人都是被他杀死的；齐武帝二十三子中除七人早死外，其余十六人也全部死在他的手里。在齐明帝统治的五年时间里，高、武的孙辈们每天都是战战兢兢，不知大祸何时降临到自己头上。他们中的大部分最终还是免不了被诛戮的命运，只有少数人由于一些大臣的保护，才侥幸活了下来。

零陵内史范云是竟陵王萧子良的故吏，萧子良在世时，二人相处甚密。所以，萧子良死后，范云非常注意保护他的子孙。一天，范云乘齐明帝召见的机会，对他说：“太宰文宣王（萧子良）活着的时候，曾对我说过，他曾经做过一个梦，梦见身处一座高山之上，山上有一个深坑，文惠太子先掉下去了，接着武帝也掉下去了，最后文宣王自己也掉下去了。文宣王又说，他掉进深坑里之后，看见您身穿御袍坐在御床之上，不知这意味着什么？他嘱咐我不要轻易向别人泄露。”

齐明帝听罢，流着眼泪对范云说：“文宣王有恩于我，我不能辜负他！”从此，他对萧子良后代的态度有别于其他宗室。就这样，由于范云的这一通胡编乱造，使得齐明帝放过了萧子良的后代。不过，萧子良的儿子们后来还是让东昏侯萧宝卷杀掉了。

公元498年，高、武旧将王敬则起兵反抗齐明帝，奉豫章王萧嶷（齐高帝子，死于齐武帝时）之子萧子恪为主。萧子恪不从，逃走。齐明帝想借此机会杀尽高、武子孙，于是把各诸侯王悉数召进宫中。他命自己的子侄待在中书省，高、武子孙待在西省，每人只许携带侍从两人，超过此数即以军法论处。诸王年幼者也要由乳母陪伴入宫。当夜，他命人备办棺材几十具，准备三更时将高、武子孙全部杀掉。但到三更时，齐明帝却没有醒转过来。中书舍人沈徽孚等决定将此事拖着不办。黎明时，齐明帝方才醒来。他认为这些诸侯王命不该绝，于是，赏了他们一顿酒饭，又都放出宫去。

齐明帝杀害诸侯王的时候，大都是在夜间派士兵包围住宅，强行砸开门窗，呼啸而入，并将其家产全部没收。而且，每次杀人的时候，他都要流泪。因此，每逢他焚香祷告、呜咽流涕时，左右的人就知道明天一定有大规模的流血。最可注意的是永泰元年（公元498年）正月的那一次，他一口气杀掉萧铉等十个诸侯王。杀人之后，才命令有关部门告发那十个诸侯王谋反，要求处死他们。事情的奇妙之处恰恰就在这里。齐明帝接到报告之后，不但没有批准，反而义正词严地大加申斥，加以批驳。有关部门于是站在神圣的法律的立场上，冒着皇帝震怒的危险，再度请求，坚持前议。齐明帝这才迫不得已，向法律屈服。这是齐明帝无数小动作中的一个，有关史书早已把他的真实面目揭露无疑。

齐明帝不但屠戮高、武子孙，对一些功臣宿将也横加猜忌，晚年尤甚。功臣宿将人人自危，纷纷寻找出路。公元498年4月，大司马、会稽太守王敬则起兵反抗齐明帝，几天之中聚起十万人，一直攻打到建康附近。这次叛乱虽然很快便被平定，但也给齐明帝以很大打击。不久，他便在忧惧中死去。

处在变乱之秋，萧衍不但在军事上屡立战功，在政治上也有出色的表演。他深谙韬晦之略，处处藏其锋芒，以避免刻薄寡恩的齐明帝的猜忌。他从不居功自傲，总是把功劳归于齐明帝的英明决策和属下将士的英勇善战。每当得胜回朝，他总是主动上交兵权，遣散部属。

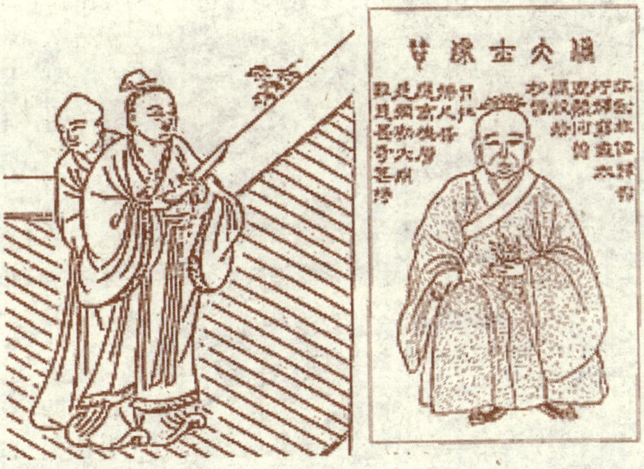

齐明帝像

齐明帝性喜节俭，萧衍也刻意仿效。他衣着朴素，饮食简单，有事出门时从不招摇，经常乘坐简陋的牛车。几年的韬光养晦，取得了很大的成效。萧衍的品德才干，得到了朝野士大夫、文臣武将们的普遍赞誉，齐明帝也对他另眼看待。因此，尽管齐明帝猜忌群臣，专事诛戮，却始终对他恩宠如一，视为心腹。

公元 495 年，北魏孝文帝乘南齐内乱，率兵大举南伐，派大将刘昶、王肃进攻司州（今河南信阳）。刘昶是宋文帝的第九个儿子，曾任徐州刺史。公元 465 年，宋前废帝刘子业诬刘昶谋反，派兵讨伐。刘昶武装反抗失败，被迫丢弃家小，只携一名爱妾逃往北魏。因他学识广博，颇有文采，北魏很重视他，妻以公主，拜为侍中、征南将军。

王肃的父亲王奂，曾任南齐雍州刺史。公元 493 年，王奂因事触怒齐武帝，满门被诛杀，只有王肃得以逃脱，奔往北魏。王肃出身世家大族，熟悉典章制度。北魏孝文帝对他很重视，多次亲自召见他，商讨军国大事。北魏的各种典章制度，大多出自王肃之手。他在孝文帝改革中，起了重大作用。此时任辅国将军、大将军长史。

北魏孝文帝像

刘、王二人身为南朝叛将而被重用于北魏，自然对孝文帝感恩戴德，矢志效忠。两人率大军二十万，将义阳城（今河南信阳北）围得水泄不通。魏军昼夜攻打，义阳危在旦夕。

得知义阳危急，齐明帝萧鸾先派左卫将军崔慧景、宁朔将军裴叔业领兵迎战。听到北魏军队分兵攻打义阳后，又派遣萧衍和平北将军王广之领兵救援。可是，当部队行进到距义阳一百里的地方时，听说北魏军队人强马壮，齐军将领们都畏惧魏军的强大，再也不敢前进了。

这时，萧衍挺身而出，主动要求担任先锋。王广之见状大喜，将手下精兵悉数交付萧衍。萧衍率军连夜进发。他避开大路，专取捷径，很快抵达义阳城外的贤首山，然后命令士兵将旗帜插满了山上山下。此地距魏军阵地仅有几里路程，但齐军抵达时，魏军根本没有发觉。

等到天一亮，魏军突然发现贤首山上遍插齐军旗帜，因为不明齐军虚实，所以不敢轻举妄动。而义阳城中的齐军看到后，以为重兵已经赶到给他们解围来了，于是士气大增。司州刺史萧诞下令打开城门，亲率齐军扑向魏军大寨，同时顺风放火。萧衍见状，也率山上齐军冲下山来。萧衍亲自上阵，摇旗擂鼓助威，齐军士气高昂，个个奋勇杀敌。魏军腹背受敌，顿时大乱，自相践踏，死者不计其数。山谷间到处都是魏军的尸体，鲜血把河水都染红了。王肃、刘昶弹压不住，只好退走。齐军最终取得了这场战役的胜利。

清点战利品时，一个士兵发现了一箱文件，连忙献给主将。这些文件中有一封北魏孝文帝刚刚发来的敕书，敕书上写道："听说齐军中有一个名叫萧衍的将军，非常善于用兵，你们如果和他相遇，一定要倍加小心，最好是坚壁不战，等我率大军赶来。如果上天保佑，擒得此人，则江南不难平定。"这个消息很快在齐军中传播开来。从此，萧衍的声威大振。萧衍也因战功而升任太子中庶子。

公元 497 年 10 月，北魏孝武帝亲自率领大军进攻雍州（今湖北襄阳）。雍州在当时控扼南北，为汉水上游重镇。雍州刺史曹武率众抵抗，屡为魏军所败。齐明帝连忙命萧衍和右军司马张稷赴援。接着，又命度支尚书崔慧景总督雍州诸军。他们到达襄阳时，雍州的五个郡已被魏军攻陷。

次年三月，齐军进驻邓城（今湖北襄樊市北）。北魏孝文帝率十余万魏军突然杀到。萧衍和崔慧景领兵与北魏军作战，在雍州西北的邓城被北魏的几万铁骑兵包围。萧衍知道城中粮草和枪械缺乏，就对崔慧景说："我们远道征战，本来就很疲惫，需要休整，现在又遇到强敌围困。如果军中知道粮草缺乏的实情，肯定会发生兵变。为防万一，我们还是趁敌人立足未稳，鼓舞士气杀出重围为上策。"崔慧景虽然心中忧虑胆怯，但表面上却假装镇静："北方军队都喜欢游动作战，他们不会夜里攻城的，不久自然回退兵的。况且，我军新败，士卒缺乏斗志，此时主动出击，无异于以卵击石。"否定了萧衍的意见。

魏军集结完毕后，便向齐军展开冲击。崔慧景见魏军势众，惊惧失色，便想引军退走。萧衍扣马力谏，崔慧景坚持不从，命士卒打开邓城南门，狼狈向襄阳方向逃走。其他各部见统帅溜了，也纷纷逃散。在经过离邓城不远的闹沟时，败兵争先抢渡，魏军乘势掩杀，齐军死亡无数，闹沟几乎为之断流。

萧衍见各路齐军全部逃走，只得整齐队伍，且战且走，也向襄阳方向退去。由于平日约束得法，尽管值此败军之际，部队伤亡甚大，萧衍却仍然全师而归。这次战役后，齐明帝以萧衍为辅国将军，代理雍州刺史。这是永泰三年（公元 498 年）七月的事。过了几天，齐明帝便死掉了。

萧衍到任后，延揽人才，积极经营，实力迅速膨胀，从此就有了一块固定的根据地，为他几年后东下灭齐、建立梁朝奠定了基础。

反对东昏侯

齐明帝萧鸾在位只有五年就病死了，他的儿子萧宝卷即位，这就是无能的东昏侯。萧宝卷即位后，以扬州刺史始安王萧遥光、尚书令徐孝嗣、右仆射江祏、右将军萧坦之、侍中江祀、卫尉刘暄为辅政大臣，时称“六贵”。萧宝卷又宠任左右嬖幸茹法珍、梅虫二、丰勇之等八人，号曰“八要”。他治国无术，却很残忍，做皇帝后杀掉了很多大臣，对于一些功臣也不知道爱护，妄加杀戮。他猜疑雍州（今湖北襄樊）刺史萧衍对朝廷图谋不轨，遂派人前往行刺。不料，行刺者未照旨行事，反把此事告诉了萧衍。萧衍逐渐和他对立起来。

公元 500 年 11 月，萧衍召集部将说，主上（指萧宝卷）昏聩暴虐，罪恶超过商纣王，我决定和大家一起废除他，另立新帝，以兴旺国家。随即建立大本营，集结部众，拥兵万余人，战马千余匹，船舰 3000 多艘，积极准备推翻齐帝。萧宝卷得知萧衍举兵起事的消息，即派辅国将军、巴西、梓潼二郡太守刘山阳率军 3000 人在上任途经江陵（今属湖北）时，会合西郎中长史萧颖胄袭击雍州，消灭萧衍。

萧衍得到这个消息，对诸将说：“襄阳地处边陲，连年征战，人杰地灵。荆州人素来畏惧襄阳人。他们如果不随我起兵，我便率军前去征战，打败他们简直就像捡拾地芥那样容易。荆、雍二州唇齿相依，他们响应我的可能性极大。到那时，我和荆、襄二州之兵，顺江东下，势如破竹，即使韩信、白起复生，也不能阻挡我，何况昏君当朝，将士离心！”他决定以计谋分化敌军阵营，逼反萧颖胄。

首先，他派参军王天虎到江陵（今属湖北），向荆州各处散发传单，声言："刘山阳此次西上，要一并剿灭荆、雍二州。"各处得到传单后，皆惶恐不安，人心大乱。

不久，刘山阳来到巴陵（今湖南岳阳）。萧衍又命王天虎前往荆州，随身携带他写给萧颖胄及其弟萧颖达的两封书信。王天虎走后，萧衍对自己的舅舅张弘策说："《孙子兵法》上说：'用兵之道，攻心为上，攻城次之，心战为上，兵战次之。'我如今就是照此办事。前些日子，我派王天虎到荆州，很多人都接到了我的书信，信中所言甚详。现在我写给萧颖胄兄弟的两封信，信中却没有什么具体内容。信中只是说：'以王天虎口信为准。'其实我什么也没对王天虎说，王天虎到荆州后当然也就说不出什么来。而王天虎又和萧颖胄的关系甚好。这样，荆州的人必然怀疑萧颖胄和王天虎隐瞒了什么，因而人人生疑。刘山阳得知这个消息，也必然对萧颖胄有所怀疑。萧颖胄进退两难，必然中我的计谋。此计若成，便是以两封空函平定一个州啊！"张弘策连连点头称是，对萧衍的智谋深为佩服。

果然不出萧衍所料，刘山阳进到江安（今湖北公安）后，听到了萧衍与萧颖胄合谋的传言后，心生疑窦，就不再前进了。萧颖胄闻讯大惧，不知如何是好，连忙召集众僚佐商议对策。

参军席阐文说："萧雍州（指萧衍）蓄养士马，非只一日。江陵人素来畏惧襄阳人，又众寡不敌，与其相抗，必败无疑。即使侥幸取胜，将来也势必不为朝廷所容。不如杀掉刘山阳，与雍州共同起事，拥立新天子以号令诸侯。这样，则可建一代霸业，立不世之功。刘山阳在江岸逗留不进，是因为对我们有所怀疑。如果斩杀王天虎，函送其手，刘山阳便不会怀疑我们。等到他来到江陵，再设计杀掉他，事情没有不成功的。"

咨议参军柳忱也劝萧颖胄说："主上昏庸残暴，京城百官人人自危。我们有幸远在外藩，所以才能苟延今日。如今朝廷命令我们讨伐雍州，是想借机削弱我们。当时萧令君（指萧懿）以精兵数千，破崔慧景十万之众，使朝廷转危为安。功劳如此卓著，后来却为昏君所害。前事不忘，后事之师。这个教训我们应该汲取。况且雍州兵精将广，萧使君（指萧衍）英才盖世，必非刘山阳所能敌。假若雍州兵马打败刘山阳，我们就要受到刘山阳的牵连而被朝廷怪罪，到那时进退失据，事情可就难办了。何去何从，望将军三思！"

萧颖达也劝萧颖胄接受席阐文的意见。在大家的反复劝说下，萧颖胄打定主意，决心跟随萧衍起事。

不久，萧颖胄等用计谋杀掉刘山阳，领兵与萧衍会合。12月，萧颖胄等向建康（今江苏南京）文武百官发布文告，列数齐帝罪行，并派兵进攻湘州（今湖南长沙）、夏口（今湖北武汉武昌）等地。至12月底，上庸（今湖北竹山）太守韦叡、华山（今湖北宜城）太守康绚等亦率众响应萧衍。

公元501年正月，萧衍率军自雍州出发。当初陈显达、崔慧景举事时，人心骚动，不知所从。有人问计于上雍太守韦睿。他说："陈显达虽是宿臣旧将，但并非济世之才；崔慧景懦弱而无决断，也难以成就大事。他们的失败是不可避免的，都难以逃脱灭族的命运。如今天下方乱，英雄辈出，然而能够平定天下的，只有我们州将（指萧衍）一人。"于是，他和萧衍深相结纳，并将自己的两个儿子送到萧衍身边。萧衍起兵的消息传来，韦睿马上率领自己手下两千人马兼程赶赴襄阳。

萧衍见韦睿率众前来，非常高兴地对他说："往日见君之面，今日见君之心。有君辅佐，吾大事必成！"

萧衍起兵时，沟口戍副冯道根正在家中办理母亲丧事。听到萧衍起兵的消息，他对众亲戚说："金革夺礼，古人不避。扬名后世，光宗耀祖，难道不是最大的孝行吗？机不可失，时不再来。不能囿于礼法，固守三年之丧。我决定前去投奔萧雍州，建功立业！"于是，率领能够作战的所有乡人子弟奔赴襄阳。

3月，萧衍等人拥立南康王萧宝融，在江陵即位，是为齐和帝。至9月，先后攻占夏首（今湖北沙市东南）、汉口（今湖北武汉汉口）、江州（今江西九江），进至建康附近。10月，萧衍等军向建康发动进攻。12月，攻入宫城。

在国难之际，齐内部仍有奸臣进谗言，说事情弄到如此地步完全是文武大臣的过错，怂恿东昏侯大开杀戒。这使征虏将军王珍国异常愤恨，暗中派心腹给萧衍送去一个明镜，表示心迹。王珍国等带兵夜入皇宫，杀死在国难当头还在醉生梦死、歌舞不断的东昏侯。然后将他的头颅送出，献给萧衍。

萧衍在攻占首都建康后，派兵四处征讨，各地的官员纷纷投降归顺。这次萧衍拥戴和帝，消灭了东昏侯，立下了赫赫战功，他也因此升任大司马，掌管中外军国大事，还享有带剑上殿的特权，也不用向皇帝行叩拜大礼。

萧衍虽然大权在握，也想废和帝自己做皇帝，但他并没有急于求成，而是静待时机。昔日好友沈约知道他的心事，于是委婉地向他提起此事，第一次时萧衍装糊涂，推辞过去了。第二次提起时，萧衍犹豫片刻，说了句“让我想想再说吧”。后来就答应了。

沈约又告知了范云，两人都同意拥立萧衍做皇帝，萧衍知道后，很高兴。在他们谋划的过程中，萧衍竟然贪恋起原来宫中的两个美女来，把头等大事忘到了脑后。范云知道后很着急，又找到萧衍，说明利害，这才使萧衍下决心灭掉齐，免得夜长梦多。

范云和沈约写信给和帝的中领军夏侯祥，要他逼迫和帝禅让帝位给萧衍。同时，萧衍的弟弟也让人传播民谣“行中水，为天子”，利用人们的迷信观念为萧衍称帝大造舆论。等和帝的禅让诏书送到后，萧衍又假装谦让。于是，范云带领众臣117人，再次上书称臣，请求萧衍早日登基称帝。太史令也陈述天文符谶，证明他称帝合乎天意，萧衍这才装着勉强接受众人的请求，在公元502年的农历四月，正式在都城的南郊祭告天地，登坛接受百官跪拜朝贺，改国号为梁，即梁武帝。

然后，萧衍派人给和帝送去生金，逼其吞金自尽。和帝死后，萧衍说他暴病而死，追认为“和帝”。又按照皇帝的规格举行丧礼，将他葬在安陵。

显著的政绩

萧衍做皇帝之后，初期的政绩是非常显著的。他吸取了齐灭亡的教训，改革时弊，励精图治，调整政策，缓和矛盾，取得了一定的成绩，促进了社会生产的发展。因此，《梁书·武帝纪赞》说他：“治定功成，远安迩肃。”“三四十年，斯为盛矣，自魏晋以降，未或有焉。”这个论断，还是符合史实的。

他自己很勤于政务，而且不分冬夏春秋，总是五更天起床，批改公文奏章，在冬天手都冻裂了。他为了广泛地纳谏，听取众人意见，最大限度地用好人才，下令在门前设立两个盒子：一个是谤木函，一个是肺石函。如果功臣和有才之人，没有因功而受到赏赐和提拔，或者没有量才使用，都可以往肺石函里投书信。如果是一般的百姓，想要给国家提什么批评或建议，可以往谤木函里投书。

萧衍的节俭也是出了名的，即位不久，他便按佛教的规矩办事：他只吃素食，不吃肉食，连祭祀天地祖宗和开宴会的时候，他也叫摆上素菜，不准用牲畜。他不讲究吃穿，每天只吃一顿粗米饭，太忙的时候，就喝点粥充饥；

穿的是布衣，床上挂的也是用木棉做的黑帐子。一顶帽子戴三年，一条被子盖两年，居室里除了一张床以外，别无什么摆设。后宫贵妃以下的宫女侍从，穿的衣服长不及地，极为简朴。他从不饮酒，平时也不听音乐。他五十岁以后便断绝房事，不近女色。他非常注重自己的仪表，即使身处小殿暗室，也总是衣冠楚楚；盛夏暑月，也从不坦胸露腹。他对待臣下彬彬有礼，衣冠未整理好，从不与人相见，即使对待内竖小臣，也像对待宾客一样有礼貌。在私生活上是一个非常难得的皇帝。在这方面，萧衍在中国古代皇帝中也算是出类拔萃的了。

在政治方面，萧衍很重视对官吏的选拔任用，他要求地方长官一定要清廉，经常亲自召见他们，教导他们遵守为国为民之道，清正廉明。他还分遣使者，巡视各郡，监视地方官吏，惩办贪污，选用贤能。他下令不拘一格地使用人才，并命于州、县、郡置州望、郡宗、乡豪各一人，专门搜罗和推荐人才。他还下诏书到全国：如果有小的县令政绩突出，可以升迁到大县里做县令；大县令有政绩就提拔到郡做太守。政令执行起来后，梁的吏治状况得到显著改善。

在农业方面，他曾经实行籍田。这虽然是皇帝表面耕田的形式，但在当时不无鼓励农耕的作用。他曾下令“广辟良畴，公私畎亩务尽地利，若欲附农而良种有乏，亦加贷恤”。流亡他乡的农民，允许他们回乡，恢复原有的田宅。荒田废宅没收为公田后，除官府已经垦种者外，都拿来分给农民，禁止豪强占用公田，只是“若富室给贫民种粮，共营作者，不在此例”。这一规定，固然说明封建地主政权的本质，允许地主剥削农民，但也说明政府提倡尽力耕种，不要荒废田地。除劝课农民力农外，他还实行屯田。萧梁的屯田，超过宋、齐两代。屯田主要是北边荆、秦、司、豫等州，利用官田荒地，进行兵屯。这既省转输之劳，对于充实边防也有一定的作用。在土地占有上，开放政府封占的土地，禁止豪门大族封断山水，违者要以军法处分。这固然反映了当时封山断水的严重情况，但也说明梁武帝力图改变这种状况，以利于农业的发展和缓和阶级矛盾。在赋税方面，也多次减免租调或“三调”（即按户征收的调粟或调布。因当时租、调需由田、桑、屋宅三者估出资产，确定应交的数目，所以租调也称“三调”或“三课”），有时免去孤贫之家当年的三调，有逃亡他乡以后复业者，“蠲课五年，停其徭役”。又曾继续“土断”（东晋、南朝废除侨置郡县，使侨寓户口编入所在郡县，目的是为了控制户口，增加政府财政收入），整理户籍。

但他也和封建社会很多皇帝一样，猜疑心很重，害怕开国功臣们夺他的皇位。在功臣当中，应属范云和沈约的功劳最大，谋划、辅佐他登上了皇帝宝座，但萧衍并没有重用他们。刚建国范云就病逝了，萧衍也没有重用沈约，而是让其他人主持朝政，反过来，萧衍还经常斥责沈约，后来，沈约也病死了。

萧衍对功臣吝啬，但是对于自己的皇室亲属却格外照顾，特别是对他的次子萧综和六弟萧宏，照顾得有些徇私护短。但他的照顾没有给他带来好处，反而让他备受刺激，这是他以后当和尚的主要原因。

萧宏窝藏杀人凶手，萧衍也不加惩罚，反而加封官职，妄加纵容。萧宏并不知恩，更加肆无忌惮地胡作非为。最后，竟和自己的侄女，也就是萧衍的大女儿通奸，两个人还谋划篡夺萧衍的皇位，结果派人刺杀萧衍时，事情败露，刺客被抓，最后处死。萧衍的女儿知道自己罪孽深重，没脸再见父亲，于是自尽。萧宏也因为极度恐惧，得病而死。

《农耕图》

萧综是萧衍的次子，他的母亲吴淑媛是东昏侯的妃子，跟了萧衍后，仅七个月就生下了萧综，可能是东昏侯的儿子，但萧综并没有受歧视，萧衍封他为王，还让他做将军。吴淑媛失宠之后，出于对萧衍的怨恨，就把七个月生萧综的事告诉了萧综。从此，萧综就觉得自己是东昏侯的儿子，和萧衍疏远了。

后来，梁和北魏在边境发生冲突，萧衍让萧综领兵，督率各军作战。但萧综却投奔了北魏，北魏很高兴，授予他高官厚禄。萧综还改名为萧缵，并表示为东昏侯服丧服（一种生麻布做成的简单衣服）三年。萧衍听说后，非常生气，不但撤销了给他的封号，还把吴淑媛废成庶人。后来，萧衍听说萧综有回来的意思，就让吴淑媛给他送去小时候的衣服，但萧综却不愿意回来。不久，吴淑媛病逝，萧衍又起了恻隐之心，下诏恢复萧综的封号，给吴淑媛加了谥号为“敬”。

这两次打击对于萧衍来说是很大的。建国开始的时候，萧衍重视儒家思想，还亲自写《春秋答问》等书，解答大臣们的疑问，直接倡导了好的学习风气。但老年后，特别是这两件事后，萧衍看破了红尘，从儒家转向了佛家，还几次入寺庙做了和尚，当住持，讲解经书。

做和尚的皇帝

公元 527 年，梁武帝下令在皇宫旁边建了一座寺庙，取名同泰寺。同泰寺建成后，又在皇宫与同泰寺对着的地方开了一个门，取名大通门（大通是同泰的反语）。这样一来，他出宫门入庙门，出庙门进宫门，来来往往可就方便多了。这一年三月，梁武帝对文武大臣们说：自己看破了红尘，要到同泰寺里当和尚。不管大臣们怎么劝说，梁武帝真的脱了龙袍，穿上袈裟，剃了头发，到了同泰寺出家。

在同泰寺里，梁武帝住的是便房（一般房屋），睡的是素床，床上张的是普通老百姓用的葛帐，用的茶具和碗都是土瓦器，乘的是小车，每天不但晨钟暮鼓念经文，还要和寺内僧众一样打扫佛殿，和真和尚一模一样。

满朝文武大臣急坏了，他们一起到了同泰寺，给这位和尚皇帝跪了一地，又是磕头又是央求，请他回宫执政。梁武帝开头怎么也不肯答应，直到群臣用一亿万钱（古代一亿是十万，一亿万相当于现在的十亿）的代价向同泰寺奉赎，和尚默许之后，梁武帝才勉勉强强点了头。

为了统治全国僧尼，梁武帝敕命法超为都邑僧正（首都僧官，总管建康僧侣），以法云为大僧正（最高僧官，总管全国僧侣），要法超制定《要律仪》，共十四卷，命法正创立僧尼规诫。他又一连写了四篇《断酒肉文》，以宣扬他的蔬食（素食）主张。他不但禁食酒、鱼、肉，改行素食，还以所谓菩萨心肠禁杀众生。他在《与周舍论断肉敕》中说：“众生所以不可杀生，凡一众生，具八百户虫命，经亦说有八十亿万户虫。若断一众生命，即是断八百户虫命。”他还以皇帝的权威，下令在全国僧尼信众中强制推行素食制度。

佛教本来并不主张绝对素食，佛戒只规定“不杀生”，并未规定“不食肉”。无论是居家的佛教信徒所受的“五戒”，还是出家的“沙弥十戒”和“比丘二五五十戒”都未禁止食肉。所以，梁代以前的佛教僧侣，一般都是吃荤的。到了梁武帝，他决心要改变这一习惯，最后勒令僧尼一律素食。梁武帝在其所撰《断酒肉文》里向僧尼们说，他之所以要僧尼们蔬食，乃是为了大家好，为了能使大家“远离地狱”，得好果报。所以，请大家“勿怪弟子萧衍向来所白”。

梁武帝的《断酒肉文》发布后，仍有不少僧众对推行素食制度不满。这些僧尼以“律中无断肉及忏悔食肉法”为依据，和梁武帝大唱反调。他们振振有词：佛祖的戒律中本无断肉及忏悔食肉之法，我们为什么要自行戒律，提出“断酒肉”呢？为了制服那些不服气的僧侣们，梁武帝召集了一次“御前会议”，由他发问，由“三律师”回答。当然，这“三律师”都是御用的。他们的回答都是按照梁武帝的旨意进行的。最后的结论当然只能是一条：僧尼必须禁断肉食。

刚开始推行素食制度时，寺庙中的那些僧众，尽是一些“酒肉和尚”。但是，梁武帝的用意并不是在于揭露那些僧侣的劣迹，而是要强调他的素食主张。梁武帝的“断酒肉文”的理论根据，是《涅槃》等经的大乘教义。他以教义取代戒律，强令僧尼们一律遵守，否则“当依王法治问”。迫于“皇帝菩萨”的权威，僧尼们只好就范。从此，我国便形成了佛教徒（包括出家僧尼和在家信徒）一律素食的传统。于是，在世界佛教史上就出现了一种很特殊的现象：中国的汉族佛教徒吃素。迄今为止，除了我国汉族佛教徒之外，包括我国藏、蒙、傣等兄弟民族的佛教徒在内的世界各国（例如东南亚各国以及日本等国）的佛教徒仍然都是吃荤的。

梁武帝崇佛，不但要求广大僧众禁断肉食，而且身体力行，带头遵守佛门的清规戒律。他是很能吃苦的，经常过着苦行僧一样的生活。在同泰寺“舍身”时，他独对青灯古佛，“刺血经书，坐禅不食”，礼佛真正达到了“无我”的境界！他的许多著作都是在这个时候产生的。即便在寺院当和尚，他也能“勤于政务”，“孜孜不怠”。他每天四更天便起床，念完早课，便对着烛光批阅奏章，很多诏令都是他亲手写成的。

梁武帝还把他在寺院的清规戒律的生活作风推广到皇宫内部。他下令，织锦花纹不得用仙人鸟兽形状，以免裁剪有失仁恕。这位皇帝每逢礼佛，都身着“乾陀袈裟”，他的臣子上奏表，亦称其为“皇帝菩萨”。

过了两年，也就是中大通元年（公元529年）九月，梁武帝在同泰寺里举行了一次佛教的大典，叫做“四部无遮大会”。“四部”指的是和尚、尼姑、善男、信女；“无遮”就是没有阻隔的意思。不管有钱的没钱的，地位高的地位低的，有知识的没有知识的，谁都可以参加这次大会。开会的这一天，寺庙里钟鼓齐鸣，乐队又吹又打，热闹非凡。佛堂里，香烟缭绕，拜佛的人一个接一个。梁武帝也身穿袈裟，口念佛号，带着一批大臣前来拜佛。他拜完了佛，又犯了当和尚的瘾，说这回非要当和尚不可，不愿回宫去了。

当晚，梁武帝便住在同泰寺里，依然是素床瓦器，和普通僧众一样。第二天，他到佛堂上为四部大众开讲《涅槃经》。他知识渊博，讲得活灵活现，还真像那么回事。

大臣们又急坏了。他们到同泰寺劝梁武帝回宫，去了一次又一次，结果全白费工夫。最后，梁武帝放出话来，他已经是同泰寺的人了，要想让他离开同泰寺，非得积大德、做善事不可。怎么积德行善？大臣们思来想去，还得是老办法。于是，由公卿以下群臣出钱一亿万奉赎，梁武帝方才还宫。

第三次“舍身”，与第二次“舍身”相隔十五年之久。“中大同元年（公元 546 年）三月……庚戌（初八），幸同泰寺讲《金字三慧经》，仍施身。夏四月丙戌，皇太子以下奉赎，仍于同泰寺解讲，设法会，大赦，改元。是夜，同泰寺灾。”

第四次“舍身”时，梁武帝已是 84 岁高龄：“太清元年（公元 547 年）……幸同泰寺，设无遮大会。上释御服，服法衣，行清静大舍，名曰‘羯磨’。以五明殿为房，设素木床、葛帐、土瓦器、乘木舆、私人执役。乘舆法服，一皆屏除。……乙巳（初十），帝升光华殿讲堂，坐师子座，讲《金字三慧经》，舍身。夏四月庚午（初四），群臣以钱一亿万奉赎皇帝菩萨，僧众默许。戊寅（十二日），百辟诣风庄门奉表，三请三答，顿首，并如中大通元年故事。丁亥（二十一日），服衮冕，御辇还宫。幸太极殿，如即位礼，大赦，改元。”

就在梁武帝最后一次从同泰寺赎身的当天晚上，同泰寺突然发生火灾，大火把佛塔烧毁了。梁武帝说这是魔鬼干的坏事，应该做更大的法事来镇压魔鬼。他下诏说，道愈高，魔也愈盛，行善事一定会有障碍，因此应该重建佛塔，把新塔修得比旧塔高一倍，才能镇得住魔鬼。他招来大批和尚尼姑做法事，给他们吃上等的素斋，消耗了上万斤香烛，念了好几天经。又叫大臣们跟他一起烧香磕头，还派出大批工匠上山采石砍树，花了无数的钱财，企图建造一座十二层的高塔。但是，新塔还没有完工，他就被侯景拘禁饿死了。

梁武帝四次“舍身”，其中有三次写明“赎价”为“钱一亿万”。另一次没有载明价码，但也绝不会无偿“放还”的。《魏书·萧衍传》说，梁武帝决定舍身同泰寺为奴，他的朝臣“三表不许”，“于是内外百官共敛珍宝而赎之”。由此看来，还是用钱奉赎的。当然，奉赎梁武帝的钱都是向老百姓搜刮而来的。

病饿而死

公元 547 年正月的一天晚上，梁武帝做了一个梦。梦见中原的地方官员纷纷献出土地，前来向他投降。他坐在张灯结彩的宫殿里，接受降书和文武百官的祝贺。他的疆土扩大了好几倍，面前的臣子们黑压压跪倒一片，数也数不清；古玩珍宝堆积如山，国库都放不下，就堆在宫殿外面的街道上……梁武帝高兴得哈哈大笑。笑声惊动了他身边的侍从，他们赶紧呼唤他，梁武帝这才惊醒过来，但仍然对梦中的情景念念不忘。

第二天一早，梁武帝就召见中书舍人朱异，向他详细述说了自己的梦境，并告诉朱异：“我平生很少做梦，一旦做梦，皆有应验。”朱异本是一个善于献媚、见机行事的货色，见皇上这么说，就故意装出十分惊讶的神情，逢迎地说道：“臣恭喜陛下，此乃天下统一的预兆啊！”一句话把梁武帝的心里说得美滋滋的。

说来真是凑巧，到了这一年的三月，还真有一个叫侯景的东魏大将派人前来接洽投降。

侯景原来是被鲜卑族同化的羯族人，出身镇兵，后因功渐升为镇功曹使。东魏大丞相高欢生长于怀朔镇，与侯景早就相识，两人关系甚好。

北魏末年北方大乱，豪杰并起，侯景归顺尔朱荣，很受重用。尔朱荣率军镇压葛荣起义，侯景担任先锋，生擒义军首领葛荣，以功擢升定州刺史，由此显名。后来，高欢灭尔朱氏，侯景因与高欢有旧谊，又归附高欢，任大丞相长史，仍兼定州刺史。

侯景身高不满七尺，上长下短，广额高颧，右脚患有足疾，是个跛子，弓、马非其所长。他虽然其貌不扬，却颇有谋略，以机诈多变著称。在东魏和西魏的征战中，侯景屡建战功，渐次晋封为尚书右仆射、吏部尚书、司空、司徒，河南道大行台（河南道的最高行政长官），统兵十万，专制河南（黄河以南地区）达 14 年之久，是东魏实力最雄厚的外藩。

侯景骑马像

侯景为人阴险狡诈，桀骜不驯。在东魏满朝文武中，他只佩服高欢。高敖曹、彭乐等人，都是东魏勇冠一时的名将，侯景却把他们视如猪狗一般的无能之辈。他曾狂妄地说："给我三万人马，我便能横行天下，渡江缚取萧衍老翁，犹如探囊取物！"他对高欢的儿子高澄也很轻视，曾私下对亲信司马子如说："高王（指高欢）在时，我不敢存有什么异心；倘若高王死了，我是不会再与鲜卑小儿共事的！"

高欢死后，高澄想夺他的兵权，侯景就投降了西魏，但西魏对他有戒心。在东西夹击、走投无路的形势下，他派行台郎中丁和到江南向梁武帝接洽投降，要求梁武帝派兵增援。

梁武帝接到侯景的降表，马上召集群臣到朝廷商议。尚书仆射谢举劝说道："从前战争纷纷，费财扰民，实堪忧虑。近年来我朝与东魏讲和，边境安宁无事，百姓安居乐业。现在若接纳东魏叛臣，恐怕又要挑起战端，生灵便会再遭涂炭，臣以为不可！"梁武帝听了，生气地说道："机会难得，怎么能胶柱鼓瑟，坐失良机呢？"

尽管梁武帝很不高兴，但多数大臣都赞成谢举的意见，劝梁武帝不要接纳侯景。

正当梁武帝为群臣反对接纳侯景烦恼之时，只见中书舍人朱异出班奏道："侯景献土来降，这是天意！天命不可违，违天不祥。况且陛下前些日子曾做过一个吉祥之梦，当时微臣便猜想是一统天下的预兆，如今果然应验，为什么不接纳侯景呢？"

梁武帝见有人附和，转怒为喜，大声说道："爱卿所言甚是。我国家固若金瓯，毫不伤缺，如今侯景献地来归，本是巴望不得的事，理当接纳。如果纷然不决，将来必定后悔！"

朱异又道："天下有圣明的天子，才会东西降服，南北归仰。现在侯景来降，是北方归附的先兆，如果一开始就加以拒绝，谁还愿意前来归附？希望陛下圣心独断，不要以众议为虑，不要再迟疑了。”于是，梁武帝不顾群臣反对，决心接纳侯景，任命他为大将军，封河南王，都督河南、河北诸军事，令丁和带着饬令回去报告侯景。接着，梁武帝又派司州刺史羊鸦仁、兖州刺史桓和、仁州刺史湛海珍等人，带领三万人马奔赴悬瓠，运送粮草接应侯景。

梁武帝的接纳，使侯景在同东魏高澄的斗争中得到了一个庇护所，也得到了一条退路。而梁朝本身则不仅一无所得，还背上了一个沉重的包袱。因为黄河以南的十三个州仍然为侯景管辖，但高澄攻打侯景时，梁朝却没有理由不给侯景以粮食、武器、兵力的支援。

朝中有的大臣知道侯景为人，一句话成了谶语：“乱事就要来了。”

公元548年8月中旬，侯景在寿阳起兵反梁，以诛中领军朱异、少府卿徐麟、太子右卫率陆验为名。朱异等人蒙蔽梁武帝，贪赃枉法，罗置私党，扰乱朝政，为当时人所愤恨，称之为“三蠹”。侯景为邀买人心，所以以诛除他们的名义起兵。

梁武帝听到侯景起兵的消息，很不以为然。他笑着对左右说：“侯景数百叛虏，能成什么气候？我折根树枝便能打死他！”他命令合州刺史鄱阳王萧范为南道都督、北徐州刺史封山侯萧正表为北道都督、司州刺史柳仲礼为西道都督、通直散骑常侍裴之高为东道都督，共同讨伐侯景。又命开府仪同三司、丹阳尹、邵陵王萧纶持节统率众军。梁武帝的这种布置，是想把侯景围困于寿阳地区，一举歼灭。

侯景听说梁兵前来进攻，便问计于王伟。王伟向他献策说：“如果坐待萧纶率军前来进攻，彼众我寡，必为萧纶所困。建康有萧正德为内应，不如抛弃淮南，轻兵直取建康。这样，萧正德反其内，大王攻其外，天下不足虑也。兵贵神速，宜快不宜慢。”侯景连称妙计。

9月25日这一天，侯景谎称游猎，离开寿阳。他扬言进攻合肥，军队却以最快的速度去攻打谯州（今安徽滁县）。谯州守将董绍先开城投降。接着，侯景又去进攻历阳（今安徽和县），历阳太守庄铁也开城投降。王伟的策略得到了初步的成功。

庄铁向侯景献计说：“国家已经很久没有打仗了，听说大王举兵，举国震骇。大王应该趁此机会直捣建康。这样，可以兵不血刃而成大功。如果进兵迟缓，使朝廷得以从容布置，要想取胜就难了。假若朝廷派数千羸弱士卒防守采石（今安徽马鞍山市长江东岸。此地江面较窄，形势险要，自古为江防重地），大王纵有雄兵百万，也不能渡过长江。”侯景依计，引兵到达长江北岸的横江（今安徽和县东南，面对江南的采石）。

都官尚书羊侃向梁武帝建议：以两千人急据采石，令邵陵王萧纶袭取寿阳，使侯景进不能前，退又失去巢穴，乌合之众自然瓦解。这是一个很好的建议，但梁武帝没有采纳。他听信了朱异的话，以为侯景并无渡江的意向，只派宁远将军王质率水军三千巡江防守。更可悲的是，他起用了临贺王萧正德为平北将军，都督京师诸军事，屯驻丹阳（今安徽当涂东北），把保卫建康的大权，交给了这个内奸。

萧正德接到这个命令，喜出望外。他派出大船数十艘，谎称运送柴薪，到了采石对岸，准备接运侯景的军队过江。但此时侯景仍怕王质作梗，不敢轻易渡江。可笑的是，朝廷好像有意让侯景如愿似的，竟把王质调离采石，而接替他的云旗将军陈昕又迟迟没有到任。江防重地采石一时竟无人防守。侯景得知这一情况，大喜过望，马上命令部队上了萧正德派来的接应船只，横渡长江，在采石上岸，没有遇到一点阻力。此时，梁武帝还在梦中。

渡江后，侯景已有八千人马，很快打到姑孰（今安徽当涂）。这时，梁武帝才惊醒过来，命令太子萧纲指挥军队抵御侯景。可悲的是，受命于危难之际的萧纲，也不识萧正德是内奸，把防守建康台城南面的朱雀门与宣阳门的重任托付给了他。

10 月 23 日，侯景率军抵达板桥（今江苏南京市西南板桥镇）。为探听建康城中虚实，他派谋士徐思玉前去求见梁武帝。梁武帝召见时，徐思玉诈称自已叛逃侯景，有机密事相告。梁武帝信以为真，想命令左右侍从退下，舍人高善宝说：“徐思玉从叛军中来，居心叵测，岂能让他独在殿上！”朱异在旁边说道：“徐思玉文质彬彬，岂能是刺客！”徐思玉并不理他，拿出侯景的书信呈给梁武帝，声称朱异等人弄权，欺罔君上，残害臣下，请求带甲士入朝，除君侧之恶。朱异自讨没趣，再不言语。

侯景信中又请求梁武帝派人前往自己军中谈判。梁武帝此时对侯景仍存有幻想，派遣中书舍人贺季和主书郭宝亮随同徐思玉前往板桥。侯景将二人迎入帐中。贺季问他：“皇上待大王不薄，大王无端起兵，究竟是为了什么？”侯景是个粗人，不知掩饰，便随口答道：“想当皇帝！”王伟在旁连忙说道：“奸臣朱异等人欺瞒君上，祸乱朝纲，举国上下，无不恨之入骨。侯王起兵，便

侯景之乱

是想诛除奸臣，以清君侧！”

侯景既已口出恶言，便不再顾忌，将贺季扣押，只把郭宝亮放回建康。次日，叛军抵达秦淮河南岸。秦淮河上有朱雀桥与建康正门朱雀门遥遥相望。朱雀桥是一座可以起落的活动桥，萧正德的军队正屯兵于此。当晚，萧正德的党羽沈子睦落下桥板，引导侯景的军队过了朱雀桥，进入朱雀门。这时，萧正德骑马赶来，带领侯景的军队进入宣武门。一路通行无阻，很快兵临台城城下，将台城包围起来，阻绝了台城和石头城（西城）、东府城（东城）的联系。

造成这种局势的原因，对于梁武帝来说，一是因为骄，以为侯景成不了气候；二是因为暗，以为萧正德是根可以托付重任的栋梁。然而，这还只是悲剧的开始。

据说，最后侯景带着五百甲士去皇宫里抓萧衍时，曾发生了这样一段很有趣的对话：

萧衍见侯景来，不慌不忙地问道：“你是哪里人？竟敢作乱，你的妻子、儿女还在北方吗？”侯景这时害怕得汗流满面，竟不知道怎么回答。旁边的部下替他说：“臣景的妻子和儿女都被高氏杀了，现在只有一人归顺陛下。”萧衍问道：“你过江时有多少兵马？”侯景答道：“千人。”萧衍问：“攻城时多少？”“十万。”“现在呢？”“率土之内，莫非己有。”最后，萧衍安慰他说：“你忠心于朝廷，应该管束好部下，不要骚扰百姓。”侯景答应了。

见过萧衍后，侯景对身边的亲信王僧贵说：“我多年征战疆场，从没有胆怯过。这次见萧衍竟然有点害怕他，莫非真是天子威严不容侵犯吗？”其实，

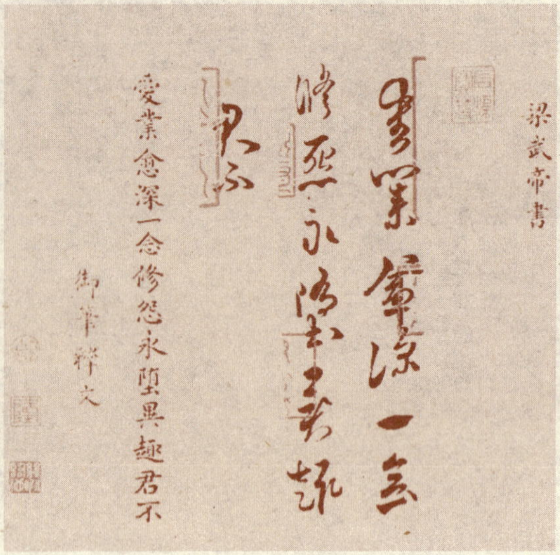

萧衍书法

侯景一是作乱心虚，二是萧衍本来也是战场勇将，侯景肯定早就存有敬畏之心，加上当时迷信思想严重，认为天子都是神灵下凡。还有萧衍信佛后，看清权力的真相，也看轻权势，他的镇静无疑更让侯景心虚。

但是，这个侯景毕竟是作乱打进都城的，他的军队掌握了都城的管理大权，他的卫兵进出皇宫很随便，还佩带武器。萧衍见了很奇怪，问左右侍从，侍从说是侯景侯丞相的卫兵。萧衍生气地喝道：“什么丞相！不就是侯景吗？”侯景听说了，也很生气，于是派人监视萧衍，限制他的供应。结果萧衍很快就病了，后来不能起床，最后连饿带病加生气，闭眼西去，终年 85 岁。他的谥号是武帝，庙号是高祖。

十一、迷恋亡国之音的陈后主

有些皇帝，如果不干这行，就是一个杰出的专业人士。比如北齐后主高纬，就是一个优秀的副食品商人，很像20世纪七八十年代的劳模“一抓准”，一把瓜子要二两一钱就绝不会只给二两，准头极好；梁武帝是一个了不起的佛学家，口吐莲花宣讲佛经，能滔滔不绝昼夜颠倒地讲七八天；宋徽宗是中国漫漫五千年最出色的画家之一，花卉禽鸟独步天下，还豢养了一大批杰出的画家；李煜更是中国文学史上顶尖的词人，跨过了一千年，他作的花间小调还在众多小姑娘那里琅琅上口，诵之泪流满面，至今被视为忧郁王子……我们向癖好致敬，可惜上述这些国宝级艺术家或行家，基本都是政治白痴，搞得国破家亡。1964年3月24日，毛泽东在一次谈话中说，可不要看不起老粗。知识分子是比较最没有出息的。历史上当皇帝，有许多是知识分子，是没有出息的，隋炀帝就是一个会做文章、诗词的人。陈后主、李后主都是能诗能赋的人。宋徽宗既能写诗，又能绘画。一些老粗能办大事情，成吉思汗、刘邦、朱元璋。

陈朝后主陈叔宝是江南历史上的一道风景线。如果没有这个以美酒和女色为生的糊涂虫作为笑料的话，南京如画的江山风月将会减色不少。

陈武帝建立南陈王朝的时候，北方的东魏、西魏已经分别被北齐、北周代替。550年，东魏高欢的儿子高洋建立了北齐，557年，西魏宇文泰的儿子宇文觉建立了北周。北齐和北周互相攻战，到北周武帝时，灭掉了北齐，统一了北方。北周武帝是个比较有作为的皇帝，但是继承他的周宣帝却是一个荒淫暴虐的人。周宣帝死去后，他的岳父杨坚夺取了政权。581年，杨坚即位，建立隋朝。这就是隋文帝。

在北方政治上动乱的时候，南陈王朝获得了一个暂时的安定局面，经济逐步恢复起来。纲纪粗备，天下渐安，江南之地号称富庶。但是传到第五个皇帝，却是一个荒唐得出奇的陈后主。

陈后主像

陈后主名叫陈叔宝，“生于深宫之中，长于妇人之手”，即位之后耽于诗酒，专喜声色，是个完全不懂国事，只知道喝酒享乐的人。后主后宫有一个美人，名叫张丽华，本为贫家之女，父兄以织席为业。后主为太子时，被选入宫，拨为东宫侍婢。当时后主的龚、孔二妃，花容月貌，皆称绝色，并承宠爱，而孔妃更胜一筹。后主曾对孔妃说：“古称王昭君、西施长得美丽，以我来看，爱妃比她们美。”

张丽华入宫时，年仅十岁，为孔妃的侍女。有一天，被后主偶然遇见，后主大惊，端视良久，对孔妃说：“此国色也。卿何藏此佳丽，而不令我见？”孔妃说：“妾谓殿下此时见之，犹嫌其早。”后主问何故，她说：“她年纪尚幼，恐微葩嫩蕊，不足以受殿下采折。”

后主微笑，心里虽很怜爱，只因她年小幼弱，不忍强与交欢。因此作小词，以金花笺书写后送给张丽华。张丽华虽年龄幼小，但天性聪明，吹弹歌舞，一见便会，诗词歌赋，过目即晓。随着年龄的增长，越发出落得轻盈婀娜，举止闲雅，姿容艳丽。每一回眸，光彩映照左右。后主虽未曾临幸，却常把她抱置膝上，抚摩她的身体。此时张丽华芳心已动，引得后主益发动情。一天夜里，后主借着酒意挽张丽华同寝。从此两情胶漆，号称专房。

不久宣帝崩，后主正式即位，册张丽华为贵妃。当初叔陵叛逆时，后主脖颈被砍受伤，在承香殿中养病，屏去诸姬，独留张贵妃随侍。后主病愈，对张丽华更加宠幸。

自武帝开国以来，内廷陈设很简朴。后主嫌其居处简陋，不能作为藏娇之金屋，于是大兴土木，在临光殿的前面，建起临春、结绮、望仙三阁。阁高数十丈，广延数十间，穷土木之奇，极人工之巧。窗牖墙壁栏槛，都是以沉檀木做的，以金玉珠翠装饰。门口垂着珍珠帘，里面设有宝床宝帐。服玩珍奇，器物瑰丽，皆前所未有。阁下积石为山，引水为池，植以奇树名花。每当微风吹过，香闻数十里。这是自东晋以来天下最为瑰丽的建筑。陈后主

张丽华

在这里打发着奢靡的帝王生涯。

后主自居临春阁，张贵妃居结绮阁，龚、孔二贵嫔居望仙阁，其中有复道连接。又有王、季二美人，张、薛二淑媛，袁昭仪、何婕妤、江修容等七人，都以才色见宠，轮流召幸，得游其上。张丽华曾于阁上梳妆，有时临轩独坐，有时倚栏遥望，看见的人都以为仙子临凡，在缥缈的天上，令人可望不可即。

张丽华也的确艺貌双佳，她发长七尺，黑亮如漆，光可鉴人，并且脸若朝霞，肤如白雪，目似秋水，眉比远山，顾盼之间光彩夺目。那首著名的亡国之音——《玉树后庭花》便是为她而作的："丽宇芳林对高阁，新装艳质本倾城；映户凝娇乍不进，出帷含态笑相迎。妖姬脸似花含露，玉树流光照后庭；花开花落不长久，落红满地归寂中！"

更难得的是，张丽华还很聪明，能言善辩，鉴貌辨色，记忆力特别好。当时百官的启奏，都由宦官蔡脱儿、李善度两人初步处理后再送进来，有时连蔡、李两人都忘记了的内容，张丽华却能逐条裁答，无一遗漏。她起初只执掌内事，后来开始干预外政。陈叔宝宠爱张丽华，"耽荒为长夜之饮，嬖宠同艳妻之孽"，到了国家大事也"置张贵妃于膝上共决之"的地步。后宫家属犯法，只要向张丽华乞求，无不代为开脱。王公大臣如不听从内旨，也只由张丽华一句话，便即疏斥。因此江东小朝廷，不知有陈叔宝，但知有张丽华。

除非到了万不得已的时刻，陈后主才会从美女堆里爬出来前去听取大臣的汇报。而每当这时，他就让留着七尺长发的绝代佳人张丽华坐在自己的大腿上一起处理政事。他一边肉麻地发出淫荡的笑声，一边按怀里神仙妹妹的意见来办理军国大事。

朝廷十分有才能的将领萧摩诃丧偶，续娶夫人任氏。任氏妙年丽色，貌可倾城，与张丽华十分投机，结为姊妹。任氏生得容颜俏丽，体态轻盈，兼能吟诗做赋，自矜才色，颇慕风流。她觉得丈夫摩诃是一介武夫，闺房中惜玉怜香之事，全不在行，故心里不满。在宫里看见后主与张丽华好似并蒂莲恩爱绸缪的样子，不胜欣羡。因此见了后主，往往眉目送情。后主只因任氏是大臣之妻，未便妄动。一天，后主独遇任氏，挑逗数语，便挽定玉手，携入密室，后主拥抱求欢，任氏亦含笑相就。自此任氏常被召入宫，留宿过夜，调情纵乐，做长夜欢聚。在萧摩诃面前，只说被丽华留住，不肯放归。萧摩诃是直性人，开始还信以为实，也不用心查问。后来风声渐露，才知妻子与后主有奸，不胜大怒，叹道："我为国家苦争恶战，立下无数功劳，才得打成天下。今嗣主不顾纲常名分，奸污我妻子，玷辱我门风，教我何颜立于朝廷！"不久，就自杀了。

陈后主热衷于诗文，因此在他周围聚集了一批文人骚客，以官拜尚书令的"好学，能属文，于七言、五言尤善"的江总为首。他们这些朝廷命官，不理政务，天天与后主一起饮酒做诗听曲。这是一伙腐朽的文人，大家通宵达旦地喝酒赋诗，你唱他和，还把他们的诗配上曲子，挑选了一千多个宫女，为他们演唱。

后主将十几个才色兼备、通翰墨会诗歌的宫女封为"女学士"；才有余而色不及的，命为"女校书"。每次宴会，妃嫔群集，诸妃嫔及女学士、狎客杂坐联吟，互相赠答，飞觞醉月，大多是靡靡之音、曼词艳语。文思迟缓者则被罚酒，最后选那些写得特别艳丽的新诗，谱上新曲子，令聪慧的宫女们学习新声，按歌度曲。歌曲有《玉树后庭花》、《临春乐》等。流传最广的有"壁户夜夜满，琼树朝朝新"十字。陈后主的《玉树后庭花》中的"玉树后庭花，花开不复久"成为有名的亡国之音。君臣酣歌，连夕达旦，以此为常。所有军国政事，皆弃置不问。

内外大臣专以迎合为事。尚书江总博学多文，溺于浮靡。后主对他很宠信，游宴时总会叫上他。江总好做艳诗，好事者抄传讽玩，争相效尤。山阴人孔范容止温雅，文章瑰丽。后主对他宠遇优渥，言听计从，孔范也善于为后主饰非。孔范曾对后主说："外间诸将，起自行伍，不过一介武夫而已，若望他有深见远虑，怎能及此？"从此带兵的将帅稍有过失，就被夺去兵权，刀笔之吏反而得势。边备因此越加松弛。

陈后主当皇帝，人家隋文帝杨坚也当皇帝，他流连歌舞，填词弄曲，在脂粉堆里逍遥，臣民皆流于逸乐；人家隋文帝却大举任贤纳谏，减轻赋税，整饬军备，随时准备攻掠陈国的江南富饶之地。

隋文帝像

就这样陈后主过了五年的荒唐生活。这时候，北方的隋朝渐渐强大起来，决心灭掉南方的陈朝。隋文帝听从谋士的计策，每逢江南将要收割庄稼的季节，就在两国边界上集结人马，扬言进攻陈朝，使得南陈的百姓没法收割。等南陈把人马集中起来，准备抵抗隋兵时，隋兵又不进攻了。这样一连几年，南陈的农业生产受了很大影响，守军的士气也松懈下来。隋兵还经常派出小股人马袭击陈军粮仓，放火烧掉粮食，使陈朝遭到很大损失。

陈后主这样穷奢极侈，他对百姓的搜刮当然非常残酷。百姓被逼得过不了日子，流离失所，到处可见倒毙的尸体。有个大臣傅縡上奏章说："现在已经到了天怒人怨、众叛亲离的地步了。这样下去，恐怕王朝就要完了。"陈后主一看奏章就火了，派人对傅縡说："你能改过认错吗？如果愿意改过，我就宽恕你。"傅縡说："我的心同我的面貌一样。如果我的面貌可以改，我的心就可以改。"陈后主就把傅縡杀了。大臣们暗自伤神，没有人再敢来找陈后主的麻烦，除非他吃了豹子胆。

消息传入长安，正值隋文帝开皇年间。隋之群臣，争相劝文帝伐陈。588 年，隋文帝造了大批战船，派他的儿子晋王杨广、丞相杨素担任元帅，贺若弼、韩擒虎为大将，率领 51 万大军，分兵八路，准备渡江进攻陈朝。

隋文帝亲自下了讨伐陈朝的诏书，宣布陈后主二十条罪状，还把诏书抄写了 30 万张，派人带到江南各地去散发。有人劝文帝说兵行宜密，不必如此张扬。文帝说："若他惧而改过，朕又何求？我将显行天诛，何必守密？"陈朝的百姓本来恨透陈后主，看到了隋文帝的诏书，人心更加动摇起来。

然而在即将来临的危险面前，陈朝既没有作出有效的防备对策，也不惊慌失措。以才情著称的陈后主正在临春阁里春风得意地组织宫廷乐队演奏他的新作《玉树后庭花》和《临春乐》。深宫里珠圆玉润的亡国之音响彻云霄。有人妄传北军的马在路上死去很多。孔范说："可惜，此是我马，何为而死？"后主听后大笑，深以为然。

杨素率领的水军从永安出发，乘几千艘黄龙大船沿着长江东下，满江都是旌旗，战士的盔甲在阳光下闪闪发光。南陈的江防守兵看了，都吓得呆了，哪里还有抵抗的勇气。

其他几路隋军也都顺利地开到江边。北路贺若弼的人马到了京口，韩擒虎的人马到了姑孰。江边陈军守将告急的警报接连不断地送到建康。陈后主正跟宠妃、文人们醉得七颠八倒，他收到警报，连拆都没有拆，就往床下一丢了事。他把那些前来劝谏的大臣统统视为杞人忧天，进而免去那些劝谏之人的职务。

后来，警报越来越紧。有的大臣一再请求商议抵抗隋兵的事，陈后主这才召集大臣商议。陈后主说："东南是个福地，从前北齐来攻过三次，北周也来了两次，但都失败了。这次隋兵来，还不是一样来送死，没有什么可怕的！"

他的宠臣孔范也附和着说："陛下说得对。我们有长江天险，隋兵又不长翅膀，难道能飞过来？这一定是守江的官员想贪功，故意编造出这个假情报来。"大家你一言我一语，根本不把隋兵进攻当作一回事，笑话了一阵，又照样叫歌女奏乐，喝起酒来。

589年正月，乘着浓重的江雾，隋朝的大军顷刻之间便突破了陈朝的长江防线。贺若弼的人马从广陵渡江，攻克京口；韩擒虎的人马从横江渡江到采石，两路隋军逼近建康。陈兵望风而逃，建康成了瓮中之鳖。这时陈后主还在喝着美酒作诗，直到隋军兵临城下，他才得到可靠的消息说都城已被包围了。

杨素像

到了这个火烧眉毛的时候，陈后主才有些惊醒过来。城里的陈军还有十几万人，但是陈后主手下的宠臣江总、孔范一伙都不懂得怎么指挥。陈后主急得又蹦又跳，哭哭啼啼，手足无措。隋军顺利地攻进建康城，陈军将士被俘的被俘，投降的投降。

当尚书仆射袁宪向他询问最后的对策时，这位天性散漫的糊涂虫沉寂了片刻，然后胸有成竹地说："锋刃之下，朕自有妙计。"搞得袁宪等人不知他葫芦里卖的什么药。

沙漠里的鸵鸟在危险到来的时候常把头伸进沙土里，它以为只要自己看不见敌人，敌人也肯定看不见它。陈后主使用的就是"鸵鸟战术"。隋军杀进皇宫之时，陈后主和张丽华、孔贵妃坐进一个大篮子里躲在华林园景阳楼畔的枯井中——这就是陈后主想躲过灭顶之灾的锦囊妙计。

隋军打进皇宫，到处找不到陈后主。后来，捉住了几个太监，才知道陈后主逃到后殿投井了。隋军兵士找到后殿，果然有一口井。往下一望，是个枯井，隐约看到井里有人，就高声呼喊。井里没人答应。

兵士们威吓着叫喊说："再不回答，我们要扔石头了。"说着，真的拿起一块大石头放在井口，装出要扔的样子，井里的陈后主吓得尖叫了起来。兵士们把绳索丢到井里，才把陈后主和两个宠妃拉了上来。

用绳子拉上来时，士兵奇怪怎么这么重，本来以为后主体胖，出来后才发现后主与张丽华、孔贵嫔同束而上。隋兵皆大笑。据说三人被提上来时，张丽华的胭脂蹭在井口，后人就把这口井称为"胭脂井"。

胭脂井

贺若弼夜烧北掖门入，听说韩擒虎已捉住了陈后主，呼来视之，陈后主惶惧不堪，流汗股栗，向贺若弼求饶不止。贺若弼安慰他说："不要恐惧。"

对于张丽华，何止是陈后主，就连杨广这个隋朝的未来皇帝都被她所吸引。时任晋王的杨广素慕张丽华之美，私嘱高颖："你进入建康，务必找到张丽华，勿害其命。"高颖至，召张丽华来见，他一口咬定美色误国："以前太公蒙面以斩妲己，现在怎么可以留下张丽华？"即斩之于青溪。杨广终究是没能得到她。后来他开凿运河，三下江都，是否是为了怀念这个他未曾得到的红颜呢？

南朝虽亡，但张丽华留下的风流韵事，至今仍惹人玄想不已。桨声灯影里的秦淮河，几许风流随风而去。过了许多年，张丽华仍然被世人误解，一直被诬为红颜祸水，《玉树后庭花》被称为"亡国之音"。后来就有了杜牧的《夜泊秦淮》："烟笼寒水月笼沙，夜泊秦淮近酒家；商女不知亡国恨，隔江犹唱后庭花。"唐朝人杜牧在诗中含沙射影地调笑说，在烟水朦胧的秦淮月夜，南京的琵琶女是不适合弹奏《玉树后庭花》这首缠绵的亡国之音的，因为这首曲子的作者正是亡国之君陈后主。清人袁枚对张丽华的评价总算公允："结绮楼边花怨春，青溪栅上月伤神。可怜褒妲逢君子，都是周南梦里人。"

后来不知哪位诗人意犹未已，又加上一句"城外韩擒虎，楼头张丽华"。你想，美丽是天生的，美丽有什么罪？为什么亡了国就把责任都推到女人身上，这公平吗？

实际上，对此连陈后主的另一妃子都深感不平。陈后主的另一妃子花蕊夫人，曾在后主亡国的时候写了一首诗："君王城上竖降旗，妾在深宫哪得知。二十万人齐解甲，更无一个是男儿！"掷地有声，有气概。那个时候的女人，稍不注意就会给人泼一头脏水，很多女人被泼着泼着也就习惯了，于是吃不到葡萄的男人们就有了"红颜祸水"一说。当同样的一盆脏水从天而降的时候，花蕊夫人偏不认罪伏法，白嫩嫩的脖子突然一硬，不仅把假道行的男人们吓了个措手不及，也还自己和全体女人一个公道，堪称脂粉堆里讲义气的典范。

其实历史自有其向前的步伐，无论陈后主是否写了"亡国之音"，隋文帝杨坚的一统大业还是要实现，而陈后主只顾享乐、不问政事的理国之举，是无法阻止历史车轮的前行的。

暮春三月，一队矫健的骑兵押着一排囚车前往长安（今西安，当时为隋朝的都城）。囚车里有一个憔悴的白面郎君，此人正是陈后主。当然，让这个一生痴迷花国的君主没有想到的是，他最后死于牡丹之都洛阳，也算是死得其所了。

后主至京朝见隋帝，文帝赦其罪，给赐甚厚。每预宴，恐致伤心，故意不奏吴音。后来陈后主竟对文帝要求：“我还没有一个称谓，每回朝集，无法与人交谈，愿得一官号。”文帝后来叹息说：“陈叔宝全无心肝。”监者又说后主每日喝醉，罕有醒时。帝问饮酒几何，对曰：“与其子弟日饮一石。”文帝大惊，叹道：“随他罢，否则叫他如何过日？”

杨坚是把陈后主作为一个皇帝来批评的，而在陈后主眼里，他做诗度曲才是正业，兴趣也全在这上头，管理国家不过是他偶一为之的“副业”而已。从这个角度而论，他才会在隋军兵临城下时，告急文书未曾开拆就被丢在床下；陈后主也完全忘却了一个皇帝起码的尊严，所以当隋军杀入宫中，他才会与张贵妃孔贵妃三人抱作一团躲在井里，以致隋文帝对一国之君如此不顾体面而大吃一惊。也许陈后主并不是“无心肝”，他只是从来就把自己当作一个风流才子，一个诗文骚客，亡不亡国无所谓，皇帝的体面更是无所谓。

陈后主的好日子就像玉树后庭花一样短暂，仁寿四年死于洛阳，时年52岁。

十二、“气管炎”皇帝杨坚

隋文帝杨坚，原为北周隋王，后废北周静帝而称帝，建隋朝，为隋朝开国皇帝。在位24年，被子杨广谋杀，终年64岁，葬于泰陵。

541年，杨坚出生。和许多帝王一样，传说他出生时也有祥云出现。但他在青少年时期并不聪明，靠着贵族家庭的关系，他在专门为贵族子弟设立的学校里读过书，但由于成绩不好，被讽刺为不学无术，他自己也有自知之明，自嘲地说他“不晓书语”。

杨坚虽然读书不行，但因为有父亲的关系，14岁便开始做官，应了那句话——“老子英雄儿好汉”。杨氏是从汉朝以来，直到魏晋南北朝时期的名门望族。在西魏时期，杨坚的父亲杨忠便和独孤信一起投靠了权臣宇文泰，此后，杨忠因为屡建功勋，而且帮助宇文觉建立了北周政权，所以，官爵升至柱国，封随国公（随字后来才改成了隋）。北周建立时，因为父亲杨忠功劳卓著，杨坚借光升为骠骑大将军。后来，又封为大兴郡公。到560年，周武帝即位时，不满20岁的杨坚已做了随州刺史。六年后，当朝的柱国、大将军独孤信看出了杨坚的前程远大，就把刚14岁的女儿许给了杨坚，这就是后来有名的独孤皇后。

因为独孤家族比杨氏家族的势力要强大得多，加上独孤皇后的个性，杨坚算得上是历史上有名的“惧内”皇帝了。

杨坚的地位也引起了其他人的嫉妒，有的想借机除掉杨坚，但杨氏家族以及独孤家族的势力对他起了保护作用，加上杨坚的长女又是北周武帝太子的王妃，所以，虽有危险，但终究没有对杨坚构成致命威胁。

扫除障碍建隋朝

578年，周武帝病死，宣帝即位。杨坚的长女做了皇后，杨坚升任上柱国、大司马，掌握了朝政大权。加上年少的皇帝也比较昏庸荒淫，在群臣中没有威信，于是，杨坚便开始准备取而代之。

杨坚的行动多少让小皇帝有所察觉，但没有真凭实据，他也没法处罚杨坚，何况他还是自己的岳父大人，更难以下决心。杨坚为了避免皇帝的猜疑，就想到地方上去任职，也为将来有变时能利用实力争夺皇位。于是，他便把这种愿望告诉了自己的朋友、内史上大夫郑译。

到了580年，机会来了，皇帝决定出兵南伐，郑译便向皇帝推荐了杨坚。皇帝对郑译原本就很信任，于是任命杨坚为扬州总管。但是，还没等出征，周宣帝便一病不起。在郑译的参与和其他关西士族的支持下，杨坚他们做了一个假诏书，以宣帝遗诏的名义宣布：杨坚以外戚身份入宫辅政，任宰相，总揽大权，晋封为隋王，辅佐刚八岁的周静帝宇文衍。

宣帝死后，杨坚等人并没有立即公布消息，而是趁机用假诏书夺取了军政大权，以及京城部队的指挥权。等一切准备就绪后，这才发布了皇帝去世的消息，辅佐小皇帝即位。

杨坚做了辅政大臣后，首先建立了新的领导班子，吸收了一批有才干的人，稳定政局，并宣布革除宣帝时的酷刑苛政，深得人心。然后又向威胁他地位的宗室各王展开了攻势。

刚去世的周宣帝的弟弟宇文赞在朝廷中和杨坚的地位不相上下，是杨坚秉政的一大障碍。杨坚便派人对他说，你不必再这样劳累地参与政事，以后的皇帝位置肯定是你的，你只管回家等着就行了。宇文赞一来年轻，二来也没什么谋略，就相信了。

没了身边的对手，杨坚又向其他的王下手了。已经成年而且在地方上有些势力的是五个王，如果他们联合起兵，杨坚还是很难对付的。所以，在他们得知宣帝病逝的消息之前，杨坚便用假诏书将他们召回长安，然后收缴了他们的兵权和印信。五个王见自己无法与杨坚抗衡，便秘密联系在外的另一个王起兵，但不久便被杨坚打败。五王只好寻机下手。一次，他们设下鸿门宴，请杨坚去，

隋文帝杨坚像

幸亏随从的人有所察觉，拉他借口跑出来。然后，杨坚以谋反罪杀掉了主谋的两个王，其他三个不久也被除掉。宗室势力被消除后，杨坚的皇帝之路平坦了许多。

解除了中央的威胁后，地方势力也开始反对他，河南、四川、湖北等地的将领纷纷起兵。经过打与拉两手策略的较量，杨坚在半年后，终于平定了三地的军事力量，彻底控制了北周的政权，做皇帝仅仅是一个形式的问题了。

到了581年的正月，杨坚走了一个前人使用过的体面形式——禅让。他让人替周静帝写好退位禅让诏书，然后送到他的王府。杨坚假意推辞，最后才接受了大家的意思，穿上皇帝服装，登上心仪已久的宝座。这时的杨坚刚40岁。

因为杨坚是继承的父亲的爵位随国公，后来又晋封为随王，因此把新王朝定名为“随”，但又觉得这个字有个和“走”同义的偏旁，于是，把这个不太吉利的偏旁去掉，成了“隋”字。年号也按照惯例改了，定为“开皇”。但都城没有变动，仍是长安。杨坚虽然改了随字，但隋朝还是没有逃脱短命的命运，仅仅30年便灭亡了。说来也是巧合，当初杨坚夺取的是宇文氏的帝位，而他的儿子隋炀帝杨广也是命丧宇文氏之手。

政绩卓著

文帝代周建隋，总觉得自己得到国家太容易，担心人心不服，一直保持着高度的戒备,他轻徭薄赋,勤于政事。每日晨起听朝,有时太阳偏西尚不知倦。

为了隋王朝的长治久安，他总结了两条经验：第一条是节俭。在历代皇帝中，隋文帝是特别重视节俭者之一。他教训太子杨勇时说：“自古以来的帝王，如果奢侈就一定不能长久，你一定要厉行节俭。”他自己从辅政时就提倡节俭生活，使之成为风气，以至当时士人的便服多用布帛制作，不用绸缎绫罗，饰带也只用铜铁骨角，不用金玉。他称帝后，更宣布“犬马服玩，不得献上”。对于以布袋进干姜，以袋献香料的官吏，都认为是浪费，大加斥责。《资治通鉴》中称他：“其自奉养，务为俭素，乘舆御物，故弊者随宜补用；自非享宴，所食不过一肉；后宫皆服浣濯之衣。”有一次患痢疾，须配制止痢药，药方中有胡粉一两，宫中竟然都找不到。还有一次，他要一条织成的衣领，宫中也没有。如此躬行，成了他改革政治的一个根本条件。

第二条经验是大杀贪官污吏，文帝假托年幼时相面人赵昭曾经秘密告诉他说："你将来命该称帝，但是必须大加诛杀才能巩固新朝。"以此为据，他整顿吏治，建立起对官吏的考核制度，对廉官良吏赐帛赠田，晋级加官，布告天下，实行奖励；对贪官污吏严加惩处，派左右亲信严密侦查百官的行为。有时甚至暗暗派人向一些官吏行贿，这些官吏一受贿就立即处死。

文帝执法严明，有一次，他发觉儿子杨浚生活奢侈，多造宫室，大怒，下令将杨浚抓起来，大臣杨素劝谏说处罚得太重了，文帝说："皇子与百姓只有一个法律，如果不这样，岂不是要再立一个皇子律了吗？"文帝的这一措施，使豪强官吏不敢过分作恶，贪污行为大为减少，有利于与民休养生息。

文帝能知过即改，有一次，臣子辛擅做了一条绯（红色）裤穿，说穿了此裤能官运亨通。文帝认为他是以妖法惑众，十分生气，下令将他处死。司法大臣赵绰据理顶撞说："依据法律，辛擅不足以定死罪，臣不敢奉旨。"文帝大怒说："我看你是只顾怜惜他而不怜惜自己了！"下令将赵绰和辛擅一并处斩。临刑前，文帝问赵绰还有何话要说。赵绰答道："臣一心执法，不敢惜死，只是陛下宁可杀我，绝不可枉杀辛擅。"文帝气得拂袖而去。但他转而一想，终于明白赵绰以死护法，正直可嘉，立刻下令释放赵绰，辛擅免死，次日还嘉奖了赵绰。

杨坚在称帝之后，先是把自己的儿子们封到各地去驻守，同时掌管当地及周围的军事。这是吸收了北周被自己灭掉的教训，加强对地方的控制。为了更好地治理国家，杨坚罢黜了一些没有才干的大臣，包括对自己夺取帝位有功的人，将一些有真才实干的人提拔上来，辅佐自己管理国家政务。

在政权基本稳定之后，杨坚便开始了一系列的改革，包括了中央和地方的政治体制、赋税、土地制度、法律、钱币、对外关系等。他的一大历史贡献就是，废除了曹魏以来的九品中正制，开创科举制，以考试取士。所以隋文帝杨坚在中国历史上还算得上是一个有功绩的皇帝，他对政治体制包括法制的改革，对于唐朝的体制有着直接的影响，实际上，唐朝的体制基本上是隋朝时的翻版。一般我们对唐朝的评价很高，但是，唐朝很多的制度却是在杨坚的时候确定的，所以，我们在高度评价唐太宗以及盛唐风范的时候，还是应该把功劳分给杨坚一点才公平。这就像我们景仰汉朝的鼎盛时，不应该忘记秦朝的功绩：汉朝的政治、法律制度基本上是继承秦朝的。因为秦朝的短命以及秦二世的暴虐，我们对秦朝的看法偏激了一点，不太公正，有点以成败论英雄了。

北周的官僚体制基本上是效仿原来西周时期的《周官》即《周礼》的形式，但实际上很乱。隋文帝即位不久，采纳大臣崔仲方的建议，“依汉魏之旧”建立中央机构。在中央设立三师、三公、五省。掌握政权的是五省，三师是荣誉称号，没有实权。三公虽然也有僚属，也参与国家政务，但仅仅是顾问性的机构，没有实权，也不常设置。皇帝是全国军事、政治、经济的最高主宰，拥有绝对权力。

执掌国家政务实权的是五省，即内侍省、秘书省、门下省、内史省和尚书省。内侍省是宫廷的宦官机构，管理宫中事务。秘书省掌管书籍历法，事务较少。

以上二省在国家政务中不起重要作用，起作用的是其他三省，这就是后来被唐朝继承的三省制。三省辅佐皇帝处理全国军政要务。门下省和内史省都是辅助皇帝的决策机构，内史省是起草诏书的机构，门下省则负责封驳，即审查机构。最后执行诏书的机构是尚书省，同时负责日常的政务，管的事最多，为此下设六部，分管各项政事。三省的长官：尚书令（尚书省最高长官，并设左、右仆射各一人为助手）、纳言（门下省最高长官）、内史（内史省最高长官），都是宰相职务。六部的最高长官称尚书。吏部，掌管全国官吏的任免、考核、升降和调动；度支，后来改成民部，掌管全国的土地、户籍以及赋税、财政收支；礼部，掌管祭祀、礼仪和对外交往；兵部，掌管全国武官的选拔和兵籍、军械等；都官，后来改成刑部，掌管全国的刑律、断狱；工部，掌管各种工程、工匠、水利、交通等。开始的时候，

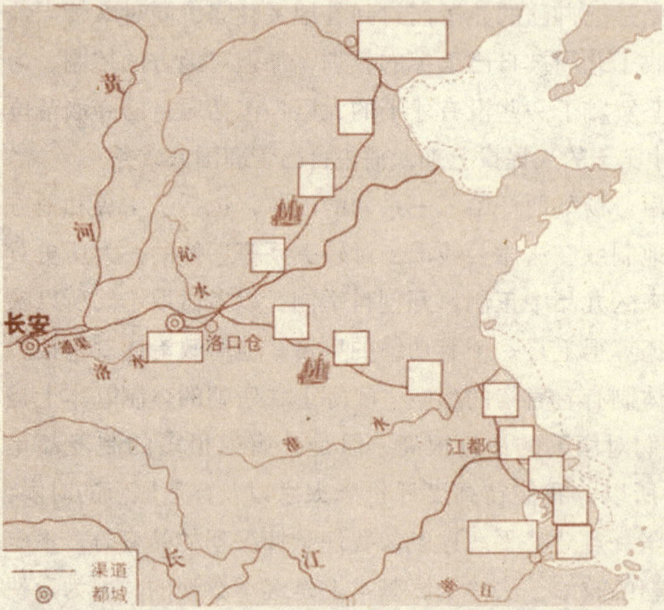

隋朝大运河图

六部叫做六曹，即六个办事机构。

隋朝的五省六部制，形式上是继承汉魏旧制，实际是总结了秦汉以来的统治经验，发展和加强了中央集权的封建国家制度，可以防止外戚大臣专权篡位和地方势力分裂割据。三省六部的官员品位不高，职权有较明确的分工，有利于皇帝集权和任免官吏。

除了五省六部，还有御史台、都水台、十一寺和十二府。这些后来成为日本大化革新时参考的内容，如日本的八省制即是把五省和其他的机构融合而成的。到现在为止，日本的行政机构的名称还保留了隋唐时期的名字：中央的省相当于我国中央的部，其地方机构是县，县里长官知事是标准的中国古代名称，级别相当于我国的省长。其他如北海道、东京都、大阪府，都是从中国学来的名称。像日本的和服，日本的仕女长相、装束等，也都是和隋唐时期的中国文化极其相似的，这不是巧合，而是直接学习的结果。

对于地方机构，杨坚也进行了改革。隋初地方行政机构，沿袭北朝的州、郡、县三级。北周时，设置郡县很多，“或地无百里，数县并置；或户不满千,二郡分领”，形成“民少官多，十羊九牧”的庞大地方行政机构。583年，隋文帝接受大臣杨尚希的建议，精简地方机构，撤销境内五百多郡，把州、郡、县三级制改为州、县两级制。州设刺史，县设县令。同时，还合并一些州县，裁汰一批冗官。这就大大节省了政府的开支，提高了行政效率，也有利于减轻人民的负担。

为了更好地行使权力，控制地方，杨坚下令，九品以上的官员一律由中央任免，而且每年都要由吏部进行考核，以决定奖惩、升降。后来，又实行三年任期制，刺史和县令三年后要轮换到另一地做官，防止时间长了形成地方割据势力，对抗中央。

对于法律，杨坚也进行了卓有成效的改革。北周的法律既混乱又残酷，在杨坚掌握北周政权时就曾经进行过改革，但不太彻底。隋朝建立后，他在下令制定《开皇律》的时候，就将原来的枭首（即砍下头悬挂在旗杆上示众）、车裂（即五马分尸）等残酷刑罚予以废除，保留了律令五百条。而刑罚则分为死、流、徒、杖、笞五种，基本上完成了自汉文帝刑制改革以来的刑罚制度改革历程，这就是封建五刑制。到了唐朝，将顺序颠倒过来，从轻到重，内容基本上继承，没有改变。

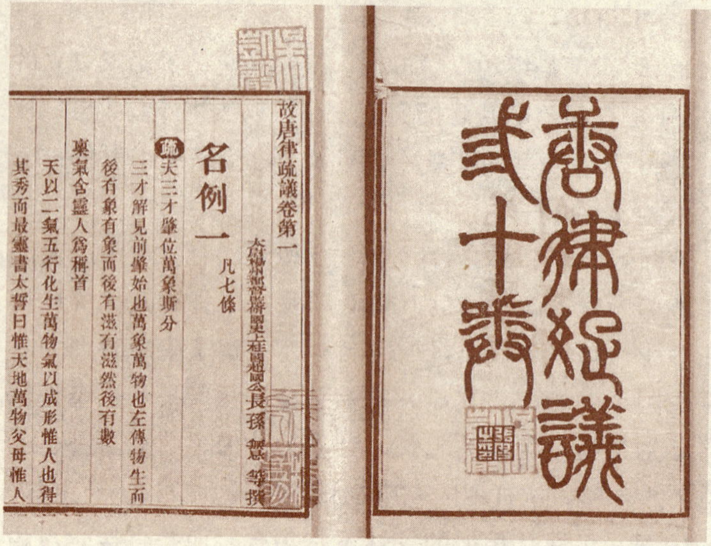
唐律疏議
三十卷
故唐律疏議卷第一　太尉揚州都督監修國史上柱國趙國公長孫無忌等撰
名例一　凡七條
疏 夫三才肇位萬象斯分
三才解見前肇始也萬象萬物也左傳物生而後有象有象而後有滋有滋然後有數
稟氣含靈人爲稱首
天以二氣五行化生萬物氣以成形惟人也得
其秀而最靈書太誓曰惟天地萬物父母惟人

《唐律疏议》

流传至今最完整的是《唐律疏议》，代表了唐律，其实这也是从杨坚《开皇律》中继承过来的。杨坚对于我国古代法制建设作出了重要贡献。这一系列措施，加强了中央集权，使隋王朝得以巩固、强盛，因此，在历代帝王中，隋文帝是一位有作为的政治家。

为了增加国家的财政收入，杨坚在建立隋朝后，采取了两项措施，即“大索貌阅”和“输籍定样”。

大索貌阅，就是根据相貌来检查户口是不是隐瞒了，或者报了虚假年龄。输籍定样则是在前一步的基础上确定户口数，编制“定簿”，以此为依据来收取赋税。这样，既增加了收入，又能防止地方豪强和官僚勾结，营私舞弊。同时，从豪强手里将原来依附的人口解放出来，也有利于增加国家的劳动力，调动他们的生产积极性。

农民的赋税包括租、调和力役几种，在隋朝，对年龄有明确的规定：三岁以下的男孩和女孩都叫做黄，四岁到十岁的叫做小，十一岁到十七岁叫中，十八岁到六十岁叫丁，六十岁以上叫老。

国家的赋役对象是丁，一对成年的夫妇每年向国家交粟三石，这是租。种桑养蚕的地方每年交绢一匹，相当于四丈，以及绵三两；种麻的地区则改为交纳布一端，相当于五丈，以及麻三斤，这两种都叫调。另外，成丁的男子每年要服役一个月，叫力役。到了后来，隋文帝又规定，五十岁以上的人的力役可以用布帛来代替，这叫庸。

同时，隋文帝还统一了币制，废除其他比较混乱的古币以及私人铸造的钱币，改铸五铢钱。度量衡也在这时重新统一。

至于土地制度，隋朝基本上继承了北魏以来实行的均田制：成年男子即丁男可以分到露田八十亩，永业田二十亩；成年的女子分露田四十亩。奴婢和一般人的占田数相等。此外，官员从一品到九品，可以分到一到五顷数量不等的职分田，以此作为俸禄，等以后不做官了上交国家。各地的行政机关也有一些土地，收入作为办公的费用支出，叫做公廨田。

这些办法大量地减少了国家的财政开支，从另一个角度看，就是增加了国家的财政收入。由于有了这些有效的措施，所以，在短短的二十多年里，隋朝经济出现了繁荣景象。耕地面积大量增加，隋初为一千九百多万顷，20多年以后，增加到五千五百多万顷。隋文帝即位之初，府库空虚。十多年以后，政府的府库已容不下各地征调的绢帛，而需要建立新的府库。到隋文帝末年，西京和各地的仓库都装满了粮食，多的达到千万石，少的也不下数百万石。直至唐朝建国20年时，隋朝的库藏还没用尽。正如《贞观政要 · 辩兴亡》里所说："计天下储积，得供五六十年。"隋朝仓库的丰实是我国历史上少见的。因而后来隋炀帝才敢如此豪爽地向西域的商人炫耀自己的实力，才有了挥霍的资本。

文帝留意民间疾苦的所为，在历代帝王中也是少见的。594年，关中饥荒，他派人去了解百姓所吃的食物，得知他们吃的竟是豆粉拌糠。文帝将这些食物出示给群臣，流着眼泪责备自己的无能，命令撤销自己日常的膳食，不饮酒，不吃肉，他率领饥民到较为富庶的洛阳就食，命令侍卫不准驱赶、威吓百姓。遇见扶老携幼的人群，他引马让路，善言抚慰。路难走的地方，他还命令左右帮助担挑的灾民通过。600年，齐州有个小官，名叫王伽，押送李参等70余个犯人去京城，走到荥阳，王伽对李参等人说："你们犯了国法，受罪是应当的，看看护送你们的民夫，一路上多么辛苦，你们于心能安吗？"李参等人谢罪，王伽就遣散民夫，释放李参等犯人，约定日期到京城主动会合，说道："如果你们失约，我只有代你们去受死了。"到了限期，七十余人竟一

隋文帝五铢钱

个不少，文帝听了很赞赏，召李参等携带妻子入宫赐宴，并宣布赦免了他们，并且下了一道诏书，说只要官吏有慈爱之心，至诚待民，百姓并非难教，要官吏学习王伽。

在对外关系方面，首先是对付北面的突厥。突厥原来是中亚地区的游牧民族，后来向东迁移，活动在蒙古草原一带。早在北齐和北周时期，便常骚扰内地。在杨坚执政北周时，与突厥和亲，尽力搞好双方关系。而在杨坚建立隋朝之后，突厥却加紧了南下的侵扰，但被隋军打败。

为了更好地防御突厥势力的侵扰，杨坚曾经三次修长城，巩固北边的防御线。到后来，突厥分裂成了两部分：东突厥和西突厥。东突厥因为无法和隋朝抗衡，渐渐地采取了和缓政策，直到接受了隋朝的领导。西突厥则逐渐向西发展，对隋朝没有了威胁。

北面安定之后，杨坚开始对付南方的割据势力。首先灭掉了后梁。后梁原来就依附于北周，杨坚开始采取的是笼络手段，等势力壮大后，就邀请后梁的皇帝萧琮到长安，其实是软禁，然后派兵占领了后梁。

当时占据江南的是喜欢酒色的后主陈叔宝。在588年的秋天，杨坚派兵五十万名，东到海边，西到四川，在长江沿线向陈发动了全面进攻。而陈的兵力总共不过十万名，而且上下没有积极地备战，只是沉迷于酒色之中。结果当隋军抓到陈叔宝时，前线的急报还没有打开看过。

陈叔宝到了隋朝，受到杨坚的礼遇，但杨坚很爱节俭，陈叔宝却建议杨坚造宫殿。有一次，陈叔宝应约赴宴，又向杨坚建议修宫殿，以示文治武功。杨坚表面上没有说什么，等陈叔宝走远了，就对群臣说，他就是因为贪图享受才落到今天这个地步的，现在又来劝我学他那样。

隋朝极盛时期的疆域，东西9300里，南北近15000里，东南临海，西至今天的新疆，北至今天内蒙古杭锦后旗西。

昏庸的一面

杨坚除了他的成就，还有很多的缺点，如喜怒无常，猜疑心重，容易受谗言所惑，时常命令左右窥视臣下，如有过失，则加重罪等。这是文帝的短处，并且因此而贻害到子孙。

猜疑忠臣最典型的是对高颎。杨坚的妻子独孤氏是北周重臣独孤信的女儿，而高颎的父亲则是独孤信的属下，还被赐姓独孤。所以，杨坚和高颎的关系也非同一般。后来在杨坚建立隋朝时，高颎更是立下了汗马功劳。杨坚称帝后，高颎被任命为尚书左仆射，为重臣之一。

杨坚对高颎极为信任，甚至把他当成自己的镜子，说他可以纠正自己的过错。如果有人进谗言诬陷高颎，杨坚从来都不相信，反而把告状的人治罪。高颎的官职已经无法再往上封了，可见在杨坚的心目中高颎的重要性。但在立太子问题上，两个人发生了矛盾。

当时，杨坚对太子杨勇已经不满，打算立善于伪装，博得他和独孤皇后信赖的杨广为太子。但高颎并没有觉察杨坚的意思，极力反对废立太子。杨坚认为高颎是因私利和他作对，因为高颎的女儿是杨勇的妻子，如果以后杨勇即位，那高颎作为岳父，其地位之高可想而知，说不定会效仿自己，取代隋朝自立为帝。而杨坚正是通过外戚这个身份夺取帝位的，所以他对高颎的位置极为敏感，但高颎却没猜到杨坚的这些想法。

杨坚后来借处理另一个大臣王世积时，将高颎牵连进去，但只是免了官职，废为平民，没有置他于死地。

杨坚在晚年的猜疑有时显得很可笑。他为了禁止官员贪赃受贿，竟派人去向官员行贿试探，如果有人敢收下，就立即处死。

有一次，一个武官的衣服和佩剑不太整齐，杨坚就说是对他的不敬。他不是治武官的罪，而是说御史没有尽到责任，因为御史是专门监督官员的。所以，杨坚就处死了御史，谏议大夫站出来劝阻，竟也搭上了性命。

早期立法有功劳，晚年坏法有过错，这就是杨坚的前后对照。杨坚晚年还大量使用法外酷刑，即杖刑，在宫廷里经常放着棒子。经高颎劝说之后，杨坚曾一度把杖棒废除，但他打人时嫌鞭子抽打力量太小，于是，又恢复了杖刑。

在中国古代社会，行刑一般要在秋天，叫顺应天意，即秋天叶子要落，气氛肃杀。而春天万物复苏，要生长了，这时严禁猎杀动物，不许破坏幼小树木。总起来说，就是春夏行赏，秋冬处罚。杨坚在晚年时却破坏了这历来的习惯，在夏天时就要杀人，有大臣反对，他狡辩说，夏天时老天爷有雷电暴雨，这也是天意在发怒。

杨坚的迷信程度很重，不但信佛教、道教，还信阴阳五行、鬼怪、符瑞、土地神、山神、龙王等。在北周时候，武帝曾经灭佛，杨坚这时则予以恢复，下令百姓可以自愿出家。杨坚在各地大建佛寺，正因如此，隋唐的佛教才兴盛起来。

杨坚文化程度不高，认为文化没用，学校也没必要。到了601年，杨坚便将郡县的学校全部废除，只留下了中央的国子监，供官员贵族子弟们读书。

冷落三千宫黛之谜

隋文帝的妻子独孤氏，是北周卫公独孤信的女儿。杨坚建立隋朝，独孤氏为皇后。独孤家族对杨坚以及他的父亲杨忠都有恩惠，所以，杨家基本是从属于独孤家族的。杨坚本来就对妻子有所畏惧，独孤氏做了皇后之后，在参政过程中，更让杨坚佩服，敬畏之心更浓了。文帝有五个儿子，都是独孤皇后所生，这在历代帝王中较为罕见。长子杨勇为皇太子，其余四子都封了王：杨广为晋王、杨俊为秦王、杨季为越王、杨谅为汉王。对此文帝非常满足，曾公然说道："前代皇帝内宠太多，往往由于嬖爱而废嫡立幼，我没有姬妾，五个儿子都是皇后所生，必然会和睦相处，不会像前朝那样发生争夺。"只是隋文帝这样得意地宣布时，他们的儿子争夺继承皇位的斗争早已在进行了，只不过他没有察觉而已。

独孤皇后的才干不在杨坚之下，实际上，独孤氏也像一个皇帝，或者说是实际上的皇帝。每当文帝临朝听政，独孤皇后便与文帝一起坐辇去朝堂，到了门阁才止步。杨坚能顺利登基，她积极地参与谋划，功不可没。独孤皇后暗中遣宦官监察朝政，若有不妥的地方，等文帝退朝后，她必然婉言进谏，文帝常常采纳她的意见。她曾劝文帝从西域商人手中买下价值十万两黄金的宝玉，理由是"有了这笔巨资，将来可以养活一万名士兵"，仅从这一点，就能确信独孤皇后是位才智过人的女性。

独孤皇后对外戚要求尤为严格。她表弟崔长仁，奸淫妇女，文帝看在皇后面上，本要免去其罪，而皇后却不徇私情，把崔长仁处以死刑。宫中上下都十分敬重她，把她与文帝并称为"二圣"。

独孤皇后学识、眼光都好，在政治大事上，可谓贤良明智，只是生性绝妒，不容杨坚接近女色，在夫妻关系上失去了分寸。独孤皇后嫁给文帝杨坚时才14岁，她当时就让丈夫发誓："一生之中不能与除了她之外的任何女人生孩子。"杨坚严格遵守誓言，他的孩子全都是由独孤皇后一人所生，皇帝的私生活如此纯真，这在世界史上也是罕见的。清朝的赵翼在著作中写道：“独孤皇后善妒，殃及臣子。”因此隋文帝虽然后宫佳丽三千，但形同虚设，文帝“惟皇后当室,旁无私宠”。宫中诸嫔妃宫女,也在独孤皇后严厉的目光下噤若寒蝉,春心冻结，无人敢冒生命之虞去与皇上调情。因为有妻子的管束，杨坚没有像其他皇帝那样荒淫败国。

也因此隋宫里面虽然美女如云，杨坚却只能空望着咽唾，终不能让他开怀一下。这天独孤皇后受了些风寒小病卧床，在宫中调养。杨坚得了一线的隙缝，悄悄地带了两名内侍，去了仁寿宫。宜人的春景，逗起了他心中的一团春意。忽然一阵清香随风而至。梅花丛里，一个女子背面立着，乌黑的云发披覆在晶莹的颈项。她盈盈地回过娇躯，和杨坚打过照面。杨坚吃了一惊，不料宫里藏着如此美艳的丽人，亭亭如出水莲花，袅袅似当风杨柳；痴凝秋水为神，瘦认梨云是骨。那女子莲步轻移，走出了梅花丛，行到皇帝面前，垂柳般拜倒，磕了一个头，才袅袅起立，垂着罗袖，站在一边。隋文帝早已神迷意荡，一问名字叫尉迟贞，是尉迟迥的孙女，年方二八。杨坚话涉挑逗，尉迟贞红飞双颊。杨坚走近尉迟贞身前，与她携手而行。

尉迟贞怯生生地随了皇上,不胜娇羞,益发动人怜惜。缓踏芳草,徐穿花径,两个人在梅苑周围闲游了一会儿。梅花别苑里面，一切都是梅花式样，清幽绝俗。杨坚笑对尉迟贞说：“你冰肌玉骨,不愧为梅花苑主人。”尉迟贞忙说：“贱婢蒲柳之质，怎堪与梅花比妍？”杨坚说：“依朕看来，梅花却不敢与你比妍，尚需逊你三分芳菲。”这时月移梅影，风送暗香。杨坚平生第一次持酒对美人，酒不醉人人自醉。

尉迟贞酒量浅，醉眼惺忪，一副媚态，更是动人。杨坚借酒发作，拥了她入帏。两个人便宽衣解带，你贪我爱地成就了好事。一宵易过，阳光映上窗帘。尉迟贞先醒了，见时刻已经不早，杨坚还睡得深沉。她怕杨坚耽误了早朝，又怕独孤皇后知道，便将杨坚推醒。杨坚见尉迟贞乌发蓬松，远山添翠，小樱桃上的残脂未尽。尉迟贞见皇上目不转睛地看她，回想到夜来的云情雨意，不禁起了两朵红云，娇滴滴地说：“圣上快起身吧，时刻已是不早。”尉迟贞披衣坐起，杨坚却恋着香衾，依旧还没起床。尉迟贞又催促了数次，隋文帝懒洋洋地说：“你怎么这样性急？不让朕多睡一刻。”尉迟贞掩唇微笑：“深恐娘娘知道。”杨坚也害怕了：“今日方知为天子的快活，但只怕皇后得知，怎么处理？”才勉强起身，一步挨一步地出了梅花别苑。

独孤皇后卧病后宫，两个心腹的宫女平日专替她侦察他人的隐私，得了杨坚留宿梅花别苑的消息，便报告了独孤皇后。独孤皇后顿时气得咬牙道：“我与贱人，誓不两立！”接着抱病起床，率领八个宫女，到了梅花别苑。尉迟贞顿时花容失色，娇躯发抖，再也站立不住，忙双膝跪倒。独孤皇后冷笑：“好一个美人儿，怪不得圣上心爱，你是圣上的爱人，怎的对我下起跪来？真是要折死我了！”接着厉声喝道：“你们还不动手！”众宫人听了，一齐下手。可怜一个千娇万媚的尉迟贞，在地上乱滚了一阵，不到片刻时光，一缕香魂，已脱离了躯壳。

独孤皇后余怒未息，这时杨坚早朝退后，到独孤皇后的宫中探病，听说皇后率了宫女多人，不知上哪儿去了。杨坚赶忙来到梅花别苑。瞥见独孤皇后怒颜高坐，地上的尉迟贞花残月缺，已是死去。杨坚不禁又痛又恨，只是平日慑于独孤皇后的狮威，此刻还是不敢发作。见了尉迟贞的惨死景象，回想到昨夜的蜜意柔情心如刀割，不禁心下一横，返身便走。

独孤氏像

独孤皇后见杨坚变色而走，不禁也着起慌来。急忙赶出室外，想唤回杨坚。哪知杨坚却误会了独孤皇后的意思，以为独孤皇后不肯与他善罢干休，恐被她扯住，便加快脚步，头也不回地走出了梅花别苑。独孤皇后随在后面喊：“圣上请回来，不要为了一个宫女，伤了多年夫妻情分！”任凭独孤皇后怎样喊，杨坚一句也听不进耳里，匆匆地只顾向前走。宫门外面，恰好有一匹马，杨坚跨到马背上，鞭一挥，那马便放开了四蹄，径出东华门，落荒而去。

恰好高颎看见，便骑马出了东华门追杨坚。跑了二三十里，才扣住杨坚的马辔，杨坚丧气地说："朕贵为天子，反不得自由，连一无辜弱女也保护不了，要天下又有何为？"高颎正色说："圣上错了，得天下艰难，守成治安更不易，怎能为了一个妇女，反将天下看轻？还请圣上早早回宫，免得人心惶惑。"

杨坚听了，沉吟不语。这时已是暮云四垂，倦鸟归林。城中的百官，备齐了车驾，纷纷来迎。高颎又连连苦谏，杨坚才勉强登辇。独孤皇后也觉做得过分，痛哭流涕向文帝认错："贱妾因一时的愚忿，触怒了圣上，自知罪该万死。深愿圣上垂察，贱妾及笄来归，数十年夫妇，从未与圣上相违。今因宫人得罪了圣上，还望宽恕。"

杨坚到了此时，也已无可如何："朕非得新忘旧。卿何以残忍至此，遽将尉迟贞赐死。需知昨夕的事，实为朕去追她，不是她来勾朕。卿怎能罪及无辜？如今事已至此，说也无益，不必多说了！"

独孤皇后含泪拜谢，依旧并辇入宫。从此独孤皇后的行为方才有所收敛。有时任凭杨坚与宫人沾染，只装作不知，但也不容许杨坚过分。

一般认为，女人的残忍一般不如男人那样突出，她们的防御性心理远比攻击性心理强。然而，一旦她们有权力和机会处决她们长期仇视和忌恨的人，发泄其内心蓄积的怨恨时，她们的攻击性心态就表现得异常明显，其残忍性心理特质甚至比残暴的男人要高得多。到了唐代，妒妇中不仅有狠毒地残害侍妾的，也有不要命地对抗丈夫纳妾的，还有疯狂地持刀威吓歌妓的。据张氏《野朝佥载》记载，正妻因嫉妒而虐待婢妾的手段既残酷又多样，有被割掉鼻子的，有被钉瞎双眼的，有被击破头脑的，有被杀死投入茅厕的。唐代房玄龄的夫人至妒，太宗想赐房玄龄一个美人，房玄龄屡辞不敢接受，太宗令皇后召房玄龄的夫人，加以劝说，房夫人却执心不回，她对太宗说："妾宁妒而死。"太宗便拿一杯毒酒试她，其实盛的是醋，她接过酒杯，"一举便尽，无所留难"。桂阳县令阮嵩的妻子阎氏"极妒"，阮嵩一次在大厅上宴会宾客，召女奴唱歌助兴，阎氏披头散发，光脚赤臂，"拔刀至席"，宾客、女奴都吓得狼狈而逃，阮嵩也吓得伏在床下。唐德宗时杭州刺史房孺复，"娶台州刺史崔昭女，崔妒悍甚，一夕杖杀孺复侍儿二人，埋之雪中"。女人的盲目忌妒最终伤害的只能是别的女人，而并未摧毁封建的夫权制度，读史至此往往只能令人叹息。

第二年的八月中秋晚上，独孤皇后一病去世，年未50岁。杨坚自从独孤皇后殁后，为结发妻子办完丧事，便以年逾花甲之高龄，奋起余勇，接连召幸陈宣华夫人与蔡容华夫人。陈宣华夫人原是陈后主的妹妹，生得国色天香，闭月羞花。蔡容华夫人也是南国佳人，一样风流娇媚。二人早已入宫，文帝也早有意，只是以往碍于独孤皇后而无缘得幸。从此隋文帝日日欢宴，时时歌笑，比独孤皇后在时，放浪了不少。

最后的无奈

杨坚的五个儿子，都是独孤氏所生，但最后没一个让他满意，包括杨广，杨坚临死时才知道自己没有选对接班人，但为时已晚。

长子杨勇，生性率直，为人宽厚，小时候很受父母喜欢。文帝称帝前后，内领禁卫，外统封地，后来被立为太子，参决军政大事。但长大后，杨勇却奢侈起来，这犯了父亲的忌讳。

有一年冬至，百官都到太子宫中称贺，杨勇超出礼制规定张乐受贺。独孤皇后便对杨坚说："太子勇率性任意，动多乖张，今日冬至，百官循例进宫，他却张乐受贺。圣上尚需劝诫他一番才好。"杨坚听说后，也是心里不快，下诏与群臣，令此后不得擅贺东宫。从此杨坚对于太子渐加猜忌，宠爱大不如前。

杨勇不仅生活奢侈，性喜浮华，而且内宠很多。其中有四个女子最得嬖幸：一个是高良娣，轻盈娇小，柔若无骨；一个是王良媛，肌肤映雪，柳腰袅娜；一个是成姬，双瞳点水，一握莲钩；而最美的一个叫云昭训，真是天仙化人，艳冠三美，颇讨太子欢心。只是杨勇与嫡妃元氏性情合不来。因此四美轮流当夕，元妃独守空房。

独孤皇后不仅不愿文帝宠嫔妃，而且讨厌群臣及诸子宠姬妾。大臣中凡有姬妾生子者，皇后都会令皇帝斥责贬官。如今自己的儿子杨勇宠妾疏妻，独孤皇后极为气愤。每当杨勇入宫见独孤皇后，独孤皇后从没有好脸色。本来杨坚对太子十分信任，常让他参决政事，杨勇提出的意见，杨坚总是乐于采纳，因为独孤皇后的枕边风，杨坚对太子也有了看法。对杨家来说，由谁来继承皇位，并不是国家大事，而仅仅是家庭问题。

正好元妃患病死去。独孤皇后以为是太子有意谋害嫡妃，心里越发不平，便暗中怀了废去太子杨勇的打算，她派宦官伺察太子的短处，等他有了重大过失，便好将他废去。

晋王杨广生性狡诈诡谲，善于矫饰逢迎，本是一个投机取巧之人。他早有夺嫡的心思，于是处处沽名钓誉，并揣摩独孤皇后的性情，一味迎合。杨广与萧妃如胶似漆。后宫虽有美人无数，为取悦于独孤皇后，杨广不惜将其他姬妾所生骨肉掐死，只有正妃萧氏所生之子才禀告父母，给父母造成了愿与元配厮守终身的假相。有一天杨坚与独孤皇后同临晋王的府第，杨广便将后宫美姬都藏起来，只留下几个又老又丑的宫女充当侍役，身上所穿全是粗布衣服。杨广与萧妃也穿得很陈旧。一切陈设都因陋就简，架上的诸般乐器都尘堆垢积，望上去便知道已是久不动用了。

杨坚素性节俭，最恨奢华的行为，见杨广如此，心里很满意。独孤皇后见晋王室无美姬，只有丑妇，对杨广也极有好感。从此文帝夫妻两人，对晋王另眼看待。有时独孤皇后遣亲信左右至晋王府第探视，杨广不论来使身份的贵贱，与萧氏都亲至大门迎接，设宴款待，并送以厚礼。于是到处都是为晋王说好话的人。

杨广将出生时，独孤皇后梦见金龙一条，突然从自己身上飞出。初时小，渐飞渐大，直飞到半空中间，足有十来丈长短，张牙舞爪，盘旋空中，忽地一阵狂风陡起，将金龙吹到地上，跌断了龙尾，竟变成了牛样大小的一个老鼠，细看却又不像老鼠。独孤皇后不觉惊醒，霎时腹痛临盆，产下了杨广，生得丰颐广额，仪表不俗。独孤皇后将产前的异梦说了，杨坚似觉不大吉利，只是不便说出，只说金龙飞舞半空，当有摩云的志向，不妨小名叫阿摩。

杨广暗中与心腹宇文述等人密谋夺嫡。他先以重金结交贿赂大理少卿杨约，再通过杨约结交其兄杨素，获得杨素的暗中支持。又收买东宫幸臣姬威等人以为内应。晋王杨广正在暗地进行推翻太子的计划，太子却醉生梦死，丝毫不加防备，依旧和一般宵小混在一起。

独孤皇后虽欲将晋王立为太子，但杨坚因一时太子杨勇没有犯大的过错，心中虽欲立晋王，却不好实行。这时晋王杨广调镇扬州，不到半年便表请入觐。杨广回朝后，表现得慎言庄容，端肃安详。他对于一般朝臣格外谦和，恭而有礼。宫廷内外，都同声说他好。

到了辞行还镇的那天，杨广入宫别母，见了独孤皇后，他依在独孤皇后的膝下，泣诉道："臣儿生性愚蠢，向来不知忌讳，时常怀念双亲，所以未及二旬，即上表请朝。原思一见父皇与母后，藉聆慈训，哪知触忌了长兄。"

独孤皇后听到杨广提及太子杨勇，便问："他敢怎么样？"杨广惶恐地说："他竟疑忌臣儿，谓儿觊觎名器，意欲加害，臣儿因此惶恐。臣儿远列外藩，东宫日侍左右，谗惑见加，皇父容或难辨。一旦赐臣尺帛或给杯鸩酒，臣儿实不知身死何处。恐从此一别，便不能再见慈颜了。"杨广说着便涕泪纵横，呜咽不止。

独孤皇后愤然道："我为他娶元氏女，竟不以夫妇礼待之。元氏女向来身体健全，竟会一夕暴亡，他却毫不悲伤，反与妖姬云氏淫乐。我也疑惑元氏被他所害，只是暂时容忍。现在他却越发狂妄，竟想加害于你，我活着他已是如此，往后真不堪设想了。"独孤皇后说着已泫然泣下。

杨广佯作劝慰："臣儿自是不肖，未能感化长兄，反使母后因此伤感，岂不是增臣儿罪戾！"独孤皇后安慰一番，叫他安心回去，非密诏不可进京，不得轻过东宫。晋王心中暗喜，从此独孤皇后废杨勇的心思更坚决了。

积毁成山，三人成虎。杨素与独孤皇后异口同声地说太子失德，内外交谗，杨坚便动了废立的主意。宫廷内外，都知了废立的消息，传到东宫，杨勇才开始着慌。他引入巫觋，做了种种厌禳术。这个消息，又被人探听了去，报告了独孤皇后，当晚杨坚也知道了，命杨素到东宫探看虚实。

杨素本是杨广的人，他到了东宫，杨勇慌忙更换好了衣冠。哪知杨素故意东看一回花草，西看一回亭台，只是挨延不去。杨勇等候了多时，不禁着恼起来，待到杨素徐行入见，杨勇怒形于色地说："公姗姗来迟，究属何意？圣上虽欲将我废立，此时究竟尚未实行，你莫自恃功高，便不把我放在眼里。"杨素佯作失惊道："老臣该死，进了园中，一因年迈，脚步迟了些；二因贪看了园中景色，因此有劳殿下久候。还念老朽可怜，恕罪一遭。"杨勇冷笑："说得倒好，你来此做什么？"杨素又假意微叹说："圣上不知听信了谁的谗言，意欲废立东宫。老臣素知殿下仁德无亏，特来安慰殿下。"杨勇听了，以为杨素真心好意，不免言语之中，露出怨愤。杨素听在耳中，回到宫里，见了杨坚，便一一说了出来。杨坚大怒，便召集了百官宣诏废杨勇。过了数日，即立晋王杨广为太子。

后来，有一天大雪狂风，天气阴沉，被囚禁的杨勇爬上东宫院子里的大树，在风雪中向文帝的方向大声诉说自己的冤情，正巧文帝走出宫殿，听到了他的声音，问身边的杨素："这是勇儿的声音，他在喊些什么？"杨素冷淡地答道："前皇太子疯了，请陛下不用过虑。"

三儿子杨俊，也喜欢奢侈，贪恋女色，放高利贷剥削百姓。妻子为了报复他的冷落，在他吃的瓜中放了药，使杨俊得了病，不久又被父亲免官，很快，杨俊病死。

四儿子杨秀，不但奢侈，还总想效仿父亲，想着将来做皇帝。他的失败在于太显露，培植势力，编谣言为以后做皇帝造舆论，结果被哥哥杨广暗算。杨广唆使父亲把他调到长安，然后寻找借口，强加罪名，杨坚在死前把他也废为庶人，即平民。

小儿子是杨谅，他在外地任职，也在积蓄力量，想以后争夺皇位。杨坚死时，他没有奔丧，而是起兵直奔京城，但很快被打败，做了俘虏。

且说杨坚年老，禁不起每日床第声色，不久染病在床。他病重时让杨广等人进宫侍奉，临死时的杨坚终于看清了这个儿子的真面目，但也晚了。604年7月，他因为病重，卧于长安仁寿宫大宝殿内，杨广认为登上皇位的时机已到，迫不及待地写信给杨素，请教怎样处理将要到来的文帝后事。不料送信人误将杨素的回信送给了文帝。文帝读后大怒，此时，宣华夫人衣衫不整地跑进来，哭诉杨广趁她换衣时无耻地调戏她，使文帝更醒悟到受了杨广的蒙骗，拍着床头大骂："这个畜生如此无礼，怎能担当治国的大任，皇后误了我的大事。"急忙命在旁的大臣柳述、元岩草拟诏书，废黜杨广，重立杨勇为太子。

杨广像

杨广听说了，赶忙将侍奉杨坚的人全部换掉，与大臣杨素、张衡、宇文述等人趁机发动宫廷政变，带兵包围仁寿宫，驱散宫人，逮捕了柳述、元岩，右庶子张衡怀藏利刃，深入文帝驾前，一举结果了文帝杨坚。杨坚享年64岁。

杨坚的谥号是文皇帝，所以后世称他隋文帝，庙号是高祖。

杨坚创下的隋朝基业并没有坚持多久，隋朝很快就被历史上最荒淫无道的隋炀帝杨广挥霍掉了。隋朝从建立到灭亡有三十七年，但从公元589年灭陈开始算，仅仅二十九年。古代三十年算一世，隋朝这一世有两个皇帝在位，不过，还是比秦朝要长一些。

中国历史有两个循环很相似：第一个，乱世的春秋战国，短命的秦，长治久安的汉。第二个，乱世的三国两晋南北朝，短命的隋，长治久安的唐。

十三、盛世的开创者唐太宗

唐太宗李世民是唐朝杰出的军事家、政治家，唐朝第二代皇帝，在位期间，励精图治，锐意进取，使唐王朝迅速达到了天下大治的局面。社会安定，人民安居乐业，国力日益强盛，并且开创了皇帝兼听纳谏，广任贤良，大臣敢于发表和坚持自己的意见，上下融洽的这样一种封建社会少有的政治风气，开创了被誉为贞观之治的中国封建社会中最突出的太平盛世之一，使大唐王朝成为当时世界上最强大的国家，奠定了大唐帝国 290 余年基业的基础，唐太宗也因此为中国封建帝王中最为杰出的代表人物，被人们誉为“帝王楷模”。

打出来的江山

李世民于 599 年出生于武功（今陕西武功西北），自幼聪明敏捷、胆识过人。作为世代显赫的将门之后，他从小就受到了家庭尚武习俗的熏陶，所接受的教育也是骑射征战和文韬武略。他少时就熟读了《孙子兵法》，并且能够用孙子之言与父亲李渊讲论用兵布阵的策略，深得父亲的喜爱。青年时代的李世民更是练就了一身精湛的武艺。在青少年时代，李世民和全家随着父亲职务的不断调动，过着迁徙不定的生活，了解了大量的社会现实情况，见多识广，眼界开阔，逐渐形成了他意志倔强、豪放刚烈的性格特点，养成了爱动脑筋和善于思索的良好习惯，遇事头脑冷静、处置果断。这些性格和习惯，使青少年时代的李世民就开始显露了出众的才华。

615 年，隋炀帝巡查北方要塞时，突遭突厥始毕可汗几十万骑兵袭击，雁门（今山西代县）一带 41 座城失陷 39 座，隋炀帝困守雁门城内，将求救的诏书捆在木板上放进南流的汾水中，命令各地募兵救援。年仅 16 岁的李世民就在这时应募入伍，隶属屯卫将军云定兴部下。李世民向云定兴献出疑兵之计：

李渊想放弃河东地区，遭到李世民的反对，他认为河东是富庶之地，也是京城的重要依托，还是起兵之地，所以不能放弃，他愿意领兵夺回来。李渊便命李世民领兵出征，11月，李世民趁黄河结冰的时机顺利渡河，然后用“坚壁挫锐”的战术来和刘武周的大将宋金刚对峙。李世民坚守不出，挫敌锐气，待机而动，因为他知道敌军深入，必定粮草不济。次年的2月，在宋金刚军粮草缺乏时破敌于介休城，刘武周放弃太原北逃。接着，李世民又麾军北进，终于在620年4月歼灭了刘武周，收复了河东全境。

同年7月，李世民率兵挺进中原，势如破竹，相继收复了河南的多数郡县，将隋朝的残余势力王世充围困在洛阳孤城之中。接着，又果断地采取围城打援的作战策略，生擒了窦建德，迫降了王世充，相继平定了隋末以来两个势力最强的军阀领袖。

如果说李世民在唐朝建立之前已建有战功的话，那建立唐朝之后统一全国的军功则无人能与其匹敌。也正因为有了如此的赫赫战功，李世民才有了争夺帝位的强烈愿望，才导致哥哥建成的嫉妒与谋害，才有了兄弟相残的玄武门之变。

玄武门之变

由于唐太宗统一全国的赫赫战功，使其在朝野上下的威信日增，高祖李渊也给了他相当大的权力，他的官职是尚书令，更重要的是他还掌握着大量军队。除此之外，他在随父起兵和统一全国的战争中，利用自己的特殊地位和条件，收罗了大批谋臣猛将，如尉迟敬德、李靖、房玄龄等，逐渐组成了一个以他为核心的政治集团。这个文武兼备的政治集团的形成和他在唐王朝中的特殊地位，引起了他的哥哥太子建成的嫉妒，同时也使他感受到了严重的威胁。为了维护自己的皇位继承权，太子建成也大力收罗人马，扩充自己的势力，同时还把弟弟齐王李元吉拉入自己的东宫集团，两人合谋对付李世民。而统一战争结束之后，李世民也逐渐产生了觊觎帝位的野心，于是李世民与太子建成的争权活动便逐渐由暗斗转向明争。

624年6月，庆州总管杨文干叛乱，牵涉到了太子李建成，李渊命李世民讨伐，还许诺在平定后立他为太子。但事后，李渊又听从李元吉和后妃的话，改了主意，这无异加剧了兄弟之间的争夺。626年双方已成剑拔弩张之势。

有一天夜里，李建成请李世民去饮酒。他在酒里偷偷放了毒药，李世民喝下去以后，心痛剧烈，吐了好多血，幸亏淮安王李神通将李世民送回秦王府才得救。李建成和李元吉并没有就此罢休，反而更加紧了行动。他们在唐高祖面前说李世民的坏话，想借父亲的手杀了他，还在李渊的支持下将房玄龄和杜如晦调出了秦王府，削弱李世民的力量。

玄武门之变

而就在兄弟们激烈争夺继承权的时候，恰逢突厥南侵，李建成和李元吉觉得时机到来了，便由李建成建议让李元吉代替李世民北伐突厥，李渊同意了，然后，他们就进一步提出，调秦王的部下大将尉迟敬德和秦叔宝等人随同出征，还要求将秦王的精兵划归李元吉统领。这很明显是想孤立李世民，然后再下手除掉他，而李渊竟然同意了。于是李建成和李元吉商议在出兵饯行的时候，派人将李世民刺死。这件事被太子李建成的一个属官得知后，他马上向李世民报告了这个机密消息，于是李世民手下的几个亲信也知道了，都劝李世民抢先动手除掉李建成和李元吉，李世民答应了。

六月初三，李世民向李渊报告了李建成和李元吉二人的阴谋，还趁机告发他们淫乱后宫，李渊答应第二天早朝时对质，处理此事。李世民并没有将希望寄托在父亲的处理上，因为父亲先前总是偏袒他们，他果断部署了行动计划。

李世民去见李渊的事被倾向李建成的后宫张婕妤得知，她马上派人密告李建成，但李建成认为京城守卫都是自己的人，不会出什么意外。

六月初四清晨，李世民命属将伏兵于长安宫城北门玄武门，而此前他已成功地收买了李建成的将领——玄武门守将，被蒙在鼓里的李建成还认为守城门的是自己的属将，所以放心大胆地和李元吉去上朝。等他俩走到临湖殿时，发觉守门的士卒不是自己的属下，感到不妙，立刻掉转马头往回走。这时候，李世民骑马赶来，李元吉立刻拉开弓向李世民连射三箭，但没射中。而武艺高强的李世民拉开弓箭，“嗖”地一下就把李建成射下马来，然后再补上一刀，杀死了他。李世民的部将赶上去，把李元吉也射下了马，砍死了。

这时候，唐高祖正在太极宫的湖里划船，李世民的部下跑来报告说李建成和李元吉要造反，已经被秦王杀死，李渊只好下诏平息了两派的激战，立李世民为皇太子。两个月以后，也就是公元626年8月，李渊自称太上皇，让李世民做了皇帝，史称唐太宗，李世民这年27岁，次年正月，改年号为贞观，从此李世民开始了他新的政治生涯。

皇位坐稳、大权在握的唐太宗，给死在他刀下的两个兄弟追加封号，把他们重新安葬，出殡的时候，还登上城楼远望，大哭一场。

一天散朝后，唐太宗和宰相房玄龄闲谈时，唐太宗忽然问道：“自古以来，国史为什么都不让本朝的君主看呢？”房玄龄回答说：“因为一个正直尽责的史官总是如实地记下君主的功过得失。本朝的君主如果看到国史中记着自己的过失，很容易恼羞成怒，惩办史官，国史就很难撰写了。”

唐太宗不以为然地说：“有什么写什么，这又没有做错，怎么会得罪君主呢？你去把国史拿来给我看看，朕正想知道自己以前都有哪些错误，好拿来作为鉴戒呢。”

房玄龄这下可犯愁了，国史是由他负责监督撰写的，他清清楚楚地知道里面记载着玄武门之变。如果让唐太宗看到这一段记录，他能不生气吗？因此，房玄龄心里非常不安。但是皇上已经下令了，又不能抗旨不遵。没有办法，房玄龄只好硬着头皮、提心吊胆地把国史拿给唐太宗看。

房玄龄

唐太宗把国史仔仔细细地看了一遍后，对房玄龄说：“其他都还好，只有玄武门之变这件事没有写清楚……”房玄龄一听，暗暗着急，心想这下真的糟了，看来皇上果然对此不满意。他正琢磨着该怎么回答，忽然听唐太宗又吩咐道：“来人，去把史官叫来！”

房玄龄越发着急了，他正想为史官

辩解，唐太宗已接着原先的话题说了下去："撰写国史是为了记录历史，给后人以借鉴，所以一丝一毫也含糊不得，不能因为怕得罪皇上就对真相有所隐瞒。朕要把当时的情形详细地给他们讲一讲，好让他们把遗漏的地方补上。"

房玄龄没有想到唐太宗会说出这样一番话来，真是又惊又喜。他由衷地说道："陛下真是心胸宽广，臣深感佩服！"唐太宗认真地说："诛杀李建成和李元吉，也是迫不得已，这是关系国家安定的大事，没有必要隐瞒。写历史就要告诉后人真实的情况，这样才能够使人们从中吸取教训。朕是一国之君，更要做出表率。朕有责任将历史的真相告知后人。"

唐太宗的诚实赢得了满朝文武的尊敬。以后再有什么事，大臣们都敢于直言，朝廷上下逐渐形成了一种良好风气，从而才有了历史上的"贞观之治"。

任贤纳谏

治理国家很重要的一条便是官员的选拔和任用，这是唐太宗治理国家的第一条经验。在唐朝建立之初，从魏晋南北朝时期流传下来的重武轻文的传统还没有改变，许多大臣都是行伍出身，作战时勇猛无敌，但治理国家、处理政务就不再是内行了。因此唐太宗将选官的标准定在了两个重要方面，一是才干，二是德行。这从根本上影响了唐朝的选官制度和科考制度，唐朝六品以下官吏由吏部和兵部选拔，五品以上的官吏根据政绩考核，最后由皇帝亲自裁定。

唐太宗选拔官吏时虽然如饥似渴，但他并没有因为求贤而降低了标准，他是用才干和贤能严格衡量的。他有句名言，就是内举不避亲，外举不避仇。在正确标准的衡量下，许多有才干的人被唐太宗纳入高层领导集团，这包括原来太子李建成手下的许多人，唐太宗不计前嫌，将这些人看成自己人来真诚对待，根据才干大小委任官职，从而争取了许多人为其效力。

除了这些选拔和考核的措施之外，唐太宗还利用了在隋朝便开始实行的科举考试制度，这使选官的途径增多了，选择的范围也扩大了，为一般的读书之人提供了良好的机会，比原来的推荐制度更有合理性。有一次，唐太宗看着众多新考中的进士，高兴地说，天下的良才都来为我服务来啦。科举考试分两种，一是常举，定期举行；二是制举，由皇帝决定临时举行。考中后，原来有官职的人便可以升官，原来没有官职的由吏部考核之后再授予官职。后来在武则天时期，还曾经举行过武举，考步马武艺，作为武官选任的条件之一，后来在平定安史之乱中立下战功的名将郭子仪便是从武举中脱颖而出的。

唐太宗又精简了机构。在隋朝时，中央的官员达2500人之多，李渊建立唐朝后基本上没有变动。李世民命房玄龄负责调整精简机构，最后确定官员的编制为640人，提高了办事的效率，也大大节省了政府的开支。

为严肃地方吏治，唐太宗还依照地理形势将全国分为十道，即关内、河南、河东、河北、山南、陇右、淮南、江南、剑南、岭南。然后从京城的高官中选任观风俗使，巡行四方，考核地方官，以定奖惩。

唐太宗对人才的任用也很有特色，他能知人善任，做到人尽其才，而且是充分发挥其长处。如历史上有名的房玄龄、杜如晦就是典型，他们不善于断案和处理杂务，但却善于谋划和决定国家大事，所以用为宰相，用其所长，避其所短。而戴胄则相反，他不通经史，但做事正直，所以让他做大理寺少卿，负责审理案件，结果他办事异常干练，案子从不积压，深得唐太宗赏识。

唐太宗任人唯才是举，不论亲贤远近。凡是有才之士，不论资历地位和亲疏恩怨都能够兼收并用，充分发挥他们的才能。对于自己的旧属和亲信，唐太宗也不滥加任用，而是量才授予官职。

有一次，唐太宗要给功臣们封官赐爵。他让人宣读事先写好的名单，并且说："有不合适的，请提出来。"唐太宗的叔父李神通打了许多仗，他一直认为自己的功劳最大，可一听名单上把自己排在后面，就不服气地大声说："当初，我首先起兵响应您，东征西杀。可您怎么把我排在房玄龄、杜如晦这些人后面了？他们有什么功劳？不就是舞文弄墨，要不就写写画画嘛！"

唐太宗笑了，说："叔父虽然首先举兵起义，可忘了您后来还打了两次大败仗。房玄龄、杜如晦他们出主意，定计策，帮我取得天下，论功劳，应当排在您的前面。您虽然是我的至亲，我可不能因私情而加重对您的封赏啊！"

大臣房玄龄说："秦王府里的旧人，都是皇上的老部下了，那些没升官的，不免有些怨言。"唐太宗说："设立官职，为的是选拔有才能的人，替百姓办事。不能以新旧分先后。新人有才干的，就要升官；旧人没有才干的，当然不能提拔。要不然，国家的事情怎么能办得好呢？"

长孙无忌是唐太宗年轻时候的好朋友，又是他的大舅子（皇后长孙氏的哥哥），有才干又有大功，唐太宗就任命他做了宰相。长孙皇后知道了，怕别人说闲话，对唐太宗说："我做了皇后，已经够出风头的了，你就别让我哥哥当那么大的官，免得……"

"不。我任用你哥哥，是因为他有宰相的才干，不是因为他是我的亲戚。"唐太宗坚持让长孙无忌当了宰相。

正是因为有了正确严格的选官标准，加上君臣的共同努力，使贞观时期出现了众多贤良有才干的名臣，这些名臣共同促成了贞观之治，也共同促成了盛唐的灿烂文化。

唐太宗在中国历史上之所以被人尊崇，和他纳谏的过人气度是有直接关系的，纳谏方面他也是最突出的。

尉迟敬德是刘武周手下的大将，620年他和另一员大将寻相一起向唐太宗投降。时间不长，寻相便又叛乱，众将疑心尉迟敬德也将要叛乱，就囚禁了他，还建议唐太宗杀掉他。唐太宗却说："他如果要叛乱，难道还会落在寻相的后边吗？"随即放了尉迟敬德，并安慰道："大丈夫以意气相许，请不要将这点小误会放在心上，我绝不会听信旁人之言加害忠良勇士的。"尉迟敬德深受感动，以后为唐太宗屡建奇功。例如唐太宗即位之后在如何处理原来属于太子李建成东宫集团的人时，就听从了尉迟敬德的建议，尉迟敬德说杀人过多不利于国家的安定，因此，唐太宗便以宽容的态度对待原太子一派的人，有才干的还委以重任。唐太宗的宽容化解了许多矛盾，也使许多原来站在对立面的人能够有机会转变过来，成为治理国家的有用之才，魏征便是一个著名的例子。

魏征当年被太子李建成引用为东宫僚属，他看到太子与秦王李世民的冲突日益加深，多次劝建成要先发制人，及早动手。玄武门之变后，李世民曾质问魏征："你为什么挑拨我们兄弟关系？"魏征并不求饶，反而倔强地说："如果太子早听我的话，一定不会是今天的结局。"唐太宗很赞赏他的直率，便以礼相待，根据他耿直的秉性，让他任谏议大夫，并经常引入内廷，询问政事得失。魏征喜逢知己之主，竭诚辅佐，知无不言，言无不尽。加之性格耿直，往往据理抗争，从不委曲求全。有一次，唐太宗曾向魏征问道："何谓明君、暗君？"魏征回答说："君之所以明者，兼听也；君之所以暗者，偏信也。以前秦二世居住深宫，不见大臣，只是偏信宦官赵高，直到天下大乱以后，自己还被蒙在鼓里；隋炀帝偏信虞世基，天下郡县多已失守，自己也不得而知。"这就是我们今天经常引用的名句："兼听则明，偏信则暗。"唐太宗将魏征的这句忠言牢记在心。

626年唐太宗即位不久，命人点兵。当时的唐制规定，年满21岁才能入选，但大臣封德彝却说18岁以上高大健壮的也可以点兵，并得到唐太宗的同意。魏征却驳回了诏令三四次，不肯签发。唐太宗大怒，召见他质问。魏征说："您常说要以诚信治天下，但即位以来仅几个月就几次失信于民，这怎么能说是以诚信治天下呢？"太宗听了转怒为喜："过去我总以为你很固执，不懂政事，今天听你分析国家大事，都很切中要害，我确实是错了。"太宗不但改正了错误，还赏赐魏征一只金瓮。

627年，魏征被升任尚书左丞。这时，有人奏告他私自提拔亲戚做官，唐太宗立即派御史大夫调查此事。结果，查无证据，纯属诬告。但唐太宗仍派人转告魏征："今后要远避嫌疑，不要再惹出这样的麻烦。"魏征当即面奏说："我听说君臣之间，相互协助，义同一体。如果不讲秉公办事，只讲远避嫌疑，那么国家兴亡，或未可知。"并请求太宗要使自己做良臣而不要做忠臣。太宗询问忠臣和良臣有何区别，魏征答道："使自己身获美名，使君主成为明君，子孙相继，福禄无疆，是为良臣；使自己身受杀戮，使君主沦为暴君，家国并丧，空有其名，是为忠臣。以此而言，二者相去甚远。"太宗点头称是。

628年，魏征被授秘书监，并参掌朝政。不久，长孙皇后听说一位姓郑的官员有一位年仅十六七岁的女儿，才貌出众，京城之内，绝无仅有，便告诉了太宗，请求将其纳入宫中，备为嫔妃。太宗便下诏将这一女子聘为妃子。魏征听说这位女子已经许配陆家，便立即入宫进谏："陛下为人父母，抚爱百姓，当忧其所忧，乐其所乐。居住在宫室台榭之中，要想到百姓都有屋宇之安；吃着山珍海味，要想到百姓无饥寒之患；嫔妃满院，要想到百姓有室家之欢。现在郑民之女，早已许配陆家，陛下未加详细查问，便将她纳入宫中，如果传闻出去，难道是为民父母的道理吗？"太宗听后大惊，当即深表内疚，并决定收回成命。但房玄龄等人却认为郑氏许人之事，子虚乌有，坚持诏令有效。

魏征像

陆家也派人递上表章，声明以前虽有资财往来，并无订亲之事。这时，唐太宗半信半疑，又召来魏征询问。魏征直截了当地说："陆家之所以否认此事，是害怕陛下以后借此加害于他。其中缘故十分清楚，不足为怪。"太宗这才恍然大悟，便坚决地收回了诏令。

由于魏征能够犯颜直谏，即使太宗在大怒之际，他也敢面折廷争，从不退让，所以，唐太宗有时对他也会产生敬畏之心。一次，唐太宗得到一只鹞鹰，非常漂亮，特别英武，唐太宗整天让鹞鹰站在自己手臂上，爱之如珍宝。有一天，唐太宗正耍着鹞鹰玩儿呢，忽然看见魏征走了过来，唐太宗赶忙将鹞鹰藏在怀里，不想让魏征看见。其实魏征早已看见，但他不动声色，走到皇上跟前，作揖问安之后，就滔滔不绝地向皇帝汇报起一件又一件或大或小的事情来，唐太宗虽然觉得平时能言善辩的魏征今天似乎变得有些迂腐、唠叨，甚至有点婆婆妈妈，但他毕竟是自己一贯尊重礼敬的大臣，总不能不让他把话说完吧。等魏征把话说完，作揖走开，唐太宗再看他的鸟儿，早憋死怀中，这时唐太宗才明白魏征装憨的目的了。

越王是唐太宗长孙皇后生的小儿子，风姿秀美，聪明绝伦，唐太宗特别宠爱。有人跑到唐太宗面前告状，说朝中三品以上的老臣都没把越王当回事，认为越王长在深宫，不识创业艰难，不知民间疾苦，整天吃喝玩乐，不会有什么出息……唐太宗听了，勃然大怒，立即传旨：京中三品以上大员到齐政殿听宣。唐太宗怒气冲冲地来到齐政殿，扫了一眼满朝文武，压着满腔的怒火说："我有几句话，想向你们这些达官贵人们讨教。以前天子就是天子，今日天子，就不是天子了吗？以前天子儿，就是天子儿，今日天子儿就不是天子儿了吗？远的不说，就说隋朝吧，那些王子皇孙，他们怕过谁？朝中公卿，他们想弄谁就弄谁，谁敢吭声？现在好啦，我的儿子，我不许他们放纵横行，你们也就觉得好相处了，可以蔑视他们啦，是不是？要是有人生贱，我放纵一下，我的儿子未必学不会弄人。"大臣们吓得战战惊惊，作揖谢罪。这时魏征正了正朝冠，拉下脸来，说："当今群臣，肯定不敢小瞧越王。话说回来，按照国家的规矩，大臣和皇子是平等的，臣子就是这么说来的。皇上的大臣按说还应该排在诸侯王的前面。现在跪在皇上面前的三品以上大员，都是朝廷的公卿，皇上您都非常敬重，纵然小有不是，越王怎能代替皇上您来处罚大臣呢？当然就更不能随便折辱大臣。如果国家纪纲废坏，那时会发生什么事我不知道；如今圣明之时，越王岂得如此？隋朝不知礼仪，所以很快亡国，不可为法，亦何足道！”唐太宗听了魏征一席话，说：“我刚才发火，自以为有理，等听了魏征一席话，始觉大非道理。”赐魏征绢一千匹。

638年,魏征看到唐太宗逐渐怠惰,懒于政事,追求奢靡,便奏上著名的《十渐不克终疏》，列举了唐太宗执政初到当前为政态度的十个变化，提醒他反思自己的所作所为。

642年，魏征染病卧床，唐太宗前去探望，见魏征瘦骨嶙峋的样子，心中非常难过。唐太宗长着一脸好看的胡须，平时非常爱护自己的胡须，可是当他听说胡须烧成灰泡水喝可以治魏征的病时，便马上剪下自己的胡须为魏征治病。他见魏征住得极其简陋，马上将自己修宫殿的材料运来，给魏征修建了一座府邸。看着魏征不行了，唐太宗把已许配给魏征儿子的女儿带到魏征的病床前，对魏征说：“你为了朝廷竭尽心力，我没有什么报答你的，你就睁开眼睛看看你未来的儿媳吧！”

魏征病逝后，唐太宗亲临吊唁，痛哭失声，并说：“人用铜（古代的镜子用铜磨制而成）做镜子，可以纠正衣冠；用古代历史做镜子，可以明辨国家的兴盛与衰亡；以人做镜子，可以知道自己的得失和过错。现在魏征走了，朕便失去了一面宝贵的明镜。”

为了更好地纳谏，唐太宗还采取了一些具体有效的措施，如谏官和史官列席军政会议，对于敢于直谏的大臣给予重赏鼓励，这也是对其他人以后进谏的一种有效的鼓励。唐太宗是个善于治国的政治家,又是个能征惯战的统帅。一次，他拿出十张好弓，问一位造弓的老师傅：“这是我过去收集的十张良弓，你看怎么样？”

他满以为弓匠会大大称赞一番的。可那位弓匠把十张弓都仔细地看了看，笑了笑说：“皇上，这些弓的木心不正，脉理歪斜，射出的箭走不直啊！虽说是强弓，可都不是好弓。”

太宗听了十分扫兴。可他从这件事受到了启发，明白了一个道理，对左右的人说：“我一生不知打了多少仗，用过多少弓，可还不能识别真正的好弓；天下的事情这么多，哪能什么都懂，都辨别得出对和不对呢？”

从此，他规定京城五品以上的官员，轮流在宫中值夜班，白天晚上他都要亲自召见他们，问老百姓的疾苦和地方上发生的事，有处理错误的就立即下令纠正。

由于唐朝建立不久，事情特别多，大臣们上的奏折也就很多，唐太宗把这些奏折都贴在墙壁上。有个大臣不太理解，问他："您把奏折贴起来做什么呢？"唐太宗说："奏折太多，我怕忘了，贴在墙上，进进出出都能看得见，这样才不会误事。"

唐太宗还在自己卧室的屏风上，贴了许许多多纸条，上面写着全国地方官员的姓名。有位大臣对他说："地方官员都写进了花名册，您干吗还要把他们的姓名贴起来？"唐太宗说："地方官员是直接管理百姓的，关系重大。他们做了好事或坏事，我都会随时记在他们的名下。这样，谁该提拔，谁该降职或罢免，我就有了根据，不会弄错了。"

正因为唐太宗办事一点也不马虎，所以当时绝大多数官员都比较廉洁，办事认真。据说，当时许多地方，有人在路上丢了东西没人捡走，夜间不关门也没人偷东西。古人叫作"路不拾遗，夜不闭户"。这就是历史上最赞扬的清平景象。

有一次，太宗闲暇与近臣私下议论山东人与关中人的性格特点，言谈中流露出认可山东人而轻视关中人。朝臣张行成叩拜奏说："天子以四海为家，看待人不应当有东西地域差异的偏见，不然恐怕会给人以心胸狭隘的印象。"太宗有所感悟，认为这句话很对。太宗由此想到：自己尽力做到公正，还是难免有时偏颇。太宗赞赏张行成的言论，从此每有重大的政事，都让他参与议政。

当然，唐太宗善于纳谏并不意味着他一味听从所有人的主张和建议，没有自己的主见，而是择善而纳之，择不善而弃之。

627年，民间有一个人上书谏言，请求太宗清除朝中奸佞之臣。太宗认为这事关系重大，就立刻召见这个人。太宗问："你认为朝中谁是奸佞之臣？"这人回答说："我居住在民间草泽，不能具体确认某人是佞臣。我想请陛下与群臣座谈，可以假装发怒来试探他们。据理力争的人，是忠臣；害怕而奉承的人，就是佞臣。"太宗说："君王好比水的源头，臣子就是水流。污浊了源头要使水流清澈，是不可能的。君王自己做假，怎么能使臣下正直？我以公正至诚治天下，感到前世帝王好以诡诈的权术对待臣下，常以为羞耻。"太宗随后又说："你的办法虽然不错，但我不会采纳你这样的建议。"那人只好悻悻而去。

"知人善任、肯于纳谏"是贞观之治产生的最根本原因，唐太宗的行为给历代帝王树立了一个好的典范。

泱泱大风——贞观之治

唐太宗当了23年皇帝，在许多方面取得了成功。唐朝社会安定，经济文化都有很大发展，成了当时世界上最强盛的国家。许多外国人都来到唐朝，学习我国先进的文化。唐太宗的年号叫贞观，后人就把唐太宗时期繁荣昌盛的局面叫“贞观之治”。

贞观初年的形势，对刚刚登上皇位的唐太宗李世民来说是不令人乐观的。当时，统一战争刚结束不久，社会矛盾还没有完全缓和，民心还不十分安定，而且各地的自然灾害也不断发生，社会经济仍然凋敝不堪。如何治理这个国家，成为他所面临的重要问题。而他当时所面临的首要问题是稳定局势，建立以自己为核心的最高领导集团。唐太宗采取了宽大安抚和任用东宫属僚的政策，缓和了政治集团内部的矛盾。在稳定局势的同时，李世民又着手整顿父亲在位的宰相班底，逐步建立起以自己为核心的最高决策集团，建立了以温彦博、王珪、魏征、戴胄、侯君集等人所组成的宰相班底。在这个班子中，既有李世民的旧属，也有原东宫集团的成员。这个班子汇集了当时最杰出的人才，在政治上呈现出明显的朝气和进取精神。通过领导层的改革，李世民不仅牢牢巩固了自己的地位，而且也为进一步励精图治、开创贞观之治的新局面奠定了基础。

经历了隋朝盛世、隋末动乱和灭亡的唐太宗，给他留下最深印象的是隋朝的灭亡。在唐太宗看来，隋朝本是一个十分强盛富庶的统一帝国，仅是储备的粮食就可供全国50年之用。但隋炀帝继位后不到13年便分崩离析，短命而亡，原因是什么？他认为主要有三条：一是隋炀帝广修宫室，到处巡幸；二是美女珍玩，征求不已；三是东征西讨，穷兵黩武。由于隋炀帝恃其富强，不顾后患，徭役无时，干戈不停，使老百姓无法生活，终于激起反抗，以致身戮国亡。而这一切都是唐太宗的亲身经历，因此他引以为戒，成为影响他制定统治政策的重要因素。面对隋朝灭亡的历史教训和贞观初年百废待兴、百乱待治的局面，唐太宗经过深入思考，决定以大治天下作为自己的施政方针。

治国方针确定以后，唐太宗首先抓了国家的政治建设，把任贤和纳谏作为保证政治的两条主要措施。除此之外，唐太宗还建立了一套完备实用的法规体系，为创造一个良好安定的社会环境、实现大治天下的治国方针提供了法律上的保障。唐太宗又进行了法制的改革和建设，采取慎刑宽法和严格加

贞观之治时的礼服

强法制的措施。为了管理国家，唐太宗主持制定了《贞观律》，明确了赏罚制度，加强了法制建设，长孙无忌又和其他人为其作注，这就是后来所说的《唐律疏议》，成为封建社会成就最高的法典，而且一直保存下来。除律外，还有令、格、式，法制形成完整的体系。

唐太宗还设立了死刑复奏制度，以示对人命的重视。在京城要在两日内五次复奏，在各州要三复奏。同时，为了防止和严惩诬告行为，还规定诬告者要“反坐”，即诬告他人什么罪名，就用这种罪名惩罚诬告人。

法律贯彻的好坏，关键在于皇帝的态度。贞观时期，唐太宗不但能够以身作则，遵守法律的约束，对自己的亲属和部属要求也非常严格，如有触犯刑法者，严格依法处理，从不徇私枉法。

唐太宗以身作则，执法如山，在中央和地方政府中起了积极的影响和作用，使贞观初期逐渐形成了执法严肃，令行天下的好风气。社会环境安定，政府官吏都能够做到清正廉明，王公贵戚和豪族大姓都不敢违法乱纪，欺压百姓。由于法制严明，不但犯法的很少，被判死刑的更少。

在进行政治和法制建设的同时，唐太宗又致力于社会经济的恢复和发展，当时，由于长期战争的破坏和自然灾害的影响，经济破败，民户凋残。面对这种困境，唐太宗一方面大力提倡戒奢崇简，节省开支；另一方面又积极地推行轻徭薄赋，与民休养生息的政策，使农民得以逐步恢复生产，重建家园。

唐太宗提倡戒奢崇简，并率先垂范。他继位后，住的宫殿还是隋朝建造的，大部分都已破旧。一般新王朝的君主都要大兴土木，另建新的宫殿。但唐太宗为了节省开支，在贞观初年一直不允许修造。唐太宗还严厉禁止厚葬，并要求五品以上的官员和勋亲贵族都要遵照执行。对于官员们的奢侈行为，唐太宗也严格禁止。贞观初年，逐渐形成了一种崇尚节俭的风气，出现了一批以节俭闻名的大臣。如户部尚书戴胄，生前一直住在一座破旧的房子里，死后甚至连个祭祀的地方都没有。一代名臣魏征为官一世，家里却连个正堂屋都没有。这种节俭风气的盛行，对减轻国家和人民的负担，促进社会经济的恢复和发展起了积极的作用。

在提倡戒奢崇简的同时，唐太宗又采取了很多发展经济的措施，这包括：推行均田制，奖励垦荒；颁行租庸调法，轻徭薄赋；劝课农桑，不夺农时；设置义仓，救灾备荒；增殖人口，奖励婚嫁，发展生产；兴修水利设施，疏浚河渠。

有了上述这些利民措施，太平盛世很快到来，粮食连年丰收，粮价持续下跌。到贞观中期时，国家迅速达到了昌盛阶段，出现了牛马遍野、丰衣足食、夜不闭户、道不拾遗的升平景象，成为被历代所称道的太平盛世。

“天可汗”

贞观时期，在国内政治经济形势迅速好转，国力逐渐增强的条件下，唐太宗又开始了统一边疆地区的战争，并且妥善地处理了与各民族之间的关系，为建立强盛的多民族的大唐帝国奠定了基础。

当时，东突厥是对唐朝威胁最大的一个东北少数民族势力。唐朝初年，东突厥就支持东北的各派割据势力，阻挠唐的统一，并经常南下骚扰，抢掠人口，破坏生产，甚至威胁唐都长安的安全。唐太宗刚即位时，东突厥首领颉利可汗认为唐太宗统治还不稳固，便亲率20万骑兵进逼长安，并派大将执失思力进入长安，对唐太宗进行威胁和讹诈。唐太宗正确地分析了突厥入侵的目的，果断下令扣押执失思力，并亲自率领高士廉等6人骑马来到渭水岸边，与颉利隔水而立，指斥他的侵略行为。随后，唐太宗命令唐军迅速布阵。颉利见唐军士气正盛，军容严整，又见唐太宗神态自若，轻骑独出，认为唐军早有准备，再加上使者被押，使颉利摸不透唐太宗的疑兵之计，不敢贸然率兵过河，只得与唐太宗在渭河桥上杀白马祭天结盟，带着唐太宗馈赠给他的金银绢帛引兵退去。这次唐太宗凭借着自己的机智和勇敢，没折一兵一卒，便退去了 20 万突厥大军。此后，唐太宗一方面抓紧备战，积蓄力量准备反攻；另一方面在外交上采取远交近攻的方针，挟持颉利。

628 年，唐太宗派遣使者与曾经臣服于东突厥的强大势力薛延陀部落建立联盟，造成了南北夹击东突厥的有利形势。同时，唐太宗又利用东突厥贵族的内部矛盾，拉拢和颉利可汗有矛盾的突利可汗。突利的归唐，为唐太宗提供了里应外合的有利战机。

629 年 11 月，唐太宗任命李靖为统帅，统兵 10 余万人，分兵 4 路进攻东突厥，连续击溃东突厥骑兵。同年 12 月，突利可汗率部归唐。在唐军的沉重打击下，颉利可汗伪装求和。唐太宗将计就计，李靖率精骑 1 万，展开突然袭击，颉利可汗战败被俘，东突厥被灭。

唐朝统一了北部边境，收回了阴山至大漠的广大地区，解除了长期以来东突厥对中原地区的侵扰和威胁，使西北各少数民族与汉族的联系进一步加强。周围各部落、部族的首领纷纷前来降服，尊称唐太宗为“天可汗”，意思是“像天一样伟大的领袖”，对唐太宗敬若神明。

北部边境统一之后，唐太宗又相继派兵收复了吐谷浑、高昌、焉耆、龟兹等地区，并在龟兹设立了安西都护府，重新恢复对西域地区的统治。唐朝的西部和北部边境重新得到了巩固和扩大，也使闻名于世的丝绸之路重新得到了畅通，加强了中原地区与西域和中亚地区的经济文化交流。

唐太宗推行开明的民族政策，改善民族之间的关系。不管是对被征服还是主动归附的少数民族部落，唐太宗都不强行改变他们原来的生活方式和风

突厥大军

俗习惯，并且任命他们原来的首领担任各级官员，管理本地区或本部人民，同时还送给他们农具、耕牛等物品，帮助他们发展农牧生产。此外，唐太宗还通过和亲政策，加强少数民族同唐朝的联系和团结。影响最为深远的当推唐朝与吐蕃的和亲。

吐蕃是现在藏族人的祖先，居住在青藏高原。其首领松赞干布是和唐太宗同时代的杰出人物，同时也是吐蕃奴隶制王朝的创始者。松赞干布仰慕唐太宗的英名和大唐先进的经济文化，640年遣使求婚。唐太宗将宗室女文成公主嫁给松赞干布。文成公主进入吐蕃后，汉族人民的农耕、纺织、建筑、造纸、制笔、酿酒、冶金以及农具制造等技术先后在吐蕃传播开来，对吐蕃政治、经济、文化的发展，起了极大的促进作用，同时也加强了吐蕃与唐朝的联系。

贞观时期，由于经济的发达和边境稳定，为中外交流提供了良好的条件，唐朝和世界的交往和政治经济一样是中国封建社会的顶峰时期。包括亚洲、非洲许多国家的使臣、留学生和艺人、僧侣都来到唐朝，来到长安，使长安成了当时世界性的都城。唐太宗对中外交往采取了积极友好的态度，专门设鸿胪寺，负责接待工作。当时和唐朝交往密切的国家有70多个。大批外国人的到来，给唐朝注入了许多新鲜的文化内容，如佛教、伊斯兰教。还有许多植物也传进来，如菠菜、胡椒、郁金香等。

同时，唐朝的先进文化也向外传播，特别是对亚洲的影响尤其巨大。中国的瓷器、纸张、茶叶和丝绸运往波斯，再传到欧洲。四大发明之一的造纸术便是在这个时期传到阿拉伯和印度，又通过阿拉伯传到了欧洲和非洲，对世界文明的发展做出了卓越贡献。在亚洲，唐朝文化对朝鲜和日本的影响最深。631年日本向唐朝派出了第一批遣唐使。到了公元645年，日本开始了著名的大化革新，几乎是全面地学习唐朝文化，甚至是照搬过去直接引用，如唐朝的政治制度、法律制度、均田制和租庸调制，使日本很快建立了封建的国家制度。这些制度一直延续到了19世纪的明治维新。

由于唐朝当时在世界上的地位，加上中国的使者和商人也出现在亚洲各国，所以外国人便将中国人统称为“唐家子”，现在的西方人有的仍然称呼中国人为“唐人”，美国著名的“唐人街”就是很好的例子。

647年，唐太宗于翠微殿召见群臣时，问了大家一个问题：“自古以来，有很多帝王能平定汉族地区，但却无法制服四周的少数民族。我的才干并没有超过古人，但做到了他们做不到的事，这是为什么呢？”

大臣的答案都不能让他满意，最后还是他自己总结了五条经验，最后一条是："先前的帝王们只知道重视汉族，总是轻视少数民族，只有我能像爱护汉族一样爱护他们，因此他们才像对待父母一样对待我。"唐太宗说的确实是实情，只有以诚相待，才能从根本上解决民族关系。

改立太子

李世民是唐初一代英主，具有"洞察秋毫，审时度势"的超凡能力，但他"聪明一世，懵懂一时"，在立皇储的问题出现了失误。

唐太宗即位后，立 8 岁的长子李承乾为皇太子。李承乾年轻时非常聪敏，很为太宗喜爱。太宗居丧期间，国家的政务都由他决断，太宗每次外出巡视，也让他留守长安，代行处理国政。不料，随着时光的流逝，李承乾逐渐变坏了。他习性散慢，生活奢侈，嬉戏无度。太宗对他越来越不满。

当时东宫太子府中有个 14 岁的女乐手，名叫尹伊，弹得一手好琵琶，长得也十分美丽，还能歌善舞。李承乾对她十分宠爱，给她起个绰号叫"称心"，每天都和她厮混在一起，简直寸步不离。太宗知道这件事后非常生气，派人把尹伊杀了，和尹伊有牵连的几个人也都被处死。李承乾对尹伊痛悼不已，便把尹伊埋在宫中，立坟头，树石碑，命宫人每天早晚祭奠，他自己也常来这里祭唁，太子为了尹伊之死而对父亲心生怨恨，所以长时间不上朝参拜太宗。

李承乾从此也无心学习朝政，整天沉浸在歌舞酒宴中。对于李承乾的日渐堕落，太宗很着急，为了加强对太子的教育，他选派了许多有学问的人做太子的老师。右庶子李百药是太子比较早的老师。他针对李承乾留心典籍和爱好嬉戏的特点，写了一篇《赞道赋》的文章，以古来储君成败的事迹对李承乾进行讽谏。由于李承乾毫不觉悟，两年后李百药不得不辞职。太宗又选中书郎杜正伦当太子的老师。当时李承乾正犯脚病，不能上朝。太宗特意嘱咐李正伦说："太子有病不来上朝不算大事，可他不爱惜贤才却令人担忧。如果太子不听教导，可来告我。"李承乾果然不听杜正伦教诲。为了给太子施加压力，杜正伦便用太宗的话吓唬他。谁知李承乾上表太宗，反告了杜正伦一状，词语中还连带了唐太宗本人。一天，太宗责备杜正伦说："你怎么能在太子面前泄露我的话呢？"就这样，杜正伦也没有成功。

此后，光禄大夫张玄素又当了太子的老师。鉴于李承乾久居皇宫，荒废学业，张玄素便引古人“勿以小恶而不去，勿以小善而不为”的话规劝他。不料李承乾极为反感，甚至派遣自己的胡奴，在更深人静的时候去打张玄素，使张玄素险些丧命。于是，张玄素也不得不辞职而去。在这以后，太宗又以散骑常侍于志宁为太子老师。一个夏天农民大忙的时节，李承乾不顾农时，征调大批工匠官奴在东宫营造亭台，数月不停。于志宁对此劝谏说：“东宫是隋朝修建的，当时的人就以为很奢侈华丽了，怎么你还在里面营造亭台呢？费那么多财帛，用那么多人力，这会败坏皇家的道德，引来人们的非议。”李承乾对这些话根本听不进去，还秘密地派遣刺客偷偷来到于志宁的住处。刺客看见于志宁住在茅草房中，生活很清苦，和李承乾居住的东宫相比，简直有天壤之别，就没有忍心动手。于志宁对太子的教育也失败了。

李承乾沿着邪路越走越远。他不仅亲小人，远贤才，喜嬉戏，爱美色，求奢侈，厌政务，而且，对严厉管教他的太宗也逐渐产生了忌恨。李承乾制定了暗杀和政变的两套计划，想除掉太宗。他先派遣刺客纥干承基前往谋杀，没有成功，于是，决定发动宫廷政变，逼迫太宗退位。参加李承乾政变密谋的心腹人物，主要是汉王李元昌（即太宗的弟弟）、吏部尚书侯君集、左屯卫中郎将李安俨、洋州（今陕西西乡）刺使赵节、驸马都尉杜荷等。李元昌、侯君集受过太宗的指责，心怀怨恨，所以，与李承乾一拍即合，极力主张谋反。其他几个人也都参与了阴谋勾当。

一天，这些人来到东宫李承乾寝室，用刀子割破手臂，再用帛蘸上血，然后把血帛烧成灰，放到酒中喝下去。他们立誓同生死，准备发兵冲入太宗的住处。但是，他们的阴谋还没有来得及实现，贞观十七年二月，齐王李示右就在齐州（今山东济南）发动了叛乱。李承乾得到这个消息，曾喜形于色地对纥干承基说：“我的住处西墙外，二十几步就是大内，我们谋反，不是比齐王更容易吗？”不料，齐王的叛乱很快被平定，太子李承乾的阴谋也彻底暴露了。太宗把李承乾及党羽一网打尽，并命长孙无忌、房玄龄、萧禹、李勣、孙伏加、岑文本、马周、褚遂良等大臣共同审理。李承乾一一招供。于是，太宗决定废除李承乾的太子，发配到黔州（今贵州彭水），李元昌赐令自尽，侯君集等人全部斩首。

李承乾被废了，谁继位东宫当太子呢？太宗想到了魏王李泰，李泰是唐太宗的第四子。年幼时也非常聪明，特别喜欢诗文，长大以后，对经籍、地理之学尤有兴趣。太宗对李承乾逐渐疏远时，就开始有意识培养李泰。636 年

唐废太子李承乾墓遗址

2月，太宗借口李泰喜欢文学，对士大夫非常讲究礼节，便命在魏王府建置文学馆，听任李泰自由地选择学士。太宗这样做，显然是为李泰当太子创造条件。李泰手下的人心领神会，他们出谋划策，让李泰奏请撰著《括地志》一书。太宗大力支持，拨了许多经费，给撰写的人优厚的待遇。《括地志》一书最后编成，李泰在朝廷中获得了好名声。不仅如此，太宗对李泰的赏赐越来越多，到642年2月，对李泰每月的赏赐已经超过了当时还是太子的李承乾。

太宗这种做法助长了李泰及其僚属们的骄横气焰。贞观十七年正月，魏王府中传出谣言，说太子李承乾脚有毛病，当废，魏王聪明，当立。这以后，朝中许多大臣也开始和李泰拉关系，徇私舞弊、行贿。这使当时还没有被废的太子李承乾十分害怕。一天，李承乾秘密派人到玄武门上书，声称是李泰府上的典签(掌管文书的小吏)为李泰请封。谁知，太宗打开奏书一看，里面写的全是李泰的罪状。太宗知道这是李承乾搞的鬼，便找他上殿当面斥责。李承乾辩解说："儿臣贵为太子，还有何求？只不过求自安之计罢了。如果父皇立李泰为太子，那正是称了他们的心愿，今后谁都可以谋取太子位了。"许多大臣也都反对立李泰为太子。这样，太宗就没有立李泰。

李治是太宗的第九子，631年被封为晋王。李承乾被废太子以后，李泰、李治都有条件继位东宫太子位。于是，他俩也进行了激烈的争夺。后来，因为李治得到了长孙无忌的支持，当了太子。原来，长孙无忌是长孙皇后的兄弟，他听说在太原发现一块巨石，上面刻着"治万吉"三个字。长孙无忌说石文显示了上天的意志，立李治为太子天下大吉。这当然是一种传说和附会。实际上，长孙无忌看到李治性情软弱，将来可以控制，而太宗也认为，有良佐辅助，太子软弱一些也无关大局。就这样，在长孙无忌等人的坚决要求下，太宗决定立李治为太子。贞观十七年四月十三，太宗举着佩刀假装要刺自己。长孙无忌立刻上前夺过太宗手中的佩刀，递到正在太宗身旁的李治手中。太宗情绪稳定后，大声地说："我要立晋王。"长孙无忌也非常机警地回答："谨奉诏，有不同政见者，臣请斩之。"于是，立李治为太子的事情就这样决定下了。

唐太宗死后，李治即皇帝位。他就是历史上的唐高宗。

贤明皇后

唐太宗大治天下，盛极一时，除了依靠他手下的一大批谋臣武将外，也与他贤淑温良的妻子长孙皇后的辅佐是分不开的。

长孙皇后出身于世代显赫的贵族世家，自幼受到良好的教育，知书善文，聪明贤淑，是一个有见解、识大体、宽厚仁慈的女性。她以自己的贤德和才干影响了唐太宗的家庭生活和政治行为，为开创贞观之治的大好局面做出了重要的贡献。她 13 岁时便嫁给了年方 17 岁的李世民，她年龄虽小，但已能尽行妇道，悉心侍奉公婆，相夫教子，是一个非常称职的贤妻良母，深得丈夫和公婆的欢心。

唐朝建立前，李世民征战南北期间，长孙王妃紧紧追随着丈夫四处奔波，为他照料生活起居，使李世民在繁忙的战事之余能得到一种清泉般温柔的抚慰，从而使他在作战中更加精神抖擞，所向无敌。

李世民即位后，长孙王妃也随即成为母仪天下的长孙皇后，但长孙氏并不因之而骄矜自傲，她一如既往地保持着贤良恭俭的美德。对于年老赋闲的太上皇李渊，她十分恭敬而细致地侍奉，每日早晚必去请安，时时提醒太上皇身旁的宫女怎样调节他的生活起居，像一个普通的儿媳那样力尽着孝道。对后宫的妃嫔，长孙皇后也非常宽容和顺，她并不一心争得专

长孙皇后

宠，反而常规劝李世民要公平地对待每一位妃嫔。正因如此，唐太宗的后宫很少出现争风吃醋的韵事，这在历代都是极少有的。长孙皇后只凭着自己的端庄品性，就无言地影响和感化了整个后宫的气氛，使唐太宗不受后宫是非的干扰，能专心致志料理军国大事，难怪唐太宗对她十分敬服！虽然长孙皇后出身显贵之家，如今又富拥天下，但她却一直遵奉着节俭简朴的生活方式，衣服用品都不讲求豪奢华美，饮食宴庆也从不铺张，因而也带动了后宫之中的朴实风尚，恰好为唐太宗励精图治的治国政策的施行做出了榜样。

因为长孙皇后的所作所为端直有道，唐太宗也就对她十分器重，回到后宫，常与她谈起一些军国大事及赏罚细节。长孙皇后虽然是一个很有见地的女人，但她不愿以自己特殊的身份干预国家大事，她有自己的一套处事原则，认为男女有别，应各司其职，因而她说："母鸡司晨，终非正道，妇人预闻政事，亦为不祥。"唐太宗却坚持要听她的看法，长孙皇后拗不过，说出了自己经过深思熟虑而得出的见解："居安思危，任贤纳谏而已，其他妾就不了解了。"她提出的是原则，而不愿用细枝末节的建议来束缚皇夫，她十分相信李世民手下那批谋臣贤士的能力。

长孙皇后不但气度宽宏，而且还有过人的机智。一次，唐太宗回宫见到了长孙皇后，犹自义愤填膺地说："一定要杀掉魏征这个老顽固，才能一泄我心头之恨！"长孙皇后柔声问明了缘由，也不说什么，只悄悄地回到内室穿戴上礼服，然后面容庄重地来到唐太宗面前，叩首即拜，口中直称："恭祝陛下！"她这一举措弄得唐太宗满头雾水，不知她葫芦里卖的什么药，因而吃惊地问："什么事这样庄重？"长孙皇后一本正经地回答："臣妾听说只有明主才会有直臣，魏征是个典型的直臣，由此可见陛下是个明君，故臣妾要来恭祝陛下。"唐太宗听了心中一怔，觉得皇后说的甚是在理，于是满天阴云随之而消，魏征也就得以保住了他的地位和性命。

长孙皇后的政治见解和才干，对唐太宗产生了很重要的影响。长孙皇后在世时，唐太宗经常与她讨论国家大事，听取她对一些大问题的意见。贞观初年，唐太宗能够虚怀纳谏，与长孙皇后的协助是分不开的。每当唐太宗任情使性不能虚心听谏时，长孙皇后便通过各种方式进行规劝，使唐太宗能够继续保持虚怀纳谏的好作风。由于长孙皇后知书善文，熟读经史，因此她也常常引用一些历史典故来对唐太宗进行劝谏。

长孙皇后最突出的政治见解是防范外戚专权。她的哥哥长孙无忌是唐太宗的佐命元勋。唐太宗对他信任备至，委以宰相之职。对此，长孙皇后一再以汉朝诸吕与霍氏等外戚专权乱政的历史事实提醒唐太宗，要求降低长孙无忌的官位。她还让哥哥亲自向唐太宗要求降职，一直到临终前，长孙皇后还告诫唐太宗注意防止出现外戚专权的现象。在中国古代历史上，后妃得宠时，依凭裙带之风加重本家族父兄的权势是不乏其例的，而长孙皇后则力避裙带之嫌，把外戚专权乱政导致身败名裂的历史教训作为切骨之诫，是不失为远见卓识的。贞观年间没有出现外戚干政的局面，与长孙皇后有着很重要的关系。

634年，长孙皇后随唐太宗巡幸九成宫，回来路上受了风寒，又引动了旧日痼疾，病情日渐加重。太子承乾请求以大赦囚徒并将他们送入道观来为母后祈福祛疾，群臣感念皇后盛德都随声附和，就连耿直的魏征也没有提出异议，但长孙皇后自己坚决反对，她说："死生有命，富贵在天，非人力所能左右。若修福可以延寿，吾向来不做恶事；若行善无效，那么求福何用？赦免囚徒是国家大事，道观也是清静之地，不必因为我而搅扰。何必因我一妇人，而乱天下之法度！"她深明大义，终生不为自己而影响国事，众人听了都感动得落下了眼泪。唐太宗也只好依照她的意思而作罢。

长孙皇后的病拖了两年时间，终于在公元636年盛暑中薨逝于立政殿，享年仅36岁。弥留之际尚殷殷嘱咐唐太宗善待贤臣，不要让外戚位居显要，并请求死后薄葬，一切从简。

唐太宗并没有完全遵照长孙皇后的意思办理后事，他下令建筑了昭陵，气势十分雄伟宏大，并在墓园中特意修了一座楼台，以便皇后的英魂随时凭高远眺。这位圣明的皇帝想以这种方式来表达自己对贤妻的敬慕和怀念。

长孙皇后以她的贤淑的品性和无私的行为，不仅赢得了唐太宗及宫内外知情人士的敬仰，而且为后世树立了贤妻良后的典范，到了高宗时，尊她为"文心顺圣皇后"。

在唐太宗的晚年，对他影响较大的是贤妃徐惠。徐惠十分聪明，能诗会画，是当时著名的才女，聪明绝顶，博览群书，还未成年就有了很大的名气。徐惠入宫以后，虽然位列妃嫔，但对国家大事也是十分关心，经常和唐太宗谈论国家大事，议论朝政，并提出自己的一些见解和看法。唐太宗喜欢她知书善文，纵论古今的才华，把她看作是长孙皇后一样的人物，对她的见解也颇多接受。贞观后期，由于唐太宗频繁地发动战争，徭役和兵役的征发空前严重，造成了社会矛盾的激化。因此648年，徐惠向唐太宗上疏进行劝谏，这篇上疏结构严谨，声情并茂，论据充实，真切感人，深受唐太宗的赞赏。

唐太宗死后，徐惠十分忧伤，不吃不喝，24 岁就死了。由于她写过桂花颂歌，并为老百姓做过好事，人们尊她为桂花神。

爱书法著《帝范》

唐太宗不仅是一位杰出的军事家和政治家，还是一位多才多艺的君主。他精于弓马，擅长诗书，是一位文武全才的皇帝。

唐太宗以马上取天下，在武力统一中原和边疆的过程中，多得力于骑射战术，因此对弓马特别精通。从晋阳起兵到登基做皇帝，他的生涯几乎是和弓马伴在一起的，他所用的弓箭，比平常人用的要大一倍，命中率高，威力大。他在指挥战争期间，每每乘骏马持大弓，冲锋陷阵。后来登基做了皇帝，他的娴熟的骑射技术仍然不减当年。唐太宗嗜好弓马，特别是对骏马的嗜好以致成癖。昭陵六骏雕刻，既是唐初雕刻艺术的高度成就，也是唐太宗嗜马成癖与他驰誉战场的真实写照。

唐太宗还擅长诗文和书法。他一生写了不少诗文，后来被清朝人编入《全唐文》和《全唐诗》中的就有文 7 卷、赋 5 篇、诗 1 卷 69 首。唐太宗的文章主要是政论、史论、诏勒之类，其中《帝范前后序》、《金镜》等是他的代表作。唐太宗的这些文章大多是用骈体文写成，注重辞藻和排列，讲求对偶与用典，在形式上还没摆脱六朝以来的绮丽文风。但是，由于唐太宗是一代开国之君，具有丰富的政治经验和艰难的统治历程，所以他的文章政治色彩比较浓厚，开创了富有时代特色的贞观之风。

648 年正月，唐太宗将他撰写的《帝范》十二篇颁赐给太子李治，并对其谆谆告诫说："你应当以古代的圣哲贤王为师，像我这样是绝对不能效法的。因为如果取法于上，只能得其中，要是取法于中，就只能得其下。我自从登基以来，所犯过失是很多的：锦绣珠玉不绝于前，宫室台榭屡有兴作，犬马鹰隼无远不致，行游四方供顿烦劳。所有这些，都是我所犯的最大过失，千万不要把我作榜样去效法。"

唐太宗非常喜爱书法，尤爱王羲之的字。他听说王羲之的书法珍品《兰亭集序》在辨才和尚那里，便多次派人去索取，可辨才和尚始终推说不知真迹下落。李世民看硬要不成，便改为智取。他派监察御史萧翼装扮成书生模样，

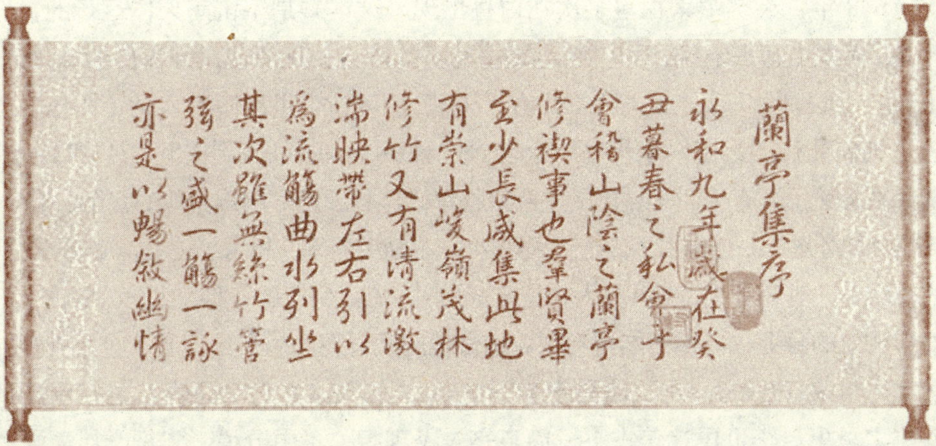

《兰亭集序》

去与辨才接近。萧翼对书法也很有研究，和辨才和尚谈得很投机。待两人关系密切之后，萧翼故意拿出几件王羲之的书法作品给辨才和尚欣赏。辨才看后，不以为然地说："真倒是真的，但不是最好的，我有一本真迹。"萧翼追问是什么帖子，辨才神秘地告诉他是《兰亭集序》真迹。萧翼故作不信，说此帖早已失踪。辨才从屋梁上取下真迹给萧翼观看，萧翼一看，果真是《兰亭集序》真迹，随即将其纳入袖中，同时向辨才出示了唐太宗的有关"诏书"。辨才此时方知上当。

辨才失去真迹，非常难过，不久便积郁成疾，不到一年就去世了。而唐太宗从辨才和尚那里得到《兰亭集序》真迹之后十分高兴，将其视为神品，令当时的书法名家们临摹数本，分赐给他的亲贵近臣。唐太宗生前对《兰亭集序》爱不释手，曾多次题跋，死后又将其随葬。后来，他的陵墓在五代时被一个叫温韬的军阀盗掘了，《兰亭集序》从此失传。我们现在所见到的，都是摹本和临本，尽管如此，人们还是能从中看到它的风姿和神采。

晚年迷信

唐太宗"晚年"，由于过惯了安逸享乐的生活，渐渐地也趋向了奢侈腐化。他修复了隋炀帝在洛阳建的豪华宫室，还霸占了齐王李元吉的杨妃，把已故大臣武士镬的14岁的女儿选为才人，给她起了个名字叫"媚"，这就是"武媚娘"。"晚年"的唐太宗，既迷信占卜，又痴迷丹药，竟在52岁上英年早逝。

648年，天空中太白星多次在白昼出现。这本来是宇宙间天体运行的自然现象，而太史却占卜说，这应在“女主昌盛”。李世民又听说民间流传的《秘记》上说：“唐三世以后，女主武王代有天下。”这可让李世民睡不着觉了，他的李家王朝怎能让“武王”取代呢？于是，他要想尽一切办法找到这个“武王”，把他扼杀在摇篮里。有个叫李君羡的左武卫将军武连县公正好倒霉。他的官衔、爵号、籍贯和职务里，一连串占了四个“武”字：“左武卫将军”里占了一个，“武连县公”占了一个，他又是“武安县”人，是宫城北门“玄武门”的守将，太史公的占卜正好应在他的身上，巧得不能再巧了。偏偏他的父母在小时侯给他起了个小女孩的名字，叫做“五娘”，是盼他易于养活。而“五”与“武”同音，正好牵连到女主之忌里。李世民迷信占卜，简直丧失了理智，不由分说，先把李君羡贬到华州（今陕西华县）任刺使，后来仍不放心，又借故将其杀死。李君羡到死也不明白自己犯了什么罪，就这样稀里糊涂成了李世民迷信的牺牲品。

647年，李世民得了中风的疾病，瘫痪在床上。经御医诊治，半年后病体稍愈，可以三天上一次朝了。如继续边治边养，说不定会逐渐康复的。可是，此时的他却迷恋上了方士们炼制的金石丹药，希望自己长生不老。他先是服食了国内方士炼出的丹药，并不见效，以为国内方士们的道术浅，于是派人四处访求国外高人。

648年，大臣王玄策在对外作战中，俘获了一名印度和尚，名叫那罗迩娑婆。为迎合李世民乞求长生不老的心理，就把他献给李世民。这个印度和尚吹嘘自己有二百岁高龄，专门研究长生不老之术，并信誓旦旦地说，吃了他炼的丹药，一定能长生不老，甚至可以在大白天飞升到天宫里成为仙人。

他的这番鬼话还真就打动了李世民，遂给这个印度和尚安排了豪华的馆驿、丰盛的美食，还天天都有一大群下人侍奉着，生活不亚于帝王。这家伙见李世民对自己深信不疑，就煞有介事地开出一大串稀奇古怪的药名来，李世民号令天下，按此方采集诸药异石，不论任何代价，不惜一切牺牲，只要能采办到印度和尚药方中的药，哪怕刀山火海也得取来。一年之后，药配制好了，李世民非常高兴，毫不迟疑地将药全吃了下去，结果七窍流血，中毒暴亡。这时他才52岁，是中国历史上被“长生药”毒死的第一个皇帝。他没有做到慎终如始，竟这样荒唐可悲、愚蠢糊涂地过早离开了人间。

十四、中国历史上唯一的女皇武则天

历史上的女阴谋家、女野心家随便扫扫就一大堆，但出色的女政治家却鲜见。女人并不是天生就热衷于鸡零狗碎，只是她们的空间太小，要想抢到糖吃，不得不越发显得阴冷、促狭、歹毒，而仅仅有心计是远远不够的。只有汉朝吕后、辽景宗的萧皇后、武则天和孝庄太后等寥寥几个女人可挤入政治家行列。她们在驾驭一个帝国的过程中创造了无穷的乐趣，远比驾驭一个男人更刺激。

而武则天比那几个更伟大之处在于她终于如愿以偿做了皇帝。她是中国历史上惟一的真正的女皇。她死后在乾陵立了一块中国惟一的无字大碑。她又是中国历史上惟一能与皇帝合葬的女人。她所占的“惟一”实在太多，在无数杰出的古代女性当中，在数不清的争权称制的帝妃皇后当中，能占得到一个“惟一”，就已很了不起，而武则天却在许多方面都“创下了历史纪录”。如果把中国的历史比作一场群雄逐鹿的运动会的话，那么，武则天不仅囊括了女子项目的绝大多数金牌，就连男子项目的一些奖牌，她也当仁不让地摘走了。

另外，对于武则天本人，又历史讲不清，文学写得乱，哲学思不透。她凶残淫荡、阴忍好杀，但又果断刚毅，知人善任。她既是杰出的政治家，又是心狠手辣的女人；她既是唐朝的祖母在太庙里千秋配享，又是一个篡位而颠倒朝代的人物，修撰她这段国史真够为难的。连黄仁宇都说了：这段史实，不易置评。所以有人说，武则天是考学人智慧的一个好题目。她做尽了坏事、耻事、恶事，但其统治的岁月，又被史书上称为一个好时代，是从初唐的“贞观之治”过渡到盛唐的“开元盛世”的关键。

确实，武则天的出现“留给史书一页新”，尽管“后人纷纷论古今”，她的历史意义却是谁也抹煞不了的。

烈女雄心

武则天，山西文水人，生于公元624年。其父出身于木材商人，官拜正三品工部尚书都督等大官。其母杨氏，出身名门大族，父亲杨达是隋朝的宗室宰相，至唐代，杨家在京城里也还是显赫的宗族。尽管如此，武则天的家庭在当时也还是不入上流社会的“寒族”。武则天的父亲靠做木材生意致富，后结识李渊。在晋阳起兵以后，李渊命他为行军府司铠参军，一直为唐军提供军需，直到唐军进入长安，被李渊尊为“太原元从功臣”。然而，这并不能改变他的家族出身，按当时的门阀观念，所谓名门望族，是在一百多年间一直控制着西魏、北周和隋、唐政权的关陇集团，只有出身于这些家族的人，才能获得朝廷的承认，才有资格在朝廷中担任重要的官职。按武则天父亲的经历和官位，当然可以跻身于士族之列，但论其血统出身，却是寒微之族。唐太宗贞观十二年，朝廷修《氏族志》，不列武姓，社会上也攻击武家是下等族姓，甚至连突厥人都称：“武，小姓。”武家被排斥在贵族之外，想取得很高的权力和职位，是十分渺茫的。

武则天就生长在这样的家庭里，既有着上流社会的荣华富贵，又有着寒门微族的“历史出身”。上流社会的生活刺激了她的权势欲，寒门微族的出身又使她无法实现攫取权势的欲望。武则天自小就在这种矛盾的心理状态下长大，逐渐养成了她那种仇视名门士族、不择一切手段地攫取权力的性格特征。

的确，在她的身上，是看不到多少“贵族气质”的。唐太宗贞观十年（636年）元月，长孙皇后去世，次年，太宗听说武则天长得端庄漂亮，操行方正，就把她召入宫中。入宫后，武则天深得太宗皇帝喜欢，立为才人，并赐名曰“武媚”，人皆称其媚娘。

召她入宫之时，武则天年仅14岁，一般说来，这种年龄的女子都

武则天像

不愿离开父母，况且一入深宫，如同生离死别。而小小年纪的武则天却把这看成是一个进身的机会，并且可以摆脱兄长们的管束和压抑，因此，她很高兴进入宫廷。当时，她的母亲“恸泣与诀”，武则天反倒觉得大可不必，而是笑着劝慰母亲说：“我去见天子，怎么能知道不是福分呢？为什么要哭哭啼啼，作儿女之悲？”

武则天为人聪慧，又爱读史书，爱考虑政事人情，遇事愿意多听多看多想。她不只具有稚嫩妖媚的姿容、缠绵温和的柔情，而且还有刚烈果敢的性格。据《鹤林玉露》记载：西域吐蕃国给太宗进贡一匹宝马狮子骢，十分猛烈强悍，谁也无法驯服它。太宗亲自去控驭，也无法制服。当太宗为此而感叹时，武则天脱口而出：“臣必能制服这匹马。”太宗忙问她有什么办法，武则天回答说：“我有三样东西可以制服它。开始用铁鞭狠劲地抽它，如果不服，就用铁棍狠狠地敲它，如果还不服，就用匕首刺入它的咽喉。”太宗心中一阵愕然，一个15岁的女孩子居然以如此险恶而又昂然的态度来说出这种字字杀机的话，莫非她真是个魔鬼般的女人？唐太宗心中顿时激起了杀机，然而赐死的诏书终究没有下达，这使武才人自己也感到惊讶。从此，她素衣淡装，更加谨慎地恪尽职守。或许她自己也未意识到，她内心已萌生了残忍的意念，但她忍耐的功夫也更深厚了。

太宗第九皇子晋王李治，是已故的长孙皇后之子。他生于贞观二年，和武则天同年，是一个喜爱文学、唇红齿白的文弱少年，深受太宗宠爱。

李治像

贞观十七年，太子承乾因谋反被废为庶人，立晋王李治为太子。为庆贺立太子一事，太宗召来长孙无忌等重臣，在甘露寺内室举行了小型宴会。李治在中途入厕时，看到如花似玉的武才人。对于这位秀女，李治早有爱慕之心。此刻，自己身为储君，又是酒后，两人第一次有了短暂的亲昵。

贞观二十三年晚春三月，太宗忽然龙体欠安，不久迁入终南山翠微宫避暑养病。太子李治日夜侍候在病床边，能更加频繁地和武才人见面。而武则天也希望把自己的终身托付给太子。于是，就想方设法地接近太子，并取得他的好感。太子李治生性懦弱，遇事没有主张，乍遇武则天这么一个美丽端庄、通达事理而又善于理事的年轻女子，不禁倾心。

终于，他们在设备豪华如寝宫的厕所里发生了第一次亲密的肉体关系。李治在意想不到的时候，以意想不到的方式，得到了梦寐已求的名花。事后，她依在太子怀中，双眼闪着神秘妖冶的光辉，请求太子以天下之主的身份发誓不会抛弃她。一向性情懦弱，处处依附于父皇的李治，面对楚楚动人的心上人，第一次由衷地感到自己即将成为天子的喜悦。他如同昏迷一般向武则天说道："我发誓，以天子的身份……"

当时，民间有种神秘的说法："唐三世之后，女主武王代有天下。"听到这种说法后，唐太宗询问太史令李淳风，得到的答复是："这个人已经在宫中，30 年后当有天下，杀李唐子孙殆尽，其征兆已成。"唐太宗大惊失色，准备尽杀可疑之人。李淳风说："天之所命，人不能违，王者不死，徒多杀无辜；且自今以后 30 年，其人已老，或者颇有慈心，为祸或浅。今天如果把她杀掉，上天或者更生出一个年轻力壮的来，肆其怒毒，恐怕那时陛下的子孙更加无遗类了！"

英武绝伦的唐太宗怀疑日后的"女主武王"就是他眼前的武则天。不久太宗病重，他担心西汉吕雉专权的局面再度出现，便决定把武则天赐死。一天，太子李治和武则天一起在床前服侍太宗，太宗对武则天说："我自从得了痢疾以来，医药无效，反而越来越重。你多年服侍我，我不忍心把你扔下，我死以后，你打算怎么办呢？"

武则天一听，即刻吓出了一身冷汗，但她很快镇静下来，对太宗说："我蒙皇上的恩宠，本该以死来报答皇上的大恩大德。但您的身体未必不能痊愈，所以我也不敢马上就去死，情愿削去头发，披上黑衣，吃斋拜佛，为圣上祈祷，聊以报答圣上的恩德。"武则天的回答非常机智，在当时看来，惟有出家才是一条自我保全之道。

太宗想了一想说："好吧，你既有这个想法，马上就出宫去吧，也免得我替你操心了！"武则天如同得了大赦令一般，急忙收拾行装，准备出家为尼。太子李治虽然不舍，但也无法挽留，后来听得太宗喃喃自语说："我本想把她赐死，又觉得实在不忍心，她既削发为尼，也就罢了，世上总没有尼姑当权的。"

踏着女儿的尸体当皇后

不久太宗驾崩，武则天就和一些没有生育过子女的宫女被送进感业寺，削发为尼。太子李治即位后，对武则天十分思念，只是无由把她请回宫中。

到了唐太宗去世一周年的时候，唐高宗李治借父亲忌日去感业寺进香为名见到了武则天。史书上记载说："忌日，上诣寺行香见之，武氏泣，上亦泣。"唐高宗虽然思念武则天，可因为她曾侍奉过唐太宗，还是不敢公然把她弄回宫中。

两人相见一事被高宗的王皇后知道了，当时，高宗正宠爱萧淑妃，王皇后吃醋，就鼓动高宗把武则天接回宫中，目的是为了分萧淑妃的宠。有皇后的主动支持，高宗这才把武则天接回宫中。武则天在进宫之初，非常清楚自己的境地，就采取了卑躬屈膝的态度奉事皇后；皇后十分喜欢她，曾多次在高宗面前说她的好话。但不久，高宗就专宠武则天，把她封为昭仪，皇后与萧妃同时失宠，于是，两人就又联合起来对付武则天，武则天胸有城府，并不惧怕。

王皇后是有强大的门阀士族势力支持的，当武则天怀孕的消息传出以后，王皇后因自己没有生子，就十分恐惧，恐怕武则天一旦生子，自己的皇后之位以及未来会受到威胁，于是，联络她的舅父中书令柳奭等人，立后宫刘氏所生的唐高宗的长子李忠为太子，并把当时的重臣长孙无忌、褚遂良、韩瑗、于志宁、张行成、高季辅等人拉进了辅佐太子的班子，经营得如同铁桶一般。

宫廷内外联合起来抢立太子一事深深刺激了武则天，从此她深刻认识到，自己即使没有当过太宗的妃子，也不可能得到大臣们的支持，其根本的原因，就是自己出身寒微。她从此看清了：内廷中王皇后容不得她，外廷中士族大臣更容不得她，她处于内外夹击的地位上，要想达到自己的目的，靠正常的手段是不行了。

武则天的性格是遇强则怒，迎难而上。她大肆结揽人心，凡是王皇后和萧淑妃不喜欢的人，她都倾力接纳，把自己得到的赏赐全都分给他们，因此，皇后和萧淑妃的动静她全都知道，每每把这些事情告诉给高宗。然而，只靠这些，还远远不够。

武则天在寻找时机。654年春，武则天生下一个女儿，极其灵秀可爱。王皇后听说，也前去探视抚抱。王皇后刚走，武则天就闻报高宗要来，她浑身一震，觉得千载难逢的好时机到了。于是，她把手伸进被窝，狠狠地掐住女儿的脖子，直到掐死，然后再把被子盖上，若无其事地出去迎接高宗。

等高宗进来，武则天承笑如前，毫无慌乱之举，待高宗打开被子想看女儿时，却发现女儿已经死了。武则天故作吃惊，大声悲号。高宗忙问左右的侍女，都说王皇后刚刚来过，高宗愤怒地说："皇后杀了我的女儿。"武则天又乘机历数王皇后的罪过，王皇后是有口难辩了。自此，高宗就下决心废掉王皇后，立武则天为皇后。

小公主死后仅11个月，武则天在随高宗和姐姐武氏参拜昭陵的途中又生了一位皇子。在武则天怀孕时，高宗曾宠幸过她的姐姐，在一年中连生两胎，似乎也太密了些，所以宫中盛传六皇子李贤的生母不是武则天。这个传言造成了日后武则天与李贤母子不和的悲剧。

在当时的情况下，恐怕踩着自己女儿的尸体往上爬是惟一有效的方法，除此之外，还真无计可施，但就是这样，也非一帆风顺。

武则天早在掐死女儿之前，就已设法让王皇后的坚决支持者柳爽被迫辞职，现在剩下的关键人物是高宗的舅父太尉长孙无忌，武则天请母亲去说情，并和高宗一起亲自到长孙家去送礼致意，但封官许愿，软缠硬磨，一概无效，礼物也被退回。出身高贵的长孙心中暗骂武则天是个乱伦的女狐狸精，丝毫不为所动。

武则天终于明白，她是无法取得关陇贵族集团的支持的，于是，她到一群不得志的寒门庶族出身的官吏那里去寻找支持者，如中书舍人李义府、王德俭、御史大夫崔义玄、御史中丞袁公瑜以及许敬宗等人。武则天在朝廷中得到了这批人的支持，她就软的不行，来硬的了。李义府首发其难，率先上表请求废王皇后而立武则天。655年8月，唐高宗正式提出废立皇后事宜，长孙无忌一派当然是"拼死固争"，褚遂良等人也来谏劝，并说皇后出自名家，不可轻易废弃，即便要立新皇后，也应选择名门淑女，不该立武则天这种侍奉过先帝的人，并举出妲己、褒姒等妖女亡国的前朝事例，谏阻唐高宗。在当时的宰相中，惟有李勣说这是陛下自己家里的私事，何必要问外人呢？

9月，褚遂良被贬出朝。加上高宗又查出王皇后在宫中搞巫术活动，王皇后和萧淑妃终于在10月双双被废为庶人，武则天顺利成为皇后。11月，王皇后被废后的半个多月，李勣在太极殿主持册后典礼。打扮得如仙女一般的武则天，身着皇后大礼服在肃仪门的城楼上接受文武百官及外国使节的朝拜。

第二年，太子李忠被贬为梁王，立武则天之子李弘为太子。

出身低微的武则天终于实现了她登基的第一步，成为令天下俯首、威仪逼人的大唐皇后，时年28岁。

告密和酷吏

武则天当皇后的目的达到了，她的第二步计划是攫取权力。

武则天当皇后以后，当务之急是把原皇后一党彻底整垮。她把王皇后、萧淑妃禁死于冷宫，把褚遂良贬死在爱州，逼令长孙无忌自杀，又杀柳爽于象州，韩瑗被逼死在振州，这些人的主要亲属也都被杀或遭贬谪。至公元659年，长孙无忌的权力集团被彻底摧垮，“自是政归中宫矣”。

据史书记载，高宗不仅懦弱寡断，而且身体不好，经常头晕目眩，不能理事，政事均交武后处理。“上初苦风眩头重，目不能视，百司奏事，上或使皇后决定之。后性敏捷，涉猎文史，处事皆称旨，由是始委以政事，权与人主侔矣。”说她的权力与高宗相等还是轻了，其实实权是操在武则天的手里，尤其显庆年间以后，更是如此，以致与高宗并称“二圣”，与皇帝无异。

但武则天专权日久，必然会从多方面产生问题：一是她自己一反过去卑躬屈膝的常态，作威作福起来；二是高宗的权力受到了极大的限制，常常觉得很愤怒。再加上不久武后又怀孕了。而皇后的怀孕等于使高宗徒有虚名地过上了清心寡欲的生活。就在这时，皇后的姐姐韩国夫人又一次进宫来了。与皇上分别了8年的韩国夫人不愧是武后的姐姐，虽已年过四十依然楚楚动人。武后立刻知道皇帝和韩国夫人又恢复了关系。不久后，韩国夫人却神秘地死了。武后则果断地改变了后宫妃嫔的名称，等于把这些有名无实的妃嫔全部取消，改为侍奉帝后做事的女官。

高宗对此气得咬牙切齿，却又无可奈何，连反驳的勇气也没有。从此，他深厌武后，并开始对韩国夫人的女儿、武后年轻貌美的外甥女魏国夫人感兴趣。魏国夫人相信是姨母害死了自己的母亲，于是存心报复，故意挑逗高宗，博取其欢心。高宗因失去权力而倍感寂寞，终于和年轻美艳的魏国夫人发生了关系。魏国夫人迫切地要求高宗正式封她为贵妃，武后表面上不加阻止，但很快魏国夫人就在武后亲自参加的一次武氏家宴上中毒死去。

武后诬陷说这是武惟良等亲属投毒欲杀害自己，却错杀了魏国夫人。于是，武惟良等人被立刻处死。这些过去曾恶待过武则天母女的武氏亲族连同武后的小情敌一起全部死去。

在这种情况下，高宗授意宰相上官仪起草诏书，要把武则天废为庶人，上官仪正想如此，就欣然从命。

武则天安插在上官仪身边的暗探见大事不好，急忙跑去告诉武则天。武则天当即跑到高宗那里，“动之以情，晓之以理”，居然说服了高宗，使高宗觉得武则天的行为情有可原。高宗心一软，就说自己本无此意，是宰相上官仪先提出来的。于是，武则天就使人诬告上官仪与过去的太子李忠一起谋反，上官仪、上官庭芝父子被处死，上官仪的妻子及女儿上官婉儿没入宫廷为奴。李忠被赐死于黔州。

从此以后，高宗更加依赖武则天，每当上朝，武则天总是垂帘听政，黜陟、生杀之权皆归中宫，天子唐高宗只做了武则天的应声虫而已。

武后对反对自己的人绝不手软。周王李哲的王妃赵氏说起来还是武后的亲儿媳，母亲长乐公主是高宗的姑母。由于她常和母亲安慰高宗，难免说出不满武后的话来，被武后下令废妃，活活饿死。

674年8月，“皇帝称天皇，皇后称天后”。至此，长达十几年的皇后—太子权位之争以武则天的完全胜利而告终。这场胜利，决不仅仅是武则天一人的胜利，也代表了一定的历史性的转折，因为代表寒门庶族地主的政治力量终于登上了历史舞台。在这场斗争中，王皇后—长孙无忌那边是一百多年形成并延续的门阀士族地主力量的代表，是部曲佃客制经济的代表；而在武则天—李勣的这一边，是新进的寒门庶族地主力量的代表，是契约佃农制经济的代表。武则天的胜利，在一定意义上说是庶族地主的胜利，这次胜利标志着魏晋以来四百多年由门阀士族掌握国家政权的历史结束了，而新兴的地主阶级逐步掌握了实权。这对解放思想、活跃生产力、促进中国历史的发展是有积极意义的。

武则天充分显示了一个政治家的气魄，在称“天后”后的四个月，她即向高宗提出了十二条政治建议，史称“建言十二事”。这十二项内容，是武则天经过对唐代社会长期的观察和仔细的研究而有针对性地提出的，其中包括：一、发展农业，减轻赋税和徭役；二、京城附近的百姓，免除租税和徭役；三、停止对外用兵，以道德教化天下；四、普天下不分南北，不论宫内宫外，一律禁止浮华奢侈；五、避免大兴土木，节省开支和劳动力；六、广开言路；七、

老子像

杜绝谗言；八、王公以下都要学习老子的《道德经》；九、父在母亡，为母守孝三年；十、上元前，有功劳发给委状的，无需再进行考核；十一、京官八品以上增加俸禄；十二、文武百官任职已久、才能高而职位低的，可以越级晋升。

“建言十二事”大体上可归纳为三点：一是务本戒奢；二是杜绝谗言；三是维护新官僚集团的利益。这在当时得到高宗李治的褒奖和文武大臣的广泛支持。

在“建言十二事”提出后三个月，武则天又请求李治召集文学之士来宫修史。高宗李治对修史之事不置可否，完全由武则天处置。武则天广罗当时的文学才士如元万顷、范履冰、刘祎之、苗神容、周思茂、胡楚宾等北门学士，裁决政论，控制宰相权力，和十二条陈一样起到了逐步控制政权的目的。

为了从观念上彻底打击旧的门阀士族，也多少有泄愤的目的，武则天另修《姓氏录》，以取代太宗时期修的《氏族志》。《氏族志》不载武氏宗族，武则天受尽了恶气，这次，她重修的《姓氏录》，把皇后的家族列为第一，按当时官品的高下分为九等，凡五品以上的官员皆可入录，升入士流。这样，大批出身于寒门的庶族地主知识分子蜂拥而来确实给当时的政治、经济和文化带来了一股生气，这对促进当时社会的发展确有好处。而那些关陇门阀士族的余孽们，完全丧失了凭祖先留下的族望而升官的政治优势。他们当然极为不满，讽刺《姓氏录》是赏军功的“勋格”，根本不是贵族志。但武则天不管那一套，她用行政的方式强行收回《氏族志》，推行《姓氏录》，在当时造成了很大的影响。

高宗疾病缠身，随着年龄的增长，病势越来越重，他曾经想把皇位传给太子李弘。太子李弘“仁孝谦谨，上甚爱之”，又加上“礼接士大夫，中外属心”，颇有政治才能，因此，高宗对他甚为看重，但武则天却不喜欢他。有一次，李弘发现宫中幽闭着萧淑妃生的两位年逾三十的姐姐义阳公主和宣城公主，她俩自母亲死后被幽禁在宫中已长达19年了。于是他就亲自以强烈的口吻向母亲上奏，要求立刻释放两位同父异母姐姐。武后不愿和李弘为此争执，竟破例依允。两位公主得配良人，不能不感谢太子李弘。

还有几件事也违忤了武则天的心意，使之失宠于母亲。其实，这是次要的，关键是李弘势必要与武则天争权。于是武则天用毒酒药死了亲生儿子李弘。675年4月13日，李弘与父皇母后共进午餐时，身体不适。饭后不久，便强烈地抽搐，暴死于合璧宫倚云殿。李弘死时七窍流血，很像他的肺病发作。

李弘死后第二天，高宗提出要退位，因宰相们强烈反对乃罢，武则天则废朝三日。

李弘死后，立武则天的次子李贤为太子。经李弘之死的打击，高宗病势更加沉重，头晕目眩不能视事，就想让位于太子，但武则天坚决反对，高宗只得打算让位于皇后。过了几年，高宗还是想让李贤监国，但李贤并不愿听武则天的话，于是，武则天就又以李贤“颇好声色”为由，把他废为庶人，押至京师幽禁起来。继而立三子李显为太子。

683年唐高宗病死，太子李显即位，是为唐中宗。高宗临终遗诏说：“军国大事有不决者，兼取天后进止。”武则天以皇太后的身份临朝称制。一次，中宗想让岳父韦玄贞为宰相，并授给乳母的儿子一个五品官，宰相裴炎觉得不妥，跟中宗争执起来，中宗年轻气盛，发怒说：“我就是把天下交给韦玄贞，又怕什么？”裴炎感到很害怕，就跑去告诉了武则天。为了防患于未然，武则天下诏“废中宗为庐陵王，扶下殿”，改由其四子豫王李旦为睿宗，但睿宗住在另一个地方，不得参预政事。同时，武则天又派人逼死了废太子李贤。

武则天清除了一切阻碍势力，准备好了登基称帝的工作，李唐宗室知道武则天称帝势必要除尽李氏宗族，所以人人自危，不断有人起义。

在武则天临朝称制后的第七个月，扬州发生了徐敬业叛乱，朝中宰相裴炎也与之相勾结，可谓内忧外困。但武则天临危不乱，她先不失时机地斩除了裴炎、程务挺等人，以除肘腋之患，又急调三十万大军，在不到五十天的时间里平定了徐敬业之乱。

平息了叛乱，又清除了潜在的威胁，武则天在洛阳宫中召集了一次群臣聚会。会上没有轻歌曼舞，没有美酒佳肴，只有令人窒息的气氛。武后端坐御椅上，用逼人的目光扫视着群臣说：“朕亲政以来，自以为无负众卿，无负于天下，众卿知否？”群臣齐声应诺：“陛下功高德厚，天下尽知。”武后接着说：“朕奉事先帝二十余载，一直是至忠至勤，忧心天下。各位公卿的富贵，都是我给你们的；天下安定，百姓康乐，也是我促成的。等到先帝去世，把天下托付于我，我不爱惜自己而爱惜百姓。对臣下更是爱之如子，恩宠有加，可是现在叛乱的人都是出自将相，你们为什么这样忘恩负义呢？在你们这些元老重臣之中，倔强难道有超过裴炎的吗？纠结亡命之徒率众征战有超过徐敬业的吗？在握兵的宿将之中，攻占必胜有超过程务挺的吗？这三个人，都是很有声望的。但他们不利于朕，与朕为敌，朕都能杀掉他们。你们有比这三人更厉害的，有异图者请早点动手，不然的话，就该洗心革面，老老实实，免得身败名裂，贻笑天下！”被激怒的武则天言辞犀利，情绪激昂，吓得满朝文武匍伏在地，心惊肉跳地说：“陛下天威，臣愿效犬马之劳。”

688年，武则天的侄子武承嗣看到武则天登基称帝的时机已经成熟，就暗地里派人在一块白石上凿上“圣母临人，永圣帝业”的字样，并使雍州人唐同泰奉表献之，谎称获之于洛水。武则天闻讯大喜，当即下诏把这块石头称之为“宝石图”，并于当年五月选择吉日，亲临洛水拜受宝石。武则天把献图有功的唐同泰提拔为游击将军，让他参预办理此事。到了选定的日期，武则天“告谢昊天，礼毕御明堂，朝群臣”，不久即正式加尊号曰“圣母神皇”，从这个时候起，武则天开始称“陛下”。

李唐宗室众人十分清楚，武则天已是实际上的皇帝了，至于名义上的登基改号，只是一个时间问题，李唐宗室所面临的将是一场灭顶之灾。出于自我保全之计，他们纷纷起兵。李唐宗室以“迎还中宗”、“救拔睿宗”为旗号号召众人，但因范阳王李蔼出首，密谋败露，仓促之间，韩王李元嘉首先起兵，继而琅琊王李冲在博州起兵，越王李员在豫州起兵，霍王李元轨在青州起兵，鲁王李灵夔在邢州起兵。但这时国家较为安定，人民不愿为一家一姓的名利再去生什么内乱，于是，李氏诸王的军队皆无斗志，武则天的兵马一到，不是坠城投降，就是纷纷逃走，根本不堪一击。在很短的时间内，李氏诸王的这次叛乱就被武则天轻而易举地镇压下去了。

李氏诸王的这次失败也说明，关陇贵族门阀在社会上逐渐丧失了人心。因为一百多年以来，这些门阀士族在大众中很有影响，很有号召力，李渊起兵后人心迅速归附，就是最好的例证。在唐朝社会安定发展了几十年以后，庶族地主的力量兴起，逐渐取代了门阀士族的影响，人们开始不愿为一家一姓效力，开始考虑社会的公平与正义，这不能不说是一种历史的进步。而李氏贵族集团历代以武力为胜，如今其子孙也失去了祖先的雄威，看来，门阀士族的衰落已是无法挽回的了。

在镇压了这次叛乱以后，武则天果真决心清除敌对势力了。她采取了三条措施：一是鼓励告密；二是严刑逼供；三是任用酷吏。武则天在朝堂之上设立了一个铜制的告密箱，专门用来接受告密的文书，并下令，无论什么人，都可以到京城面见皇帝，告发机密；凡是告密之事，任何人不得盘查、阻拦；外地来京告密者，不论职位高低，哪怕是农夫樵子，也一律按五品官员的标准供应食宿，到京后可住官家客馆。更妙的一条是，如果告密有功，那就破格封官；如果告密失实，也绝不加以追究。于是各地告密者蜂拥而至，告密者日益增多，积案如山。

武则天还从告密者中把周兴、来俊臣、索元礼等酷吏提拔上来，专门负责告密案件的处理，进行“肃反”。他们秘密观察李氏宗族中王公大臣的行迹，一有可乘之机，立即加以逮捕，酷刑逼供，诬其谋反。这些人多出身无赖，狡诈残忍、惯于陷害无辜，是一帮杀人不眨眼的刽子手，使用异常残酷的手段，帮助武则天镇压异己。周兴、来俊臣、索元礼等酷吏还编写《告密罗织经》，教授门徒，以便罗织害人，并创制出“方梁压髁”、“猕猴钻火”、“驴驹拔橛”、“凤凰亮翅”等酷刑和“求即死”、“死猪愁”、“定百脉”等刑具。这些酷吏每人都杀了数千人，其中尤以来俊臣为最，一破获“罪犯”就殃及千余家。在这次运动中，大臣被杀者数百家，李唐宗室被杀达数百人，刺史以下官吏被杀者更是不计其数。武则天的这种十分过火的恐怖政策，造成了无数人的屈死。

《罗织经》是唐朝酷吏来俊臣、万国俊所著。请君入瓮的典故就是出自来俊臣。

就这样，武则天借助告密和酷吏一举荡平了李唐宗室势力，宗室子弟几乎被斩尽杀绝，道路已经扫平，人心已经归附。朝野上下“人人自危，相见莫敢交言，道路以目”，确实是无人敢造反了。

至此，武则天的第三步计划其实已完全实现，至于做皇帝的名号，只是一个手续问题。

登基改国号

公元690年，洛阳魏国寺有个法明和尚，利用武则天要称帝的心理，作了《大云经疏》献上。《经疏》中牵强附会地说武则天是弥勒佛投胎转世，佛让她代替李唐做皇帝，一统天下，当今大臣百姓都应向神皇尽忠，方可子孙昌炽；如有背叛，天理难容。武则天立即下令颁布天下，并令各州都建立大云寺，收藏《大云经疏》，由僧人向百姓宣讲。

同年，侍御史傅游艺带领关中百姓九百多人站在皇宫外请求改国号“周”，武则天假装不同意，却又提升傅游艺为给事中。此后，文武百官及李唐宗室、远近百姓、四夷酋长、沙门、道士等各界人士六万余人组成一支极其庞大的请愿队伍，要求皇帝改李姓为武姓，改唐为周。

这年9月，武则天见“民意不可违”，表示同意皇帝李旦和百官的请求，穿上龙袍，宣布改唐为周，尊号“圣神皇帝”，以李旦为继承人，赐武姓。她身穿皇帝服饰，光彩奕奕，在洛阳登上了大周皇帝的宝座。中国历史上惟一的一位女皇帝，就此正式诞生了，时年67岁。

武则天称帝以后，并不是万事顺利的。首先，她必须解决两个矛盾：一是她同李唐宗室争夺地位的矛盾，二是因滥杀而造成的她与大臣之间的矛盾。随着时间的推延，她与李氏的矛盾逐渐淡化下来，要解决与大臣之间的矛盾，那批酷吏可就成了替罪羊。特别是由于告密和酷吏的横行肆虐，造成了小人钻营，世风败坏，人心惶恐，冤狱遍地，怨声载道。这说明告密和酷吏的作用已经十分不得人心。武则天由此意识到，这个权宜之计使命既已完成，该是收场的时候了。

为了安定民心，稳定政局，她下令限制告密，并向酷吏开刀。武则天禁锢了当年滥告滥杀的27名酷吏，找机会杀掉了以善于制造“谋反”罪而著称的酷吏周兴和来俊臣，使矛盾渐渐地缓和下来。应当说，武则天晚年时期的政治气氛还是比较宽松自由的，她的统治也是稳固的。

周兴是个杀人不眨眼的恶魔，被其陷害者有数千人。691年，酷吏丘神勣因罪被杀，有人告发周兴与丘神勣通谋，武则天令来俊臣审理此案。这就是历史上有名的“请君入瓮”。来俊臣先不问案子，而是请周兴来家中饮酒。席间，来俊臣向周兴请教：“弟遇一案，罪犯拒不承认，为之奈何？”周兴说：“我有一妙计。取一大瓮，用柴炙热，投犯人于瓮中，不怕他不开口。”来俊臣听罢连称妙计，立即命人抬来一个大瓮，四周点起大火，拉周兴到瓮边说：“请君入瓮。”周兴虽未入瓮，但在流放岭南途中被仇人杀死。罪恶昭著的索元礼也是同样下场。697年来俊臣被杀，弃尸于市，时人无不拍手称快，欲争相食其肉，可见这些人民愤之大与积怨之深。

武则天早些年借酷吏之手，为她扫荡了政敌，而今又借用酷吏的头颅，清洗自身，缓和危机。由此可见，武则天权谋之高明。

武则天践祚称帝后，锐意图新，制定和实施了一系列治国安邦的政略。她的第一项政略是广招贤才。她把此项政略看成治国之本，天子之责。因此，招贤纳士，选才任能，在武则天称帝以后得到了广泛实施。她选才的方法是：一、自举。规定内外九品以上的官吏和百姓都可以“毛遂自荐”，根据自己的才能要求升官或做某官。二、试官。下令各级官吏举荐人才，亲自接见。先让其试做某官，然后提拔重用或罢免。三、员外官。这是有职无权的官，但同样领取俸禄。四、殿试贡生。她亲自考贡生、亲自录取，发展完善了科举制度。五、武举。选拔有军事才能和武艺的人。这种不计门第，不讲地位，不论资排辈的选拔官吏方法，无疑是一种很好的措施。

武则天用人不欺无名，不避仇怨。上官婉儿的祖父上官仪和父亲上官庭芝都被武则天杀掉，上官婉儿被黥面罚做宫里的奴婢，武则天发现上官婉儿文学才华很好，就把她收在自己的身边，信任重用。批阅奏章，起草诏令都交上官婉儿办理。又如，武则天要宰相狄仁杰推荐一个有将相才能的人，狄推荐了张柬之，说：“这人虽然老了，但有宰相的才能。”后来武则天又要狄仁杰推荐贤才。狄说：“前次推荐的张柬之，还没重用呀！”武则天说：“已经任命为司马了！”狄说：“我推荐的张柬之可以当宰相，不是当司马的。”不久张柬之被提升当了宰相。

武则天当政时期，还搜访了不少有才能而正直的人，诸如杜景俭、徐有功、魏玄同、魏元忠、姚崇、裴行俭、娄师德、王孝杰、唐休景、狄仁杰、王及善、朱敬则等，都是当时有才能的文武大臣。虽然其中有的被武则天杀了，但这些大臣最突出的特点是不趋炎附势、阿谀奉承，为人正派，敢于直谏。

武则天还爱护贤才。692年，狄仁杰、任知古、裴行本、魏元忠等人陆续被酷吏所陷，投入牢狱。当审问狄仁杰时，他满口承认，但事后却偷偷从自己的衣服上撕下一块布，写明冤状，放在丝棉袄中，借天气转热，请狱官交给家人拆洗成单衣。狄的儿子拿到这个布状上告至武则天处，武则天责问来俊臣。来说："假如没有事实，狄仁杰怎么会肯承认谋反？"武则天有些怀疑，又派通事舍人周綝去查询。来俊臣假造了一张狄仁杰的"请死表"，叫周綝转交武则天。武则天还是不相信，便亲自召见狄仁杰，问："你为什么承认谋反？"狄仁杰回答："如果不承认，早已被打死了！"武则天问："那又为什么要作请死表？"狄仁杰说没有这回事。武则天拿请死表让狄仁杰看，原来是来俊臣伪造的。后来狄仁杰升为宰相，武则天非常信任他，每次称呼都不叫名字，而称为"国老"。狄进见时，武则天也不让他下拜，还说："每见你下拜，我就感到全身疼痛。"狄仁杰死后，武则天哭泣说："朝堂空了。"从此，朝廷遇大事而群臣又解决不了时，武则天便叹息说："天老爷怎叫我的国老死这么早啊！"

三任徐有功，更是武则天护贤的范例。徐有功是不滥用法，不枉杀无辜的官吏，为了案件，与武则天争论也持理不让，使她敬畏三分。徐有功被人诬告，武则天责问他："你审讯的案子，办错的为什么这么多？"徐不慌不忙地回答说："错案对做臣的来说，不过是人臣之小过；不乱杀人，才是圣人的大德。"徐有功说自己不冤枉罪犯，含有批评武则天滥杀的意思。徐有功的回答使武则天闭口无言，武则天知徐有功为人正直，便提升他为殿中侍御史。

第二项政略是广开言路，兼听博采。武则天在太宗身边生活了十几年，深受太宗纳谏之风的影响，亲眼看到太宗从谏如流的大度胸怀使得群臣能广开言路，畅所欲言，集思广益。武则天登基后也效法太宗，以政治家的气度让群臣各抒己见，博纳群智。贞观老臣刘仁轨，刚正不阿，上疏以吕后祸国事让武则天逊位，她并不计较。朱敬则上书要天皇免除严刑峻法，施以仁政，广布恩德，使天下臣民消除恐惧和顾虑，得到武则天褒扬，被任命为正谏大夫兼修国史。刘知几进言"赦令不可太滥，不要随便提升官吏，裁汰多余官员，节制恩赏及官员不可

狄仁杰

调动频繁”等意见，中肯而切时弊，均被采纳。

武则天重佛事，喜祥瑞，群臣对此多有劝谏。圣历二年（699年）十月，一树梨花奇异地开放，武则天折一枝梨花问大臣：“这是什么奇瑞？”诸大臣说：“陛下恩及草木，所以秋天的梨树能再次开花。”凤阁侍郎杜景俭却说：“现在已是秋天，草木忽然开花，是违反自然规律的，臣担心陛下布教施政有亏典礼。此外臣等身为宰相，本应助陛下大治天下，却导致天理物理不平，这是臣之罪过。”说毕，倒地请罪，杜景俭不谄媚逢迎，敢于直谏，很使武则天感动，脱口而出：“卿真宰相矣！”

704年，80岁的武则天已经病倒在床，儿子、宰相也不能去看望，唯有面首张昌宗、张易之在旁侍候，张家兄弟眼看武则天病重，担心她一旦死去，自己也活不了，便暗暗地结党拉派，以备不策。这个阴谋被人揭发。武则天便命御史丞宋璟、韦承庆、崔神庆审讯。宋认为此罪应处斩全家，武则天对宋璟说：“你暂时停止审讯，待我详细审查一下状子。”同时，又准备派宋璟到外地去巡查。宋璟知武则天意在为张家兄弟脱罪，便说：“过去规定：州县官有罪，官品高的派御史，官品低的派监察御史去审问。至于丞官，除非国家大事，是不应当去的，不知陛下派我外出是什么原因？”武则天无可奈何，宋璟毫不让步，坚决要把张昌宗逮捕下狱。武则天袒护说：“昌宗已经向我坦白了。”宋璟说：“谋反大逆，是不能允许首犯免罪的。”坚持要执以国法。他放高声调说：“昌宗受到特别的恩典，我明知坚持意见不会有好处，但大义激于内心，虽死而不遗憾！”武则天无奈，只得让昌宗到御史台去受审。宋璟正在审问，突然又传来武则天赦免昌宗的命令。宋璟说：“没有先敲破这小子的脑袋，实在感到遗憾！”

第三项政略是继续推行均田制，发展农业生产，抑制豪强和土地兼并，奖励垦荒。她多次发布诏令劝谏农桑。对于各个州县，如果农民耕地增加，农家有余粮，就对他们进行奖励。否则，就受到处罚。武则天促进社会改良的政策，打击了士族势力，使庶族地主势力得到发展，部分解放了社会生产力，社会矛盾也有所缓和，生产力明显有所发展。652年全国有380万户，而到705年，即增加到615万户，就是显著的例证。

第四项政略是抵御外患，保卫疆土。她重视加强边防，改善同少数民族的周边关系，对于维护国家统一、巩固边防、发展商业等都做出了积极的贡献。武则天执政期间的一个重要功绩是打击了吐蕃、突厥族的进犯，安定了边疆。公元692年，唐王朝以王寿杰为将打击吐蕃族的屡屡进犯，获得全胜，在很长一段时间内，西部边防平安。武则天恢复了原有的安西四镇，原已中断的通往中亚西亚的“丝绸之路”也得以再次开通，使大唐帝国的声威重震西域。

以上各项政略的实施，使女皇执政时期的中国，上承“贞观之治”，一直保持较为兴旺发达的局面，社会安定，经济发展，人口倍增，边疆稳固，国家统一，为“开元盛世”奠定了坚实而雄厚的基础。

风流女皇

长期忙于政事，武后开始感到疲倦，再加上武则天虽与群臣在表面上维持着良好的君臣关系，但当年的滥杀所造成的阴影始终无法彻底驱除，因此，她的晚年是很孤独的。在这种心态下，她只好求助于男宠。

善于奉迎的太平公主，一向和母亲武则天关系很好。她从市井中找来一个名叫冯小宝的美男子当作调谐阴阳的“灵药”献给太后，居然使年逾50岁的太后第一次真正尝到了过去传说中的闺房之乐。

可以说，这朵艳丽绝伦的牡丹花，是在即将凋谢时才第一次体验到性爱滋润的欢愉。为了能让冯小宝经常进宫，太后将他送往洛阳名刹白马寺，落发出家成为住持，赐名薛怀义。他仗着太后的宠爱为非作歹，连贵为皇亲的武承嗣和武三思都争先为他打马开道，其他朝臣更是敢怒而不敢言了。

后来，当薛怀义听说皇帝又新宠幸了一位御医时，他愤怒中竟将用6年光景修建起来的天堂和大佛付之一炬。皇帝终于忍无可忍，派太平公主诱骗薛怀义入宫，在瑶光殿中用网罩住后击毙。

薛怀义杖诛不久，一度侍候皇帝的那位御医原本就是一个中年的温和男性，也因身体虚弱而被赶走。这时候，太平公主又把年轻貌美而又精通音律的张宗昌推荐给了母亲，武则天一见之下，十分宠爱。不久，张宗昌又把哥哥张易之拉了进来，于是，两兄弟就代替了前面的两人，成为武则天的又一代男宠。

太平公主

张昌宗是一位世家子弟，横笛高手，当他身着盛装出现在后宫时，就连宫中年长的女官们也不由得发出赞叹之声。这是一个俊美得令武则天心魄迷荡的美男子，连男人见了也不能不动心。武则天立即赏赐张氏兄弟以高官、豪宅、奴婢、财物。

由于武则天在私生活上很需要他们，又在政治上依靠他们，所以，他们两人的权势越来越大，其势力远远超过一般人的想象，以至连武承嗣、武三思这些武氏诸王也像当年奉迎薛怀义一样，争先恐后地讨好这对美少年，亲切地称之为五郎、六郎。

武则天越到晚年，越是追求闺房之乐。她命僧人胡超调配长寿药，经过三年的岁月，耗资甚巨，终于完成。这可能是一种强性药，武则天服后，感到几年来从未有过的爽快。

由于自以为恢复了往年的活力，这一时期在洛阳几乎每天都举行以二张为中心的宴会，武则天屡屡亲临。在一次酒宴中，武三思说张昌宗的美不属于人间，很可能是仙人王子乔转世。武则天听了很高兴，下令制造有鹤形图案的纱衣和有轮子的木鹤，由张昌宗扮成骑鹤吹笛的“升仙太子”王子乔，并召来宋之问等诗人观看赋诗。

武则天还选拔了许多英俊少年在奉定府供奉。于是，宫中民间到处都传说“女帝淫荡”。更有甚者，“民间有人认为自己儿子色白，或有人自称阳物其大无比，乃天下绝品，而希望进入奉定府”。武则天的淫乱由此可见一斑。

在皇帝眼中是神话中的玉童临凡的张氏兄弟，在一般朝臣眼中，却是将带来灾难的妖人。二张得势以后，经常胡作非为，贪赃枉法，随意打击不顺从自己的官吏，又私自杀害了议论二张兄弟权势过大的李显的长子和他的妹妹永泰郡主、妹夫武承嗣之子武延基，引起了朝廷官员的愤怒。一些大臣多次收集张氏兄弟的犯罪证据，想将其绳之以法，但都被武则天赦免。

官员们看到用法律制裁不了二张，就采取了武力政变的方式，准备用武力将其杀掉。政变的目的起初并非为了推翻武则天，仅是为了杀掉张氏兄弟。宰相张柬之等五位朝廷重臣，联络羽林军将领以及太子李显、相王李旦、太平公主等一大群势力，乘武则天卧床不起之机，突然发难，攻占了玄武门，在武则天的迎仙宫搜出张易之、张宗昌，就地处死，完全控制了武则天。

事情既已至此，就顺便把武则天请下皇位，迎立中宗。政变的第二天，武则天下《命皇太子监国制》。政变后的第三天，中宗即位，去掉武周国号，仍称为唐，中断了十五年的大唐复立。

武则天生有四子：李弘、李贤、李显和李旦。在武则天称帝期间，李弘、李贤被武则天毒死和逼杀，李显曾即位为中宗，但没过多长时间，就被武则天废为庐陵王，李旦也曾在中宗之后为睿宗，不过“居于别院”，从未上过龙廷。

中宗李显在武则天当政中度过了一段艰难的岁月，他先是被幽禁于皇宫别院，继而被流放到庐陵，在庐陵亦被软禁。在武则天当皇帝的十五年里，他们夫妻俩的确是胆战心惊地过日子，因为武则天已害死了两个亲生的儿子，李显惟恐什么时候厄运会突然降临到自己头上，所以每当京城有诏书传来，李显都惶恐地要自杀。这时候，妻子韦氏总是劝他说：“人世间祸福无常，最多也不过一死，你又何必如此害怕？又为什么要急着自杀呢？”就这样，夫妻俩相依为命，一起度过了十五六年的惶恐岁月。

705年11月，82岁的武则天在洛阳上阳宫愤恨而死。死前遗嘱：“去帝号，称则天大圣皇后。”第二年，其子唐中宗不顾众人的强烈反对，为母亲举行了隆重的葬礼，护灵柩回长安，与唐高宗合葬乾陵。

武则天无字碑

人们看到在乾陵旁耸立着两座高大的石碑：一座是“述圣记碑”，记述着高宗的文治武功，碑文是武则天写成的；另一座就是武则天女皇的纪念碑，碑上一个字也没有。据说立无字碑也是女皇的遗嘱，让她的功过留给后人评说。

无论是汉朝的吕后还是唐朝的武则天，她们身为女人，在其柔媚的外表下，掩盖着的是果敢、狠毒、强硬的性格。她们将刚烈和妩媚完美地结合在了一起，把雄才大略与阴险狠毒的手段完美地结合在了一起。可以说，她们具有英雄之相。

武则天称帝十五年，前后专政

武则天明堂

近五十年，在她掌握政权期间，为中国历史的发展做出了相当大的贡献。唐太宗在位的二十三年间，共取进士二百零五人，而在唐高宗和武则天统治的五十五年间，取进士一千多人，选拔了一大批庶族地主出身的优秀人才。她还极其重视文化教育事业，倡导编纂了许多文化典籍。

当然，武则天晚年生活靡费很大，让她的侄子武三思及男宠张氏兄弟把持朝政也造成了政治的混乱，尤其是她纵容女儿太平公主争权夺利，做了许多坏事。另外，她任用酷吏，大杀宗室大臣，李唐宗室近支被杀尽，除自己的亲生儿子李显、李旦以外，唐高祖、太宗、高宗的子孙全部诛除。十四年间的五十八个宰相，被杀被贬各有二十一人，占百分之七十二以上。武则天终于落下了一个“千古忍人”的恶名。

但无论如何，武则天还是像一颗流星划过中国漫长的封建历史苍穹，闪烁着夺目的光辉，引发着后人无限的思考。她的所有的意义，就在于她是中国历史上惟一的一位女皇。

的确，她想把李唐王朝变为武周王朝的企图是失败了，后人谈起武周时期，只是把它当作唐朝的一个小插曲，或是唐朝的一个组成部分，根本不把它看成是一个独立的朝代，更何况武则天临死之前，还政于李氏，仿佛本来就是李家的政权，自己只是代为管理一段而已，连自己都不承认有独立的皇帝资格。

当然，武则天没有把中国变为一个“女儿国”，更没有把中国的男皇制改为女皇制，尽管她不服，尽管她采取了许多畸形的手段进行抗争，她还是失败了，她所争取到的最大的荣誉是能与高宗合葬，这或许是一种象征，象征着她有着同皇帝平等的女皇的地位，但要想压倒男皇，那是无论如何也办不到的。

然而，这已经够了，武则天以崭新的姿态出现在皇帝宝座上，给门阀士族势力以毁灭性的一击，使这块板结的土壤开始松动，也给黑沉沉的男人世界以沉重的一击，使中国的男人们终于被迫正眼看看女人，也重重地当众打了中国宗法观念的一记耳光，让中国男人从此不敢忘记中国女人的威力。

也许是武则天这位中国历史上惟一的女皇开了女人做皇帝的先河，引得韦后、太平公主甚至安乐公主这样的女人都跃跃欲试；也许是武则天的雄才大略显示了女人的威力，使得中国的贵族妇女不甘再屈居人下或是屈居宫中，在武则天以后，唐中宗的皇后韦后、韦后的女儿安乐公主以及武则天的女儿太平公主，居然都想当皇帝，而且屡试身手，弄得乌烟瘴气，朝野不宁，确也算得上中国历史上的一大奇观。

可惜她们既无才，又无德，剩下的只是一种野心。因此她们实际上只是想当女皇的野心家、阴谋家而已。

十五、英雄气短儿女情长的唐玄宗

唐玄宗，名李隆基，又叫唐明皇。从公元 712 年到 756 年在位，他开创了唐朝的鼎盛时期，但也从他开始唐朝走上下坡路，即从“安史之乱”开始，唐朝逐渐衰落下去。纵观唐玄宗一生，虽然他造成了唐朝的衰落，但他毕竟创下开元盛世的局面，这一时期政治的开明，科技、文化的发展，对后世带来了深远的影响。他是我国历史上一位颇有争议的皇帝，前期励精图治，英明有为；后期纵欲荒政，昏庸出奇。因此历代史学家对唐玄宗的评价也是多种多样的，有的说他是过甚于功，有的说他是功大于过，真可谓“盖棺尚不能定论”。

英雄出少年

李隆基是唐太宗李世民的曾孙、唐高宗李治和武则天的嫡孙、唐睿宗李旦的三儿子。李隆基出生的时候正是武则天主政要做女皇的时候。

李隆基幼时聪明伶俐，很得祖母武则天的喜爱，一岁半即被封为楚王。他五岁时，武则天废唐睿宗，自立为皇帝，改国号大周。他九岁时，母亲窦氏被武则天秘密处死。公元 705 年，张柬之、桓彦范等大臣乘武则天身患重病之时，发动政变，迫使武则天将皇位传于唐中宗。

李隆基小时候经历了如此错综复杂的宫廷变故，这促使他形成了意志坚定的性格。他小时候就很有大志，在宫里自诩为“阿瞒”，虽然不被掌权的武氏族人看重，但他一言一行依然很有主见。

他七岁那年，一次在朝堂举行祭祀仪式，当时掌管京城守卫的金吾将军武懿宗大声训斥侍从护卫，李隆基马上怒目而视，喝道：“这里是我李家的朝堂，干你何事？竟敢如此训斥我家骑士护卫！”弄得武懿宗看着这个小孩儿目瞪口呆。武则天得知后，不但没有责怪李隆基，反而对这个年小志高的小孙子备加喜欢。到了第二年，李隆基就被封为临淄郡王。

唐玄宗像

唐中宗即位之后，立韦后为皇后，韦后野心勃勃，总想和武则天一样，尝尝做皇帝的滋味。在武则天死后，中宗懦弱无能，朝政大权渐渐落到了韦皇后和她的女儿安乐公主手中，可韦后并没有多少才能，她和安乐公主以及武则天的侄儿武三思等人相互勾结，狼狈为奸，朝政腐败不堪。原来发动政变恢复唐朝的功臣、宰相张柬之被他们贬官驱逐，太子李崇俊被杀。韦皇后效仿武则天的做法，让自己的兄长韦温掌握大权，对于女儿安乐公主的卖官鬻爵也不加制止，大加纵容。

708年，李隆基出任潞州（今山西长治）别驾，积极网罗人才。不久，罢潞州别驾，返回京城，这时他更是广结禁军首领，暗地里结交各种有识之士，培养亲信党羽，等待发动政变的时机。

710年，中宗被韦皇后和安乐公主合谋毒杀。然后，韦皇后便想学习婆婆武则天，做第二个女皇。她立时年16岁的李重茂为帝，自己则临朝称制，掌握实权。这时一直静观时变的李隆基和姑姑太平公主抢先发动了兵变，率领御林军万余人攻占了皇宫，处死韦后、安乐公主及其党羽，迫使李重茂退位，拥立父亲李旦复位，李隆基因功被立为太子。

唐睿宗李旦得以复位，他妹妹太平公主出了不少力。由于太平公主善弄权术，议政处事能力甚至超过睿宗，所以她逐渐掌握了朝政大权，当时的7位宰相，有4位是她的心腹同党。而睿宗李旦也和中宗一样是个软弱的皇帝，不愿和太平公主发生正面冲突，总是忍让。而太平公主却认为是自己给了他做皇帝的机会，功劳巨大，所以越发居功自傲、飞扬跋扈起来。随着自己势力的强大，太平公主的野心也膨胀起来，她渴望像母亲那样做女皇。这时她的最大对手便是太子李隆基，开始她并没有把李隆基放在眼里，觉得他还年轻，但了解了李隆基的英勇果断之后，就开始防范他。她制造舆论说，李隆基不是长子，没资格做太子，更不能继承皇位。太平公主的目的是要废除李隆基的太子身份，另立一位软弱无能、老实听话的人为太子，为自己以后做女皇铺路。她在李隆基身边安插了不少耳目，要他们暗中监视李隆基的行动，随时向她汇报，因此李隆基的一言一行、一举一动，太平公主都了如指掌。

太平公主还在睿宗面前搬弄是非，挑拨他和李隆基的父子关系，没有主见的睿宗不由得有些怀疑李隆基了。而这时又有人禀报，说五日内有急兵入宫，睿宗召集大臣商议此事时，大臣张说指出："这一定是有人要离间陛下与太子的关系，如果陛下令太子监国，则君臣分定，谣言不攻自破。"睿宗觉得此言有理，于是在711年二月初二，命太子监国，即由太子李隆基代行皇帝的某些职权。

712年，天空出现了彗星，太平公主指使亲信向睿宗报告说："从天象的变化看，皇太子要当天子了。"太平公主的本意是挑拨睿宗与太子的关系，没想到却事与愿违，弄假成真，睿宗立即决定把皇位传给李隆基，是为唐玄宗。

睿宗的让位加剧了李隆基和太平公主的矛盾。此时太平公主的势力有增无减，她甚至准备发兵攻打皇宫，处死唐玄宗。面对如此危急的情况，唐玄宗亲自率领兵马除掉了太平公主和她的手下骨干几十人，将倾向太平公主的官员全部罢官废黜，唐玄宗终于掌握了皇帝应有的权力。29岁的唐玄宗开始亲政。十二月初一，唐玄宗下令大赦天下，改元"开元"，表明了自己励精图治，再创唐朝伟业的决心。

知人善任

唐玄宗在清除太平公主之后，为了巩固皇权，不再发生祸变，将政变功臣贬为州郡任刺史，诸王也令出刺外州；同时整顿禁军，处死首领王毛仲，组建北门四军，并设立由宦官高力士亲自指挥的飞龙禁军，保证了皇帝的安全。由于当时形势不容乐观，兵变大大挫伤了朝廷元气，吏治的混乱、腐败亟待治理。所以，唐玄宗针对当时官僚众多、国库开支庞大的现实，裁减冗官，十去其九；对于闲散衙门，也进行精减，从而提高了办事效率，在此基础上，唐玄宗选拔了一些有真才实学的人做官，他所任用的几位宰相，如姚崇、宋璟、韩休、张九龄等人，皆为当时杰出的人才。

姚崇办事果断，因为向唐玄宗提出了十条建议而被器重，做了宰相。十条建议包括了勿贪边功、广开言路、奖励正直大臣、勿使皇族专权、勿使宦官专权等，唐玄宗基本上按照姚崇的建议执行了。

对于皇亲国戚，姚崇也不照顾。当时薛王李业的舅舅王仙童欺压百姓，为非作歹，姚崇奏请玄宗批准后，惩办了王仙童。

姚崇还主持了开元初年的对蝗灾的治理工作。当时黄河的南北地区都发生了严重蝗灾，蝗虫飞起来遮天蔽日，对庄稼的破坏异常严重。姚崇深知如果不能及时消灭蝗虫，不仅会导致经济的重大损失和百姓的灾难，而且对于国家稳定也会产生重大影响。他亲自指挥，下令各郡县要全力以赴消灭蝗虫，有功的进行奖励。在他的大力推动下，蝗灾没有再继续蔓延，很快被制止住了。

姚崇之后是宋璟，他也很重视对人才的选拔任用，虽然他掌握朝政大权，但他绝不徇私枉法，相反，对自己的亲属还更加严格地要求。一次，他的远房叔叔宋元超在参加吏部的选拔时，对主考官说了自己和宋璟的特殊关系，希望能予以照顾，弄个好官做做。结果被宋璟得知后，不但没有给他说情，反而特地关照吏部不给他官做。开元年间，唐玄宗还采纳宰相宋璟的建议，恢复贞观年间曾实行过的谏官议政制度，鼓励他们直言进谏，无所回避，这样不仅使下情得以上达，而且防止和纠正了唐玄宗的不少过错。

韩休的直言敢谏更是独树一帜，以至于唐玄宗每次稍有过失，都担心被韩休知道后提意见。有一次，玄宗在照镜子，显得闷闷不乐。左右内侍说：“韩休为相以后，时常提意见，陛下您因而心情不好，人也消瘦了许多，何不将他贬逐了呢？”玄宗严肃地说：“我虽然瘦了些，天下人却一定肥了。我用韩休，是为了治理国家，而不是为我一人。”

张九龄是广东人，当时的广东被称为岭南，还不是发达地区，犯罪的人也经常被流放到那里，以示惩罚。所以在人们眼里，那里是荒凉、艰苦的地方。出身于广东的人由于历代在朝中做官的很少，所以那里出来的人很难在朝中做到宰相这么高的官，但是张九龄却凭借着自己出众的才华被玄宗相中。

张九龄在做宰相之后，也像玄宗那样看重人的品德和才干，而不是看重其背景。在吏部参与选拔官吏时，他一直主张要公正选才，量才使用。同时，对于玄宗的过错，他也及时地指出，加以劝谏，不因为玄宗对自己有知遇之恩就隐瞒实情。

对于地方官吏的选拔，唐玄宗也非常重视，他对吏治进行了整治，提高了官僚机构的办事效率。716年，他对吏部选用的县令亲自加以复试，黜退40多名不合格者，并追究吏部选人不当的责任，大大促进了吏治建设。

这一时期的唐玄宗勇于纳谏，知错即改。玄宗曾派人到江南一带捕捉水鸟，有人上谏，认为这样做妨碍农作："道路观者，岂不以陛下贱人贵鸟也？"唐玄宗看到如此尖锐的言辞，不仅不怪罪，反而予以奖励，并立即停止捕捉水鸟。

治理边疆

唐玄宗初年不仅对内政进行有效的治理，对于边疆也进行了卓有成效的治理，将原来丢失的领地重新夺了回来。

早在唐玄宗即位之前，北方边境就已危机四伏。在武则天做皇帝的初期，即公元686年，契丹的李尽忠利用当时的民族矛盾，煽动部下反叛唐朝，而且攻占了营州。武则天派兵反击，结果失败。此后，在公元703年，安西地区的碎叶镇也被突厥攻占，致使丝绸之路最后断绝，严重影响了唐朝的声誉和外贸经济。

北方的领土在唐朝初年曾经统一，而且设置了单于、安北都护府，分别管辖长城内外到贝加尔湖的广阔地区。到了武则天主政以及做皇帝时期，突厥人经常骚扰边境，还攻占了蔚州（现在河北的蔚县）和定州（现在河北定县），迫使唐朝将安北都护府南迁。

为了重新统一北方，唐玄宗采取了很多措施，最主要的是改革了兵制。

唐玄宗时疆域图

原来的府兵制由于均田制的破坏，农民的逃亡，影响了军队的兵源。高宗和武则天时期，对于军事不太重视，到了唐玄宗做皇帝时，士兵逃跑现象极为严重，军队战斗力也很低，无法和强悍的突厥军队抗衡。723年，唐玄宗接受了宰相张说的改革主张，建立雇佣兵。从关内招募到军士十二万人，充当卫士，这就是“长从宿卫”,也叫“长征健儿”。这次改革是从府兵制到雇佣兵制的转变。此后经过十多年的努力，玄宗将这种制度推广到了全国。这种制度取消了原来的府兵轮番到边境守卫的做法，解除了各地人到边境守卫之苦。同时，这种雇佣兵还为集中训练、提高战斗力提供了保证。

除了对兵制进行改革之外，唐玄宗还采取了其他整军措施，如颁布了《练兵诏》，命令西北的军镇扩充军队，加强训练。同时，任命太仆卿王毛仲为内外闲厩使，全力负责军用马匹的供应，使短缺的马匹及时得到了补充，提高了战斗力。另外，为彻底解决军粮问题，玄宗又命令扩充屯田范围，在西北和黄河以北地区大力发展屯田，增加粮食产量。

在做好了充分准备后，唐朝逐步收复营州等地，长城以北的回纥等族也自动取消了独立割据的称号，重新归附唐朝。安北都护府也恢复了，唐朝重新行使对长城以北土地的管辖权。

西域地区政权的恢复经历了两个阶段，第一个阶段是收复碎叶镇，第二个阶段是重新恢复了丝绸之路。唐朝的威望在西域重新建立起来。

这一时期，唐政府对外贸易也十分频繁。当时与七十多个国家发生来往，在世界上享有很高的声望。唐朝政府鼓励各国商人来中国贸易，不许官吏加重税收。因此，大批外商都十分向往来唐经商，唐朝在国际上享有盛誉，以至如今外国人仍称华人为“唐人”，可见这影响的深远。

繁荣经济

唐玄宗抑制奢靡，提倡节俭。714年，为了向大臣们表示决心，唐玄宗下令将内宫储藏的珠玉锦绣等堆在殿前焚毁，规定后妃以下不得穿着珠玉锦绣，全国上下不得采取珠玉、刻镂器玩、织造锦绣珠绳，违者决杖一百。他还将皇宫里用不着的宫女遣送回家，禁止贵族骄奢纵欲，反对厚葬。在他的倡导之下，奢靡之风基本得到抑制，淳朴之风逐渐形成。

唐玄宗非常重视发展农业生产，为了增加劳动力，714年，唐玄宗下令

开元通宝

淘汰天下僧尼，强制还俗1万多人。唐玄宗还重视兴修水利，完善关中平原的灌溉系统，拆毁影响水道的水硙，老百姓大获其利。他还在河东道、关内道、河南道等地大兴屯田，垦田面积达500万亩，解决了军队粮食供应的问题。

为了增加国家的收入，打击强占土地、隐瞒不报的豪强，唐玄宗还发动了一场检田括户运动。

公元712到725年之间，唐玄宗的检田括户运动收到了实效。他任命宇文融为全国的覆田劝农使，下设十道劝农使和劝农判官，分派到各地去检查隐瞒的土地和包庇的农户。然后把检查出来的土地一律没收，同时把这些土地分给农民耕种。对于隐瞒的农户也进行登记。这样下来，一年增加的客户钱就高达几百万之多。不仅大大增加了国家所控制的编户数目，有利于进一步发展农业生产，同时也增加了国家财税的收入。

通过这些有效的措施，唐玄宗使唐朝的经济又步入正轨，减轻了农民的负担，同时也增加了国家的财政收入，促进了国家经济的繁荣。

由于玄宗能够任用贤才，鼓励生产，改革弊政，使得唐王朝政治安定，国力强盛，百姓富庶，而且唐玄宗还非常重视文化、科技，所以在他统治期间，人才辈出，群星璀璨。可以说这一时期唐朝的经济文化发展到了顶峰，其中唐诗内容丰富，风格多样最为后人称道，而著名诗人高适、岑参、王维，特别是李白、杜甫都生活在开元年代。科技也领先世界，出现了世界上第一个测算子午线长度的僧一行。另外，这一时期的书法与绘画也蓬勃发展，出现了伟大书法家颜真卿、“画圣”吴道子。

因此，在开元年间出现了空前的盛世景观。“开元盛世”是唐王朝的全盛时期，也是中国封建社会中前所未有的太平景象。

天宝年间危机重重

在取得了这些成就以后，唐玄宗自以为天下太平，进取心逐渐丧失，变得骄傲怠惰，沉溺于享乐之中，没有了先前的励精图治精神，也没有改革时的节俭之风了。他对大臣的忠谏听不进去了，反而觉得讨厌，正直的宰相张九龄等人先后被罢官，小人李林甫爬上了相位。

李林甫是个不学无术的佞臣，善于拍马阿谀，他勾结宫内的一些妃子、宦官，时时注意玄宗的动向，投其所好。当玄宗与他商量事情时，他总是迎合着玄宗，使玄宗十分高兴。736年，唐玄宗想从洛阳回长安，但宰相张九龄等人说秋收还没有结束，这样上路会骚扰百姓，影响生产。李林甫在张九龄走后却对唐玄宗说，长安和洛阳是陛下的东宫和西宫，陛下愿意什么时候来往就什么时候来往，不必等到秋后，至于妨碍了农民秋收，免了他们的税收就是了。玄宗很高兴，照计而行。

后来，李林甫就找机会诬陷张九龄等人，终于使唐玄宗将这些敢于直言的宰相罢官，由他把持了朝政。李林甫掌权之后，凡是不听从他、不和他站在一起的人他都要想方设法地陷害。李林甫嫉妒贤能，嘴里说的话很好听，但心里却阴险毒辣。所以，人们背地里说他是“口有蜜，腹有剑”。在他任宰相的19年间，极力排斥正直能干的大臣，重用了一大群奸佞小人，又对玄宗封锁消息，使朝政转向昏暗。而玄宗始终不悟。

736年，唐玄宗宠爱的妃子武惠妃病死，玄宗日夜寝食不安。这时，宦官高力士进奏说，现为寿王妃的杨玉环，姿质天成，玄宗闻言大喜，也不管她是自己的儿媳妇，当即吩咐人暗中招来观看。这一看就看在眼中拔不出来了。原来，杨玉环长得美艳无比，而且能歌善舞，智慧过人，总而言之是“丰艳照人，风情万种”。可她毕竟不是后妃，而是自己的儿媳妇，起码先得改变这种身份。于是玄宗吩咐，让杨玉环先入籍女道士，赐号太真，尔后再迎后宫。为了安慰儿子寿王，唐玄宗又给他娶了个妃子作为补偿。

杨玉环像

不久，杨玉环专宠后宫，天宝初年，

杨玉环被册封为贵妃。贵妃的地位仅次于皇后，但这时候没有皇后，所以杨贵妃实际上就是唐玄宗的皇后了。杨玉环令玄宗神魂颠倒，玄宗对她恩宠备至，春宵苦短日高起，从此君王不早朝。

为了讨贵妃的欢心，唐玄宗可谓费尽心机。为了迎合她喜欢服装的心理，有专门为贵妃服务的七百多人给她做衣服。杨玉环喜欢吃新鲜荔枝，但生在南方的荔枝摘下后五天就会变味，所以玄宗特地下令开辟了从岭南到长安的几千里贡道，命令岭南（广东、广西一带）的官员差人用加急快马一站站地接送，将荔枝送到长安。这样杨贵妃吃到时，荔枝还又红又香，很新鲜。

而杨贵妃之所以能够得到唐玄宗的宠爱绝不仅仅是容貌美丽，关键会揣摩玄宗的心理，这也是后宫许多姿色艳丽的女子所不及之处。一天唐玄宗与亲王下棋，并令贺怀智独奏琵琶，杨贵妃站在棋局前观看。唐玄宗眼看就要输棋了，杨贵妃将怀里的猫扔在棋盘上，扰乱了棋局以乱其输赢，唐玄宗因此十分高兴。

华清宫中除了有专门的温泉用以供玄宗和贵妃沐浴以外，还有温泉十六处供其他嫔妃沐浴。玄宗与贵妃沐浴的那个浴池铺着文瑶密石，池中央有玉莲温泉涌出来。杨贵妃用锦绣缝成鸳鸯浮在水中。玄宗与贵妃驾着小舟戏玩于其间。宫中沐浴完毕以后浊水顺金沟流出宫外，其中漂浮的珠缨宝络流出街渠，守候在那里的贫民每天都有所收获。

玄宗在八月十五日夜与杨贵妃临太液池，凭栏望月而不尽意，玄宗敕令左右说："在池的西岸另筑一座百尺高台，朕与妃子来年再来望月。"后来发生安禄山反叛，这座百尺高台也不再建造了，只剩下基址而已。

唐玄宗与杨贵妃

史载杨玉环有三美：姿质丰腴，符合唐代尚肥嫌瘦的风习，为一美；"善歌舞，通音律"，具有高超的音乐舞蹈艺术修养，为二美；白白一张女儿脸，"伸手笑雪黑"，为三美。唐玄宗创作《霓裳羽衣曲》后，杨贵妃稍加浏览，便依韵而舞，歌声宛若凤鸣莺啼，舞姿翩若天女散花，表现了一种缥缈神奇的意境。她对乐曲的领悟之深，表现力之强，令玄宗兴奋不已，亲自为其伴奏。

唐玄宗李隆基书

在对《霓裳羽衣曲》的配舞中，杨玉环注意吸收传统舞蹈的表现手法，又融合了西域舞艺的回旋动作，因而整个舞蹈飘忽轻柔，绰约多姿，并与乐曲达到了完美无缺的境界，成为唐代乐舞中的精品。

杨玉环还精通胡旋舞，身段飘摇，翻跃如风，令人眼花缭乱。在杨玉环的熏陶下，她身边的许多宫女也都能歌善舞。一次，她随唐玄宗游幸绣岭宫，命侍儿张云容献舞，张云容罗袖轻展，身躯曼转，跳起霓裳舞。杨玉环兴致大发，即席写一首七绝："罗袖动香香不已，红蕖袅袅秋烟里。轻云岭上乍摇风，嫩柳池边初拂水。"随即又配上曲谱，为云容伴唱助舞。现《全唐诗》仅存杨玉环这一首诗。

先前开元年间宫禁中种着红、紫、浅红、通白等颜色不同的名贵木芍药，就是今天的牡丹花。玄宗移植到兴庆池东沉香亭的前边，等到木芍药盛开的时候，玄宗诏选梨园弟子演奏十六种乐曲，名乐师李龟年手捧檀板正要唱歌。玄宗说："赏名花，对妃子，怎么可以再唱旧乐词？"接着命李龟年持金花笺宣翰林学士李白写了《清平乐》三篇。这三首著名的词表面上写牡丹，其实写的是杨贵妃的天资绝色。

第一首："云想衣裳花想容，春风拂槛露华浓。若非群玉山头见，会向瑶台月下逢。"第二首："一枝红艳露凝香，云雨巫山枉断肠。借问汉宫谁得似？可怜飞燕倚新妆。"第三首："名花倾国两相欢，长得君王带笑看。解释春风无限恨，沉香亭北倚阑干。"

于是李龟年捧词唱歌，梨园弟子按调抚丝竹，杨贵妃手持玻璃七宝杯，杯里面盛满了西凉州出产的葡萄美酒，笑着接受了李白的恭维。玄宗调紫玉笛按声倚曲。每当曲子演奏一遍将换的时候，他便拖长了声调来讨杨贵妃的欢心。

高力士因为前不久为李白脱过靴，深感耻辱，一直想找机会陷害李白。过了几天杨贵妃重吟李白写的词，高力士就趁机诋毁说："老奴还以为妃子听了李白的词怨入骨髓，却不料像这样拳拳珍爱。"杨贵妃大惊问："李学士的词怎么了？"高力士说："以汉朝的赵飞燕比喻妃子，太过分了。"杨贵妃由此恨上了李白。唐玄宗曾经三次想重用李白，都因为杨贵妃的缘故而罢手。可以说李白的诗词耽误了他的前程，如果前程二字单指做官为宦的话。

总之，她与多才多艺的唐玄宗结为艺术知音，对于盛唐音乐舞蹈艺术的空前繁荣，是有一定贡献的。

有了杨贵妃，唐玄宗的奢侈之风越来越盛，大臣、贵族、宗室为了巴结皇帝，就投贵妃之所好，结果让她高兴的人都升了官，这又刺激更多的官僚贵族巴结逢迎，争献美味佳肴、珍异珠宝。

唐玄宗爱屋及乌，因为宠幸杨贵妃，又封她的两个哥哥为官，三个姐姐分别封为韩国、虢国和秦国夫人，她的远房堂兄杨国忠也靠裙带关系扶摇直上。当时长安有歌谣说："生女勿悲酸，生男勿喜欢。"李林甫死后，杨国忠接任宰相。他也是个奸佞小人，只以个人恩怨用人、办事。在杨国忠的一手遮天之下，首先是朝政混乱。在暴雨造成灾害时，玄宗询问灾情，杨国忠却拿着大个的粟穗子给玄宗看，说雨大但没有影响收成。下边有的官员报告灾情，请求救助，他大发雷霆，命令司法机关进行严惩。杨国忠能力不高，但喜欢胡乱处理朝政，正事做不好，坏事却很在行，接受贿赂、拉帮结派等应用自如。

朝政混乱影响了国家的经济。均田制在这个时期瓦解，税收急剧减少，但朝廷的花费却因为玄宗和杨贵妃的奢侈而逐渐增多，国库入不敷出。政治的腐败还影响了军队的战斗力，因为招募的兵士都是一些无赖之徒。这些人在后来玄宗发动的战争中不但没有夺得胜利，反而招致了更多的失利。

可是这时的唐玄宗对于唐朝的危机丝毫没有察觉，反而向外发动了一系列的战争。政治腐败与黑暗，影响了将领的贪功求官的欲望。为了挑起战争，并在战争中立功受赏，加官进爵，边镇的很多将领肆意挑衅，使得边境战乱不断，玄宗的好战对此又是火上加油。初期的边境安定局面被打破了，最终导致了安史之乱，唐朝大伤元气。

一是西边和吐蕃的关系恶化，开战后互有伤亡，损害了历来的和睦友好关系。二是西南的南诏国。由于边境将领的骄横跋扈，致使本该平息的冲突日益升级，结果唐朝征兵和南诏开战，先后战死、病死的唐朝士兵达 20 万之多。

安史之乱

李林甫当政时，混血胡人安禄山受玄宗宠信，提拔为范阳（今北京城西南）、平卢（今辽宁省朝阳县）兼河东（今山西太原市西南）节度使。安禄山貌似忠诚，生性狡诈，是个很会拍马逢迎之徒，他身体肥胖，自称三百斤。玄宗曾开玩笑地问他："胡儿肚子这么大，里面装的是什么？"他回答："只有一颗忠于陛下的赤诚之心。"玄宗非常高兴。安禄山请求做杨贵妃的干儿子，玄宗同意了。一次玄宗与贵妃共坐，安禄山先拜贵妃，再拜玄宗，并说："胡人是先母后父。"玄宗听后更为喜悦。

杨国忠和安禄山争宠，互相看不起，矛盾越演越烈。安禄山经常进出长安，见内地兵力不足，长安防务松弛，就在范阳招兵买马，赶造兵器，储积粮草，准备夺取唐朝江山。臣下奏说安禄山有反意，玄宗不信。直到安禄山撤换了范阳的 32 名汉将，并且开始拒绝玄宗的召见，玄宗才开始怀疑他，但又不作防备。

755 年 10 月，安禄山以讨杨国忠为名，发动所属 15 万大军在范阳叛乱，引兵南下。当时天下太平日久，武备松弛，百姓不知战争，突然听到范阳起兵，远近震惊，所过州县，望风瓦解，叛军很快就攻占了洛阳。756 年正月，安禄山在洛阳自称大燕皇帝，准备西进夺取长安。杨国忠怕众将立功而于己不利，怂恿玄宗瞎指挥，使唐军遭到惨败，潼关失守，叛军直逼长安。玄宗在杨国忠的劝说下，带着杨贵妃等人起程逃避四川，不料才到咸阳，县令已经逃走，没人供应饭食，玄宗命令百姓献食，百姓献上高粱等食物。玄宗勉强咽了几口，流泪不止。

第三天唐玄宗他们到了马嵬驿（今陕西省兴平县西），随行将士又饿又累，想到杨国忠专权误国，致使他们受苦，都怨恨异常。于是龙武大将军陈玄礼带领众将士，挡住了杨国忠的马头，向他索讨军粮，并趁杨国忠惊慌之机，大喊："杨国忠要谋反"，将他拉下马来砍死，并将尸体砍成数段，首级悬挂在驿门上示众。然后，激愤的将士们围住了玄宗和杨贵妃休息的驿馆，喊杀声连天。

玄宗忙命人出面劝解。愤怒的兵士杀死了出来劝解的大臣。高力士奏请玄宗亲自出去劝解，玄宗只好硬着头皮，亲自出去劝说，但是兵士仍然不肯罢休，他们大声喧嚷说："不杀贵妃，誓不护驾。"玄宗大惊失色说："贵妃一直深居内宫，不干预外面的政事，她有什么罪该杀呢？"高力士对他解释说：

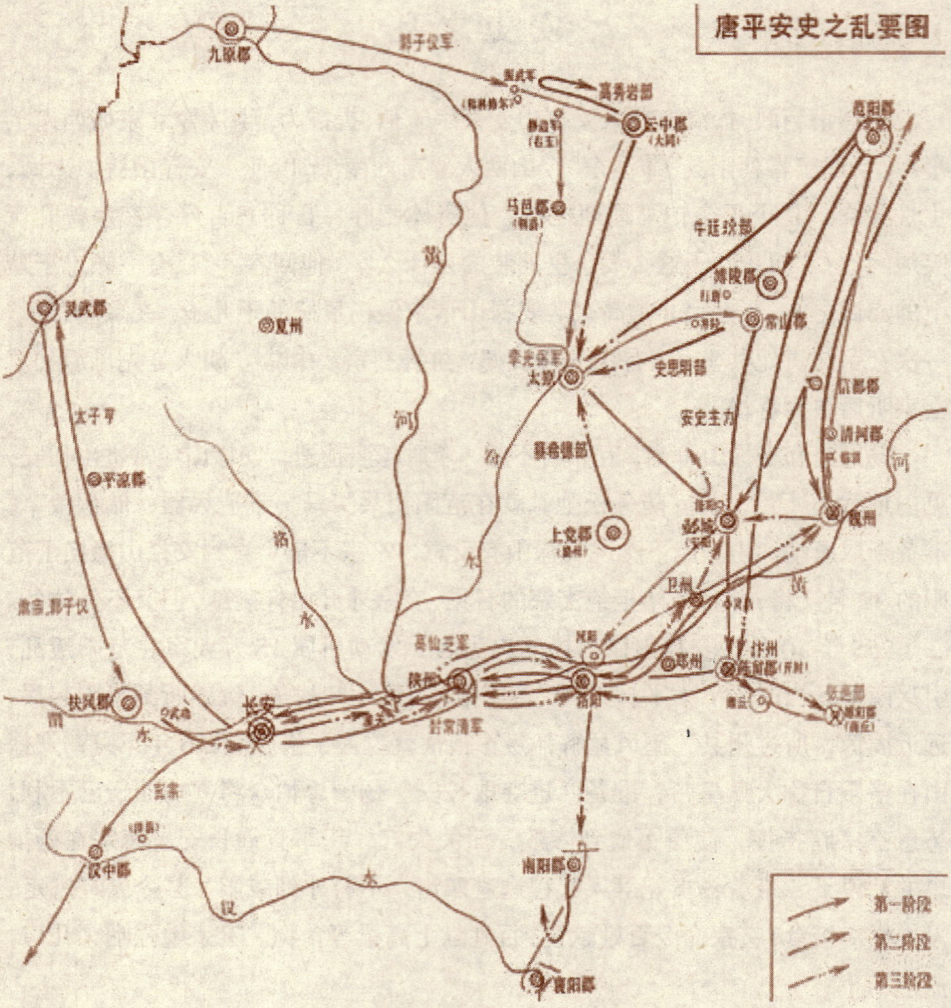

唐平安史之乱示例图

"贵妃是无罪，但将士们杀了杨国忠，留着贵妃哪能安心？愿陛下准将士所请。将士安心，陛下也就安全了。"玄宗半晌不开口，这时外面喧哗声更响，高力士仓皇奏告道："兵士们要闯进来了，陛下再不决断，他们要自己来杀贵妃了。"玄宗这才流泪说道："赐她自尽吧。"

杨贵妃接到圣旨，惊倒在地，良久，才哭着请求见玄宗一面。高力士引她来到玄宗面前，她哭道："愿陛下保重。"玄宗不忍心看她的惨容，只是以袖掩面哭泣。高力士怕士兵闯入，忙将杨贵妃带到佛堂，贵妃朝北拜了几拜说："妾与陛下永别了！"然后自缢而死。

将士们听到贵妃被处死，欢声雷动，重新保护玄宗西逃。太子李亨逃往灵武（在今宁夏境内），在郭子仪、李光弼等一班西北将领的支持下，即皇帝位，是为唐肃宗。

早年，玄宗曾经在勤政楼东间设大金鸡障，里面放置一张大床榻，卷去帘子与安禄山坐在一起，观看楼下的百戏。太子李亨劝谏说："历观今古，没有听说过臣下与君主同坐一起看戏的。"玄宗私下说："安禄山有异相，之所以坐在一起是为了禳除凶星。"又曾与安禄山夜宴，安禄山醉卧化成一条猪，但是长着龙首。左右立刻告诉了玄宗，玄宗说："这是猪龙，没有什么作为。"始终不杀安禄山。

等到安禄山叛乱后，人们才回想起当初术士李遐周说过的预言诗："燕市人皆去，函关马不归。若逢山下鬼，环上系罗衣。"其中"燕市人皆去"说的是安禄山与蓟门之士叛乱。"函关马不归"是哥舒翰失守于潼关。"若逢山下鬼"是一个嵬字，即马嵬驿。"环上系罗衣"指的是杨玉环常以假髻为首饰，喜欢穿黄裙。天宝末年京师有童谣："义髻抛河里，黄裙逐水流。"到此都应验了。

后来，安禄山派部将孙孝哲进入长安，自己仍留守洛阳。这时安禄山的将领日夜纵酒，沉溺于声色财贿之中，已无进取之意，因此唐朝的军队得到了重整军备、调集重兵的机会。长安失陷后，郭子仪、李光弼奉命率军5万自河北至灵武，壮大了朝廷的声势。河西（今甘肃武威）和北庭（今新疆吉木萨尔北破城子）、安西（今新疆库车）节度使的兵也来会合。唐军又得到回纥、于阗及西域诸族的援助。757年正月，安禄山被他儿子安庆绪所杀。李光弼坚守太原，屡败敌军；郭子仪收复河东郡（今山西永济蒲州镇），解除了侧面敌人的威胁，为收复两京做好了战略的准备。这年九月，广平王李俶与郭子仪率军从凤翔出发，攻克长安，十月收复洛阳，安庆绪逃往邺郡（今河南安阳）。此时，留在范阳的史思明不愿受安庆绪的节制而归降了唐军。唐军封他为归义王，任范阳节度使。但唐军又策划消灭他。这件事被史思明知道后，他又开始反叛，与安庆绪遥相声援。

758年9月，郭子仪、李光弼等节度使统兵20余万，后增至60万，讨伐安庆绪，包围了邺郡。第二年3月，史思明率兵增援安庆绪，唐军60万众溃败于城下，随后史思明杀死了安庆绪。回到范阳后，史思明称大燕皇帝。9月，他的叛军攻占了洛阳，与唐军相持一年多之后，他被儿子史朝义杀死，这时叛军内部离心，屡为唐军所败。762年10月，唐军收复洛阳，史朝义走投无路，被迫自杀，这场持续了八年的“安史之乱”才告结束。

正是由于唐玄宗晚年荒淫奢侈的生活，不理朝政，任用奸臣，才导致了“安史之乱”的发生。“安史之乱”使当时生产大受摧残，田地荒芜，百姓流离失所。“安史之乱”是唐朝由盛转衰的转折点，战乱虽平，安史部将势力并未消灭，藩镇割据局面由此形成；中原战乱地区经济遭到严重的破坏；吐蕃对唐的侵扰也日益频繁，唐朝国力大为削弱，其全盛时代也从此结束了。

唐军收复长安和洛阳后，玄宗于757年12月返回长安，闲居于宫内甘露殿。他怀念往日的尊荣，目睹眼前的凄凉，伤感叹息，愁苦郁闷，渐渐成病。762年4月病危，他还念念不忘杨贵妃。传说他还请方士作法，想招来杨贵妃的亡灵相会。死前的一天，他吹了几声紫玉笛，声调极其悲凉，然后命令名叫宫爱的宫女为他沐浴更衣，卧于床上。当晚，他在室内还传出笑声。第二天黎明，宫爱进入卧房，发现他已经双目紧闭，四肢僵硬而死。死后的庙号为玄宗，谥号为明皇。

音乐皇帝

玄宗对我国音乐、舞蹈、戏曲的发展有过重要的贡献。李隆基自小在宫廷中受到了良好的音乐训练，自幼就十分喜爱歌舞戏剧。有一次，他祖母武则天举行盛大的宴会，他当众表演了《长命女》，受到群臣的喝彩。他还能演奏多种乐器，最擅长的是羯鼓和玉笛。演奏羯鼓等于是指挥乐队，唐玄宗演奏羯鼓的技术十分高超。在平王期间，他就曾创建过一个散乐戏班；称帝后不久，又建立了一个戏曲活动中心，选定梨园作为这个中心的所在地。所以，历来的戏曲艺人都尊玄宗为梨园始祖。

他还能作曲，善于组织、指导音乐演奏。在创作方面，像历史上著名的《霓裳羽衣曲》、《小破阵乐》、《圣寿乐》等，都是经他创作、改编之后闻名的。对此曾有这样两个十分神奇的故事。其一是玄宗曾梦见十位仙子驾着云从天上下来，她们手中各执乐器悬空而奏。曲度清越，不是人间的凡音，其中有一个仙人说：“这是神仙《紫云回》，现在传授给陛下，可为正始之音。”玄宗醒来后余响仿佛还在。第二天命杨贵妃用玉笛演奏，一丝也不差。

还有一次玄宗在东都白天梦见一个容貌艳异的女子，梳着交心髻，大袖宽衣拜倒在床前。玄宗问：“你是谁？”那个女子说：“妾是陛下凌波池中的龙女，卫宫护驾妾也有功，玄宗陛下洞晓钧天之音，请赐给小女子一支曲。”于是玄宗在梦中为龙女鼓胡琴，名字叫做《凌波曲》。等到玄宗醒来后还记得曲子，于是在凌波宫临池弹奏这首《凌波曲》，一时间池中的波涛涌起，接着有神女出现在池水中，正是梦中所见的龙女。

新丰初进一个叫谢阿蛮的歌女，她善于跳舞。在清元小殿，宁王吹玉笛，玄宗打羯鼓，杨贵妃弹琵琶，李龟年吹觱篥，张野狐弹箜篌，贺怀智打拍子。从早晨到中午欢洽异常。当时只有秦国夫人端坐在一边观看。吹完了曲子玄宗戏弄秦国夫人：“今日幸得伺候夫人，请赐一副缠头。”秦国夫人说：“岂有大唐天子的阿姨没钱可用呢？”接着取出三百万钱“赏赐”给了玄宗。

音乐皇帝与杨贵妃

开元年间宦官白秀贞从蜀地回来，献给玄宗一把琵琶。琵琶槽是些逻檀木制成，温润如玉，光亮可鉴，有金丝红纹形成的两只凤凰，弦是末呵弥罗国永泰元年所进贡的渌水蚕丝制成，光莹如串起来的珠子瑟瑟作响。杨贵妃抱着这柄琵琶在梨园弹奏，凄清的音韵飘向云外。而诸王公主自虢国夫人以下都自称为贵妃琵琶弟子，每次听完曲子都进献给杨贵妃许多珍奇的礼物。杨贵妃对阿蛮说：“你贫穷没有可以献给师长的东西，还是我给你礼物吧。”说着命侍儿红桃娘取红粟玉臂环赐给谢阿蛮。

还是在天宝年间，玄宗命宫女数百人为梨园弟子，都住在宜春北院。玄宗一向精通音律，当时著名的乐师有马仙期、李龟年、贺怀智等。安禄山自范阳来朝入觐，献了几百支白玉箫，都陈列在梨园。从里面传出来的音响凡间是没有听过的。

杨贵妃擅长曲艺，曲艺中最善于击磬，泠泠然多有新声，梨园的乐师也不能做到。玄宗命人采蓝田美玉雕琢为磬，上面装饰着流苏之类，以金钿珠翠珍怪的东西杂饰。又铸了两座金狮子，各重二百余斤。其他彩绘绮丽，制作精妙的东西一时无比。等到“安史之乱”平息后回到长安，只有玉磬还在。玄宗看着玉磬心里十分凄然，不忍放置在床前，令送到大常寺收藏。

由于玄宗精通音乐，因此在那个年代，中国音乐得到了迅速的发展，产生了许多天才的音乐家和优秀的音乐作品。

十六、变色龙皇帝朱温

从公元907年唐哀帝逊位到公元960年北宋建立，短短的54年间，中原相继出现了梁、唐、晋、汉、周五个朝代，史称后梁、后唐、后晋、后汉、后周。同时，在这五朝之外，还相继出现了前蜀、后蜀、吴、南唐、吴越、闽、楚、南汉、南平（即荆南）和北汉十个割据政权，这就是中国历史上的“五代十国”。

五代的开国之君，都是前朝的方镇，靠军事割据起家，因此这一时期的历史特点就是战争频繁，政权更迭不断。在五个朝代中，后梁维持的时间最长，但也只有17年，后唐有14年，后晋有11年，而后汉仅仅4年，后周9年。其实，即使在一朝之内，其权位之争亦超乎寻常。如后梁太祖朱温登上皇位才六年，就被其次子朱友珪所杀。而朱友珪上台不久，又被其弟朱友贞所杀。再如后唐明宗李嗣源的儿子秦王李从荣，亦曾以兵夺权，未能成功，反丢了性命。明宗去世之后，其第五子李从厚继位，仅只一年，皇位即被明宗的养子李从珂所夺。频繁的兵戎相见，给百姓带来了极大痛苦和灾难。

这一段历史，还有一点值得特别注意，即在五朝之中，有三朝，即后唐、后晋、后汉的开国之君都是沙陀人。同时，北方的契丹人亦不断强大，他们互相勾结利用，逐步形成了一股强大的政治力量和军事集团，为以后宋、辽、金对峙形成中国历史上第二个南北朝，埋下了深深的祸根。

相对于五代来说，十国的情况则要好得多。在这十国之中，除刘崇的北汉在北方外，其他诸国皆在南方，它们少受中原干戈的影响，政局相对稳定，政权维持的时间也远比五代长，如最短的前蜀亦有34年，而最长的吴越竟达85年之久。这对南方的开发起了至关重要的作用。吴越曾于公元910年修筑了海塘，保障了农业生产的发展，逐渐走上了富裕之路。由于北方战争频仍，不少中原人士移徙南方以避祸乱，他们带来了北方的生产技术和科学文化，对南方的发展起了积极的作用。

而从历史的发展来看，则有一种怪现象：一旦国家陷入战乱时期，武人在政治上就占有举足轻重的地位。南北朝和五代十国时期，中国境内陷于长期的混战，那些靠军功起家的武人很容易坐上帝王宝座，但他们往往一称帝就极端腐败，根本不知道珍惜自己的政权，很容易变成暴君。

朱温像

主要原因也许在于：一是武人长于军事，拙于治国，他们用暴力夺取政权后，面对比军事复杂上百倍的政治往往一筹莫展；二是武人缺乏自制力，一旦掌握无限权力，曾经被压抑住的人性的弱点就会像火山一样迸发出来，并且一发而不可收拾，最终把他的家族和他创立的江山烧毁；三是武人目光短浅，没有相应的教养，忧患意识淡薄，大权在握就会忘乎所以，以为天下就数他最大，不知道江山得来艰难失去容易，更不知道谨慎使用手中的权力，一味听凭自己的性子胡闹和享乐；四是武人不会约束并教育好自己的孩子，生下的儿子不是恶棍就是混蛋，政权即使没有断送在他自己手里，也会断送在继任的儿子手里。

总之，他们在任时的胡作非为只能用“荒唐、无聊和不可思议”来概括，不但不配做帝王，甚至连做人都不配。后梁开国皇帝朱温就是这样一个集叛徒、土匪、强盗和恶棍于一身的大暴君。他是大唐四百年江山的终结者，也是刀光剑影、血泪交集的五代的启幕人。

朱温一生改了三次名字，从朱温、朱全忠到朱晃，每一次改名都是他政治生涯中的一次变色。他从一个农民演变为后梁的开国之君，靠的是什么？靠的是他的权诈和谋略，他灵活的对敌策略，他的驭下之术，当然还有他的无赖精神。

他本是唐末农民起义领袖黄巢的部将，在黄巢走下坡路时对恩主反噬一口，投降唐朝，被朝廷任命为宣武节度使。20年后，唐王朝宦官政权发生内讧，宰相崔胤请朱温发兵救驾，朱温率军进入长安，突袭皇宫，对宦官进行灭种式的大屠杀。唐王朝的宦官作恶多端，杀几个是应该的，问题是那些没有作恶还是孩子的小宦官也做了刀下之鬼，朱温的做法未免太残暴了。

屠杀宦官的第二年，朱温强迫朝廷迁都洛阳，并裹胁长安全体市民跟随东迁。长安宫殿和所有民房悉数拆除，百万市民刹那间成为赤贫，咒骂声和哭声连绵四百公里。长安这个曾经作为中国首都先后达1171年之久的历史名城受到了最惨重的破坏，从此丧失被选为首都的资格。

迁都洛阳后的八个月，朱温派人刺死了皇帝李晔，三年后又强迫李晔的儿子李祝禅位给他。

但朱温只当了六年皇帝，在位时除不停地杀人和跟儿媳睡觉外，没做过什么正经事。皇宫有的是美女，可朱温偏偏要去霸占儿媳，既伤害了儿子，又背上了乱伦的恶名，实在让人想不通。这兴许印证了“得不到的就是好的”那句俗谚吧，那时天下的女人都是皇帝的囊中之物，只有儿媳是碰不得的，既没教养又无任何道德准则的朱温就偏要去碰。有奇淫的人，必定有奇祸，和春秋时期以“爬灰”名垂史册的卫晋、熊弃疾一样，朱温“爬灰”也爬出了现世报，他的儿子朱友珪一刀刺穿了他的肚皮。

起义军败类

朱温出生于宋州砀山（今安徽砀山县），从小不务正业，是乡里的地痞。父亲是乡下的一个穷教书先生，兄弟三人，朱温是老三，一家人生活得很清苦。据说他出生时，家里房顶上直冒红光，把村里人都吓着了，以为是着了大火。在他懂事以后，听他父亲和母亲说，所谓“红光腾霄汉，必是大贵之相”。从此，他就把这话牢牢记在心里了。

在他兄弟三人尚未成年时，父亲就去世了，母亲只好带着三个孩子到萧县地主刘崇家里当佣工。母亲给人家织布，两个哥哥放牛种田，他放猪。朱温从小爱使枪弄棒，不好好劳动，刘崇常常拿棍子打他，吃尽了别人的白眼，只有刘崇的母亲喜欢他，经常亲自给他梳头，还告诉其他人说：“朱三不是一般人，你们要好好待他。”别人问她为什么，她说曾经有一次看到朱温熟睡时变成了一条赤蛇。大家都笑，谁也不相信。

及至后来他取得了富贵，回家迎接他母亲的时候，他母亲竟然不敢相信这个当官的就是那个从小要无赖的儿子，死也不肯相认，朱温派去迎接她的人详细叙述了朱温小时候的事情，朱温的母亲才相信自己的儿子真的发家了。

黄巢起义

黄巢起义爆发后，起义军路过宋州时，朱温就与他的二哥朱存一起参加了起义军，这时朱温已经26岁。开始他只是一个普通的战士，因为勇敢善战，升为队长。他的哥哥朱存在黄巢攻打广州时战死，朱温以自己的勇猛善战赢得了黄巢对他的重视，在黄巢攻下西安建立了大齐政权后，被任命为东南面行营先锋使，派他到各地去打仗，朱温“所至皆立功”。

黄巢占领了西安后，如同历代农民起义军一样，缺乏管理国家的才能和准备。进城之初士兵们都把财物扔给欢迎的民众，不久由于没有租税收入，加上西安附近连年战争，百姓无法种粮，饥饿的士兵便开始抢掠百姓，由此大失民心。而此时唐朝各地的勤王之师逐渐赶到，包围了西安。原来投降黄巢的唐河中防御副使王重荣，不甘心附从黄巢，就杀了黄巢的使者，重新归附了唐朝。黄巢为了平定这一叛乱，就派朱温和自己的弟弟黄邺合兵进攻王重荣。因为王重荣早已有准备，起义军失利，损失了四十多船的粮食和武器。

881年2月，黄巢为了减轻东南方面唐军的压力，派朱温率兵攻打邓州（今河南邓县），朱温一举攻克了邓州并俘获了刺史赵戎，从而控制了从东南方面进入关中的荆襄要道。后来，因为投降黄巢的唐忠武节度使周岌的归唐，当忠武监军杨复光进攻邓州东北的南阳时，朱温战败，被迫北撤，率余部退回关中。此时唐朝各藩镇的勤王部队与黄巢展开了西安争夺战，朱温在长安周围参加了一些反对唐军围攻长安的斗争。他曾与黄巢的另一个大将尚让一起，在东渭桥击退唐将李孝昌和拓跋思恭的进攻，接着又与黄巢的另一个大将孟楷一起，在富平（今陕西富平东北）击败了李孝昌和拓跋思恭的军队。

由于朱温在战场上英勇善战，屡立战功，882年正月，黄巢任命朱温为同州防御史（治所在今陕西大荔），让他带兵去从唐军手中夺回同州。唐朝的同州刺史米诚弃城逃走，朱温顺利占领了同州。这是农民起义军的势力第一次跨过渭水，在渭水北岸建立起一个重要的军事据点。朱温乘胜又进攻河中，由于王重荣的顽抗，未能攻下。后来尚让率大军又进攻河中，朱温为先锋去攻打西关，击败了唐朝诸葛爽的军队，并击退了王重荣的数千援兵，起义军占领了郃阳（今陕西合阳）。不料在七月间突然降了大雪，起义军战士被冻死十分之三，起义军受到了意外的挫折。

朱温驻守同州，直接面对的就是唐朝河中留后王重荣，朱温与王重荣多次交锋，均遭败绩。当时唐军有一批运粮的三十艘船通过夏阳（今陕西合阳东），朱温派兵中途抢劫下来。王重荣派三万精兵抢夺，朱温不敌，只好把船凿沉，王重荣便围住了同州城。朱温突围不能，只好向黄巢求援。可是求援的奏章都被当时主政的孟楷扣住，也不派兵增援。朱温坐困孤城，又看出形势对黄巢很不利，便有了背叛黄巢之心。这时他手下的一个部将谢瞳趁机劝朱温降唐。他说：“黄巢乘朝廷衰弱的机会，率领几十万大军攻下了唐的首都，自己当了皇帝。现在朝廷已调集四方军队围困住黄巢。黄巢看来当皇帝不会持久，而

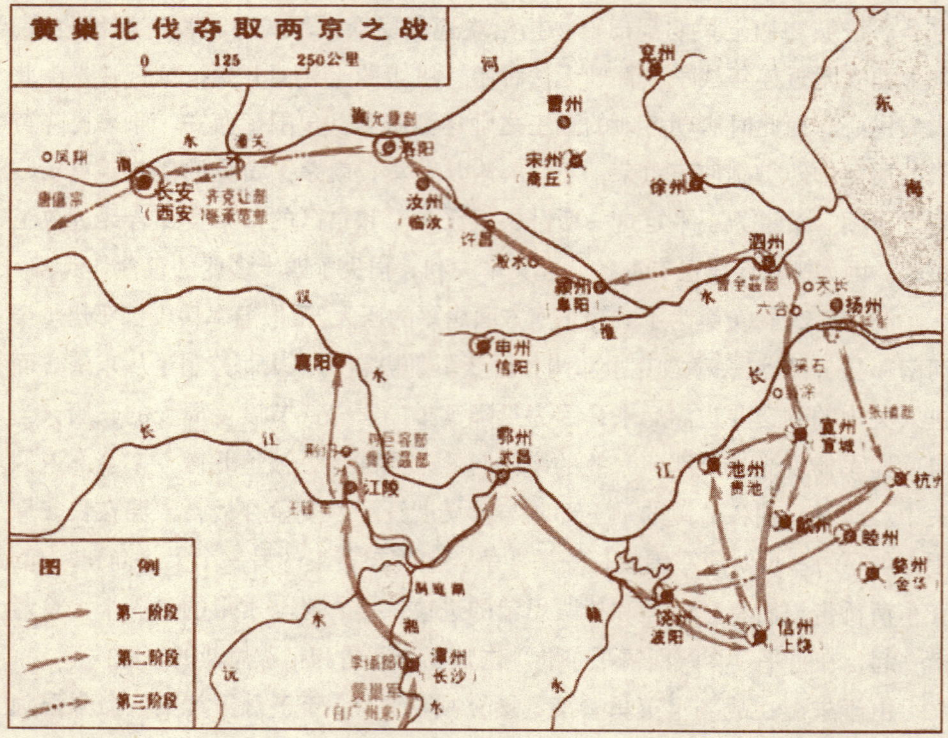

黄巢起义路线图

朝廷的力量却越来越强大。我们当下处境困难，黄巢又不派兵援助，你要考虑自己的出路呀。”朱温听了谢瞳的话，就决定投降朝廷。

他先杀了黄巢派的监军严实和反对投降的大将马恭，然后向自己的对手王重荣投降了。忠武军监军杨复光主张杀了朱温，王重荣却认为：“朱温的投降对朝廷很有利，杀了他就会绝了黄巢手下大将归附朝廷之路。”所以马上任命朱温为同州、华州节度使，并且写了奏表，派谢瞳到成都送给唐僖宗。僖宗看了奏表，十分高兴，大呼：“这是上天送给我的。”当即封朱温为左金吾卫大将军，充河中行营副招讨使，并赐名为朱全忠。

在农民起义军与唐军相对峙的时期，朱温的降唐不但削弱了起义军的力量，而且使长安东面的屏障全失，所以对起义军是一个重大的打击。朱温的降唐并且受到重用，也动摇了起义军的军心，一些起义军将领在朱温的引诱和影响下，叛变时有发生。而朱温自己，由于受到唐朝皇帝的重用，就在被赐名为朱全忠以后，特别卖力地为朝廷效命，因而成为封建统治阶级镇压农民起义的一只得力的鹰犬。

883年，黄巢因西安城中无粮，只得撤离长安，转向河南一带。他派大将孟楷攻打蔡州（今河南汝南），唐朝的蔡州节度使秦宗权出战失败，便投降了黄巢，并和孟楷一起进攻陈州（今河南淮阳）。陈州刺史早有准备，乘孟楷不备，全力出击，孟楷所率的一万人全军覆没，孟楷本人也不幸战殁。孟楷是黄巢最宠爱的大将，黄巢听说孟楷战死，集中所有的兵力围攻陈州，由秦宗权负责后勤补给。唐军固守陈州，黄巢屡攻不克，便在陈州外围筑垒围困，号称“八仙营”。营垒修得如同宫殿一般，旁边还有百官衙门。黄巢储备粮草，准备持久之计，必欲攻破陈州，为孟楷报仇。陈州刺史一面坚守城池，一面派人向太原的李克用、汴州（今河南开封）的朱全忠求援。当时已升任宣武节度使的朱全忠率军赶赴陈州，和李克用一起在陈州外围与黄巢的起义军作战，朱全忠在鹿邑（今河南鹿邑西）击败了起义军一部后，就占领了亳州（今安徽亳县），接着又在瓦子寨（黄巢在陈州城外临时修建的寨屋）打败了起义军，驻在尉氏（今河南尉氏）的起义将领李唐宾、王虔裕率部投降了朱全忠，李克用在太康大败黄巢的大将尚让。

黄巢见军事失利，只得退到陈州北面的故阳里，依旧保持对陈州的围困态势。5月间，突然连续下起大雨，河水暴涨，四处流溢，冲垮了黄巢所筑的营垒。黄巢见大事已去，只好舍弃了围困三百天的陈州。

黄巢撤兵后，李克用紧追不舍，朱全忠回到自己的节度使驻地汴州。黄巢在李克用的追击下，渡过汴水进攻汴州。朱全忠向李克用求救，李克用在河南中牟北的王满渡大败黄巢的主力部队。黄巢手下大将尚让率一万人投降了唐将时溥，黄巢手下另外一些将领李说、杨能、霍存、葛从周、张归霸、张归厚等人投降了朱全忠。至此，黄巢的主力伤亡殆尽，只好向兖州方向撤退。对唐朝王室忠心耿耿的李克用独自率军穷追不舍，后来因为粮尽不得不停止追击，黄巢只剩下一千多人逃到了泰山，势穷力尽的黄巢不甘被俘受辱，自杀殉难。

由于朱全忠镇压农民起义有功，朝廷就封他为检校司徒、同中书门下平章事、沛郡侯，后来又封为吴兴郡王，还赐给他铁券和德政碑。朱全忠终于靠农民起义军将士的鲜血，爬进了唐朝封建统治阶级的最高阶层。

唐朝逆子

黄巢的起义军被镇压下去以后，唐末形成的藩镇割据，由于一些新的军阀的出现，情况更加复杂。朱全忠宣武节度使管辖的地区，在今以开封为中心的河南一带。为了巩固和扩展自己的地盘，壮大自己的政治和经济力量，就要吞并其他的藩镇。对朱全忠来说，当务之急是吃掉蔡州节度使秦宗权。

秦宗权曾经和黄巢联军攻打陈州，他趁黄巢全力围困陈州之际，借机抢掠附近的二十几个府县，扩充军队，增强实力。秦宗权是当时最惨无人道的军阀，他每攻下一地，不仅把财物抢劫一空，还把人都杀光，用车拉着充当军粮，以致河南一带千里无人烟。当时河南各州府，只剩陈州和朱全忠的汴州了，但也仅能自保而已。朱全忠奉唐僖宗之命讨伐秦宗权，实力却相距甚远，只好向占据兖州、郓州的朱瑾、朱宣兄弟求援。朱瑾、朱宣也恨极了秦宗权，亲自带兵增援，朱全忠和朱瑾、朱宣联兵大败秦宗权，秦宗权兵败后退回蔡州，被他的爱将申丛抓住，送给朱全忠，朱全忠把秦宗权送到西安斩首伏法。

消灭了秦宗权后，朱全忠基本控制了河南，陈州刺史感激朱全忠解救陈州之德，对他毕恭毕敬，如同他的属下一般。朱全忠势力强大后，便要吞并临近的藩镇。当时占据徐州的徐州行营兵马都统时溥在黄巢败后，论功应为第一，朱全忠和他争功，双方便有了嫌隙。朱全忠受命到淮南去讨伐孙儒，路过徐州时，遭到时溥的阻拦，朱全忠索性率兵攻打起徐州来。双方的战争

唐昭宗

持续了六七年，最后时溥在徐州城破之日和妻子自焚而亡，徐州、泗州一带又落到朱全忠手中。

消灭了时溥后，朱全忠便移兵攻打兖州和郓州的朱氏兄弟。朱瑾、朱宣因见朱全忠的士兵强壮善战，便在两地边境上用重金招徕，本来就想夺取兖州、郓州的朱全忠正愁找不到借口，便以此为口实，翻脸攻打曾经援助过他的朱氏兄弟。用了三四年的时间消灭了朱氏兄弟，占据了兖州和郓州。朱全忠势力越来越强大，乃至魏州（今河北大名东南）的罗弘信、镇州（今河北正定县）和定州（今河北定县）的王镕、王处存都不得不依附于他，这样朱全忠就基本上控制了中原大部分地区，成为各藩镇中实力最为雄厚的军阀。

在朱全忠与各个地方割据势力互相混战，各个吞并的同时，唐朝最高统治集团中士大夫与宦官的矛盾，也越来越尖锐。他们各自勾结地方的藩镇势力，进行着你死我活的斗争。唐昭宗李晔继位后，宦官韩全诲与凤翔节度使李茂贞勾结，将昭宗挟持到陕西凤翔，宰相崔胤就引朱全忠带兵入关，击败李茂贞，杀了大小宦官数百人后，朱全忠又杀了崔胤，将昭宗带回长安，强迫他迁都洛阳，到他的根据地中原地区去，这样唐朝的皇帝就成了朱全忠手中的傀儡。

当昭宗的车辆行驶到华州（今陕西华县）时，百姓们夹道高呼万岁，昭宗涕泪交流："勿呼万岁，朕不复为汝主矣！"昭宗还对他的左右侍臣们诉说道："朕今漂泊，不知竟落何处？"离开久居的都城，昭宗心中忐忑不安，迁移地洛阳虽然是唐朝的东都，武则天时曾长期居住在这里，但此时已经成为朱全忠的领地和独立王国。此次出行，正如唐昭宗所担心的，他踏上了一条死亡之路。

最不可思议的一件事是，当时和昭宗一起赴洛阳的，“唯小黄门和打毬供奉、内园小儿二百余人”。可朱全忠对这些人很不放心，怕皇帝通过他们传出什么勤王密诏，那么怎么解决这个问题呢？第六天车驾在一条大河边驻扎下来，隔天皇帝身边就全部换上了朱全忠的人。这不奇怪，奇怪的是唐昭宗竟“初不能辨，久而方察”。为什么？《旧五代史》详细记述了操作过程：“是日（朱全忠）密令医官许昭远告变，乃设馔于别幄，召而尽杀之，皆坑于幕下。先是选二百余人，形貌大小一如园内人物之状，至是使一人擒二人，缢于坑所，即蒙其衣及戎具自饰。”就是说，二百多个替身一夜之间杀尽真身，并在第二天准时上岗了。你想想，那可是一千五百多年前发生的事啊！那时不要说没有照相术，连头像素描都还未发明出来，那时中原经过藩镇割据、黄巢起义等连年战乱，千里凋零，人口锐减，演员可不是像今天这么好招聘的，更何况一批二百多个特型演员！何况这批特型演员还都是当间谍的好料！

昭宗虽已在朱全忠的掌握之中，但他仍不放心，害怕昭宗再寻找机会利用李克用或者李茂贞等地方势力，对自己构成威胁，说不定会是杀身之祸。狡诈的朱全忠效法了曹操，宁负天下人，不让天下人负我。他密令朱友恭、氏叔琮等人弑杀昭宗，但他并不想担此历史罪名，部署好后他便领兵出洛阳讨伐异己去了。事后又回到洛阳演戏，假装不知内情。开始听到消息时他扑地大声号哭：“奴辈负我！令我受恶名于万代！”回洛阳后，他又到昭宗的灵前痛哭流涕，以此笼络人心，表明自己是唐朝的忠臣。

然后，他立昭宗 13 岁的儿子李祚为昭宣帝。不久就杀掉了朱友恭和氏叔琮，一方面灭口，另一方面标榜自己的清白正直。第二年，朱全忠又大开杀戒，为称帝铺路。2 月，杀李裕等昭宗的儿子共 9 人。6 月，又杀裴枢、独孤损等异己朝臣 30 多人，然后将尸首在滑州（今河南滑县）白马驿附近的黄河边投入滔滔黄河，原因是他们常自诩为“清流”，死后要让他们和黄河水一样变成“浊流”。

他对不听话的朝臣滥杀不止，对顺从的朝臣也不放过。为早日称帝，朱全忠命令宰相柳璨、枢密使蒋玄晖等人加紧谋划。柳、蒋二人认为自从魏晋以来，称帝者都是按部就班地走上皇位的，不能着急。第一步先要封国，然后加九锡之礼（古代天子赐给有大功或有权势的诸侯大臣的九种器物，后来权臣篡位前都要策划由皇帝先赐九锡，九种器物包括车马、衣服、弓箭等），然后再让皇帝禅让皇位。因此，在柳、蒋等人的策划下，昭宣帝任命朱全忠为相国，晋封魏王，兼有九锡之命。柳、蒋的苦心准备并没有让朱全忠满意，相反，他认为这是他们故意拖延时间，图谋不轨，因此大怒，拒不受封，并杀掉了这两个没功劳也有苦劳的大臣。这时他已清除了自己当皇帝的一切可能的障碍，随时准备当皇帝了。

暴虐无道

公元907年，朱全忠改名为朱晃，意为如日之光，表示与唐朝皇帝赐名的朱全忠一刀两断，也表示与农民起义将领的朱温毫不相干。在假惺惺地演了一幕大臣劝进、唐朝皇帝自愿禅让的丑剧后，他正式当了皇帝，改年号为开平，建都汴（今河南开封），改国号为梁，史称后梁，历史上称为后梁太祖。这时，朱晃已经56岁了。

随后，他将昭宣帝废为济阴王，迁到曹州（今山东曹县）囚禁。第二年，干脆派人将其杀掉，以绝后患。

朱晃虽然登上皇位，但是，昔日的对手纷纷以他为敌，以讨贼兴复唐朝为口号，联合起来对付他。其中，晋王李克用是反对他的核心力量，岐王李茂贞也以唐朝的忠臣面目出现，号召讨伐他。蜀王王建干脆在成都称帝，公开自立。吴王杨行密死后，其子杨渥不肯归附，仍以唐朝为正宗。他与李克用互为主要对手，更是屡次与他血战不止。

李克用是沙陀族的首领，原为唐朝的雁门节度使，黄巢占领西安后，他率军勤王。在与黄巢的作战中，李克用态度最坚定，作战最勇猛，战功也最大，被唐僖宗封为河东节度使。李克用当年追击黄巢，因为粮尽而退兵，回军途中经过汴州，便入城休息，只带了从官和亲兵三百人。朱全忠因为李克用曾经帮助过自己，便大摆筵席，招待李克用及其官属。李克用自认为是大唐的忠臣，从来瞧不起流寇出身的朱全忠，酒醉后便说了一些侮辱朱全忠的话。朱全忠怀恨在心，便在夜里派兵围住李克用留宿的上源驿旅馆。李克用的手下一面拼死抵抗，一面用水泼醒醉酒的李克用。李克用率亲兵突围，恰好当夜雷雨交加，李克用借助闪电亮光逃到城门，缒城逃回军中，跟随他的亲兵和属官都被朱全忠杀得干干净净。李克用上奏唐僖宗评理，无兵无权的皇帝拿朱全忠也没有办法，只能下诏劝他们和解。从此李克用和朱全忠就成了死敌。

901年夏，朱晃派大将氏叔琮率兵五万攻李克用，一直打到晋阳（今山西太原）城下，李克用借连续大雨，朱晃军队的后勤供应困难的机会，连续出击，朱晃军中又疾疫流行，所以没敢久攻，就撤退了。第二年，朱晃又令氏叔琮率兵打李克用，再次攻到晋阳城下，李克用见朱晃的军队来势甚猛，想弃城北走，在部下的坚持下，才决定坚守晋阳。这次又因为朱晃的军队不适应当地气候，军队中又起了疾疫，氏叔琮被迫又撤兵了。李克用在朱晃的两次围攻下，虽然都因客观条件的变化，守住了晋阳，但他一直处于被迫防御的劣势。

以后由于朱晃内部矛盾尖锐，李克用逐渐变劣势为优势。908年，朱晃派重兵围困潞州（今山西长治），他在城外筑了一道夹寨，将李克用的部下李嗣昭包围在城内，双方相持了一年。李克用派周德威去解围，双方打得很激烈，也没能将朱晃的军队击溃。这时李克用突然去世，周德威的援军撤还晋阳，朱晃认为攻破潞州已不在话下了。不料李克用的儿了李存勖率援兵日夜兼程，出其不意地击败朱晃的军队，解了潞州之围，缴获了大量的粮食军械。后来李存勖又用智取的办法，多次击败了朱晃的军队，朱晃的军队因而在心理上对李存勖产生了恐惧心情，往往两军还未接手就纷纷溃散。朱晃感到自己后继无人，不是李克用儿子的对手，所以感叹说："生子当如李存勖，我的儿子比起来只是猪狗而已。"果然不出所料，朱晃死后，他的儿子朱友贞被李存勖所灭。

称帝后，朱晃也实施了一套安邦定国的措施，以期江山永固。他转变了只重军事的做法，认识到民众和土地对稳固政权的重要性。因此，他尽最大努力去恢复生产，奖励农耕，采取了一些与民休息的宽容政策，中原的经济得到一些恢复。同时，为保证地方行政的顺利，朱晃又下令给各地将领，不论其军阶多高，部队多少，在行政事务方面一律居地方官之下，听从地方官吏管束、安排。这样就从根本上保证了地方治安的稳定，使军队的作用发挥在保民上，而不是割据一地扰民乱国。朱晃又吸取唐末地方将领无法节制终成大祸的教训，对手下大将严加防范，一旦有骄横的人出现，立即除掉，或杀或囚，以绝后患。但朱晃却没有约束自己这种多疑和嗜杀的品性，相反，嗜杀自始至终还表现为滥杀无辜。

朱晃对部下、战俘、士人均滥杀成性。战争时期为整肃军纪，利于调遣，从严治军是应该的，但朱晃却严得残酷，杀得残忍。五代时期的法律严酷得令人发指，在中国法制史上五代就是以法律严酷而出名的。为保证战斗力，他对士兵极为严厉，每次作战时，如果将领战死疆场，所属士兵也必须与将领与阵地共存亡，如果生还就全部杀掉，名为“跋队斩”，以此防止士兵在打仗时后退逃跑。所以，将官一死，士兵也就纷纷逃亡，不敢归队。

他还首创在士兵脸上刻字的方法，士兵如果思念家乡逃走，或者战役结束后私自逃命，一旦被关津渡口抓获送回，必死无疑。他的军法虽然残酷，却也使得军队的战斗力在当时的各藩镇中是最强的。无独有偶，现代史上的直系军阀吴佩孚在这种方法的基础上加以改造，以这种野蛮的方式提高战斗力。只不过吴佩孚的“效率”更高，让督战队手持大刀到前线执行任务，一遇退缩者，就地砍头。吴佩孚就这样在军阀混战中扩张自己的势力，但最终败在了勇猛无敌的叶挺手下，虽然枪毙许多连营长也无济于事。

在诛杀骄横的魏州兵时，朱晃残忍的本性暴露无遗。魏博罗绍威几次请求朱晃帮他除掉难以控制的牙兵（即长期形成的节度使亲兵），朱晃和罗绍威有姻亲关系，于是就趁自己女儿（即罗绍威的儿媳）病死的机会，以奔丧为掩护，先派精兵装扮成担夫，进入魏州城，然后由大部队跟进。内外夹攻，将八千牙兵全部杀死，连妇女儿童也不放过，城里显得空空荡荡。正和梁军一起围攻沧州的魏博军闻讯反击梁军。梁军攻下魏博军的城池后，又将军民杀得一个不留，激怒了当地百姓，因为魏博军都是当地人出身。百姓纷纷抗击梁军，动荡局面直到半年以后才平息。

其次就是乱杀战俘。朱晃率军在钜野（今山东巨野）南边击溃朱宣部将万余人，清理战场的时候，突然间狂风大作，沙尘弥天漫地。朱晃杀性顿起，借机对众将说：“这是因为杀人不够！”于是命将士把战俘悉数杀死。有一年，朱晃命朱友宁攻打青州博昌县（今山东博兴），打了一个多月仍未攻克。朱晃盛怒之下，命友宁驱使俘虏的十万民众背着石头木料，牵着牛驴，在城南筑土山攻城。到了城下，竟将人畜木石合在一起筑成攻城的道路，惨不忍睹，喊冤之声几十里之外就能听到。不久，城被攻陷，朱晃又命令屠城，尸首遍野，清河竟也被阻塞不流。历来战争成名的只有将领，受害的总是百姓，所谓“一将成名万骨枯”绝不仅仅是一句卖弄文采的七言诗！

对待士人，朱晃更是残忍至极。有一年的六月，朱晃与众多幕僚及当地游客在大柳树下乘凉。朱晃望了望柳树枝，自言自语道：“这柳树正好可以做车毂。”众人都未及回应，几个书生游客顺口应道：“是啊，正好做车毂。”没想到朱晃勃然变色，斥责道：“书生们只知道顺嘴戏耍人，什么东西！车毂要用榆树做才耐用，柳木中看不中用！”然后冲着左右卫士们喊道：“还等什么？”

数十名卫士亮刃向前，将答话的几个书生全部砍杀。

朱晃征战几十年，大概内心对士人既有一些自卑，更有因此而长期郁积心中形成的嫉妒。此时的朱晃称雄天下，又多了一些鄙视，书生为避免朱晃独语尴尬，搭讪回应，没想到撞到奸诈残忍的朱晃手上，死于非命。从滥杀士人可以看出，朱晃的滥杀已经走向了极端。

到了晚年，朱晃猜疑刻薄，对功臣宿将也动辄因小过而杀。大将刘珍、李谠、王重允等，都曾出生入死给他打天下，都以不守军纪而随意被杀。而邓季筠、黄文靖等，只因为阅兵时骑的马瘦，就成为被杀的借口。他如此滥杀部将，就是怕这些人以后会起来造反。

朱晃在事业上曾得到他夫人张惠很大的帮助，张惠是砀山一个富室的女儿，长得很美，朱晃早就垂涎其美色，可惜那时他还是个无赖，根本无法娶到。后来，他任同州防御使时，又见到了张惠，总算如愿以偿，把张惠娶为夫人。朱晃的残酷暴虐在历史上也是少有的，可是一物降一物，他偏偏既宠爱又惧怕这位夫人。张惠既贤惠又很有谋略，既有温柔的一面，又有英武的一面，体贴照顾朱晃的同时常有让朱晃钦佩的计谋。朱晃不单家里的事听她的，连行军打仗的事，也总是先征询她的意见。凡遇大事不能决断时，他就向妻子询问，而张惠所分析预料得又常常切中要害，让朱晃茅塞顿开。因此，他对张惠越加敬畏钦佩。有时候他已领兵出发了，只要张惠派个人叫他回来，他马上就会回师。所以张惠活着时，尽最大努力来约束朱晃的行为，使其残酷暴虐得到一定程度的控制，同时也使朱晃集团内部尽可能少地内耗，一致对外。

有一次，朱晃的长子朱友裕奉命攻打朱瑾，但没有追击俘获朱瑾，回来后朱晃非常恼怒，怀疑他私通朱瑾，意欲谋反，吓得朱友裕逃入深山躲了起来，好几天不敢回来。后来藏到朱晃的哥哥那里，张惠为让父子和好，就私下派人将他接了回来，向父亲请罪。朱晃一看到朱友裕，怒不可遏，立命左右把他拉出去斩首，张惠从屋里跑出来，抱住友裕对朱晃哭诉道："他单身回来，不正表明他没有谋反吗？"朱晃听到她的话，气立时消了，与友裕父子关系如初。

朱晃攻破兖、郓后，得到了朱瑾的妻子，以他的好色如命，自然不肯放过，要占为己有，张惠知道后，便先迎上去，对朱瑾的妻子说："兖、郓和我们是同姓之国，他们兄弟因为一点点缘故大动干戈，使姐姐沦落到如此地步。假如汴州被攻破，我也就和姐姐一样了。”朱晃听后，也觉得有些不忍心，便让朱瑾的妻子出家为尼了，而张惠一直供应她的衣食。

张惠和朱温共同生活了二十余年，可惜在朱晃灭唐建后梁前夕却染病去世。朱晃得到张惠病重的消息，急忙赶了回来。临终前，张惠劝朱晃道：“既然你有这种建霸业的大志，我也没法阻止你了。但是上台容易下台难，你还是应该三思而后行。如果真能登基实现大志，我最后还有一言，请你记下。”朱晃忙说：“有什么尽管说，我一定听从。”张惠缓缓说道：“你英武超群，别的事我都放心，但有时冤杀部下、贪恋酒色让人时常担心。所以‘戒杀远色’这四个字，千万要记住！如果你答应，那我也就放心去了。”

张惠死后，不仅朱晃难过得流泪，就连众多将士也是悲伤不已。此后，朱晃没了管束，个人生活便淫烂到了骇人听闻的程度，为自己种下了祸根。

朱晃因兵败得病返回洛阳时，到张全义的会节园中避暑休养，住了有十来天。朱晃见张全义的妻子、女儿、儿媳颇有姿色，便一一召来强迫侍寝，以满足其淫欲。张全义强忍着没有发作，他的儿子张继祚却愤恨至极，持刀要杀朱晃这个老淫棍。张全义死死拉住儿子：“别忘了他的救命之恩！原先在河阳被李罕之围困时，只能吃木屑为生，最后只剩下一匹马，想杀了给军士充饥。如果不是朱温派兵相救，我们早就死了，哪会有今天的富贵？救命之恩不可忘啊！你就忍忍吧。”儿子只得作罢。

朱晃还把儿子都派到外地做镇守官吏，而让儿媳妇轮流入宫陪他睡觉。

公元912年6月，朱晃已经61岁了，他得了病，两个儿媳都在旁边侍候他，这时还没有立太子，不过他选太子的方法绝对与众不同。他连选个太子，也要与“选美”联系在一起，哪个儿子的老婆漂亮就选他当太子！朱友文的老婆长得漂亮，他就准备把万里江山交给朱友文。这真是古往今来选拔“接班人”标准最特别、最搞笑的皇帝！皇帝当到这个份上，也真是不枉来人世走一圈了！他让朱友文的妻子告诉在外地的丈夫，赶快回来，想嘱托后事。

这时另一个儿子朱友珪的妻子在旁边听到这个消息后，觉得对自己很不利，就赶紧回家和丈夫商量对策。朱友珪当时刚被降为莱州刺史，按照朱晃的惯例，贬官的人多半是要在半路上被下诏赐死的。他一者恐惧，二者也认为这是千载难逢的好机会，决定尽快下手。

他急忙换上便服去找左龙虎军统军韩勍，把实情告诉了他，由于朱晃晚年猜忌功臣宿将，诛戮无常，韩也害怕性命难保，就与朱友珪合谋，派五百精兵杂在宫廷卫队中混入宫中，夜里突袭朱晃的寝宫。左右侍从早就怨恨朱晃荒淫暴虐，都纷纷逃散，只剩朱晃孤身一人了。朱晃惊起来问：“是谁反了？”朱友珪回答：“不是别人，是我。”朱晃大骂：“我早就怀疑你不是东西，可惜没有早点杀了你。你这罪恶的逆子，竟要弑父，你忍心吗？天地难道会容你吗？”朱友珪回骂道：“你这乱伦的老畜生，早该碎尸万段了！”这时，他的部下挺剑扑向床边，朱晃慌忙下床绕着屋柱躲闪。结果连劈三剑，都被朱晃躲过，剑锋砍入柱子中。朱晃正患着病，经几次躲闪已经头昏眼花，支持不住，颓然跌倒在床上。朱友珪的部下抢上一步，一剑刺死朱晃。朱友珪用一条破毯子将他的尸体包起来，派人杀了其弟朱友文之后，又把杀朱晃的罪名加在朱友文的头上，然后自己做了皇帝。

朱晃一生杀戮将士无数，最后被自己的儿子所杀，他贪淫好色，也因女人结束了他的一生。朱晃一生换了三次名字，每换一次名字都代表了他的一个时代，也留下了一个变色龙的称号。

作为五代时期的第一个皇帝，朱温起家于乱世。在乡里被人视为不务正业的朱温在从军之后发挥了他悍勇的长处，步步高升。其狡诈多疑的性格也不为邻里所称道，在战乱中却能助他取得一个个胜利。随着地位的升高，随着生存的需要，他扫除了一个个对手，最后为防不测，他将唐朝皇帝也踢开，自己登基，以为安然无恙了，没想到最安全的帝王寝宫却成了最危险的地方，更没想到奸狠的自己会有奸狠的儿子。近朱者赤，近墨者黑，朱温不朱反而心黑手辣，因此，离他最近的儿子们也变黑了，手也变狠了。死于儿子之手也算合乎情理了。

十七、先智后昏的后唐庄宗李存勖

毛泽东曾有一句名言："生子当如李亚子。"李亚子指的就是后唐庄宗李存勖。他是李克用的长子，小名亚子，年幼时体貌出众，而且忠厚沉稳，喜欢独来独往，很受李克用的喜爱。11 岁便跟随父亲出征作战，得胜后随父亲晋见唐昭宗。昭宗见了他，非常惊讶："这孩子真是长相出奇！"然后轻抚着他的背说："小儿日后必定是国家的栋梁之才，不要忘了为我大唐尽忠尽孝啊！"接着，昭宗又赏赐他翡翠盘等物。因为昭宗对李存勖说了一句"此子可亚其父"，意思是说使他的父亲成为亚军，超过其父，因而得名"亚子"。

少年英才

李克用对聪明出众的李存勖寄予了厚望，一次，李克用出征凯旋而归，在上党（今山西长治）三垂岗打猎，岗上有唐玄宗庙，李克用便在庙前置酒，听伶人们奏乐，演奏的《百年歌》声调极为苍凉凄苦，大家的心情很沉闷。这时，李克用却捋着胡子指着身边刚 5 岁的李存勖笑道："老夫虽然壮志未酬，但 20 年后，他肯定和我一样在此地征战，完成我的大业！"

渐渐长大的李存勖几乎是文武全才，善于骑马射箭，又精通《春秋》，喜欢音乐，懂音律，听戏演戏都很在行。

虎父无犬子，李存勖在军事上的才能远远超过了他的父亲，他的骁勇善战也丝毫不逊于李克用。李存勖经常只带领少量卫士身先士卒，冲锋陷阵，侦察敌情，虽然几次遇险但却秉性难改。李存勖在魏州前线，率领百余名骑兵侦察敌情时与五千敌兵厮杀了几个时辰后才得以突围。进攻杨刘城时，需要用柴火填平敌军防御用的壕沟，身为主帅的李存勖背着柴火走在士卒前面。李存勖一次准备亲自出战时，被义兄李存审劝阻，不久，他趁李存审不在时飞驰出营，边跑还边对部下说：“那老头儿居然阻止我游戏。”正因为如此，李存勖才有资格竖起手指自我夸耀说：“我于十指上得天下。”

李存勖比起他的父亲来，谋略更胜一筹。李克用的部将多年随其征战，经常受其赏赐，加上他的姑息迁就，致使兵将骄悍，肆意扰民。李存勖比父亲看得远，请求父亲严肃军纪，李克用却置若罔闻，依旧听之任之。等到李克用病死后不久，李存勖便立即整顿军队，提高了战斗力。再如，幽州的刘仁恭是在李克用全力扶持下才得以占据幽州地区的，后来却反复无常，忘恩负义，李克用向他征兵时竟不发一兵一卒。等再次遭到朱温军队围攻时又厚着脸皮向李克用求援。李克用恨他毫无信用，不肯发兵。李存勖则劝父亲：“现在看天下形势，归顺朱温的有十分之八九，到现在黄河以北地区能和朱温对抗的只有我们和幽州、沧州了，而这两州朱温早就想吞并，如果我们不相救，日后就难有机会了。图大业者不应计较小恩怨，现在他有难，我去解救，他一定会感恩归顺于我，这是我们河东重振雄风的良机，千万不可错过。”李克用终于听从了儿子的话，出兵解了幽州之围，阻止了朱温势力的发展。

当时，占据河东的李克用常被控制河南的朱温牵制围困，兵力不足，地盘狭小，非常悲观。李存勖劝说其父：“朱温恃其武力，吞灭四邻，想篡夺帝位，这是自取灭亡。我们千万不可灰心丧气，要积蓄力量，等待时机。”有一次，李克用与朱温争战居于下风，战事吃紧，李克用满脸愁容，李存勖就又劝说父亲：“凡事都有盛衰的规律，我们三代尽忠于朝廷，纵使势力衰微无法报效也问心无愧。物不极则不反，恶不极则不亡。现在朱温已经有了篡位之心，陷害忠臣，妄称神灵暗助。但依我看来，他已经走到了极点。父亲大人应当静心休养，等他衰退之时再趁机进军，不必轻易地沮丧忧愁。”李存勖说得句句在理，李克用听了儿子的话，忧愁尽散，又和大家一起举杯同乐，重新振作起来。

李存勖像

这时候，北方的契丹族开始强大起来，它的首领耶律阿保机统一

耶律阿保机像

了契丹的各部，建立政权。公元907年，阿保机带领三十万人马，攻入云州（今山西大同），李克用想利用契丹兵力，对付朱温，就跟阿保机联络，双方在云州东城见了面，结为兄弟，还约定日子一起攻梁。但是阿保机一回到契丹，看到朱温势大，就反悔了，另外派人跟朱温结成同盟。

李克用听到这个消息，气得差点昏过去。到第二年春天，他连气带累，背上长了毒疮，病倒了。他自己知道再也起不来了，就把儿子李存勖叫到床边，叮嘱说："朱温是咱家的冤家，这不说你也知道；刘仁恭是我保举上去的，后来他反复无常，投靠朱温；契丹曾经跟我结为兄弟，结果撕毁盟约，翻脸不认人。这几口气没出，我死了也闭不上眼睛。"

说着，他吩咐侍从拿三支箭来，亲手交给李存勖说："这三支箭留给你，你要记住这三个仇人，给咱家报仇。"李存勖跪在床边含着眼泪，接过箭，表示一定牢记父亲的嘱咐，完成这三件大事：一是讨伐刘守光，攻克幽州（今北京一带）；二是征讨契丹，解除北方边境的威胁；第三件大事就是要消灭世敌朱温。李克用听了，才合上眼睛死了。

后来李存勖将三支箭供奉在家庙里，每临出征就派人取来，放在精制的丝套里，带着上阵，打了胜仗，又送回家庙，表示完成了任务。

着丧服奇袭潞州

李克用死后，李存勖接替父亲做了晋王。此后，李存勖充分施展了自己的谋略，不但除去内患，巩固了自己的地位，而且出奇兵在潞州大破梁军，让朱温慨叹不已。

初继晋王之位，李存勖并未锋芒毕露，而是静观其变。叔父李克宁受李克用的委托，掌握军政大权，起初李克宁协助侄子李存勖内外治理，但后来却在别人的怂恿下欲取而代之，加害李存勖。李存勖在危难时刻得到了父亲旧臣张承业的大力支持，果断地除掉了李克宁，地位初步稳固。然后，李存勖便集中力量对付梁军，机智果敢地解了潞州之围，给朱温一个下马威。

李克用死的时候，晋军与梁军对峙潞州，李存勖想立即出兵解围，有的人认为服丧期间不宜出兵，李存勖则对众人分析道："敌人以为我们正在服丧，肯定不会出兵作战，况且又认为我年轻，刚刚接替父亲之位，肯定没有治国能力，更不用说领兵打仗了。这样，敌人一定会精神懈怠，毫无防备，如果这时我们突发奇兵，先发制人，那一定会成功的。"说服了众人，李存勖立即整军出发，直扑潞州的梁军。

路过三垂岗，他不由得想起以前父亲在此地饮酒时说的那番话，暗下决心要将梁军彻底击溃。趁着漫天浓雾，他率领周德威等将领分兵直捣梁军的营寨，梁军果然毫无防备，被李存勖杀得丢盔弃甲，狼狈逃窜。这次奇袭成功大大挫掉了梁军的锐气。朱温闻讯，惊讶得张大了嘴，半晌才挤出一句话来："生儿子就应当生李亚子这样的！李克用虽死犹生，我的儿子们与之相比，都是些猪狗之类无用的东西。"

得胜之后，李存勖回到了晋阳，也就是太原，紧接着又开始了系统的整顿改革。其实在他刚继晋王之位时就已开始了，先任命李存璋为河东马步都虞侯兼军城使，负责整顿军纪。李存璋立即布署，打击扰乱军纪的将士，诛杀了几个首领，没过几天，军纪大振，百姓们拍手称快。等破了潞州之围，李存勖又进一步全面整顿，不仅是军纪，而且涉及政治与经济各个方面，命令各州县保举贤良之人充任官吏，罢黜地方的贪官污吏。同时减轻人民的租赋税收，抚恤孤儿与老人，平反冤狱，严厉打击盗贼。李存勖身体力行，每当路上遇到饥寒的百姓，就下马亲自慰问。从此，河东地区民心依附，百姓开始安居乐业。经济的发展反过来又为李存勖的作战提供了有力的物质保障。

对于军队的整顿更是重点，他制定了严格的军律，下令骑兵在见到敌人之前不准乘马，步兵和骑兵战斗布署已定时，必须保持严整的队形和阵式，不得随意跨越防区地界，以防止发生混乱，给敌人以可乘之机。分路进军时，到达集结地的时间不得延迟，违者斩首。这次改革收到了极大的效果，三军将士作战都勇猛向前，以一当百。同时，李存勖还将自己的音乐才能用于军队，自写歌词，自谱曲子，让将士一起放声高唱，称为御制军歌，作战前不论上一次是胜是败，都要齐唱军歌，所以将士们在作战时都忘掉了生死，唱歌打仗可算是李存勖用兵一绝。再加上河东兵都穿着黑衣，铠甲也用黑衣包裹，所以被称为“鸦军”。不过，他们唱的军歌肯定比乌鸦唱得好听。

经过努力，不但军队的战斗力大增，经济实力也有了很大的提高，李存勖的力量比父亲李克用时要强很多，所以才能在和朱温的对抗中逐渐地占了上风，为日后夺取山东，灭掉后梁打下了坚实的基础。

此后，李存勖便和后梁展开了对黄河以北地区的争夺。河北的战略地位极为重要，占据了河北，向西可以攻击河东，向南可以压服后梁。当时的河北地区主要有三支割据势力：王镕占据镇州（今河北正定），为成德节度使；王处直据有定州（今河北定县），为义武节度使；刘守光在幽州（今北京城西南），为卢龙节度使。三人当中，刘守光的势力最大，而王镕和王处直较弱。朱温称帝建立后梁时，三镇为保持自己的割据势力，均表示臣服归顺。而李克用也极力拉拢三镇，想趁机将河东的势力扩张到河北。

王熔和王处直由于不满朱温的猜疑与滥杀，反梁而投向了河东，朱温发兵征讨，王镕和王处直急忙向李存勖请求援兵。李存勖立即派周德威率兵作为先锋出发相救，自己亲率大部队随后增援。中途俘获了梁军士兵，得知朱温派兵遣将时曾经下令：“镇州就算是用铁铸成的，也要给我拿下来！”李存勖为激励两州将士死守的决心，派人将俘虏送到了镇州和定州。后来两军在柏乡一带展开激战，周德威与其他将领奋勇冲杀，机智调兵，最终大败梁军，取得了柏乡大战的胜利。

后来，幽州的刘守光在囚禁父亲刘仁恭夺取节度使之位后，发兵攻打镇、定地区，李存勖率军救援，而朱温则应刘守光的请求再次和河东军开战，由于柏乡惨败的阴影还没有忘记，进军路上心情暴躁，以至于交战之前就杀死了几个文官，勇将李思安也被斩首。朱温自己泄了些怨气，但却使部下心神不宁，导致又一次惨败。还未碰上河东军，就有流言说河东军大部队已经铺天盖地而来。朱温如惊弓之鸟，竟丢下自己的行营大帐，奔逃到枣强（今河北枣强），与大将杨师厚一起攻城，因为守军抵抗，在攻陷后梁军竟血洗该城。河东的援兵在李存审的率领下，仅以几千人对付朱温的强兵五万。李存审在夜里先以数百名骑兵突袭梁军，朱温不敢恋战，又烧大营逃命。惊慌之中迷失了方向，走错了路，跑出一百五十里后才发现。对滥杀成性的朱温早已恨之入骨的河北人民听说梁军又来，纷纷拿起武器到处袭击梁军，在地里劳动的农民也举着锄头痛击梁军。朱温这次败退，因为并没有和河东军主力交锋，所以更觉得窝火，结果一病不起，不久就被儿子朱友珪杀死。

消灭刘守光

朱友珪杀父继位后，众兄弟都不服，特别是朱温和张惠所生的朱友贞，身为长子，更是打起了“除凶逆，复大仇”的旗号，联合魏博节度使杨师厚兴师问罪。在杨师厚的帮助下，朱友贞得到宫中禁军的配合，最后杀死朱友珪，夺取了皇位。在五代时期，他是通过兵变夺取皇位的第一人，为以后的兵变提供了效仿的先例。

但朱友贞并没有遏止后梁衰亡的趋势，相反，却加强了这种趋势。朱友贞重用为他夺取帝位出谋划策的赵岩，而赵岩又是父亲朱温的女婿，关系亲密。但赵岩没有治国之才，只会弄权乱政，败坏风气。一些老臣在他们的纵容下横行霸道，基层的官吏更是敲诈剥削，任意加重百姓的负担。朱友贞不善用人，派朱友能任陈州刺史，朱友能却只会横行乡里，纵容下属骚扰百姓，最终逼出了陈州农民起义。起义虽然被镇压，但说明后梁统治已经到了穷途末路。本来陈州是后梁的财赋重地，当初朱温能称霸中原，打败并消灭秦宗权，正是靠张全义经营陈州，全力供应才得以实现的。朱友贞却反其道而行之，这又怎么不加速自己的灭亡呢？

就在后梁矛盾重重、国势日益衰微之时，李存勖却步步得胜，集中力量灭掉了刘守光。

刘仁恭在朱温灭唐之前取得了沧州，便命长子刘守文为沧州节度使，接着进兵镇州、定州与魏博，被朱温打败后向李克用求救。朱温领兵大举进攻沧州，刘仁恭由于兵少，竟命令男子15岁至70岁的全部自备粮食和武器参军，男子的脸上刺“定霸都”三个字，士人则在臂上刺“一心事主”四个字，以防止逃亡，共得士兵20万，但战斗力很差。沧州被围困得竟然出现了吃土吃人的惨剧，最后由于梁将丁会降晋，削弱了梁军，加上朱温急于称帝而退兵，刘仁恭才得以维持其势力。但回到幽州后，刘仁恭却一下子昏庸起来，在西边大安山修建宫殿，广招美女，醉心于声色之中，又召僧道炼长生不老之药。儿子刘守光在后梁军再次侵扰时趁机领兵进入幽州城，派人将父亲抓回来，囚禁在幽州城。刘守文从沧州起兵讨伐大逆不道的弟弟，最后被心狠手辣的弟弟杀死。

在刘守光妄自尊大，想要当北方盟主的时候，李存勖便施了骄兵之计，和王熔、王处直一起尊刘守光为“尚父”，但刘守光并不满足，最后竟登基称帝。在刘守光派兵南下时，李存勖便趁机派周德威端了他的老巢，将刘守光和其父刘仁恭一并抓获，押回河东处死。一对反复无常的父子得到了应有的下场。

李存勖至此完成了父亲交给的一支箭的任务，灭掉幽州和沧州后，李存勖扫除了后顾之忧，在他正要南下夺取魏博时，恰好魏博发生了兵变，李存勖借势出兵，垂手而得魏博，从而使河东的势力逼近了后梁的生命线：黄河。

奇兵灭后梁

杨刘是黄河的一个重要渡口，可以直逼后梁重镇郓州，梁军沿河驻防。917年12月，李存勖趁黄河结冰之机，从晋阳赶到魏州，率兵经朝城（今莘县西南）渡过了黄河，占领梁军营寨，又抢占了杨刘城。

控制杨刘之后，918年7月，李存勖又调集重兵想一举南下灭梁。为破坏沿河地区对梁军的供给，李存勖率兵经杨刘过黄河，攻掠郓州（今山东西北）、濮州（今河南濮阳）后，再沿河而上驻守在濮州东北的麻家渡，梁将谢彦章在濮州北边的行台村筑垒对抗。李存勖轻敌冒进的特点又暴露出来，常率领轻骑兵到敌营前挑战，几次遭到梁军围攻，都是在部下的拼死保护下才得以脱险的。但李存勖丝毫不引以为戒，结果在这次胡柳陂之战中白白丧失了周德威这员大将。

不久，梁军内部发生权力之争，将领贺瑰杀掉谢彦章，李存勖就想趁机领兵直捣后梁首都。周德威认为梁军损失一将，并未影响实力，不能轻举妄动。但李存勖根本不听，他先命令老弱军卒和家属返回魏州，再毁掉营寨，然后率军南下想一举灭梁。贺瑰探知晋军意图后也拔营起寨尾随追击。到达胡柳陂（今山东鄄城西北）时，李存勖安营扎寨。第二天一早贺瑰的追兵也到了。周德威向李存勖建议：我军孤军深入，又逼近了后梁的首都，不宜轻易开战，而梁军刚到，营寨未建，待其建营寨疲惫之后再以逸待劳前去挑战，然后乘虚攻击消灭梁军，李存勖却不同意：“先前在黄河岸边见不到梁军我就有怨气，现在梁军来了还等什么，你又怕什么？”李存勖下令辎重马上出发先行，自己领兵随后出击，由周德威领兵作为后援。两军列阵交战后，李存勖先率骑兵冲击梁军，梁将王彦章兵少先败，向后退却。而正在列队前进的晋军辎重部队却误以为梁军前来夹击，慌忙中后退冲入了周德威的阵营，引起混乱。梁军则趁机冲杀过来，致使周德威父子双双战死，晋军伤亡惨重。李存勖这才整顿局势，稍稍稳住阵脚，然后率领骑兵出战，夺取了梁军的一座山头。

这时天近黄昏，李存勖和众将都打算收兵回营休整，但大将李嗣昭却认为晋军深入梁军辖地，各方面都不利，如果退走回营，梁军追来时无法列阵相迎，必然不战自溃。他主张用骑兵攻击正在建营寨的梁军步兵，因为王彦章的骑兵已经退走，山下只有步兵。如果此时用少量骑兵袭扰，使步兵无法吃晚饭，在其后退时再趁机猛追，就可以一举歼灭。李存勖听后精神一振，立即命令李嗣昭等率骑兵先行出击，自己督率大部队增援。梁军未料到晋军会再次突袭追杀，阵势顿时大乱，被歼近三万之众。

胡柳陂大战，李存勖丧失了一员大将，但最后还是取得了胜利。不过，双方伤亡都近三分之二，损失都很惨重。晋军无力再进，回兵魏州休整。李存勖一举灭梁的计划未能实现，说明梁军实力尚存，时机还未成熟。加上李存勖冒险突进，虽然取得胜利但并不是全胜。

919 年正月，晋军将领李存审领兵进占德胜，并夹河筑了两城防守渡口，晋梁开始了德胜渡口之战。4 月，梁将贺瑰认为晋军占据德胜构成的威胁极大，便开始进攻德胜。为防止晋军从河上增援，又用战舰十余艘相连横断于黄河之上，还在战舰上蒙盖牛皮，垒上短墙以便防守。李存勖则命人率领三百敢死队乘船冲入梁军的战舰之中，砍断绳索，再用木制大桶装满柴草浇上油，点燃后顺流漂下，随后用兵船攻击。梁军大部分溺死或烧死。第一次德胜渡口保卫战以晋军取胜而告终。

不久，贺瑰病死，梁末帝命开封尹王瓒为北面行营招讨使。王瓒领兵五万渡河袭击澶州、魏州一带，尔后撤回河南，随后，王瓒在距离德胜渡口上游十八里的杨村夹河筑堡垒，并造浮桥与河南联系。晋军将领李存进针锋相对，也在德胜渡口修建浮桥，加强防守，以便将来大部队渡河作战。

李存勖为大举南进，先扩建了德胜北城，以便屯兵准备物资。为了袭扰梁军，李存勖还亲自率骑兵沿黄河南岸西进，追击梁军的辎重补给部队，但在返回的路上却遭到了梁军的伏击，败退突围中幸得部将李绍荣接应救援才得以脱险。几天后，李存勖便率主力与梁军决战于黄河南岸，大败王瓒所部

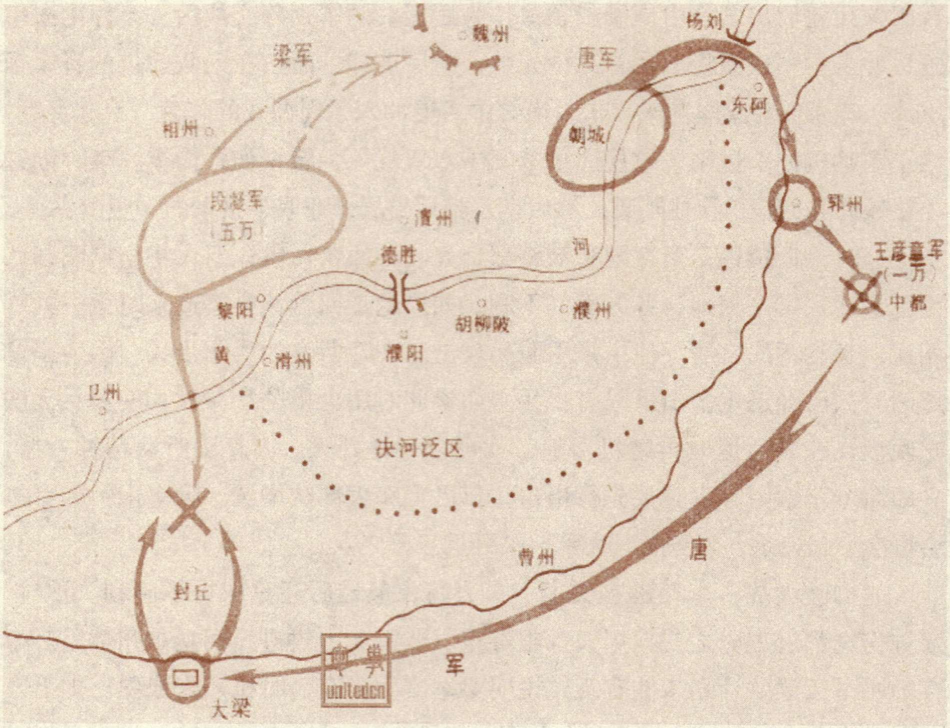

后唐灭后梁之战

梁军，歼灭万余人。晋军又乘胜攻占了濮阳。濮阳位于德胜渡口南面，这样对于固守德胜又多了一个战略要点。梁末帝见王瓒作战失利，便以戴思远代替他为北面行营招讨使，领兵驻屯于黄河南岸牵制并阻止晋军南下。德胜之战最终是晋军取得了胜利，为以后的战略展开奠定了基础。

从晋军袭占杨刘，到胡柳陂之战，再到德胜渡口争夺战，李存勖与梁军争夺这些黄河沿岸战略要地的战争前后持续了两年，双方所用兵力均在十万左右，反复拉锯战说明了这些渡口及据点的战略地位对于双方都极为重要，黄河作为天堑在军事上都是双方出兵前进的战略基地。交战初期，由于梁军占有这些据点和渡口，后援充足，所以处于有利地位。晋军攻占之后，一方面可以进一步巩固新得到的河北地区，更为重要的是，突破了黄河这个后梁首都最大的屏障，对后梁构成了致命的威胁。此后，李存勖之所以能出奇兵灭掉后梁，与晋军先行占据有利地形，特别是占据重要渡口有着极大的关系。但晋军限于山川地形，未能发挥骑兵优势，歼灭梁军主力，而且自己伤亡也很重，后续力量缺乏，无法一举南下直捣其首都，这就造成了双方的对峙局面。

为积蓄充足的力量，李存勖又等了两三年的时间，其间对河北地区叛乱的平息无形中又分散了精力。

921年2月，河北地区的镇州发生内乱，王镕的养子王德明杀死养父，夺取政权，并联合后梁和契丹，准备合击晋军。为保住河北，实现南下灭梁的计划，李存勖只得再次亲征镇州，先北上击败契丹军队，解除幽州定州之围，然后夺取镇州，重新稳定了河北局势。

此时正是李存勖准备南下灭梁，称帝建立后唐的关头，之前后梁大将段凝夺取黄河北岸、德胜以西的卫州，契丹军队又时常围攻幽州，潞州的晋军守将李嗣昭之子李继韬投降后梁，使得晋军内部人心不一，以为后梁难以攻取。但随后不久机会就来了，后梁驻守郓州的将领卢顺投降了晋军，卢顺透露了郓州的虚实："郓州守城士兵不到一千人，守将又不得人心，可以派兵袭取。"但郭崇韬认为孤军深入，胜利的把握不大。

李存勖分析了全局形势，认为后梁此时由于西面的潞州刚刚归降，注意力已集中于西面，想从西面威胁晋阳，而东方准备不足，懈于防守，正可以趁机袭占郓州，动摇其军心。郓州在杨刘渡口之南，此后战役进程说明这次李存勖的决定还是相当正确的。李存勖决心下定之后，采纳了卢顺的建议，立即派猛将李嗣源率领精兵五千从德胜出发，沿黄河北岸向东急行至杨刘，在雨夜的掩护下秘密渡过黄河，然后挥师直捣郓州城，梁军毫无戒备，在晋军精兵的强攻下大败而归。李存勖便命李嗣源为天平节度使，驻守郓州。郓州拿下之后，后梁的腹心暴露无遗。从郓州到后梁的首都已无什么天险屏障可守，后梁的灭亡只是时间问题了。郓州一带水陆交通异常发达，又北临黄河与河北相连，成了李存勖南下大举进攻的战略通道。朱友贞闻此凶信，坐卧不宁，下诏撤去戴思远招讨使的职务，又杀掉从郓州逃回的两名败将。然后听从敬翔的劝说起用王彦章为大将，任北面招讨使，以段凝为副招讨使，急令他们进军夺回德胜、杨刘，断绝郓州晋军的退路，再就地围歼，以扭转局势。这样，双方又一次展开了黄河渡口的生死之战。

923年5月，李存勖刚称帝建立后唐，王彦章就率领梁兵直取德胜，趁后唐守将朱守殷懈怠之际，攻占了德胜南城及附近几个渡口，梁兵士气为之一振。李存勖闻讯，急令增援下游的杨刘，并命朱守殷放弃德胜北城，拆掉房屋做成木筏，顺流东下急救杨刘。王彦章为夺回杨刘，也拆掉南城房屋做木筏顺流而下。梁唐军队各自靠一岸漂行，到河流拐弯处，双方木筏临近时便互相攻击，一天之内交战竟达百次之多，各有胜负。到达杨刘时，双方都损失了一半的将士。王彦章与段凝率军十万，分多路强攻杨刘南城，轮番攻城昼夜不停。为阻击后唐援军，还在黄河上用九艘巨型战舰相连横断交通。杨刘守军在李周率领下日夜苦战，虽然几次城池危在旦夕，但终究未被攻破。王彦章久攻不下，便屯兵杨刘城南，建立营寨围困杨刘。

李存勖为救杨刘，亲率军队增援，但被梁军的堑壕壁垒所阻，无法攻入。郭崇韬献计说，如果能牵制梁军主力，他可以领兵在杨刘东面马家口南岸再建一座新城，既能固守渡口，又可以接应郓州。李存勖照计而行，一面派兵去向梁军日夜挑战，一面派郭崇韬率军万人连夜赶赴马家口，昼夜筑城。六天以后，新城筑成时梁军才发现，王彦章领兵数万强攻新城，在李存勖率主力增援时才退去，屯驻邹家口。李存勖率军沿河南进行追击，王彦章放弃邹家口再次进攻杨刘。最后，李存勖派李绍荣领骑兵突袭梁军大营，火烧黄河上面的九艘巨型战舰，动摇了梁军的军心。王彦章闻知李存勖率兵夹击，只得撤军南退。到这时，断粮已经三天即将失守的杨刘城才最后解除重围。王彦章退守德胜，准备待机再战。但朱友贞却听信小人之言，唯恐王彦章最终取胜立下战功后难以控制，便下诏将他调回来。

这次以争夺杨刘为核心的双方恶战唐军最后取得了胜利，梁军共损失上万人，唐军虽有一些损失，但最终巩固了杨刘和德胜这两个重要渡口，并保住了南进的战略通道郓州。前进的基地已经到手，所以，奇袭后梁首都也就具备了最重要的前提条件。

王彦章率兵力夺黄河渡口失利之后，后梁军心动摇，朝廷内部矛盾也愈加尖锐，段凝贿赂朱友贞宠臣得以取代王彦章任北面行营招讨使，而王彦章则降为副使。段凝无勇无谋，毫无威信，众将与军士都很不服，后梁军力从内部开始削弱，而朱友贞一不了解战局状况，二不用大臣商讨，凭自己主观臆断派主力北进，还要在收复黄河渡口后再重新占领河北。战略的失误直接给李存勖以可乘之机，最终导致了后梁的灭亡。

923年8月，李存勖召见了刚归降的后梁将领康延寿，康延寿为李存勖分析了后梁形势：梁的地域并不狭窄，兵力也不算少，但是朱友贞懦弱无能，致使政治腐败，贿赂成风，选才用将不以才德与战功为标准，将帅出征也要派近臣监视，主帅无法自己调兵遣将。所以梁的败亡局势已定。康延寿还透露了梁军的军事机密：10月，朱友贞准备命段凝率主力进驻黄河北岸牵制唐军主力，王彦章则进兵郓州，再分兵进取镇州与定州，并以一部袭击太原做战略策应。最后康延寿向李存勖献出灭梁大计：“梁兵聚集则势众，分兵则势薄，陛下现在应该养精蓄锐，等其分兵之后，选择良机率精锐骑兵五千从郓州直趋大梁（即开封），活捉朱友贞，十天或者半月必然大功告成。”康延寿的情报为后来李存勖的果断用兵提供了很重要的先决条件。

9月，梁军的战略布署开始提前实施：段凝率五万重兵进驻临河（今河南濮阳岷西）南面，而王彦章则按计划领兵一万进驻郓州和兖州（今山东兖州）境内。有人提出郓州孤立难守，不如和后梁交换卫州和黎阳，议和停战，以黄河为界分治，等财力雄厚时再图南下。郭崇韬认为这样做会导致众心离散，不战而溃。他说段凝没有将才，应该乘虚突袭汴州。李存勖果断地采纳了郭崇韬的建议，下了奇袭的决心。李存勖下令将士家属全部回到魏州，并命李绍荣等将领固守魏州，牵制段凝军主力，自己则亲率骑兵主力南下实施奇袭计划。

十月初二，李存勖所部精锐从杨刘渡河南进，初三即进入郓州城，当天子夜时分跨过汶水后，命李嗣源为先锋。初四早晨与王彦章部交火，大获全胜，并攻占梁的中都（今山东汶上），生俘王彦章。此时，有的将领认为虽然传言汴州空虚，但不知情报是真是假，因而主张稳妥用兵，先向东进攻，再寻机而动。康延寿极力主张迅速发兵汴州，李嗣源也主张昼夜奔袭，趁段凝未知内情时先夺下汴州。李存勖素有冒险的作战特性，现在又有真实可靠的情报和有利的局势做基础，当即下令精锐骑兵出发直奔汴州。在初七这天，唐军骑兵围攻曹州（今山东定陶西），梁军守将毫无防备，只得投降。兵不血刃占领曹州之后，唐军马不停蹄继续向西急进，直逼汴州。

朱友贞得到王彦章被俘的消息后，惊慌不已，急忙召集群臣商讨对策，众人无计可施，无奈只好派张汉伦火速北上召段凝救援首都，然后又命开封尹王瓒征发百姓一同守城。张汉伦到达滑州时被段凝决放的黄河水挡住了去路，而此时的段凝也已有异心，觉察了李存勖的奇袭意图后，便观望不前。朱友贞日夜痛哭流涕，不知如何是好，召来老臣敬翔询问退敌之策，敬翔数落一番他用人过失后，说纵使张良之辈再生也无法挽回败局了，抱定殉国的决心别他而去。

初八，朱友贞得到唐军已逼近汴州的确切消息后，绝望至极，最后自杀身亡。初九早晨，李嗣源的骑兵到达汴州城下，猛攻北门，王瓒不得已开门献城投降。同一天，李存勖也率兵赶到，从西门领兵进城。后梁文武百官列队迎接，李存勖安抚众臣，大部分官复原职，只将李振和敬翔等全族诛杀。段凝在十二日得知汴州局势危急后，率兵回援，部队行到封丘(今河南封丘)时，传来首都失陷的消息，便率部投降了唐军。后来段凝又重金贿赂李存勖的皇后刘氏，不但未被治罪，反而得到高官厚禄。

朱温所建的后梁至此被后唐灭掉，前后共17年的时间，其间与后唐的战争断断续续，最后终于败在后唐之手。李存勖奇袭汴州的计划，从初定到全部实施，前后仅一个多月的时间，这是中国古代战争史上长途奔袭速战速决的著名战例。唐军取胜有两个重要的原因，一是准确无误的情报及据此制定的正确作战计划。二是李存勖的坚定决心与果断性格，在众将观点分歧的情况下，能够排除不利意见，专心致力于既定计划的实施。此外，他充分发挥了唐军骑兵善于快速机动、擅长远途奔袭的特点，中途不分散兵力固守一地，更不过多逗留，昼夜兼程抓住战机，一举而获成功。

梁、唐双方对峙二十年，终以唐胜梁败而告终，从战略角度分析，可以看出后唐方面的各种优势。李存勖在父亲死后整顿军纪，收揽民心，巩固后方，提高了国力，奠定了坚实的物质基础。李存勖还善于重用将领，如周德威、李嗣昭、李嗣源、李存审等人，都是勇猛善战的大将，他都委以重任，特别是李嗣源，总是派他做先锋，屡建奇功。对文臣也是如此，重用忠诚而又有谋略的张承业便是一例。张承业不但保证了军队后援，还曾协助李存勖除掉了李克宁，巩固了他的地位。相比之下，朱温父子却逊色得多，朱温随意兼并河北诸镇，滥杀无辜，导致这些地区归附唐军一方，弱己强敌。他的儿子朱友贞真像他说的像猪狗一样无能，虽然有一点才能，但不懂用兵之道，更没有大才大略，危难之际不善用人用将，终于将自己和后梁一起推向了灭亡。

具体到战略战术，李存勖更胜朱友贞一筹。李存勖拉拢河北诸镇，利用他们与朱温的矛盾，终于夺取了河北地区，这是战略决策有方。在战术方面李存勖采用集中用兵力争全胜的方式，北上消灭刘守光解除后顾之忧，调集重兵趁魏州兵变之机夺取魏州，占有河北之地。而且，李存勖善于扬长避短，充分利用骑兵野战优势，避免攻城消耗战，总是诱敌出战而予以歼灭。用骑兵直捣汴州更是最大限度发挥了骑兵奔袭的优势，一举成功。从两个人的比较，我们便能看出后梁和后唐一胜一败的结局是很合乎情理的。

从智勇到昏庸

人们常说：大风大浪都闯过来了，小河沟里却翻了船。李存勖身经百战，终于完成了父亲的三桩心愿，平定中原，923年4月，李存勖在魏州称帝，建国号为大唐，意即延续唐朝李姓的统治。史称为后唐，李存勖即后唐庄宗，定年号为同光，以太原为西京，以魏州为东京，建立兴唐府，以镇州为真定府，建北都。灭梁后不久，李存勖又派兵夺取了关中和两川，疆土的强盛在五代居于首位。这使得南方的吴、楚等国也惊恐不已，但统一大业未成，李存勖却命归九泉之下了。

李存勖是一个孝子，一员勇将，一位优秀的艺术家、杰出的军事家，但却不是一个好皇帝。他长于军事而短于政治，会打江山，却不会治理国家守江山，夺取天下后就与从前判若两人，从智勇一下子滑入了昏庸，变化之大，令人惊讶。他一无治国之才，二无用人之法，全然没有了往日英勇之气。对待文臣武将，李存勖昏庸骄横，无法团结众人之心。对于灭后梁的功劳，他归于自己一人，说天下是他用十指取得的，抹杀了众将的战功。对于战功赫赫的李嗣源他也妄加猜忌，忠良之将郭崇韬被刘皇后害死时，他听之任之。远离忠臣良将的李存勖对唐朝末年的腐败士人却格外器重，重用苏循就是一个典型的例子。

苏循本来是唐朝臣子，朱温称帝前后，鞍前马后地效劳不止，被敬翔等人鄙视，骂他为“唐之鸱枭，当今之狐魅”，贬斥回乡。李存勖建后唐时，由于以兴复唐朝为旗号，曾下诏寻访唐朝的衣冠，苏循又重新出山，见到李存勖即用唐朝见皇帝的礼节拜见。当时文武众臣都没有用朝贺之礼，苏循却跪拜高呼万岁，涕流称臣，使李存勖喜形于色，欢于内心。第二天，苏循又敬献三十管大笔，说是“画日笔”。画日笔原为皇帝专用，李存勖更是高兴，立即任命他在旧任礼部尚书的基础上兼河东节度副使。除了苏循，李存勖又招纳唐朝旧臣，钻营之徒纷纷再现，像豆卢革等人任职后不但败坏了政治，还侵蚀了一些将领，唐末时的腐败世风又重在后唐弥漫起来。

李存勖不但用唐末旧臣，而且还像唐中后期那样重用宦官和伶人。当初朱温诛灭宦官，河东成了宦官的避难所，虽然张承业是宦官中的杰出者，辅佐李克用父子尽心尽力，但李存勖恢复招用大批宦官却使政治日益腐朽，宦官多时曾达到上千人。李存勖宠用宦官，并当成心腹来重用，委以军国大事。

他又设置监军一职，派宦官充任以监督驻外将领。李存勖不懂得时代变化情况，片面效仿唐朝，非但不能用宦官加强中央集权，反而受尽其害。三年之中，李存勖从勇猛善战，变到了昏庸荒淫，命丧乱军之中。

至于宠信伶人，李存勖更是花样迭出，本来他从小就喜爱音律，爱看伶人演戏。称帝前，就曾任命伶人做官以致贻误战机。灭梁之后，原被梁军俘获的伶人周匝见到李存勖，向他保举曾保护他的后梁教坊使陈俊做一郡长官，李存勖见到周匝，异常欢喜，对周匝保举的陈俊连人也不看立即应允。

伶人们受到唐庄宗的宠幸，在宫里自由进出。他们跟皇帝可以打打闹闹，对一般官员，就更神气活现了。官员们受了他们的欺负，心里气恼，谁也不敢拿他们怎么样。有些官员为了要他们在庄宗面前说句好话，还得向他们送礼讨好，各地的节度使们也争相重金行贿。伶人中为害最深的就是景进。李存勖想知道宫外之事就问景进。景进专门替庄宗刺探外面的情况，由此大进谗言，干预朝政。谁不讨他的好，他就在庄宗面前说谁的坏话，谁就该倒霉了。所以，官员们见了景进，没有不害怕的。

唐庄宗要封两个伶人当刺史。有人劝阻他说："现在新朝刚建立，跟陛下一起身经百战的将士，还没得到封赏，反倒让伶人当刺史，只怕大家不服。"唐庄宗根本不理这些话，照样让伶人当了官，一些将士见了，果然气得要命。不出几年，朝廷内部先乱了起来。

同时伶人与贪官污吏又相互勾结，不但使朝廷日益腐败，还陷害忠臣良将，鱼肉百姓，搜刮民财。李存勖用人不当，直接将自己推上了灭亡之路。

但是，伶人中也有个别忠直的，敬新磨就是其中的一个典型。他不但忠直，而且很机智。李存勖喜欢和伶人们一起演戏，还给自己起了个艺名——"李天下"。有一次，他玩得高兴竟乱喊道："李天下！李天下在哪儿？"敬新磨走上去便给了他一个耳光，李存勖被打得直发蒙，其他的伶人见了，顿时变了脸色，敬新磨却斥责道："李天下只有一个，你又叫谁呢？"说得大家笑了，李存勖也转怒为喜，重赏了敬新磨。

李存勖喜欢打猎，但又常常踏坏庄稼。一次在外围猎时当地县令上前劝谏："陛下，凡是拥有国家的人都应该爱民如子，以民为立国之本，不应该为图一时快乐而践踏农田，伤害民心。陛下如同万民父母，怎么能这样做呢？"

李存勖听了大怒，命人将他绑了起来，想砍头问罪。敬新磨和其他伶人见状赶忙上前扭住县令，佯装斥责道："你身为县令，对下可以驱使百姓。既然知道陛下喜欢打猎，就应该多多留出空地，怎么又让百姓在这里锄地劳作，妨碍陛下的鹰犬飞走呢？现在犯了错又不能自责，反而敢对陛下乱说，我看你是该死啦！”

众伶人听了都跟着笑了起来，李存勖知道是自己的错，听了这种反话，怒气消了大半，一会儿又下令释放了县令。

用人不当导致了政治腐败与黑暗，而其中任用善于剥削百姓的孔谦之类的酷吏更是弄得民怨沸腾，再加上李存勖那位吝啬贪财、为富贵竟不认生身父亲的刘皇后，朝廷上下离心离德，将士百姓怨气冲天。

李存勖任命孔谦为租庸使，孔谦为敛民财供李存勖挥霍，便绕过藩镇将领直接下令到州县催交赋税。虽然有的藩镇上奏弹劾孔谦违反朝廷制度，李存勖却一方面下诏表示照制度办事，一方面又对孔谦姑息纵容，致使其因横征暴敛而民心大失。由于暴敛无度，魏州百姓常有拖欠，李存勖责问魏州官员赵季良，赵季良反问他想何时平定河南，李存勖怒而斥责道：“你的职责是督交税赋，做事不利，反而敢干预我军国大事！”赵季良却说：“要谋取河南却不爱护百姓，一旦失去民心，恐怕河北也不属于您了，更何况河南呢？”李存勖被赵季良的话惊醒了，怒气顿消，这才收敛了一些，缓征赋税。

由于重用宦官、伶人，奸佞当权，最后，功臣宿将们横遭猜忌，接连被冤杀，这是李存勖死于非命的直接原因。

郭崇韬被冤杀就是一大错案，郭崇韬原是灭梁的功臣，后来曾几次进谏，使李存勖非常不快，加上伶人诬陷，使李存勖对他猜疑更深，到郭崇韬平定四川又立下战功，随军的宦官们因为没捞到好处就造谣说郭崇韬聚财谋反，李存勖犹豫的时候，刘皇后已经派人前去杀他了。得知郭崇韬被杀后，李存勖竟无动于衷，不辨是非。

此后，李存勖又听信伶人景进的谗言，冤杀了功臣朱友谦一家。这样，朝廷中的功臣们都惶恐不安，尤其是将校军士生活日益困顿，妻子儿女不得温饱，怨气更大。当时，平定四川有功的大将康延寿打着为郭崇韬和朱友谦复仇的旗号造反，四川大乱。康延寿兵败身亡之后，四川继续混战，这使后唐局势也陷于混乱之中。此时，镇守瓦桥关的魏博镇将士戍守期已满，回镇途中经过贝州时，李存勖突然下令不准回乡，就地驻守。在这种情况下，加上四川战乱，人心浮动，士兵便发生了哗变，以刀胁迫赵在礼为将，大举南下攻入邺都（即魏州，后唐建立后改名），李存勖闻讯忙派元行钦领兵镇压，却一触即溃。李存勖只得再派平日猜疑较多的李嗣源率领侍卫军征讨，李嗣源到后为形势所迫，举兵反攻，打进洛阳。而李存勖这时也到了生死关头。

李存勖的侍卫军又名“从马直”，是他在军队中挑选强壮士卒组成的，指挥使为郭从谦，原是伶人，因军功而升职。他平时视郭崇韬为叔父，而且又是睦王李存义的养子，郭崇韬和李存义都被李存勖冤杀后，郭从谦恨恨不平，私下结交从马直军校，准备复仇。从马直在洛阳由于饥寒交迫，一部分想兵变造反，由于泄密而被镇压。李存勖在和郭从谦闲谈时，开玩笑地问他为什么依靠郭崇韬和李存义，为什么教唆兵士造反。这使郭从谦以为李存勖有所察觉，心里更是异常不安，就暗中对士卒们说，李存勖连亲军都不信任了，等平定北边魏博兵变后，回过头来也要全部杀死他们，以防后患。谣言传出，人人自危，兵变一触即发。这时，李存勖又要他们随李嗣源出征，等于自己将自己送上绝路。这些亲军到达邺都后便劫持李嗣源发动了兵变。李嗣源最后听从了石敬瑭的劝告，没有再回来向李存勖表白自己，而是整军回攻。

到这时李存勖才想到用财物赏赐将士，让他们为自己卖命，但士卒们背着钱物，没一点感激之情，反而大骂：“我们的妻子儿女已经饿死了，要这些干什么？”李存勖领兵去开封抵挡，中途听说开封已经被李嗣源占领，又慌忙撤退。而士卒已经逃亡了一多半。李存勖低三下四求士卒护驾回洛阳，许诺重赏，士卒们却说：“陛下赏赐太晚了，我们不感激圣恩！”部队刚回到洛阳，郭从谦就发动了兵变，京城陷入混战，乱军之中李存勖被流箭射中，不久便气绝身亡。众人都逃散了，只有一个伶人拣了些丢弃的破烂乐器放在李存勖的身上点火焚尸，宠信伶人的李存勖也只是得到这么一个下场。

叱咤风云、智勇兼备的乱世英雄李存勖在攻灭后梁后不过三年时间，转眼就成为众叛亲离、置身无所的独夫民贼，身死族灭，贻笑天下，虎父龙子四十余年建立的赫赫功业转眼之间化为过眼烟云，不能不令后人唏嘘长叹，历史是多么无情啊！

李存勖以勇武多谋而征战河北东西，平定中原南北，建后唐灭后梁。但是，胜利迅速，骄纵奢侈以致亡身也很迅速。一朝取胜便忘了昔日栉风沐雨的艰苦生活，以为该享乐了，该安逸了。宠信伶人宦官当政败国，奢侈荒淫致使将士百姓怨声载道。李存勖三年河东变河西的故事是值得人们引以为戒的典型。勤俭节约，励精图治不仅仅是国家兴亡的时候应该遵循的准则，守国守家再展宏图时仍然是一大法宝。

十八、一哭得帝位的后唐末帝李从珂

哭似乎是女人的专利，常言道："男儿有泪不轻弹。""大丈夫流血不流泪。"男子汉大丈夫哭鼻子实在不雅，但男人若肯拉开脸面，大流眼泪，效果一定不亚于女人。搜寻古今历史，善哭的男人倒有几个，哭得妙的哭出了天下，次一点的也哭出官运亨通。可谓无奇不有。

当然，男子的哭不同于女子的哭，而是自有哭法，不能像泼妇一样，一屁股坐到地上，双手握住脚脖子，像狼叫一样哭；也不能像含羞少女，低着头，用手绢边擦边哭。男子汉的哭，要高昂着头，任眼泪直往下流，若泪水少，千万不能擦，眼泪就是让人看的，此时不要不好意思，要以哭为荣，要哭出感情，哭出特色，哭出风度，要让人们为自己的哭而倾倒。

哭是拍马者的基本功，用哭表达对上司的"忠诚"，效果奇好。李宗吾在《厚黑学》中说刘备的特长："全在脸皮厚，依曹操，依吕布，依孙权，依袁绍，东窜西走，寄人篱下，恬不知耻，而且生平善哭。做《三国演义》的人，更把他写得惟妙惟肖，遇到不能解决的事情，对人痛哭一场，立即转败为胜，所以俗语有云：'刘备的江山，是哭出来的。'"

无独有偶，后唐末帝李从珂也是这样一个善哭、会哭，哭得恰到好处的人，并且因哭而得到天下。

勇猛少年阿三

李从珂即后唐末帝，本名王阿三，出生于平山（今河北平山）一个贫苦农民家庭，父亲早亡。他十多岁时，李嗣源有一次经过他家附近，看见他寡母有姿色，就毫不客气地抢了去。李嗣源是胡人，也没有汉人所谓的"拖油瓶"观念，就收他为养子，改名李从珂，算是一桩"买一送一"的"一锤子"买卖。

李从珂在李嗣源的诸子中排行最长，李嗣源对他很宠爱，像亲生儿子一样对待他。李从珂小时候谨慎稳重，沉默寡言。长大后，相貌雄伟，以骁勇闻名，李嗣源更加喜爱他，打仗时总带着他。在跟随李嗣源出征打仗时，他由于勇猛善战而名震三军，连后唐庄宗李存勖也说："阿三像我一样敢于死战啊！"李存勖在与后梁军队激战胡柳陂时，两军厮杀得难解难分，李从珂保护着李存勖夺取了一座土山，击退强敌，使本军的士气又振作起来。当时他的父亲李嗣源因为先过河使得李存勖很不高兴，责备李嗣源说："公应当为我殿后力战，先渡河为了什么？"李嗣源请罪，等候李存勖处罚他，李存勖觉得他的儿子跟随自己勇战有功，就不再生气追究了。

后来，后唐军和后梁军队在黄河岸边交战，梁军退却时，李从珂竟然领十几名骑兵混在敌人当中和他们一起撤退，等到抵达敌人的营寨大门时，李从珂大喊一声，杀死几个敌兵，然后用斧头砍下敌人的瞭望杆，从容回到自己营寨。李存勖见状，大叫："壮哉，阿三！"立即让人拿酒来，亲手赐给他一大杯。李存勖本人就总喜欢冒险作战，李从珂的举动使他极为振奋。

在后唐出兵灭后梁时，李从珂跟随父亲李嗣源先袭占郓州，后又击败并生擒后梁大将王彦章，接着，马不停蹄地昼夜长途奔袭后梁首都汴州，最先到达城下。成功之后，李存勖慰劳李嗣源说："我得到天下，都是你们父子的功劳，以后与你共有天下！"

在父亲李嗣源被迫领兵南下攻洛阳争夺帝位时，李从珂也从北方的曲阳（今河北曲阳）、孟县（今山西孟县）等地领兵南下，助父亲一臂之力。李嗣源征战一生，最终做了皇帝，身边的人中，以李从珂功劳最大，其次才是石敬瑭。

李嗣源画像

在父亲李嗣源称帝之后，李从珂却和宰相安重诲发生了不可调和的矛盾，安重诲几次要加害他，幸好父亲明智，极力保护，这才幸免。两个人的矛盾表面化开始于一次喝酒，当时李从珂喝多了，加上安重诲的所作所为也不得人心，李从珂在酒席上一拳打过去，击中安重诲的脑袋，安重诲赶紧跑了。虽然事后李从珂向他道歉，但安重诲却记住了这一拳之仇，一直怀恨在心，再加上李从珂身为明宗李嗣源长子，位高权重，安重诲更加忌恨，一心要陷害他。

李从珂

当时李从珂镇守河中，安重诲假造圣旨，让河中的牙将杨彦温一次乘李从珂出城的时候，不再放他进来。李从珂不知道怎么回事，又不敢贸然离开自己的驻地，就向李嗣源报告。李嗣源叫他先回到洛阳来，派人讨伐杨彦温，命他们一定要活捉杨彦温，问个清楚。结果城破之时，杨彦温已死，李嗣源为此还大为生气（杨彦温可能是战死了，也可能是被灭了口）。

由于河中是李从珂的治下，出了这种乱子，安重诲便向李嗣源告状，要求治李从珂御下不严、失守河中之罪。李嗣源不理。安重诲连续告了几次，要求用律法制裁李从珂，李嗣源大怒，说："我当年贫贱的时候，家里缺衣少食，全靠着这孩子背石灰、收马粪供奉。如今我贵为天子，还不能庇护一个孩子吗？你说的律法，我听不懂。"只是让李从珂暂且不要上朝，闭门不出。李从珂在家仍然怕安重诲再想办法陷害他，就在家念经礼佛，祈祷平安。等安重诲被李嗣源赐死后，李从珂才放心出来，先任左卫大将军，后又晋升太尉，到凤翔（今陕西凤翔）任节度使，其后封为潞王。

危难中哭诉化险情

明宗李嗣源死后，闵帝李从厚继位，他本人优柔寡断，又重用朱弘昭和冯斌二人掌握朝廷大权，这两个人一无威望，二无才干，只知道为了稳固自己的权势而排挤异己，众人敢怒不敢言。当时李从珂任凤翔节度使，镇守陕西中西部。朱、冯二人害怕李从珂，特别是李从珂的功绩更让他们心里不安。他们将李从珂视为最大的威胁，想尽办法要除掉他。李从珂也对他们有了戒备，经常称病，不去朝廷。而闵帝也怕李从珂威胁自己的皇位，加上朱、冯二人在一旁煽风点火，就开始采取措施抑制李从珂。先是将李从珂在京的儿子李重吉贬出京城，到边远的亳州（今安徽亳县）任团练使，又将李从珂一个当尼姑的女儿李惠明召入宫中做了人质。然后听从了朱、冯的计谋，让洋王李从璋做凤翔节度使，取代李从珂，让李从珂到河东任节度使。这几项措施最后将李从珂逼反了，李从厚自己也最终丧命。

李从厚在让李从珂到河东任节度使时，没有正式的诏书，只是让人口头宣授。李从珂马上召集下属来商议，大家都说："主上年幼，不会亲自做主干这种事，军国大事都是朱弘昭等人把持，不另想办法，大王肯定不能保全自身。"可是以他一镇之力，要反抗朝廷，力量太弱小，于是当天夜里，李从珂让人起草了檄文散发到各地，以"清君侧"、"除奸臣"为名，请求各节度使共同出兵攻打首都，杀掉朱弘昭等人。结果各地方势力都觉得他难以成事，要么扣留了他的使者，要么首鼠两端，见风使舵。

李从厚命王思同领兵前来讨伐，王思同集结各路兵马围攻凤翔城。这凤翔城本来就不是什么重镇，城墙很低，外面的护城河也很窄，水也浅，无法固守。王思同的军队和李从珂的相比，占了很大优势。在朝廷重兵的大力攻击下，凤翔城东西关的小城先后失守，李从珂的属下伤亡也很大，再打下去，城池难保，李从珂站在城头上，焦急万分，恨自己没有早点防备，以致今天要落个身首异处的下场。

望着城下的攻城将士们，李从珂急得有点呆了，猛然间，他眼前一亮。再仔细向下看，城下的将领竟有许多是他以前的部下。这下可把李从珂高兴坏了，他隐约看到了一线生机。李从珂三下五除二，几下子就将上身的衣服脱掉，露出身上的一个个伤疤，然后站到了城墙上放声大哭。在生死关头，李从珂哭得声泪俱下，城下正在冲锋攻城的将士都听到了，不知发生了什么事，都停了下来，仰头往李从珂这边看。李从珂抹了一把鼻涕眼泪，哽咽着说："我不到二十岁就跟随先帝出征，四处奔走，出生入死，毫无怨言，创伤遍身都是，才为先帝挣下今天的社稷。你们大家和我一同跟随先帝四处征战的也很多，也为国家社稷的复兴立下了功劳。但现在朝廷却由奸臣当政，听信谗言，猜忌骨肉。你们大家都知道我，了解我，我以前对你们如何，你们心里也清楚，为什么还要被奸臣利用，替他们杀自己的朋友呢？朝廷听信谗言，说我谋反，要置我于死地，你们又怎么忍心看着我们骨肉相残，而不肯救一救呢？我有什么罪啊？今天竟落到这个地步。"李从珂哭到伤心之处，靠在城墙的垛口上哽咽得有气无声。

城下的将士被他感动了，有的伤心得落下泪来。当时主攻城西南的将领性子急，拿刀逼着士兵爬城，把士兵逼怒了，反而群起而攻之。将领中有个羽林指挥使杨思权曾在李从珂的手下任职，交情也很好，他大声对大家说："大相公乃我主也！"众将士也齐声应和。杨思权又拿出一张纸对李从珂说："希望大王在攻克京城后最好任命我为节度使，不要给防御使和团练使。"他父亲真是天才，这"思权"的名字取得再贴切不过了。李从珂立即在纸上写下"杨思权可以做邠宁节度使"的字样，杨思权于是领兵从西门进入城中，听候李从珂调遣。听到西门归附的消息，指挥攻打东门的都指挥使尹晖也率军从东门而入，归附李从珂。这时外军统帅王思同还不知道这一变化，仍然在督军攻城，有人大喊："城西军已入城受赏矣！"外军一听到这一消息，顿时一个个都扔掉盔甲兵器，争先恐后地冲进城里投降，生怕自己的犒赏被别人领了去，喊声震天。于是围攻的军队溃散，王思同等人落荒而逃。

为答谢众将士救难之恩，李从珂把城里人的财产通通搜刮过来，连锅碗瓢盆都抢了过来，估价赏给了这些阵前起义军。

李从珂哭计成功，马上领兵杀出凤翔城，王思同的兵马不堪一击，被李从珂打败。李从珂又收集各路的降兵降将，大张旗鼓地整军向东进发，直逼京城。这下轮到闵帝李从厚着急了，他大惊失色，责备群臣说："先帝驾崩的时候，我在外藩，并没有想要做皇帝。诸公选了我来入继大位，我年纪小，就把大事都委托给了你们。李从珂是我的大哥，我从来不相信他会造反，你们总是说那是国家大事，关系社稷，一定要对付他，我也只好听你们的。当初你们都说，凤翔的力量小得很，一扑就灭，现在事情到了这个地步，怎么办？我打算自己去迎接李从珂，把皇帝让给他做，就算他要杀我，我也心甘情愿。"朱弘昭、冯斌不敢吱声。闵帝的禁军将领康义诚却有个绝妙的主意。当然是为他个人打算的好主意。他打算带着禁军去向李从珂投降，戴罪立功，于是站了出来，劝闵帝抵抗到底。闵帝嘴上说要让位给李从珂，心里还是希望能保住皇帝宝座的，况且他也明白，就算他投降也难免一死，于是就让康义诚带领禁军去抵抗，又召石敬瑭出兵，同时杀了李从珂的长子李重吉和那个被软禁在洛阳的尼姑女儿，以示和李从珂死战到底的决心。

闵帝召见禁军，把国库里的东西统统拿出来赏赐给他们，这样还生怕将士们嫌少，就许诺说，等打败了凤翔军后，每人再赏两百串钱，如果国库不够，就把宫里的东西拿出来补充。士兵们听了，明白如今当兵的行情看涨，奇货可居，更加骄横，背着闵帝赏赐的东西，没有人嫌多，在路上公然说："等我们到了凤翔，再要一份。"意思是要到凤翔去投降，再领李从珂的赏金。事实正是如此，将士和李从珂的军队相遇后，没有开战就都归降了。

3月20日，凤翔军的前锋到了长安。长安守将不战而降，不过此人还算爱惜百姓，派人在城外犒赏士兵，这样士兵们得了钱，也就不进城抢劫了。李从珂进了长安后，照例又征收民财，用来犒赏士兵。因为前面还会有更多的人来投降，他不可以不准备好一份厚礼，免得兵大爷们生气。果然朝廷派来的几路讨伐军，都是一遇到他们就投降，一个抵抗的都没有。3月22日，凤翔军抓到了原来的讨伐军统帅王思同。李从珂欣赏他的忠诚，要招降他，王思同坚决不降，但求一死。李从珂不忍杀他，但杨思权等起义官兵觉得没有脸再见他，还有人已经把王思同在长安的家财和女人都抢过来了，更是非置他于死地不可，于是他们合伙乘李从珂喝醉了酒，把王思同一家杀了。

李从珂酒醒后大怒，但也拿他们没有办法，只是叹了好几天的气。朝廷的保义节度使康思立曾想固守陕城，等待康义诚的军队前来援救。早已叛变的其他部队在城下大喊："禁军十万人已经奉立新皇帝了，你们这几个人有什么用呢？白白害得一城的人都跟着你送死。"城中的守军听了，争着冲出城来投降，康思立挡也挡不住，万不得已，只好也出来投降。

李从珂进了陕城之后，离洛阳已经不远，就在陕城暂时停了下来，因为古人办事，名分最重要，他既然打的是"清君侧"的旗号，就不能这么明目张胆地进攻京师，而是向洛阳发布文告，试图和太后、百官取得联系，名正言顺地进入京师。3月27日，那位准备挟众投降的康义诚到了前线，但还没等他投降的命令下达，他的部下早已自发地成群结队、争先恐后地去陕城投降了。不明真相的群众不知道朝廷在打仗，还以为又在举办士兵越野马拉松大赛。康义诚身边只剩了几十个人，率军投降以邀功的美梦破灭了，但降是不可以不投的，他于是执著地单身向李从珂投降。李从珂见到了他，骂他说："先帝驾崩后，是你们挑选的嗣君，朝廷大事又都是你们几个来决定的，怎么就把我弟弟害到了这个地步呢？"康义诚磕头请死。李从珂一向厌恶他的人品，当时为了稳定人心，没有杀他。二十天后，康义诚被族诛。

闵帝听说康义诚投降，不知道怎么办好，急忙派人找朱弘昭商量。朱弘昭见皇帝这么急着找他，以为要杀他，吓得跳井而死。洛阳巡检安从进，早就和李从珂接上了头，听说朱弘昭自杀，便公开活动，把冯斌一家老少统统杀掉，将朱弘昭、冯斌的首级送给李从珂。闵帝无法，只好出奔魏州，派亲信太监孟汉琼去魏州先布置，孟汉琼却一个人跑到陕城投降去了。原来当年李从珂被安重诲陷害，困坐家中的时候，李嗣源的妃子曾经数次遣孟汉琼去慰问他，所以孟汉琼自以为和李从珂有交情。但后来朱、冯得势，孟汉琼又跟在他们后面挑拨离间、构陷李从珂，这次他见到李从珂，立刻放声大哭，正要哭诉，李从珂打断他说："事情你我心知肚明，不用多说。"孟汉琼就自动地排到了李从珂的随从队伍里面去，随后李从珂下令将他就地斩首。

闵帝的另一个亲信慕容迁，是闵帝在藩镇时的旧将，当时任控鹤指挥使。闵帝要去魏州前，令他先守住玄武门。当天晚上，闵帝带着五十个骑兵，出了玄武门，对慕容迁说："我先去魏州，你在后面跟着我。"慕容迁说："我生死相随。"可闵帝一出玄武门，他就把门关上不出来了。结果闵帝只带了五十个骑兵出发，在路上忽然遇到了奉诏前来的姐夫石敬瑭。

两人相见，各怀鬼胎，闵帝要石敬瑭去平定李从珂的叛乱，又怕石敬瑭乘机杀了自己，向李从珂领功；石敬瑭见李从珂势大，不肯前去消耗自己的实力，乃至白白送死，去救这个大势已去的小舅子，又怕闵帝乘机杀了自己，夺过自己的军队去。最后两下冲突起来，石敬瑭的部将刘知远将闵帝的随从统统杀死，扔下闵帝一人，扬长而去。

石敬瑭不杀闵帝，只将他幽禁起来，自然是怕担当"弑君"的恶名，不过他不肯担当的恶名，自有人迫不及待地要抢。四月初三，李从珂进入洛阳，初四，太后下令废闵帝为鄂王，李从珂监国，初五，又下诏令李从珂登基。初六，李从珂遂在李嗣源柩前登基，改元为清泰元年。初九，毒死了闵帝。

自古造反者，没有一个有李从珂这么快成功的。三月十六日，他还在凤翔城苦战，因为城快要破而向外军痛哭哀求，十天后，他就进入陕城，大局已定，又十天后，便当上了皇帝，实在是五代时才有的奇观。

无能无奈终自焚

由于他成事太快，闵帝还没有来得及埋葬李嗣源，就被废死了。李从珂既然以李嗣源的长子自居，当然要大张旗鼓地埋葬李嗣源，以证明他是李嗣源的正统传人。不过李从珂这时才发现，当了皇帝也有当皇帝的苦恼，他根本没有什么钱可以用在李嗣源的埋葬仪式上，因为那时他还欠军队一个大窟隆：赏钱。

李从珂清楚地知道，自己直升机式造反成功的关键，在于朝廷讨伐大军的纷纷投降。然而军队既然可以背叛朝廷，向他投降，自然也可能有朝一日背叛他，向其他人投降。他想出的对策无甚新意，还是那两个字：收买。

当初他从凤翔出发的时候，向士兵许诺，进入洛阳后，每人赏钱一百串。结果到了洛阳后，发现钱远远不够，搜括洛阳居民的财产，也才得到数万串钱，只够赏几百人而已，于是命令先向居民预征五个月的税赋。可是百姓的财产早被榨光了，不久前，闵帝就曾经搜刮过一次，去赏给那些讨伐李从珂的军队。

如今这些士兵在前线一仗未打，跑了一回马拉松，连轻伤也没伤着一个，就又变成拥立功臣回来重新领赏了。老百姓不是铸钱厂，哪里有那么多钱呢？官府想尽了办法，也才凑满六万串。李从珂大怒，把交不出钱的人关进牢里，日夜拷打，大牢都关满了，穷人有上吊、跳井的。

这时，李从珂已经成了一个“赏军”偏执狂，一想到士兵们可以转眼间集体叛变，使自己在二十天里当上皇帝（其实他养父李嗣源的皇位也基本上是同样得来的），他就心惊肉跳，虽然是坐在皇帝的宝座上，也不安稳，总希望自己能买到士兵的满意，才能稍稍心安。不过凑齐民财、地方进贡、宫中收藏，甚至皇太后、太妃把她们的衣服首饰都捐出来了，也不过二十万串。大臣进言说，再这么搞下去，老百姓都没有活路了，士兵们却还不满足，恐怕有亡国之祸，不如就拿现在所有的，平均地赏给他们，又何必一定要兑现当初的诺言呢？李从珂觉得有理，就照办了，结果士兵怨望，开始后悔当初推翻闵帝扶立李从珂了。李从珂把赏军的事应付过去之后，赶紧埋葬了李嗣源。

石敬瑭也出席了李嗣源的葬礼，因为现在改朝换代了，他总不能跟新皇帝一个招呼也不打，调转屁股就回河东吧，更不用说他是李嗣源的女婿，当然也得参加葬礼。

本来，石敬瑭和李从珂长期一起跟随李嗣源打天下，都以骁勇善战著称，然而两个人心里总在暗暗地较劲，互不相让。现在李从珂做了皇帝，石敬瑭只好低头，李嗣源的葬礼完了之后，他也不敢申请回太原，怕李从珂疑心他回去准备造反。李从珂的左右劝他把石敬瑭从此就留在洛阳，免得他虎归山林，再也约束不住了。但也有人认为，如果对石敬瑭不利，会动摇四方其他藩镇的忠心。

正好那时石敬瑭生病，骨瘦如柴，他的太后丈母娘和公主夫人屡屡向李

石敬瑭像

从珂说情，请他放石敬瑭回太原。李从珂见石敬瑭病得厉害，站都站不稳的样子，以为他快要死了，乐得做个顺水人情，就故做大方地说：“石郎是我的至亲，当年和我一起奋斗，现在我做了皇帝，不靠石郎，还能靠谁呢？”派他回去继续当河东节度使。石敬瑭回到太原后，病很快就好了。

他和李从珂之间的相互猜忌不断升级，双方都在暗暗准备。李从珂总担心外面的藩镇造反，经常召大臣进宫征询形势变化和对策，一谈就到深夜。石敬瑭有两个儿子在皇宫里做官，相当于半个人质，但也因此得以广结关系，再加上太后是他的丈母娘，石敬瑭贿赂太后的左右，叫他们打听李从珂和大臣们都在密谋些什么，因此宫里的事情他一清二楚。

河东节度使的主要责任是防卫契丹入侵，石敬瑭借着这个名义，一再要求朝廷给他增兵增粮，同时把自己在洛阳的财物都运到太原去，说是要助军饷。一时流言四起，都说石敬瑭要造反。李从珂一天夜里又和大臣谈起，问他们：“石郎是我的至亲，没有什么可怀疑的。可是流言四起，万一将来起了误会，怎么办呢？”这话说得好听，意思就是问怎么对付石敬瑭。群臣都不敢回答。

端明殿学士、给事中李崧退下去后，对同僚吕琦说：“我们受皇上重恩，怎么能像其他人一样观望呢？你有什么主意吗？”吕琦分析说：“石敬瑭如果要造反的话，必然要结契丹为援。契丹的述律太后好几次要求和中原结亲，只不过因为我们不愿意放契丹俘虏回去，所以一直没有成行。现在我们把那些契丹俘虏放回去，每年再给他们十万串钱做礼币，双方一定可以成为盟国。这样的话，就算石敬瑭想怎么样，也无能为力了。”李崧说：“正合我意。”又找宰相张延朗商量，张延朗大力赞同，说：“你这个办法，不但可以使石敬瑭无所作为，而且可以把我们防范契丹的军费省下十分之九，实在没有比这更好的主意了。只要皇上同意，钱财的事我来解决。”二人向李从珂密奏后，李从珂大喜，称赞他们是忠臣（因为其他人都只敢观望，不敢出主意承担责任）。李崧和吕琦就写好了给契丹的国书，等着李从珂正式发布。

后来，李从珂把这个计策又告诉了枢密直学士薛文遇，薛文遇大不以为然，说："您以天子之尊去求契丹，不有损尊严吗？如果契丹要求您像前朝那样嫁公主给他们和亲，怎么拒绝呢？"还背了《昭君诗》里的一句："安危托妇人。"李从珂就变了主意。一天，他急召李崧、吕琦到后楼，大骂他们："你们都是些通晓古今的人，怎么出这种歪主意？我的女儿还乳臭未干，你们就想把她扔到沙漠苦寒之地去吗？还把我养兵的钱送到契丹去，你们是什么用心？"两个人吓得汗流浃背，说："我们只是想出力报效国家，并不是为契丹谋好处，请陛下明察。"不停地磕头。李从珂怒骂不已，不久就任命吕琦为御史中丞，跟他疏远。从此之后，群臣没有再敢提和亲的了。

这件事从某种意义上说明，李从珂作为当政者缺乏基本的判断力和决策能力，并非大臣中没有好主意，只是他自己不会择其善者而用之罢了。

这时石敬瑭为了试探朝廷，上表说自己病重，河东要防范契丹，战事繁忙，希望能换到其他轻松的地方去。李从珂打算批了他的奏折，让他去郓州。李崧、吕琦等人都力谏不可，认为这个命令一下去，石敬瑭必然造反，就像当初李从珂自己也是因为不肯听从闵帝的调动命令而造反一样。李从珂犹豫不决。

五月初二的晚上，李崧请假不在，薛文遇一个人在内宫值班，李从珂和他又商量起了这件事。薛文遇说："俗话说：'当道筑室，三年不成。'天下大事应当皇帝一人做主，群臣都是为自己打算的，哪里肯把想法都说出来！照我看，石敬瑭调也反，不调也反。既然他早晚要反，不如我们先下手为强。"李从珂大喜，说："你这话说到我心头上了，不管是成是败，我都决心这样做。"四日早上，李从珂降旨，调石敬瑭为天平节度使，文武百官听到这个命令，都相顾失色。至此，双方正式开战。

初十，昭义节度使皇甫立奏报石敬瑭造反。石敬瑭自然也要做表面文章，上表一本正经地说："皇上是先帝的养子，不是亲生的，应该传位给许王李从益。"这当然是胡说八道，"先帝"李嗣源是李克用的养子，当年要做皇帝的时候，石敬瑭不是鞍前马后地跑得很欢吗？李从珂不好拿李嗣源来说事，他把奏章撕得粉碎扔到地上，直接下诏骂他说："你和鄂王（即闵帝）的关系并不疏远，都能干出杀光他侍卫那样的事，今天又说出要拥立许王的话来，谁还能相信！"于是下令剥夺石敬瑭的所有官爵，以建雄节度使张敬达为帅，会同安审琦、杨光远、高行周、符彦卿等各镇节度使，围攻太原。

石敬瑭的两个在禁军内做官的儿子，听说父亲造反，连忙逃到民间躲了起来，结果被搜出来后，李从珂把怒气都发在他们身上，除杀了他们俩之外，还把藏匿他俩的人族诛了。石敬瑭的弟弟石敬德在沂州，杀了妻女逃跑，被抓住后死在狱里。堂弟石敬威自杀。可是李从珂的滥杀并不能挽回局势。

石敬瑭认契丹皇帝耶律德光为父，答应割让幽云十六州，换得契丹出兵，形势开始对李从珂不利。李从珂每天沮丧难过，饮酒度日，喝醉了就放声悲歌。有人建议他御驾亲征，他竟然说："不要再提石郎来吓我了！"闰十一月十四，李从珂接到消息，契丹和石敬瑭的联军击败朝廷的军队，诸将或死或降。契丹已立石敬瑭为晋帝，大军南下。李从珂召李崧商议对策，薛文遇也跟着进来了。李从珂一看见他，气得脸色都变了，李崧连忙偷偷地踩薛文遇的脚，薛文遇醒悟过来，赶紧退了出去。李从珂说："我一看见这个东西，就恨不得一刀杀了他。"李崧劝慰说："薛文遇一个小人罢了，出的坏主意坏了大事，杀他反而脏了您的手。"石敬瑭大军日益逼近，历史开始重演，李从珂派去抵抗的将领纷纷投降。

自己无能，将领中又有不少心怀异志的人，许多将领杀主将投降石敬瑭，其他部队落井下石也跟着学，李从珂只得逃回洛阳，更是悲观得无计可施。等到石敬瑭逼近洛阳，他让人去叫东丹王一起自杀，东丹王不肯，李从珂便让人将他杀死，然后绝望的李从珂带上传国印信，和太后、皇后、皇子等人登楼自焚而死。后唐遂亡。

当时自焚前，刘皇后回顾宫殿对李从珂说："我们就要葬身火海了，难道留着这皇室让敌人来享受吗？不如也一把火烧毁算了。"李重美劝阻说："新君入都后总不能露宿街头吧，烧毁皇宫，他一定要大兴土木，重建宫殿，又要劳苦百姓，不如让它去吧！"李从珂深然其说，便命士兵只在玄武门楼门堆积柴草，聚火焚烧。李从珂一行在烈焰中全部丧生。

石敬瑭对他这个亲戚、岳父李嗣源的养子还算有点人情味，把李从珂的骨灰入殓葬入李嗣源的陵墓中。

李从珂论勇是超乎寻常，但论智谋以及治国之道，他却是个门外汉，顺势之时他勇猛无敌，竟敢到敌人鼻子底下砍倒了望杆扛回去，但败势已定时又吓得不敢让人提石敬瑭的名字。看来，让他做个武将还能杀敌立功，让他做皇帝实在难为他了，早知如此，当初又何必大哭得那个帝位呢？战死于乱军之中和自焚没什么区别，但事到临头，一为求生，二也许是为帝位，毕竟帝位的吸引力在封建社会是最大的。

不过李从珂夺取帝位之后，有一点还是要肯定的，那就是他对于敢直言进谏的大臣比较宽容，还有些度量。史在德在给李从珂的奏折中对文武大臣中的一些人抨击得很尖刻，说武将虽然穿铠甲执利刃，但是交战就弃甲而逃，没钱就叛国投敌；文臣更是无能，问计谋就闭嘴，做文章就请人。他要求对文武大臣都进行考核，论才干决定官职大小，无才的降职使用，有才的授予高官，发挥其才干。这引起一些没什么才干的大臣的反对，但谏官却很赞同，要求将史在德的奏折公布于众，让大家讨论是否实行考核。最后，李从珂就此事下诏，在表扬史在德的同时，对一些大臣要求罢免史在德的做法也训斥了一番。虽然这是在李从珂刚继位时收拢人心之举，但毕竟他还是做到了。

生在五代乱世，百姓不好做，时刻会被屠戮敲榨；士兵不好做，战争不休，时刻会化为炮灰；将领不好做，或者会被属下乱兵所杀，或者被朝廷猜忌而杀，或者站错了队，被当作牺牲宰杀；但是没想到，皇帝也不好做，因为要时刻担心臣子们的反叛，以及皇族内的政变。百姓一遇战乱可以逃跑，士兵和将领见势不好可以投降，可是皇帝是没有办法投降，也没有地方可以逃跑的。天无二日，皇帝的宝座一旦坐上，就开弓没有回头箭，没有回头路可走了，因此五代时的皇帝，没有几个能寿终正寝的，大多死于非命。

可叹的是，李从珂本来并没有想当皇帝，但是由于他威望高，别人总认为他想当，他的部下也有很多人希望他去抢这个宝座，以冀一人得道，鸡犬升天，于是他才一步步地走到了皇帝（这个“悲惨”）的境地。

同样地，李从珂当上了皇帝之后，并没有万事大吉，而只是开始了下一个猜忌和反猜忌的循环。如果当年朱、冯不猜忌李从珂，李从珂依然会有一天被其他人逼反，除非他早早地死了。如果李从珂不猜忌石敬瑭，石敬瑭也总有一天会被其他人逼反，除非他真的当初病死了。尤其是李从珂和石敬瑭一起跟从李嗣源，两个人早就在暗地里较劲，不睦由来已久，李从珂打心眼里就不相信石敬瑭会服他，所以他听到薛文遇劝他先下手为强对付石敬瑭时，才会那么高兴。他的心底，一直是希望能够尽早除去石敬瑭的，后来当他看到石敬瑭势大，除去已近无望时，恐惧使得他居然连石郎的名字都不愿意听到。这一切不过是五代时的常事而已。

传国玉玺的最后一位传人

936年，当李从珂和后妃登玄武楼积薪自焚时，还牵出一件惊天大案，那就是传国玉玺自此神秘失踪了。从此，关于它的下落众说纷纭，莫衷一是。在说传国玉玺之前，要先说一说和氏璧。而中国历史上最具传奇色彩的文物，就莫过于和氏璧了。

公元前689年，有位叫卞和的楚国人，从荆山上得到一块珍贵的玉石，他知道这是无价之宝，就把它献给楚厉王。不想楚厉王认为不过是一块普通的山石，没有什么奇特之处，就以欺君之罪砍掉了他的左脚。武王即位后，卞和又带着那块玉石前来进献，而武王也同厉王一样，认为仅仅是一块普通石头，又以欺君罪砍掉了他的右脚。文王即位后，听说失去双脚的卞和，每天怀抱石头，跪在荆山下痛哭，以至最后眼泪哭干了，流出了鲜血，就招来卞和，询问缘由。卞和回答说："我不是因为别的事情而悲伤，只是因为无价之宝被认为是普通的石头，忠贞的臣民被误认为是刁民，这样的遭遇让我肝肠俱裂。"文王令玉匠对卞和怀中的石头进行打磨，刚切开一角，就发现里面异光闪烁，璀璨夺目，果然是稀世珍宝。文王把它命名为"和氏璧"。从此卞和献玉的故事就成了凝聚着血泪的千古佳话。和氏璧，也成了"天下所共宝"，一直被收藏于楚国宫中。

三百年后和氏璧莫名其妙地流入赵国，落入赵惠文王手中，引起秦昭襄王的垂涎，表示愿用十五座城池进行交换。但当蔺相如将璧送到秦宫时，秦昭襄王却食言；多亏蔺相如凭着大智大勇，先是"完璧归赵"挫败秦王的阴谋，接着又在渑池会上戳穿秦国的第二个圈套，保住了和氏璧。这便是成语"价值连城"和"完璧归赵"的出典。

但新一代秦王嬴政依仗强大的军事力量，血洗长平，马踏邯郸，终于在血雨腥风中得到了这块令几代秦王梦寐以求的晶莹美玉。当他登基称"始皇帝"，建立起中国历史上第一个封建王朝时，为了显示自己前无古人的至尊伟大，特地用和氏璧制作了"传国玉玺"，并刻上"受命于天，既寿永昌"八个大字。玺的造型是螭龙盘踞，张牙舞爪。螭是神圣之物，虎是威猛之象，充分体现皇帝独尊和无上的权威。刻制这颗玉玺的是著名玉工孙寿，题写玺文的是著名书法家李斯。价值连城的玉质，巧夺天工的雕刻，加上盖世无双的书法，使这颗玉玺成了精美绝伦的艺术品。

这方传国玉玺自此就成了承天受命的象征，得之者欣喜若狂，以为“天命在朕躬”，就洋洋得意地宣称自己是名正言顺的正宗皇帝；自称皇帝而没有得到它，就会自惭形秽，心里发虚，甚至被认为是冒牌货，充其量也只是“白板天子”。

传国玉玺

而这方“传国玉玺”还有另一面，那就是在创业者手里，被视为得天命的神圣之物，而到了末代子孙那里却又无一例外地成了国亡身死的不祥之物。它的辗转流传，易手换主，甚至成了封建社会改朝换代的标志。后来，它的归宿迷失在唐末五代烽火遍野的兵荒马乱之中。此后，虽然它时隐时现，乍沉乍浮，引发了无数阴谋诡计，诱发了无数刀光剑影、血腥厮杀，演绎了无数狂欢与巨痛、惊险与神秘的传奇，但都不能确认，其下落也最终成了千载悬案。

秦始皇刻传国玉玺时本想使秦朝天下永世万代传下去，没想到仅传了两代就寿终正寝了。秦末，刘邦先入咸阳，秦始皇的孙子子婴不得不乖乖地捧玺跪于咸阳道上，献给汉朝开国皇帝刘邦。刘邦称帝后，号“汉传国宝”。公元前 1 年，汉哀帝刘欣病死，幼帝登基，传国玉玺由皇太后代管。王莽篡位自立前，派堂弟逼皇太后交出传国玉玺，太后大骂来人，但被逼无奈，气得将它掷于地，说：“你们兄弟逆悖天理，不会有好下场！”当王莽拿到传国玉玺时，发现它被砸掉一角，连忙命玉匠用黄金镶饰。新莽政权垮台时，禁卫军校尉公宾得到传国玉玺，赶至宛，献给更始帝刘玄。赤眉军杀刘玄，立刘盆子，传国玉玺一度挂在赤眉义军首领的头颈上。后刘盆子兵败宜阳，将传国玉玺拱手奉于刘秀。因此东汉初年，传国玉玺重回宫内。

东汉末年，宦官专权。灵帝熹平六年，袁绍入宫诛杀宦官，段圭携帝出逃，玉玺失踪。汉献帝时，董卓作乱。孙坚率军攻入洛阳，兵士见宫中一井在早晨时有五彩云气，遂使人入井，得传国玉玺。孙坚将玺秘藏于妻吴氏处。后袁术拘孙坚妻，夺玺。袁术死后，荆州刺史徐璆携玺至许昌，时曹操挟汉献帝在此，至此，传国玉玺又归汉室。公元 220 年，曹丕篡权，逼献帝禅让，汉亡。曹丕使人在传国玉玺肩部刻下隶字“大魏受汉传国玺”。

公元265年，司马炎同样篡权，称晋武帝，传国玺归晋。公元311年，前赵刘聪虏晋怀帝司马炽，玺归前赵。公元329年，后赵石勒灭前赵，得玺，在右侧加刻“天命石氏”。公元350年，再传西魏，后西魏乞求东晋军救援，传国玉玺为晋将领骗走，并以三百精骑连夜送至首都建康（南京），这样，传国玉玺重归晋朝司马家。在南朝，传国玉玺历经了宋、齐、梁、陈的更迭。隋朝一统中国，传国玉玺入了隋宫。公元618年3月，隋炀帝杨广被杀于扬州江都，隋亡。萧后携太子元德带传国玉玺遁入漠北突厥。

唐朝初，太宗李世民因没有传国玉玺，遂刻了几方“受命宝”“定命宝”之类的玉玺聊以自慰。贞观四年，李靖率军讨伐突厥，同年，萧后突然与元德太子返归中原，传国玺于是又归于李唐。

唐末，天下大乱，公元907年，朱全忠废唐哀帝，夺传国玺，建后梁。公元923年，李存勖灭后梁，建后唐，传国玉玺也随着到了后唐。而最后一个掌握传国玉玺的皇帝就是李从珂。

后周太祖郭威登基时，遍寻传国玉玺不着，无奈刻了“皇帝神宝”等两方印玺，一直传至北宋。宋太祖赵匡胤从后周那儿继承了这两方宝印，而没有传国玉玺。北宋哲宗时，农人段义犁地时发现一方玉玺，送至朝廷。各部各阁的大学士经过多方论证，依据前朝的遗迹，最终确认不是始皇帝所制的传国玉玺。其后，有关发现传国玉玺的消息时有耳闻，但都是道听途说、捕风捉影，真正的传国玉玺从此就杳无踪影了！

传国玉玺既为和氏璧所制，流传万年不坏。它必定静静躺在某个不为人知之处，若有人能访得其踪迹，必定是轰动考古界的一件大事！

十九、亡国后成一代词宗的南唐后主李煜

南唐后主李煜，字重光，初名从嘉，号钟山隐士、钟峰隐者、莲峰居士、钟峰白莲居士，徐州（今江苏徐州）人。他是南唐中主的第六个儿子，历史上称他为李后主。

在整个中国文学史上，他都算是一个第一流的词人，对中国词的发展做出了重大的贡献。但写词并不能帮他治理好国家，只能使他的国家一天天地腐败下去。当北宋的军队打入都城的时候，他仍在吟词赋诗，那些情意缠绵、悱恻伤感的诗只能感动才子佳人，却吓不退百万大军，于是他只剩下做俘虏和亡国奴的份儿。1957 年 4 月，毛泽东在同《人民日报》社负责人谈话时，曾说："南唐李后主虽多才多艺，但不抓政治，终于亡国。"真是"国家不幸诗人幸"，这位亡国之君，用伤感的笔调写出了他的亡国经历，从而使他成为一位真正继往开来的大词人，奠定了他在中国文学史上的地位，但是，他的诗词不仅使国家灭亡，连他自己也因此遭害。

当然，造成他不幸的最主要原因还在于他懦弱、轻信的性格和除了填词之外没有任何政治、军事才能，所以才没能逃脱沦为亡国之君，被鸩酒毒死的悲惨命运。

多才多艺的皇帝

幼小的李煜即是父母的掌上明珠，专门服侍他的奶妈、侍女是在后宫中挑了又挑，选了又选的，她们尽职尽责，天气冷暖、早晚起居、一日三餐……无不精心呵护料理。他是在金碧辉煌、翡环翠绕、钟鸣鼎食、诗词歌赋的南唐深宫里长大的，又从未披坚执锐，冲杀疆场，长期生活在这样的环境里使他形成了一种柔弱的性格。

年仅五六岁的小李煜忽然看见在古董柜中珍藏的焦尾琴，很感兴趣。皇父李璟命内侍取出来给六皇子讲一番这古琴不平凡的来历和如何流入本宫的。李璟见儿子听得聚精会神，越讲越起劲儿，还情不自禁地抚起来，琴声悠扬，美妙动听，竟使父子二人深深地陶醉于婉转的琴声中。从此激起幼小的李煜对琴的爱好，后来，他成为抚琴的高手。

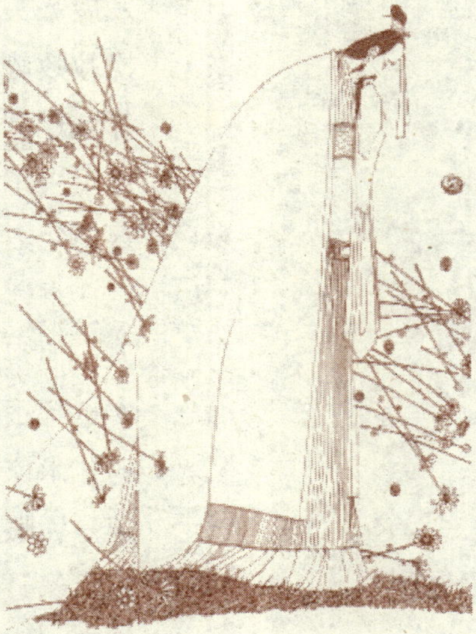

南唐后主李煜画像

李煜还感兴趣的是攻读历代典籍。从《春秋》、《左传》、《国语》、《国策》等，到诸子百家；从《诗经》、《楚辞》，到五代的诗文，都使他爱不释手，废寝忘食。当然，他对书法和绘画也非常爱好，尤其工于鸟兽和墨竹。所遗手迹，被后人视为旷世珍宝。

他的皇父李璟算不上一位有作为的国君，却是颇有才气的词人。其词清丽婉转，旨意秀颖，使李煜从小就饱受得天独厚的滋养。在父亲以及当时浓郁的文化环境的熏陶下，李煜的词上升到了一个新的高度。加上他喜欢的大臣冯延已也擅长填词，君臣之间切磋技艺，最后将疆土切磋完了，但词的成就却在中国古代文学史上占据了很重要的地位。

将李煜的词总结一下，可以发现一个规律，那就是分为三个阶段，第一阶段描写宫廷之中豪华奢侈以及风花雪月之类的内容，第二阶段体现极度忧愁的心情，第三阶段反映亡国之恨，这是李煜词成就最高的时候，但时间不长他便撒手西去了。

描写宫廷豪华生活的词中《玉楼春》是代表作："晓妆初了明肌雪，春殿嫔娥鱼贯列。风箫声断水云闲，冲按《霓裳》歌彻遍。临风谁更飘香屑？醉拍栏杆情未切。归时休放烛花红，待踏马蹄清夜月。"

按一般继承皇位的顺序，他是没有机会做皇帝的，但他的五个哥哥都死得很早，所以李煜才被封为吴王，做了太子，成了皇位的继承人。

李煜继位前几年，南唐国势就已走上了衰落，他的父亲在后周强大的攻势面前，最终将江北领土割让，南唐和后周隔长江对峙。但面对后周强劲的

李煜词全集

发展势头，南唐上下只是听从命运的安排，已经无力挽救败势了。北宋建立后，李煜的父亲更是将南唐的都城迁到了南昌，建立了南都，他和文武大臣都搬到那里去了，只留下太子李煜守在金陵。几个月后，李煜的父亲病逝，李煜正式继位，时年 25 岁。

李煜从本质上说是一个文人，一个很有才华的词人，他很有情趣，也注重豪华的排场，书法、绘画和文章都很出色，总之他是一个优秀的文人，一个优秀的艺术家。而皇帝艺术家既然把身心投入了艺术，肯定是无暇顾及政治的，其政治只会越来越腐败，皇帝艺术家逐渐蜕变成一个昏君，那是再自然不过的事。其实，这还是浅层的原因，深层的原因在于政治是一种理性行为，艺术是一种感性的表达，一个完全沉浸在感性当中的人，在常人看来，尚且像疯魔，更不用说把他放在朝堂之上了。因此，让一个浑身上下散发着艺术气息的人坐在朝堂上，一板一眼地做那些需要用冰冷的理性来处理的事，那是只能做坏，不会做好的，中国历史上的一部分昏君就是由此产生的。而李煜就是这样一个极好的例子。

所以李煜尽管是一个伟大的词人，但绝不是一个称职的皇帝。在皇帝的位子上，他既没有宋太祖那样的豪气和统一天下的壮志，而且对政治、军事不感兴趣，即使有将领提出来，他也是极力压制。

并由于李煜非常信佛，而被北宋皇帝利用。李煜用宫中的钱招募人为僧，以至于金陵的僧人竟多达万人。李煜退朝后，就和皇后换上僧人的衣服，诵读经书。僧人犯了罪，不依法制裁，而是让他诵佛，然后赦免。北宋皇帝听说后，就精选了一名口齿伶俐聪明善辩的少年，南渡去见李后主，和他讨论人生和性命之说，李后主信以为真，以为是难得的真佛出世，从此就很少注重治国安邦以及边防守卫了，而是整天念佛。

降格求安定

北宋乾德二年 11 月，南唐后主李煜的王后周后（昭惠后）逝世，宋太

了二弟一把，说："我们走，别听他胡扯！那秃驴会相什么面？"气呼呼地领着二弟走了。李煜被甩在后面，一个人默默地跟着哥哥们。

李弘冀被皇父立为太子后，打了一次胜仗。吴越几十名降将被带到建康城郊。皇父有旨：不杀俘虏。可是他背着皇上，抡起寒光闪闪的钢刀，像砍大萝卜似的，使一个个降将的头颅骨碌碌地滚落下来。有的人还双目瞪得如牛眼，嘴巴啃地，沾满泥土。那血淋淋惨烈的场面，吓得李煜多少日子从梦中惊醒。他由此联想小时候僧人夸奖自己有帝王相后，长兄那双凶狠的眼光，日后他若怀疑我和他争皇位，会不会也用这样凶残的手段对付自己……于是，他煞费苦心琢磨摆脱险境的办法。

李煜忽然想起，祖母临终前曾说过"隐居深山，潜心学道"的话。从此，他就自称"钟山隐士"，并自己动手刻了"钟山隐士"、"钟峰白莲居士"等数枚以为藏书、题画之用的印章，终日埋头于填词、书法、绘画或者同宫女们戏耍，隐居在深宫中，对朝政不闻不问。李煜迫于长兄的嫉恨，以这种办法，还真就保全了自己的性命。

18岁时，李煜娶东都留守周宗的女儿、比他长一岁的周娥皇为正室，即周后。后来又和比周后小十几岁的她的妹妹私通。李煜登基后，正宫周娥皇病逝，又立已与自己不明不白同居三四年的妻妹为周后的继室，称为小周后。

南唐三宫六院的宫娥才女们如众星捧月般地拱卫着后主，而在背后，她们又互相争风吃醋，勾心斗角。李后主终日沉湎于钗环鬓影、吴侬软语之中而难以自拔，常常是正在与这个妃子欢愉，还未及下床又惦着同那个贵人去幽会。

一个夜晚，李后主在宫娥的房里，从美人的绵绵絮语中得到启示，想出一个对付宋太祖的良策。他以为宋太祖之所以千方百计地威胁诸小国，无非是要统一天下，惟我独尊；如果承认宋太祖为普天之下的大皇帝，向他称臣纳贡，也就免得他兴师动众到处征讨了。于是，堂堂的江南一国之君李后主忍气吞声，委派他七弟韩王李从善为进奉使，给宋太祖朝贡并附一份他亲写的上表。改唐国主为江南国主，然后又自己把政权降格，他下的书不称诏，改称为教，中央的行政机构也改变了称呼，如尚书省改称司会府。

然而，他的如意算盘打错了。形势并没有按照他的愿望发展，进奉使李从善到宋朝一年之久未得释还。

原来，李后主的七弟李从善被宋太祖封为泰宁军节度使，并赏赐一座豪华的宅院，留在汴京定居。此举不免深含宋太祖欲召李后主入朝之意，李从善身居异国，虽然久别眷属，怀有思念亲人之苦，日子过得倒也闲适惬意。宋朝的京城有丰富的山珍海味供他享用，有诸多的名胜古迹供他赏心悦目，还有众多的风月美女伴他消遣……特别是宋太祖对他恩赐有加，常常坐在一起品茗、闲聊。

有一回，宋太祖亲自带他观赏一座异常典雅的宅第。当走进大厅小憩时，墙上挂着一幅夺人眼目的肖像。李从善定睛一看，竟是本国南都留守林仁肇。宋太祖不失时机地向李从善吹风说："林仁肇眼下就要来我朝供职。这不，为了取信于我，还派人潜送他的画像来。"他说得是那么得意，随后又指着林仁肇的肖像说："人还没来，就先把他的像挂上。这房子就赐给他了。"

李后主听说这件事后吓得大惊失色，马上联想到林仁肇曾向他借精兵数万，朝中还有人密奏他有谋反的迹象。看来林仁肇真存反叛之心，早已和宋太祖勾结上了。于是，连夜派人前往南都，以鸩酒毒杀了林仁肇。

可怜的李后主被宋太祖耍了。只因林仁肇既有雄才大略，又是一员虎将，宋太祖及其朝臣都畏惧他，才出重金雇画工潜伏江南照着林仁肇的模样画幅肖像，使了这么个反间计。国难当头，李后主轻信谗言，诛杀良将林仁肇，从而，南唐向亡国的路上更迈进了一步。

在宋太祖谋取江南之际，南唐中书舍人潘佑向后主李煜连上六道奏章，论国势日渐衰弱的时政，指责朝中公卿将相多为酒囊饭袋，将误国政，并提出治理国家的措施。李后主也曾不止一次亲批奏章，对其观点大加赞赏，但一直未能付诸实施。潘佑盼望祖国强盛心切，眼见自己上的奏章如石沉大海，忍无可忍，又上最后一道奏章，李后主展开一看，其抨击的锋芒直接指向自己，言辞极为激烈，龙颜不禁大怒，未及看完就把奏章摔在龙案上。

在座的朝臣中有两位奸佞小人，见后主发怒，彼此对视一眼，便向李煜媚笑道："圣上息怒。"李后主把奏章扔下来，他们展开奏章一看："三军可夺帅也，匹夫不可夺志也。……臣终不能与奸臣杂处，事亡国之主。"奏章的矛头不仅指向皇上，连朝臣也都攻击了。这两个小人一唱一和，就把为朝廷一向忠心耿耿奉职的潘佑说得罪该万死，死有余辜了。

这位"天性儒懦，素昧威武"的李后主不仅怯懦，而且极轻信，不问青红皂白，就勃然大怒，当即降旨："从速派人捉拿潘佑！"潘佑愤愤不平，含恨自刎。

林仁肇和潘佑这两位文臣武将不仅是南唐不可多得的重臣，而且也是大江南北诸国敬畏的名人。李煜连续诛杀他们，无异于自己拆掉了朝廷中的两根擎天柱，其宫廷若不倾倒就怪了。

之后李煜更是借酒浇愁，不过，在这种真实的情感下写出的词的水平还是非常高的，有代表性的是《清平乐》：“别来春半，触目愁肠断。砌下落梅如雪乱，拂了一身还满。雁来音信无凭，路遥归梦难成。离恨恰如春草，更行更远还生。”

还有一首《相见欢》：“无言独上西楼，月如钩，寂寞梧桐深院锁清秋。剪不断，理还乱，是离愁，别是一番滋味在心头。”

酒虽然可以暂时将忧愁浇走，但北宋的军队是几壶酒不可能浇走的，噩运终于来临了。

宋太祖闻听李煜所为，认为取南唐的时机已到。然而，他在发兵之前还要来个先礼后兵，以示宽宏：让属下按照当年给孟昶建宅的规格，给李后主营造一座园林式的宅院，规模仅次于自己的宫殿，而且他还曾亲临建筑工地指导。这座壮观华丽的宅第建成后，公元974年秋天，赵匡胤派使者来请李煜去开封了。李煜清楚请去就回不来了，就推托说有病，没有去。

继而，宋太祖又向李后主来个不大不小的挑战，遣使对李煜说：“朝廷要修天下图经，独缺江南版图。”敏感心细的李煜不会不知道宋太祖的用意，可他不敢抗旨，不得不违心地命人录了一个副本送去。作为一国之君，把自己国家的版图交给异邦的国主，岂不是天大的笑话！

宋太祖像

宋太祖由此掌握了江南19州的屯戍距离、人丁数目……才胸有成竹地兴师取江南。李煌听说宋太祖已调兵南进，连忙上表请求接受大宋的册封。宋太祖见李煜敬酒不吃，偏吃罚酒，轻蔑地一笑，没理睬。

冬天的时候，赵匡胤的军队就渡过长江，将金陵包围了。李后主由朝臣陪侍火速登上城楼一看，只见四郊都是宋军的旌旗迎风招展，帐篷漫山遍野，顿觉头晕目眩腿软。内侍忙搀扶后主下了城楼，即刻传旨召来文武重臣商议抗敌之策。朝臣纷纷议论一阵之后，有人出班跪奏：“外援已经断绝，建康城危在旦夕，急应组织敢死队，夜间出城，潜入宋军大营，打他个措手不及。”李后主摇头不语。

又有人出班奏道：“降，自取其辱，未必得全。臣请背水一战，即使同圣上一道殉国，死而无憾！”李后主听了这番豪言壮语也没提起精神，却下龙椅握住他的手痛哭流涕，没有勇气采纳他的意见。

而就在前线将士拼死抵抗的时候，李煜还在宫中填了一首词《临江仙》：“樱桃落尽春归去，蝶翻轻粉双飞，子规啼月小楼西，玉钩罗幕烟垂。别巷寂寥人散后，望残阳烟草低迷。炉香闲袅凤凰儿，空持罗带，回首恨依依。”据说这首词还没有填完，宋军就攻陷了金陵，最后的三句是后来补上的。

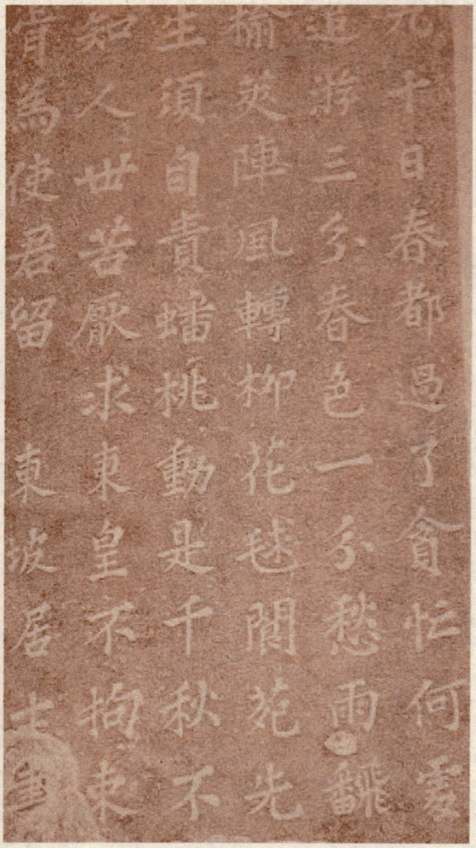

李煜所写的词——《临江仙》

一天，内侍匆匆忙忙地报道：“宋军已攻进城。”李后主的龙颜立刻变作死灰色，疾步跑出门外，只见城里到处浓烟滚滚，伴着火光冲向云霄，号角悲鸣，杀声震天。他手足无措，扑向小周后，气喘吁吁说：“建康城陷落，如何是好？”

临危镇静的小周后首先想到朝政机密，急命执事女官带领众人一起动手把朝臣们的奏章抱出去焚掉，随即又令她们把珍奇墨宝、贵重典籍和价值连城的名画都抱出去焚毁。顿时，雍和殿前燃起熊熊烈火，浓烟如愁云惨雾四处飘散，哭声、叫喊声混作一团。

殉国还是投降，正当李后主犹豫不决的时候，宋兵已冲到第一重宫门。

北宋灭南唐之战

李后主只好身着白衫，头戴纱帽，迈着沉重的脚步带领皇族与属下出宫递交降表。

在离开自己的都城的时候，李后主有一首词写道："最是仓皇辞庙日，教坊犹奏别离歌，挥泪对宫娥。"后来，宋朝的大文学家苏东坡评论说：国破家亡之际，李后主应该首先想到的是自己丢掉了祖宗创下的基业，应到宗庙前痛哭，并向百姓谢罪。但是他根本没有这么做，而是去聆听教坊乐手演奏的《别离歌》，惋惜自己再也没有机会与宫娥彩女寻欢作乐了。有这样的国君，南唐不亡才怪呢！

不过，苏轼在此是以政治家的标准来要求艺术家了。当代一位伟人在劝诫一位名士的时候也说："牢骚太盛防肠断，风物长宜放眼量。"其实，世上是本无"放眼""风物"的名士和发"牢骚"的政治家的；发"牢骚"是名士的品格，"放眼""风物"才是政治家的气度。这是两种不同的人格，各有不可替代的作用。

平南将军曹彬把他们押解到船上，从水路奔赴大宋国都汴京。曹彬久闻李后主是一位风流倜傥、才华横溢的词人。如今同乘一只船，他凝视着李煜一脸怅然若失的神色，不禁对他轻蔑地一笑：如此懦弱的国君，南唐如何会不亡！真是难为他还亲政了十五六年。

曹彬押解李煜一行抵达汴京，囚禁于明德楼下听候发落。翌日，李煜跪伏在明德楼下，浑身如筛糠似的抖动，直到宣读圣旨的太监以男不男女不女的声音读道："皇恩浩荡，封李煜为违命侯。"李煜暗想，谢天谢地，谢不杀之恩，他被俘后悬着的一颗心才算落下来。可又想：违命侯究竟是个什么封号呢？他细心一揣摸，个中含有讥讽与侮辱之意。他的心顿觉难受。太监读完圣旨又说："圣上不杀尔，并赐园林宅第一座，尔还不快接旨谢恩！"李煜这才如大梦初醒，连忙三拜九叩谢太祖龙恩，侍立楼下。

作为一国的君主，李煜也实施过一些仁政的措施，如减轻赋税，放宽刑罚等，这应当肯定，但他在强敌面前不思进取、积极备战迎敌，而是借酒浇愁，听任国家的衰亡。后来北宋发兵进攻时，南唐能够抵抗一年多，说明南唐经过长期的经济发展，国家还是有很强实力的，如果李煜能像后周世宗那样励精图治，南唐就不会只抵抗一年就落个国亡君被俘的惨痛结局。

不幸亡故国　有幸成词宗

李煜虽然名义上是侯，实际上是名副其实的亡国奴，一个享受高级待遇的亡国奴。

当了囚徒，李煜的生活发生了天翻地覆的变化，虽然吃喝不愁，但身份毕竟不同了，也不能随心所欲地生活和享乐了，再加上亡国之痛，所有这些切身的体会，李煜都融进了词中，由此诞生了词史上最为感人，成就也最高的作品。这方面有三首词最具代表性。

其一是《虞美人》：春花秋月何时了，往事知多少！小楼昨夜又东风，故国不堪回首月明中。雕栏玉砌应犹在，只是朱颜改。问君能有几多愁？恰似一江春水向东流。

其二是《浪淘沙令》：帘外雨潺潺，春意阑珊。罗衾不耐五更寒。梦里不知身是客，一晌贪欢！独自莫凭栏，无限江山！别时容易见时难。流水落花春去也，天上人间！

其三是《破阵子》：四十年来家国，三千里地山河。凤阁龙楼连霄汉，玉树琼枝作烟萝，几曾识干戈？一旦归为臣虏，沈腰潘鬓销磨。最是仓皇辞庙日，教坊犹奏别离歌，垂泪对宫娥。

在生命的最后时期，李煜的词达到了登峰造极的程度，他的词没有丝毫的雕琢痕迹，纯粹是天然而成，可谓鬼斧神工。历代成就高的诗词都是将感情和艺术手法融为一体的，一般的诗词，不是太通俗，就是太晦涩，不能使

李煜墓

读者很通畅地理解他的感情，而李煜的词却将两方面的因素神奇地融合到一起，口语一样的语言包含的却是一般人难以有的也难以体会到的感情，可以说，李煜的词达到了最高境界，也取得了最高的艺术成就，为两宋词的发展开拓了眼界。

词成就了李煜词宗的英名，但那首千古传唱的《虞美人》也将他送上了西去之路。宋太祖驾崩，其御弟宋太宗即位后，小周后常常被召进后宫，说是侍候皇上燕乐，一去就得数天才能放出来。至于她进宫后到底做些什么，作为她的丈夫的李后主一直不敢想象。只是她每次从宫里回来就把门关得紧紧的，一个人躲在屋里悲悲切切地哭泣。有一回，李煜实在憋不住了，破门而入，俯身安慰。谁知小周后霍地起身，满脸是泪，可怜无助地号陶大哭。李煜刚要张嘴劝慰，却被她破口大骂："你这懦夫，连自己的老婆都保护不了，让我跟那色鬼，备受亡国奴之辱！你快让我死了吧！"

李煜一声没吭，悄悄地溜出来。他何尝甘愿戴顶绿帽？如今国破家亡，做了宋朝天子的阶下囚，除了把哀愁、痛苦、眼泪往肚里咽，还能说什么呢？这天他因为心情郁闷，就让歌妓奏乐，李煜蘸着血和泪写了《虞美人》。宋太宗知道后非常恼怒。

没几天，就是李煜的生日，正当小周后频频举杯为李煜祝酒，美女们载歌载舞庆寿的时候，忽闻宋朝太监刺耳的声音："违命侯李煜接旨！"圣旨说，违命侯华诞之日，特赐酒器一套，御酒一坛，并差特使祝寿。李煜叩谢龙恩后，特使陪着李煜喝了两杯御酒便告辞了。可怜的李煜怎么会知道，他用的酒杯是太监事先用剧毒浸过的。

其时，李煜年仅 42 岁。懦弱性格的南唐后主李煜，终于没能逃脱亡国杀身的悲惨命运。

南唐的亡国是天下大势造成的，而李煜的悲惨命运则是其怯懦软弱的性格造成的。那么，这怯懦软弱的性格又是谁造成的呢？李煜所处的环境与春秋时期晋国公子重耳颇多相似之处，可是重耳的性格与李煜不同，他从颠沛流离的环境中奋起，最终成为中原霸主，一代名君。李煜就是吃不得苦，其

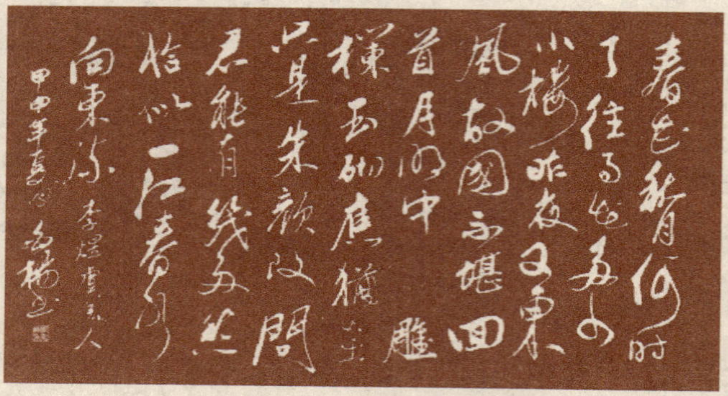

李煜《虞美人》

兄给他创造了竞争的凶险环境，他也懦弱地放弃了。在优厚的环境中，彻底失掉了斗志，培养了庸散的性情。

所谓“吃得苦中苦，方为人上人”，“天将降大任于斯人也，必先苦其心智，劳其筋骨，饿其体肤……”历史的经验告诉我们，艰苦的环境能锻炼人，也能塑造人。

二十、从流浪汉到开国皇帝的宋太祖

在中国历史上，大宋开国皇帝赵匡胤与“唐太宗”齐名，并称“唐宗宋祖”。他以豪侠之气把众多的英雄团结在自己身边；又以卓越的军事才干，东征西伐，南战北讨，用武力消灭了一个个争雄一方的霸主，结束了五十多年的分裂局面，又一次统一了中国，为这段乱世画上了一个句号。

统一全国后，他高瞻远瞩，以宏大的气魄、钢铁般的手腕，进行了一系列的改革：以文治国，军政分开，削弱藩镇势力，强化中央集权；建立官员任期制，废除终身制和世袭制，从源头上断了地方势力坐大的可能；提倡农业，鼓励农桑，制定了一系列优惠农业的政策，促进了社会经济的发展；他还注意培养人才，健全了科举制度，并大兴学校，尊重知识；注意发展文化事业，组织官员编纂重要典籍，出版印刷，使宋代的出版事业进入我国历史上的一个空前繁荣的时代；他还整顿吏治，严法峻刑，处置了一大批贪赃枉法的高官，使社会迅速从乱到治，走上了稳定发展的轨道。

赵匡胤的雄才大略，文治武功，不仅医治了中国数十年的战争创伤，也为大宋王朝三百多年的帝业奠定了坚实的基础。

赵匡胤还是一位极具传奇色彩的人物。他出身于官宦之家，少年时狂放不羁，颇有几分纨绔子弟的味道；及长，因得罪朝廷，被迫浪迹天涯，又有一点流浪汉的成分。没想到几年之后，这个流浪汉居然当上了皇帝。

赌输华山

赵匡胤的父亲名弘殷，涿郡人，五代初在王镕麾下效力，曾率五百骑兵援助后唐庄宗，把后梁朱温的军队杀了个落花流水，为建立后唐立下赫赫战功。庄宗爱其英勇，留典禁军。三年之后，庄宗的哥哥李嗣源在一次兵变中，登上了皇帝的宝座，改元天成。就在天成二年二月十六日，夜里三更时分，赵弘殷之妻杜夫人，在洛阳夹马营分娩，生下一个儿子。他就是未来宋朝开国皇帝赵匡胤。

据记载：赵匡胤诞生的那天夜里，赤光绕室，异香经宿不散。所谓一代圣主诞生，天象必有吉兆。其实，哪有那回事，后来经好事者调查，完全是一个偶然巧合。夹马营后面有一座大寺院，名叫应天禅院。院里种植着素有“国色天香”之称的牡丹上千株，有三百多个品种：魏紫、姚黄、赵粉、卢丹、酒醉西施、雪拥王嫱等。

不过，以前这里并没有牡丹。传说是女皇武则天，在长安城初春游上苑时，看到奇花异草甚多，但是都正含苞，尚未开放。武则天非常生气，立即下了一道催花的御旨，上写道：“明早游上苑，火速报春知，花须连夜发，莫待晓风吹。”命宫人悬圣旨于花梢之上。第二天早上，武则天带着一批近臣，又来到御花园。一看，果然百花都绽开了，只有牡丹不肯遵旨。武则天勃然大怒，立刻下旨，把牡丹贬到洛阳。于是园艺官奉谕，把长安城的牡丹全部移往洛阳栽种，从此牡丹就在洛阳安家落户了。大概应天禅院里的牡丹，就是那时从长安贬出来的。

不过事又凑巧，往年谷雨前后才开花的牡丹，这一年却提前了二十来天。就在二月十六日夜里，突然开放，香飘数里。禅院众僧认为这是丰年吉兆，于是红烛高烧，香烟缭绕，敲钟击磬，大做法事。满院香火烛光，把夹马营的夜空都映红了。

赵弘殷这时刚好从前方回来，一进家门，便见一个丫环匆匆上前给他报喜。赵弘殷高兴得连盔甲都没卸，就命产娘把孩子抱过来。当产娘把婴儿抱来时，赵弘殷伸手去接。这时，一股香气扑面。赵弘殷大叫：“好香，好香！真乃香孩儿也！”赵弘殷这时闻到的香味，实际上是从应天禅院飘过来的牡丹花香。

不过，“香孩儿”从此就成了赵匡胤的乳名了。

几年后，香孩儿到了读书的年龄，

宋太祖赵匡胤画像

父亲正式给他取名赵匡胤。匡者，匡扶、保佑也；胤者，胤嗣、后代也。父亲对儿子确实是寄有厚望的，小匡胤也没有让父亲失望。少年时代，他不但书读得不错，而且同父亲一样，在习武方面表现出天赋，“学骑射，辄出人上”，几年下来，已是一个弓马娴熟，小有名气的骑手了。

不过，赵家在赵匡胤长大的这十几年中却一步步衰落下来。赵弘殷本是后唐庄宗李存勖所宠爱的战将，自李存勖在兵变中被杀后，他就开始受到冷落。这期间，赵家又添了二男二女，家境也日益艰难起来。可以说，赵匡胤的青少年时代，是随着父亲走南闯北，打工卖艺度过的，从小就看尽了世间的眉高眼低，尝遍了生活的酸甜苦辣。

长时期的江湖漂泊生涯，养成了他喜打架，爱赌博，而且赌输不给，赌赢必要的赖皮性格。好在他生得方面大耳，身高力强，又会一些武艺，凡是与他发生争斗的，多为败家。945 年，赵匡胤结婚成家，时年 19 岁。成家应当立业，但家中窘迫潦倒的现状告诉赵匡胤，依靠家庭的帮助干一番事业的路子是走不通的。21 岁那年，他毅然离家外出，决心在事业上闯荡一番。他先是去投奔几位从前的好友，但世态炎凉，他不但没有从这些有权有势的前辈那里得到关怀和帮助，反而受了不少的白眼和冷遇。

在流浪期间，据说赵匡胤还做了一件千里义送京娘的壮举。京娘是山西永济人，年方 17 岁，随父母去曲阳烧香还愿遭劫，幸遇赵匡胤拔刀相救，千里护送，京娘感恩不尽，欲以终身相托。然而赵匡胤回答说：“贤妹非是俺胶柱鼓瑟，本为义气千里相送，今若就私情与那个响马何异？况施恩图报非君子所为。”京娘道：“恩兄高见，妾今生不能补报大德，死当衔环结草。”于是京娘投湖自尽，（后被追封为贞义夫人）京娘湖亦由此得名。

流浪的生活是艰苦的，但赵匡胤并没有被压倒，相反，他的意志和性格磨炼得更为坚强，眼界也变得开阔了。期间，他在河南地面因打架闯了祸，官府派人四处捉拿。他先是逃到汉水边的重镇襄阳，住进了一家寺院。寺院的主持是一位年近百岁的老僧，饱经沧桑，阅世知人颇深。他见赵匡胤紫面丰颐，豹头环耳，虽满面风尘却掩不住英俊之气，一身破衣，却不带寒酸之态，心中暗暗称奇，待一交谈，更觉得其气度不凡。他告诉赵匡胤，汉水以南的各个政权比较稳定，而北方却战乱不止，乱世出英雄，所以应该北上，而不应南下。这位老者不但向赵匡胤“厚赠”了金钱，而且还将寺院中惟一的一匹驴送给他，让其骑驴北上。

于是他就偷偷溜过潼关，来到陕西，进入华阴地面。当知道官府捉拿的危险已悄然离去时，他才觉得腹内空虚，四肢无力，实在是一步也挪不动了。可是他怎么也没有想到，华山的陈抟老祖正在华山脚下恭候着他呢。

陈抟老祖，字图南，号扶摇子，亳州真源人，是北宋初年著名的道教学者和道教诗人。他在唐朝长兴年间举进士不第，便发誓不求禄仕，遂隐身山林，以山水为乐。据说他中历梁唐晋汉周五代，每闻换朝改姓，总是愀然不乐，闭门高卧。世间传他一睡经年，其实只是他忧心天下纷扰，百姓受苦，不愿出门。

传说他来华山隐居的路上，碰见一位老者肩挑箩筐，两只箩筐中各坐着一个男孩，当老头从他身边经过时，他大呼一声："天下由此定矣！"高兴得差点从驴背上掉下来。此后逢人便说，那老头一肩挑了两盘龙。那老头，便是赵匡胤的父亲。

陈抟老祖算好赵匡胤这天要来华山避难，便装扮成一个卖桃老汉，挑着桃筐，拦在华山路口。越匡胤走一步，歇一步，又饥又渴，又困又乏，心里正盼着遇见个卖吃喝的，谁知瞌睡来了就有人递枕头。他老远望见两筐鲜桃，又红又大，顿时来了劲儿，一鼓作气跑了上去，不问三七二十一，狼吞虎咽地吃起来。不一会，两筐鲜桃便所剩无几。

吃罢桃，赵匡胤将嘴一抹，横下扁担，依着箩筐，倒头便睡，还不时把他那双大臭脚伸进陈抟老祖的怀里。陈抟老祖也不唤醒他，就在一旁悄悄地等着。一直等到日落西山，赵匡胤才醒来。可是他扛起盘龙棍，扭头就走。陈抟老祖连忙拦住说："你这位壮汉，吃了我的桃，还躺在我的扁担上睡了一觉，睡醒了分文不付，连个谢字都没有，扭头便走，讲不讲理呀？"

"要钱？要什么钱？多少钱？"赵匡胤从来就不晓得吃了东西还要付钱。陈抟并不生气，仍然心平气和地说："得了，我看你也付不起，就要你一文钱吧。"赵匡胤一听哈哈大笑，想这老头好生奇怪，两筐桃子才要一文钱，于是慷慨大方地说："好，一文钱就一文钱。"可是，他在身上摸了半天，连一文钱也没有摸出来，不由羞得面红耳赤。

陈抟老祖一看，一文钱难倒了英雄汉，忙找了个台阶给他下："没有钱不要紧，只要你陪我下一盘棋，赢了我，就算你付了桃钱。"赵匡胤心想，别的我不会，下棋赌博我可是行家，我不光要赢桃钱，还要让你连家里的桃树都输个精光呢！

头一盘，赵匡胤赢了，他越发得意，硬要来第二盘。陈抟老祖说："你还了桃钱，也就罢了。天色已晚，我要回家呢。”赵匡胤急忙拉住道：“别忙，老头，下一盘棋我还要赢你家的桃树呢。”陈抟老祖哈哈一笑说：“要是你输了呢？”赵匡胤说：“我就赌这根盘龙棍。”

谁知第二盘还没走几步，赵匡胤就败下阵来。陈抟二话不说扛起盘龙棍直奔华山而去。赵匡胤岂肯认输。跟在后面连喊带叫：“再来一盘，再来一盘！”就这样喊着叫着，等他追上陈抟时，已来到了东峰下棋亭。

此时明月当空，天宇如洗，山空谷静，万籁俱寂，只有清风徐徐吹来，山峦隐隐如黛。赵匡胤从未体味过如此美妙的情景，直觉得身处境外仙天，不由一阵阵如幻如痴。此时老汉已现回陈抟老祖原身，仍是一白发飘髯的老道长。直到他发现坐在石桌对面的已不再是卖桃老汉，而是一位白发飘髯的老道长时，才想起自己是追着卖桃老汉来再杀一盘的。

陈抟老祖指着眼前已摆好的棋盘说：“你追着来是想再赌一局，不知这次用什么作赌注呢？”赵匡胤知老者不是凡人，早已从心里佩服了许多。他知道自己身上空空如也，盘龙棍已输给对方，无论如何，也想不出拿什么作赌注，便又现了赖皮本性，信口开河说：“我赌华山！”

陈抟老祖正等着这句话呢，他当然满口应允，还说：“空口无凭，要写个文约为证。”赵匡胤想，华山又不是我的，输了就输了，立个文约又有何妨。陈抟老祖早就预备好笔墨纸砚，写了文约，还让赵匡胤押了指印，然后才坐下下棋。下了三盘，赵匡胤输了三盘。陈抟老祖高兴地说：“华山真的属我道家了！”赵匡胤却耍赖说：“山是道家的山，树是皇家的树。”陈抟一听此话，连忙跪倒口呼：“谢主龙恩！”赵匡胤不知这位道长为何行起君臣之礼，正想问个明白，陈抟老祖说：“壮汉身有九五之尊，日后便知。”

赵匡胤知自己有天子之位，信口开河输了华山，日后定遭世人谴责，心中悔恨，忙去抢夺文约。不料陈抟老祖轻轻吹一口气，文约就飞过谷涧，贴到棋亭对面三凤山的石壁上去了。据说至今字迹仍依稀可辨。

赵匡胤知自己耍赖不成，就请求陈抟指点迷津，早日成就立国大业。陈抟说：“枢密使郭威正在潼关招兵买马，征集良将，何不前去投靠？”听了陈抟的指点，赵匡胤立即下山直奔潼关，随了郭威。

他先是在郭威手下当了一名偏将。当时，后汉名将郭威正拥兵自立，准备取后汉而代之。在战争中，赵匡胤有了英雄用武之地，他作战十分勇敢，能冲锋陷阵，又兼富有智谋，受到郭威的赏识。951 年，郭威被部下拥立为皇帝，在拥立过程中，赵匡胤出了不少力，因此被提拔为东西班行首，当了一个中级禁军军官。他也从此知道了禁军在维护皇帝安全中的作用了。这期间，他尤其对大将柴荣表现得非常忠诚，逐渐取得了柴荣的信任。

954年，周太祖郭威病逝，柴荣即位称帝，是为周世宗。周世宗的即位，为赵匡胤施展才华和抱负创造了极好的条件。这一方面因为赵匡胤是周世宗称帝前的亲信将领，自然会受到重用；另一方面，也是更重要的一点，因为周世宗是一个顺应历史趋势的英明君主，他后来所积极从事的统一中国的事业，为赵匡胤一类有才华的文武大臣提供了用武之地。

周世宗即位后，赵匡胤随之被调到中央禁军任职。同年2月，周世宗刚刚即位，北汉的刘崇便想趁机进攻，觉得周世宗在服孝期间必定不会出兵，于是要求辽（即契丹）派兵相助。辽穆宗派耶律敌鲁去助刘崇，又让杨衮率领一万铁骑兵和奚等部五万人，出兵一起攻打后周。

周世宗不顾冯道的阻拦,决意亲征,赵匡胤随驾出征。3月,两军在高平（今山西高平）展开了激战。杨衮见后周军队军纪严明，提醒刘崇不要轻敌，但刘崇却根本不听，反而出言不逊，杨衮气得领兵闪到一旁观战。

战斗开始不久，北汉军队占了上风，后周大将樊爱能、何徽畏敌如虎，一见阵势不好，竟临阵逃脱，一时间后周军队阵脚大乱，情形十分危急。此时的赵匡胤却很冷静，在他的建议下，周世宗将身边的禁军分为二部：一部由张永德指挥，抢占制高点，居高临下，以密集的箭矢压住敌人的进攻；另一支由赵匡胤率领，从左翼直扑敌阵。

随后赵匡胤大喊一声，拍马上前，当先冲入敌阵。北汉军队受不住这突如其来的冲击，纷纷败退，后周军士气大振，人人奋力厮杀，终于大获全胜，几乎全歼北汉刘崇的军队。杨衮因为没有参战，领兵返回辽国。

高平之战，后周反败为胜，成为我国历史上一个著名的以少胜多的战例。赵匡胤以高平之战的出色表现受到了周世宗的进一步赏识，给他记了大功一次。战后，他不但被破格提拔为殿前都虞侯，成为后周禁军（皇帝亲军）的高级将领，而且还被委以整顿禁军的重任，深受周世宗柴荣的器重。在赵匡胤亲自主持下，后周禁军完成了汰除老弱、调选精壮和组建殿前司诸军三项工作。

也正是在这次整顿禁军的过程中，赵匡胤开始在军队中形成了自己的势力。他利用主持整顿的机会，将罗彦环、郭延斌、田重进、潘美、张琼、王彦升等自己麾下的“委心”之人安排在殿前司诸军任中基层将领，同时又以自己高级将领的身份，主动与其他中高级将领交结，并同其中的石守信、王审琦、韩重斌、李继勋、刘庆义、刘守忠、刘廷让、王政忠、杨光义结拜为义社十兄弟，形成一个以自己为核心的势力圈子，开始掌管后周的军事大权。

从956年到958年，周世宗对南唐前后发起过三次进攻，逼迫南唐将江北15州的土地割让给后周。在整个战役中，赵匡胤表现得最为突出，被提升为忠武军节度使兼殿前都指挥使。

自南唐战役以后，赵匡胤处世待人上与以前也大不相同了。以前，他只注重在军队中交结武将，现在对文人也比较重视了。赵普、王仁瞻、楚昭辅、李处耘等人都是在这前后被他罗致在麾下，成为心腹幕僚的。除此之外，他自己也开始留意研读经史，一改从前那种不喜读书的草莽作风。

959年3月，后周宰相王朴突发脑溢血而死。赵匡胤平生最怕王朴，几天前，他还被王朴训斥得“唯唯而退”，现在，他终于可以松一口气了。这期间还发生了一件很蹊跷的事。周世宗在文书囊中得到一块木头，上面写着“点检作天子”，当时的殿前都点检是张永德，周世宗就撤了他的职，让赵匡胤当了殿前都点检、检校太傅，执掌禁军。这个职位是禁军的最高首领，和郭威当年在后汉所处的位置是完全一样的。禁军又是后周最精锐的部队。

此时，赵匡胤只有30岁，后来有人构陷岳飞，就说他说过自己“三十建节，唯本朝太祖如此”，但由此反映出赵匡胤确实年轻有为。

同年6月，周世宗去世，时年39岁。这一下，所有可能阻挡赵匡胤称帝的障碍都没有了。形势变化之快，机遇得来之易，连赵匡胤自己也没有料到。

据说，世宗志在四方，常恐运祚速而功业不就，因为王朴精究术数，一天从容问道：“朕当得几年？”回答说：“陛下用心，以苍生为念，天高听卑，自当蒙福。臣固陋，辄以所学推之，三十年后非所知也。”世宗喜曰：“若如卿言，寡人当以十年开拓天下，十年养百姓，十年致太平矣。”《旧五代史》还说：“帝驾驭豪杰，失则明言之，功则厚赏之，文武参用，莫不服其明而怀其恩也。所以仙去之日，远近号慕。然禀性伤于太察，用刑失于太峻，及事行之后，亦多自追悔。逮至末年，渐用宽典，知用兵之频仍，悯黎民之劳苦，盖有意于康济矣。而享年不永，美志不就，悲夫！”如果比赵匡胤大6岁的柴荣能够再活30年，历史上可能就不会有宋朝了。

陈桥兵变

周世宗死后，其7岁的独生子柴宗训即位，这就是周恭帝。由于年纪太小，由宰相范质、王溥辅政。后周王朝随即出现"主少国疑"的局面，政局不稳，人心浮动，谣言四起，"时人咸谓天下无主"。一些忠于后周的官吏，马上就敏锐地意识到动乱的根源十有八九要出在赵匡胤那里，指出赵匡胤不应再掌禁军，甚至有的人主张先发制人，及早将赵匡胤干掉。因为五代时期，武将夺取皇位的事情多得很，所以，人们有这种猜测也是不足为奇的。于是周恭帝改任赵匡胤为归德军节度使、检校太尉。

此时，赵匡胤及其幕下心腹文武也在加紧活动。一个很明显的事实是，在周世宗去世后的半年里，禁军高级将领的安排，发生了对赵匡胤绝对有利的变动。先看殿前司系统，原来一直空缺的殿前副都点检一职，由慕容延钊出任，慕容是赵匡胤"素所兄事"的好朋友，关系非同一般；原来空缺的殿前都虞侯一职，则由王审琦担任，此人既为赵匡胤的"布衣故交"，又是义社十兄弟之一，与当时已经担任殿前都指挥使的石守信一样，都是赵匡胤势力圈子中的最核心人物。这样，整个殿前司系统的所有高级将领的职务均由赵匡胤的人担任了。

再看侍卫司系统。在这一系统的高级将领中原来赵匡胤只与韩令坤有"兄弟"之谊，当时他正领兵驻守在淮南扬州，京城中实际上只剩下副都指挥使韩通，势孤力单，自然无法同赵匡胤相抗衡了。

经过近半年的部署准备，赵匡胤觉得可以选择一个适当的场合动手了。960年正月初一，后周君臣正在朝贺新年，突然接到辽和北汉联兵入侵的战报，大臣们慌作一团。小皇帝柴宗训征得宰相范质、王溥的同意后，令赵匡胤率领禁军前往迎敌。

赵匡胤接到出兵命令，立刻调兵遣将，正月初二即率兵出城。跟随他的还有弟弟赵匡义和亲信谋士赵普。当天下午，到达了离开封几十里的陈桥驿，刚安顿好，有一个自称通晓天文的军校就指着西面的太阳叫道：天边有两个太阳，正在搏斗，并对赵匡胤的亲信幕僚楚昭辅说：一日克一日，这是天命。二人煞有介事地一问一答，引起了周围士兵的注意，大家一传十，十传百，很快军中都知道"一日克一日"这件事了。

当天晚上，赵匡胤命令将士就地扎营休息。兵士们倒头就呼呼睡着了，

陈桥兵变

一些将领却聚集在一起，悄悄商量。有人说：“现在皇上年纪那么小，我们拼死拼活去打仗，将来有谁知道我们的功劳，倒不如现在就拥护赵点检做皇帝吧！”大伙听了，都赞成这个意见，就推一名官员把这个意见先告诉赵匡义和赵普。

那个官员到赵匡义那里，还没有把话说完，将领们已经闯了进来，亮出明晃晃的刀，嚷着说：“我们已经商量定了，非请点检即位不可。”赵匡义和赵普听了，暗暗高兴，一面叮嘱大家一定要安定军心，不要造成混乱，一面赶快派赵匡胤的亲信郭延斌秘密返回京城，通知留守在京城的大将石守信和王审琦管好京城内外大门。

没多久，这消息就传遍了军营。将士们全起来了，大家闹哄哄地拥到赵匡胤住的驿馆，一直等到天色发白。

这天晚上，赵匡胤假装不知，喝得大醉而睡，一觉醒来，只听得外面一片嘈杂的人声。接着，就有人打开房门，高声地叫嚷，说：“请点检做皇帝！”赵匡胤赶快起床，还没来得及说话，几个人把早已准备好的一件黄袍，七手八脚地披在赵匡胤身上。大伙跪倒在地上磕了几个头，高呼“万岁”。接着，又推又拉，把赵匡胤扶上马，请他一起回京城。

官修史书为尊者讳，将赵匡胤写得无比被动。不过赵匡胤下面的言行显出他与五代那些被军士拥立的皇帝之间的区别，赵匡胤骑在马上，开口说道：“你们既然立我做天子，我的命令，你们都能听从吗？”将士们齐声回答：“自然听陛下命令。”于是赵匡胤就发布命令：到了京城以后，要保护好周朝太后和幼主，不许侵犯朝廷大臣，不准抢掠国家仓库。执行命令的将来有重赏，否则就要严办。

赵匡胤本来就是禁军统帅，再加上有将领们拥护，谁敢不听号令！将士们排好队伍开往京城。一路上军容整齐，秋毫无犯。

到了汴京，又有石守信、王审琦等人作内应，没费多大劲儿就拿下了京城。

唯一的败笔是王彦升杀死了试图组织抵抗的韩通和他的家人，给赵匡胤的和平演变涂上了后周忠臣的鲜血，韩通入《宋史 · 周三臣传》，王彦升就此被赵匡胤恨上了，所以终生没有当上节度使。

与范质、王溥的见面比较富有戏剧性。先是派潘美去告诉范质等，当时早朝还没有结束，宰相范质抓住王溥的手说："仓促遣将，吾辈之罪也。"手指掐入王溥的手，几乎出血。王溥一句话也不敢说。

及至赵匡胤见了他们时，装出为难的模样说："世宗待我恩义深重。现在我被将士逼成这个样子，你们说怎么办？"范质等不知该怎么回答。有个将领声色俱厉地叫了起来："我们没有主人，今天大家一定要请点检当天子！"范质、王溥吓得赶快下拜。

然后举行禅让仪式，但人到齐了，却没有禅让诏书，翰林承旨陶谷从袖子中拿出一份，于是就用了这份诏书。因赵匡胤任归德军节度使的任所在宋州，就以"宋"为国号，定都东京（今河南开封）。历史上称为北宋。赵匡胤就是宋太祖。

赵匡胤让后周小皇帝当了郑王，符太后当了周太后。小皇帝后来被迁往房州，973 年逝世，终年 20 岁，被谥为恭帝。太祖算是厚道，留下了包括小旋风柴进等在内的后代，拿着丹书铁券活得比较滋润。

这也真是报应不爽，郭威以禁军兵变夺取了后汉的政权，事隔八九年，郭威的部下赵匡胤即以其人之道，还治其人之身，仿效郭威，以禁军兵变夺了后周孤儿寡母的皇位。

宋太祖做了皇帝，他的母亲当然成了太后。当大臣们向太后祝贺的时候，太后却皱起眉头，显出很忧愁的样子。等大臣退了朝，侍从们问太后说："皇上即位，您怎么还不快活？"太后说："我听说做天子很不容易，能够把国家管理好，这个位子才是很尊贵的；要是管理不好，出了乱子，再想做一个老百姓还做不成哩。"太后的担心不是没有道理的。宋太祖虽然即了位，但是全国还没有统一，别说周围还有一个个割据政权，就是原来后周统治的中原地区，也还有一些节度使，对宋太祖即位很不服气。

登基后的宋太祖"车驾初出"，随行的仪仗较为简略，排在前面的是由禁军组成的"驾头"，随后就是皇帝坐的步辇，步辇之后是擎着扇的方队。方队后面是公卿百官——他们本来都是后周旧臣，与端坐在步辇之上的"皇帝"乃比肩多年的同事，想不到现在却要毕恭毕敬地跟在他的步辇之后做臣民，心中难免有些不自在，所以仪仗队到这里就有些杂乱了。更糟糕的是，沿途所有的楼台亭阁不但挤满了居高临下的看客，而且这些楼阁大都挂着帘子，总让人感到这帘子的背后藏着什么。

果然，当銮驾缓缓通过御街，跨上大溪桥时，就听得“嗖”的一声，一只利箭紧擦着步辇飞了过去，射到了后面的伞扇上，卫士大惊。宋太祖显得比卫士们镇定多了，他从步辇中探出身子，指着胸膛说：“教射，教射。”又笑道：“射死我，这皇位亦轮不到你！”这话，笑中含刺，不单单是讲给刺客听的，步辇的背后还跟着一大批后周的旧臣哪！

宋太祖的捷足先登，只不过使旧臣失去一次满足野心的机会，却没有打消他们的野心。他们有的在等待观望，希冀再起，有的则“日夜缮甲治兵”，准备与新王朝再来一番角逐。

面对这种局势，宋太祖和赵晋等人认为应采取以稳定京城、笼络后周旧臣为主的方针，以静制动。因为“京城若乱，四方必转生变”，“都城人心不摇，则四方自然静谧”。依据这一方针，宋太祖对后周旧臣实行了官位依旧，全部录用的政策。同时，大封功臣。后周将领慕容延钊，因为拥护宋朝，升任殿前都点检。领兵守卫北边的韩令坤，当了侍卫马步军都指挥使。石守信当了侍卫马步军副都指挥使。这些都是统率禁军（宋朝军队的主力）的高级官职。

石守信、高怀德、张令铎、王审琦、张光翰、赵彦徽都加官并“领节镇”，“余领军者并进爵”；同时，提升皇弟赵匡义为殿前都虞侯，改名光义，赵普为枢密直学士。

为了保证对后周旧臣笼络和收买的成功，对于那些恃势欺凌旧臣的新贵们，宋太祖则毫不留情地严加处理。京城巡检王彦升，是兵变入城时的先锋，自恃拥立有功，横行不法。一天夜里，他以巡检为名，去敲宰相王溥的门，吓得王溥“惊悸而出”，结果王彦升被贬为唐州刺史。宋太祖的这些做法，对稳定后周旧臣的情绪，缓解他们对新王朝的疑惧，使他们放心地为新王朝服务，起了很好的作用。

杯酒释兵权

宋太祖稳定了内部，雄心勃勃，准备出兵统一全国，实现他结束五代乱世、平定天下的宏图伟业。当时，五代时期的“十国”，留下来的北方有北汉，南方还有南唐、吴越、后蜀、南汉、南平等。在湖南和泉州等地，也还有人拥兵自立。要统一全国，该先从哪里下手呢？先打北汉，还是先打南方呢？宋太祖想了几天，还是决定不下来。

一天夜里，风雪交加。赵普正在家里烤火取暖，忽然听得门外一阵敲门声。赵普心里奇怪，这么寒冷的夜里，还有谁会来找他？他打开门一看，只见一个人披着斗篷，在雪地里站着。赵普定睛一看，大吃一惊，原来来的竟是宋太祖。

赵普连忙把宋太祖请进屋里，拨红了炭火，在炭火上炖上肉，叫家人拿出酒来招待。

赵普问："雪下得这么大，陛下为什么还要出来？"宋太祖说："现在一榻之外，尽是他人地盘，我如何能够安眠？反正睡不着，就来找你商量一下。"

赵普说："陛下现在还是小天下，南征北战，统一中国，已时机成熟了。不知陛下打算怎么办？"赵匡胤显出犹豫不定的样子说："我想先收复北汉太原。"赵普沉默片刻说："这不是我所预料的。"赵匡胤忙问赵普所料为何，赵普想了一会，说："太原地处南北二边，如果占为己有，那么，辽兵南下之患就要由宋来独挡了。如果暂留太原作北方屏障，等平定南方诸国之后，回过头来再打北汉，太原就会不攻自破。小小北汉，不过像弹丸一样大，晚一点收拾也跑不了。"

赵匡胤听完，长吁了一口气说："我早有此意，只是未敢轻决，此来专为听听你的意见啊！"于是，"先南后北"的正确方针就此确定了。

宋太祖和赵普决定了先南后北的计划以后，约摸花了十年时间，先后出兵消灭了南平、后蜀、南汉。这样，南方的割据政权只留下南唐和吴越两国。

然而，赵匡胤并不能马上出征，因为还有一个重大的后顾之忧尚未解决，那就是禁军的指挥权问题和兵权过于集中的问题。靠政变上台的赵匡胤，深知禁军的重要，他本就善于总结历史经验，更何况他已亲身经历过两次禁军兵变呢！

赵普像

所以他即位后，就暗中密切注意手握重兵的藩镇将领，预防不测。果然，宋朝建立不出三个月，昭义军节度使李筠就会师北汉大举反宋，赵匡胤深谋远虑，守住关隘，一举平定李筠。之后，淮南节度使李重进蠢蠢欲动，961 年，赵匡胤下诏亲征，李重进自焚身亡。

赵匡胤在一年内两次亲征的胜利，基本解决了新王朝与旧王朝残余势力的矛盾，但他并未因此而感到安心，相反，他更时时刻刻感到另一种潜在的威胁。有一次，他单独找赵普谈话，问他："天下自唐末以来，不过才过了数十年，帝王的姓氏已经换了八个，战争不息，百姓惨死，生灵涂炭，其中的原因何在呢？我想结束天下征战不已的局面，为国家做长久的打算，但却不知应该怎么去做？"

赵普说："陛下能谈到这个问题，真是社稷百姓的福气。其实，这没有什么不好理解的，只是因为藩镇的势力太大，君弱臣强，时间久了，就积重难返，局势自然无法控制。现在要解决这个问题，也没有什么特别的办法，只有逐步削夺藩镇的权力，控制他们的钱粮收入，将藩镇的精兵尽收于陛下手中，那么天下自然会安定了。"宋太祖连连点头，赞赏赵普说得好。

为此，他在扑灭了李重进的叛乱之后，就以自己曾经担任过殿前都点检这一职务为由，说是出于避嫌或是避讳，解除了慕容延钊的这一职务，派慕容延钊到外地去当节度使。从此这一禁军中的最高职务就消失了。禁军将领石守信，因为拥立有功，宋太祖没有立即罢免他。

后来，赵普又对宋太祖说："禁军大将石守信、王审琦两人，兵权太大，还是把他们调离禁军为好。"宋太祖说："你放心，这两人是我的老朋友，不会反对我。"

赵普说："我并不担心他们叛变。但是据我看，这两个人没有统帅的才能，管不住下面的将士。有朝一日，下面的人闹起事来，只怕他们也身不由己呀！"宋太祖敲敲自己的额角说："亏得你提醒一下。"于是，他就定下了"杯酒释兵权"的方针。

在中国古代历史上，收缴兵权历来都是件极为敏感而棘手的事，稍有不慎就会引发兵变，造成混乱。历史上这样的前车之鉴实在是太多了。

赵匡胤选了一个日子，把石守信、王审琦、高怀德等几位老将请到宫中饮酒。酒席上，君臣痛饮，大家都十分高兴。酒酣之时，赵匡胤见时机已到，便让侍立四周的人都退下，悄悄地对他们说出自己的"心里话"来。

赵匡胤说："我没有你们的鼎力相助，也当不了皇帝，我会永远感念你们的恩德 。可是做天子也太难了,还不如做节度使快乐。不瞒各位说,这一年来,我就没有睡过一夜安稳觉。"石守信等人不明就里，忙问为什么。

赵匡胤便接着说："这还不明白？皇帝这个位子，谁不眼红呀？试问在座诸位，有谁不愿意做天子？"这在当时是最为敏感的话，如果有谁沾上了谋反的边，就会被诛灭九族。石守信等人听了这话，立即惶恐不安，连忙向赵匡胤叩头说："陛下为什么说出这样的话来？现在天命已定，谁还敢怀有野心，想做天子？"

赵匡胤摇摇头说："你们说得不对。对你们几位我还信不过？但你们虽然没有野心，你们手下的人难道不想贪图富贵吗？一旦你们也被黄袍加身，你们虽然不愿意做皇帝，但那可能吗？你们难道已经忘记了我是怎样被你们拥戴当皇帝的吗？"

石守信等人这才恍然大悟，终于完全明白了皇帝是在担心他们。他们都是聪明人，不要说当时毫无准备，不能与赵匡胤相抗衡，惟有任他处置一条路，就是被皇帝怀疑上了，也最终没有好下场。石守信等人感到大祸临头，连连磕头，含着眼泪说："我们都是粗人，没想到这一点，请陛下指引一条出路。"

赵匡胤见他的一席话已经震慑住了石守信等人，便真心地劝他们说："人生好比白驹过隙，飞逝而过，所好者无非就是富贵，不过想多积钱财，厚自娱乐，造福子孙。我替你们着想，你们不如把兵权交出来，到地方上去做个闲官，多买些良田美宅，给子孙留点家业，再多置些歌儿舞女，日夜宴饮，快快活活度个晚年。我再与你们结成儿女亲家，这样一来，臣君相安，两无猜忌，该是多好的事啊！"

赵匡胤的这一番话，说得石守信等人真是茅塞顿开，拨云见日，马上谢恩说："陛下替我们想得真是太周到了，真是生死大恩啊！"

酒席一散，大家各自回家。第二天上朝，每人都递上一份奏章，说自己年老多病，请求辞职。宋太祖马上照准，收回他们的兵权，令其都以寄禄官的身份回家，并给予优厚的赏赐。他们虽仍有官阶身份，已无实际职权。

这就是历史上著名的"杯酒释兵权"（"释"就是"解除"）。

开国皇帝杀功臣，在中国历史上比比皆是。如汉朝开国皇帝刘邦、后来明朝开国皇帝朱元璋，都是这方面的典型。宋太祖不仅不杀，而且采取一种最省力的方式，让大家都得到很好的结局，这里有三点很重要：一是威吓；

二是推心置腹的谈心；三是安排出路。三点缺一，效果必然大打折扣。

“杯酒释兵权”后，禁军中的殿前都点检、副都点检、侍卫马步军正副都指挥使等职务不再设置了，只剩下了侍卫马军都指挥使、侍卫步军都指挥使和殿前都使指挥使这三个不能相互统属的职务，这三使各领一司（合称“三衙”），互相牵制，均直接听命于皇帝。同时“三衙”的长官都是由资历较浅的后辈武将担任，使其难以在禁军中形成根深蒂固的势力。

为了“安抚”被释去兵权的石守信等人，宋太祖不但向他们赏赐了大量的钱财，而且表示要和他们结为亲戚，“约婚以示无间”。不久，太祖寡居在家的妹妹燕国公主就嫁给了高怀德，女儿延庆公主、昭庆公主则分别下嫁石守信之子和王审琦之子。除年幼夭折以外，太祖只有一妹三女，她们中竟有三位下嫁到了被释去兵权的禁军高级将领家，说明这种婚姻是有着强烈的政治色彩的。这不但使石守信等人在一失一得中获得了一种心理平衡，进而消除“鸟尽弓藏，兔死狗烹”之类的疑惧，而且作为一种象征，也表明了宋初皇帝与曾经拥立过的功臣宿将之间的矛盾终于得到了较为合理的解决。

过了一段时期，又有一些节度使到京城来朝见。宋太祖在御花园举行宴会。太祖说：“你们都是国家老臣，现在藩镇的事务那么繁忙，还要你们干这种苦差，我真过意不去！”有个乖巧的节度使马上接口说：“我本来没什么功劳，留在这个位子上也不合适，希望陛下让我告老回乡。”也有个别节度使不知趣，唠唠叨叨地把自己的经历夸说了一番，说自己立过多少多少功劳。宋太祖听了，直皱眉头，说：“这都是陈年老账了，尽提它干什么？”

宋太祖“杯酒释兵权”

第二天，宋太祖把这些节度使的兵权全部解除了。至此，所有高级将领的兵权都被解除。

宋太祖收回地方将领的兵权

以后，建立了新的军事制度，从地方军队挑选出精兵，编成禁军，由皇帝直接控制，并制定了“更戍法”，规定除了警卫皇室的殿前班外，所有禁军都要定期换防，将领经常调动，军队和将帅的调动权也归中央，使得“兵无常帅，帅无常师”。接着，他又实行了“内外相制”的策略，各地行政长官由朝廷委派，大大削弱了藩镇的实力和实权（包括兵权、政权和财权）。通过这些措施，新建立的北宋王朝开始稳定下来。

这样一来，宋朝的确成功地解决了藩镇割据问题，为宋王朝的长治久安打下了坚实的基础，这是中国传统社会发展到一定历史阶段在政治上走向成熟的又一个重要标志。但由于对兵权问题的高度重视，在集中兵权与整顿军队后，军权完全集中到了皇帝手中，但同时也造成了兵不知将，将不知兵，军队作战要依皇帝钦定作战方案来进行等一系列弊端。在后来宋军对辽、西夏的作战中，兵权高度集中的弊端显现出来，使得宋军屡遭败绩，形成了积弱局面。这又是赵匡胤、赵普当初在定计安天下时所始料不及的。

统一南方

962 年，割据湖南的周行逢病死了，他的儿子周保权继位。大将张文表不服周保权，起兵反抗，割据潭州（今湖南长沙）。周保权派人向宋朝求援。宋朝出兵湖南，一举占领了南平，平定了湖南。赵匡胤又着手进兵后蜀。

967 年 11 月，宋太祖赵匡胤命忠武节度使王全斌率军六万向蜀地进攻，并命工匠在汴梁为蜀主孟昶起造住宅，谕令将士：“行军所至，不得焚荡庐舍，驱逐吏民，开发丘坟，剪伐桑朽。凡克城寨，不可滥杀俘虏，乱抢财物。”这月汴梁大雪，宋太祖在讲武堂设坛帐，衣紫貂裘帽视事，忽对左右说：“我被服如此体尚觉寒，念西征将士，冲犯霜霰，何以堪此？”即解下紫貂裘帽，遣太监飞骑赶往蜀地赐给王全斌，且传谕全军，以不能遍赏为憾事。于是宋军人人奋勇，14 万守成都的蜀兵竟不战而溃。

灭蜀之后，有人将后蜀皇帝孟昶用七彩宝石装饰的夜壶送给赵匡胤。赵匡胤很生气地将壶摔碎了。

登上皇位的赵匡胤见了这个“宝壶”，不是爱不释手，而是“大摔出手”，说明他没有忘记过去。赵匡胤起身于下层行伍，跟随周世宗多次南征北战、屡立战功，穿的用的也都很节俭。正如他为君后常把布衣等物赐给左右近侍说的那样“朕过去就穿这些”。

宋太祖这一摔，也说明他懂得奢侈腐化必然亡国的道理。他经历了五代十国的动荡局面，深知历代因奢侈腐化而亡国的教训。在他看来，即使把夜壶装饰得再好，也不过是一个便器。实际上，平民百姓家多用瓦尿罐，富贵人家多用铜尿盆，帝王之家多用银夜壶甚至金夜壶，而孟昶一个小国之君，竟用七宝夜壶，实在没有必要。难怪赵匡胤说：“用七彩宝石装饰夜壶，那该用什么东西盛粮食，像孟昶这样腐化，不亡国才怪呢！”孟昶的生活十分奢侈，就连他的一个宠妃使用的痰盂都是金妆水晶石做的。享乐到如此地步，岂有不亡国的。

宋太祖这一摔，还说明他要以身作则，倡导节俭之风。赵匡胤身为天子，富有四海，但却力行节俭，从不讲排场，比阔气。寝殿中的帷帘都是用青布包边，宫中闱幕也没有花纹作装饰，乘坐的肩舆也不用黄金装饰。赵匡胤说：“我大宋富有四海，用金银装饰金殿也能办到，但我是为天下人掌管钱财，怎能随便乱用？”赵匡胤就连日常衣服也是洗过多次再穿。961 年 2 月，他下令文武百官及百姓在皇帝诞生日及各种节日，不准上贡物送贺礼。

宋太祖的弟弟赵光义（即后来的宋太宗）看到哥哥当了皇帝还十分俭约，便说：“陛下服用太俭朴了。”宋太祖说：“你别忘了咱家在洛阳夹马营的艰苦日子呀。”

宋太祖不仅自己身体力行，还带头约束家人不能奢华。972 年 7 月，宋太祖之女永庆公主下嫁后回家省亲，穿了一件贴绣铺翠的短袄入宫。宋太祖看了，很不高兴，说：“以后穿戴不要如此华丽。”公主不以为然，笑了笑说：“用不了多少钱。”宋太祖严肃地说：“不对，你当公主的，穿这样贵重的衣服，别人就会模仿。这样一来，京城里的高档服装就会涨价；价格一涨，商贩就会贩卖，结果只会伤害百姓。你生长富贵之家，要珍惜富贵的日子，岂可开坏风气的头？”永庆公主听了十分惭愧。

宋太祖本来很喜欢射猎和踢球（当时称“蹴鞠”），刚做皇帝那阵，他还常常技痒难忍，不时邀手下的人玩上几次。这些游戏对宋太祖来说自然属于忙里偷闲，但有时玩到兴头，难免误事。一次，他正在后苑射鸟，忽然有大臣口称急事求见。他接过奏章一看，里面说的并不是马上要办的事，不由得有些恼火，当即训斥了几句。那大臣却说：“这些事虽不是很急，但总比射鸟急吧。”他愈加恼怒，随手抄起一把玉斧，朝那人撞去，一失手，撞掉了两颗牙齿。那人也不作声，跪在地上，将牙齿捡起来装在衣服里。宋太祖问：“你想拿这个来控告我吗？”那大臣说：“不敢！不过陛下既为天子，一言一行自然会由史官记录在案的。”这话算是说到点子上了，逼得宋太祖不得不赶紧表示道歉。通过这件事，使宋太祖认识到“吾为天下主”，一言一行至关重要，“畋游”（即射猎）、“蹴鞠”终究不是“正经事”，以后慢慢地就将这些嗜好戒除了。

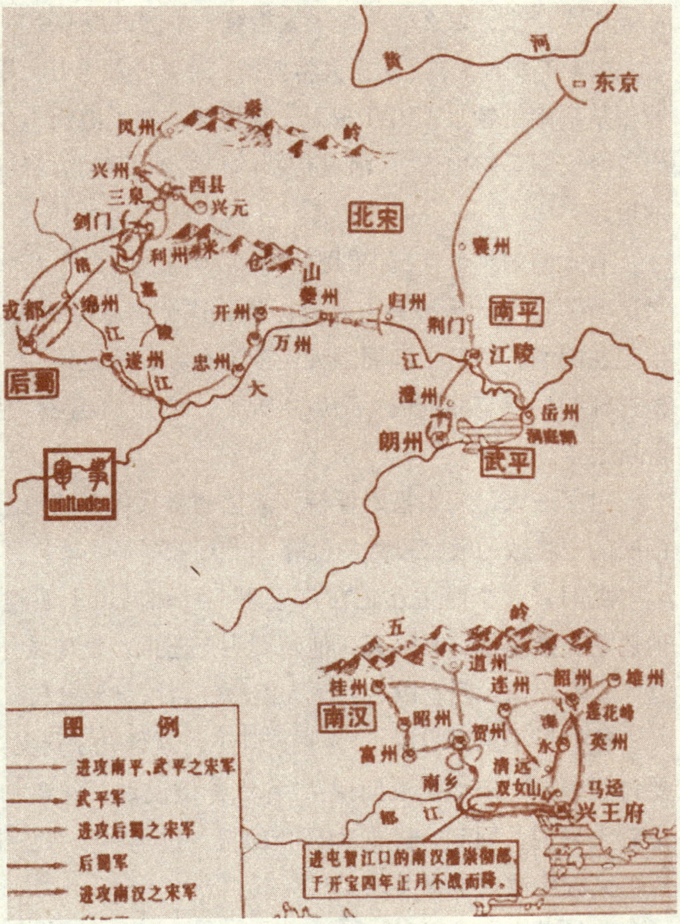

宋灭南平武平后蜀南汉之战

970年，宋太祖命令大将潘美带领大军征讨南汉。南汉建都广州，占有现在的广东和广西南部。南汉国王没有办法逃跑，就放火焚烧府库宫殿，出城投降了。

南唐是“十国”中最大的一个割据政权，那里土地肥沃，没有像中原那样遭到战争的破坏，所以经济繁荣，国力富裕。但是，南唐的国主都是政治上十分昏庸无能的人，后来弄得国力渐渐衰弱下来。

最后的一个国君李煜，对诗词、音乐、书画，十分精通，可就是不懂得处理国事。北宋建国后，李煜每年向北宋进贡大量金银财宝，想维持他的地位。后来，他看到宋太祖接连消灭了周围三个小国，才着慌起来，赶快派使者给宋太祖送去一封信，表示愿意取消南唐国号，自己改称“江南国主”。但是这一点小小让步，怎么能改变宋太祖统一中国的决心呢？

974 年 9 月，宋太祖派大将曹彬、潘美带领十万大军分水陆两路攻打南唐。曹彬从荆南带领水军沿江东下，很快就占领了池州（今安徽贵池），进驻采石矶（今安徽马鞍山市）。潘美带领的步兵到了江北，被辽阔的江面挡住了进军的道路。

有人向宋军献计，如果用竹筏和大船搭成浮桥，步兵就可以全部顺利过江。潘美听了这个计策，马上赶造浮桥。这个消息传到南唐的国都金陵，南唐君臣正在喝酒。李后主问周围大臣该怎么办，大臣说："自古以来，没听说搭浮桥过江的，一定办不成！"后主听了，哈哈大笑说："我早说他们是小孩子闹着玩罢了。"

过了三天，宋军搭好浮桥，潘美的步兵像在陆地上行军一样，跨过长江。南唐的守将败的败，投降的投降。十万宋军很快就打到金陵城边。

那时候，李后主还正在宫里跟一批和尚道士诵经讲道，宋军到了城外，他还蒙在鼓里呢。有一天，他到城头上巡视，发现城外到处飘扬着宋军旗帜，这才大吃一惊，回宫以后，派大臣徐铉到东京去求和。

徐铉见了宋太祖说："李煜待陛下，就像儿子待父亲一样孝顺，为什么还要讨伐他？"宋太祖反问说："那么你倒说说，父亲和儿子能分成两家吗？"徐铉没话说，回到金陵向李后主回报。过了一个月，宋军围城越来越紧，李后主又派徐铉到东京去。

徐铉苦苦恳求宋太祖不要进攻金陵，宋太祖听得不耐烦，一手按住利剑，怒气冲冲地说："你不要多说了。李煜并没有什么罪，但是现在天下一家，我的床边，怎么能让别人睡觉打呼噜呢（卧榻之侧，岂容他人酣睡）！"

宋太祖蹴鞠图

徐铉眼看再恳求也没用，只好再回到金陵。

李后主听了回报，知道求和没有希望，连忙调动驻守上江的十五万大军来救。刚到皖口，就受到宋军两路夹攻。南唐军放火烧宋军。哪知正碰上刮北风，火反而烧了自己。南唐全军覆没。

第二天，都城被攻破了。曹彬率领宋军整队进城，秩序井然。李后主叫人在宫里堆了柴草，准备放火自杀，但是毕竟没有这个勇气。最后还是带着大臣出宫门，向曹彬投降。

灭南唐是宋太祖统一南方的最后一仗，也是当时最大的一次江河作战。这次战争中的“浮桥渡江”、“围城打援”，是宋太祖战略部署中的得意之举，也是古代战争史上的创举。

占据现在浙江、江苏一带的吴越国主钱俶不断向宋朝进贡。南唐灭亡以后，宋太祖让钱俶到开封来，钱俶连忙去朝见。过了两个月，钱俶要回杭州了。就在他动身的时候，赵匡胤送给他一个黄包袱。钱俶打开一看，里面都是宋朝大臣请求赵匡胤扣留他的奏疏。他非常恐惧，回国后又派人送去大批财物。

到了宋太宗的时候，钱俶又去开封朝见，被宋太宗扣留下来，被迫献出了全部土地。当时，只剩下留从效割据泉、漳等州。留从效死后，部将陈洪进夺取兵权，他派人向宋朝进贡，并献出了泉、漳等州土地，江南最后一个割据势力也被消灭了。赵匡胤从 963 年起，只用了十来年的时间，就消灭了南方各地的割据势力。

乾德二年，赵匡胤设立封桩库，把平荆南、湖南、西蜀得到的财富都存在此库中，然后将每年的盈余也放进去，准备存到四五百万来向辽赎买后晋石敬塘割让的燕云十六州。如果契丹不肯，就“以二十匹绢购一胡人首，彼精兵不过十万，止费我二百万匹绢，则虏尽矣”。他在位期间始终与辽没有发生大的冲突。对割据夏州（今内蒙古乌审旗南白城子）的党项拓跋氏，持优容态度。

宋太祖的一系列措施，基本上结束了唐安史之乱以来持续了 200 年的藩镇割据局面，巩固了赵宋王朝的统治，具有进步的意义。但是，他用“分化事权”的办法防止大臣专擅，结果形成了叠床架屋的官僚机构；他用“兵无常帅、将从中驭”的办法防止军队叛军，结果削弱了军队的战斗力；他把主要精力集中于防止“内患”上，必然采取“守内虚外”的方针。宋太祖“以防弊之政，作立国之法”，必然给后世造成一系列弊政。

整顿吏治

宋太祖南北用兵、统一全国的同时，还采取了一系列措施，巩固和加强了中央集权，进而创立了一整套为其后代奉若圭臬的“祖宗家法”，即由中央派遣文臣任知州、知府，一般三年一任。各州（府）还设置通判，监督、牵制州（府）长官。乾德三年，他下令各州的赋税收入除留一小部分作必要开支外，其余全部上缴中央政府，调运到开封或指定地点。

在调整和确立了中央和地方的关系的同时，宋太祖对君臣关系也进行了调整。在他看来，地方权力集中到朝廷，还没有完全解决中唐五代以来“君弱臣强”的问题，因而应该进一步削弱文武百官的权力，使由地方集中到朝廷的权力最后完全集中到自己手中，“总揽威柄”，“独制天下”。

宰相是封建社会的“百官领袖”，处于“一人之下，万人之上”的地位。宋太祖即位后，宰相奏事仍沿旧制。有一天早朝，他突然对宰相王溥、范质说：“我眼睛有些昏花，把你们的奏疏送上前来。”在范、王二相离座递疏时，宫廷侍卫乘机将他们的座位搬走。自此以后，宰相在皇帝面前毕恭毕敬地站着奏事成为定制，宰相的地位大大下降了。另外，他还经常设宰相不止一人，在宰相之下还设参知政事若干人，另外又设置枢密使，以分享宰相的军事大权；设置三司使，以分享宰相的财政大权。

与削弱相权同步进行的，则是在百官中推荐“官、职分离，互相牵制”的任官政策。宋代官制中，“官”是品级，只有据此享受俸禄的作用；“职”是殿阁、馆阁学士一类的荣誉称号，亦没有实际权力；只有由皇帝或尚书省“差遣”的临时职务才是实职，即执行实际权力的职务。这种职、权分离，名、实混淆的任官体制，使任何官员都无法集中权力、荣誉、威望于一身，权大者并不一定职高，望重者并不一定位显。这样也就很难形成对皇权的威胁了。

皇帝临时“差遣”的实职，也是依照“分权而相互牵制”的原则安排的。如宋代有固定的尚书省兵部，但兵部尚书只是虚职，并无实际兵权，只是被差遣为枢密使才有相当于兵部尚书的实权。不过枢密使也只是有奉旨调兵之权而无领兵之权，领兵之权归“三衙”长官。同理，“三衙”的高级将领虽然名为禁军的最高统帅，却也只有领兵之权而无发兵之权。

宋朝建立前的半个世纪里，中原走马灯似地换了五个朝代。天下大乱，谁有了刀枪，谁便可称霸一方，甚至当皇帝。无论是当地方官，还是当武官，几乎都张开贪婪巨口，搜刮民财。贪官污吏对聚敛钱财，不以为耻，反以为荣，形成了一种极坏的社会风气。

宋太祖深刻认识到，如果听任贪污敛财在新王朝肆无忌惮，到手的政权就会得而复失。因此，宋王朝开国初期比较重视倡廉惩贪。

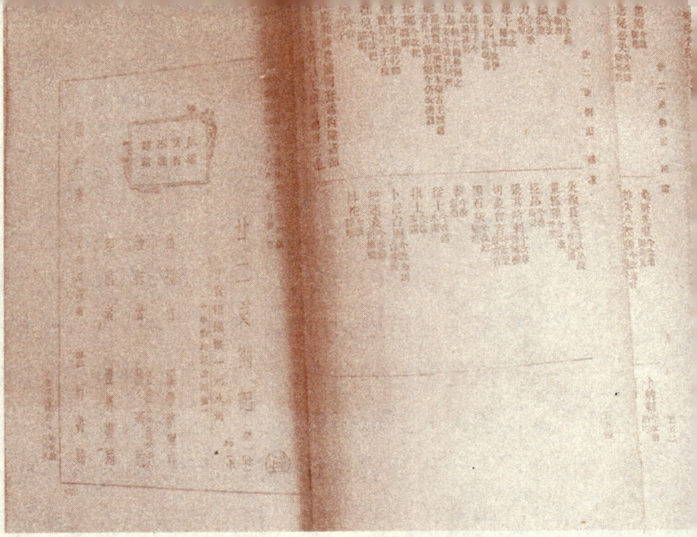
二十二史札记

《宋史本纪》载，太祖“绳赃吏重法，以塞浊乱之源”。清朝历史学家赵翼在《二十二史札记》中有“宋初严惩赃吏”一节，专论太祖惩贪。据统计，宋太祖在位17年，对28个贪官处了死刑，还将一些问题不严重的贪官贬官撤职。所处死刑者，有县令、通判、郎中、将军、监察御史、太子中舍、太子洗马（均为太子府高级管理官员）、内班（皇宫管理官员）等。

开国初，宋太祖曾立官吏晋升制度：文臣五年、武臣七年晋升一级，到期能否晋升，主要看任期内有无贪赃问题。如果有问题，但还不太严重，文臣则要七年，武臣则要十年才能晋升，对这种官员的晋升还必须上奏皇帝批准。

962年8月规定：贪官的奴婢、邻居、亲戚主动揭发，给以奖励。967年正月，节度使王全斌虽然在平定后蜀时立了大功，但因“黩货杀降”而被公开批评降职。

对贪官严惩是必要的，却是消极的。宋太祖对此有清醒的认识。据《续资治通鉴长编》记载，宋太祖在一份诏书中说：“吏员猥多，难以求其治；俸禄鲜薄，未可责以廉。与其冗员而重费，不若省员而益俸。”宋太祖这个账算得精明。因此，宋王朝开国之初实行的是一条精简官员编制、合并州县、提高官吏待遇的政策。

由于五代频繁的战乱，宋王朝开国之初，人口稀少，小县只有200户人家，大县也不过1000余户，所以，宋太祖一共废了16个州。州县的官吏尽可能精简，200户以下的小县，只设主簿1人；200户至400户的县设主簿和县尉各1人；400户至1000户的县才有县令1人、县尉1人；1000户以上的大县设县令、县尉、主簿各1人。这就是说，一县官员，最多只有3人。

州一级的户口数，小者5000户，大者2万户。每州皆有刺史1人，小州有司户参军1人，大州有录事、司法、司户参军各1人。这就是说一州官员，最多只有4人。

朝廷的官员也不多，973年6月，朝廷只有700多个官员。后又对这700多个官员进行考试，淘汰了400人。这样一来，朝廷中只有300个左右官员了。这些朝廷和地方的官员，都由级别较高的官员为其担保，如果不称职或犯错误，担保人要承担责任。

州县官员编制精简后，每位州县官，加俸五千钱。宋王朝开国之初，官中薪俸多是实物，精简之后，才发实俸。有的州县官又给俸户（与“食封”相似），就是说由政府供给若干人户使用。地方官进京或到相邻州县办公事，不用自带粮钱、旅差费，由朝廷出资于各地设立公使库，负责吃、住、行，节约归己。朝廷高官，每遇大典，可得到的赏赐达数万之多。清朝历史学家赵翼在《二十二史札记》中说：“宋朝人仕者不复以身家为虑，各自勉其治行。”意思是说，当官的不用为自己家庭生活考虑，都努力勤奋工作。

宋太祖对一些俭朴的官吏，常常格外奖赏。太子太傅范质虽为高官，可是家里连待客的碗碟都没有，十分寒酸，宋太祖便赐予他一套高档酒食器具。

西川转运使沈义伦平定后蜀后，住在成都一处旧庙里，吃的是粗食淡菜。一些后蜀的亡国之臣来贿赂他，但无论是何种宝物，他一概拒收。回到京城时。他只带回一竹筐的书籍，别无他物。宋太祖为此颇看重沈义伦的人品，提拔他为户部侍郎兼枢密副使（军队副总负责人）。

赵普与宋太祖情同手足，做了十年宰相，权力很大。日子久了，就有人想走他的门路，不时有人给他送礼物来。

宋太祖经常到赵普家里去，事先也不派人通知。有一次，吴越王钱俶派个使者送信给赵普，还捎带了十坛“海产”。赵普把十坛“海产”放在堂前，还没来得及拆信，正好宋太祖到了。

宋太祖在厅堂里坐下，看到这十只坛，就问赵普是什么东西。赵普回答说：“是吴越送来的海产。”宋太祖笑着说：“既然是吴越送来的海产，一定不错，把它打开来看看吧！”赵普吩咐仆人打开坛盖，在场的人一看都傻了眼。原来坛里放的不是什么海产，竟是一块块金子。

宋太祖看到这情况，心里窝了一肚子火，脸色也就沉下来。赵普满头大汗，惶恐地向宋太祖请罪，说：“臣没有看信，实在不知道里面是什么东西，请陛下恕罪。”宋太祖冷冷地说：“你就收下吧！他们以为国家大事都由你们书生决定的呢。”打这以后，宋太祖对赵普就有点猜疑起来。

971年4月，右监门卫将军（负责京城戍守的将领）赵王比，由于平日与宰相赵普有矛盾，就告发赵普在秦（甘肃东部、陕西西部）盗伐木材。原来，当时朝廷禁止私运秦、陇大木。赵普曾经到那里运木料为自己造住宅。他的部下趁机冒用赵普名义，私运一批大木到东京贩卖。这件事牵连到赵普。

宋太祖欲召集百官公布此事，并拟罢免赵普的宰相官职。后来，由于太子太师王溥出班奏明：赵王比和赵普有私仇，所举虽为事实，但有夸大其词成分，才未处分赵普。之后，宋太祖要处分赵王比，赵普又出面为其讲情，宋太祖才了结此事。这件事，说明宋太祖对贪官处罚严厉，不论是谁，只要贪赃，概不轻饶。

宋太祖为扩大统治基础，还改革和推进了隋唐以来的科举考试制度。宋初极力放宽科举考试的范围，无论家庭贫富、名望高低，只要是具有一定文化的人，都可以前往应举。同时严格考试制度，以防权贵豪门请托舞弊。晚年他还亲自在讲武殿主持考试，以后殿试成为制度，科举及第的人都成了“天子门生”。

另一方面，还着力改变重武轻文的旧风气。宋太祖即位之初，就下令修复孔庙，开辟儒馆，延用耆学名儒，以劝告教化。针对五代时期文教不兴，学校荒废的情形，他下诏拨款增修国子监学舍，当国子监开学讲书之日，他很高兴地派人送去美酒、苹果以示祝贺。

从宋太祖取得政权开始，到平定南方，赵普是主要的谋士，立了不少大功。宋太祖拜赵普为宰相，事无大小，都跟赵普商量。

赵普出身小吏，比起一般文臣来，他的学问差得多。他当上宰相以后，宋太祖劝他多读点书。赵普每次回家，就关起房门，从书箱里取书，认真诵读。第二天上朝处理政事，总是十分敏快。后来，家里人发现，他的书箱里藏的不过是一部《论语》。于是人们就流传一种说法，说赵普是靠“半部《论语》治天下”的。

宋太祖信任赵普，赵普也敢于在宋太祖面前坚持自己的意见。有一次，赵普向宋太祖推荐一个人做官。接连两天，宋太祖没有同意。第三天赵普上朝的时候，又送上奏章，坚持要宋太祖同意他的推荐，这下可触怒了宋太祖。宋太祖把奏章撕成两半，扔在地上。

赵普趴在地上，不慌不忙地把扯碎的奏章拾起来，放在袖子里。退朝回家以后，赵普把扯碎的奏章粘接起来，过了几天，又带着它上朝交给宋太祖，宋太祖见赵普态度这样坚决，只好接受了他的意见。

再有一次，赵普要提拔一名官员，宋太祖不批准。赵普就像前次一样坚持自己的意见。宋太祖说："我就是不准，你能怎么样？"赵普说："提拔人才，都是为国家着想，陛下怎能凭个人的好恶专断！"宋太祖听了，气得脸色变白，一甩袖就往内宫走。赵普紧紧跟在后面。宋太祖进了内宫，赵普站在宫门外不走。

宫门前的卫士见宰相站在门口不走，只好向宋太祖回报。这时候宋太祖气已经平了，就叫太监通知他，说皇上已经同意他的请求，叫他回家。

随着文教的振兴和开科取士的增多，大批文人进入统治集团。宋太祖认为，乱世用武，治世用文，对这些文臣再也不能像五代时期那样只是当作点缀摆设，而应切实发挥他们的作用。

随着对文臣的重用，统治集团内部的那种畸形的文武关系得到了调整。原来那些骄横跋扈，视文臣为无用，甚至一言不合就要"砍杀"宰相的武将们，不但见了宰相都要恭恭敬敬地唱喏问候，而且自己也在宋太祖的劝告鼓励下，学着文臣的样子读起书来。

宋太祖"重文"是针对五代的"轻文"而言的，目的是要调整当时畸形的文武关系，改变那种由武臣独擅政权的局面，进而扩大专制主义中央集权的统治基础。所以在"重文"的同时，他并不歧视武将。当然，在宋初君主专制极度强化这一个大气候下，无论文臣也好，武将也好，其权力都不能不受到影响。

《读书镜》中记载，宋太祖一日罢朝，俯首不言，久之，内侍王继恩问故。上曰："早来前殿指挥一事，偶有误失，史官必书之，故不乐也。"众所周知，宋太祖赵匡胤陈桥兵变、黄袍加身之后，又"杯酒释兵权"，使自己的统治地位稳若泰山。这样一位开国皇帝"偶有误失"，竟然怕"史官书之"，令人感慨。

在古代，史官的职能主要是以书面的形式记录和反映有一定意义的现实事件，兼有舆论监督与记载历史的作用。赵匡胤在朝中设史官，无疑给自己套上了一个"紧箍咒"——他的所言所行包括过错、失误，都会被记录在册，流传于世。而与孙悟空头上那个"紧箍咒"所不同的是，只要赵匡胤一句话，那些敢于作自己"反面文章"的史官便会丢去乌纱帽乃至人头。赵匡胤愿意的话，就连史官的编制也能立马撤销，"紧箍咒"自然也就不复存在了。但赵匡胤并没有这么想、这么做，而是让这个令自己头痛心烦、伤神劳心的“紧箍咒”像镜子那样照着自己，像鞭子那样抽打着自己。这件事让我们从一个小小的侧面领略了封建时代开明君主的胸怀。

烛影斧声

宋太祖的死，有“烛影斧声”之说，流传了一千余年，至今还是一大历史谜团。

据说，太祖太宗还没做皇帝时，曾经认识一个异人，这个人预言他们哥俩将在某年分别当皇帝，后来太祖果然是这一年当皇帝的。太祖称帝后，多年没见到这个异人，一直很想念他。16 年后在去洛阳的途中意外遇见，非常高兴，就将他带回宫中居住。这个异人果然不凡，居然只住在树上，不住宫中居室。太祖问他自己还能活多久，异人说：今年十月二十夜里，如果是晴天，你就还能活十年；否则，就到那天为止。到了这一天夜里，赵匡胤登临太清阁四下观望，只见星汉灿烂，不禁心中大喜，认为自己还可以活十年。谁知夜深之际，忽然阴霾四起，天气剧变，雪雹骤降。赵匡胤知道今晚自己要死了，急忙回到宫中，把弟弟赵光义召来，二人在皇帝的寝宫里，将所有内侍、姬妾统统赶出去，相对饮酒。

人们遥遥观望，但见寝宫之内，蜡烛光下，太宗时不时地避席而起，做出谦让不可胜之状。漏禁三鼓，太祖太宗走到门外，此时雪已数寸，太祖手持“柱斧”（一种镇纸文具，玉或水晶制）戳雪，并对太宗说“好做好做”（好好干）。

后来太祖就去睡觉，因天色太晚，太宗也“留宿禁中”（李焘在《续资治通鉴 长编》中认为这是绝无可能的事）。侍从听到太祖“鼻息如雷”，到五更时候却停止了，进去一看，已经驾崩。留宿在宫内的赵光义于柩前即位，成为宋太宗。

这是对“烛影斧声”的一种解释。另一种解释对赵光义就很不利了。这种解释认为：所谓“烛影”，根本就是在烛光之下，赵光义亲手杀死了自己患病中的亲哥哥；“斧声”则是赵匡胤平时片刻不离手边的水晶玉柱斧，在激烈打斗中发出的声音。

《涑水纪闻》里说：太祖去世时已是四鼓。宋皇后叫内侍王继恩把皇子德芳叫来。王继恩考虑到太祖早就打算传位于晋王光义，于是找来了赵光义，进宫后，皇后问：“是德芳来了吗？”王继恩回答：“晋王来了。”皇后惊诧莫名，后来突然醒悟，哭着对赵光义说：“官家，我母子的性命都托付给你了。”

《烬余录》则说，赵光义对赵匡胤的妃子花蕊夫人垂涎已久，趁赵匡胤病中昏睡不醒时半夜调戏花蕊夫人，惊醒了赵匡胤，并用玉斧砍他，但力不从心，砍在地上。于是赵光义索性一不做二不休，杀了赵匡胤，逃回府中。

另外，据说赵光义以弟弟的身份继承兄长的帝位，是母亲杜太后的意见。说是杜太后临终时，曾对赵匡胤说：“如果后周是一个年长的皇帝继位，你怎么可能有今天呢？你和光义都是我儿子，你将来把帝位传于他，国有长君，才是社稷之纲啊！”赵匡胤表示同意，于是叫宰相赵普当面写成誓词，封存于金匮里，这就是所谓的“金匮之盟”。也就是赵光义“兄死弟及”的合法根据。

这一切，都使人们产生了许多疑问。一是按照宫廷礼仪，赵光义是不可以在宫里睡觉的，他却居然在宫里睡觉。太监、宫女本不该离开皇帝的，却居然都离开了。忙乱的人影、奇怪的斧声，以及赵匡胤“好做好做”的呼喊，一一都告诉人们，这是一场事先策划的血腥谋杀。

二是“金匮之盟”的真伪。961 年 6 月，宋太祖的母亲皇太后杜氏因病去世。杜氏出身大家，为人有胆有识，当年陈桥兵变时，有人向她报告，她镇静地说：“我儿素有大志，应当如此。”临终前夕，她突然问一直在身旁侍奉汤药的宋太祖说：“你可知道你为什么能做天子吗？”宋太祖大概觉得现在不是讨论这一问题的时候，所以“呜噎不能对”，但太后偏要他回答，他只好应付道：“这都是先世和太后积德积功的结果。”太后严厉地说：“根本不是这么一回事！你能做天子，那是因为周世宗死后继位的国君年幼的缘故。如果当时是一位成年人继位的话，你能当上天子吗？我想将来你传位时，就应当传位给你弟弟光义，立年长者为国君，这是社稷之福呀！”太后遗嘱藏于金匮之中，这就是历史上所谓的“金匮之盟”。

对此，有许多人提出疑义，认为杜太后去世时，赵匡胤只有 34 岁，正值壮年，他的儿子德昭 14 岁了。即使赵匡胤几年后去世，也不会出现后周柴世宗遗下 7 岁孤儿、群龙无首的局面。杜太后一生贤明，怎能出此下策？况且，“金匮之盟”是赵光义登基 5 年后才列举证人，公布出来的。为什么不在赵匡胤死时，堂堂正正地公布出来呢？

还有一些疑点，也使人们对赵光义有非议。赵光义不等到第二年，就改换年号。新君即位，常例是次年改用新年号纪年。可是赵光义却急急忙忙把只剩下两个月的开宝九年，改为兴国元年。这种打破常规的迫不及待做法，只有一个解释：抢先为自已“正名”。这也间接说明他心里有鬼。何况他还不久就逼杀了赵匡胤的长子德昭（当时已 30 岁），而赵匡胤的幼子德芳（仅 26 岁）很快也神秘地暴病身亡。赵匡胤的遗孀死后，赵光义甚至不按皇后礼仪发丧。

难道这些都是偶然的？最让人感到莫名其妙的是，赵光义的子孙后代也相信他的老祖宗“杀兄篡位”的说法，把皇位又传给了赵匡胤的后代。这里说的是宋高宗赵构传位的事。

据说赵构没有儿子，谁来继承皇位呢？大臣们议论纷纷。有一种强有力的意见是：赵匡胤是开国之君，应该在他的后代中选择接班人。起初，赵构对这种议论严加贬责。忽然有一天，他又改变主意了，说是做了一个梦，梦见宋太祖赵匡胤带他到了“万岁殿”，看到了当日的“烛光斧影”的全部场景，并说：“你只有把王位传给我的儿孙，国势才有可能有一线转机。”于是赵构找到了赵匡胤的七世孙赵慎，并且把皇位传给了他。而这时离那个血腥的恐怖之夜已经有 187 年了。这恰恰说明了：赵构承认了祖先的罪孽，也给了赵匡胤之死一个基本的答案。

二十一、从风流天子到亡国奴的宋徽宗

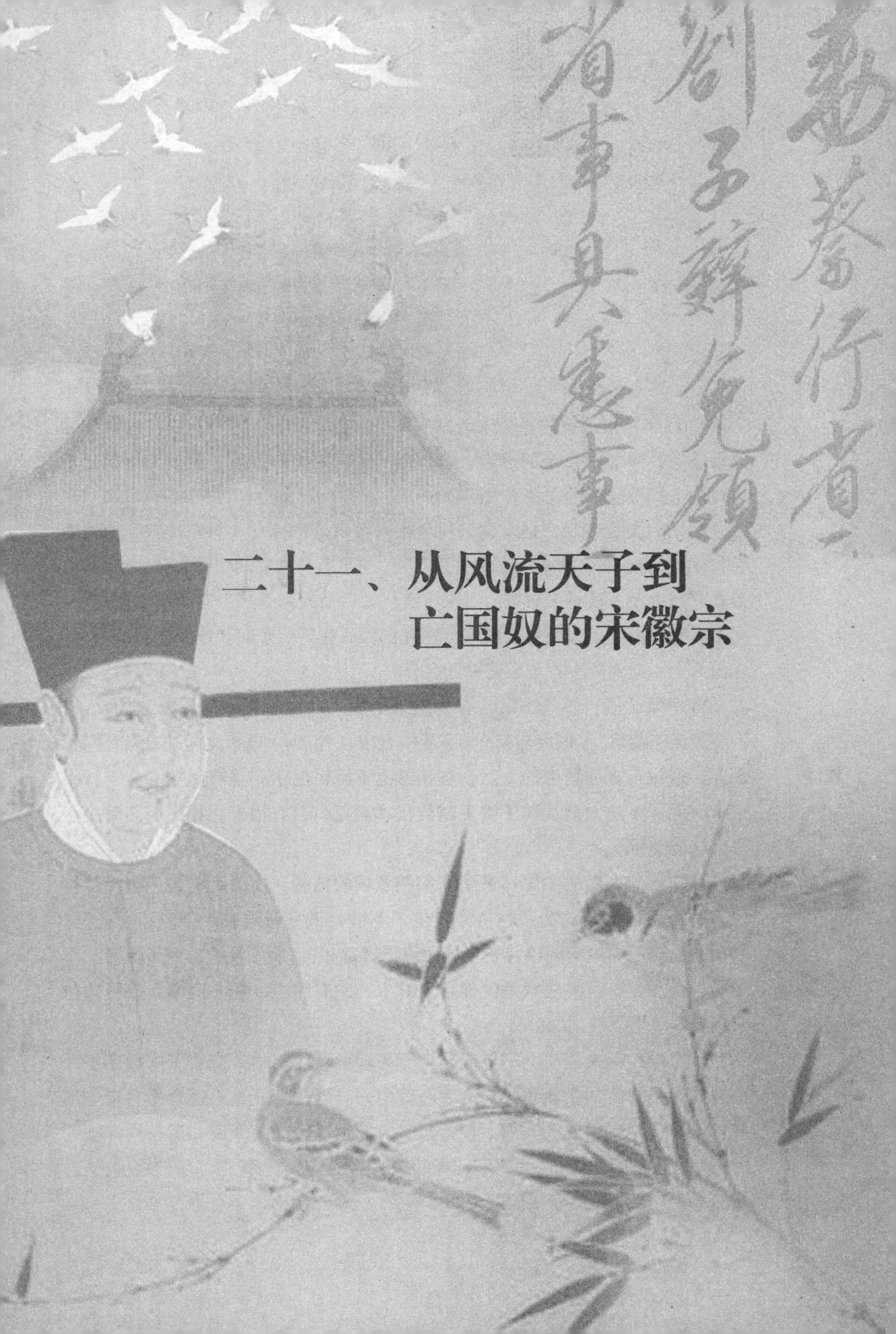

1100年，宋徽宗的哥哥宋哲宗病死。宋哲宗死前，并没有安排好皇位的继承事宜，只能由皇帝的母亲、宋神宗的正宫娘娘向太后，召集几位朝廷重臣讨论选择继位新君这一重大问题。

向太后出身名门，是宋真宗朝名相向敏中的曾孙女，与宋神宗结为夫妻后，二人感情极好。1085年，宋神宗驾崩，向皇后与神宗的生母宣仁太后一起，策立赵煦为帝，就是宋哲宗。后来，宣仁太后命人修缮庆寿宫给向太后居住，向太后坚决拒绝。原因是，庆寿宫在宣仁太后住所的东面。按照当时的习俗，东面为上。向太后不肯乱了婆媳的名分。

哲宗即位后，挑选皇后，并为诸弟娶妻。向太后告诫向氏家族的女子，不要汲汲于富贵，不得参与其间。家族中有求官者，也一概拒之门外，不肯通融。因此，这位正直而贤淑的太后，在朝野上下臣民之中相当有威望。由于哲宗病逝时无子，向太后认准了端王赵佶仁孝端正，且有福寿之相，因而坚决主张由赵佶继位。

谁知，向太后的主张却遭到了宰相章惇的抵制。这位后来名声很糟、被认为是奸臣的宰相认为：赵佶太轻佻，不适合做皇帝君临天下。正在此时，宰相的反对派知枢密院事曾布当场厉声指责宰相：“所发议论，令人惊骇，不知居心何在？”言外之意是说他目无尊上，别有用心，居心叵测，搞得这位宰相乖乖闭上了嘴。

就这样，后来证明绝不仅仅是“行为轻佻”的赵佶，变成了宋徽宗。那位被认为是奸臣的宰相章惇，不幸而言中——赵佶不光是不适合做皇帝。那些自以为不别有用心的人们，包括当时人们很尊敬的向太后和后来同样被列入宋朝奸臣行列的曾布，为国家选择的，根本就是灾难与死亡。所谓轻佻云云，显然太看轻了这位皇帝祸国殃民的本事。

宋徽宗赵佶生于1082年。据说他降生之前，父亲宋神宗曾经来到秘书省，观看过那里收藏的南唐后主李煜画像，对这位亡国之君的儒雅风度极为心仪，随后就生下了宋徽宗。并且，史书很认真地记载说，在他出生时，他的父亲宋神宗梦见李煜前来谒见。这使稍后一点的人普遍相信：宋徽宗赵佶是由李煜转世托生的。

宋徽宗画像

今天，熟悉中国文学艺术史的人，会发现南唐后主李煜和宋徽宗赵佶惊人地相似：

他们同样具有极高的艺术天分，才华横溢，文采风流；不同的是，在诗词曲赋上，赵佶略输文采；在书法绘画上，李煜则稍逊风骚。

在治理国家上，他们同样弱智，同样昏庸，同样不管别人死活，只顾自己享受快乐，极其可恶；不同的仅仅是祸害人的程度与范围而已。

他们同样是亡国之君。李煜的南唐亡在了宋徽宗的祖先宋太祖手里，赵佶的北宋帝国则亡在了金国女真人的铁蹄之下。

最后，他们的归宿也同样悲惨不堪。李煜成为俘虏后，眼睁睁看着心爱的妻子被赵家天子屡屡召去侍酒侍宴侍寝；宋徽宗被女真骑兵掠到冰天雪地的黑龙江边时，除了年老色衰的之外，几乎所有妻子女儿都被女真人瓜分，沦为姬妾；失宠后，再沦为奴婢侍女。

正如《宣和遗事》中所说：“这个官家，才俊过人，善写墨竹君，能挥薛稷书；通三教之书，晓九流之典；朝欢暮乐，依稀似剑阁孟蜀王；爱色贪杯，仿佛如金陵陈后主。”假如赵佶真的是李煜托生的话，他倒是确实为李煜报了亡国灭家的一箭之仇——让赵匡胤开创的北宋江山断送在他的子孙手中，这是中国人特别津津乐道的轮回报应。

奋发有为

从现有资料上看，宋徽宗赵佶并不是个纨绔子弟，这从他的勤奋好学、多才多艺与诸多艺术成果上可以看出。他在当皇帝之前，是一个好学上进，相当讨人喜欢的好青年，在宫廷内外、朝野上下的口碑很不错。据说，他从小就举止不凡。当时的皇家贵戚子弟大多喜欢追逐声色犬马，唯独宋徽宗每日沉浸在笔砚、丹青、图史、射御之中，这显然是一些相当正派健康的嗜好。因此，到十六七岁时，他已经“盛名圣誉布于人间”，就是说，不但知名度不低，美誉度也非常高。

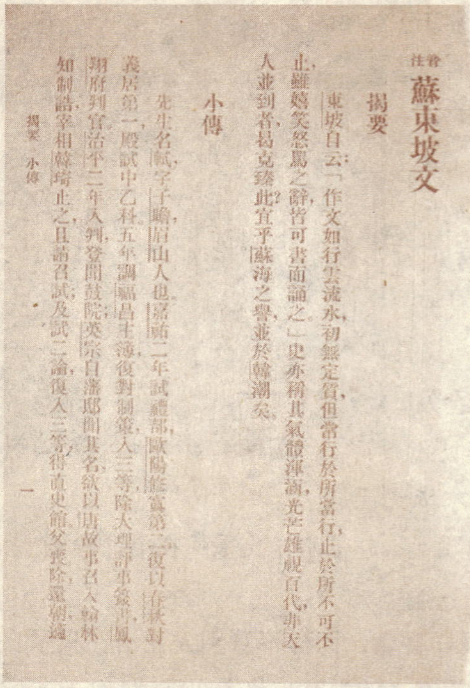

注音 蘇東坡文

揭要

東坡自云：「作文如行雲流水，初無定質，但常行於所當行，止於所不可不止，雖嬉笑怒罵之辭，皆可書而誦之。」史亦稱其氣體渾涵，光芒雄視百代，非天人並到者，曷克臻此？宜乎蘇海之譽，並於韓潮矣。

小傳

先生名軾，字子瞻，眉山人也。嘉祐二年試禮部，歐陽修置第二，復以春秋對義居第一，殿試中乙科。五年調福昌主簿，復對制策入三等，除大理評事簽書鳳翔府判官。治平二年入判登聞鼓院，英宗自藩邸聞其名，欲以唐故事召入翰林知制誥，宰相韓琦止之，且請召試；及試二論，復入三等，得直史館。父喪除，還朝，適

揭要 小傳 一

东坡集

他也并不昏庸。从他当政之初的情形判断，的确称得上出手不凡。当时，他大刀阔斧地整顿朝纲，平反冤狱，贬窜奸佞，提拔贤良，一时间，很有除旧布新的气象。他曾经发布一份诏书，相当谦恭地希望天下人能够畅所欲言地品评朝政，其诚恳平和、推心置腹在历代帝王诏书中十分少见。从这份诏书中，可以清楚地看到一位青年天子涉世未深的坦诚、带有理想化浪漫气息的良好愿望，读来很是感人。

宋哲宗在位时，也曾经发布过一份让天下人上书言事的诏书，献言者数以千计。结果，章惇做宰相后，断章取义地摘录这些上书，凭只言片语来整治上书者，搞得人们怨声载道。宋徽宗为了解除人们的顾虑，下令撤销了专门从事罗织罪名的办事机构，这显然是一个极为开明，大受欢迎的举措。

在徽宗初政中，已经在哲宗朝当了6年宰相、在徽宗朝继续当了9个月宰相的章惇遭遇重大打击。

这位章惇是苏东坡的老朋友，年轻时以富有才华，豪爽大方出名。他们两人曾经一起结伴外出远游。在前往芦关的深山老林里，马上就要到达黑水谷的时候，他们碰到一处万丈深渊，下面急流咆哮，上面只有一架独木桥。章惇提议两人过到对面的峭壁上去题字留念，苏东坡不肯，章惇若无其事地走过深渊上的独木桥，然后把长袍掖在腰间，抓住一根老藤荡到急流对岸，

在峭壁上写下“苏轼、章惇游此”六个大字，然后从容回到此间岸上。苏东坡对此的反应是，拍着对方的肩头说：“今后你这家伙会杀人不眨眼。”章惇问：“何来此说？”苏东坡回答：“不在乎自己性命的人，肯定不会拿别人的性命当回事儿。”

以王安石变法为契机，章惇渐次成为变法派的主力战将，苏东坡则立即加入到反对变法的阵营，并以自己如日中天的文名与官声，成为令变法派特别难受的主要对立面之一。章惇做了6年宰相，果然以无情地不给任何人包括自己留退路，证明了苏东坡当年的判断不错。在章惇那里，人们才终于明白，什么叫政治迫害，什么叫政治谋杀。

于是，这位以不择手段地打击反对派著称的宰相，也就理所当然地成了徽宗初政的第一个被清算对象。最后，他被流放到雷州岛。这位前宰相从此再也没能返回京城，悄无声息地死在了贬居之地。

与此同时，深受这位宰相赏识与提拔的蔡京兄弟二人也成为众矢之的，被贬黜出了京城。蔡京被夺职，令在杭州居住。

在此期间，宋徽宗做了两件颇有象征意义的事：一件是将被贬到永州的老宰相范纯仁请回京城；另一件则是赦免苏东坡，实际上是为他平反昭雪，并恢复官职。与他同期被贬的三十多位官员也恢复了名誉与原有官职。可惜，其中的大部分人已经不在人世；而此时的苏东坡也贫病交加，不久，就病死在江苏常州。

范纯仁是北宋名相范仲淹的儿子。范纯仁返回京城后，双目失明，已经是风烛残年。宋徽宗不得已让他颐养天年，并且感慨万端地说：“像范纯仁这样的人，能够见一面认识一下，就已经令人感到十分满足了。”令人遗憾的是，范纯仁和苏东坡的逝去，似乎成为了一个时代消逝的象征，从此以后，我们所能看到的，就将完全是

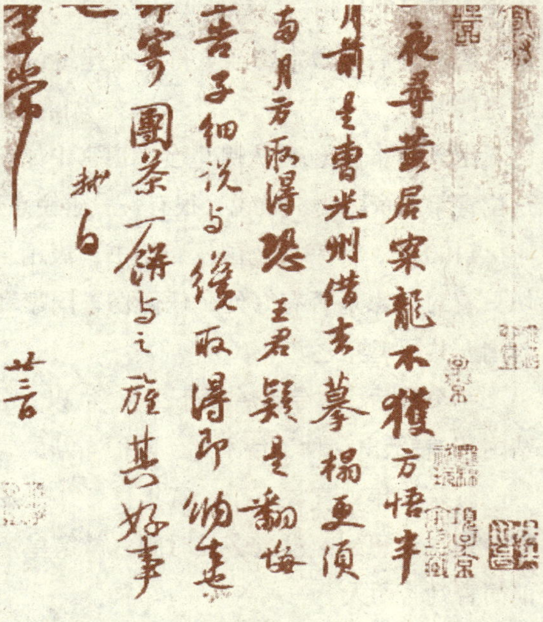

王安石变法

另外一种景象了。

徽宗执政之初，虚怀若谷地听取各种不同意见，相当令人赞叹。宰相张商英劝告他要克勤克俭，防止奢华，不要大兴土木，要抑制小人，他表示完全接受。有一次，他让人整修升平楼，还特意嘱咐工头：如果张宰相经过这里，须速把工人们藏到楼里去，不要让他看到。曾经有一个很敢说话的臣子，抨击童贯等宦官胡作非为，侃侃而谈，一直谈到傍晚时分。徽宗饥肠辘辘，饿得受不了了，就站起来说：今天先到这儿，我饿坏了，找机会再听你说吧。谁知，这位愣头青上前一把拉住皇帝的衣服，不让他走，以至于把衣服都扯坏了。徽宗大叫道："有话好好说，我的衣服都被你撕碎啦。"这位大臣立即回答："陛下不惜衣服撕碎，臣子我何惜粉身碎骨报答陛下！"徽宗相当感动，说："有你这样的臣子，我还有什么可忧虑的。"皇帝的侍从过来为他换衣服，他说："给我好好保留起来，将来用它表彰正直有节操的大臣。"

此时的徽宗，表现得似乎特别喜欢廉洁正直的大臣。有一次，一个为政清廉的县官被推荐给他，他把这个人召来谈话，发现此人确实不错，就破格提拔他做了殿中侍御史，并且对他说："方今士大夫寡廉鲜耻，你懂得义理，这就是我特别召你来的原因。"有一位中书舍人，为人坦率耿直，徽宗对他说，"我每次听这帮臣僚们谈话，总觉得不是内含奸诈，就是马屁扑鼻，而你耿直正派，我只能倚赖你这样的人。"

登基之后，徽宗曾经觉得皇宫建筑过于豪华，容易让人沉沦丧志，对宰相说："仁宗皇帝制作了一个宝座，觉得太华丽了，于是放到大相国寺去，自己不用。今非昔比，外人哪里会知道宫中如此过分的情形呢？"种种资料显示，这位青年皇帝聪明、敏锐，很有一股子锐意进取的勃勃生气。

1100 年，徽宗向全国发布诏书，表示自己对于元丰、元祐没有成见，一切只看对国家是否有好处。任何伤害国家利益者，不论是元丰还是元祐，必与国人共同唾弃之。

一个月后，徽宗又一次下令："欲以大公至正，消释朋党，遂改元为建中靖国。"表示出一种不偏不党、除旧布新的气魄。

徽宗初年，气象万千。青年皇帝，奋发有为，给人留下了深刻印象和无穷希望。没想到，没过多长时间，徽宗皇帝就走上了完全相反的道路，与之前简直判若两人。

奢靡腐化

这一切是怎样发生变化的？宋徽宗为什么在未来的岁月里整个变了一个人？与登基之初的他比较，怎么会变得让人根本就无法辨认？这实在是一个相当令人困惑的问题。

470年以后，明朝万历皇帝也曾经发生过类似的变化。但是，万历皇帝的变化有明显的踪迹可以追寻。当时的首辅张居正死后，万历皇帝突然发现，自己一向崇敬甚至敬畏的"师相"张居正，居然过着两面人的生活：在公众面前和私下里、当面所说的和背后所做的二者之间，有着巨大的差距。于是，这位性格相当单纯，而且也还算富有才华的皇帝大受刺激，导致他由一个好学上进的青年，一步步变成中国历史上最糟糕的荒怠加贪婪的帝王之一。

然而，在徽宗皇帝身上，却无论如何也找不到这样变化的理由。找来找去，只能无奈地发现：只能把这种变化的原因，归结于这位皇帝身上天生的轻佻、艺术家气质和蔡京的影响。正是这些因素杂糅在一起，彼此强化着发生效力，遂使这位皇帝变成了后来人们心目中的那副模样。

从历史上看，宋徽宗当上皇帝时，蔡京已经享有了相当广泛的声望。反对他的人固然不少，支持他的却也大有人在。据说，此人天赋异禀，有一种相当奇异的本领：他可以若无其事、目不转睛地盯着正午的太阳看，而且是长时间地看，一眼不眨。在时人的眼中，他是王安石变法的坚定拥护者，以毫不留情地打击保守派著称。因此，在变法派失势时，也遭受了同样无情的打击。

但是，当保守派掌权时，蔡京曾经相当巴结地在五天之内，就在自己辖区内废除了新法，并向保守派领袖司马光报功。这使人们有理由怀疑他的政治操守。从后来的发展来看，这种怀疑不幸成为了事实。到了徽宗准备再次依靠变法派时，蔡京手中高举的变法派大旗就成了他最强有力的政治资本。

1101年，是宋徽宗登基的第二年。这一年年初，由于向太后去世，宋徽宗开始真正掌权。实际上，在去年9月间，向太后已经以身体不适为由，将大政归于他了。只是到此时，他才真正无所顾忌罢了。

这一年年底，他突然把自己亲手贬到杭州去的蔡京起用为定州知府，随即转为大名府知府。还未到任，又任命为翰林学士承旨兼修国史，调回朝廷；两个月后，又升任尚书左丞，进入中央决策层；再过两月，蔡京被升任为右仆射兼中书侍郎，相当于第二宰相的职权。仅仅半年时间，蔡京已经成为帝国决策阶层的主要人物。由此再过半年，蔡京便正式就任左仆射兼门下侍郎，成为当朝第一宰相。这个令人眼花缭乱的戏剧性变化，实在叫人目不暇接。

对于这个变化，史学家们众说纷纭。归结起来，不外两大因素：其一，是朝廷政治斗争的实力对比、角逐与博弈的结果；其二，蔡京的艺术才华发挥了很有可能非常重要的作用。

宋徽宗当上皇帝之后，激浊扬清，表现出了一位中兴天子的气象。从当时皇帝发布的各种诏书文告上看，他很是诚恳，并没有玩弄权术、欺世盗名的迹象。

徽宗登基之后，有九个月时间，由向太后垂帘听政。这位太后和她的婆婆宣仁太后一样讨厌变法派，于是请一位老成持重的保守派人物韩忠彦担任宰相。此时的第二宰相就是那位拥立徽宗即位，斥责章惇居心叵测的曾布。这位曾布不是一个简单人物，其实他与章惇一样，都是王安石变法的重要拥护者。但他很讨厌章惇，原因是章惇过于强横霸道，压得他无法出头；另一方面，他也不喜欢蔡京。当时，他知枢密院事，主管全国的军事工作，而蔡京一心盯着的也是执政的位置，这让曾布很不舒服。蔡京乖巧，很会讨人喜欢，这使曾布分明感觉到了不少压力。因此，怎样才能将章惇和蔡京排挤出京师，曾布当时是花了不少心思的。

如今，需要对付韩忠彦了，曾布就劝徽宗皇帝要继承父兄神宗皇帝与哲宗皇帝的遗志，发扬光大他们的革新变法事业，只有这样，才能民富国强，长治久安。对于血气方刚，思量着有所作为的皇帝，这样的劝告是有说服力的。

而且，经过父兄两代人变法革新的努力，民间百姓的生活可能更糟了，但这是皇帝不大容易看到的；而官府的经济收入上，显然是大大好转了，这却是皇帝每天都能知道的。到徽宗即位后，北宋的国库即便不是开国以来最富裕的，也肯定相当好过。

很有可能，这就是建中靖国年号只用了一年就改成崇宁的重要原因。这里的“宁”指的是熙宁，即父亲神宗皇帝推行变法的年代，“崇”应该是推崇、崇尚之意。现在，天才艺术家宋徽宗开始用自己的实际行动来证明自己的轻佻了。

另一方面，曾布的政治主张虽得到不少朝臣的拥护，但这还不够。要对付韩忠彦这样的保守派，他需要更加强有力的支持者。在他的盘算中，如果赶走了现任宰相，自己极有可能顺理成章地成为宰相，这样，他应该不需要过分担心蔡京的威胁了。因此，他参与并支持了皇帝对蔡京的起用。而此时，敌对一方的宰相韩忠彦，表现得却不但平庸，而且糊涂。史书记载，这位宰相柔懦木讷，不善表达。在政治上，他没有能力阻止皇帝向变法派一方的大幅度立场转变，作为变法的反对派先失一分；在政务上，虽然权位在曾布之上，却事事受到掣肘，无所作为。最后，被曾布挤兑得实在难受了，这位宰相居然恨恨地说："你曾布以继承先皇遗志为能事，我就找一个比你更能继承遗志的人来干掉你。"这就谈不上什么政治作为，变成只要快意恩仇就行的胡闹了。

蔡京

而他所说的更能继承遗志的人，就是蔡京。至此，已经很难有什么其他政治力量能够阻止蔡京三级跳般地回到帝国权力中枢了。

为蔡京优美的三级跳加油助跑的，则是他本人出色的艺术才华和宦官童贯的鼎力相助。

蔡京的艺术天赋极高，素有才子之称，在书法、诗词、散文等各个艺术领域均有辉煌表现。他的书法，跻身于北宋苏、黄、米、蔡四大家之中。当时的人们谈到他的书法时，使用的词汇经常是"冠绝一时"、"无人出其右者"，就连狂傲如米芾都曾经表示，自己的书法不如蔡京。据说，有一次蔡京与米芾聊天，蔡京问米芾："当今书法什么人最好？"米芾回答说："从唐朝晚期的柳公权之后，就得算你和你的弟弟蔡卞了。"蔡京问："其次呢？"米芾说："当然是我。"

有一年夏天，两个下级官吏极为恭谨地侍奉蔡京，不停地用扇子为他扇凉。蔡京心中喜悦，于是要过扇子，在上面为他们题了两句杜甫的诗。没想到，几天之后，这两个家伙忽然喜气洋洋地阔气起来。一问才知道，他们的扇子被一位亲王花两万钱买走了。两万钱，大约相当于当时一户普通人家一年的花销。而这位亲王，就是登上皇位之前的宋徽宗。可以想见，这位本身就是书法大家的宋徽宗是何等喜爱蔡京的作品。

此刻，宦官童贯作为绝好的中介，进一步加深了皇帝的这种喜爱。1101

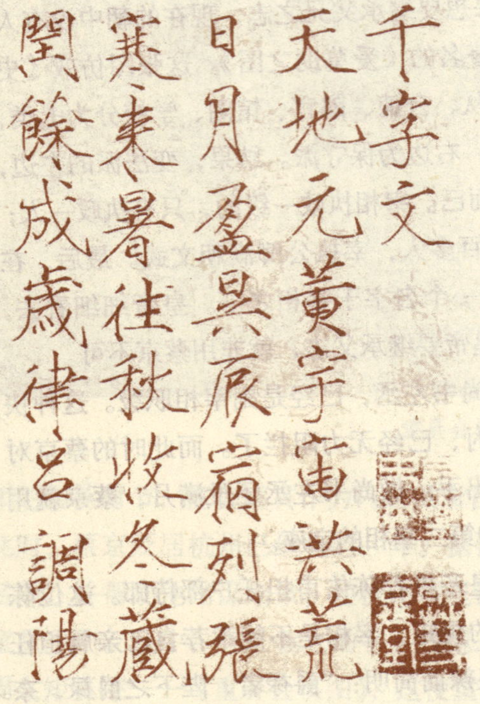

宋徽宗书画

蔡京果然有所作为。他动作迅速地帮助皇帝完成了两个出尔反尔的重大转变：

第一个动作，是将元祐党人，也就是反对变法的保守派人士彻底打进地狱。皇帝即位之初，曾经发布皇皇文告昭示天下，将以至正大公的胸怀，不偏不倚地对待变法与保守两派，以期利国利民。如今，仅仅一年多一点时间，言犹在耳，事情却发生了一百八十度的大转弯。

蔡京上任的第二天，徽宗下达了一道禁止元祐年间所行法政的诏书，措辞的强硬与严厉，完全不同于以往的谦抑与温和。以此为开端，发生了中国历史上极为著名的整治保守派人士的元祐党案及元祐党人碑。

蔡京为皇帝提供了一份元祐党名录，其中包括了以人品官声享誉当时、以文化成就震烁古今的司马光、苏东坡、苏辙、黄庭坚、程颐、范纯仁等数百人。当年，章惇修理政敌时，曾经提议皇帝把司马光的坟刨开，鞭尸三百。如今蔡京虽没有那么粗野凶暴，但却更加阴柔老辣。他将锋芒直接指向这些政敌们生前身后所最珍视的部分：千秋名节、子孙后代的尊严，还有他们的现实生活。

徽宗皇帝以自己优雅高超的书法艺术，先后两次亲手书写元祐党人碑，分别刻于端礼门的石碑和文德殿门的东壁之上，并由书法艺术同样高超的蔡京书写颁示天下州县，命令各地刻立石碑，用以惩恶扬善。据说，直到今天，在某些地区还能看到这种石碑。

从1102年到1104年，这种政治迫害运动具有了相当程度的深度与广度：当时，这些被列入元祐党名录的人，大多已经故世，于是，迫害的锋芒主要指向他们的著述和子孙后代。

名列元祐党的许多人，是当时的学术泰斗或文坛领袖。这使禁绝、销毁他们的著作成为当务之急。江西诗派的开山鼻祖黄庭坚号称苏门四学士之一，他的一句“春归何处？”曾经问得诗苑词坛一时间黯然失色。与苏东坡比较起来，这位影响巨大的诗人虽然只能屈居二流。但是禁绝、销毁元祐党著述却是由他首当其冲，其起因相当猥琐无聊。

黄庭坚名列元祐党人之列后，被贬黜到湖北。湖北转运判官陈举，很想借黄庭坚的文名抬高自己的身价。有一次在黄庭坚应邀撰写一块碑文时，陈举要求在碑文撰写人的落款上，把自己的名字添上去。黄庭坚拒绝了。于是，陈举便在碑文中断章取义地摘录了一些词句，举报黄庭坚诽谤朝政。他有意将举报交到了副宰相赵挺之手中，原因是他知道赵挺之与黄庭坚不和。果然，赵挺之立即向宋徽宗报告。结果，导致了两个后果：一是黄庭坚被进一步贬窜到岭南，并死在那里；另一方面，则是大举开始了禁绝、销毁元祐党著述的运动。

为此，大艺术家徽宗皇帝发布了一系列诏书。他先是下令，天下碑、碣、榜、额，凡是苏东坡书写的要全部销毁；又将苏洵、苏轼、苏辙父子三人及苏门四学士黄庭坚、秦观以及马涓等人文集、范祖禹的《唐鉴》、范镇的《东斋纪事》、僧文莹的《湘山野录》等书的印版悉数焚毁；在蔡京的怂恿下，皇帝进一步下诏，焚毁苏轼的《东坡集》印版；毁掉司马光、范纯仁等人的画像，司马光的伟大史学著作《资治通鉴》也在焚毁之列。

当时，负责销毁《资治通鉴》及其印版的是蔡京的弟弟蔡卞、林自等人。太学博士陈莹中知道消息后，特意在太学考试出题时，引用了徽宗的父亲宋神宗为该书写的序文。这位林自不学无术，没有读过《资治通鉴》，不知道神宗皇帝真的写过这篇序文，于是跑去向陈莹中兴师问罪：“神宗皇帝怎么可能写这篇东西？”陈莹中反问：“谁敢说这是假的？”林自含糊了，说，“即便是真的，也是神宗皇帝年幼时写的作文而已。”陈莹问他，“你的意思是说：天子的圣人之学不是得自天性，还有少年、成人之分？”这回，林自真的没脾气了，回去悄悄告诉蔡卞。蔡卞也不敢下手，密令太学将印版束之高阁，从此不敢再提销毁的事儿了。

苏东坡的诗文恣肆汪洋，意境高远。文人骚客们爱不释手。崇宁、大观年间，朝廷悬赏重金禁止他的诗文，最高时赏金达到八十万钱。结果，反而使苏东坡的诗文成了民间相互夸耀的宝贝。读书人如果不能背诵苏东坡的诗文，是一件很没有面子的事情，其他人会认为此人没有品位，俗不可耐。在苏东坡的家乡四川，民间甚至流传了一句谚语，说是：“苏文熟，吃羊肉；苏文生，吃菜根。”不熟悉苏东坡诗词文章的读书人，只能吃菜根。由此可知宋徽宗君臣施政与民间舆情的反差之大。

逝者已矣，他们亲属子弟的命运则变得相当悲惨。崇宁年间，徽宗多次下诏，凡元祐党子弟，不管有无官职，均不得在京城居住，不准擅自到京师来，不准在京师及京师府界任职；后来又规定，宗室子弟不得与党人子弟联姻，已订婚尚未举行婚礼的，必须解除婚约；党人五服之内的亲属，均不得担任近卫官职。知情不报者处斩。此外，在科举考试和官吏录用晋级等方面也有不少歧视性的规定与做法。

蔡京辅佐宋徽宗出尔反尔的第二个轻佻举措，则是分门别类地治罪那些在皇帝的鼓励下上书言事的人。

徽宗初政时，曾经鼓励、号召天下人畅所欲言地品评朝政。结果，仅仅一年多一点时间，同样言犹在耳、墨迹未干，徽宗皇帝便尽反前言，将所有奏章和上书交给蔡京父子、门客强浚明兄弟，再加上一位不错的学者叶梦得，由这个五人小组根据上述文书中的内容与词句，决定如何处置这些上书言事者。

这五人“同己为正，异己为邪”，凡是与蔡京有过节的人，几乎一网打尽地被列进了“邪”字榜中。以此为发端，从此形成北宋末年的党人之祸。

在涉及治国方略的重大事务上，徽宗皇帝的表现既轻佻又不浪漫，这种做法所伤害的远远不止上述这些被列入“邪”字榜中的人。人们有理由在这种缺少道德信念支持的变化中，感受到前景的黯淡与令人畏惧。在这两次翻手为云覆手为雨中，蔡京差不多将自己的敌人和潜在敌人清除殆尽。事实上，此后二十多年的徽宗朝政，在此时已经奠定了基本的格局。

就这样，大宋王朝的皇帝几乎是滑着舞步般轻松与浪漫地处理着军国大事。此后，这种特点一再显现，在治理国家的方针大计上，缺少坚定的信念，寡谋善变，投机取巧，特别典型地表现了徽宗皇帝的轻佻。

如果说皇帝在对待元祐党人的政治立场上剧烈转变是一种政治轻佻，在治罪上书言事者上翻云覆雨是一种人格轻佻的话，那么，在他改变对上述两类人的惩治时，所表现的则是一种让人根本无法界定的轻佻。

按理说，改变对这两种人的错误惩治，应该是很受欢迎的举动。可是，徽宗皇帝在这样做时，却使人丝毫感觉不到欣慰，相反，令人对国家的前途更加沮丧与绝望。

事情的起因可能与徽宗皇帝笃信道教有密切关系。到了宋徽宗的时代，对道教的尊崇达到了一个高潮。中国历史上可能还没有哪一代帝王能够像徽宗那样崇信道教，以至于到了最后，他给自己的称号都要叫“教主道君皇帝”。

这位教主道君皇帝的迷信，与他的先祖比起来有过之而无不及。他还是端王时，就曾经有一个道士预言：“吉人当继大统。”吉人合起来，正是赵佶的“佶”字。赵佶当上皇帝之后，子嗣人丁不旺。道士刘混康告诉他，京城东北角风水极佳，倘若将地势增高，皇家子嗣便会立即兴旺。徽宗下令照办。不久，宫中竟然连连诞育皇子。这一来，使宋徽宗对于道教大为崇信。

有一次，宋徽宗前往圜丘祭天，蔡京的儿子蔡攸随行，由一百多个道士执仪仗为前导。队伍出了南熏门，徽宗忽然停住，指着前方的空中问蔡攸：“玉津园的东面好像有亭台楼阁，重重叠叠，那是什么地方？”蔡攸立即装神弄鬼地回答：“我只隐隐约约看见云彩间有几重楼台殿阁。再仔细看，都离地有几十丈高。”徽宗问：“看到人了吗？”蔡攸答道：“好像有一些道家童子，手持幡幢节盖，相继出现在云间，眉毛眼睛历历在目。”一君一臣，一问一答，认定了有天神下凡。于是，皇帝下令，就在其地修建道宫，名曰：迎真宫。由是，益信神仙之事矣。

与皇帝相处时日最久的一个道士，名叫张虚白。徽宗皇帝从来不称呼他的名字，而是叫他张胡。他博学多识，精通术数，经常喝醉酒后发出预言，神奇的是每每被他言中。他曾经酒醉后枕着皇帝的膝盖大睡其觉，并且经常直言无忌地发出批评性的警告，甚至针对皇帝本人。徽宗并不计较。宣和年间，金国人俘虏了辽国皇帝天祚皇帝，派人来通告，徽宗皇帝将此事告诉了虚白。虚白的反应是：“天祚皇帝在海上筑宫室等候陛下，已经很久了。”此话一出，周围的人相顾失色。天祚皇帝是公认的荒淫昏庸之君，而且亡国后成了俘虏。虚白如此比拟，完全够得上大不敬之罪，徽宗皇帝却浑然不觉，手抚虚白后背说：“张胡，你又醉了。”

1127 年，徽宗皇帝真的成了亡国之君，并被金国俘虏后，又一次见到了虚白。皇帝叹息着说：“你平日所言，都应验了。我悔恨透了，没有早听你的意见。”虚白说：“事已至此，无可奈何。往事不可追，来者犹可谏。陛下好好爱惜身体吧。”据说皇帝曾经赏赐给张虚白大量财宝，虚白全都推辞不受，是一位相当懂得自爱的道士。

皇帝宠信的道士不少，像张虚白这样自爱的则不多。最有名的当属林灵素，他相貌极为奇异。据说，曾经因为好酒贪杯，又没有钱，于是向人家赊账，欠多了酒账，债主前来讨债，他“举手自折其面”，结果，导致他一半脸干枯如骷髅，一半脸则滋润如常人。皇帝一见到林灵素，顿时就懵了，他疑疑惑惑地发问：“先生过去当过官吗？曾经见过我吗？”道家大师林灵素答道：“我往年在天上玉皇大帝那儿当差时，曾经侍奉过圣上您的大驾。”皇帝道：“那段事如今我还恍惚记得。我记得你好像是骑一头青牛，那青牛如今哪儿去了？”灵素回答：“我把它寄牧在外国了，不久就会来此。”皇帝又惊又喜，不但知道了自己的前世，还找到了天上的仙伴。皇帝的心情无比喜悦。

徽宗皇帝弄清楚自己的前世今生后，相当感慨。他派人宣谕有关部门：自己是上帝长子，只因为怜悯中华大地到处都是金狄之教（指佛教），因此恳求上帝父亲愿意下凡为百姓之主，令天下归于正道。

在此期间，道家的修行、典礼、仪式、经典与生活方式，成了皇帝生活的重要组成部分，皇帝相当自觉地以此要求自己，陶醉而且乐此不疲。于是，此时，中国道教的势力远远压倒佛教，达到了顶峰。因此，道家弟子们实在是应该感谢这位教主皇帝。

当时仅林灵素一人，就有弟子两万多人，锦衣玉食地在京城内外招摇。他的势焰极盛，甚至被人们称为“道家两府”，意思是此人的权势已经可以和宰相并列了。

正是在这样的时刻，林灵素的一番动作，导致了徽宗皇帝对于元祐党人案和上书言事获罪者们的重新思考。有一天，皇帝在太清楼设宴，林灵素侍宴。恰巧太清楼下就有一块元祐党人碑。林灵素走到碑前，纳头便拜。皇帝大为讶异，问他何以如此，大师庄容回答道：“这块碑上的名字大都是天上的星宿，臣大模大样地不稽首致礼，今后回到天上，大家如何相处？”据说这位老道还随即吟诗一首：“苏黄不作文章客，童蔡翻为社稷臣。三十年来无定论，不知元祐是何人？”

人们找不到这位林灵素与苏东坡、黄庭坚这些人有什么瓜葛、渊源的证据。道士忽然为那些倒霉蛋说话，由不得徽宗不信。这可能是促使宋徽宗对元祐党人的态度明显好转的一个重要原因。

在此前后，还有一位道士，也曾经以类似的方式，使皇帝感受到了一种特殊的压力。据说，有一次皇帝巡视一座道观。观中的道士在皇帝面前，向上帝伏地跪拜，过了很久才起来。皇帝问他发生了什么事，这位道士回答说："刚才到上帝办公的地方，正好赶上奎宿在向上帝汇报工作，很久才完，臣只能等他完毕才能上达奏章。"皇帝听了，感叹不已，又问那奎宿是什么人，向上帝汇报了些什么事情，道士回答："臣离得远，听不清，对于他们谈的事情不得而知。不过那位奎宿臣倒是看清了，就是以前的端明殿学士苏轼。"据说，徽宗皇帝听了之后，大为动容。随后，对元祐党一案的态度发生了许多明显的变化。

此时此刻，艺术家宋徽宗的想象则已经插上了道教的翅膀，正在现实生活中的此岸世界上空，尽情地翱翔。应该说，道家的思想观念与皇家的思想观念是最为默契的，因为两者的追求高度一致。对于道家人士来说，此岸也就是今生今世的快乐追求是最重要的——健康长寿、长生不老、修炼成仙、白日飞升等等。如果今生今世就能够修炼成仙的话，也就意味着一劳永逸地解决了来生来世的问题。与此种聪明做法比较起来，苦巴巴地修炼来世的佛家人士，实在是显得特别愚蠢。

一般说来，皇帝内心深处最焦虑的问题有两个：一个是坐稳屁股底下的这把龙椅，不要让别人抢了去；第二就是怎么样才能尽可能坐得时间长一点，最好是长生不老地永远坐下去。这两个根本性的焦虑，是大多数皇帝特别喜欢道家的主要原因。

当然，道家修炼时的美妙也实在不错。他们认为健康长寿是可以通过采阴补阳来实现的。这个过程要求：采阴的对象，最好是十六岁左右的处女。皮肤白嫩细腻，气色白里透红，骨骼玲珑细致，头发油光黑亮，五官和谐标致，实际上就是一个标准的美貌处女；而且，数量越多越好。采阴的场所，最好是有山有水，林木葱茏，鸟语花香，配以潺潺流水和恰到好处袅袅不绝的音乐等等。采阴的时间，最好是万物复苏的阳春时节等等。

徽宗皇帝实现这个梦想的过程相当浪漫，也相当漫长。在这浪漫而漫长的过程中，宋徽宗从一位好学上进的青年皇帝，一步一步蜕化，最后，终于蜕化成了一位彻底地、昏天黑地地追逐声色犬马的昏庸天子，成了中国历史上数得着的几位败家皇帝。

这个过程，是一个理论与实践相互结合、相互促进的过程。比如，当上皇帝不久的宋徽宗，拿出一些玉制的盘碗杯盏来，小心翼翼地问大家："我打算在国宴上用这些东西，又怕别人觉得太奢华，说三道四。你们认为怎么样？"

蔡京马上回答说："天子本来就应该享受天下的荣华富贵，区区几件玉器算什么？何况是在国宴上使用，完全合情合理。合乎情理的事情，别人说什么也就不必放在心上。"这使皇帝的感觉相当舒服。

蔡京饱读诗书，而且极有才学。他引经据典的理论阐述，可能是帮助皇帝最后解除顾虑的重要原因。他援引了《周礼》中的一个说法，叫做"唯王不会"。这里的"会"是会计的会。蔡京告诉皇帝：周礼的意思就是说，自古以来，只要是君王，其花费都是不必计算、不受限制的；陛下过分节俭，苦了自己，就和那些土得掉渣的农民一样了。对于君王来说，这样做是可耻的。

这番理论，实在是太善解人意了，已经不能用一般的"卑鄙"、"无耻"来形容。按照儒家传统理论，逢君之恶，乃标准的奸佞之徒。不幸的是，这套理论被宋徽宗全盘接受，成为皇帝本人、他的宰相和整个徽宗一朝的基本施政纲领。

有一次，蔡京的儿子蔡攸劝皇帝："所谓人主，就应该以四海为家，以太平岁月娱乐自己。人生几何，岂可徒自劳苦？"皇帝深以为然。转过头，在一次宫中的宴会上，对梁师成说："先皇为天下欢乐，也为天下忧愁。如今四海太平，我才有机会放松一下，游玩游玩啊。"

梁师成回答说："对呀。圣人先天下之忧而忧，后天下之乐而乐，说的就是陛下您这种情形呐。"这一番对话，将现实的享乐和圣人的境界联系在一起，令皇帝特别欣慰。

花石纲

中国皇家贵族、文人雅士赏玩奇石的历史相当悠久。不过，玩这么大的，徽宗皇帝可能是第一份，宋徽宗酷爱稀奇古怪的石头。按理说，一个皇帝不是喜欢肉林酒池、金山银海，而是喜欢赏玩石头，这岂不是臣民的福气？谁知，皇帝的爱好和宰相的逢迎结合后，却生出了一个极其可怕的怪胎。这就是在中国历史上赫赫有名的、在北宋王朝的败亡中起到重要作用的"花石纲"。

1102年，朝廷在杭州增设造作局，由童贯主持，每天役使工匠数千人，专为皇室制造金玉牙角、竹藤织绣等物品。所需物料，全部由民间征敛。

1105年，是蔡京当上宰相的第三年。这一年，朝廷又在苏州增设应奉局，由蔡京的心腹朱勔主持，专门在江浙一带为皇帝搜罗珍奇物品与异石。结果，发展为灾难性的、遍及全国规模的“花石纲”大劫难。

花石纲的本意指的是运送异石的船。当时，管成批运送的货物叫“纲”。动用大批船只向京都运送花石，每十艘船编为一纲，于是就称之为“花石纲”。据史书记载，起初这种花石贡品的品种并不多，数量也有限，征集区域只是在东南地区。后来，皇帝对这些贡品大为赞赏，进贡者纷纷加官晋爵，恩宠有加。于是，化为一道无声的号令，迅速演变成举国为之骚动。

花石纲运送图

政和年间，安徽灵璧县进贡一块巨石，高、阔均二丈有余，用大船运送到京师汴梁，拆毁了城门才进得城中，上千人都抬不动这块大家伙。宋徽宗大喜，亲笔御书曰：“卿云万态奇峰”，并加金带一条悬挂其上。

随后，太湖鼋山又采得一石，长四丈有余，宽二丈，玲珑剔透，孔窍天成。又有一树，相传是唐代白居易手栽，故名白公桧。连石带树，预备一股脑献给皇帝。为此，特造大船两艘，花费八千贯钱才送到京师。八千贯钱，大约相当于当时二百户人家的一年生活费。

华亭有一株唐朝古树，人们决定将它进献给皇帝。由于此树枝干巨大，无法通过桥梁，于是造大船海运，经楚州到开封。一日风大，树枝与风帆纠结在一起，一船人全部葬身鱼腹。

1123年，在太湖又采得一石，该巨石高六仞，阔需百人合抱。再造巨舰运送京城后，宋徽宗极为喜悦，赏赐搬运船夫每人金碗一只，朱勔的四个奴仆被封官，朱勔本人晋升为“威远军节度使”，那块大石头则被封为侯爵——“盘固侯”。

为了搜寻出奇制胜的花石，各地官吏如狼似虎，不论高山深谷、急流险滩，还是深宅大院、草门棚户，只要有一石一木稍堪玩味，便有官吏健卒直入其地，做上皇家记号，这玩意儿就成了御用之物，主人必须妥善保护，稍有不慎，就将被以大不敬的罪名受到处罚。等到发运时，一般都要拆墙毁屋，恭恭敬敬地将这东西请出去。为此倾家荡产者不计其数。其实很简单，奥妙就在“御用之物”和“大不敬”的罪名上。这种罪名属于“十大恶”之罪，摊上了它是要死人的。这就堂皇正大地为官吏们敲诈勒索铺平了道路。

后来，在受花石纲祸害最深的浙江东南一带，发生了方腊起义。起义农民对于落入自己手中的政府官员，采用了极为残忍的处置手段，比如：活埋、刨心挖腹、砍断四肢、乱箭射死、熬成膏油等等。这种极端不留余地的做法，从反面证明了他们曾经遭受来自政府官员们蹂躏的残暴程度。就连官修正史《宋史》中，也在指方腊为盗为匪的同时，委婉地指出了官逼民反的隐情。

花石纲掠夺前后持续了二十多年，形成了一场真正的灾难。在江河湖海惊涛骇浪中，人船皆没者，枉死无数，很难统计。运到京城的石头数以十万计，最贵的一块石头，光是运输的费用就达三十万贯钱，相当于一万户普通人家一年的收入。并且，贡品的品种也变得几乎无所不包：“大率太湖、灵壁、慈溪、武康诸石；二浙花竹、杂木、海错；福建异花、荔枝、龙眼、橄榄；海南椰实；湖湘木竹、文竹；江南诸果；登莱淄沂海错、文石；两广、四川异花奇果。”物产应有尽有，地域涵盖全国，牵连人数和贡品数量的巨大，在中国历史上都相当罕见。

花石纲闹得举国骚动，激起相当大的民间反抗，徽宗皇帝其实心知肚明，但是他已经不能也不想适可而止了。他深陷在那神仙般的快乐之中不愿也不想自拔，他要不停地向更加快乐的境界前进。于是，宋徽宗与蔡京君臣一道，创下了一个在中国历史上到此为止相当罕见的记录，那就是修建艮岳。

与政治上轻佻善变相映成趣，徽宗皇帝肯定不会让自己的物质享受刻板乏味，其变化万端同样令人眼花缭乱。事实上，蔡京似乎从当上宰相那天起，就一刻不停地怂恿皇帝大兴土木。君臣二人高度默契，高度协调。从崇宁元年起，修完景灵宫以后修元符殿，铸完九鼎之后再建九成宫——九座宫殿安放这九鼎。九成宫华丽壮观，固然很好，但大宴宾客的地方太窄小了。于是起大工程，开始修建延福宫的七宫三十二阁，叠石为山，凿池为海，建了一座令皇帝相当满意的、“不类尘境”的宫殿群。

据说，蔡京最看不上的，就是历朝历代讲究节俭的帝王，每每谈及此处，他都会嗤之以鼻地斥之为“陋”。以这样的品位辅佐皇帝，档次当然只会更高。或者反过来说，需要这种档次的宰相辅佐的皇帝，品位肯定高得吓人。

终于，曾经令皇帝心满意足，并且专门为此撰写一篇赋，以纪其盛况的延福宫，又在皇帝的感觉中显得“陋”了。于是，这一对君臣高度默契，共同精心策划与实现了一个大手笔，向现实的神仙境界迈进了一大步。这就是艮岳。

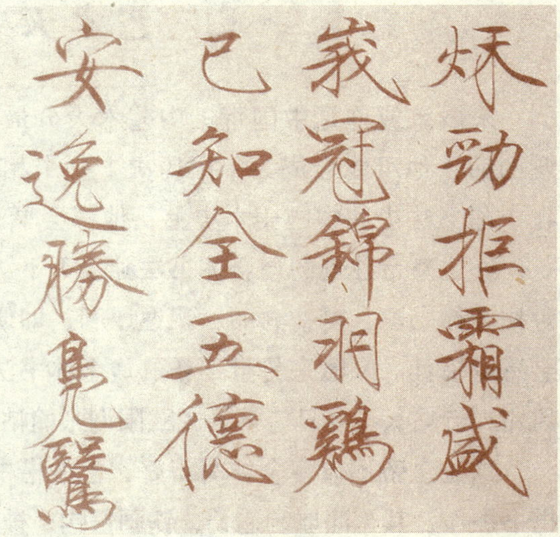

瘦金体书法

艮岳，又叫万岁山，是一座人工堆砌的巨大的假山园林。这座假山园林方圆数十里，坐落于开封城东北、景龙江之南。之所以要把这里垫高，是因为道士告诉皇帝：这里的方位正处在八卦的艮位之上，垫高后，皇家子嗣就会人丁兴旺；如若修建成为林木葱茏的假山，则国运必将亨通昌盛。前面的说法业已得到了证实：自从将此地抬高之后，徽宗皇帝便连连喜得贵子。这使徽宗深信，若在此地建成艮岳，国家的兴旺发达必是指日可待。于是，开始了长达六年、耗资无可计数、征用民间劳役数十万的大工程。

艮岳，最高峰一百五十米左右。山分东西两岭，其间亭台楼阁无数，异石无数，珍禽异兽无数，还有万名左右妙龄美女出没其中。艮岳山峰北部为景龙江，引江水流注山林之间，水声潺潺，如歌如诉。

当时与后世对于艮岳的记载和评述颇多。一说：艮岳之壮丽，“自生民以来，盖未之有”。就是说，打从盘古开天地，三皇五帝到如今，艮岳乃天字第一份。二说：艮岳之美妙，“真天造地设，神谋鬼化，非人力所能为者。”意思是，这简直就不是人所能建的。

在修建这座皇家园林期间，北方发生了以宋江为首的农民起义，引起朝廷的关注与不安；南方，则在1120年，发生了方腊领导的大起义，几个月之内，就将东南地区席卷进去，并有近百万民众群起响应，波及人口至少在数百万以上。与此同时，南北方各地陆续发生了至少十起左右农民暴动，少则数千人，多则十几万人。用当时人的话说，离开花团锦簇的京城开封府，十里之外就到处都是民不聊生的悲惨景象。

艺术天才

宋徽宗或许是中国帝王中艺术天分最高的皇帝。如果没有坐上皇帝宝座的话，他可能会成为中国历史上一个相当完美甚至伟大的艺术家。至少在中国书法史和中国美术史上，他都会享有无可争辩的崇高地位。

这位皇帝独创的瘦金体书法独步天下，直到今天也没有人能够超越。这种瘦金体书法，挺拔秀丽、飘逸犀利，即便是完全不懂书法的人，看过后也会感觉极佳。宋徽宗传世不朽的瘦金体书法作品有《瘦金体千字文》、《欲借风霜二诗帖》、《夏日诗帖》、《欧阳询张翰帖跋》等。

这位皇帝不仅瘦金体写得好，他的楷书作品《秾芳依翠萼诗帖》亦堪称楷书杰作，其笔法犀利遒劲，铁画银钩，被后世称为出神入化的"神品"。

宋徽宗的草书书法炉火纯青，用大师称呼不算过分。他的《草书千字文》相当精彩，人们甚至认为其水平，丝毫不亚于盛唐时期的草书书圣张旭与怀素，可见其功力之深。

徽宗皇帝与书法家交往的故事，更是为历代文人骚客津津乐道。比如，他与大书法家米芾的交往就很有意思。

米芾与徽宗一样酷爱石头，曾经在一块怪石面前纳头便拜，尊称此石为兄，人称"米癫"，就是米疯子的意思。有一次，徽宗令人在瑶林殿张挂两丈长的画绢，摆上极珍贵的笔砚墨镇纸等，召米芾写字。米芾上蹿下跳、笔走龙蛇，并大呼："奇绝陛下！"徽宗一高兴，把所有眼前宝物全部赏赐给了他。有一次在崇政殿奏事，米芾手执书札，徽宗让他放在椅子上，他大叫："皇上叫内侍，要唾壶！"也不知是要徽宗用，还是自己用，大约是一种抗议自己受了慢待的意思。管宫廷风纪的官员要治他的不尊之罪，徽宗制止说："对俊逸之士，不要用礼法拘束他。"

米芾曾经为徽宗书写过屏风，几天后，徽宗派宦官赏赐给他白银十八笏。十八笏为九百，当时的人们以九百为傻，和今天骂人二百五是一个意思。米芾却兴高采烈地对来者说："知臣莫若君，皇上真了解我。"徽宗听说后，大笑。

某宫修完后，徽宗命米芾去写字，当时米芾已经身兼书画两学博士。他用完皇上御用的一块珍贵砚台后，一本正经地说："这块砚台被臣濡染过，已经不堪再让皇帝使用了。"宋徽宗放声大笑，将砚台赏了他。他怕徽宗反悔，抱着砚台就跑，结果弄得满身墨汁淋漓。

在绘画领域，宋徽宗也可以当之无愧地跻身于中国历史上最优秀的大画家之列。他的丹青造诣堪称登峰造极，堪称大家。据说，龙德宫建成后，徽宗召来各路著名画家作画。作画者都是一时之选。徽宗看后，无一句夸赞之辞，偏偏对一位并无名气的新进画家所画的斜枝月季大加赞赏，并特赐该人服绯。当时，只有官居六品方可穿绯色袍服。徽宗的理由是：月季花四时朝暮的花叶均不相同，极其难画；而此人画的是春天正午时分的月季，一丝不差。所以重赏。

现藏于故宫博物院的《祥龙石图》、《芙蓉锦鸡图》，藏于美国大都会博物馆的《翠竹双雀图》，藏于辽宁博物馆的《瑞鹤图》和藏于上海博物馆的《柳鸦图》与《四禽图》表明，在花鸟画上，宋徽宗的作品称得上是炉火纯青的大师级佳作。出自宋徽宗手笔的山水画杰作《雪江归棹图》，意境清奇高远，不同凡俗，一般的山水画根本无法望其项背。

《听琴图》则是宋徽宗传世的人物画代表作，出神入化的描绘技法令人叹为观止。画面上的弹琴者正是在后世声名狼藉的宋徽宗自己，而那位身穿红色衣袍的听琴者就是他的宰相——在后世同样声名狼藉的蔡京。这幅堪称杰作的优美画卷，具有宿命般的暗示与象征意义。它向我们展示出了一幅君臣同体、休戚与共的意味深长的画面——没有弹琴者，自然不会有听琴者；有了弹琴者，没有听琴者，也只能自得其乐；若既有弹琴者，又有听琴者，而且双方心心相通、知音默契，这才趣味盎然、生动完整。在许多方面，亡国君臣宋徽宗与蔡京恰好就是这样一对知音。

事实上，北宋之后的历代史学家，基本上都同意一个观点，即：北宋帝国是葬送在宋徽宗和他的宰相蔡京——这一对惺惺相惜的君臣知音手中的。这不能不使人在观赏这幅美丽的艺术画卷时，心情特别复杂。

当然，像宋徽宗这样才华横溢、具有高度灵气和素养的艺术天才，也是一个充满诗人气质和浪漫情怀的人。这种人不认为蔑视传统价值观念和世俗行为规范有什么不对，他们只服从自己内心感受的召唤，按照自己的喜怒好恶行事。他们不知冷静、理智、理性为何物，为人处事冲动而情绪化，具有极为浓厚的感性色彩。假如再加上皇权帝制所赋予他的无上权力的话，就可知宋徽宗身上为什么会有如此多的故事了。

政治家与艺术家，原是理性与感性的不同生命形态，二者如冰炭不相容。以政治家的思维去干预艺术，艺术就会死亡；以艺术家的情怀去当皇帝，如不亡国，那才叫没有天理；确实亡国，又真是苦了百姓！

风流香艳

徽宗在私生活上的荒淫放纵在历代帝王中是很突出的，简直达到了无耻的地步。徽宗的后宫中妃嫔如云，数量惊人，除了皇后、九嫔、二十七世妇、八十一御妻，还有“三千粉黛，八百烟娇”。据史书记载，后来金人侵入城内，命令开封府开列出一个皇帝家属的详细名单，以便金兵元帅据此捕人。其中所列徽宗的妃嫔，年龄最大的42岁，最小的只有16岁，多数在17至19岁之间，而徽宗当时年已46岁。

后宫数千人还不能满足徽宗这个昏君的淫欲，他竟然不顾帝王之尊，经常微服出宫去妓院嫖娼。

当时歌妓李师师色艺惊人，技压群芳，名满京城。他听说后便穿了文人的衣服，乘着小轿找到李师师处，自称殿试秀才赵乙，求见李师师，终于一睹师师芳容。有诗一首形容李师师的美貌：髴眉鸾髻垂云碧，眼入明眸秋水溢。凤鞋半折小弓弓，莺语一声娇滴滴。裁云剪雾制衫穿，束素纤腰恰一搦。桃花为脸玉为肌，费尽丹青描不得。

李师师原本是汴京城内经营染房的王寅的女儿，母亲早逝，由父亲煮浆代乳，抚养成人。据说她生下来不曾哭过，一直到三岁的时候，按照当时的习俗，他父亲把她寄名到佛寺，佛寺老僧为她摩顶时，才突然放声大哭，声音高吭嘹亮，声震屋瓦，那老僧合什赞道：“这小小女孩真是个佛门弟子！”当时一般人都把佛门弟子叫做“师”，“师师”的名字就由此而来。李师师4岁那年，她父亲以罪入狱，病死狱中。从此由邻居抚养，渐渐长得眉目如画，通体雪艳，又善解人意。经营妓院的李媪将她收养，并延师教读，训练歌舞，13岁那年就以青倌人的姿态，挂牌应客，不久名满汴京。朝廷命官、文人雅士、王孙公子之流，

李师师画像

三山五岳之辈，以一登其门为荣耀。就连水泊梁山一百零八位好汉的首领及时雨宋江也不远万里，冒死潜入汴京，为的是一亲芳泽，事后还在墙壁上留词记兴：“天南地北，问乾坤何处，可容狂奴？借得山东烟水寨，来买凤城春色。翠袖围香，绞绡笼玉，一笑千金值。神仙体态，薄幸如何消得？回想芦草滩头，蓼花汀畔，皓月空凝碧。六六雁行八九，只待金鸡消息！义胆包天，忠肝盖地，四海无人识，闲想万极，醉乡一夜头白。”

听着师师执板唱词，看着师师和乐曼舞，几杯美酒下肚，徽宗已经神魂颠倒，以为自己已入仙境，直到漏尽更残，仍不肯离去。从此以后，他就经常光顾李师师的青楼。

有一次，税监周邦彦正在与师师耳鬓厮磨，恰逢徽宗驾到。周邦彦一时无处藏身，只好匆忙躲到床底下。徽宗把刚从江南用快马送到的新橙拿出来与师师分享，边吃边调情的情景被周邦彦全都看在眼里，记在心里。事后，周邦彦特地为此填了一首词，词名为《少年游——感旧》，词中写道：“并刀如水，吴盐胜雪，纤指破新橙，锦幄初温，兽香不断，相对坐吹笙。低声问，向谁行宿？俨城上已三更，马滑霜浓，不如休去，直是少人行。”这首词将徽宗狎妓的细节传神地表现出来，令读者犹如身临其境。

徽宗再次来时，师师把此词唱给他听，徽宗问道：“这是谁写的？”师师回答说：“是周邦彦所作。”徽宗不禁恼羞成怒。第二天上朝，就让蔡京以收税不足额为由，将周邦彦罢官免职押出京城。隔了两天，徽宗又去师师处，却不见其人，问过师师家人后才知原来她为周邦彦送行去了。

徽宗等到很晚才见李师师回来，一副愁眉不展的样子，睫毛上还挂着泪珠。徽宗生气地问：“你到哪里去了？”师师回答：“妾罪该万死，妾得知周邦彦得罪皇上，被押出京城，就聊备薄酒一杯，为他饯行，实在不知皇上在此守候多时。”徽宗问道，“他又有新词吗？”“有一首《兰陵王》。”“唱一遍让我听听。”这是周邦彦用心之作，经师师一唱，徽宗转怒为喜，立即下诏召回周邦彦，任命他为管音乐的大晟府乐正。

自从接待了宋徽宗，李师师的院子大兴土木，那紫云青寓已变成一座美轮美奂的华楼，楼成之日，宋徽宗亲题“醉杏楼”三字为楼额。那瘦金体字，古今一家，格外醒目。又用他独特的工笔画技，画一幅“百骏朝阳图”挂在李师师接客的客厅中。

当时宋徽宗三天两头地待在李师师家，引起了一批正直大臣的反对，说他玩安忽危，不顾宗社付托之重，刘皇后更说得坦率，认为，皇帝行娼，自古所无，再加上昏夜出行，也不安全，力劝宋徽宗。宋徽宗在蔡京、高俅、王黼一班人支持下，又哪里听得进去。

有人说后来李师师也被召进了宫中，册为李明妃。但金人攻破开封后，她便不知所终。

不过，也有另一种说法，称李师师为女中豪杰。据说当时金人已立张邦昌为宋朝皇帝，准备押徽、钦二帝去金国。即将起程的时候，忽然看见一个佳人穿了一身素服，装束如道士一般，不避斧钺闯进金营来和太上皇诀别。原来这就是甚得徽宗宠爱的李师师，徽宗让位给钦宗后她便求为女冠，隐迹观内。

金人久闻师师艳名，攻陷汴京后就到处寻找她，只是苦于没有消息。如今李师师自动找上门来，好不欢喜，当时便要将师师带走。师师从容说道："待我见过太上皇，便随你们北去。"师师与徽宗见面后，两人抱头痛哭，说不尽会短离长的苦楚。金人将他们拖开，师师口中说着："太上皇保重。"哭得如泪人一般。过了一会儿，她忽然柳眉紧蹙，桃靥泛白，含含糊糊喊了八声太上皇，就翻身倒地，香消玉殒了。验尸后发现是师师吞服金簪自尽。后人有诗咏李师师，认为一位娼妇尚知殉节，宋廷诸臣竟甘心臣事异姓，真是连一个娼妇都不如。

亡国奴

1125 年 10 月，金军大举南侵，金军统帅宗望统领的东路军在北宋叛将郭药师引导下，直取汴京。徽宗接报，连忙下令取消花石纲，下《罪己诏》，承认了自己的一些过错，想以此挽回民心。不成想，金兵长驱直入，逼近汴京。徽宗又怕又急，拉着一个大臣的手说："没想到金国人这样对待我。"话没说完，一口气塞住了喉咙，昏倒在床前。被救醒后，他伸手要来纸和笔，写了"传位于皇太子"几个字。12 月，他宣布退位，自称"太上皇"，让位于太子赵桓（钦宗），带着蔡京、童贯等贼臣，借口烧香仓皇逃往安徽蒙城。第二年 4 月，围攻汴京的金兵被李纲击退北返，他才回到汴京。

关于这一次传位，历史上有两种见解。一种看法认为，宋徽宗眼见大势不好，赶快主动让位，把自己的儿子拉出来顶雷；另一种看法则认为，在内外交困之下，宋徽宗不得不退位，让儿子出来收拾残局。不管哪一种说法，着眼点仅仅在于宋徽宗是主动让位还是被动退位上。

事实上，在这一点上争论不休并没有什么特别重要的意义。因为，当时的情势是大家公认的。即，此时的大宋帝国，在徽宗25年统治之下，已经由一座锦绣江山，变成了名副其实的破船漏屋。此时此刻，这一破船漏屋正在遭遇暴风骤雨。

1126年11月底，金兵再次南下，被掏空了的北宋江山一触即溃。当时宋钦宗下令："毁艮岳为炮石"，于是，百姓一拥而入艮岳之中，争持锤斧击之。他们毁拆屋宇、砍伐树木充当薪柴与兵器；将数千只珍禽异兽悉数投入汴水之中，任其跑掉；把鹿苑中的梅花鹿全部杀死以充军粮；而艮岳之中收藏的碑帖书籍则全部弃诸沟渠。建成刚刚三年的艮岳就此毁于一旦，标志着徽宗皇帝浪漫生活的彻底终结。这座美妙绝伦的人间仙境的毁灭，仿佛是个象征，特别意味深长地隐喻着曾花团锦簇的北宋王朝。

12月15日攻破汴京，金帝废赵佶与子赵桓为庶人。第二年3月底，将徽、钦二帝，连同后妃、宗室、百官数千人，以及教坊乐工、技艺工匠、仪仗、冠服、礼器、天文仪器、珍宝玩物、皇家藏书、天下州府地图等押送北方，汴京中公私积蓄被掳掠一空，北宋灭亡。因此事发生在靖康年间，史称"靖康之变"。

据说，宋徽宗被俘之后，听说金人把首都变成了一座名副其实的地狱，并且掠走了他的全部后宫妃嫔和赵构之外的所有儿女时，神色不动，没有什么特殊的表示；当听说京城、皇宫中的金银珠宝被洗劫一空时，也无动于衷；而当听到金兵将皇城里的书画全部掠走时，他喟然长叹，神色惨然，表情相当痛苦。

赵信在被押送的途中，受尽了凌辱。他们每过一座城池，就掩面长泣，嗟哭一路。先是爱妃王婉容等被金将强行索去。接着，到金国都城后，被命令与赵桓一起穿着丧服，去谒见金太祖阿骨打的庙宇，意为金帝向祖先献俘。尔后，赵佶被辱封为昏德侯，意为一昏再昏。先关押于韩州（今辽宁昌图），后又迁到五国城（今黑龙江依兰）。囚禁期间，赵佶受尽精神折磨，写下了许多悔恨、哀怨、凄凉的诗句，如："彻夜西风撼破扉，萧条孤馆一灯微。家山回首三千里，目断山南无雁飞。"但是，他的悔恨只是限于"社稷山河都为大臣所误"，并没有认识到是自己的昏庸奢侈才导致了亡国和自己成为阶下囚的结局。

1127年7月，赵佶要派臣子曹勋从金国偷偷逃到南宋，并交给他一件自己穿的背心，背心上写着“你（宋高宗）快来援救父母”。赵佶将这几个字出示给周围的臣子看，群臣都悲泣不已。赵佶哭着叮咛曹勋，切记要转告高宗“不要忘了我北行的痛苦”，说着取出白纱手帕拭泪，尔后将手帕也交给曹勋说：“让皇上（高宗）深知我思念故国而哀痛泪下的情景。”

赵佶被囚禁了9年。1135年4月，终因不堪精神折磨而死于五国城，金熙宗将他葬于河南广宁（今河南洛阳）。1142年8月，宋金根据协议，将赵佶遗骸运回临安（今浙江杭州），由宋高宗葬于永佑陵，立庙号为徽宗。

二十二、不能不说的皇帝元世祖忽必烈

说中国皇帝不能不说元世祖，在中国的皇帝中，无论如何都不能漏了元世祖忽必烈。毛泽东在他那首惊世之作《沁园春 · 雪》里把成吉思汗作为开国明君对待，称之为："一代天骄，成吉思汗，只识弯弓射大雕。"并没有提到明、清两朝以及民国。这并非篇幅有限或者遗漏，而是因为现今中华民族的辽阔版图正是元朝开创的。朱元璋也罢，皇太极也罢，都只是继承了元的江山而已。不过这里有一个误区或者习惯说法，就是把元朝归于成吉思汗所缔造。这是不对的。

史书记载，成吉思汗于1206年建立"大蒙古国"，征服了直至欧洲、波斯的广大地域，但不包括中国。此时南宋之外，还有西夏、金、西辽、大理诸国存在于现在中国的版图之内。也就是说，直至元朝之前，大中华还不存在，真正统一中国的并非秦皇汉武、唐宗宋祖，也非成吉思汗，而是忽必烈。

鲁迅曾经挖苦道：都说是我们的成吉思汗征服了俄罗斯，一翻历史，发现不对。因为成吉思汗征服俄罗斯原在征服中国之前。应该是俄罗斯人说，我们的成吉思汗征服了中国。

元世祖忽必烈才是元朝的真正创建者，一位卓越的军事家、政治家。蒙古族，孛儿只斤氏。成吉思汗孙、拖雷第四子。1215年9月生于漠北，自幼受祖父、父母影响，尚武喜文，"思大有为于天下"。

无论如何，元帝国是中国历史上一个很特别的王朝，真正统一的王朝。忽必烈是中华民族历史上最开放的帝王，这是不可否认的。

巧攻大理

蒙古族是我国西北强悍的少数民族之一，长期过着游牧生活，到了公元11世纪末，蒙古孛儿只斤部落的贵族铁木真的力量逐渐强大起来。在1206年统一了大漠南北，建立了军事奴隶政权，开始了大规模的对外扩张，形成了空前庞大的蒙古大帝国。

成吉思汗攻下伏尔加河流域之后，又收兵回朝剿灭了西夏。1227年病死军中，那时正是宋理宗宝庆三年。成吉思汗曾把占领的地区分封给四子为世袭封地。长子术赤得巴尔喀什湖以西至乌拉尔山脉地区；次子察合台得阿姆河以东、新疆以西之地，多为原花剌子模占据之地；三子窝阔台封地中心在新疆额敏河流域；四子拖雷则按蒙古旧俗，继承克鲁伦河、鄂嫩河的蒙古本部。

成吉思汗死后，四子拖雷暂时监国。直到1229年秋，诸王贵族在克鲁伦河举行大会（忽里勒台），遵照成吉思汗生前遗愿，选举窝阔台为大汗。这次大会决定继续远征，兵分三路，一支远征波斯，追击逃走的扎阑丁，一支远征俄罗斯，另一支则攻打金国，以完成成吉思汗未竟之业。

随后，窝阔台征服了中亚诸国，并于1234年灭了金国，替岳飞雪了"靖康耻"。次年窝阔台之子奉命征南宋，窝阔台亲征波兰、匈牙利、俄罗斯直至德意志。

在西征途中，窝阔台之子贵由与拔都不和，时起冲突。1240年，窝阔台下令贵由率军返回蒙古。1241年，窝阔台病死，当时贵由尚在途中，于是由窝阔台之后脱列哥那暂摄国政。脱列哥那主张由其子贵由继承大汗位。按照惯例，大汗应由诸王贵族的忽里勒台选出。这时察合台也死，蒙古诸王中以战功卓著的成吉思汗长孙拔都威望最高。可是拔都因与贵由不和，拒绝参加大会，致使此会迟迟不能召开，脱列哥那执政长达4年，最后于1246年召开忽里勒台，选出贵由为大汗，而拔都仍只派其弟代自己参加。

关于蒙古大汗位的继承，成吉思汗并未规定明确制度。一方面大汗生前可以指定某一个儿子为继承人，另一方面又保存了须经忽里勒台推选的制度。统治阶级对大汗位的争夺无时不在酝酿之中。贵由汗只执政两年就死了，谁来担任大汗又起争执。这时成吉思汗的子孙分成两派，一派是以拔都为首的术赤系诸王和拖雷系诸王。拔都为大汗长孙，战功卓著，拥有钦察草原及俄罗斯之广阔封地。拖雷因系成吉思汗幼子，一直随侍在侧。成吉思汗死后又得其封地及大帐财产，从大汗12万兵士独得10万余人，势力强大。拖雷四子蒙哥、忽必烈、旭烈兀、阿里不哥也都是著名的王公。所以这时拔都支持蒙哥在贵由死后继承大汗位，如此则大汗位将转入拖雷系的控制中。但这一意见遭到窝阔台系、察合台系的反对，他们主张大汗位由窝阔台第三子阔阔

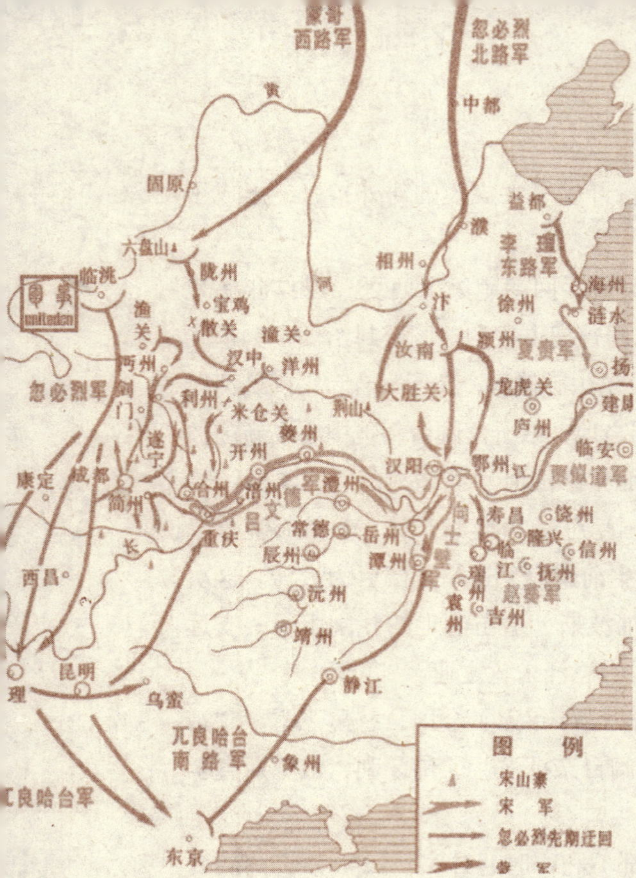

蒙哥攻宋之战

出的长子失烈门继承，即把大汗位仍保持在窝阔台系。这一争执拖延好几年，直到 1251 年，才由拔都定议，召开忽里勒台，选出蒙哥为大汗。

蒙哥即位后，首先镇压反对自己当选的窝阔台系诸王，把他们谪迁，处死其下面的贵族 70 余人，并以巫蛊罪杀贵由，然后进行了一些改革，限制蒙古诸王贵族随意向民间征敛，加强对权力的控制。随即又派遣大军四出侵略。

长兄蒙哥即大汗位后，忽必烈以皇弟的身份，受任总理漠南汉地军国庶事，南驻爪忽都之地。忽必烈青年时期就结识中原儒生，请他们讲解三纲五常，治国平天下之道。这时更推崇儒学，任用儒生刘秉忠等协助理政，整饬邢州吏治，用汉法治理中原，整顿河南军政，由此渐得一些汉人地主的支持，并屯田唐、邓，收到积极效果。

1252 年，蒙哥为攻打偏安江南的南宋政权，派其弟忽必烈率兵先征服云南，忽必烈率大将儿良台合、树合也只烈等南下。他们从宁夏出发，经甘肃、四川后又分兵三路入云南。忽必烈率领的中路大军，来到金沙江边，不畏江水汹涌湍急，乘革囊渡过金沙江，入永胜、丽江，占领了鹤庆、剑川一带，开始攻大理，因上关城池坚固攻不下来，改由苍山背后，攻占大理国都城羊苴咩城。

“革囊”这种特殊的交通工具，对没有乘坐过的人说来，是很难想象的，其实就是羊皮筏子，好像今天的橡皮船一样，用它来载人运物、穿越急流险滩。元世祖忽必烈就是乘坐“革囊”渡过金沙江进入云南的，清人孙髯翁在著名的《昆明大观楼长联》中，曾用“元跨革囊”4 个字概括忽必烈征服云南的壮举。善于骑马射箭的蒙古统帅忽必烈不骑马，而是跨革囊，这可是一段有趣的事。

大理国士段兴智选列都阐（今昆明）企图募兵抵抗。元军攻下大理后，驱兵直追，大理国布缕（国相）高泰祥在姚州战死，国士段兴智被俘，历时 300 余年的大理国到此灭亡。顾祖禹在《读史方舆纪要》中赞道：“吾观从古用兵，

忽必烈画像

出没恍惚，不可观睨者，无如蒙古忽必烈灭大理也。自临洮径行山谷二千余里，金沙江济，降摩狄（纳西）人大理。”灭了大理国后，忽必烈采纳刘秉忠建议，改变了过去屠城的做法，改为安抚，使“诸方人民遂定安”。

忽必烈灭大理后，又统一了云南37部。随后，在云南建立了行省，并以云南作为根据地，以高屋建瓴之势，一举灭了南宋政权，完成了统一祖国的大业。据杨慎《滇载》记载：“元既灭段氏而有其地，得五城八府，蛮部三十有七。设大理都元帅府，仍录段氏子孙世守其土，赦兴智，封为摩珂罗嵯，管领八方。兴智死，元季乱，中原多故，段氏复据之，于是有十一总管出焉。”

1253年，忽必烈受京兆（今陕西西安）封地，在这里他重用儒臣兴立屯田，兴复吏治，恢复农业，建立学校，进一步取得北方汉族地主阶级对他的拥护，为元王朝的建立提供了社会基础。

蒙古汗位之争和忽必烈建立元朝

1256年，忽必烈修建开平城（今内蒙古正兰旗东），作为他统治的基地，势力不断发展。

1257年，蒙哥为效法其祖父成大业而享盛名，亲自率军攻打南宋，留其弟阿里不哥守和林。一年之间，蒙古军长驱直下，宋四川各地守军，相继败降。

1259年春，蒙哥率军攻打合州（四川合川），宋合州守将王坚凭钓鱼城坚守，蒙军连续进攻数月不能破，天气炎热，军中疾疫流行。蒙哥亲自领兵到城下猛攻，为箭石所中，蒙军败退，蒙哥不久死去。此时忽必烈正在湖北作战，得知蒙哥死讯，马上渡江包围了鄂州。

这时，忽必烈妻弘吉剌氏自开平遣使臣来，密报阿里不哥在漠北图谋继承汗位。忽必烈在军前召集他的将领、幕僚商议。郝经说：“大王虽然素有人望，且握重兵，但是不知道海陵王的故事么？倘若他（指阿里不哥）自称受遗诏，便正位号，下诏中原，大王要回去还能行吗？”郝经因此建议：“断然班师，亟定大计，消祸于未然。”廉希宪说：“殿下太祖嫡孙，而且收召才杰，悉从人望，率土归心。愿速还京，正大位以安天下。”忽必烈命廉希宪先行，观察事变。又命他前往赐宗王塔察儿饮膳，乘机提出拥立忽必烈的建议。塔察儿赞同此议，愿首倡推戴。

游牧生活

1259年底，忽必烈许宋议和，自己轻车简从北返，驻燕京近郊。1260年3月，他返回开平，召集塔察儿等宗王大将，即在开平举行选汗大会。忽必烈弟末哥、东道诸王塔察儿、移相哥（哈撒儿之子）、忽剌忽儿（成吉思汗弟哈赤温子）、爪都（成吉思汗弟别里古台孙）、西道诸王合丹（窝阔台子）、阿只吉（察合台子）等拥立忽必烈即汗位。

按照蒙古传统惯例，选汗的忽里勒台应在鄂嫩河、克鲁伦河之地举行，而且必须有各系宗王参加。忽必烈在汉地自行集会选汗，显然与传统不合，而且有些宗王未前来出席。这时，阿里不哥留守和林大斡耳朵，蒙哥死后监国。忽必烈自立为汗后，阿里不哥利用这一时机，也随即在和林举行大会。蒙哥诸子阿速台、玉龙答失及察合台系宗王数人，拥立阿里不哥为汗。两汗并立，随即发生战争。

蒙古国军队的主力，原由蒙哥统率侵宋。蒙哥死后，大将哈剌不花率部退居六盘山，与留守这里的浑都海部会合。阿里不哥派出霍鲁怀、刘太平等到陕西，征收钱谷，企图与六盘山驻军联合，自关中进军。廉希宪、商挺等到京兆，先发制人。6月，以谋反罪处死霍鲁怀、刘太平，并处死浑都海在四川的党羽乞带不花、明里火者。忽必烈诏令陕西四川宣抚使八春节制诸军，命巩昌权总帅汪良臣统率陕西汉军防御六盘山的军队。

忽必烈亲率大军自开平出发去和林，攻打阿里不哥。9月，至转都儿哥之地。

阿里不哥派遣阿蓝答儿领兵南下，至西凉府，与浑都海军会合东来，哈剌不花因意见不和引兵北去。忽必烈命诸王合丹、合必赤与八春、汪良臣等率领蒙、汉军迎战。两军大战于删丹，阿里不哥军溃败。阿蓝答儿、浑都海相继被杀。阿里不哥败逃，退至乞儿吉思地，派遣使者与忽必烈相约，邀集西北诸王正式选汗。忽必烈命宗王移相哥统领一军驻和林，以待阿里不哥。10月，忽必烈领兵南返，12月至燕京，赏赐拥立诸王。1261年2月，返回开平。

1261年秋，阿里不哥率领斡亦剌等部众，突然袭击移相哥军，乘胜南下。忽必烈得警，急忙征调张柔、严忠嗣、张宏等七处汉军，并令董文炳率射手千人，塔察儿率军士万人随从出征。11月，忽必烈军与阿里不哥战于昔木土脑儿。诸王合丹、驸马腊真、丞相线真和兀鲁、忙兀二部军为右军；诸王塔察儿、太丑台和史天泽等将左军；诸王哈必赤将中军，合势进攻，斩阿里不哥的大将合丹火儿赤。塔察儿与合必赤分兵奋战，大破斡亦剌军。阿里不哥后军阿速台复至，再战，两军伤亡相当。阿里不哥北撤，忽必烈也还军。

察合台汗领地（兀鲁思）原由兀鲁忽乃妃子摄政。忽必烈即位后，即派遣察合台曾孙阿必失哈偕弟纳邻合丹去阿力麻里主持政事。二王行至途中被阿里不哥捕获。阿里不哥乃派察合台孙阿鲁忽（拜答儿子）去察合台汗地执政，以为声援，并防御在波斯的旭烈兀。阿里不哥远在漠北，从汉地北运的粮食断绝，给养缺乏，便派遣使者去察合台汗领地征敛。阿鲁忽杀使者，转而拥护忽必烈。

1261年秋，阿里不哥领兵往征阿鲁忽。阿鲁忽在普剌城迎战，斩阿里不哥大将哈剌不花。阿鲁忽得胜而回，不再戒备。阿里不哥的后军阿速台突然进至阿力麻里地区，阿鲁忽败走和田、喀什噶尔。阿里不哥军遂驻东阿力麻里，阿鲁忽西走撒马尔罕。

阿里不哥进驻阿力麻里后大肆屠掠，阿鲁忽部下多被杀死。1264 年春天，又值饥荒，百姓死亡甚多。阿里不哥部下将士多逃至驻在阿尔泰地区的扎布汗河上的玉龙答失，共商归降忽必烈。阿里不哥众叛亲离，又怕阿鲁忽报复，走投无路，不得不投附忽必烈。阿里不哥来见忽必烈请罪，忽必烈问他说：我和你谁对？阿里不哥回答说：在以前，是我对。今天，算你对。忽必烈命宗王和将领审讯拥立阿里不哥的诸臣，孛鲁欢等被处死。忽必烈又分遣使者征询波斯旭烈兀、钦察别儿哥和察合台兀鲁思的阿鲁忽三王，决定赦免阿里不哥及阿速台罪。不久，阿里不哥病死。

忽必烈经过和阿里不哥的斗争，巩固了自己的地位后，继续进行对南宋的进攻。南宋小朝廷这时内部已衰朽不堪，1276 年都城临安（杭州）陷落。以后虽有文天祥、张世杰、陆秀夫等坚持抗战，但不幸先后失败，南宋政权于 1279 年被完全消灭。

忽必烈从青年时起受汉文化影响较多，即位后又多倚靠汉人地主的支持，所以他的统治日益带有汉化色彩。1271 年，在即位 10 多年之后，正式仿效中国王朝建国号为大元，取《易经》乾元之义。1272 年改金中都为大都（北京），宣布在此建都，宫殿建成后即迁都于此。他的统治中心日益移入中国内地，成为中国的一个统治王朝。1276 年南宋降，1279 年追灭南宋卫王于崖山，完成多民族国家的统一。

《马可 · 波罗游记》

忽必烈即位后，采纳僧子聪等幕僚的建策，依据汉人封建王朝的传统，颁布即位诏，称皇帝。自成吉思汗建国以来，从未建立年号。忽必烈始建元“中统”，下诏说：“稽列圣之洪规，讲前代之定制。建元表岁，示人君万世之传。纪时书王，见天下一家之义。法《春秋》之正始，体大《易》之乾元。”表明他是中原封建王朝的继承人。

忽必烈借鉴了金、宋等国的政治制度，设立行省制度，对某些特殊地方则灵活采用不同的制度，如对吐蕃地区就采用政教合一的制度。这个制度在军事、政治、经济等方面都是服务于多民族统一国家的。为了同一个目标，元朝实行了非常特殊的户籍制度，重新开凿大运河,使原来水陆并用的大运河成为真正的运河。用了三十年时间，开辟了从刘家港（今上海）至直沽的近海航行。陆路交通也大力开拓,设驿道、驿站，被称为“星罗棋布，脉络相通”。

他还充分利用原蒙古西征的有利条件，发展了同中东、欧洲的交往。元人形容为：“适千里者如在户庭，之万里者如出邻家。”他允许并鼓励各国商人在国内经商或经营国际贸易，对各种宗教、文化采取兼容并包政策，甚至欧洲的商人、教士经常往来中国和欧洲之间。忽必烈还亲自询问威尼斯商人尼哥罗兄弟，了解欧洲状况。后来尼哥罗的儿子、著名的马可 · 波罗居中国17年，为官元朝，写下了名著《马可 · 波罗游记》，为东西方文明的沟通起到不可替代的作用。罗马教廷也派出众多教士来中国传教,在大都、杭州、泉州、扬州等地设立了教堂。

西方天文、数学、历史、地理、医学都进入中国，如欧几里德几何学就在那时传入中国。忽必烈甚至让阿拉伯建筑师黑迭儿参加元大都皇城和宫殿的设计和建设。中国使节也到达法国、意大利等欧洲国家。商船还到达非洲，元人汪大渊随船到达今坦桑尼亚等国，他还遣使索马里、摩洛哥。摩洛哥商人长住在中国，大批精美的中国瓷器远销摩洛哥。忽必烈创立的元朝，是中国历史上同世界交往空前的朝代。

忽必烈不但结束了中国长期的南北分裂状态，而且实现了辽东、漠北、西域、吐蕃、云南等地区的空前大统一。特别是吐蕃地区首次并入版图，使中国版图远胜汉、唐。他还使各民族人民空前大批相互流动，形成元朝文化多样性的显著特色，尤其是精通汉文化的各族文人学者的涌现，更是前朝没有的盛事。这其实奠定了中华帝国真正统一的基础。

只是，忽必烈对内实行蒙古人高于其他族人的歧视政策，特别是对汉族的横征暴敛，残酷压迫，激起中原人民的不断反抗。到他身后的几个皇帝，荒淫腐败，终于导致农民起义不断，直至被推翻。

1294年2月，忽必烈病逝于大都，享年80岁，葬在漠北起辇谷(在今克鲁伦河上游肯特山南麓)。忽必烈一生知人善任,重视建军治军,维护国家统一。他主张政治与军事并用，战抚兼施，注重集中兵力，避免两线作战；善于运用远程奔袭、迂回、围歼以及步兵、骑兵、水兵联合作战等战法，夺取胜利，为元朝的建立和巩固做出了重大贡献。

任命郭守敬建造北京城

1262年，张文谦向当政者推荐郭守敬“巧思绝人”。元世祖忽必烈召见了32岁的郭守敬。忽必烈惊讶于这个年轻人的才学，这个年轻人陈述了6条治水建议，每说一条，忽必烈都禁不住感叹说：“任事者如此，人不为素餐矣。”

一个新生政权在其初始阶段，总透着干练与做事的高效率，任人唯贤也是贤明智慧的当权者得以功成名就遵循的一个基本原则。一个马背上建立起来的帝国，在一般人眼里充满野蛮杀戮的帝国，他的君王竟有如此贤明的一面，竟对科学技术如此着迷和认可。正因为有了忽必烈不拘一格的赏识，郭守敬跳过了许多条条框框，被很快任用，先是提举诸路河渠，四年后，他有了副河渠使的官职。

1264年，元将首都定在大都，即今天的北京。此时在忽必烈周围，已形成一个以刘秉忠和郭守敬为代表的技术智囊班子。同年，郭守敬随有举荐之恩的张文谦到了今天的宁夏、甘肃和内蒙古一带，主要的一项工作仍然是治水。此时的郭守敬基本上常年奔波野外。

第二年回到都城，他被任命为都水少监，开始参与设计北京城最初的水利工程。然而1274年，他的老师刘秉忠死了。忽必烈命郭守敬和王恂接手刘秉忠开始的天文历法修改工作，参与这项工作的还有张文谦、张易和许衡。

郭守敬画像

星空与大地，有多少秘密在等待人探索发现呢？“历之本在于测验，而测验之器莫先仪表。”从47岁到49岁，是一个人创造力最活跃最旺盛的时期。这一时期，郭守敬直接领导了著名的授时历的制订工作，同时，他开始创造性地制作出简仪、高表等一系列天文仪器。带着制作完成的仪器上了朝，郭守敬在忽必烈面前指陈历制，从早朝到太阳下山，看得入迷的忽必烈都没有觉出疲倦。

得到最高领导者的欣赏，郭守敬对工作有了进一步的打算，“设监候官14员，分道而出，东至高丽，西极滇池，南逾朱崖，北尽铁勒，四海测验，凡27所”。

忽必烈第一次进攻日本

1291年，郭守敬再回到水利工作上。而他做的第一件事情，就是建议在通州和大都之间开凿运河。

此前，通州到大都，陆运官粮，赶上绵绵秋雨，牲口累死不计其数。第二年春天，工程开工了，到1293年秋天，水利工程完工，从前那种苦烈的情景再也看不到了。忽必烈从上都回到大都，过积水潭的时候，见舟船遮蔽了水面，大喜，于是把这段工程命名为通惠河。

“郭守敬主持北京水政时期，奠定了今天北京水利的格局”。这是今天的人们对郭守敬当年工作成果的中肯评价。而我们还知道，对当时首都的水利规划，郭守敬还有更大的设想，他设想引到更多的水，能使舟船环城往来。但这个设想他没有实现。

是“神风”还是“豆腐渣”战舰救了日本？

忽必烈也是中国历史上向外出兵扩张的皇帝。他两次出兵攻打日本，并出兵侵入安南、占城、爪哇、缅甸等国。

1274年，忽必烈以忻都、洪茶丘和范文虎为征东行省右丞，李庭为左丞，率领一支由900艘战舰组成的舰队东征日本，元军在战争开始阶段取得了很多辉煌战果。后又因天气恶劣被迫撤退，最终遭遇“神风”，全军覆没。

井上靖这样写道：蒙古于“公元1274年10月初，占领了对马、壹岐两岛，继而侵入肥前松浦郡……使日军处于不利，不得不暂时退却到大宰府附近。元军虽然赶走了日军，但不在陆地宿营，夜间仍回船舰。当元军回到船舰后，恰遇当夜有暴风雨，元舰沉没两百余只，所余元军撤退，日本才幸免于难”。

台风乍起之时，当时由于不熟悉地形，元军停泊在博多湾口的舰队一片混乱，不是互相碰撞而翻，就是被大浪打沉。午夜后，台风渐停，但暴雨又降，加上漆黑一片，落海的兵卒根本无法相救。忻都怕日军乘机来袭，下令冒雨撤军回国。此役，元军死亡兵卒达 1.35 万人。日本史书则称之为“文水之役”。

第二天一大早，日军在大宰府水城列阵，不见元军进攻，派出侦察人员始知博多海面已无元军船只，元军撤退了。

1281 年，忽必烈“以日本杀使臣为由，集结南宋新附军 10 万人组成一支大军二次东征日本。元军兵分两路：洪茶丘、忻都率蒙古、高丽、汉军 4 万，从高丽渡海；阿塔海、范文虎、李庭率新附军乘海船 9000 艘，从庆元、定海启航”。高丽国王为元朝提供了 1 万军队，1500 名水手，900 只船和大批粮食。然而，日本守军已有前次抗击元军的经验，他们在箱崎、今津等处沿岸构筑防御工事，并以精锐部队开进志贺岛，与东征元军进行了激烈战斗。

元军因高丽、汉、蒙古统帅之间的矛盾而不能协调作战。这样，“蒙古军在毫无荫蔽的前提下，每前进一步都要付出沉重的代价。两方对峙达两个月之久。蒙古军队没有看到胜利的希望。两个月之后，一场巨大的台风袭击了库树海岸，蒙古军再次企图撤入海上，但他们的努力是徒劳的”。

“在此次台风袭击下，蒙古东路军损失 1/3，江南军损失一半，一些靠近海岸的士兵被日本人屠杀或溺死。”汉文史料也记载到，由于元军战船“缚舰为城”，因而在“波如山”的台风袭击下“震撼击撞，舟坏且尽。军士号呼溺死海中如麻”。蒙古人第二次东征日本又以惨败而告终。次年，派水、陆军远攻占城（今越南南部）。

东征西讨、所向披靡的元世祖忽必烈远征日本却始终未果，于是在日本流传着这样的传说：是“神灵之风”（神风）两度将日本从蒙古人手中解救出来。此后数百年中，日本人一直对神风顶礼膜拜，兴起了大规模拜神活动。此后“神风”陪伴了日本人 670 多年，直到 1945 年。然而，对蒙古战舰的考证却否定了这个传奇。近年发表在英国《新科学家》周刊的一项考古新发现指出：拙劣的设计和造船技艺是导致蒙古舰队失败的主要原因。

虽然古代文献中确有关于 1281 年日本台风的记载，但根据现存证据，研究人员无法判断出那场风暴的强度，以及风暴与蒙古舰队的沉没究竟有多大关系。

美国考古学家兰德尔 · 佐佐木对 1981 年从高岛附近打捞上来的 700 多

块蒙古战舰残骸进行了仔细研究和分析，发现蒙古战舰粗制滥造，质量低劣。“蒙古战舰龙骨上的铆钉过于密集，甚至在同一个地方有五六个铆钉。这说明这些材料在造船时曾反复使用，而且许多龙骨本身质量就很低劣。至于蒙古军队的舰船设计，据记载大多是平底河船，并不适于航海。”

据汉文史料记载，1274年正月，忽必烈命令高丽王造舰900艘，其中可载千石或四千石的大舰300艘，由金方庆负责建造；拔都鲁轻疾舟（快速舰）300艘，汲水小船300艘，由洪茶丘负责建造，并规定于正月15日动工，限期完成。

当时，造船业发达的中国江南及沿海地区尚未被忽必烈完全征服，部分地区仍在南宋的控制之下。所以，忽必烈不得不将造船的任务交给技术较为落后的高丽人。一方面，高丽对于造船很反感，认为元朝出兵日本肯定会要求高丽参战，这必将给高丽人带来沉重的负担。另一方面，让造船技术落后的高丽在如此短的时间内完成忽必烈强压的任务实属难事。高丽人只得在匆忙间敷衍了事，这些舰船的质量也就可想而知了。

至于船舰的设计，据史料记载，1281年蒙古军队的大多数战舰都是平底河船，采用了当时较为流行的水密隔舱设置，此种结构并不适于航海作战。

所谓水密隔舱，就是用隔舱板把船舱分成互不相通的一个个舱区，舱数一般为8或13个。它大约发明于唐代，宋以后被普遍采用。虽然该结构便于船上分舱，有利于元军在航海途中进行军需品的管理和装卸，但是舱板结构取代了加设肋骨的工艺，简化了主体结构，削弱了船舶整体的横向强度。佐佐木指出：“迄今为止，我们还没有在高岛附近海域发现V字型远洋船的龙骨，我们可以想象那种为内河航运而设计的船遭遇海中大风浪时将会出现何种混乱的情形。”

佐佐木还发现：战舰残骸的碎片没有一块超过3米，大多数碎片都在10厘米到1米之间。他据此推测，蒙古战船可能采用了类似新安古船的一种“鱼鳞式”船壳结构形式。其船壳板之间不是平接，而是搭接的。这种结构在巨浪的拍击之下容易碎裂。佐佐木表示，对沉船遗址的现有研究只是冰山一角，他希望能够借助声纳和探地雷达，得以更深入地了解当时蒙古的造船技艺，进而破解沉船真相。

还有的研究者认为，除了舰队拖后腿之外，蒙古人的后勤和装备也比不上日本人。

若论吃苦耐劳，当时的蒙古战士无人可敌，必要时他们可以靠吃生马肉，喝马血维持生命。蒙古人作战时机动性第一，一般只带很少的给养，士兵的吃穿问题主要通过掠夺战争地区的平民解决。可是在这两次战争中蒙古人偏偏无法发挥自己的特长，他们一直未能突入内地居民区，自然不可能有平民供他们掠夺。

此外，日本人的武器也优于蒙古人。当时日本的冶炼和刀具制作技术世界一流，日本战刀的性能只有北印度和西亚出产的大马士革钢刀可以媲美。古代最优良的钢按性能排列依次为：大马士革钢（铸造花纹钢），日本钢（暗光花纹钢），马来钢（焊接花纹钢）。中国最好的钢（镔铁）其实也是一种焊接花纹钢，性能没有马来钢那样出色。日本除了具有好钢之外，其战刀的优良性能还来自其独特的后期淬火工艺。日本刀制造成本低廉，使得普通民兵都可拥有一把好刀，而蒙古军队使用的质量较差的镔铁刀，很多大刀在对砍时失去了利刃。

在两次战争中的八年间隙期间，日本人似乎还改进了他们的弓箭。第二次入侵时，蒙古人发现日本人弓箭的射程和穿透力都有很大的提高，已与蒙古强弓不相上下。从保留至今的图画看：日本人的长弓与当时最先进的英格兰长弓有几分相似，长约 1.5 米。由于日本人本来就很矮小，画面上的日本弓箭手好像比他们所持的弓还短。

二十三、从和尚到皇帝的明太祖朱元璋

“皇帝轮流做，明年到我家。”中国人其实思想非常解放，无不敢想，无不敢干。西方许多国家的王室维持了四五百年，甚至一两千年，这在中国人看来是不可想象的。中国人生来就喜欢做开天辟地的梦，许多人还真的心想事成了，否则，中国历史上哪来那么多的朝代呢？

然而，开国要有“道”。若回过头来看看，就会发现权力的转换有这样一条重要的“历史规律”：始作俑者未必成功，后继者才能完成大业。

中国历史上，陈胜、吴广首倡起义，但来势虽猛，却很快被秦军镇压下去，陈胜、吴广也随之身亡。在陈胜、吴广起义的旋风里，项羽、刘邦分别拉起了各自的队伍，在抗击秦军的过程当中，“壮大了人民队伍”，最后灭亡了秦朝。后来楚汉相争，刘邦战胜了项羽，建立了西汉王朝。

其实，如果把汉朝看作西汉和东汉两个部分，不仅西汉建国是如此，东汉建国也不例外。王莽篡汉不久，绿林、赤眉起义军把王莽的大军打得一败涂地，但最后成功的不是首倡起义的王匡、王凤和樊崇等人，而是随之起义的汉室宗亲、南阳豪强地主刘秀。刘秀后来壮大了自己的势力，消灭了义军，重建了汉朝，称之为东汉。

在反隋的农民大起义浪潮中，翟让、李密领导了瓦岗军，窦建德曾建夏国，杜伏威等人也领导了一支强大的起义军。但这三支义军都未得到天下，倒是后来反隋的关陇贵族李渊、李世民父子既镇压了农民起义军，又推倒了隋朝，建立了唐朝。

元朝开国也是如此，成吉思汗虽具雄才大略，也只是统一了蒙古各部落，称为大汗，到了其子孙的手里，才灭了金国和南宋，统一了中国。明朝的建立跟汉朝、唐朝的建立极其相似。韩山童、刘福通首举义旗，创建红巾军，声势浩大，元朝为之震动，但不久便败亡了，倒是其部下朱元璋率领义军一

瓦岗军

部渡过难关，获得了发展，既推翻了元朝，又打败了陈友谅的另一支义军，最后建立了明朝。

如此算来，中国古代竟有一大半王朝是以这种方式建立的，为什么始作俑者很难成功，而后继者却易于成功呢？其实，这并非上天不公，而是改朝换代的一种规律。看透了，其原因也很简单。首先，始作俑者往往只能对旧的王朝做猛然的一击，大多不能持久，起义队伍要经过一个分化重组的过程。其次，始作俑者往往不是政治家，只能振臂一呼，逞血气之勇，缺少一个淘汰选择的过程，因缺少经验，所以易于败亡。最后，后继者有三个优势：一是旧的王朝已受重创，处于摇摇欲坠的状态，易于将其击垮；二是继承了前人的经验，不必再走前人的弯路；三是领导者多是从艰苦的斗争中磨炼汰选而来，具备了做政治家的品格。有此三个优势，也就易于取得成功了。

具体到明朝开国皇帝朱元璋来说，他一无权势，二无文化，而且是靠借郭子兴的一支军队发家的，但却是他最终登基做了皇帝。而那些势力比他大、比他强的起义军首领却一个个被他打败了。他的成功除了上面所说的几点外，还有以下三点：其一，不露声色缓称王；其二，待时而动避敌锋芒。其三，把握天时蚕食江南。

皇觉寺里的小和尚

朱元璋出身贫苦佃农，家境贫寒，从小就饱受苦难，7岁就操起皮鞭给地主放牛牧羊。1343年，朱元璋17岁，淮北发生了多年不遇的干旱荒年，旱灾引起了蝗灾和瘟疫，广大农民在饥饿与瘟疫的双重折磨下，处于水深火热之中，过着朝不保夕的生活，许多人家相继病死，成了绝户。朱元璋一家也难

元末农民起义

逃厄运，先是64岁的父亲撒手人寰，紧接着不到半个月的时间里，他的长兄、长侄以及母亲也离开了人间。多年的贫寒生活，再加上亲人的离去，此时的朱元璋已经厌倦了这个昏暗的世界，恨不得随亲人而去。然而，这个家庭已经没有人能再疗治他的伤痛、抚慰他的心灵了。

朱元璋走投无路，只好剃光了脑袋进了皇觉寺。他穿起了衲衣，做起了小行童。整天除了扫地上香，打钟击鼓，还要为主持担水劈柴、烧饭洗衣，几乎无所不做。低眉弯腰，劳苦疲乏，还要受师父的责骂、师兄的刁难。他开始羡慕大墙外面的生活，特别是怀念与少年伙伴们一起放牛、一起割草那些无拘无束的日子。但为了生存下去，为了混口饭吃，朱元璋只得忍气吞声。

由于旱情严重，地里的庄稼颗粒无收，靠收租来度日的皇觉寺终于维持不下去了。入寺才50天，经文没念上一卷，各种杂活倒做了不少的小沙弥朱元璋，被主持打发去“云游”了。说是云游，其实就是流浪各地，向大户人家化缘，求乞度日。这样一去就是3年。

3年后，朱元璋回到了皇觉寺。朱元璋在这3年的奔波流浪中，尝尽了人间辛酸，也看到了各地百姓的困苦。到处是衣衫褴褛，到处是面色如土，到处是成群结队的逃难人群。百姓们已不再对腐败的朝廷、官府抱有任何希望，他们只有把满腹的希望寄于神灵、菩萨的保佑。他发现一路上除了各大小寺院里虔诚的信男信女之外，百姓们普遍信仰白莲教，并大有积蓄力量，与元朝统治者抗争之势。

他目睹国事日非，预感天下大乱的时候就要到了，于是立志勤学，广交朋友，以待时而动。他在这里学习了三教九流的许多知识，诵经，打坐，做布施，做道场，外加清除、上香、劈柴、担水、读书、识字，一晃，又过了较为平静的4年时间。

这时的中国，正处于元朝末年社会矛盾空前激化的时期。在元廷的暴政统治之下，老百姓长期过着“窦娥”式的生活，有冤无处伸，有理无处说。不堪忍受元朝封建统治者残酷剥削和压迫的农民们终于勇敢地行动起来了。1351年，当元廷征集数十万民工治理黄河时，在工地上挖出了一个石人，只有一只眼睛，于是民间盛传“石人一只眼，挑动黄河天下反”。白莲教主韩山童乘机聚集数千人，斩白马乌牛，祭告天地，揭竿起义。因起义军头裹红巾，身穿红衣，打着红旗，被称为“红巾军”。从此，抗元的怒火燃遍了中华大地。英雄四起，各据一方。彭莹玉、徐寿辉在湖北组织起义，土豪方国珍、盐贩张士诚也先后在浙江和苏北起兵反元。与此同时，郭子兴在濠州起兵响应，袭杀州官，占领了濠州城。至此，农民起义的烈火迅速燃烧在大江南北。

明太祖朱元璋画像

虽然身居静门，内心却早已不安分的朱元璋，听到不断传来的农民起义的消息，已是热血沸腾。面对黑暗的社会，他早就有了投奔红巾军的念头，但由于对红巾军内部不甚了解，再加上元军追杀得太紧，怕他们成不了气候，而犹豫不决，持观望态度。正在这时，已在郭子兴的军队里当上了小头目的儿时的穷伙伴汤和，给朱元璋捎来了一封信，邀请他前去投军。此时他仍举棋不定，但同屋的师兄却偷偷告诉他：汤和来信邀他参军一事已被人知道了，就要去报官领赏。被逼上绝路的朱元璋，终于看清了自己所面临的危险形势，于是丢掉幻想，连夜向濠州城急急奔去。

起义军里的一方霸主

朱元璋参加了郭子兴的红巾军，深得郭子兴赏识。朱元璋果然不负郭子兴的重望，更加苦练武艺，并且处事沉稳，计虑周详，仗打得漂亮，且能独当一面，是个难得的人才。由此，郭子兴就把他当作知己，时常把他叫到内宅议事，信宠有加。不久，他就娶了郭子兴的养女。

1355年春，朱元璋率军攻下和州（今安徽和县）后，郭子兴任命他为总兵官，统率和州诸将兵马。当时和州的诸将成分复杂，多为郭子兴的老部下，纪律松弛，为所欲为，很不得人心。朱元璋上任后，不被他们所看重，每次议事，都把最末的一个座位留给他。朱元璋决心改变这种状况。不久，他创议修建城池，规定每人负责一段，限定三天完工。届时只有朱元璋负责的一段修完。于是，他拿出郭子兴的金牌，厉声说："我这个总兵官是郭元帅任命的，大家理应服从。修建城池已有约在先，大家不能按时完工，万一敌人来犯，我们怎么对付？此事既往不咎，今后再有违抗命令者，一律军法严惩！"众将从此听命于朱元璋，再也没有违纪现象发生。

郭子兴画像

同年三月，郭子兴因病故去。此时，韩山童的儿子韩林儿被拥立为小明王，国号宋。小明王任命朱元璋为左副元帅。不久，其他两副帅又先后战死，朱元璋遂被升任为大元帅。至此，他的岳丈郭子兴所创建的起义军旧部已全部归他指挥了。

朱元璋成了一军之主后，感到自己掌管的地盘狭小，兵马太少，难以实现自己的宏图大业，必须打过长江去，才能求得进一步的发展。于是，他特别注意瓦解敌人，壮大自己；同时，又采取措施，鼓舞士气，使手下勇猛作战，一往无前。1356年3月，朱元璋亲统水陆大军，进攻集庆（今南京），三天内就攻破了城外的陈兆先军营，陈部36000人投降。朱元璋看到投降过来的将士顾虑重重，恐惧万分，就从中挑选出500名勇士当自己的亲军，让他们在夜里当自己的守卫，而自己平时的卫士则一个不留，全部打发走。朱元璋独自脱下战甲，酣然入梦，一觉到天亮。3万多降兵知道了这件事，大为感动，便赤胆忠心地为朱元璋效力，甘心情愿地跟随朱元璋打天下。

很快朱元璋就攻下了集庆。第二天，朱元璋带领徐达等巡视全城，看到它的雄伟、富庶和繁华，恍惚如在梦中，那种激动与兴奋简直无法按捺，遂对徐达等人说："金陵枕山带江，真是天造地设的一块宝地，难怪古人称之为长江天堑。况且仓廪实，人民足，今天终为我所有。再加上诸位同心协力相助，还有什么样的功业不能建立？"徐达附和道："元帅建功立业决非偶然。今天能够得到它，实在是上天所授！"听到这话，朱元璋更是喜欢。于是，改集庆路为应天府，设置大元帅府，朱元璋自任大元帅。从此，朱元璋有了一个为将来打天下而积蓄力量的可以立足的基地。

朱元璋以应天府为根据地，经过了几年的努力，拥有集庆路、太平路、镇江路、广德路等江南地盘、十几万军队，成为江南很有势力的割据政权。此时，他的上游有义军徐寿辉，下游有张士诚，今天的浙江宁波、临海沿海一带有方国珍，其他江南地区仍为元朝所占有。江北则有韩林儿的大部队牵制着元朝主力，做了南方农民起义军的屏障，使他们得以任意地蚕食元属领地，并彼此之间展开厮杀与拼搏。此时的朱元璋，已成长为一名驰骋疆场的将帅，一个称雄一方的霸主。

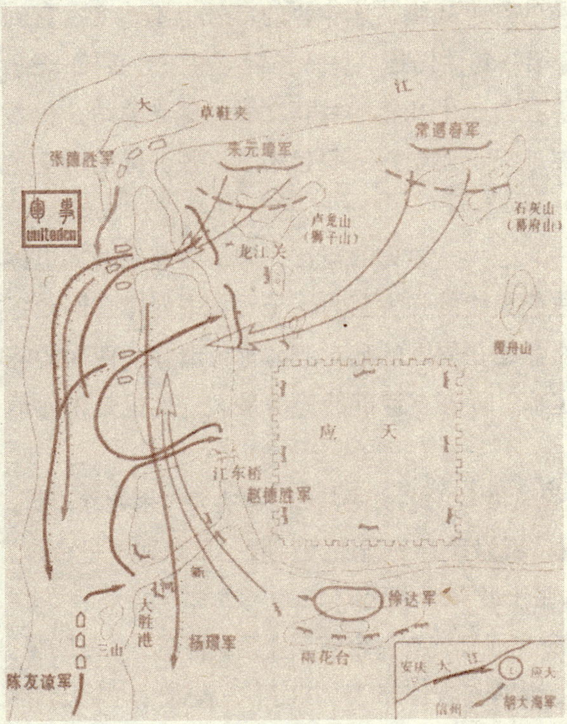

集庆之战

取得了初步胜利后，如何发展今后的事业，是摆在朱元璋面前的首要问题。1357年在攻占了徽州后，朱元璋亲自到石门山拜访老儒朱升，请教夺取天下的计策。朱升高瞻远瞩地送给他三句话："高筑墙，广积粮，缓称王。"所谓"高筑墙，广积粮"就是筑好防御工事，多存粮草，暂取守势，不要出击，多保存自己的实力，坐山观虎斗。等到别人实力耗尽，再出来收拾残局。所谓"缓称王"，是指对付元廷的策略，即不图虚名，暂不称王。许多友军称帝称王，成了元军打击的目标，太不合算，不如先做缩头乌龟，在别人大事招摇之时，深藏不露，设法自保；等到时机成熟，再一鸣惊人。朱元璋认为朱升的话很有道理，心领神会，于是制定了一个在两淮、江南地区“积粮训兵，待时而动”的行动计划。他还在《菊花诗》中这样写道：“百花发时我不发，我一发时都吓杀；要与西风战一场，满身披带黄金甲。”

兴国之本，在于强兵足食。按照朱升的提示，朱元璋首先抓紧军队建设，提高军队的作战能力，尤其重视军事纪律的训练和整顿，强调“惠爱加于民，法度行于军”。同时，大抓农业生产。他设置营田司，负责兴修水利，并且还抽出一部分将士，在战事之余开荒屯田；推行民兵制度，组织农村丁壮，一面练武，一面耕种。这样一来，所生产的粮食不仅能自给自足，还能支援贫苦的百姓，改变了军队历来吃粮靠百姓的习惯，深受农民的欢迎。

为了发展自己的势力，朱元璋还礼贤下士，广揽人才。刘基、叶琛、宋濂、章溢四大名士被应聘至应天，朱元璋称他们为“四先生”，特筑礼贤馆，给他们居住。

此外，朱元璋为了避免树大招风、过早地暴露自己，以防止在自己力量脆弱的时候被吃掉，他在形式上一直对小明王保持臣属关系，用的还是宋政权的龙凤年号，打的还是红巾军的红色战旗，连斗争的口号也不改变。直到朱元璋改称吴王后，发布文告，第一句话仍是“皇帝圣旨，吴王令旨”，表示自己仍是小明王的臣属。朱元璋经过这十几年的卧薪尝胆，韬光养晦，积蓄力量，开拓疆土，其所辖的根据地终于建立并巩固起来了，并训练出一支足以与元军相匹敌的强大军队。

随着朱元璋势力的一天比一天强大，原先的盟友，为了争夺利益，也逐渐变成了对头，变成了朱元璋改朝换代的强大阻力。于是，朱元璋在同元军进行殊死搏斗的同时，不得不对盘踞在周围的敌对势力进行清除。四周的陈友谅、张士诚、方国珍、陈友定部，以陈友谅部的势力最大，他也是朱元璋占领应天后所遇到的第一个劲敌。

1360 年 5 月，陈友谅以派人祝贺胜利的名义去江州（今九江）杀死徐寿辉。他估计应天指日可下，野心勃发，就以采石五通庙为行殿，草草即了皇帝位，改国号为汉。随后盛食厉兵，约张士诚夹攻朱元璋。

陈友谅当时的势力相当强大，光战舰就有百余艘，且兵众将广，杀气腾腾。驻守应天城的朱元璋的文官武将，风闻陈友谅部已顺江而下，旌旗指向应天，都吓得惊慌失措。一时间，众将领议论纷纷，有的主张投降，有的主张放弃应天，也有的主张抵抗，各执一词，乱成一团。唯有谋臣刘基成竹在胸，静坐不语。朱元璋问计刘基，刘基答道："张士诚目光短浅，胸无大志，只满足于割据一方，没有什么可怕的。陈友谅占据上游，拥有精兵利舰，来势凶猛，是一支不可小视的队伍，我们必须集中力量打败他。这样，张士诚便不敢出兵，应天城也就没有什么可忧虑的了。我们再北向中原，必定可成王业。"朱元璋又问他："如何打败陈友谅呢？"刘基说："陈友谅自恃人多势众、装备精良，骄傲轻敌。诱敌深入，用伏兵截击，定能取胜。"朱元璋觉得刘基的分析非常深刻，入木三分，便采纳了他的意见，遂决定伏兵智取陈友谅。

如何诱使陈友谅迅速东下、进入伏击圈呢？这使朱元璋颇费思量。突然，他想起了一个人，这就是他早年攻打集庆时招降的元水军元帅康茂才。康本是陈友谅的好友，归顺朱元璋后，深得器重和宠信。他早有报答朱元璋之意，只是没有机会。此时，朱元璋将他找来，告知了这次行动的计划，他非常痛快地接受了任务。遵照朱元璋的指令，康茂才派一个亲信将亲笔信秘密送给"老友"陈友谅，约陈及早来攻应天，由他做内应，里应外合，一举拿下应天城。陈友谅见信后大喜，忙问来人："康将军现驻在何处？"来人答称在龙江（应天附近）。陈友谅深信不疑，迫不及待地率主力直奔龙江，但没有见到康茂才的踪影，方知受骗中计，急令舟师转移。但为时已晚，朱元璋的伏兵早把陈友谅部团团围住。只见朱元璋站在高高的卢龙山上擂鼓助战，顿时杀声四起，水陆并进，把陈友谅苦心经营的精锐部队打得丢盔弃甲，死伤无数，落荒而逃。张士诚见状，果然未敢轻举妄动。接着，朱元璋又挥师攻下安徽，收复江西等许多州县，扩大、巩固了胜利成果。

三年后，陈友谅倾其全力，统兵60万包围洪都（今南昌），以报龙江之仇。朱元璋亲率20万大军救援洪都，逼陈友谅退至鄱阳湖。陈军几百艘战舰用铁索连接起来，有十几里长，在兵力上占了显著优势。朱元璋察觉到敌舰高大、连舟布阵所带来的行驶不灵活的弱点，采取了火攻的战术。他派出敢死队，用轻舟装满火药和芦苇，点火后，借着风势，冲入敌舰阵。霎时间，火借风势，风助火势，火焰冲天，湖水皆赤。陈部官兵围困在转移不得的战舰上，冲不上，逃不走，只能眼睁睁地看着被大火吞没。眼看这场战斗是无法再继续打下去了，陈友谅只好带兵突围。他刚冲出湖口，不料又遇伏兵拦截，陈友谅被一支飞箭射穿了头颅，一命归天。

消灭了势力最强、野心最大的陈友谅后，朱元璋又挥师东进，征旗直指雄踞东方的张士诚。

张士诚本是个盐贩子，其手下也多是一些盐贩子、盐丁、中小地主和部分贫苦农民。他们由于不堪忍受元朝统治者的压迫凌辱，而趁元末大乱时聚众起兵，作战十分勇敢。但其领导集团却非常腐败，自称“吴王”的张士诚，胸无大志，只图保住一块地盘尽情地享乐。他终日不理政事，与一批地主文人谈古论今，舞文弄墨。其属下的将军大臣也竞相修花园，玩古董，养戏班子，整日寻欢作乐，甚至打仗时还带着舞女做伴解闷，完全丧失了战斗力。

对于张士诚，朱元璋不急于一下子将他消灭掉，而是分三个阶段对其围攻：首先，攻苏北和淮河下游地区；然后，取湖州、杭州；最后，南北夹击，攻破平江。

朱元璋在围攻张士诚的同时，派大将廖永忠去滁州假意迎接小明王至应天。从瓜州（今江苏六合东南）渡江时，廖乘机把船弄翻，使小明王溺死江中。这样，又为以后的登基扫清了一个绊脚石。

与此同时，朱元璋还制服了浙江的方国珍，平定了福建的陈友定，又乘胜南进攻克了广东、广西。在实现了中国整个南部除四川、云南外的统一后，不失时机地调集精锐部队实施北伐，同元朝政权展开了最后的大决战。

元朝政权虽然依靠地主武装，于 1359 年攻陷了宋政权都城汴梁（今开封），后又拔掉了宋最后一个据点安丰（今安徽寿县），把北方红巾军也镇压下去。但它的统治基础，也在各支起义军，特别是北方红巾军的沉重打击下趋于瓦解。此时，它仅仅依靠几支地主武装支撑残局，且内部派系林立，矛盾重重，已是摇摇欲坠、不堪一击了。

1367 年 10 月，朱元璋派徐达、常遇春率 25 万大军北伐。大军出发前，他亲自制定了一个周密的作战计划：“先取山东，撤除大部分屏障；再回师河南，剪掉它的羽翼；夺取潼关，占据它的门槛。如此一来，天下形势为我所掌握，然后进兵大都，元朝势孤援绝，可不战而胜。”

北伐战争按照朱元璋的计划顺利实施了。当月，徐达就率军推进到山东，平定了山东全境；继而兵分两路，又胜利进军河南，所向披靡，元朝将领纷纷归附。至第二年三四月间，北伐军包围元大都的战略已告完成。

元朝最后的一个皇帝——元顺帝眼看援军无望，孤城难守，慌忙带后妃、太子北逃。接着，徐达率领大军攻进大都，统治近百年的元朝政权宣告被推翻，明朝呼之即出。

圆了皇帝梦

虽然朱元璋从骨子里就想登基做皇帝，但不好由自己提出来，好在有一批贴心的下属早已看出了他的心思。

早在7月间，在朱元璋兴致勃勃地与熊鼎等文臣研究庆典雅乐时，李善长便率群臣上表，劝朱元璋即皇帝位。朱元璋认为时机尚不成熟，“一统之势未成，四方之途尚梗”，没有采纳。到了12月，在战场上南北大局已定时，李善长又率文武百官奉表劝进。朱元璋自谦说，自己“功德浅薄，自愧弗如，还不足以当此造福万民的皇帝重任”，再一次推辞不就。第二天，李善长再率百官恳请，说：“殿下谦让之德，已经著于四方，感于神明。愿为生民百姓的利益着想，答应群臣的要求。”朱元璋终于同意登基做皇帝了。

经过多日的准备，1368年正月，在北伐胜利攻克山东的凯歌声中，40岁的朱元璋在文武百官的欢呼声中于应天正式登上皇位，改国号为明，年号为洪武。至此，一个出身农家、横笛牛背的牧童，经过奋斗，终于成了我国历史上又一位出身布衣的开国君主。

凡事冷静，是朱元璋成功的一大秘诀。越是打了胜仗，越是办事顺利，他的头脑就越清醒，越是能从中捕捉到可能发生的隐忧隐患。现在衮冕登基，实现了多年的愿望，他自然处在极度的兴奋当中，不过他很快就从激动的情绪中平静下来。即位第二天，他就告诉身边侍臣：“你们知道，创业之初是怎样的困难，而不知道守成会更加困难。”第三天，大宴群臣时，他又专门讲了保持忧患意识的重要性：“处天下者，当以天下为忧；处一国者，当以一国为忧；处一家者，当以一家为忧。身担天下国家之重，不可顷刻忘却警畏。”

大杀功臣

开国皇帝要做的第一件事和最主要的事是什么？毫无疑问，是固权。所以，固权乃开国帝王第一义也。开国皇帝何以比其他后继皇帝更需固权呢？其实道理很简单，一是开国时泥沙俱下、鱼龙混杂，各色人等都有混进开国队伍的可能，如不清理，将来会酿成大祸。其二是开国期间有许多人手握重兵而又威望很高，如不诛杀，则集功高震主、才大压主和权大欺主于一体，将来必成后患。

在中国历史上，为巩固权力而杀人最多的开国皇帝，恐怕非明太祖朱元璋莫属了。他对于一些谋反或是不驯的功臣，决不手软，胡惟庸谋反案和蓝党大狱，不仅是明朝的两次大狱，也是中国历史上著名的大狱。这两次大狱共杀死了四五万人，不仅开国功臣诛戮殆尽，避免了异姓王的造反，而且朝廷官员几乎为之一空，以至于当时的中国成了一个恐怖的世界。

在明朝的开国功臣之中，武臣立功最著者，当推徐达、常遇春；文臣立功最著者，当推李善长、刘基。刘基是一位奇人，他洞察世事，无有不中，因此，他对朱元璋封赏的官职，多次拜辞不受，因为他知道朱元璋生性忮刻，很难容人，跟他共事长久，必不免有杀身之祸。而李善长却官至左丞相，封韩国公，有骄矜之态。朱元璋对他渐感不满，想换掉李善长，让刘基为丞相。刘基说："善长是有功的老臣，能够调和各将的人际关系，不宜马上把他换掉。"朱元璋很奇怪地问道："善长多次说你的短处，你怎么多次说善长的长处呢？我想让你做丞相，不知怎样？"刘基顿首说："换相好比换殿中的柱子，必得用大的木材，若用小的木材，不折断也必定仆倒，我就是那种小材，怎能当丞相呢？"朱元璋问："杨宪如何？"刘基说："宪有相材，无相器。"又问："汪广洋如何？"又答："器量偏浅，比宪不如。"又问："胡惟庸如何？"刘基急忙摇头道："不可！不可！区区小犊，一经重用，必至辕裂犁破，祸且不浅了！"

不久，杨宪因诬陷人而被处死，李善长又被罢去相职，胡惟庸逐渐升为丞相。他听说了刘基对自己的评价，怀恨在心，就诬陷了刘基的儿子，又牵连了刘基。刘基忧愤成疾，被朱元璋派人护送回青田，不久去世。

害死了刘基之后，胡惟庸更加得意洋洋，肆无忌惮。他恃权自专，朝中生杀陟黜之事，不待奏闻，就自行决断。对于送来的奏章，他也先行拆阅，凡不利于己者，就藏匿不报。朝廷势利之徒，竞走其门，胡家珍宝金帛，积聚无数。魏国公徐达看不顺眼，就给朱元璋上了密本，说胡惟庸奸邪，应加诛除。朱元璋没有相信徐达的话，反给胡惟庸知道了这件事，因此，胡惟庸对徐达怀恨在心。胡惟庸私下买通了徐达家里的看门人，让他诬告徐达，谁知弄巧成拙，这计谋被自己的守门人报告给了徐达，反而遭到了朱元璋的怀疑，每天上朝都提心吊胆，恐怕遭到不测之祸，等了几天，竟然没事，才逐渐放下心来。胡惟庸自此收敛了一阵。

后来胡觉得自己应当再找个牢靠的靠山，就看上了李善长。李善长虽不当丞相了，但朱元璋还是十分看重他，经常出入宫廷。胡惟庸请人作伐，把女儿嫁给了李善长的弟弟李存义的儿子，胡惟庸有了李善长这一靠山，不觉又趾高气扬起来。正巧，胡惟庸在定远的老家宅中的井里忽然长出了竹笋，高及数尺，一班趋炎附势之徒都说是极大的吉兆，又有人说胡家的祖坟上每天晚上有红光照耀天空，远及数里。胡惟庸听了，更觉得是吉兆，越发得意。

恰在这时，德庆侯廖永忠因擅自使用皇帝的龙凤仪仗而被赐死，平遥训导叶伯巨上书劝谏朱元璋，说他分封太多，用刑太繁，求治天下之心太过迫切，结果惹得朱元璋大怒，把他捕入狱中，活活饿死。安吉侯陆仲亨擅乘驿车，平凉侯费聚招抚蒙古无功，均被朱元璋下旨严厉责罚。汪广洋罢相数年，由胡惟庸推荐，重登相位，不久又因刘基案被贬谪。汪广洋知道胡惟庸的不法行为，但一直替他隐瞒，在二次罢相之后，出居云南，不久即被赐死。

朝廷官员屡屡得咎，使得人心惶惶，深怕祸及己身。尤其是汪广洋被赐死，更使胡惟庸觉得震动，他觉得朱元璋迟早要惩治自己，就下定了反叛的决心。

首先，他把那些遭到朱元璋惩治而心怀不安的官员争取过来，结成党羽，然后又托亲家李存义到他的哥哥李善长那里探听口风，李善长知道这是诛戮九族的事，起初不肯应允，经李存义再三说明利害，最后默许了。

在李善长的默许下胡惟庸得到了鼓舞，加紧了谋反的准备活动。胡惟庸把一些亡命之徒结纳为心腹，又暗地里招募了一些勇士组成卫队，并把天下兵力部署情况了解得一清二楚，再派人去同东南沿海一带的倭寇勾结，引为外援，还结交了一些掌握兵权的人，准备一旦事发，就起兵响应。他又秘密结交日本国派来的贡使，作为事败之后的退路。

胡惟庸一切准备完毕之后，于1380年正月，奏告朱元璋说其宅井中出了一眼甜泉，乃是大

朱元璋大杀功臣

吉大利之兆，请朱元璋前去观看。朱元璋竟信了他的话，车驾从西华门出发，准备前往。就在这时，内使云奇突然闯入跸道，勒住了朱元璋的马缰绳，极力劝阻朱元璋，说是不可前往。由于情势太急，云奇声调急促，以至不能说得很明白。朱元璋见此情景大怒，以为云奇放诞不敬，就喝令左右用金锤挝击。云奇断了胳膊，扑倒在地，气息奄奄，但却用手指着胡惟庸宅第的方向。

这时，朱元璋忽然有悟，忙登上高处向胡惟庸的宅第方向看去，但见胡宅中隐隐透出兵气，朱元璋大惊，立即发兵前往围剿。不一会儿，羽林军就将胡惟庸及埋伏的甲士捉拿归案，胡惟庸无法抵赖，随后被牵至市曹，凌迟处死。

朱元璋当然不肯罢休，他派出官吏，四处拷掠，把胡惟庸一案的新账旧账一同清算，由擅权枉法到私通日本、蒙古，再到串通李善长等人谋反，由此牵连到的胡惟庸的亲族、同乡、故旧、僚属以及其他关系的人皆被连坐族诛，先后杀掉了 3 万多人。

过了 12 年，蓝党之狱又成。凉国公蓝玉，是著名的武将，也是开国功臣，但为人桀骜不驯。蓝玉与太子朱标是间接的亲戚，往来很亲密。蓝玉在北征时看到燕王朱棣的行止，深感不安，回来后对太子说："我看燕王在他的封地里实在是太有威风了，其行止不亚于皇帝。我还听说燕地有天子气，愿殿下细心防备，免生不测。"太子为人生性忠厚，不愿生事，就对蓝玉说："燕王对我十分恭顺，决不会有这样的事。"蓝玉见太子不信，只好自找台阶说："我蒙受殿下的恩惠，所以才秘密地告诉你涉及利害的大事。但愿我说的不中，不愿被我言中。"

不久，太子病死，朱元璋觉得燕王朱棣为人阴鸷沉稳，很像自己，就想立他为太子，但一些大臣反对，觉得于古礼不合，也对其他皇子无法交待，朱元璋只得立了朱标的儿子做皇太孙。

燕王朱棣见太子已死，无人替蓝玉说话，在入朝奏事的时候就对朱元璋说："在朝诸公，有人纵恣不法，如不处置，将来恐成尾大不掉之势。"朱棣虽未明指蓝玉，但大家心里都清楚，蓝玉曾在太子面前攻击过朱棣，朱棣现在要实行报复了，再加上"纵恣不法"四字，更是确指蓝玉。

在这种情况下，蓝玉竟还率性而为，一点也不检束自己。他出征西番，擒得逃寇，且捉住了建昌卫的叛帅，自以为功劳更大了，愈觉得意洋洋，本以为回朝后定会大有封赏，没想到朱元璋根本就不理他。到册立皇太孙时，他满以为会让自己做太子太师，却没想到自己还是太子太傅，反倒让冯胜、傅有德两人做了太子太师。蓝玉十分愤怒，扯着袖子大喊道："难道我还做不得太子太师吗？"他这一番闹腾弄得朱元璋更不高兴。

自此以后，蓝玉上朝奏事，没有一件能够获准，但蓝玉不仅不知收敛，还更肆无忌惮，即使陪皇帝吃饭，也出言不逊。一次，他见朱元璋乘舆远远经过，便指着说："那个乘舆的人已经怀疑我了！"

此语一出口，大祸即来。其实，蓝玉并未像胡惟庸那样谋逆，只是"祸从口出"罢了。锦衣卫听到了这句话，立刻告发蓝玉谋反，并说他与鹤庆侯张翼、普定侯陈垣、景川侯曹震、舳舻侯朱寿、东莞伯河荣、吏部尚书詹徽、户部侍郎傅友文等人设计起事，欲劫皇帝车驾。朱元璋听了，正想杀人而找不到借口，便不问青红皂白，一齐拿到朝廷，并亲自审问，再由刑部审判成狱，以假作真，全部杀死。

仅此他还嫌不足，凡与蓝玉偶通讯问之人，也不使漏网，四面构陷，八方株连，朝廷中的勋旧，几乎一扫而空。此次前后共杀 1.5 万余人，与胡惟庸案杀人并算，共计近 5 万人。

至此还不算完，蓝党之狱过后年余，颍国公傅友德奏请土地，不仅不准，反予赐死。宋国公冯胜，在缸上设板，用碌碡打稻谷，以作打谷场，声响远震数里，有仇人状告冯胜私藏兵器，朱元璋把他召入廷内，赐以酒食，说是绝不相信别人的谣言。冯胜喜不自禁，谁知刚刚回到家里，即毒发而死。定远侯王弼，在家里曾叹息说："皇上春秋日高，喜怒无常，我辈恐怕很难活下去了！"这一句话，果然被特务告密，立即赐死。

这样一来，开国功臣已所剩无几，即便有几个，也早已远离朝廷，不涉政事了。徐达、常遇春、李文忠、汤和、邓愈、沐英六人得保首领，死皆封王，但徐、常、李、邓四人都死在胡、蓝大狱之前，沐英镇守云南，总算偏远无事，只有汤和绝顶聪明，他洁身远引、解甲归田，绝口不谈政事，享年 70 多岁，得以寿终正寝。

朱元璋杀戮功臣已经成了他晚年生活的主要内容，南京皇宫俨然成了一座阴深恐怖的死亡宫殿，很多官员上朝都提心吊胆，生怕自己被什么案件牵扯而遭治罪。据说，每次上朝，官员们如果看到朱元璋把玉带卡在肚子以下，就表明皇帝当天要杀人了，一个个都吓得面无人色，两腿发软；如果玉带高挂在胸前，就表明皇帝今天情绪不错，不会杀人。"胡蓝之狱"期间，有些官员每天早上上朝之前甚至和家人诀别，嘱咐后事，如果侥幸平安归来，全家人都要庆贺一番。最恶毒的暴政是把罪犯的妻女发配到妓院强迫卖淫，使她们遭受百般凌辱。

纵观中国历史上的各个朝代，把开国功臣杀得如此彻底的，确实应数有明一代，朱元璋从改变官制、改善吏治、严格法令、压制舆论、杀戮功臣和特务统治六个方面集中权力，巩固他的统治地位，可以说收到了相当的成效。自洪武年间及其以后，明代的君权在相当长的时间内没有旁落过，至于燕王朱棣起兵造反，夺了他的侄子建文帝的权，对亲族残酷地诛杀，那是皇帝家里自己的事了。

至于第三点，则要计之长远，为子孙谋划了。关于这一点，朱元璋的“棘杖”之喻可谓意味深长。史载朱元璋要赐死开国功臣李善长时，太子朱标曾向朱元璋进谏说：“皇父诛杀的人太多太滥了，恐怕有伤和气。”朱元璋听了，默无一语。第二天，他又把太子叫来，将一根长满刺的棘杖扔在地下，要太子捡起来，太子面有难色，朱元璋笑道：“我让你拿着棘杖，你认为棘杖上有刺，怕伤了你的手，若是把棘刺除去，就不必担忧了。我现在诛戮功臣，便是替你把刺去掉，你难道还不明白我的用意吗？”谁知太子却是一位饱读圣贤之书的书生，听了父亲这话，大不以为然，反而叩头道：“上有尧舜之君，下有尧舜之民！”这话明摆着说朱元璋是一个昏暴的君主，朱元璋大怒，当即提起身前的几案击打太子。幸亏太子在惊慌中抛出负子图，使朱元璋忆起了与马皇后背负太子同陈友谅作战的艰难岁月，太子才免遭杀戮。自此以后，朱元璋的权力“棘杖”上的确没有扎手的硬刺了。

历史的血腥至今犹能闻到，权力的“棘杖”又何曾一时光滑可手过呢？杀了近5万人来巩固皇权，试图为子孙后代削出一把可以统治万民而又光滑可手的权力之杖，其结果怎样呢？还不照样是叔侄争位、宗室相残？还不照样是奸佞迭出、祸乱相行？孟子说：“不嗜杀者能一之。”其意是说以仁行事才能得天下、保天下。但这一万古不变的信条，在历史上实现了多少呢？

其实，权力的“棘杖”内外都是刺，去了外刺，内刺犹在，是无论如何也去不了的。此杖弃之不得，握之扎手，就是历史，对之也是无可奈何！

历史不是一匹驯服的马，像朱元璋那样彻底地杀掉功臣，很难维持长久；像东汉光武帝刘秀那样“以柔治国”，未杀一个开国功臣，而是与之结为姻亲。但裙带的柔情终于抵挡不住旺盛的权欲，还是招致了外戚和宦官专权的巨大弊端；那么舍其两极，取其中间，采取又打又拉，拉、打结合的办法是否可以呢？中国的历代王朝中也做过不少这样的尝试，似乎也不太成功，怎样才能避免杀戮和混乱呢？难道历史就是用鲜血和权力的“棘杖”组成的吗？

皇权专制

朱元璋不仅大开杀戒，杀掉许多功臣，而且还从政治体制进行了诸多改动，采取了一系列固权措施。一是改革官制，撤销中书省编制和宰相职位，把这两个主管行政和军事的要害部门分成几块，擢升六部为一级中枢机构，各部首长直接向皇帝负责，皇帝不再设立助手，而直接向各部发号施令。中国有史以来在政治上占重要位置的宰相制度，从此消失，皇帝遂在没有助手帮助的情形下，单独处理国家事务。又把亲王派往各地监军，这样，大权就集中到皇帝一人的手中了。朱元璋对这个措施很是得意，认为这是他最高智慧的结晶，可以使朱姓家族牢牢掌握权力魔杖，保持政权千秋万世。朱元璋为了防止大权旁落的确费尽了心机，他想方设法把权力集中到皇帝一人身上，可问题恰恰出在皇帝身上。

二是建都察院，下设十三道监察御史，施行严刑峻法。都察院的权力是纠察百官的得失，监察御史的官品虽然只有七品，但什么话都可以说，什么大官都可以告，凡是大臣奸邪、擅作威福，小人构陷、扰乱视听，以及贪赃枉法、变乱祖制和学术风气等都在纠劾的范围之内。

《明律》中的许多规定，在今天看来，确实是十分残酷的，例如：凡奸

明朝故宫遗址

锦衣卫图

邪进谗言使未犯死罪而致死的人处斩；如有人犯了死罪，有人用巧言进谏，使之免于死罪的，进言者也要被处斩；即使是掌管刑律的官员，如果听从了上司的主使，减轻或是加重了罪犯的刑罚，也要被处死，并将其妻子充做官奴，家产没入官府。对于贪污，朱元璋的认识十分深刻，认为这直接关系到政治风气乃至国家的生死存亡，他说："吏治之弊，莫过于贪墨。"认为此弊不除，欲行善政，绝无可能。于是，《明律》规定，官吏必须廉洁奉公，即使因公出差乘坐公车，也不能捎带私人财物，附载衣服等不得超过十斤，每超过五斤打十鞭，十斤加一等，直至笞至六十。凡贪污者，最轻的也要发配到北方边地，如果贪污数额折价超过六十两银子以上，处以枭首、剥皮、实草之刑。其具体的做法是把犯官先砍去头，然后再剥下皮，把头挂在杆子上，把皮包上草秸，放在衙门口旁边的土地庙外，或是摆在公座之旁，其用意是警告后来的官吏，不得再行贪污。朱元璋的这一招虽不太"人道",但却十分有效,这种法令实行不久，吏治果然有所好转。

但尽管如此，还是有些官吏胆敢以身试法，1384 年，有人告发二司与户部侍郎郭桓勾结贪污,朱元璋迅速查勘,追出赃款 700 万两白银。朱元璋大怒，把六部左右侍郎以下的官吏全部处死。经过拷打，又牵连了许多人，最后杀人总数，包括官吏和地主竟达数万人之多。在这种严刑峻法和"运动"打击相结合的综合治理下，洪武年间的吏治总算呈现出了新的面貌。

三是对官吏实行特务统治。中国古代政治思想中本来就缺乏人权观念，但故意建立摧残人权制度的,则由朱元璋创始,即 300 年间使人闻而战栗的"诏狱"和"廷杖"。

"诏狱"就是由皇帝直接指挥的皇家特务组织"锦衣卫"，后来又增设相同性质的“东厂”、“西厂”和“内行厂”等非正规的司法系统，由皇帝最亲信的宦官主持。这些特务组织最初是负责监视百官动静的，只是负责调查及逮捕谋反妖言大奸大恶之人，后来发展到专门用于迫害在政治斗争中的失败者。这些特务组织相互交错，密如蛛网，遍布全国的各个角落。这样，街头巷尾的一举一动，夫妻吵架和市井打斗，早上发生，晚上就到了皇帝耳中，这是中国前所未有的现象。

一次，博士钱宰罢朝回家，在路上信口吟道：“四鼓咚咚起着衣，午门朝见尚嫌迟。何时得遂田园乐，睡到人间饭熟时？”第二天上朝，朱元璋对钱宰说：“昨天做得好诗！不过我并未‘嫌’你啊，改作‘忧’字怎么样？”钱宰一听，连忙跪下叩头，吓得出了一身冷汗。好在朱元璋并不是要追究他的罪责，而是要显示自己的无所不知，钱宰才算没有倒霉。吏部尚书吴琳告老还乡，已是无所作为，但朱元璋还是不放心，常派锦衣卫去监视他。一天，一个特务向田间插秧的一个老农夫问讯道：“这里可有个退了休的吴尚书吗？”那老人敛手答道：“我就是吴琳，长官有何见教？”朱元璋得到了这一消息，知道吴琳并无异志，十分高兴，奖赏了吴琳。

大学士宋濂是著名的学者，对朱元璋可谓赤胆忠心，但朱元璋仍不放心，经常派特务监视。一天，宋濂在家请客，特务竟把赴宴人等乃至菜肴全都列单汇报给了朱元璋。第二天上朝，朱元璋问宋濂请客及菜肴的情况，宋濂把所请客人和菜肴情况一一据实回答，朱元璋听后十分满意地说：“宋学士所说皆实，没有骗我！”国子监祭酒宋讷有一天在家生闷气，监视他的人认为有可能是对皇帝不满，就偷偷地把他生气的样子画了下来，交给了朱元璋。第二天上朝时，朱元璋问他何故生气，宋讷做了解释，朱元璋知道他生闷气与朝事无关，才不追究。宋讷非常奇怪地问皇上怎么知道他的家事，朱元璋就把那张画像拿出来给他看，结果宋讷几乎被惊倒。

就这样，朱元璋掌握了臣下的一言一行，臣下深恐动辄得咎，真正做到了前人所谓的“慎独”，哪里还敢有不臣之心呢？

对人权具有同等摧毁功能的还有廷杖，即在大庭广众之下，用木棍打罪犯的屁股。这是一种痛苦难忍的刑罚，受刑人大声哀号，头面撞地，尘土塞满口中，胡须能全被磨脱，情形惨不忍睹。强壮的人可支持80下，超过100的话就会在杖下毙命，侥幸不死也要割去败肉数碗，医治半年以上。肉体的痛苦也许是次要的，最难医治的还是心灵的创伤，在众目睽睽之下暴露下身并呼天抢地，那是一个有自尊心的人无法接受的羞辱。在廷杖制度下，上自王公大臣，下至平民百姓，没有人能维持人性的尊严。

朱元璋还设立了巡检司，专门负责盘查全国各地的过往行人。人们被限制在方圆100里的活动范围之内，如有超出，须事先取得“路引”，这是防止人民串连造反的重要措施。

四是实行舆论控制，以建立皇上在人们意识中的崇高地位。在时人看来，朱元璋出身微贱，祖祖辈辈都是替地主干活的农夫，而且朱元璋本人还做过和尚，因此，朱元璋做皇帝，不仅不符合当时的标准，简直对民众是一种污辱，尤其是许多贵族出身的文人，更是看不起朱元璋。至于出来做明朝的官，他们更是不干。对于这部分文人，朱元璋毫不留情。

例如贵溪儒士夏伯启叔侄两人为了找借口不出来做官，竟把手指截断，朱元璋听说了，就特意把他们召来，当面质问：“过去世道动乱的时候，你们住在哪里？”夏伯启回答说：“红寇窜乱之时，我们住在闽、赣一带。”朱元璋一听，勃然大怒，他起自红巾军，夏伯启竟敢把红巾军称为寇，实在胆大包天，当即下令把他们处死，并命令凡是不听征召，不与政府合作的知识分子，一律杀头抄家。

如果无意当中冒犯了他，甚至被人无中生有地构陷，朱元璋也横加杀害。例如，尉氏县学教谕许元为本县作的《贺万寿表》中有“体乾法坤，藻饰太平”之句，其中“法坤”读作“发髡”，即剃去头发，朱元璋怀疑是讽刺自己当过和尚，“藻饰太平”与“早失太平”同音，这位教谕当然也就成了枉死城里的新鬼。怀庆府学训导吕睿为本府作《谢赐马匹表》中有“送瞻帝扉”，“帝扉”可读作“帝非”，朱元璋也怀疑这是吕睿暗示他不能当皇帝，也将之杀头。亳州州学训导林云为本州作《谢东宫赐宴笺》中有“式君父以班爵禄”，其中“式君父”可读作“失君父”，祥符县学训导贾翥为本县作《正旦贺表》中有“取法象魏”，其中“取法”可读作“去发”，朱元璋都以为是对自己不敬，均处以死刑。逢年过节或是谢恩上表，总免不了要写一些歌功颂德的话，谁知这些文人却大遭其殃。最为怪诞的是杭州学府教授徐一夔为本府起草的《贺表》里有“光天之下，天生圣人，为世作则”之句，这本是极尽颂扬的话，谁知朱元璋见了大发其火，他说：“‘生’者，僧也，这是骂我当过和尚；‘光’则秃也，说我是个秃子；‘则’音近贼，是说我当过盗贼。”这位拍马屁拍到驴腚上的教授，只好呜呼哀哉了。在这种严酷的文字狱的统治之下，文人学士只好缩头缩脑，别说高谈阔论，发表什么政治见解，就是平时说话作文，也要小心万分，否则，不知什么时候，横祸就会飞到自己的头上。

朱元璋识字不多，却特别忌讳文字上冲撞他，对于能合他心意的一些诗文词句，他也格外见爱。一次，朱元璋微服出访，到了江淮一带的多宝寺，见寺中多宣多宝如来的佛号，就对侍从说："寺名多宝，有许多多宝如来。"随行的学士江怀素马上趋奉道："国号大明，无更大大明皇帝。"朱元璋一听大喜，把江怀素提升为吏部侍郎。朱元璋在江淮一带遇到以前的故友陈君佐，陈君佐少有才名，朱元璋就带他出入淮扬一带。一天，朱元璋在一家小店吃饭，忽有所思，即出对道："小村店三杯五盏，没有东西。"陈君佐脱口而出对道："大明君一统万方，不分南北。"朱元璋极其高兴，想让他随侍左右，当一词臣，陈君佐过惯了逍遥自在的生活，却不愿意，朱元璋也未勉强。又过了几天，朱元璋遇一士人，见他文采风流，相问之下，知他是重庆府监生，朱元璋便命他属对，自出上联道："千里为重，重水重山重庆府。"那士人也不假思索，开口对道："一人为大，大邦大国大明君。"朱元璋闻言大喜，第二天，就遣人送去了千两黄金。

朱元璋用这些手段改善了吏治，巩固了他的统治，树立了他的威信。

另一方面，朱元璋将八股取士列入科举制度中，腐蚀了知识分子的灵魂，确立了"官本位"的价值观念。

中国文化最阴暗最丑陋的部分就是"官本位"价值观，而最终确立官本位价值观的正是朱元璋。在明朝以前，官吏虽然得到社会普遍的认同，但具有真才实学的诗人、画家、医生甚至是不愿做官的山林隐士也一样可得到世人的尊敬。东晋的陶渊明不愿"为五斗米折腰"，挂冠归田，凡是经过九江的社会名流或达官贵人都要去他的草屋登门造访，以表达自己的礼敬。唐代的大诗人李白不愿也不会做官，可全社会的人依然对他敬慕有加，连唐玄宗李隆基也对他表现了极大的尊敬。自明王朝以后，官职的大小成为衡量人的价值的唯一尺度。在极权专制社会，官性和人性并不总是成正比的，在大多数情况下甚至还成反比，官的大小不是依据其才能和贡献，而是依据贿赂和打击他人的权术，这样道德水准越低的人官反而当得越大，得到的待遇和礼敬也越高。具有道德勇气的人，被排斥出政府之外，或被诬陷在诏狱之中。这真是中国最大的政治悲剧。

通过竞争性考试即科举制度选拔官吏是中国对人类文明的一大贡献，可

明成祖朱棣，是明太祖朱元璋的第四子。原来被封为燕王，后通过“靖难之役”从侄儿建文帝手中夺取了皇位。他死后的谥号是“文皇帝”，庙号是太宗。后来，嘉靖皇帝将他的庙号改为“成祖”，所以后人便一直称他为“明成祖”。

在我国古代著名的帝王当中，和明成祖的名字联系在一起的是郑和下西洋、奴儿干都司、《永乐大典》，以及五征漠北，80 万大军下安南，浚通大运河，大规模营建北京，等等。作为一个封建帝王，明成祖能干好其中一件事就足以跻身到著名帝王之列，他却干成了那么多，而事实上还不止这些。但是，他的名字也和“诛十族”、“瓜蔓抄”之类的残暴行为联系在一起，因而使得他的形象严重受损。让我们来看看这位大明皇帝波澜壮阔的一生吧！

乱世婴儿

1360 年 4 月，朱棣出生于当时称作应天府的南京。那时正是元末的战乱时期，群雄并起，互相征伐。应天，是顺应天命的意思。4 年前（1356 年），朱元璋攻下集庆（今南京），将集庆改名为应天府。他要顺应天命，推翻元朝，削平群雄，自己当皇帝。现在他又有了第四个儿子，照理应该好好庆祝一下。但几乎与朱棣呱呱坠地的同时，前线传来了陈友谅进攻太平（今安徽当涂县）的告急文书。陈友谅如果攻陷了太平，就要接着进攻应天。军情紧急，他甚至对自己的这个儿子都来不及看上一眼，便又到前线指挥打仗去了。至于怎么样为这个孩子取个吉祥名字，他就更没有工夫去琢磨了。

1367 年农历年底，朱元璋就要正式登基做皇帝了，看到自己已经有了 7 个儿子，自然是满心高兴。这时形势已经基本安定，他决心要为儿子们正式取名了。12 月 24 日，他祭告太庙，把自己渡江后生了 7 个儿子归因于祖上的阴德：仰承先德，自举兵以来，渡江生子七人。今长子命名曰标……曰棣。这时朱棣已经 7 周岁，他这才和众兄弟一样有了自己的名字。

明成祖朱棣画像

朱棣的生母是谁，居然还是个谜，这在常人看来似乎不可思议。但这个谜确实存在，数百年来一直扑朔迷离。因为朱棣的生母问题，不只是关系到他的身世，而且深刻地影响到他一生的行为。古代正妻生的儿子称嫡子，非正妻生的儿子称庶子。父亲的正妻被妾生的子女称为嫡母，子女称父亲的妾为庶母。对帝王家来说，嫡子和庶子在名分上有重大差别。按照封建宗法制度，皇帝死了，皇位要由嫡长子继承。即使嫡长子死得早，如果嫡长子有儿子，也要由嫡长子的嫡长子来继承，其他庶子则不得觊觎。

朱棣自称是马皇后所生，自然也就是所谓嫡子了。其实，经历代学者考证，朱棣的生母不是马皇后，实际上他的生母是个贵妃，为此演义出许多的野史和传说。有人说贵妃是高丽人，也有人称她是元顺帝的妃子，抑或是高丽人而成了元顺帝妃子。还有人说，朱棣生母是蒙古人洪吉喇氏。洪吉喇氏是元顺帝的第三福晋，是太师洪吉喇特托克托的女儿。元顺帝败，朱元璋入大都见洪吉喇氏貌美，就留在身边。她入明宫时就已经怀孕，所生的就是明成祖朱棣，所以朱棣即元顺帝的遗腹子。其实这只是民间的传说而已。

明朝建立时，朱棣已是一个八九岁的儿童。那时全国民生凋敝，满目疮痍。这一切都在朱棣的幼小心灵上留下了深深的印记。朱棣在宫廷中度过了他的青少年时期。

朱元璋一生都为自己文化水平低而遗憾。因此，他十分重视对孩子们的教育。朱元璋称帝的第一年，就在宫中修建了大本堂，作为太子和其他儿子学习的场所。堂中藏有大量历代图籍，供他们观览。征聘各地名儒，轮班授课，教育皇子。师傅都是满腹经纶的大儒，其中如宋濂等。他前后十几年，向皇子讲四书五经，讲封建礼法，要求他们的一举一动都要合乎封建礼仪。

朱棣从他父皇那里接受的完全是封建正统教育。对此，朱元璋曾有一段明确的自白：朕于诸子常切谕之：一、举动戒其轻；二、言笑厌其妄；三、饮食教之节；四、服用教之俭。怨其不知民之饥寒也，尝使之少忍饥寒；怨其不知民之勤劳也，尝使之少服劳事。

可以看出，朱棣弟兄们不只是要学书本知识，而且平时一言一行都要合乎封建规范。这对一个天真烂漫的少年来说，并不是一件惬意的事。

朱元璋不希望他的儿子们成为文弱书生，就让他们经常做些强健筋骨的活动。他当吴王不久，看到7个儿子渐渐长大了，“宜习劳，令内侍制麻履行縢。凡诸子出城稍远，马行十七，步行十三”。所谓麻履，就是麻鞋，行縢是指缠腿。这里是说，让朱棣兄弟7人都穿着麻鞋，裹上缠腿，像士兵那样到城外远足，十分之七的路骑马，十分之三的路步行。这对长期住在深宫大院中的皇子们来说，虽说劳累点，但还是饶有兴味的。随着年龄的增长，他们还要不时地在演武场上练习武备，以健体强志。

朱棣11岁的时候被封为燕王。1376年，朱棣已是17岁的英俊青年，他兄弟一起来到安徽凤阳老家，那时被称为“中都”。这里埋葬着他们的祖父母，也是他们的父皇小时候为大户人家放牛放羊的地方。这里是“十年倒有九年荒”的穷乡，老百姓的生活都很困苦。在这里，朱棣仿佛看到，他的父皇小时候是怎么样受苦受难，创业是多么的艰难。他在这里住了三四年，民间生活对他的思想意识产生了深刻的影响。朱棣是个有心人，“民间细事，无不究知”。他当皇帝以后，还经常对儿子们说起这段生活。认为自己能南北征战，不畏塞外风寒，就得益于这段经历。朱棣在凤阳的这段生活可看作是宫廷教育的实习阶段，他回去就要准备到外地去当藩王了。

朱棣的长兄朱标，即南京一带所习称的“大头太子”，在朱元璋称吴王时就被立为世子。朱元璋登基后，立朱标为皇太子。

在朱元璋看来，元朝之所以经常发生宫廷政变，主要原因就在于没有早立太子，因此他一称帝就要解决这个问题。他还看到当元末农民起义四处爆发的时候，元王朝在各地缺少强有力的藩卫。有鉴于此，洪武三年（1370年）他就做了封藩的安排，即把除太子外的所有小儿子都封到外地当藩王。他为了不使天下人感到他私心太重，在封藩前还特意作了一番表白：

天下之大，必建藩屏，上卫国家，下安生民。今诸子既长，宜各有爵封，分镇诸国。朕非私其亲，乃遵古先哲王之制，为久安长治之计。

按照明制，皇子封为亲王都授予金册金宝，年食禄米万石。其护卫"少者三千人，多者至万九千人"。但这只是就一般情况而言，像北边防御蒙古的几个藩王，所统兵士都超过此数。例如在大宁的宁王"带甲八万，革车六千"。这些藩王的府第、服饰和车旗等，"下天子一等"，公侯大臣见了他们都要"伏而拜谒"。

藩王的嫡长子立为世子，即藩王的未来接班人，10岁时就授予金册金宝。其他诸子则授予涂金的银册银宝，封为郡王。以后各世子孙都有封爵，自六世孙以下都封为奉国中尉。他们生的时候要向宗人府请名，年龄大了要请婚。但他们不能从事士农工商之类的行当，只能坐糜俸禄。明中期以后，皇室成员的俸禄成了国家沉重的包袱。

本来朱元璋把自己的子侄分到各处，称作亲王，目的是为了监视各地带兵将军的动静，以防他们叛乱。藩王虽没有行政权，但有军权。朝廷调地方军队，地方守镇官还要得到当地藩王令旨后才能调动。遇有战事，即使元勋宿将也要听藩王节制。当燕王朱棣率军征讨乃儿不花时，像傅友德那样的大将也要受他调遣。这样，许多藩王就拥有了重兵。朱元璋感到他这套制度比历代都严密，大明江山可以长治久安了。但他万万没有想到，他刚死，就爆发了朱棣与建文皇帝争夺皇位的"靖难之役"。

对这种分封的弊端，一些有远见的大臣早就看出来了，只是很少有人敢公开说。著名的文士解缙率直敢言，他"数上封事，所言分封势重，万一不幸，必有厉长、吴潞濞之虞"。说得最直率的大概就是那个平遥训导叶伯巨了。洪武九年（1376），叶伯巨上书言事，说明太祖"太过者三"，第一条就是"分封太侈"："臣恐数世之后，尾大不掉，然则削其地而夺之权，则必生觖望，甚者缘间而起，防之无及矣。议者曰，诸王皆天子骨肉，分地虽广，立法虽侈，岂有抗衡之理？臣窃以为不然。何不观于汉、晋之事乎？孝景，高帝之孙也，七国诸王，皆景帝之同祖父兄弟子孙也，一削其地，则遽构兵西向。晋之诸王，皆武帝亲子孙也，易世之后，迭相攻伐，遂成刘、石之患。由此言之，分封逾制，祸患立生，援古证今，昭昭然矣。"

朱元璋见疏大怒，认为这是离间他们一家骨肉，要亲手射杀他。叶伯巨终于为此事死在狱中。不幸的是，叶伯巨所言果然成了事实。

1380年春天，朱棣从凤阳回到南京，受命就藩北平（今北京）。这时的燕王已是21岁的英俊青年。他没有留恋风光旖旎的南国春色，毅然冒着“雪花大如席”的北国风寒出发了，率领着数千护卫，浩浩荡荡地奔赴北平，满怀着信心和对未来生活的憧憬。他知道，这是他一生道路上的一个新的起点。

他的府邸就是元朝的旧宫，其规制如同天子。按照规定，藩王的府邸“亚天子一等”，其他诸王都是如此。为了这件事，朱元璋还曾特地告谕诸王，要他们不要与燕王攀比，因燕王府邸是元朝旧宫，不需要新建，他们新建的府邸则都要按规定办事。不难看出，朱元璋对燕王寄望殊深。

北平是元朝都城，位置险要，燕王的二哥和三哥分别就藩西安和太原，就藩时间还早于燕王两年，都没让他们去北平，而是把北平留给了燕王，其中似乎有“深意存焉”。本来在朱元璋的众多儿子中，只有朱棣为人沉鸷老辣，很像朱元璋。他身材魁梧，天资聪颖，武艺高强，智勇有大略，能推诚任人，在镇守边关、打击残元势力方面立了大功。朱元璋将朱棣分封在北平，就是希望自己的儿子能代替功臣宿将掌握兵权，从而使明朝的政权更加稳固。

不过，朱棣也是朱元璋最担心的人。据说，朱元璋曾和众多王公大臣一起登上南京城外的紫金山俯瞰皇宫，在一片赞誉声中，朱元璋龙颜大悦。这时年少的朱棣却口无遮拦，一语道破天机：“紫金山上架个大炮，就能炮轰紫禁城！”朱元璋大惊，心里顿时后悔不已，以至后来他又命令修建更为广大的外城，把包括紫金山在内的一些重要地方围起来以加强防御。从这件事上，朱元璋看出朱棣将来很有可能是太子的最大威胁。

太子朱标从小就受到了良好的教育，为人好学勤政，宽厚仁慈，非常适合做个宽仁皇帝。可惜，洪武二十五年四月，朱标不幸英年早逝，年仅38岁。朱元璋伤心之余，竟一时找不到合适的继承人选。这时有人推荐朱元璋最倚重的朱棣作为皇储，朱元璋同意了，但许多大臣表示反对，理由有二：一是如立朱棣为太子，对朱棣的其他兄弟则无法交待，二是不合正统习惯。朱元璋经过再三考虑，终于决定立朱标之子——皇孙朱允炆为继承人，为此，朱棣一直耿耿于怀。

朱棣在就藩燕京以前，朱元璋还为他完了婚，妻子就是明王朝第一功臣中山王徐达的长女。朱元璋听说她“贞静，好读书”，被人称为“女诸生”，就把徐达找来说：“你我是布衣之交。古代君臣相契的常结为婚姻，你的长女就嫁给我的四子朱棣吧。”徐达自然是满口答应。徐氏于1376年被册封为燕王妃，第二年就成了亲。这时朱棣18岁，徐妃16岁。就是这位看来贤淑贞静的徐妃，后来成了朱棣夺天下、治天下的得力内助。这种婚姻实质上是一种政治行为，在这点上其他诸子也是比不了的。这对朱棣以后的发展都是很重要的因素。

忍辱装疯

朱棣进入北平的时候，当时元朝的势力虽然已经被赶到了大草原上，但还具有相当强大的军事实力，并不断骚扰明朝的北部边境。因此北平并不安宁，它是作为一个军事重镇而存在的。

另一方面，朱棣入住北平的时候，元朝刚灭亡不久，皇宫尽管已经烧毁了，但当年世界之都的繁华还在。在这个国际大都市生活了20年，朱棣的胸襟与气魄更像100多年前入主中原的蒙古大汗。蒙古大汗残酷勇敢，富有世界野心，他们的帝国不仅是汉语的故乡中原，还包括了世界上所有有人居住的地方。可以说是北京成就了朱棣。

1390年对蒙古乃儿不花的初战告捷，使他树立了威名，成为通往皇权宝座的良好开端。这一年元旦刚过，朱棣就接到父皇朱元璋的命令，让他和晋王分别统率兵马合击蒙元丞相咬住和平章乃儿不花。而立之年的朱棣异常兴奋，因为这是他第一次经历如此规模的大仗。素有野心的朱棣知道，这是他磨炼的大好时机，也是展现自己的一次难得的机会，因此精心准备，志在必得。

朱棣首先派出几股哨兵四出侦察，摸清了乃儿不花的确切位置。时值三月，没想到天公不作美，竟然下起了大雪，气温也随之下降。有些人请求燕王停止行军，暂避风雪。朱棣却有另一番见解，认为这正是出奇制胜的大好时机，因此大军冒雪前进。当大军出现在乃儿不花面前时，他十分惊讶，毫无准备。朱棣没有贸然进攻，而是派已降明的乃儿不花旧交观童前去劝降。乃儿不花知道无法抵抗，只好前往朱棣军中请降。朱棣摆酒设宴，对他非常热情，令乃儿不花很感动，遂主动要求前去劝降咬住。就这样，朱棣第一次大规模出征就兵不血刃地大获全胜。而另一路的晋王生性怯懦，不敢深入蒙古腹地，结果一无所获，倒是陪衬出燕王的智勇双全。朱元璋非常高兴，对他更加信赖。这次胜利，令朱棣声名鹊起，也是他在政治舞台上的完美亮相。

朱元璋死后，朱允炆继承了皇位，改元建文。这位年轻的皇帝和他的父亲一样抱着以仁治国之心治理天下。建文初年，社会稳定，政治开明，百姓称颂，

燕王朱棣发动靖难之变

洪武时期的高压政策被结束，幽深恐怖的南京宫殿一下变得光明起来。不过建文帝朱允炆更适合做一个文人，由于他在残酷的政治斗争中优柔寡断，历史无情地剥夺了他做个太平天子的想法。

由于建文帝年龄尚小，又生性仁慈懦弱，他的叔叔们各霸一方，并不把他放在眼里。这样一来，建文帝的皇权受到了严重的威胁，在一些大臣的鼓动之下，建文帝开始削藩。好在燕王朱棣封在燕地，离当时的都城金陵很远，又兼地广兵多，一时尚可无虞。

僧人道衍是朱棣的谋士，他对朱棣说："我一见殿下，便知当为天子。"相士袁珙也对朱棣说："殿下已年近四十了，一过四十，长须过脐，必为天子，如有不准，愿剜双目。"在这些人的怂恿下，朱棣便积极操练兵马。

道衍唯恐练兵走漏消息，就在殿中挖了一个地道，通往后苑，修筑地下室，围绕重墙，在内督造兵器，又在墙外的室中养了无数的鹅鸭，日夕鸣叫，声浪如潮，以不使外人听到里面的声音。但消息还是走漏了出去，不久就传到朝廷，引起大臣齐泰、黄子澄两人的重视。黄子澄主张立即讨燕，齐泰以为应先密布兵马，翦除党羽，然后再兴兵讨之。

建文帝听从了齐泰的建议，命工部侍郎张昺为北平布政使，与都指挥使谢贵、都指挥张信，伺察燕王，又命都督宋忠屯兵开平，再命其他各路兵马守山海关、保卫金陵。朱棣知道建文帝已对他产生怀疑，为了打消他的疑忌，便派自己的三个儿子高炽、高煦、高燧前往金陵，祭奠太祖朱元璋。建文帝正在疑惑不定，忽报三人前来，就立即召见。言谈之中，建文帝觉得除朱高煦有骄矜之色外，其他两人执礼甚恭，便稍稍安心。等祭奠完了，建文帝便想把这三人留下，作为人质。正在迟疑不决之际，朱棣早已料到这一着，飞马来报，说朱棣病危，要三子速归。建文帝无奈，只得放三人归去。魏国公徐辉祖听说了，连忙来见，要建文帝留下朱高煦。原来，徐辉祖是徐达之子，是朱棣三子的亲舅舅。他对建文帝说："臣的三个外甥之中，唯有高煦最为勇悍无赖，不但不忠，还将叛父，他日必为后患，不如留在京中，以免日后胡行。"建文帝仍迟疑不决，再问别的人，别人都替朱高煦担保，于是，建文帝决定放行。朱高煦深恐建文帝后悔，临行时偷了徐辉祖的一匹名马，加鞭而去。一路上杀了许多驿丞官吏，返见朱棣。朱棣见高煦归来，十分高兴，对他们说："我们父子四人今又重逢，真是天助我也！"

建文帝

过了几天，建文帝降旨，对朱高煦沿路杀人痛加斥责，责令朱棣拿问，朱棣当然置之不理。又过了几天，朱棣的得力校尉于谅、周铎两人被建文帝派来监视朱棣的谢贵等人设计骗去，送往京师处斩了。两人被斩以后，建文帝又发朝旨，严厉责备朱棣，说朱棣私练兵马，图谋不轨。朱棣见事已紧迫，起事的准备又未就绪，就想出了一条缓兵之计：装疯。

于是朱棣披散着头发，在街道上奔跑发狂，大喊大叫，不知所云。有时在街上夺取别人的食物，狼吞虎咽，有时又昏昏沉沉地躺在街边的沟渠之中，数日不起。

谢贵等人听说朱棣病了，就前往探视。当时正值盛夏时节，烈日炎炎，酷热难耐，但见燕王府内摆着一座火炉，烈火熊熊，朱棣坐在旁边，身穿羊羔皮袄，还冻得瑟瑟发抖，连声呼冷。两人与他交谈时，朱棣更是满口胡言，让人不知所云。谢贵等人见状，就告辞了。

谢贵把这些情况暗暗地报告给了朝廷，建文帝有些相信，便不再成天琢磨着该怎样对付朱棣了。但朱棣的长史葛诚与张、谢二人关系极好，告诉他们朱棣是诈疯，要小心在意，谢贵两人还不太相信。过了许久，朱棣派一个叫邓庸的百户到朝廷去汇报一些事情，大臣齐泰便把他抓了起来，严加拷问，邓庸熬不住酷刑，就把朱棣谋反的事从头至尾说了一遍，建文帝知道后大惊，便立即发符遣使，去逮捕燕王的官吏，并密令谢贵等人设法图燕，再命原为朱棣亲信的北平都指挥张信设法逮捕朱棣。

张信犹豫不决，回家告诉母亲，母亲说："万万不可，我听说燕王当据有天下，王者不死，难道是你一人所能逮捕的吗？"张信便改变了主意，可朝廷的密旨又到了，催他行事，张信就来见朱棣，想看个究竟。

但朱棣托病不见，三请三辞，张信无奈，就便服前往，说有密事求见，朱棣这才召见了他。进了燕王府，但见朱棣躺在床上，他就拜倒在床下。朱棣以手指口，嘟嘟囔囔，不知所云。张信便说："殿下不必如此，有事尽可以告诉我。"朱棣问道："你说什么？"张信说："臣有心归服殿下，殿下却瞒着我，令臣不解。我实话告诉你，朝廷密旨让我逮你入京。如果你确实有病，我就把你逮送入京，皇上也不会把你怎么样；如果你是没病装病，那就及早打算。"

朱棣听了此话，猛然起床下拜道："恩张恩张！生我一家，全仗足下。"张信见朱棣果然是装病，大喜过望，便密与商议。朱棣又召来道衍、王拱等人，一同谋划，觉得事不宜迟，可以起事了。这时，忽然刮起了大风，下起了暴雨，殿檐上的一片瓦被吹落下来，朱棣显得很不高兴。道衍进言说："这是上天示瑞，殿下为何不高兴呢？"朱棣谩骂道："秃奴纯系胡说，疾风暴雨，还说是祥瑞！"道衍笑道："飞龙在天，哪能没有风雨？檐瓦交坠，就是将易黄屋的预兆，为什么说不祥呢？"朱棣听了，转怒为喜。很快，朱棣设计杀死了张昺、谢贵两人，冲散了指挥使彭二的军马，安定了北平城，以"清君侧"、"诛奸臣"为名，自称"奉天靖难"，公然造反了。

宋忠将兵3万，驻军开平，是防备燕王的重要军事力量。燕王举事后，宋忠未敢贸然进军，而是移军怀来。朱棣控制了北平城，招降守备通州的通州卫指挥佥事房胜，攻取蓟州。居庸关被朱棣攻破，守将率败军归附宋忠。宋忠为调动士气，谎称原来燕王府守卫的家属被燕王杀害了。朱棣知道这一情况后，特意让那些士兵的亲属打前锋。原燕王府守卫看到家人并没有死，恼怒宋忠欺骗他们，就临阵倒戈。宋忠顿时阵脚大乱，燕王朱棣趁机挥军过河，直扑过来。宋忠大败，逃回城内，结果城破被捉于厕所内。

怀来击败宋忠，是朱棣起兵后第一次大规模的战斗。这次战斗，斩首数千人，缴获战马8000余匹和大量的军械。更为重要的是，怀来之战解除了北平周围的军事威胁，提高了军威。不久开平、龙门、上谷、云中、永平等处守军纷纷投降，壮大了朱棣的力量。

8月，建文帝命老将耿炳文率兵13万征讨燕王。由于朱元璋几次借故大杀功臣，朝廷中已经没有几个能征惯战的武将了，所以尽管耿炳文当时已经65岁了，也只能披挂出征。耿炳文驻军真定，派前锋9000人据守雄县。朱棣探知清楚后，于八月十五悄然来到雄县。正值中秋之夜，守城士兵饮酒赏月，放松了警惕。当发现燕兵时，朱棣的军队已经攀上了城墙，守军仓促应战。这支部队是南军的精锐，战斗力很强，直到第二天破晓之时，朱棣才攻占县城，南军全部力战而死。

离雄县50里的莫州，由潘忠、杨松率军驻守。朱棣料定二人会来援救，命千余勇士埋伏在必经之路的月漾桥下的水中。潘忠果然带兵来援，见雄县已失，想退回莫州，不料燕兵突然从水中冒出来，占据了月漾桥。这样前后夹击，南军大败，许多人掉进河里淹死了，潘忠被俘。朱棣乘胜追击，招降了莫州留守的万余人。一天之内，南军损失了3万人马。

这时南军尚有10万人马，驻军真定，分为两营，列于河的两岸，互相声援。耿炳文担心燕军势盛，下令移营合兵。朱棣趁机率军猛攻，南军仓促应战。战斗十分惨烈，最终南军不敌燕军铁骑，退守真定城，不再出战。耿炳文长于固守，所率兵士多步兵；燕军多骑兵，擅长野战。朱棣认为耿炳文是富有作战经验的老将，不好对付，担心时间一长，士气低落，遂围城3日后退回北平。

真定一战，南军损失数万人马，但主力尚存。如果坚持固守策略，朱棣还真没有什么好办法。然而建文帝对战事甚不满意，命李景隆接替耿炳文，意欲从速歼灭燕王朱棣。临阵换将，本是兵法大忌，何况李景隆缺乏作战经验，是一个纸上谈兵的纨绔子弟。

李景隆放弃了耿炳文稳健的策略，率军直扑北平，分兵三处：一军攻打北平九门；一军攻打通州；自己驻扎郑村坝（北平东20里）。当时朱棣赴大宁寻求救兵，北平守备空虚。攻打北平的战斗十分激烈，正阳门情势岌岌可危。燕王妃徐氏亲率妇女登城，投掷石块，帮助守卫城门。主攻彰义门的瞿能父子骁勇善战，率领精骑一度攻入城内，然而李景隆却命令等待大队人马，结果贻误战机，守军以水泼城，一夜成冰，第二天已经难以攀爬了。守军并没有一味死守，而是在夜里不断派遣小股部队骚扰南军，弄得南军精疲力竭，人心不宁。

11月，朱棣已经收编了宁王的部队归来，包括能征惯战的朵颜三卫骑兵，实力大为增加。李景隆派陈晖率一万骑兵东行，寻找机会迎击燕军，不想两队人马没有走到一条路上，未曾相遇。后陈晖发现了燕军，从后面尾随而来，准备前后夹击。朱棣察觉后，命精骑回头迎击，将其一举击溃，陈晖只身逃回军中。燕军士气大振，燕王乘势派朵颜三卫猛冲南军。朵颜骑兵锐不可当，疾风暴雨般连破南军7营。李景隆整顿军马，在郑村坝与燕军决一死战。这场战斗，数十万军马从中午一直打到晚上，尸横遍野，十分惨烈。朱棣趁着天黑，派奇兵左右冲杀，搅乱了南军的阵营，然后燕军正面猛攻，占据了上风。当日未分胜负，双方各自收兵回寨。李景隆没有经历过如此惨烈的战斗，初战不利，感到难以取胜，连夜拔营南遁，匆忙之中竟然没有通知围攻北平九门的将士。攻打九门的将士失去主力的掩护，仅两天就被朱棣击败，北平之围始解。

这一战中，守城的燕王世子朱高炽作用不可低估。他以城中老弱残兵坚守北平城，面对李景隆数十万大军的攻击而岿然不动，有力地牵制住了南军，保住了燕王朱棣的根据地。假设北平被攻占，朱棣将面对另一番景象，胜负的天平尚不知会倾向哪边。

郑村坝大战之后，原本锐意削藩的建文帝变得软弱起来，罢齐泰、黄子澄职，希望燕王息兵。这种做法无异于向朱棣示弱，是不会起到任何积极作用的。建文二年（1400年）二月，李景隆致信朱棣，请求息兵。朱棣现在兵强马壮，自然不会讲和。双方秣马厉兵，积蓄力量，准备在春天再战。然而朱棣使用了一个小花招，戏弄李景隆于股掌之间。二月，朱棣佯攻大同，李景隆率军救援。朱棣却不与之战，由居庸关退回北平，李景隆奔波一场，劳而无功。当时天气尚寒，南军衣衫单薄，不少士兵被冻伤，部队也没有得到很好的休整。

4月，李景隆大举北伐。双方在白沟河摆开阵势，大战一触即发。南军中的平安和瞿能父子骁勇异常，率军猛冲燕军，所向披靡。朱棣的坐骑接连被射杀，他的宝剑竟也砍折了。瞿能父子奋勇厮杀，已经和燕王近在咫尺。朱棣见大势不妙，拨马跑到河堤上，南军在后面紧追不放。朱棣立马站在堤上，假意用马鞭招呼后面的部属，使南军相信燕军就在堤下。南军果然上当，没敢继续追击，不然朱棣即被生擒活捉。双方杀得难解难分，互有胜负之际，忽然一阵风将南军大旗刮倒，南军阵营产生了混乱。朱棣抓住这难得的时机，指挥部队猛冲，一举击溃南军。

白沟河之战是决定性的战役。此后，建文帝再也组织不起来大规模的军事征讨了。朱棣由此转守为攻，取得战事上的主动。

建文四年（1402）六月十三日，朱棣兵临南京城下。李景隆、谷王打开金川门迎降，建文帝不知所终，朱棣取得了靖难之役的胜利。

文治武功

因为这个皇位是“篡夺”来的，朱棣即位之初采取了血腥的政策，“瓜蔓抄、杀十族”都是这一时期产生的，有的文人犯了罪，不光他的亲戚九族，而且他的朋友也要被株连处死，这就叫杀十族。当时的恐怖气氛可见一斑。他把忠于建文帝的遗臣“灭九族”、“灭十族”地杀光，南京宫殿又变成了恐怖的屠宰场。

其中最惨烈的当属方孝儒一案，方孝儒是建文帝的老师，一代大儒，天下读书人的偶像。建文帝虽死，但方孝儒仍效愚忠，誓死不从朱棣。朱棣派人从狱中把他请到大殿，方孝儒竟当众大哭，声彻殿宇。连朱棣也被方孝儒的忠诚所感动，竟亲自走下来扶着方孝儒，一边劝导说：“先生不必这般自寻烦恼，我现在的行动，是仿效周公辅佐成王。”可方孝儒反问：“请问成王现在哪里？”朱棣道：“他已自焚而死。”方孝儒接着问：“那为何不立成王之子？”朱棣道：“国家应当有一个年纪大的国君才行。”方孝儒不依不饶：“为何不立成王之弟？”朱棣说：“这些都是我们朱家的家事，先生不必多虑。”随即示意左右把文房四宝交给方孝儒，说道：“我的即位诏书，非出自先生的大手笔不可。”方孝儒接过笔砚后，狠狠地甩在地上，斩钉截铁地说：“死即死耳，诏不可草！”朱棣终于被惹恼了：“你不怕死，难道你就不怕被诛灭九族？”方孝儒回答道：“便十族奈我何！”朱棣勃然大怒，他没有想到一个手无缚鸡之力的读书人，竟敢如此强硬顶撞他。盛怒之下，朱棣当场命人用刀把方孝儒的嘴割破，一直割到两耳根，然后又关回监狱。

随后的日子，朱棣开始大肆逮捕方孝儒的宗族门人，每捕到一批人，都让他们一个个从方孝儒眼前走过。方孝儒心中虽痛，可他却假装镇静，头都不抬。朱棣把方孝儒的九族全部捕获之后，方孝儒仍不肯降服。此时，怒火中烧的朱棣已完全丧失了理智，他疯狂地将方孝儒的朋友、学生乃至一切与方孝儒有关的人单独列为一族，与九族加起来合称“十族”，共计873人，当着方孝儒的面，全部磔杀（砍成碎块）。方孝儒是最后一个受刑的，被磔杀于聚宝门（今中华门）外。行刑前，他还写下一首绝命词：“天降乱离兮孰知其由，奸臣得计兮谋国用忧。忠臣报国兮抑又何求？呜呼哀哉兮庶不我尤！”如今，

得到一个帝王的满足，他渴望走出蔚蓝色的中国海域，去探访西洋世界的究竟。1405 年，他派郑和下西洋。这是中国历史上的一大壮举。郑和，原是燕王府的一名太监。后随燕王朱棣南征北战，立下战功，很受燕王赏识。朱棣即位，赐他郑姓。因他又名三宝，人称“三宝太监”。他是一生都受到明成祖重用的地位特殊的内臣。

明成祖想向海外宣示明朝的强大，让西洋各国纷纷来中国朝贡。同时，又进行经济、文化交流。自 1405 年至 1433 年的 28 年间，郑和 7 次出使西洋。其中，有 6 次是奉明成祖谕旨成行的。郑和 7 次出使西洋，同 30 多个国家加强了往来，进行了各个方面的交流，密切了同这些国家的双边关系。这种大规模的海外贸易，是中国航海史乃至世界航海史上的壮举，其历史意义非常深远。

对于明成祖朱棣为什么派郑和下西洋有一个流传很广的说法：寻找建文帝的下落。原来，当年朱棣的大军攻入南京建文帝皇宫里时，发现奉天殿火光冲天。原来朱允炆为了不落入朱棣之手，同自已心爱的奉天殿同归于尽了。士兵们从废墟中扒出了几具烧焦的尸体，但并不能辨认出哪具是朱允炆的尸体。朱棣还假惺惺地流泪说:“小皇帝呀，我是为你扫除奸臣来的，你为什么要自焚呀？”

朱棣如愿以偿地做了皇帝，但心中隐藏着强烈的不安，他一直都不相信那几具焦尸中真的有建文帝朱允炆，为了自己顺利即位，朱棣匆忙以“天子礼仪”下葬了几具焦尸。其实，朱棣在位期间，一直没有放松对建文帝的搜寻，先是派户科都给事中胡濙遍行全国各地长达 16 年，秘密寻找建文帝的下落。后来，派郑和赴海外寻找。直到朱棣死前一年，有一天晚上，朱棣已睡下，突然听说胡濙回来了，急忙穿上衣服，在卧室单独召见，二人一直谈到四更天，至于具体谈的什么，没有详细的记载。但可以肯定的是胡濙打听到了建文帝的确切消息，并且事隔多年后，建文帝已经没有重夺帝位的想法了。朱棣终于放心了，从此再也不究问建文帝踪迹了。

当时许多人也认为建文帝没有烧死，而是逃到了其他地方。据说，朱棣大军破城的那天，朱允炆正要自杀，被翰林院编修程济拦住，程济说与其自杀，不如逃走，这时少监王钺拿出一个箧子，说是朱元璋临终时留下，如临大难就打开它。建文帝见到祖父留下的东西，悲鸣不已，连忙让人焚烧宫殿，皇后心甘情愿地跳入火中替皇帝去死。铁箧打开后，里面是三张度牒，分别写

十三陵

着三个名字：应文、应能、应贤。箧内袈裟、帽、鞋、剃刀，应有尽有，还有10锭白金。“应文”便指朱允炆了，在场的还有吴王府教授杨应能、监察御史叶希贤，便是“应能、应贤”了。箧内还用红颜色写着两行字：“应文从鬼门出，余从水关御沟而行。薄暮，会于神乐观。”建文帝等人剃了发，穿了袈裟，假扮和尚，从密道逃出皇宫。从此以后，建文帝一行人过上了流亡苦旅，云游到云南、湖北、四川、广东、贵州、浙江，终无消息。

明成祖的一个重要举措是迁都北京。即位之初，他重建了被烧毁的奉天殿，但在这座宫殿里，朱棣并不自在，朱元璋和朱允炆的魂魄以及众多怨魂似乎一直在大殿内环绕，让朱棣寝食不安，他觉得死后也无脸见葬在南京孝陵的朱元璋。不过让他欣慰的是朱元璋晚年就有迁都的想法，所以迁都北京从他一登基时就开始考虑了。

因为朱元璋晚年时突然发现南京皇宫北面地基下沉不少，整个皇宫的地势变成了南高北低的状况。这在封建年代，是一种很不吉利的风水，会不利于后代传承，甚至会绝后。朱元璋此时回想起当年选择宫址的时候，搞了一系列装神弄鬼的活动，并命刘基占卜适合之地。刘基花了6年时间在南京到处查看，可最终占卜的“新宫”，竟在一片低洼的湖水中，且偏于整个城垣的东部。而中国古代皇宫择址的传统都应该是方正规则，居于城中心，且更不应择低洼之地。因此，刘基为朱元璋所卜的“新宫”宫址，至今令人费解。据说这里是钟山龙脉的“龙头”，风水极佳。为了填湖造宫，工匠们在湖底铺垫巨石和打桩，然后用石灰、三合土分层夯实。经过一系列艰巨的填湖工程，地基问题才算基本解决。最残忍的是朱元璋为了图得吉利，竟将当地一个名叫田德满的老汉投入湖中，取其名字的谐音作为“填得满”的吉兆。

可是“填得满”没有带来吉兆，反是报应。对于洪武末年皇宫下沉的状况，朱元璋无奈地说，他本想找个合适的地方再迁都，可是已经年老体衰，办不到了。这座花费了无数钱财和人力修建的南京皇宫，朱元璋仅享用了6年。1398年5月，朱元璋在南京乾清宫内死去，这位大明开国皇帝最终也没找到最满意的都城。

永乐年间，随着元朝残余势力退至漠北，长江岸边的金陵，就显得离重要的北部边陲过于遥远了。为此，1403年，礼部尚书建议，把北平改为北京，迁都北京。明成祖认为，天子居北，正是居重御轻，可以加强北部边防，就采纳了这个建议。但是，他深知，迁都是一件关乎国家兴亡的头等大事，必须审慎行事。

他没有轻举妄动，而是在充分论证的基础上，分阶段、有步骤地进行。他首先正名，有意提高北京的政治地位。下令改北平为北京，升为陪都，称作行在。同时，改北平府为顺天府，并千方百计地提升北京的经济地位。他知道，北京虽然地理位置极端重要，而且是元朝的大都，但是它在经济上却远不及江南，不及金陵。因此，他首先是想方设法使北京繁荣起来。他下令向北京附近大规模地移民屯田，5年之内减免赋税。一些军士，也被放归北京乡里种田。战乱之后，形成大量流民。他下令把流民组织起来，到北京一带去种田。甚至，他又下令释放囚徒，安置在北京周边地区去种田。他还实行了一些优待政策，如向他们免费提供牛具、种子。同时又迁往北京大批工匠，给这些民户以更多的优惠政策。如诏免税粮，赈济优厚等。这就在北京市内形成了工商业。由于这样多年的苦心经营，北京也就逐渐发达繁荣起来。从而，北京初步具备了大都市的规模，可以和金陵相媲美了。

1406年，明成祖下令第二年正式营建北京宫殿，特派大臣到各有关行省采集巨木。又命大臣陈珪，主持北京宫殿及北京城的整个设计营建工程。此后，正式启动的营建工程，就一直进行，从未中断。1420年，北京的宫殿终于建成了。次年，正式迁都北京。经过18年的曲曲折折，明成祖终于了却了自己多年的宿愿，完成了迁都盛举。从此，北京就成为明清两朝的都城，一直延续至今。北京定为中国的首都，这是明成祖的历史贡献。

不久，65岁的明成祖，突然病故在北征蒙古的行军途中。死后，他被葬在北京昌平天寿山的长陵。此陵是在他54岁时建成的。

二十五、当过俘虏又复辟的皇帝明英宗

明英宗朱祁镇，是明朝开国以来的第六位皇帝。他的一生充满了传奇色彩。他 9 岁登基，年号“正统”，14 年后在土木堡被蒙古瓦剌部也先俘虏，失去帝位。被俘后勇北居一年，南宫幽居 7 年，又于 1457 年通过“夺门之变”重登宝座，年号“天顺”，在位 8 年。两阶段加起来共在位 22 年，38 岁时驾崩，庙号“英宗”。

他真可谓经历了天上人间的剧烈变化。在这期间他宠信过一些人，重用过一些人，惩处过一些人。他宠信的人，有的断送了他，比如王振；他重用的人，有的对他产生威胁，比如石亨和曹吉祥；他惩处的人，有的明知其对社稷有功，却不得不如此，比如于谦。总之，任用非人，是他作为一个皇帝的最大失败之处，同时也在某种程度上决定了其跌宕起伏的悲剧命运。

北宋后，历史上被蛮族掳走的“天朝”皇帝，除了北宋的徽、钦二帝外，大概也只有明英宗这一位了。而北宋徽、钦二帝的被俘是因为在军事上明显弱于对手金国，但明王朝相对于也先的部落，却是在军事上占优势的一方，因此，明英宗竟然会被异族掳获，令人大跌眼镜，所以明英宗可以在历史教科书上占有一席之地，也就不足为怪了。

这样一个皇帝，死后又居然被谥为“英”宗，使许多人深感不解。因为所谓“英”宗，顾名思义，指这个皇帝生前很英明。“英”这个谥号好像没有隐含不好的意思，不像谥“惠”表面上是说很有恩惠施与人，但多指白痴或是智障皇帝；或是谥“襄”表面上是说很威风壮盛，但多指穷兵黩武而一事无成的皇帝。一个因为宠信太监而被外族所掳的皇帝，居然被认为很英明而谥为“英宗”，好像是一个讽刺和笑话。

但如果换一个角度来想，英宗被也先俘虏后，竟然不死而能生还，说明他这个人是颇能委屈求全、忍辱负重的。而英宗返回故国后，皇帝已经由他的弟弟做了，自己变成了太上皇。皇太子虽然还是英宗的儿子，但现任皇帝的党羽随时都在设计陷害他，以便让现任皇帝的儿子继位，事实上，皇太子后来也的确被拉下了东宫的位置。这一切都十分不利，但英宗居然安全地活了下来。不但如此，支持他的臣子们还趁英宗的弟弟病重时，发动了历史上著名的“夺门之变”，使英宗复位，并摘去了他弟弟的皇帝头衔。由此，我们可以想见，在经历了这么多风霜的磨炼后，英宗的头脑、阅历、手段、眼界、胸襟必然远超一般从小生长于皇宫内的皇帝。在大漠中物质匮乏的痛苦，恶劣气候的考验，寄人篱下的忍辱负重，乃至于做太上皇时期明哲保身的智慧，凡此种种，使我们可以合理地推论英宗已经从当初那个糊涂的小皇帝蜕变成了一个英明的帝王，而历史上的事实上也相去不远。所以英宗之所以为英宗，得来非虚。后来的明英宗已经不是那个早年在土木堡被俘的无能皇帝了。

明英宗朱祁镇画像

谁是生母

谁是英宗的生母？在这关系到皇家龙脉的大事上本不应成为问题，但英宗的生母的确存在着不同的说法。一说是孙贵妃所生。《明书》、《明实录》等书持此说。《明书》记载孙贵妃于“宣德二年十一月，生英宗皇帝”。另一说是宫女所生，即孙贵妃为了巩固自己的地位偷偷抱养宫女之子为己子，而那个宫女却销声匿迹了。《明史稿》记载孙氏“子宫人子，于是眷宠日重”。查继佐《罪惟录》也说孙贵妃“宠冠后宫，宫人有子，贵妃子之”。《明史》中也认同这种说法。

原来宣德年间，宣宗朱瞻基的正宫胡皇后举止得体，贤良温淑，是一位不可多得的好皇后，宣宗还有一位孙贵妃。孙贵妃，永城县(今河南永城)人，主簿孙忠女。10岁时，经彭城伯夫人、张太后母亲向成祖推荐，选入内宫抚养。1417年，册封为皇太孙嫔。宣宗即位后，被册立为贵妃。

孙贵妃深得宣宗皇帝的喜爱，唯一的遗憾是没有得到皇后的宝座，于是孙贵妃绞尽脑汁，总想挤掉胡皇后而自立，机会终于来了，宣宗皇帝的子嗣一直不旺，胡皇后没能为宣宗生下一个皇子。孙贵妃虽然也没能生子，但她想出了一条偷梁换柱的计策，她派人在宫中四处打探哪个宫女被皇帝临幸后怀有了身孕，就将找到的宫女藏在秘室之中，与外界隔绝，派专人送饭、照看。然后买通御医，对外号称自己怀孕，并伪装了许多怀孕的迹象。由于当时孙贵妃深得皇帝的宠爱，因此无人敢透露半点风声。就这样十月怀胎，宫女顺利产下一子，孙贵妃马上派人将孩子抱到身边，秘密处死了宫女，然后派人立即通知宣宗，自己也装出一副产后非常虚弱的样子。就这样这个小男婴就成了孙贵妃的亲生儿子，而这个小孩就是后来的英宗朱祁镇。

朱祁镇出生四个月被立为太子，成为孙贵妃争夺皇后之位的最重要的砝码。后来太后和诸大臣同意宣宗废掉胡皇后，册立孙贵妃为皇后，应是母以子贵。由于宣宗皇帝一手导演了废后的闹剧，在他的一生英明中涂上了一个很大的污点。

当时的《寓圃杂记》有更加详细的记载：

宣宗胡皇后无子，宫中(一云纪氏)有子，孙贵妃攘为己子，遂得册为皇后，而废胡为仙姑。……英宗立，尊张太后为太皇太后、孙为太后。胡每事谦让，不敢居孙之右。正统七年，太皇太后崩，凡六宫有位号者皆得祭奠，胡不敢与太后之列，惟与诸嫔妃同事。孙太后知而有见谴之意，胡因痛哭而殂。太后命阁下诸臣议治丧之仪，时杨士奇卧病于家，诸臣往问，士奇曰："当以后礼殓，葬景陵。"问者曰："此非内中所欲。"士奇遂面壁不答，惟曰："后世骂名。"诸臣因议以嫔御礼葬。天顺六年，孙太后崩，英宗尚不知己非孙所出，惟皇后钱氏知其详，亦不言。八年，英宗大渐，后泣诉曰："皇上非孙太后所生，实宫人之子，死于非命，久无称号。胡皇后贤而无罪，废为仙姑。其死也，人畏孙太后，殓葬皆不如礼。胡后位未复，惟皇上念之。"英宗始悟，卒如其言，遗命大行尊崇之典。

据这部书记载，英宗是在他在位的最后一年才从皇后钱氏口中知道自己本是宫人之子的，但年长日久，他已无法知道生母的身世和下落(按钱后的说法，英宗生母"死于非命"，从孙贵妃跟胡皇后争宠得逞并进而逼死胡氏的情况来看，这是很可能的)，只好把一腔同情寄予被废的胡皇后身上，为她重修陵寝，一切按照皇后的规制办理。

钱皇后为什么要替与自己毫不相干的废后胡氏说话？原来，作为英宗的皇后，钱氏并没有生过皇子，而当时周贵妃却有一子，即后来的宪宗。这种情形跟当年胡皇后无子、孙贵妃有子的情形极其相似。也许正是由于这一情形，使得钱氏深为同情胡皇后吧。钱皇后很幸运，并没有因无子而被废。

钱皇后出身低微，英宗很想给她的家人加官晋爵，但钱氏却推辞了。皇后的家族没有封爵，这在有明一代是很少见的。这使英宗很敬重她。最动人的故事发生在土木事变之后。当时，钱皇后把宫里的家底都拿出来交给瓦剌的使者去营救英宗。她日夜哭泣，困了就卧在地上，结果弄瞎了一只眼睛，弄坏了一条腿。英宗回来被关在南宫做太上皇，很郁闷，钱皇后委婉劝解，让英宗舒缓一下心情。所谓“患难夫妻”，也不过如此了。所以英宗对钱皇后绝对是一心维护，即使立了周贵妃的儿子为皇太子（即后来的宪宗），也不像他父亲一样废掉皇后。他担心自己驾崩后钱氏受周贵妃欺负，特地在临终之前遗命：“钱皇后千秋万岁后，与朕同葬。”明代此前的惯例是一帝一后同葬，这道遗命就等于告诉周贵妃：你的儿子做了皇帝，但钱皇后的太后地位是不能动摇的。

果然，英宗死后，周贵妃就闹了起来，要独称太后，排挤钱皇后。大学士李贤、彭时就以英宗遗命为理由反对，最后宪宗从中做个妥协，两宫并尊，周氏和钱氏同为皇太后。等到钱太后去世时，周太后又从中作梗，不让钱氏与英宗合葬。因事关国体，大臣们又起来反对，竟至“百官伏哭文华门外”。最后，又是权宜之计，钱太后葬于英宗玄堂左边，右边空着留给周太后。这时，周太后居然派人暗中做手脚，让钱太后圹位距离英宗玄堂数丈之遥，而且将中间堵塞起来，其意就是不让钱太后在另一个世界跟英宗见面。周太后的做法如今看起来是有点可笑，但在当时却是非常现实的考虑和思路，反映了宫廷斗争的复杂性。从这个方面来说，钱皇后能为宣宗废后胡氏说话，实际上折射出她对自身命运的某种忧虑。

不管英宗是宫人所生还是孙氏所生，总之都是龙脉。因为在紫禁城内，除皇帝外，只有皇帝的妃嫔、服侍的宫女和太监，不会有其他成年男子。英宗的生母为谁，宣宗自然心知肚明。如果确为孙氏夺宫人之子为己子，对宣宗来说，总是自己的骨肉，无伤大局，同时还可以帮助自己宠爱的孙贵妃登上皇后宝座，或许是心照不宣地默认了这个事情。

从以上所述，可以看出英宗的身世方面有很大的悲剧性。而同时，英宗作为一位政治人物，他的一生极富大起大落的戏剧性，也不乏某种悲剧因素。

土木堡被俘

英宗很早就得到命运的垂青，出生四个多月便被册立为皇太子，成为有明一代年纪最小的皇储。父亲宣宗结婚10年没有子嗣，对这个姗姗来迟的太子自然十分疼爱，并寄予厚望。宣宗驾崩后，在祖母太皇太后张氏的主持下，年仅9岁的朱祁镇顺利登上皇位，年号正统，开始了他传奇的一生。这是他一生中的幸运之处。但从另一个角度说，幼年丧父，不能不说是人生一大不幸。而更可悲的是，在他生命的最后一刻，竟然连自己的生母是谁都产生了疑问。

英宗登基时，距朱元璋开基建国已有近70年的时间了。经过前面5位皇帝的经营，国家已经恢复稳定，经济得以复苏，呈现出繁荣强盛的态势。特别是英宗的祖父、父亲仁、宣二宗继承洪武、永乐基业，又能勤政爱民，当时宇内承平，史称"仁宣之治"。英宗是明朝建国以来第一位幼年天子。即位之初，军政大事操持在太皇太后张氏和内阁三杨手中。太皇太后张氏，是仁宗的皇后、宣宗的母亲、英宗的祖母，很有才智，在正统朝前期政治活动中起了非常重要的作用，国家大事多禀裁决。当年宣宗病逝前担心英宗年纪幼小无法理政，特在遗诏中写下"大事白皇太后行"，这在明代遗诏中是少有的。三杨，即杨士奇、杨荣、杨溥，是明朝历史上少有的"名相"。他们历永乐、洪熙、宣德三朝，有着丰富的治国经验。因此在英宗亲政之前，明朝仍然延续着仁宣时期的发展轨迹前进着。正统七年（1442年），太皇太后张氏去世，三杨也先后淡出政治舞台，年幼的天子已经长大成人。如果按照历史发展的正常逻辑，英宗最起码应当是个守成之君、太平天子，但在他亲政的几年内，却发生了一件对明朝历史影响极大、对英宗本人命运也影响极大的事件——土木堡之变，给他的命运带来了巨大的落差。

王振

而造成这一悲剧的原因就在于他过分宠信太监王振，对王振到了言听计从的地步，而且英宗对王振礼遇甚隆。他在给王振的敕书中说："朕自在春宫，至登大位，几二十年。尔夙夜在侧，寝食弗违，保护赞辅，克尽乃心，正言忠告，裨益实多。"

这封敕书的感情是真挚的，英宗从小和王振在一起，王振又能替他处理冗杂的政务，使英宗对王振不仅信任，而且依赖。正统六年（1441年）年末，英宗大宴文武百官。按照惯例，宦官不能参加。英宗时刻不忘王振，宴会中间专门派人探视。使臣到时，王振怒气正盛，说："周公辅成王，我独不可一坐乎？"使臣回报，英宗不仅不以为忤，反而不惜违背祖制，召王振入席。王振到时，百官望风而拜。还有一次，王振见工部侍郎王佑貌美而无须，便说："王侍郎何以无须？"王佑竟然回答："老爷所无，儿安敢有？"从中可见王振权势之盛，以及百官的奴媚之相。

英宗又为什么这么信任王振呢？就因为他还是一个顽童时，一直由司礼太监王振陪他玩，从此他就被这位"王先生"牵着鼻子走。王振的权威，甚至比朱祁镇还要大，是英宗正统朝举足轻重的政治人物。

王振是蔚州（今河北蔚县）人，一说北直隶宣府（今河北宣化）人。据查继佐《罪惟录》说，王振"始由儒士为教官，九年无功，当谪戍。诏有子者许净身入内，振遂自宫以进，授宫人书，宫人呼王先生"。可知王振是永乐时入宫，因有文化崭露头角。在英宗做太子时，王振就在身边。王振善权术，能察颜观色，深受英宗宠信，称其为"王先生"。英宗即位后，命掌司礼监。在明代，司礼监太监有"内相"之称，掌批红，权力很大，可与内阁分庭抗礼。

土木堡之役

有人认为王振是明代第一个权阉，是明代宦官专权始作俑者。朱元璋建国伊始，规定内官不许习字，只供洒扫驱使。又令宦官不许干政，违者斩，并铸铁牌立于宫门之侧。终洪武一朝，无宦官干政的现象。永乐朝情势为之一变。靖难之役时，由于有大批宦官投奔朱棣，报告朝中虚实，为朱棣夺取江山立有功绩。因此成祖朱棣信任宦官，允许读书习字，逐渐委以重任，但仍未有专权现象。王振的得宠，与其是东宫旧人的身份很有关系，因为"出入起居之际，音声笑貌，日接于耳目，其小善小信，皆足以固结君心”。王振之后的刘瑾、魏忠贤都是这种情况。

正统初年，因为外廷有“三杨”，内宫有太皇太后张氏，王振尚处处小心，不敢嚣张。但是太皇太后张氏在正统七年（1442 年）去世，“三杨”也先后去世，使得王振可以肆无忌惮地弄权了，大兴土木，他广收贿赂，使用重刑，威势倾朝廷。而且他还依仗皇帝的威严排除异己，树立朋党。正统朝的政治日趋腐败。

由于明朝的江山是推翻元朝统治，从蒙古人手中夺过来的。明朝建立后，蒙古人虽然失去了对中原的统治，但在北方草原地区仍然有很大的势力。洪武元年（1368 年），明太祖朱元璋在南京即皇帝位不久，就命徐达领兵出征北元。元顺帝见大势已去，逃离大都（今北京市），返回漠北。虽然蒙古无力与明朝一争天下，但雄踞北方，时刻都是明朝的重大威胁。因此，明朝历代统治者都把北元作为心腹大患看待。太祖分封秦、燕、晋、宁、辽、岷等边塞诸王，分镇要害边地，屯驻重兵，形成了一道抵御蒙古的防线。洪武年间，太祖还多次出兵打击蒙古势力。永乐年间，成祖朱棣迁都北京，实际上是把抗蒙总部搬到了前线，先后 5 次亲征，使得北部边境稍得安宁。在最后一次亲征途中，朱棣病逝。

自仁、宣时期起，明朝对蒙古政策发生了很大的变化。太祖朱元璋、成祖朱棣对蒙古主要采取以攻代守，主动出击的策略，长驱直入，极大地削弱了蒙古各部的势力。此时则转变为镇守九边、互市往来的以守为攻的方针。蒙古游牧经济有其内在的不足，生产分工不发达，手工业制造水平低下，因此日用品、手工业品缺乏，必须依靠其他途径获得。获得的手段不外乎两种：掠夺和贸易。贸易又分为朝贡贸易和马市贸易。马市贸易，设于边境，蒙古以驼马皮毛换取日用品，但明朝政府明令禁止买卖铜、铁、兵器。

朝贡贸易，始于永乐朝，入贡驼马兽皮，明朝则估价给值，另有大量赏赐。但是这种朝贡体系隐藏有很大问题，蒙古派遣的使团人数越来越多，沿途州府供应吃力，而且其间夹杂不法之徒，频频生事。如果得不到满足，蒙古就会侵犯边境。

正统初期，英宗忙于用兵麓川，无暇北顾，使得也先（蒙古首领，自称太师淮王）利用机会扩大势力范围。也先先是向西发展，将依附明朝、屏卫明朝西翼的各蒙古部落收服，然后挥兵东下攻取兀良哈三卫。此时，也先的势力范围西起今日的新疆、甘肃、青海，东至辽东地区，并不断骚扰明朝的北边。

不仅如此，他还经常派人以向朝廷进贡为名，骗取赏赐，因为当时明朝对进贡国家的使者，无论贡品如何，总要有非常丰厚的赏赐，而且是按人头派发。也先也是看中了这一点，派出的使臣不断增加，最后竟加到3000多人。1449年，也先遣使2000余人进贡，诈称3000人。王振怒其诈，下令减少赏赐，也先遂以此为借口领兵大举进犯。

王振认为这是扬威远方的机会，也是进一步提高自己在朝廷中威信的机会，于是极力撺掇英宗亲征。英宗年少气盛，自己也想仿效曾祖父成祖扫荡漠北，因此决定亲征。由于当时明廷的主力都在外地作战，一时难以调回，朝中大臣都劝阻英宗不要亲征，但最后还是没有改变英宗的态度，于是，英宗命御弟郕王朱祁钰留守北京，自己率领从京师附近临时拼凑起的50万大军，浩浩荡荡出征了。

由于连日大雨，加之粮饷接济不上，军队的士气非常低下。行到大同附近，看见被也先杀的尸横遍野的明军尸体，英宗和王振都动摇了，决定撤军。但是王振的老家在蔚州，离大同非常近，他决定大军绕道蔚州撤退，王振的提议立即遭到群臣的反对，认为这样会耽误撤退的时机，但是王振哪里听得进去，加上英宗也希望给王振衣锦还乡的机会，于是大军开始朝蔚州方向移动。

这时，王振怕大军经过会踩坏家乡的庄稼，又下令按原路撤军，就这样宝贵的时间被耽误了。当大军行到怀来附近时，由于辎重还没有赶到，王振让军队原地驻扎等待。如果这时明军能够进怀来城驻守，那么历史将被改写，不过历史就是历史，没有那么多的假设，就在8月13日怀来城外的土木堡（今河北省怀来县以东20里处），明军被也先大军赶上，并被包围。也先切断了明军的水源，土木堡地势虽高却没有水源，掘地两尺仍不见水，士兵饥渴两日，战斗力大为下降。也先假意议和，趁明军不备，发动总攻。明军全军覆没，英宗被俘，转瞬间就由贵不可言的皇帝变为阶下囚。王振被明将樊忠杀死，英国公张辅、兵部尚书邝野等大臣战死。这就是著名的土木之变。英宗也开始了他一年的俘虏生活。

英宗被俘后，是杀是留也先无法决定，好在也先的弟弟伯颜帖木儿认为英宗奇货可居，劝也先留下英宗，他的提议得到了也先的认同，英宗得以保全了性命。英宗被俘的最初一段时间，也先视为奇货可居，总是带着英宗到处招摇撞骗，但遭到了明朝边将的回绝。

这样，也先想靠英宗大捞一把的计划失败了，于是气急败坏地率领瓦剌

于谦像

精锐骑兵浩浩荡荡杀奔北京。紧接着，瓦剌大军直逼北京。也先想以英宗被俘要挟明廷。这一来，整个朝廷乱成了一锅粥，京师群情汹汹，人心惶惶。以徐有贞为代表的一批人主张弃城逃跑，迁都南京以避敌人的兵锋，而监国郕王和孙太后也毫无主见。这时一贯以正色立朝的兵部侍郎于谦大声反对："言南迁者，可斩也。京师乃天下根本，一动则大事去矣，独不见宋南渡事乎！"太监金英也赞同于谦的意见，郕王就提升于谦为兵部尚书，主持军务，担负起保卫北京的重任。

于谦是钱塘（今浙江杭州）人，字廷益，号节庵。永乐进士，曾随宣宗平汉王朱高煦叛乱。出按江西时，卓有政绩，百姓称颂。1446 年，曾遭人陷害入狱论死，因百官百姓力请得免。土木之变时，为兵部右侍郎。

此前，于谦顺应民意，建议对罪魁祸首王振及其亲信马顺等人绳之以法，得到大家的一致支持，声望大增。由于英宗所率 50 万京师劲旅皆没，北京只剩下不到 10 万老弱病卒。于谦请求郕王檄取两京、河南备操军，山东及南京沿海备倭军，江北及北京诸府运粮军，亟赴京师。经过这样一番部署后，人心稍安。

于谦主持军务以后，调发军旅井井有条，郕王被推立为皇帝的呼声也越来越高，孙太后本来想立朱祁镇的长子 3 岁的朱见深（就是后来的明宪宗）为皇帝，此办法虽然符合封建宗法观念，但是，国难当前，当立长君，于是，孙太后被迫表态可以立郕王。郕王朱祁钰是英宗的异母弟，时年 22 岁，年富力强。

拥立时，朱祁钰照例装出一副恐慌的模样，推三阻四，最后，还是于谦一锤定音："臣等诚忧国家，非为私计。"就这样，郕王于九月初六即位，改元景泰，是为明代宗。于谦当时是非常主张"社稷为重，君次之"的，这也是他后来遭到明英宗嫉恨的主要原因。

应当说，朱祁钰的来路比朱祁镇明白得多，但是，因为朱祁镇的养母是孙皇后，所以，朱祁钰最多只能是个郕王。朱祁钰本来准备一生都做一个安分守己的藩王，谁能想到，王振一手策划的"御驾亲政"导致的"土木之变"竟使他这位藩王一跃而为皇帝，而且一做就是 8 年，还因着他的年号景泰，中国的特种工艺品之一“景泰蓝”就此扬名。

在于谦与明军诸将的奋勇战斗下，北京安然无恙，也先没有占到便宜，同时皇帝也明发诏谕，不许私自与也先联系。这样原本被视为奇货的英宗就失去了价值，同时由于与明朝的战争不仅使也先损兵折将，而且使他失去了明朝的赏赐以及与明朝交易的机会。当时的瓦剌是一个游牧部落，如果失去了明朝的生活必需品，部落民众的生活将是非常艰苦的。

北京大败之后，也先开始着手与明朝讲和，并宣称“迎使朝来，大驾西去”，要明朝接回已经被遥尊为太上皇的朱祁镇。可是在这个问题上，景泰帝是很反感的，他的心思和南宋高宗赵构是一样的，他根本就不想把兄长接回来。至于孙太后和英宗的钱皇后怎么说，大臣怎么讲，他都不听。把他逼急了，他就恶狠狠地说：“朕本不欲登大位，当时见推，实出卿等。”最后，还是于谦发的话：“天位已定，宁复有他，顾理当速奉迎耳。万一彼果怀诈，我有辞矣。”景泰帝虽然糊涂程度不下其兄，可有一点很好，他一生最信任的就是爱国大臣于谦，举凡于谦说什么，他都答应。半夜的时候，于谦有急事奏报，景泰帝听到鼓声也立刻起来听政，这回也不例外，他同意迎还英宗。不过，态度很冷淡。右都御史杨善等人请命出使，景泰帝所给敕书只是有关议和内容，不提迎还英宗之事，也不给金帛等赏赐的礼物。这也就埋下夺门之变的祸端。杨善变卖了自己的家产，买了许多奇珍异宝，并靠着他的巧舌如簧，硬是在没有圣旨的情况下迎回了英宗，英宗皇帝终于结束了他一年的俘虏生涯，回到了北京。

但在迎接英宗回朝的礼仪上，景泰帝与大臣又产生了矛盾。景泰帝认为仪礼过重，应该从简。大臣提出异议。最终还是英宗在几封书信中称自愿迎奉从简才缓解了局面。见面之时，仿唐朝天宝之乱后玄宗、肃宗禅让之礼，英宗、景泰帝之间禅让。随后，英宗被送入南宫，开始了7年的幽禁生活。7年间，英宗未能踏出南宫半步，名为太上皇，实为囚徒。

夺门之变

土木堡之败，是明朝由盛而衰的分水岭，也是英宗人生经历的第一个谷底。幸好被俘的一年时间里，也先对这位对手颇为尊重。据说也先命每2日进羊一只，7日进牛一只，逢五逢七逢十作筵席，逐日进牛奶、马奶。北方天

景泰帝像

气寒冷，他还曾令妻子出献“铁脚皮”，给英宗御寒暖脚之用。也先曾经对明朝使臣说过这样的话：“大明皇帝与我是大仇，自领军马与我厮杀。由于上天的意志，使他落在我手里。众人劝我杀他，我再三不肯。他是一朝人主，我特着知院伯颜帖木儿早晚恭敬，不敢怠慢。你们捉住我时，留得到今日么？”而朱祁镇被俘期间，也曾流泪对前往探望他的礼部侍郎李实说：“也先有意送我回去，请你转告朝廷，我回去后，只求做一个平民，便心满意足。”但实际上自从英宗被放回来以后，明朝内部围绕着新旧两个皇帝展开的一场斗争已经不可避免。

明英宗回来以后，被景泰帝安排在南宫居住，加派靖远伯王骥看护，实际上是监视，不过，这个王骥是个官迷，因为于谦和宰相王文等人都很讨厌他，所以，他反而和英宗的关系越来越好，这是景泰帝没有料到的。英宗名义上是太上皇，实际上却没有任何自由。景泰帝给他的限制很多，不仅将南宫的大门上锁并灌铅，加派锦衣卫看守，而且日常的饮食衣物都是从一个小窗户递送进去的。为防止南宫与外面联络，纸笔极少供应。

英宗的伙食不是很好，开销也不够，都靠着英宗的皇后钱氏做一些针线活偷偷送到宫外去卖掉，以弥补开支用度的不足。有时还要靠娘家贴补一些。有个太监说南宫的树木多，恐怕会有人越过高墙与英宗联系，景泰帝遂命人将大树砍伐掉。可以说，英宗就在惊恐与饥饿中度过了7年的软禁生活。

英宗早年和太监特别是资格很老的太监们很熟，这时，看守英宗的宦官中有一位老资格的太监阮浪。此人是和范弘等四人一起在明成祖的时候就入宫的，已经经历四朝了，不过，阮浪的运气很差，混了这么多年，也才是个少监，连个太监都没熬上。不管怎么说，阮浪是英宗的旧相识，两个人又都运气不好，因而，共同语言就多了。英宗是个很念旧的人，他一高兴就把自己用过的一把金刀和金袋送给了阮浪做纪念。偏偏阮浪和一个叫做王瑶的关系很好，他随手就把这个金刀转赠给王瑶了。王瑶和锦衣卫指挥卢忠关系很好，卢忠一见到这把金刀后就借机把王瑶灌醉，偷了金刀，送给太监高平。高平立刻上奏皇上，景泰帝非常重视这件事，认为人赃俱在，认定是英宗准备谋复皇位，下旨逮捕阮浪、王瑶，大刑逼供。阮浪和王瑶都不肯乱咬，景泰帝命将王瑶凌迟处死，阮浪死于狱中。英宗复位以后，追封王瑶、阮浪。卢忠本人没有想到惹了这么一场大祸，找人给出主意，这人让他装疯，于是，卢忠就装疯逃脱了罪责。不过，英宗复位以后，把卢忠、高平都凌迟处死。

这件事给景泰帝的刺激很大，以后更加留意防范英宗的举动了。

虽然景泰帝时时刻刻防备英宗复辟，但他并没有对皇兄做得太过分。有个叫徐正的刑科给事中建议英宗不宜居住南宫，应迁置所封之地以绝人望。景泰帝听后愕然，并没有听从他的建议，反而将其治罪。

在对英宗严加看管的同时，景泰帝还谋划换掉太子。景泰帝登基之时，曾许诺将来传位于英宗的长子朱见深,并立其为太子。但是景泰帝即位没几年，就想换自己的儿子为太子，只是苦于一时没有什么好办法。

景泰三年，景泰帝准备换掉原来的太子见深（英宗的儿子），改立自己的儿子见济，他怕大臣反对，事前征求太监王诚、舒良的意见。这二位出了一个馊主意，就是收买大臣。景泰帝居然相信了，他不断给内阁学士和七卿中的一些人加官晋爵，时常加以赏赐。他赐给王文、陈循等银子百两，金子五十两。大臣们都已经得到王、陈等人的关照，立刻表态支持易储。这时候，广西的土司官守备黄竑因为杀害他的侄子全家被抓获，经过高人指点，这个黄某乃于千里之外的广西上表要求易储，景泰帝看后大悦：万里之外，乃有此等忠臣。立即免去黄某的死罪，加官都督同知。景泰帝把黄某的表章交付内阁，要求大家签名表态，大臣们知事已至此，纷纷表示赞同，称“父有天下必传于子，此三代所以享国长久也”。景泰帝十分高兴，给大臣们加官加俸，并于五月初二册立朱见济为太子，废太子朱见深为沂王。

被软禁在南宫的英宗听到这个消息，真不知做何感想！一直被视为心腹之敌的也先在得胜后还能够礼遇自己，并护送南归，虽然有他的政治企图，但总算仁至义尽。而自己的同胞兄弟不仅占据了皇位，还对自己处处提防、严密监视，并且废了自己的太子，绝了自己的后望。

当时只有于谦没有签名，后来是陈循代于谦签的名。于谦知道事情越来越复杂，叹息说：“此一腔热血，竟洒何地？”

可惜太子更立后，好景不长，次年竟然病故，这样一来储位虚悬，大臣中又有不怕死的出来主张让朱见深复位东宫，景泰帝气得要命，当场就把上表的章纶、钟同下狱，后来，钟同被活活打死。于谦愤然上奏挽救这俩人，但是，被景泰帝拒绝了。景泰帝只有见济一个儿子，这时，他求子心切，天天和妃子们在一起，反而把身体给搞垮了。于是，有一伙人就开始打上英宗的主意了。主要有石亨、太监曹吉祥、王骥、都督张軏（英国公张辅的弟弟）、杨善，主谋就是徐有贞。他们密谋帮助英宗复辟，希望成功后能够飞黄腾达。

景泰八年（1457年）正月十二，景泰帝得了重病，以石亨代行祭天，石亨得报以后，立刻和徐有贞、曹吉祥联络。正月十四，徐有贞、石亨等人已经和孙太后、英宗取得联系。正月十六，于谦再度上表请求复立朱见深为太子，景泰帝留中不报。众大臣决定在第二天上朝时进谏，请求皇帝早建储君。谁知就在这天夜里爆发了震惊华夏的"夺门之变"。

事有凑巧，当时北边传来了瓦剌骚扰边境的战报，于是石亨借机以保护京城安全为名调集千余名士兵进入内城。这时天上忽然乌云密布，伸手不见五指，众人以为遭到天谴，都非常害怕。徐有贞站出来劝大家不要退缩，众人继续前进，并很顺利地进入了皇城，直奔南宫。石亨派人撞开了宫门，请英宗登辇。这时乌云突然散尽，月明星稀，众人的士气空前高涨，簇拥着英宗直奔大内。

当走到东华门的时候，有士兵问：何人？英宗大喊：我太上皇也。于是，守门的兵卒傻了眼，不敢阻拦，众人兵不血刃地进入了皇宫，朝皇帝举行朝会的奉先殿而来，并将英宗扶上了宝座。这时已是天色微亮，众朝臣已经等在午门外准备朝见，听到钟鼓齐鸣，众人按序走入奉先殿，可眼前的一切使他们目瞪口呆，宝座上的皇帝已经不是景泰帝了，而是8年前的正统皇帝。正在众人犹豫之际，徐有贞站出来大喊"上皇复辟了"，众朝臣见此，只好跪倒三呼万岁，英宗就这样又重新取得了皇位。景泰帝正在后宫梳洗，听到这个消息后险些瘫倒在地，心知一切都已经完了。

英宗于正月十七正式复位，史称：夺门之变或南宫复辟。

英宗通过夺门之变重登宝座的当天，就传命在朝班中逮捕于谦。石亨、徐有贞给于谦定下的罪名是迎立外藩、图谋不轨，论刑当凌迟处死，籍没家产。石亨以前曾经是于谦的部下，经过于谦的推荐，进而成为大将，在北京保卫战中立有功勋，也是于谦以谦让为本，让石亨独得封侯之赏，石亨转而推举于谦的儿子为副千户，于谦以朝廷礼制不合拒绝，深为石亨所恨。

此外，石亨多行不法，被于谦参劾，怀恨在心；徐有贞本名徐理，曾经力主迁都，遭到群臣和景泰帝的呵斥。此后，他求于谦帮忙复官，于谦知道徐有贞还是小有才干，所以，代为上表。哪知道，景泰帝深恨徐有贞其人，坚决不许，徐有贞却以为于谦不为自己出力，深恨之。后来，他又求陈循，陈循劝他改名，这才改名徐有贞。

英宗此时倒是比较倾向于不杀于谦，他说："于谦实有功。"不忍心杀害功在社稷之人。可是，徐有贞、石亨等人马上把当年英宗蒙尘的时候，于谦主张立景泰帝的故事说出来，而且，进一步阐明："不杀于谦，此举为无名！"意思就是说，如果不杀于谦，你就是得位不正，没有合法性。这样英宗才下决心杀于谦。后来，经过群臣力争，开恩改为斩首。

于谦和王文被捕以后，在狱中受到酷刑的审讯，王文愤怒已极，为自己辩护，于谦朗然笑道："亨等意耳，辩何益？"大义凛然。

徐有贞、石亨对于谦抄家的时候，才发现"家无余资，独正室镉钥甚固。启视，则上赐蟒衣、剑器也"。他们都大惊失色。

于谦临刑的时候，据史料记载："死之日，阴霾四合，天下冤之。""京郊妇孺，无不泣洒。"当时的民谣唱道："鹭鸶水上走，哪里觅鱼嗛（于谦）？"锦衣卫指挥鞑靼人朵儿是太监曹吉祥的门生，他不畏死，亲临刑场为于谦哭祭，遭到曹吉祥的痛打，朵儿不怕，第二天仍旧坚持去，曹某也没办法了；宦官裴某协助于谦少子于广逃往民间隐居；指挥同知陈逵感于谦的冤枉，不顾个人生死，亲自收敛于谦的遗骸；兵部侍郎吴宁是于谦的部下，为于谦亲自选定女婿，后来安葬于谦。这些忠义的举动都说明公道自在人心，不是杀戮能够灭绝的！

明英宗朱祁镇杀害于谦是天理不容的一件中国历史上非常罕见的冤杀，和赵构杀害岳飞、朱由检杀害袁崇焕都同出一辙，为历史所不容！为正义所不容！

于谦死后，归葬西湖，后人有诗：有赖岳于双少保，人间始觉重西湖！南明抗清名将张煌言也说："日月双悬于氏墓，乾坤半壁岳家祠。"后人以无比崇敬的心情缅怀这位抗击侵略者，在民族、国家危难的时候，挺身而出的民族英雄。

特别值得一提的是于谦的公而忘私的大义风格和品格：据浙江人屠隆记载，于谦事前知道石亨等人的密谋。那时候，军队都在于谦的掌握之中，于谦只要一声号令，徐有贞、石亨顿时化为乌有，可是，于谦说："顾念身一举事，家门可保，而两宫不全；身死则祸止一身，而两宫得全。”功则归人，祸则归己，大公忘私，大义凛然！

成化二年，明宪宗迫于人民的呼喊和朝野的压力，给于谦平反，赠特进光禄大夫、柱国、太傅，谥肃愍。赐祠于其墓曰“旌功”，有司岁时致祭。万历中，改谥忠肃。杭州、河南、山西皆奉祀不绝。祭文称：“卿以俊伟之器、经济之才，当国家之多难，保社稷以无虞，惟公道之独恃，为权奸所并嫉。在先帝已知其枉，而朕心实怜其忠。”一时天下人心稍稍平复。

于谦被杀，可能始终是英宗心中不可解开的一个心结。英宗复位后，陈汝言继于谦为兵部尚书，不到一年，因事获罪，抄家时缴获赃物巨万。英宗召大臣去看，很伤心地说：“于谦在景泰朝深受重用，死的时候却家贫如洗。陈汝言贪得也太多了吧！”于谦诗文亦佳，《石灰吟》被认为是他人生的写照：“千锤万击出深山，烈火焚烧若等闲。粉骨碎身全不怕，要留清白在人间。”

于谦死了以后，蒙古又开始屡屡骚扰明朝北方边境，英宗计无所出，只是忧心不已。有一天，恭顺侯吴谨趁机在旁进言：“如果于谦还活着的话，一定不会让敌人如此猖狂。”英宗听了，默默无语，也不怪罪吴谨，想必其内心肯定会起波澜的吧！

石亨因拥立有功，受到英宗的重用和赏赐，由武清侯升为忠国公，食禄1500石。本来景泰帝很信任他，病重时让他代行祭祀大礼的，没想到他却趁机发动了这场政变。

而景泰皇帝则在二月初一被废为郕王，还居西宫。这时候，有个笑话，因为朱祁镇复位心切，正月十七宣布复位，可是，他忘了废掉朱祁钰，一时间，居然有了俩皇帝，只好在下月下旨废掉朱祁钰。朱祁钰被废以后不久就死了，对于他的死因，明史上只说是薨。据考证：是朱祁镇派太监蒋安用布帛给勒死的，这件事在明朝就被大家所坚信，包括明宪宗朱见深，只是因为英宗的面子不能公布罢了。另有一个旁证也可以说明问题：

景泰帝的皇后汪氏反对易储，被景泰帝废掉，明英宗本人一向不赞成殉葬，他也是明皇族第一个废除殉葬制度的皇帝，然而，当景泰帝死后，英宗不仅不感谢这位当年保护他儿子的弟媳汪氏，反而下令汪氏殉葬。这件事遭到钱皇后和儿子朱见深的一致反对，连孙太后也出面干预，这样，朱祁镇才放弃。从这件事来看，对待汪氏尚且如此，对待景泰帝那就不难理解了。何况自古以来，为了皇权，弟杀兄、子杀父都比比皆是，这又何足为奇呢？

朱祁钰死后很是凄凉，史称：谥曰戾。毁所营寿陵，以亲王礼葬西山，给武成中卫军二百户守护。

直到朱见深做了皇帝以后，才给这位实际对明王朝有过大功的叔叔平反，这也是明宪宗一生做的第二件也是最后一件漂亮事（第一件是给于谦平反）。成化十一年，正式下旨："朕叔郕王践阼，戡难保邦，奠安宗社，殆将八载。弥留之际，奸臣贪功，妄兴谗构，请削帝号。先帝旋知其枉，每用悔恨，以次抵诸奸于法，不幸上宾，未及举正。朕敦念亲亲，用成先志，可仍皇帝之号，其议谥以闻。"此后，追谥：景皇帝，庙号：代宗。

英宗自小受到良好的宫廷教育，本性也不坏，只因贸然出征，沦为阶下囚，不仅自身命运陡增波折，也使大明王朝陷入危机。不过，也许正是由于被囚、被禁的经历，使得英宗对命运多了几分敬畏，对人命多了几分尊重，对世事多了几分理解。因此，天顺朝的政治比起正统朝来，要清明得多，英宗任用了李贤、王翱等贤臣，先后平定了石、曹之乱，社会还是向前发展的，英宗也应算是一代仁君。

在他复位之后，还做了几件颇为史家所赞赏的好事。其中一件就是恢复宣宗废后胡氏名号，并使之葬礼如仪。第二件就是释放建庶人。

建庶人是建文帝次子朱文圭。1402 年，明成祖攻入南京之后，建文帝及其长子朱文奎不知所终，次子朱文圭则被成祖幽禁起来，称为"建庶人"。到英宗天顺年间，建庶人已经在长期的幽禁岁月中从两岁幼童变为 50 多岁的老翁了。大概由于自己也曾经历过长期被囚的生活，英宗突然有一天想起了这位远房叔叔，动了恻隐之心。他跟李贤说不忍心再囚禁建庶人。李贤对此大加赞赏，于是英宗不顾左右近侍的反对，派人给建庶人修建了房屋，任其自由出入，并供应生活。说起来，英宗的皇位是他曾祖从建庶人那边抢过来的，在当时曾遭到天下人的质疑或反对。英宗身边的人担心放出建庶人会生变故，他倒很有气度，说："有天命者，任自为之。"释放建庶人一事受到百官和百姓们的真心赞叹，也算是给 50 多年前的纠纷做了一份补卷。

还有一件事，对英宗以后的帝王影响很大，那就是废除殉葬制度。明太祖死的时候，许多宫人陪葬。自此之后，成祖、仁宗、宣宗、代宗去世都以宫妃殉葬。英宗觉得这很残酷，临终前遗诏停止殉葬。此后明代各帝都遵从这个遗诏，不再以宫妃殉葬。

英宗所做的这几件事，被史家赞为"盛德之事，可法后世"。《明史》称英宗在位期间，“无甚稗政（坏政策）”。可是，英宗并不能遏制大明王朝日益走向危机的趋势。到他儿子宪宗的时候，情况就有点恶化的兆头了。

1464年正月，朱祁镇病逝于文华殿，享年38岁。朱祁镇就这样走完了他复杂的人生之路。

二十六、游龙戏凤的正德皇帝

正德皇帝是明朝第十位君主，姓朱名厚照，是历史上最为聪俊古怪出奇的天子。他在位 16 年，却四处游荡 7 年，又是个荒诞不经的天子。他是中国八大荒淫皇帝之一，是一个只对女人和游荡有兴趣的花花公子，也是历史上少有的荒唐皇帝，不过却又荒唐得有些“可爱”。用现代医学来分析，他可能是患有“多动症”，智商也可能有问题，大概只相当于 10 来岁的孩子吧。1514 年正月，乾清宫因玩灯而失火，武宗正去豹房，回顾火光冲天，竟然嬉笑着说：好一棚大烟火。

有个小册子《明武宗外纪》，是专写他如何荒唐任性的。他小时候很聪明，当皇帝后，天天带着太监们到处游逛，特别喜欢去酒楼勾栏，玩到哪里，就住在哪里，调戏良家妇女更是家常便饭。“其入中宫及东西宫，月不过四五日”。他游荡南北各地，所到之处，鸡飞狗跳。《拉郎配》、《游龙戏凤》这类戏就是以他的生活作素材编出来的。因为反对他离开北京到南方胡闹，提意见的 100 多人被他降旨集中在午门打屁股，十几个人被活活打死。他死时年仅 31 岁，直接原因是在船上玩时掉到水里而得病，根本原因是疯狂玩女人所致。由于终生寻花问柳，未能生育一子。

他喜欢佛教，曾自号“大庆法王”；喜欢骑射，曾在皇家动物园里“狎虎被伤”；曾微服出关，自称是总督军务威武大将军总兵官朱寿到边境玩耍，为防朝臣劝谏，特意命亲信谷大用守住关口，不准任何人出关；玩得尽兴后，回朝又传旨加封朱寿为镇国公，岁支禄米五千石，兵部郎中黄巩等因劝谏或下狱或被杖杀。史官责备他说：“奋然欲以武功自雄，然耽乐嬉游，溺近群小，至自署官号，冠履之分荡然矣。”除此之外，这位正德皇帝还有没有其他的武功和政绩呢？一点也没有，如果一定说有，那就是对加速明王朝的彻底覆灭做出了一定贡献。

但在民间故事传说中，他却是一个不无几分可爱可亲的皇帝。喜欢京剧的大概都听说过《游龙戏凤》（又名《梅龙镇》）这出戏，讲的是正德皇帝微服私访，在梅龙镇一农家路边店与店主人的女儿李凤姐调笑玩耍，聪明的凤姐猜出了这个风流郎君就是当今万岁，于是急忙下跪讨封，终于坐上皇上的彩轿到紫禁城做娘娘的故事。

立地皇帝

明武宗朱厚照，生母为张皇后，两岁被立为皇太子。由于孝宗一生只宠爱张皇后，而张皇后只为孝宗生了两个儿子，次子又早夭，因此武宗自小就被视为掌上明珠，而且少年的武宗非常聪明，老师教他的东西总是能很快学会。按照“龙生龙凤生凤”的原则，孝宗弘治帝是这么好的一个皇帝，儿子应该坏不到哪儿去，然而，世事往往不如人愿，养尊处优长大的正德皇帝，并没有勤政爱民的美德，更没有居安思危的意识；如果说他只是不那么聪明，不那么勤奋，那还问题不大，偏偏他是个童心未泯，甚至心理远没有成熟的人，顽皮、好动，追求刺激，完全不以国事为重，反而把国事视为“儿戏”，于是，明朝又有难了。

造成这一后果的一个重要原因，就是他周围的太监毁了这个年轻的孩子。他同曾祖父朱祁镇一样，从小就跟坏透了的太监刘瑾一块玩耍，跟着学坏。刘瑾，本姓谈，陕西兴平人，自幼品质恶劣，黠猾无赖，为图富贵，竟自阉其身，投在一刘姓太监名下，改姓刘，混入宫中，后被分去服侍太子朱厚照，因能曲承其意，博得了太子的宠爱。

明武宗朱厚照画像

朱厚照为太子时，就爱嬉戏玩乐，只是受到诸多限制。即位时年仅15岁，仍然是孩子心性，小时候不能玩，长大了一定要补上。因此，在当了皇帝以后，他就开始“恶作剧”了。在游玩方面为所欲为，踢毽蹴球，斗鸡走狗，骑马驰骋，微服出宫，浪游街市……只要他说一声想怎样寻乐，宫中太监就会立即替他办到。

刘瑾像

武宗待各种游戏玩腻了，便别出心裁，令内侍将各自的家藏物品，摆在宫内所设商店的门口，自成集市，他则身着商人服装，头戴黑色小帽，在集市上游逛。宫内商店，共有宝和店、宝延店等6家，武宗自充买主，逐次入店，同店主讨价还价，争吵不休。店主知为游戏，也故意分毫不让，闹得主顾双方争执不下，于是武宗便委派一个太监担任监督，专事管理调停纠纷，裁定物价。

调停事宜，多在“廊下家”内进行。所谓廊下家，乃是宫中侍臣开设的酒肆，其内喧哗嘈杂，琵琶琴筝，无所不有。老板娘为招揽生意，争先恐后地招揽客人。而武宗于泡壶茶的时间，便可跑遍6家店铺。

凡是京城街市上的杂技要猴、跑马卖解、斗鸡走狗等项目，武宗均命搬到宫内集市上来。他还命宫女装扮成妓女，在酒肆中为客劝酒。他在酒肆中开怀畅饮，醉后随处而眠，常常在宫中街市内嬉戏流连，一混数日。

武宗即位第二年，册立夏氏为皇后，大婚仪式极为铺张奢侈，共耗银40余万两。武宗婚后，又命人选来美女，作为妃妾充入后宫，供他淫乐。

此时，受武宗宠幸的太监刘瑾，暗结党羽，与马永成、谷大用、魏彬、张永、邱聚、高凤、罗祥7人结为密友，称为“八党”。这八个人在武宗时期骄横不法，祸国殃民，被时人称为“八虎”，其中“八虎”之首的刘瑾，因权力太大，竟被时人称作“立地皇帝”。

刘瑾排斥异己，诬陷朝臣，滥用刑罚，随意矫诏。他恐武宗对他有所干涉，便怂恿武宗大兴土木，建造宫苑楼阁，并广选美色，纳入宫苑，导引武宗寻欢作乐，纵情声色。

武宗受刘瑾怂恿，先是下诏兴建太素殿、天鹅房、船坞等殿宇楼台，待工程告竣，刘瑾又建议在西华门外另建一所充满野趣的别院，别院中除高达数层、巍峨宏丽的正殿外，又于两厢建造错落勾连、重层叠嶂的密室。别院造好后，武宗亲往巡视，甚为满意，命名为豹房，整日在里面与宦官、娼优、喇嘛、异域术士嬉游。

刘瑾随即广选歌女舞姬，安置于豹房中，陪侍武宗，日夜纵乐。至于国事，当然就不放在心上了。武宗还以为刘瑾处处为他着想，对他更加宠信。因此，对刘瑾等人的不法情事全然不闻。

武宗终日于豹房中厮混，对酒当歌，拥美赏舞，又选技艺精绝的乐工百余人或为歌女舞姬伴奏，或演奏丝竹管弦，豹房内整日灯红酒绿，轻歌曼舞，乐音靡靡，淫声浪语，声达户外。武宗沉溺其间，流连忘返，把这里称作“新宅”。至于那个无奇不有，欢乐嘈杂的宫中街市，已被他忘诸脑后，就连那后宫中的皇后妃嫔，也已引不起他的兴趣。

一日，武宗听说锦衣卫都督同知于永，精通道家御女之术，便将他召入豹房，要他传授秘术。于永是色目人，早就听说武宗迷色好淫，便想趁机邀宠，次日就向武宗传授房中秘术。武宗大为快意，索性将一歌女留在豹房中，与于永一道操演秘术。

武宗沉湎声色，日益荒淫，为能尽情寻欢作乐，索性把朝中政事全部交给刘瑾处理。而刘瑾旦夕与武宗相处，十分了解武宗的性格，就摸索出一套陷害忠良的办法来。武宗极爱游乐，最讨厌别人打断了他的活动，败坏了他的游兴，而刘瑾偏偏在这时候去奏事，武宗当然很不耐烦，嫌他啰嗦，见他一去，便大手一挥道：“我以为什么事呢，别拿这些小事来烦我，你自己看着办吧！”刘瑾巴不得有这句话，然后就出去肆逞淫威。

武宗厌听奏事，正中刘瑾下怀，后来他遇事索性不再奏闻，武宗也不闻不问，乐得逍遥自在。刘瑾规定，大臣的奏章，必须先用朱笔誊写，呈给他审阅，叫做“红本”。他认为可以上奏，才叫大臣用墨笔誊写，通过通政司上达，称做“白本”。刘瑾只是粗通文墨，不会批签奏章，就把所有文本带回家中，由他妹婿孙聪与一个帮闲文人张文冕商酌办理。刘瑾虽不是皇帝，但实际上已在行使皇帝的权力，但武帝对此已习以为常。

刘瑾强征民地、夫役为武宗建造宫殿，又多方巧取豪夺，搜罗财物供武宗享乐，并欺压凌辱大臣，弄得朝野上下一片哗然，孝宗时期好转的一点政治局面又开始急速衰败。朝中的正直之士开始上书弹劾刘瑾等人，要求武宗亲贤臣而远小人。但武宗对这些请求置之不理。大学士刘健、兵部尚书刘大夏、吏部尚书马文升等人上书，均未有回音，三人就以辞职相迫，没想到武宗竟然答应。不久，许多朝臣又联名上书，历数刘谨的罪状，批文终于下来了，大家一看，竟是“闻知”两字。户部尚书韩文、郎中李梦阳等人又组织大臣们联名上奏。奏章由李梦阳起草，李梦阳是当时的大才子、文学家，不一会儿就起草完毕，由韩文修改，奏章说得极为诚挚恳切：

“伏睹近日朝政益非，号令失当，中外皆言太监马永成、谷大用、张永、罗祥、魏彬、邱聚、刘瑾、高凤等，造巧作伪，淫荡上心，击球走马，放鹰逐犬，俳优杂剧，错陈于前，至导万乘与外人交易，狎昵媟亵，无复礼体，日游不足，夜以继之，劳耗精神，亏损志德，……此辈细人，惟知蛊惑君上，以便己私，而不思赫赫天命，皇皇帝业，在陛下一身，……万一游宴损神，起居失节，虽齑粉若辈，何补于事？……窃观前古阉宦误国，为祸尤烈。汉十常侍、唐甘露之变，其明验也。今永成等罪恶既著，若纵而不治，将来益无忌惮，必患在社稷。伏望陛下奋乾纲，割私爱，上告两宫，下谕百僚，明正典刑，……潜消祸乱之阶，永保灵长之祚。”

朝中的大臣有一多半签了名，递给了武宗，武宗见刘瑾等犯了众怒，这回不能再随便应付，退朝之后，竟愁得呜呜地哭起来，再加上王岳等太监对刘瑾也不满，督促武宗处置刘瑾，武宗只好决定把刘瑾贬往天津。但群臣对这一决定强烈抗议，认为处置太轻，一致要求处死刘瑾等人，武宗无奈，便打算第二天处斩刘瑾等人。

决定尚未做出，刘瑾早已得了消息，众太监惊慌失措，而刘瑾却极有主见，他连忙率领一群宦官跑到武宗面前，把头磕得咚咚直响，一边哭求，一边倾诉：“外臣群起弹劾我们这些人，全是由太监王岳一人勾结促成。王岳意图勾结外臣，挟制皇上，所以拿狗马之乐来小题大作。无非是以此为借口，限制皇上，进而挟制皇上。试想，如果不是这样，玩一下狗马鹰犬，哪里会损害国事呢？况且除去了我们这些人，不知道皇上还能信任谁？”

这一番话把武帝说得晕头转向，他生性好游乐，如果被限制住了，那简直比挨杀还难受，再说除了刘瑾等人以外，确实并无心腹之人。想到这里，武宗来了个急转弯，大笔一挥，下旨让刘瑾掌管司礼监，马永成掌管东厂，谷大用掌管西厂，连夜把王岳等人捕押南京。

刘健、李东阳等大臣本已下了决心，誓死除掉刘瑾等人，本拟第二天早朝武宗会下旨杀了刘瑾等人，谁知一夜之间，形势全变。第二天早朝一开，圣旨一出，朝臣个个目瞪口呆。刘健、李东阳见事已不可挽回，当即表示辞职。武宗仅留下李东阳一人，放刘健归田去了。

刘健等人辞去，正合刘瑾的心意，他借机安排自己的死党、吏部尚书焦芳进宫办事，这样，刘瑾就控制了行政和特务大权。此后，他还大肆提拔官吏，培养自己的势力。在以后的很长时间，朝廷的绝大多数重要官吏都出于刘瑾之门，对于军队和特务机关，他更是重点掌握，他一次就曾提拔官校 1560 多人，锦衣卫的军官也多系他的私党。

刘瑾大权在握，更加作威作福，杀罚自专。兵部尚书林翰等人不满刘瑾的专权，曾支持上书弹劾刘瑾等人。刘瑾知道后，怀恨在心，就写好了一个奏章，罗列了这些人的言论。刘瑾专在武宗击球兴致正浓的时候把奏章递上去，武宗看了一眼，不耐烦地说："我不耐看这等胡言乱语，交你去办吧！"刘瑾自然求之不得，立即出宫，传下旨去，把这些反对他的人统统拿来，狠狠地打了一顿棍子，有的还被贬了官。

据载，南京御史蒋钦，因南京给事中戴铣弹劾刘瑾受累入狱，受杖后被削职为民。出狱没有几天，戴铣再度上奏章弹劾，蒋钦又被捉入狱中，再杖三十。新旧创伤交织，蒋钦昏而复醒，狱吏问他："你还敢胡说吗？"蒋钦说："一日不死，一日要尽责言。"锦衣卫又将他毒打一顿，昏迷三日后复醒，醒后越想越怒，又向狱吏乞了纸笔，再劾奏刘瑾。才写了数笔，忽然从壁间传出一阵凄楚的声音，如鬼啸一般，蒋钦不由得停下笔来，鬼啸声也就听不见了。蒋钦再写，鬼啸声又起，而且案上残灯，似有似无，将燃将灭，十分怕人。蒋钦想了一想，便对壁祝祷说："此疏一入，必有杀身之祸，想是先人神灵示警，如果不欲我写奏章，请以厉声相示。"祝毕，果然鬼声大作。蒋钦听了以后，不觉心灰意冷，就想把奏稿付之一炬，但转念一想，意志遂决，大声道："既已委身事君，不可爱惜一身，遗羞先人。除死无大难，此奏定要呈上。"这么一说，鬼啸之声也就停了。蒋钦就托狱吏递上奏章，结果又被打了三十杖，就此毙命。

对于参劾过他的朝臣，刘瑾都给予了严厉报复，大学士刘健、谢迁、尚书马文升、刘大夏等人被逐出朝廷。对于上书奏请皇帝留用这些人的大臣，或遭杖责，或被贬官，甚至收捕下狱。刘瑾还将这些人列为奸党，张榜公布，并令群臣跪在金水桥南，听候宣布奸党诏书。这样一来，榜上有名者大多递交辞呈，要求辞官，刘瑾一律准许。凡不愿辞官的人，后来都遭到了贬官或下狱之厄。朝廷善类，几为之一空。

因此，受到刘瑾祸害的大臣不计其数，有死者，有受刑者，有贬官、罢官者，也有隐姓埋名避祸他乡者。刘瑾威权越重，结怨越多，疑忌也越深，他就在锦衣卫、东厂、西厂之上另设内行厂，自己主管，其权力不仅在两厂锦衣卫之上，还可督察、指挥其余的厂卫，并有权侦知天子以下任何人的行踪，是明朝最大的特务机关。内行厂的刑法比两厂都怪诞残酷，例如，内厂规定河这边的人家犯了法，河那岸的人家也要连坐。其刑具也骇人听闻，木枷有150斤重，其枷法比凌迟处决之刑还惨绝人寰。数年之中，被处死的官民竟达几千之多，人人谈内行厂而色变，内行厂简直成了人间的阎罗殿。

在这种情势下，不仅刘瑾骄横不法，就是其党属也权威熏天，无人敢治。都御史刘宇，曾用多于别人数量的金钱贿赂刘瑾，刘瑾十分高兴地说："刘先生厚我！"不久就提升他为兵部尚书。这是一个肥缺，武官们多有贿赂，刘宇把赃物分一半给刘瑾，自己还剩许多。不久，刘瑾又把他提升为吏部尚书，官虽升了，受贿倒少了，再兼刘瑾的心腹张彩从中挟制，越觉没有油水，刘宇就忍不住发牢骚说："兵部甚好，何必吏部？"刘瑾听了，便招刘宇饮酒，席间对他说："听说先生厌任吏部，调入内阁怎样？"刘宇大喜，但喜极忘形，竟忘了给刘瑾再送厚礼。第二天穿得冠冕堂皇，先往刘瑾处拜谢，不想刘瑾微微哂笑道："阁下真欲入相吗？这阁是轻易入的吗？"刘宇羞惭无地，知道再也不能博得刘瑾的欢心，只好上书辞官去了。

刘宇既去，张彩便补了刘宇的位置。张彩大肆收受贿赂，变相卖官鬻爵。柳州知府刘介，由张彩一手提拔而至太常少卿。后来刘介在京师娶了一妾，十分美丽，张彩好色如命，听到这一消息，就往刘介家探视。刘介当然盛情款待，酒至半酣，张彩忽然提出要见刘介新纳之妾，刘介拗不过他，只好让妾盛装出见。张彩一见之下，魂不守舍，竟连酒菜都弄翻了。等新人进去好久，张彩才回过神来，便问刘介："你的富贵官职由何而来？"刘介道："全仗大人一手提拔。"张彩又问："你拿什么报答我呢？"刘介毫不犹豫地说："一身之外，全是恩公之物。"张彩起身说："足下既然这样说，我怎敢不遵呢？"于是对手下人密嘱数语。张彩手下的人闯入房中，把刘介新纳之妾拥入张彩的车中。刘介见了，目瞪口呆，张彩却对着刘介拱手一揖道："生受了，生受了。"说完就钻入车中，把刘介之妾带回家。

不久，张彩玩腻了，又听说平阳知府张恕家有一美妾，就想夺来，张恕不给，张彩就把他逮入狱中。等放出来了，再派说客，张恕这才明白过来，只好乖乖地送去。

刘瑾专权擅政，极恨别人非议，他布置许多心腹密探监谤，遇有百姓议论朝政，立即拿下，杖笞兼施，拷打毙命。一次，一道奏章偶尔触犯了刘瑾的名号，刘瑾就命人诘问，吓得掌院都御史忙率十三道御史前往刘宅谢罪，刘瑾骂一句，众官磕一个响头。对于敢于上言直谏的官吏，则严加体罚，令他们在宫中整日站立，听候传唤。一般官吏稍有过失，轻则大杖加身，重则流放戍边，而且必戴150斤重枷发遣。许多人枷不了数日，便死于途中。仅数年时间，丧命者就有好几千人。刘瑾还下令，一家犯法，左右邻居均要连坐，致使呼冤之声填巷塞道。他又创罚米之法，凡被列入奸党榜的官吏，或新获罪者，必须亲自输米至边塞。数量之大，足以使一般官吏倾家荡产。

1508年，发生了一件中国历史上绝无仅有的事。武宗下朝回宫时，在御道上捡到一张匿名揭贴（揭发信），其内容是揭发刘瑾罪状的。武宗看了，未加理会，就交给了刘瑾。刘瑾一看勃然大怒，以为是朝中大臣所为，当即假传圣旨，命朝中大臣一律到奉天门跪倒。第一排跪的是翰林官，属刘瑾的亲信，刘瑾指着他们问："你们可曾诬告我？"翰林官领头的伏地哭泣道："内官优待我们，我们正感激不尽，怎敢诬陷刘公公？"刘瑾就放走了这些人。第二排是御史官，他们见前面的脱难而去，也想学乖，说道："我们台官知道朝廷法度，哪敢诬陷好人！"刘瑾却狞笑道："你们都是好人，唯我是奸贼，既然恨我，站出来就是了，何必偷偷摸摸。"说完，径直入内。

当时烈日炎炎，酷暑难当，众官跪得久了，年老体弱者就中暑晕倒，这300余名各色官员，竟跪在地下一动也不敢动。太监李荣看不过去，就让小太监拿来冰瓜，掷给他们，让他们吃了解渴去暑，并告诉他们说："刘公公进去久了，大家不妨直直腰身。"众人连忙站起来改换一下姿势，并吃瓜解渴。瓜未吃完，刘瑾就来了，大家一见，忙又扔下手中冰瓜，一齐跪倒。太监黄伟见了，不太服气，说了几句抱不平的话，结果，李荣和黄伟第二天全都丢了差使。

众官跪了一天，又打入锦衣卫狱中，当晚病者200余人，死者3人。李东阳上书营救众官，刘瑾也弄清了揭帖为一宦官所写，这才卖个人情，放了众官。

武宗醉心于声色犬马，对满朝文武所受委屈与痛苦毫不动情，而对有人胆敢上书揭露刘瑾罪恶却大为愤恨，曾于视朝时对群臣道："你说贤，我偏不用；你说不贤，我倒是非用不可！"自此，对刘瑾更是言听计从。后来刘瑾暗中增置铠甲兵器，联络党羽，准备夺取帝位，武宗仍整日淫乐，毫无所知。

刘瑾在京城胡作非为，他的心腹党羽在全国各地也横行不法，引得天怒人怨。1510年夏天，明宗室安化王受刘瑾党羽的逼迫，愤而杀了此人，起兵反叛，发檄文声讨刘瑾。武宗让都御史杨一清带兵平叛，命张永做监军。张永虽属“八虎”之一，但刘瑾专权，张永日益不满，与刘瑾反目为仇。平叛之后，张永拉住杨一清的手说：“此次平叛全仗你的威德，如果发生内乱，又该怎样呢？”杨一清迟疑不敢答，张永就在手心里写一“瑾”字，杨一清会意，两人心意相通。

刘瑾听信相士之言，说他的几个侄孙辈皆有帝王之相，就准备谋反。张永对这一切有所耳闻，只是没找到机会告诉武宗。班师回朝之后，武宗为杨一清、张永举行庆贺宴会，一直喝到深夜，刘瑾有事先回去了，张永就趁机向武宗奏明了刘瑾的17条罪状及谋反日期。武宗将信将疑，醉醺醺地说：“今日无事，明日再说罢！”张永说：“明日不仅我们成了齑粉，陛下也成齑粉了。”武宗还不在意，恰在这时，一个太监奔入报道：“万岁不好了，刘瑾要谋反了，外人多半已经知晓，只瞒着陛下呢！”

武宗一惊，吓醒了酒，就派张永带禁军捉拿刘瑾，并亲率文武百官，前往刘宅，监督锦衣卫从内至外仔细搜查。结果查出黄金24万锭，共5.78万两，银元宝500万锭，共158.36万两，宝石2斗，奇珍异玩，不计其数。还有龙袍4件，蟒衣470件，衣甲千余，弓500张，另有两柄貂毛扇。扇柄上暗置机关，用手指扳机，竟露出一把寒光闪闪的匕首。

武宗这才确信刘瑾真要谋反，下诏将这位威焰熏天、专权乱政的宦官处以磔刑，弃尸于市曹。刘瑾亲属也一律处斩。这位“立地皇帝”自然只能到地下当皇帝去了。

权宦虽除，但山东、河北、河南等地民乱又起，兵祸蔓延15省，但武宗认为有各地镇将率兵剿灭，对此不必在意，竟比往日更加荒淫昏聩。

威武大将军

刘瑾死后，后宫并没安定下来，又出了佞臣钱宁、江彬。

武宗喜收认义儿，也即干儿子。他的义儿甚多，无论外吏宫官、逃犯走卒，只要能讨他欢心，他都赐姓为朱，收做义儿，前后共收义儿竟有200余人。在这些人中，第一个得宠的要算钱宁，第二个便是江彬。

钱宁平素善承意旨，渐邀宠幸，武帝饮酒昏醉，常倚靠钱宁长眠。有时百官候朝，等到晌午，要知武宗起居消息，必须待钱宁出来通报，说武宗已经起床，群臣方可入殿。钱宁因此得以掌管锦衣卫，招权纳贿，势倾百官。

江彬原是一介武夫，曾参加过出征平乱，班师获赏。他闻听钱宁大名，有意巴结，便以征战时掠得的财物贿赂钱宁，钱宁就引他到豹房中觐见武宗。江彬有口才，又经钱宁事先嘱咐，故对答流利从容。武宗十分喜欢，马上升他为左都督，并赐姓收做义儿，留侍左右，一同起居。

钱宁见江彬夺宠，深悔从前不该将他引荐给武宗，便有意排挤他，江彬有所察觉，心生一计，在豹房内与武宗大谈兵事，引得武宗问长道短，然后趁机奏道："目前中原劲旅，要算边兵最强，京中士卒远不及也。"武宗问道："京师兵马如此疲弱，怎能防患？如要变弱为强，须用何法才行？"江彬道："最好的方法，莫过于互调操练，京兵赴边，边兵赴京，彼此调换位置，岂不是内外俱成劲旅了吗？"武宗于是下诏调宣府、大同、辽东、延绥四镇兵进京。

四镇兵很快奉旨到京，武宗戎装披挂，亲临检阅，见边兵果然军容齐整，士气高昂。再经操演兵器阵法，更觉远胜京兵。武宗心中大悦，当即召四镇总兵，各赐国姓，收为义儿，称四镇兵为四家军，又命江彬为统帅，兼辖四家。于是江彬权势陡涨，即使是10个钱宁，也不能将他扳倒了。

武宗还从太监杂役中挑选精壮青年，教他们习练刀枪弓箭，编成中军，自任统帅，身着戎装，与江彬整日乘马驰骋追逐，或并辔阅兵。中军以大内为校场，整日操练，呼号声、弓马声，遍达九门，喧嚣不断，宫廷内外，难得有片刻安宁。但武宗却欢慰异常，或舞刀纵马，与士卒共同操练，或命士兵玩相扑、角抵之戏，他在一旁观看取乐。

江彬掌握兵权后，横行无忌，为进一步邀宠，他开始导引武宗纵淫巡幸，使得武宗将朝中诸事统统撇在脑后。

有个曾在延绥任总兵的马昂，因好贪骄横被革职，在家闲居。他与江彬本是同乡，听说江彬新得皇帝宠幸，便入京拜访江彬，想托他疏通，恢复原官。江彬听他说明来意后，故意沉思了一会儿，笑着说："足下如能办到一事，我保你富贵如故。"马昂急忙问道："要我做何事，尽管吩咐。"江彬道："不必说了，就是说出来，恐你也办不到。"马昂见他故意卖关子，着急地问道："你尽管说出来，除了杀头，没有办不到的事情。"江彬这才向马昂暗授计谋，马昂欣然应声而去。

原来马昂有一妹妹，容颜出众，且歌舞骑射，样样精通，年方17，已嫁与指挥毕春。江彬以前曾见过她几次，暗中垂涎，但却弄不到手。因武宗性好渔色，嘱他采选美人，所以他借此向马昂献计，要他将妹妹送入豹房，一来可以出出以前的闷气，二来可以巩固荣宠。

马昂一心想复官，竟依计行事，谎称母亲有病，诱使妹妹回来探母，待她来到家里，才说出隐情。妹妹听说要送她入宫为皇妃，倒也情愿，只一时不好答应，反说阿哥胡闹。经马昂央求多时，才精心梳妆，答应入宫。

马昂将妹妹托付给江彬，由他转献皇帝，自己便在京城中住下，等候回音。

江彬见马昂妹妹丰姿秀媚，比以前更加鲜艳，居然色胆包天，搂住求欢。那美人儿本就认识江彬，慕他威武出众，也就半推半就。江彬留她宿了3天，才将她盛装打扮，献入豹房。

武宗见了这个如花似玉的美女，也不管她嫁没嫁过人，赐了三杯美酒，即令她侍寝。马昂妹格外柔媚，惹得武宗将她视为珍奇，朝夕难离，当下传谕，将马昂官复原职，连马昂的两个弟弟都加宠赐给蟒衣，并赐给马昂宅第一所。

武宗得了马美人，快活异常，纵情作乐之余，又与江彬夜游，临幸马昂私第。君臣欢饮，其乐融融，满席佳肴中有一盘鱼脍，味道佳美，武宗尝过，赞不绝口，并问是何人烹调。江彬答道："臣知陛下爱食鱼脍，特命家妾杜氏前来马总兵家助厨，这道菜便是家妾所做。"武宗道："卿妾至马家当厨，可见你二人友谊。但君臣一伦，比友更重，朕也想暂借数天，不知可否？"

江彬想不到武宗竟会提出这个要求，心中懊悔不及，但也只好唯唯从命。

次日，江彬硬着头皮，嘱杜氏装饰停当，以车送入豹房。武宗见这位杜美人，竟与马美人不相上下，心中暗喜，于是日间命她烹鱼，夜间唤她侍寝。当初武宗只说是"借"，但这一借，就再也不想把那杜美人还给江彬了。江彬也无可奈何，只恨当时不该多言，以至于因一句话而痛失美人。

武宗得陇望蜀，有了马、杜二美人，还嫌不足。他想，马、杜二美，皆出自宣府，想必宣府那地方美色很多，便召江彬问道："卿故乡宣府，美人一定很多吧？"江彬趁机吹嘘道："宣府美人确实不少，而且善乐伎歌舞的人家很多，陛下如有意选择，最好亲往游幸。"

武宗眉头一皱道："朕也很想出游，但恐无故游幸，大臣要来谏阻，到那时朕将对他们作何解释呢？"江彬献策道："秋季狩猎，是古时的盛典，现在正值仲秋，何妨借出猎为名，暂作消遣。不仅可以趁机游历边疆，还可以检阅戍边守军，何必整日闷居宫内呢！”

武宗沉吟半晌道：“朕还未曾举行过秋狩事宜，今若创行此典，必须整备护从车驾，检选吉日，即使大臣们不来阻谏，也要筹备数天。况且护从人多，仍是不得自由，朕不如与卿微服出行，岂不是可以省却许多牵制吗？”江彬随声附和，说此法甚妙。

武宗于是次日便与江彬趁着月夜，轻装微服，悄悄出了宫禁。武宗与江彬出了德胜门，来到京郊，徐步前行，毫不觉倦。转眼间鸡声报晓，路上已有行车，他们便雇了车夫，乘车赶往昌平。

是日，群臣早朝，待了半日，方得知武宗微服出行消息，大家十分惊诧。大学士梁储、蒋冕、毛纪等人急忙出朝，驾了轻车，马不停蹄地追赶，直到沙河，才追上武宗。几人忙下了车，挡在武宗车前苦苦谏阻，但武宗不听，定要出居庸关。梁储等无法，只得随着同行。

巡关御史张钦，得了武宗即将到关的音信，即借鞑靼部落猖獗，欲入侵边关为由，拟成奏章，遣使送呈武宗，谏阻出关。但武宗此时，游兴正浓，任谁谏阻，一概不听。距关不数里，先遣人传报车驾出关。不料张钦已决意死谏，令部将紧闭关门，将钥匙藏起，带着敕印、信剑坐在关门下，号令关中将士道：“有言开关者斩！”

武宗遣人前去问话，张钦一概不理，又拟奏疏：“车驾亲征，必事先下诏，且有六军护卫，百官随行，今事先毫无所闻，乃告车驾即日过关，此必是假托圣旨，出边关勾贼的匪徒。臣只知守关捕匪，不敢无端奉诏。”

奏疏写就，尚未发出，使者又至关下，催促开关，张钦拔剑怒叱道：“你是什么人，敢来骗我？我肯饶你，我这宝剑，却也不肯饶你！”

来使慌忙返回，报知武宗。武宗更加气愤，正准备传旨收捕张钦，京中百官的奏疏竟如雪片般飞来。武宗一时阅不胜阅，更加急躁。江彬在旁进言道：“内外各官，纷纷奏阻，如硬行出关，反闹得不成样子。请圣上暂时涵容，且返回京师，再作计较。”武宗想了想，也无别法，便传旨还朝。

隔了数日，武宗传旨，命张钦出巡白羊口，另遣宠臣谷大用代去守关，随后与江彬换了便服，星夜赶到居庸关，只与谷大用打个照面，便扬鞭出关去了。

武宗与江彬出了关，当日便赶到宣府，江彬事先已嘱家人造了一座府第，名为镇国府，府中房宇幽深，陈设华丽。武宗有意出游时，江彬便传书家中，叫家人做好迎驾准备。武宗到了宅中，见内中陈设日用已是百色俱全，心中大喜，一面命侍役驾车驰回京城，将豹房中珍宝及妇女所用物品，运来行辕，一面与江彬寻花问柳。

武宗见宣府地方的妇女，果然与京中不同，到处都逢美眷，触目尽是佳丽，至于那大家闺秀，更是体态苗条，纤度适中。江彬本是土生土长，驾轻就熟，每至夜半，便带着武宗，闯入高门大户，强令妇女出陪。有几家不知情由，出言唐突，经江彬将户主拉至旁边密语一番，方知皇帝驾临，当即转恼为笑，表示欢迎。即使心中不愿，也只好忍声吞气，强颜欢笑，小心侍奉。

武宗与江彬在宣府游荡了月余，当地的美人临幸一遍，又乘马来到阳和，想看看那里美人多否。当时正值鞑靼小王子率兵5万入侵大同，总兵官王勋率兵据城固守，相持5日，寇兵屡攻不下，便移兵改攻应州。应州距阳和颇近，警报纷至。武宗自恃懂得兵法，便要调兵亲征。江彬劝道："御敌是总兵官的责任，陛下何必亲犯戎锋！"

武宗笑道："难道朕不配做总兵官吗？"江彬道："皇帝是皇帝，总兵官是总兵官，名位不同，不便混淆。"武宗道："皇帝二字，有什么好处？朕却偏要自称总兵官。"说完，又踌躇半晌，接着道："总兵官三字前，再加总督军务威武大将军，便与寻常总兵官不同了。"遍观中国历史，放着皇帝不做而愿做将军的恐怕只有武宗一人。

江彬不好再说什么，只好表示赞成，武宗遂自称"总督军务威武大将军总兵官朱寿"，并把这14个字，铸成金印，盖在诏敕上，调发宣府、大同戍兵，亲至应州御寇。

小王子听说武宗御驾亲征，不禁心怀畏惧，明军一到，便引军退去。武宗率兵穷追，只与鞑靼军后卫相接，打了一仗，仅斩敌16人，士卒却死伤数百人。幸亏敌寇无意恋战，抵挡一阵，便速速远逃。

此后，武宗又顺道临幸大同。京中自大学士以下，屡驰奏塞外，力请武宗回朝，但他全然不睬，一味儿在外游幸。

武宗与江彬在大同游荡了数日，觉得没有什么好去处，美人更是罕见，便对江彬道："我等不如还到家里去吧。"原来武宗在宣府行辕，乐而忘返，常信口称其为"家里"，江彬已经听惯，便命侍从准备銮驾，驰还宣府。

武宗在宣府一住数日，因路途已熟，常独自出游，连江彬也不带着。一日，他信步街市，左顾右盼，行到一家酒肆门前，见一年轻女郎淡妆浅抹，艳丽无双，不禁目眩神迷，便走入店中，借饮酒为名，与她调情。那女子只当他是顾客，入内办好酒肴，捧了出来。武宗伸手去接，女子道：“男女授受不亲，请客官尊重一些。”随后将酒肴放到桌上。武宗见她措辞文雅，举止大方，更加爱慕，便又问道：“酒肆中只你一人吗？”

女子答道：“还有兄长一人，他今日到乡下去了。”武宗又问她姓氏，女子腼腆不言。武宗一再追问，又问她兄长名字，女子含羞答道：“奴家姓李，名凤，兄长名龙。”武宗随口赞道：“真是个好名儿！凤兮凤兮，应配真龙。”李凤听了，知他一语双关，也未搭话，便避入内室。

武宗独酌独饮，不觉愁闷起来，当下举起筷子，在桌上乱敲。李凤闻声走出，问道：“客官还有什么吩咐？”武宗道：“我独饮无伴，甚觉没味，特请你出来，共同一醉。”李凤微嗔道：“客官此言，甚是无礼，奴家不是青楼妓女，客官休要弄错！”武宗道：“同饮数杯也无妨嘛。”

李凤不愿与他斗嘴，又要转身进入内室。武宗见她要走，竟起身离座，几步抢上前去，伸手扯她衣袖。李凤吓得又惊又恼，想极力挣脱，但一个弱女子，哪有武宗力气大。武宗不由分说，便似老鹰拖鸡一般，将她扯入内室。

李凤正要叫喊，武宗用手掩住她口道：“你不要惊慌，从了我，保你富贵。”李凤还是不肯，用力抗拒，好不容易扳开武宗的手，气喘吁吁地问道：“你是什么人？胆敢如此放肆。”武宗反问道：“当今世上，何人最尊？”李凤道：“哪个不晓得是皇帝最尊！”武宗道：“我就是最尊的皇帝。”李凤道：“你不要在此哄骗人。”

武宗也不与她分辩，当下露出那平金绣蟒的衣服给她看。李凤还是将信将疑，武宗又取出白玉一方，指着说：“这是御宝，请你认明！”李凤便将那白玉细瞧一番，认出上面所刻之字，料想眼前这位动手动脚的鲁莽男子是真皇帝，不是假皇帝。况且武宗游幸宣府，市面上早已传得沸沸扬扬，此番侥幸相逢，说不定日后要做天子的妃嫔，便在武宗面前跪伏道：“臣妾有眼无珠，望万岁恕罪！”

武宗伸手将她扶起，趁势抱入怀中。他们正在浓情蜜意的时候，李凤的哥哥回到店中。李龙见店堂内空无一人，内室的门却关得很紧，侧耳一听有男女猥亵之声，不禁愤怒起来，急忙飞报府衙役吏，带他们前来捉奸。

不料衙役赶来，武宗已高坐堂上，喝令诸人跪谒。衙役正在迟疑，李凤则在一旁娇声呼道：“万岁在此，你们如何不跪？”衙役听得“万岁”二字，急忙俯伏称臣，自称万死。李龙也吓得魂不附体，跪在衙役后面，叩头不迭。

武宗态度也转温和，叫李龙到镇国府候旨。一面命衙役起身，出去准备车马，送他与李凤同回镇国府。武宗回到镇国府，即授李龙官职，并赐他黄金百两。

转眼间已是残冬，京中百官又连篇累牍地传来奏章，劝武宗还朝。但武亲却恋着凤姐儿，无心起程，并且要封她为妃嫔，令她自择。李凤固辞道："臣妾福薄命微，不应贵显，今得以贱躯事至尊，已是喜出望外，何敢再沐荣封？但望陛下早回宫殿，以万民为念。到那时，臣妾觉得要比爵赏还荣耀十倍呢。"武宗也为之颔首。李凤后来又于枕畔筵前，屡次委婉劝武宗起驾还都。武宗这才决定次年正月还朝。

转眼到了行期，武宗先遣使通知朝中百官，然后带着李凤与所有美人，与江彬登车就道。不料到了居庸关，忽然遇到大雨，李凤因寒染病，死于途中。武宗大为悲悼，命以特殊之礼将她葬在关山之上。

不数日，圣驾到京，朝中已事先安排迎驾，德胜门外搭起10里长的彩棚，悬灯结彩，华丽非常，左右丞相率领众官，备着羊羔美酒，早已在彩棚前恭候。

武宗受过百官朝谒，自夸在应州如何亲率将士退敌，并亲斩一敌兵首级云云，大臣不得不极力颂扬，武宗也沾沾自喜。随后，他便上马，带着宣府美女，径往豹房去了。

武宗在豹房住了数日，日有歌妓舞女助兴饮酒，夜有妃嫔美人承欢侍寝，但他却老是怀念凤姐，觉得她性情模样，豹房诸女无一能及，便常于私下嗟叹，闷闷不乐。一日，他对江彬谈起心事，江彬道："有一凤姐儿，安知不会有第二个凤姐儿？陛下何妨再出巡幸，重觅佳人。"武亲被他一提醒，游兴又起，便照着老法儿，与江彬同换轻装，一溜烟出了京城，直趋宣府。

大学士杨廷和等进谏不从，典膳官李恭准备上疏动谏，并指斥江彬导帝游兴，以至于荒疏朝政。奏疏还未上呈，已被江彬闻知，他暗中唆使党羽将李恭捕入狱中害死。另有大臣石天柱刺血上疏，武宗也不予理睬。直至接到太皇太后逝世的讣告，武宗才不得已还京奔丧。有意思的是，在为祖母举行丧礼的时候，他看到地上泥水横流，就下令群臣免于跪拜，结果激起了大臣们的反对，他们一再坚持在泥地中跪拜。孰不知，这也是正德皇帝对他所受教育和束缚的反抗。

武宗在京中勉勉强强过了数月，待太皇太后梓宫发送已毕，便待得不耐烦，

刀伤，再经受不住杖刑，惨死于狱中。接着，武宗又下诏，将所有上疏谏阻南巡的官吏共200余人，统统拉到午门外施以杖刑，一时间，呼号哀叫之声惨不忍闻。江彬等人密嘱刑吏加重行刑，兵部员外郎陆震等10余人，因经不起重打，竟惨死于杖下。文武群臣遍遭杖刑之后，多被贬官削职，或外调戍边。

明朝皇帝疯狂采选宫女

武宗一面诏令禁止谏言，一面命江彬等人督造快船，准备南巡。正在这时候，忽有南昌宁王朱宸濠起兵造反的消息飞传京师。当时武宗正在豹房中寻欢作乐，闻报不免惊慌，忙召诸大臣商议平乱。大家纷纷献计，议论不一，江彬却怂恿武宗亲征。武宗本就要南巡，正好可以借出征为名，南下游幸。当即下诏，令江彬率禁军作为前驱，自己则带着众妃嫔随后起驾出京。

这时，武宗最宠爱的刘美人，恰好染病，不能随行，武宗与她约定，车驾出发后遣人来迎她前往。美人将一枚玉簪交给武宗，作为日后迎接的证据。武宗将玉簪藏于袖中，别了爱姬，便率兵出城。

武宗喜欢给自己乱封官爵，在历代帝王中也属奇谈，在应州率兵亲征鞑靼时，就已自封为“总督军务威武大将军总兵官”，西巡返京后，又自封镇国公，后来又加封太师，并且要与大臣一样，按官职支取俸禄。内阁大臣联名力谏，说是名不正，言不顺，请他收回成命，他一概不理，并且每次游幸出征，都要煞有介事地由内阁下令。这次南下，便是由他传旨内阁，称：“令总督军务威武大将军镇国公朱寿，统各镇边兵征剿。”朱寿，便是他武宗的大名。

武宗到了卢沟桥，但见天高气爽，心情顿觉豁朗，便策马疾驰起来。不料那玉簪竟被他丢失途中。他当即命人马停住，叫众将士为他寻簪，但一连数日也未找见，武宗只得率众人继续南行。

到了临清，武宗侍臣回京去接刘美人。美人道：“不见玉簪，怎敢赴召？”侍臣只得独自返回，禀告武宗。武宗思念美人心切，便乘一只快船，昼夜疾驶，回京接到美人后再一同南下。

这时，南方传来捷报，叛乱已平，朱宸濠被南赣副都御史王守仁擒获。

明武宗皇帝行猎驻扎这里

武宗闻之不悦，将奏表按下，故作不知，仍然率众一路南下。

武宗这次是“亲征平乱”，与微服出游自然大不相同，沿途每到一处，地方大小官吏必须徒步迎送，各种军需以及妃嫔美人所用物品，务必急办。稍有差错，无论府县官吏，一律卸任，大杖加身。江彬还趁机指使爪牙，四处勒索百姓，鹰犬、珍奇、古玩只要见着，一概掠归。

武宗到了扬州，便传令太监吴经，在城中采选处女寡妇，吴经竟于夜间入城，命居民遍燃灯烛，而后叫兵士闯入各家搜索，见有颇具姿色的年轻女子，即带回行辕，供武宗寻欢。扬州城中妇女怕官军再来骚扰，未嫁者竞相寻夫，已婚者连夜出逃，家家惶恐不安。

武宗率军抵达南京，正要赶赴江西，王守仁已将朱宸濠押到。于是武宗便在南京受俘，他令地方官在城外设一广场，中间竖着“威武大将军”大旗，他与江彬身着戎装来到广场，饬令各军四面围住，然后将朱宸濠放出囚车，去了枷锁，让他站在场中。武宗亲自擂起战鼓，命兵士一拥而上，将朱宸濠缚住，然后高奏凯歌，进入南京城。大臣、将士对武宗擒叛游戏，都忍不住窃笑。

武宗在南京受俘已毕，本可即日班师回朝，但他南巡的本意，乃是游山玩水，猎艳渔色。况且他对六朝金粉羡慕已久，哪里肯立刻回京。经过扬州时，吴经又为他选了百余名佳丽，他正乐得左拥右抱，图个尽欢。因此便乐不思蜀，迟迟不愿返驾。江彬等人巴不得武宗在外游幸，也好跟着糟蹋妇女，凌辱官民。

武宗在南京一住数月，朝中大臣再三上疏劝他回京，他才起驾北归。经过扬州，又流连了数日，然后从扬州行抵清江浦，当晚临幸太监张阳家。设宴张灯，征歌选色，君臣共乐。

武宗接连过了三日，还未尽兴。他听说清江浦是著名水乡，便命张阳找来船网，到一个名叫积水池的湖中捕鱼。他先是观渔，后来看得兴起，竟要亲自捕鱼。他带着四个太监登上一条小船，由两个太监划桨，两个太监撒网，渐渐地荡入中流。只见水中时有鱼儿跃出，银鳞闪耀，武宗命太监撒网。他忽然看见一条大鱼从船旁游过，便从船中拿起鱼叉，亲自试投，不料用力太猛，船身一侧，扑通数声，武宗与四个太监，都跌入水中。幸亏划船的两个太监，曾学过泅水，将武宗奋力救起，才不致淹死。

武宗平时纵欲无度，早已元气大亏，加之深秋天气，湖水凛冽，连淹带吓，竟致一病不愈，后来又不断咯血，不久这个淫昏无度、游幸不止的正德皇帝，便死于豹房之中。

二十七、不似亡国之君的亡国之君崇祯皇帝

1627年，玩了一辈子木匠活的熹宗在临死的前几日，将他的五弟朱由检叫到跟前说："来，五弟当为尧舜也。"他将一个内困外患的国家，而且还是阉党把持着朝政的恐怖局面交给了他17岁的弟弟。这就是后世称为不似亡国之君的亡国之君，为他的朝政和国家奋力挣扎了十几年的崇祯皇帝。

崇祯皇帝是个亡国皇帝，这是不可否认的事实，但奇怪的是，他是一个比较不挨骂的亡国之君。国人对于亡国之君的印象是商纣王、秦二世、汉献帝、陈后主、隋炀帝、宋徽宗之类的主儿，这些人或残暴无情，或荒淫无耻，或昏庸无道，或懦弱无能，不亡没有道理。陈后主陈叔宝，是个荒淫无耻有了名的皇帝。隋炀帝杨广，不说了，暴君的名气可与秦始皇并列。南唐后主李煜，长于妇人之手，几曾识过干戈？虽有一手的好词，却是以三千里江山为代价，最后做了违命侯，连个小周后都保不住，生日都过不了。北宋徽宗与李煜差不多。这些人在历史上，是骂名多于同情。但崇祯皇帝不一样。

先看看造了他十几年反的李自成是怎么形容他的："君非甚暗，孤立而炀灶恒多；臣尽行私，比党而公忠绝少。"（《登极诏》）李自成是在明朝统治下活不下去才铤而走险的，按说与崇祯皇帝有不共戴天之仇，但他这段话却说得客气之极，分明就是"君非亡国之君，臣皆亡国之臣"的文雅说法。连李自成都是这样想的，其他人就更不用说了。

清张廷玉在《明史·流贼传》中这样评价崇祯皇帝："呜呼！庄烈非亡国之君，而当亡国之运，又乏救亡之术，徒见其焦劳瞀乱，孑立于上十有七年。而帷幄不闻良、平之谋，行间未睹李、郭之将，卒致宗社颠覆，徒以身殉，悲夫！"

不仅如此，后代许多人还极力称赞他是一个励精图治、很想有一番作为的"好"皇帝。按照一般的常识，励精图治的总是那些圣明的帝王，如唐宗宋祖、秦皇汉武、康熙乾隆；而亡国之君，不用说，那自然要么昏庸，要么残暴，要么糊涂——要么竟然是兼具三种特色的扶不起的刘阿斗式的人物。因此，将崇祯皇帝定位于励精图治的亡国之君，就好像说某人是个奸诈的好人，某人勤奋地偷懒，某人辛苦地享受一样不合逻辑。但历史本身并不一定非要依照逻辑来行走，更不一定与我们的常识相吻合。历史所干出的勾当常常令人啼笑皆非，无法表情。

说崇祯励精图治，即便是夺了大明江山的满人，在他们作为胜利者来编撰的《明史》中，也给予了崇祯这位亡国之君相当高的评价：

“崇祯皇帝继承神宗和熹宗，慨然而有所作为。在他即位之初，他精明果断地铲除了魏忠贤这个奸臣，天下都希望他能带来承平。但可惜的是当时明朝大势已去，积重难返。朝廷里党派纷争，战场上兵疲将骄。四面战争不已，流寇四处蔓延，天下溃烂得不可救药，可谓是不幸之极。然而在位 17 年间，不溺于声色犬马之中，而是勤勉辛劳，励精图治，在面对臣子时常感叹，希望能得到非常之才，但却没能如愿，以至导致了他所用非人，使时局更加艰难。到后来他重又信任宦官，将他们派到各个重要岗位上，这一举措非常地不合适。后来江山移人，他也自杀身死，难道不是气数使之然吗？”

至于大明的遗民们，更是将他认定为一代圣君，其中岭南派诗人屈大钧在诗中写道：“先帝宵衣久，忧勤为万方；捐躯酬赤子，披发见高皇；风雨迷神路，山河尽国殇；御袍留血诏，哀痛何能忘？”这哪里是一位亡国之君，分明是一位励精图治，先天下之忧而忧，后天下之乐而乐的圣明天子啊！

遗民歌颂前朝，里面带了不少感情因素，不免有夸大之词。但从历史上看，崇祯在位期间，的确做到了旰食宵衣，兢兢业业，他本身的素质在明代的帝王中也属上智之人，与他那个 20 多年不上朝、不与大臣见面的祖父和他那个纵情酒色，不会治理天下，却做得一手好木工活的哥哥相比，崇祯之“敬业”，简直可以评为帝王中的劳模。

正是这么一位希望能够中兴帝国，并且为了这一希望而身体力行的青年才俊，他的努力，他的勤勉，他的执著和梦想，最后换来的不但不是帝国的中兴，反而是帝国的覆

明思宗朱由检画像

亡，他本人也在一个寒冷的春夜里走投无路，只得杀妻杀女再自杀。照史家的说法，他17年里励精图治，企图中兴振作，但终是无力回天。这样的前因与后果，委实让人琢磨不透历史老人究竟是何种心态。

退一步讲，如果明朝亡在他的祖辈万历皇帝朱翊钧之时，这个人懒惰得20多年不理朝政，亡倒也亡了；如果亡在他的兄长天启皇帝朱由校之时，这个人重用太监大搞特务政治，却在皇宫里对自己的木工手艺手舞足蹈乐此不疲，亡倒也亡了。亡国之君之名最终落在了崇祯皇帝身上，确实有些“不公平”。于是，史家的观点是：崇祯皇帝是在为万历和天启两代皇帝充当亡国之君的“替罪羊”。

一个人命运的悲剧其实就是他性格的悲剧。如果这一论断没错的话，那么，以崇祯皇帝的人生悲剧而言，这人生悲剧的确来源于他的性格悲剧。

吝啬鬼皇帝

崇祯皇帝名朱由检，生于1610年正月，系太子朱常洛（即后来的明光宗）之子，崇祯皇帝5年即丧母，虽然贵为太子之子，但当时朱常洛的太子地位并不稳定，长年生活在万历皇帝欲废掉其位、改立郑贵妃之子的阴影之中，再加上万历皇帝是一个绝情于亲情的人——事实上历代帝王因为子孙众多，往往其中的亲情平淡如水，几乎从来没有过平民家庭那种天伦之乐。万历皇帝既不喜欢朱由检的父亲，当然也就更不喜欢木讷内向的朱由检。后来，他的生父虽然历尽坎坷而位尊九五，但却在即位的当年就因纵欲过度病死了，皇位传到崇祯的哥哥朱由校身上。朱由校对于酒色可谓是秉烛夜游、夜以继日。这个年轻的皇帝对治理天下基本没有兴趣，将它一股脑儿地交给了太监魏忠贤。在这个皇帝眼里，连大明的江山也如此漠不关心，何况是朱由检这个同父异母的兄弟呢？因此，朱由检的整个童年和少年时代，完全没有常人所享受到的父母之爱、兄弟之情，反倒是目睹和亲历了红丸案和移宫案等骇人听闻的政治阴谋。

朱由检少年时所经历的这些政治阴谋和他长年的与世隔绝而又亲情寡淡的深宫生活无疑是一条条噬心的小蛇，它们撕咬着朱由检，并使朱由检在这种命运的无常与超乎寻常的冷漠中，渐渐养成了他一生中典型的人格分裂式的双重性格：一方面，他身为位尊爵重的亲王，自可以呼奴唤仆，形成了他性格中严厉而刻薄，既对手下人薄情寡义而又自以为是的一面；另一方面，从小的孤独寂寞和难于主宰自己命运的无奈处境又让他敏感、多疑，从而因内心深处的过分软弱和自恋而造成极度的自尊，一意孤行而完全听不进别人的意见。后来，他在重大关头常常首鼠两端，既怨天尤人又怀疑自我，最后则是毫无主见地把一切交给命运安排。这种性格对于一个普通人来说也将是灾难性的，何况是普天之下莫非王土、率土之滨莫非王臣的帝王呢？

崇祯皇帝时期的纪年镜

但崇祯皇帝同中国的所有皇帝都不一样，从他1627年登基第一天起，国家大厦将倾、分崩离析的事就接连不断地折磨着他。或者说，早在崇祯皇帝即位之前，明朝就已名存实亡了。明朝的皇帝，除了太祖朱元璋、成祖朱棣外，没一个说得过去的，可以说是黄鼠狼下崽，一窝不如一窝。有好大喜功、被瓦剌俘虏差点亡国而又再度登基的皇帝，有几十年不理朝政、几十年不任免官吏的皇帝，有喜欢做木匠的皇帝，有替自己亲爹妈争名分而与大臣打了多年口水仗的皇帝，有喜欢封自己为将军或侯的皇帝，有喜欢自己乳母的皇帝，有死于红丸的皇帝，有喜欢微服私访、经常溜出宫门、调戏良家妇女的皇帝。更为荒唐的是在位长达45年的嘉靖皇帝竟迷恋于用年轻貌美的宫女做其长生不老的丹药，以至于被忍无可忍的宫女们试图勒死于龙床之上。真是一塌糊涂到了极致，整个二十五史，没有这么胡闹的朝代。

而且明朝自始至终，外有边患，强邻压境，蒙古、瓦剌、满洲相继而起，战事纷纷。内有奸宦，政治黑暗，官匪横行，孳生出王振、曹吉祥、刘瑾、谷大用、魏忠贤、王承恩等相继把持朝政的历史上赫赫有名的奸佞之臣，若按奸臣数量排列，明朝当列诸王朝之首。何况自从有了奸宦的擅权，就有了阉党与朝党之间的党争，正邪之争、门户之见，使朝政内耗于此。加之天灾不断，民不聊生，反抗频起。可谓内外交困。

到崇祯皇帝即位时，明朝已是风雨飘摇，奄奄一息了。崇祯元年，饿殍遍野的陕西已燃起饥民起义的星星之火，而更大的农民风暴正在酝酿。在长城关外的东北，后金贵族早已崛起，努尔哈赤的子孙正虎视眈眈觊觎着关内的大明王朝——在他们的眼中，大明王朝无疑于圈养的无数肥壮牛羊等待着他们去宰割，去分享。内忧外患，一边像蔓延而来的大火，另一边又像呼啸而来的大潮，这就是崇祯皇帝朱由检接手时的窘况。因此，这绝对是一个烂摊子，而且这个烂摊子已到了烂透的地步——20余年荒怠异常的弊政，尤其是后来天启年间的腐朽加黑暗，大明朝其实正滑向无尽的深渊。作为统治中国的皇帝，原本应该是高高在上、权倾天下的，但崇祯皇帝从接手皇位的那一天起，就感觉到屁股下面不是舒舒服服的龙椅，而是一座正喷薄着愤怒与仇恨的火山口，可以说没过过一天舒心的日子。这样的国家接了手，也无机会可言了。

但是崇祯皇帝还是没有学他的祖先们，登基伊始，就体现了他高出其他皇帝的地方：一是果断，二是勤政。

清除阉党、整顿吏治是其革新朝政的重要举措。1627年11月，在铲除掉魏忠贤的羽翼，使其孤立后，他果断下令将其贬谪到凤阳，随即又下令逮治。在魏忠贤自缢而死后，下令磔尸于河间。此后，将阉党260余人，或处死，或遣戍，或禁锢终身，使气焰嚣张的阉党受到致命打击。同时，平反冤狱，起复天启年间被罢黜官员，全面考核官员，禁朋党，力戒廷臣交结宦官；整饬边政，以袁崇焕为兵部尚书，赐尚方剑，托付其收复全辽重任。

这一系列举措，雷厉风行地清除了魏忠贤和客氏的势力，巩固了自己的政权地位，阉党之祸逐渐澄清，使得朝野上下精神为之一振，人们仿佛看到了明朝中兴的希望。不幸的是，他随后却又因对外廷大臣不满，在清除魏忠贤为首的阉党后，又重用了王承恩等另一批宦官，和以前的皇帝犯了同样的错。他给予宦官行使监军和提督京营的大权。大批宦官被派往地方重镇，凌驾于地方督抚之上，甚至派宦官总理户、工二部，而将户、工部尚书搁置一旁，致使宦官权力日益膨胀，统治集团矛盾日益加剧。

面对危机四伏的政局，他求治心切，很想有所作为。每逢经筵，恭听阐释经典，毫无倦意，召对廷臣，探求治国方策，勤于政务，事必躬亲。还起用了东林党人，试图解除内忧外患，挽救行将灭亡的大明江山。与前两朝相比，朝政有了明显改观。

但是，大明的政权已经到了岌岌可危的地步，矛盾丛集、积弊深重，纵然崇祯皇帝有雄才大略，也无济于事，更何况，他也有多疑软弱等缺点，要力挽狂澜谈何容易。更要命的是，就在他即位之时，西北大地发生特大旱灾，庄稼颗粒无收，百姓流离失所，纷纷饿死，甚至发生人相食的惨剧。对此，官府不予救恤，依然催租逼税，百姓走投无路，只得揭竿而起。

李自成

安塞人高迎祥号称“闯王”，打出了反明的旗帜。不久，张献忠在米脂起义，响应高闯王，号称“八大王”。后高迎祥被俘牺牲，李自成继任“闯王”，手下有刘宗敏、田见秀、郝摇旗等战将。李自成虽号称“农民起义领袖”，但并非救民于水火，他攻城掠地，每遇抵抗，都要大肆杀戮。对方坚守一两天，城破以后要杀十之三四；坚守五六天，城破以后差不多要斩尽杀绝，还要毁平城墙。每破一城他就弃之不顾，继续向前进攻。他曾三度围攻开封城不下，最后决黄河大堤，淹死兵民数十万人。可以说，李自成10多年的大起义，也是对中国10多年的大破坏！后来他的队伍中加入了河南杞县举人李岩及夫人红娘子、举人牛金星、算命先生宋献策等做谋士，情况才有好转。

国内农民起义烽烟四起，在东北边境，后金的侵略更加频繁。在当时已经民不聊生的情况下，为了支持对金的战争，崇祯皇帝不得不大幅增加赋税，名曰“三饷”——辽饷、剿饷和练饷。三饷加派是掠夺性的财政措施，赋役征收受生产力发展水平的制约，赋役的征收量不能超过生产者所能提供的剩余劳动的限量，但三饷加派却是依军需决定征收额，其加派额直线上升，结果造成“旧征未完，新饷已催，额内难缓，额外复急，村无吠犬，尚敲催追之门；树有啼鹃，尽洒鞭扑之血。黄埃赤地，乡乡几断人烟；白骨青磷，夜夜常闻鬼哭”，从而引起广泛的社会不满，起义不断。这种“竭泽而渔”的做法对其统治有如釜底抽薪，自断生路。

崇祯皇帝是一个优点与缺点都突出的人。崇祯皇帝对朝务的勤勉和生活上的简朴在中国几千年皇帝史上都是罕见的。把史书里对他的评价综合一下就是：“他在位17年，一直勤政理事，鸡鸣就起床以至夜晚都不睡觉，积劳成疾。节俭自律，不近女色，宫里从来没有宴乐之事。”

再顺便举史书上所载的三件小事：崇祯皇帝曾把宫中万历时所储藏的上

等辽参在集市上卖掉，换回数万两银子聊补国用；某日听讲官给他讲书时，他所穿内衣袖子已破损，留在外面很不雅观，不时把它塞进去遮掩；崇祯十五年七月初九因为“偶感微恙”而临时传免早朝，遭到了内阁辅臣的批评，崇祯皇帝既感激又羞愧，特亲笔写了手敕，对辅臣进行褒奖，对自己进行了诚恳的批抨。

但崇祯皇帝性格上的缺点也是强烈和极端的。崇祯皇帝的这种节俭已发展到吝啬的地步。他小时候用仿影的方式练字，如果纸张较大而范本的字较小的话，他一定会先将纸的一边对齐范本，写完后再把剩下的地方都写满，以免浪费。尽管身为帝王，他无法随意出入于民间，但为了节约起见，他却常派人到宫外去从民间采买物品，然后仔细地询问价格。

这种平民化的生活方式当然也可看作是节俭和朴素，看作是崇祯皇帝美德的象征，尤其是在奢侈成风的帝王堆里，这种节俭大约只有那位嗜好穿补丁衣服的道光皇帝差可比拟。但令人沮丧的是，就像道光皇帝常常从某位大臣穿的是否为补丁衣服这一些微细节上来断定大臣是否清廉称职，是否予以提拔，从而导致北京城里出现了旧官服比新官服更贵的荒唐结果一样，崇祯皇帝这种近乎守财奴式的节俭，对于他的中兴帝国之梦，也是致命的一击。

从他即位到明朝灭亡——他的节俭品德一直像一把无形的剑，将他的帝国砍得鲜血淋漓——他和他的大臣们始终无法建立起正常的感情和正常的关系，很大程度上便和这有关。或者说，这种节俭有如一剂慢性毒药，日复一日、年复一年地浸入了崇祯皇帝和整个大明王朝的血脉中，并最终引发了一场灾难性和毁灭性的不治之症。

崇祯初年，为了节省国家开支，崇祯皇帝下令大幅度地裁撤驿站，因为他认为驿站的存在，既让来往的官员揩了国家的油，同时还得养大量的驿卒。裁撤的结果是导致大批因失业而无法生存的驿卒纷纷加入到农民起义队伍的行列，在这些默默无闻的驿卒中，有一个就是后来闻名天下的李自成。而崇祯皇帝裁撤驿站，据统计，所节约的开支仅仅为 30 万两银子，大约相当于皇宫一个月的支出。

众所周知，明朝官员薪水之低是历朝罕见的，一个知县的月薪是 7.5 石，约折价 10 两银子，即使是正二品的尚书，也不过区区 61 石，还不到 100 两银子，但一个官员要想维持正常的开支——远远不是花天酒地，穷奢极欲，这点薪水连杯水车薪也算不上。

在这种超级低薪的前提下，官员们如果不集体贪污受贿，绝对无法生存下去。而明朝的官僚制度，本身似乎对一定程度的受贿是默许的——如地方官向京官例行的炭敬、冰敬，以及官员出差时成了惯例的打秋风等，均被视作正常。因而在明代，各个州县在征收上交国家的正税以外还得向百姓多征许多钱粮，一个下级地方官每年应该向上司进几次贡，每次的数额大约是多少，都有一定的惯例可循，这本身也已成为明代官僚体制的一部分。

崇祯皇帝除了是个节俭主义者外，还是一个理想主义者。他本身拥有丰厚的内帑，却大谈节俭，并要求所有官员不但要节俭，还要廉洁，这本来是一个明君的确该有的品德。但是，理想主义者的错误往往是无视现实的可能性而急于求成，急于求完美，崇祯皇帝即是如此。更令人啼笑皆非的是，崇祯皇帝本人不清楚官员集体受贿的深层因由，却简单地企图用儒家道德来约束和要求大臣，屡屡宣讲“文官不爱钱”的古训。这不但毫无作用，反而显得圣上如同腐儒一样不谙世事，迂阔可笑。反过来，崇祯皇帝则自觉有充足的理由认定手下的官员都是一帮酒囊饭袋，蛀虫败类。君臣关系之紧张，历朝历代大致无过于崇祯年间。

崇祯元年七月，户科给事中韩一良不知出于何种原因，在上疏给崇祯皇帝时指出，当今世上，干什么事不用钱？哪个官员又不爱钱？做官是花钱买来的，因此这些官员上任后，为了收回成本当然就得贪污受贿。因此，说到害民，就将这归咎于知府和知县等地方官的不廉洁上是不公平的，因为这些人没法廉洁。他们薪水极低，而上司却想方设法要勒索，过往官员要打秋风，进京朝觐一次至少要花三四千两银子，这些钱又不能从天而降，叫他们如何廉洁呢？韩一良举证说，州县的官员进京，京城的御史和给事中们号称开市，是一个捞钱的好机会。他本人两个月以来拒收的赠金就有500两白银。末了，韩一良认为，他淡交尚且如此，其他人就可想而知了。因此他建议，只有严惩少数罪大恶极的贪污受贿者，让大臣们把钱当作祸水，才有可能出现廉洁爱民的情况。

崇祯皇帝对韩一良的说法深以为然，专门为这一奏折开了一次现场会，他让韩一良站在大臣面前摇头晃脑地朗读了这一奏折，然后又让大臣们互相传阅，并决定要破格提拔此人，当场就要任命他为右佥都御史。负责官员升迁的吏部尚书一面连连称善，一面却别有用心地说：韩一良所奏一定是有所指的，请皇上命他挑出最严重的贪污受贿案例来，以便以此为例进行重处。

这明明是和韩一良过不去，韩一良本来不过是要在崇祯皇帝面前表明他的忠心与干练，又哪里敢真正举出哪个官员贪污、哪个官员受贿呢？他只得支吾着说折中所言俱是风闻，并没有一个准确的事实。这下崇祯皇帝不高兴了："难道连一个贪污受贿者你也不知道，就写了这个奏折吗？限五日内奏明。"

五天后，韩一良只得纠弹了几个已被打倒了的阉党死老虎交差，崇祯皇帝看出他在打马虎眼，再次令他当众朗读那本奏折，当韩读到他两个月收到赠金 500 两白银时，崇祯皇帝立即打断他，厉声追问这 500 两银子到底是谁送的？韩一良推说记不清了。崇祯皇帝龙颜大怒，韩一良的右都佥御史没做成不说，还差点丢了命。

韩一良事件的结果是，崇祯皇帝越来越对整个国家的文官系统感到不满，对大臣们的从政能力和品德人格都持怀疑态度，此后，他在用人上总是颇多猜疑，甚至只得自己一个人去干。就像一个勤快的笨蛋总是比一般的笨蛋干出更多的不可收拾的蠢事一样，一个自以为是而又事必躬亲的专制君主给这个千疮百孔的国家造成的伤害，远远要大过一个平庸、惰怠、无所事事的皇帝。

纵观崇祯皇帝一生，他的内心深处肯定怀着一种很大程度的不自信，因此他才会对他人的评价特别敏感，有时候简直就是一种病态。这病态的表现形式之一就是对身边所有人都怀着一种深深的怀疑和猜忌。皇帝的这种病态心理在他统治后期尤其明显，往往使得朝臣们处于一种两难的境地不能自已：如果大臣们表现得平庸无能，这当然会让自以为高明的皇帝十二万分地看不起，其结果肯定无法得到皇帝的欢心；而表现得精明能干却又颇易遭到神经过敏的皇帝的猜忌，以至于让他怀疑大臣们是在看不起他，那样的后果将更为严重。

在崇祯朝的 17 年里，崇祯皇帝一共任用过 50 位内阁大学士，不论是在明代还是历朝历代，都是前无古人后无来者的最高纪录，六部和都察院的长官更换也同样频繁，走马灯似的令人眼花缭乱：他共用过吏部尚书 13 人，户部尚书 8 人，兵部尚书 17 人，刑部尚书 16 人，工部尚书 13 人，都察院左都御史 132 人。结果换来换去，仍然没有换出任何一个让他满意的官员来。真不知是大明气数已尽，老天故意不让贤臣生在当世，还是崇祯皇帝自己的脑子出了问题？

朝中大臣走马灯似的换，也许还有些说辞，但崇祯皇帝对于前线领兵作战的高级将领，同样是怀疑加猜忌，不能不说是兵家之大忌。他先后用过袁崇焕、杨嗣昌、孙传庭、卢象升、洪承畴、熊文灿、陈新甲等人率兵同后金以及农民起义军作战，但这些人却几乎没有一个得到了善终。不是被崇祯皇帝处死，就是孤军被围而无人过问，最后只得坐守孤城被敌生俘；或者是被逼仓促上阵战死。

尤其是他冤杀了一代名将袁崇焕。本来明朝是全赖袁崇焕在东北奋力抵抗清军的。崇祯三年，皇太极想出了一条反间计，说袁崇焕与皇太极有密约，等待时机灭明后分享天下。生性多疑的崇祯皇帝不辨真假，将袁崇焕逮捕下狱，不久，即据伪证将袁崇焕凌迟处死。袁崇焕死后，东北已无得力大将可用，边防更危急。

崇祯十四年，清兵攻锦州，明朝蓟辽总督洪承畴率8位总兵，13万人援锦。8月，明军大败，洪承畴率残部入松山。清兵围松山。次年2月，清兵破松山，俘洪承畴，洪承畴降清。3月，清兵又破锦州，明总兵祖大寿投降。明朝东北的主力被消灭，元气大伤。

崇祯皇帝的失误还在于他在位之际，总是企图用空洞的儒家道德来约束文武百官，但晚明时期，士大夫虽然满口仁义道德，道德水准却惊人地低下，包括一批名闻遐迩的理学大师。即便是为后人所称道的东林党人，事实上也不是我们曾经认定的那样光明磊落，相反，却往往打着光明磊落的旗号行卑劣下流之事。整个社会对于享乐的贪图，拜金主义的风行，官员的贪婪，军队的低能，政治的黑暗与经济的凋敝，使整个晚明时期呈现出一幅犬儒主义的百丑图。大批高级官员为了保住头上的乌纱，不惜拜宦官魏忠贤为干爹，将这位文盲的生祠建得富丽堂皇，甚至称颂其为九千岁，这些事件深刻地说明这个王朝的执政者们到底有多无耻和下作。

当崇祯皇帝的道德济世的理念无法实施，而内忧外患反而更加激烈时，他认定“朕非亡国之君，诸臣尽亡国之臣”。对亡国之臣有什么值得客气的呢?因此崇祯皇帝晚年便带着一种说不出的阴损刻薄来看待手下的臣子们，“在崇祯执政的最后一两年里，他一直处在对朝臣的刻毒怨恨和对自己怀疑、自责的两种情绪中。两种情绪交替在他身上起作用，就表现为一时对朝臣痛下毒手，一时态度又相当温和谦虚。这种双重人格交替呈现的情况不但使得群臣摸不着头脑，也加深了他本人的心理苦痛。刻毒的报复引起进一步的自责，自责刺伤了自尊心，又导致更刻毒的报复。恶性循环，他的心中永无宁日”。

崇祯皇帝在位期间，死于他手下的高级官员共计有辅臣（相当于总理）

1人，尚书4人，总督、督师7人，巡抚11人，侍郎以下的官员则难以计数。到了崇祯皇帝后期，一向渴望仕途通达的官员们甚至认为拜相入阁乃是一件可怕的事情，因为说不定哪一天就会因某一件事情得罪这位喜怒越来越无常的天子，转瞬之间从位极人臣到脑袋搬家。

皇帝向臣子募捐

崇祯皇帝除了应付年年从未断绝的兵事之外，还需应对各地此起彼伏的干旱、地震、蝗灾、疾疫。要剿流寇，要赈灾区，要防边患，这一切都离不开一件东西，那就是：钱。

崇祯皇帝深感国库空虚，手头拮据。可老百姓已经榨干了，怎么办？无可奈何之下，贵为帝王的崇祯皇帝也顾不得许多了，只好砸锅卖铁，把宫中的金银器皿拿出来应急，甚至变卖从万历时积存下来的老人参，剩下来的就得号召皇亲国戚、文武百官助饷，采取募捐一策了。

崇祯十二年，崇祯找上了富甲一方的皇亲武清侯李国瑞，要他为国分忧，贡献40万银两为饷。李国瑞见数目巨大，死活不肯出，一口咬定拿不出这么多钱。不过崇祯皇帝对其底细也略知一二，于是催逼更急。这李国瑞索性要开了无赖，也来了个砸锅卖铁，将自家的房屋标价出售，家用器皿什物则拉到外面变卖，以示一无所有。此举令崇祯皇帝怒不可遏，遂将李国瑞逮捕入狱，夺其爵位。李国瑞哪禁得起这个，不久便惊怒而亡。如此一来，外戚哗然，纷纷抱怨崇祯皇帝不顾恩义亲情，更联合起来抵制募捐。崇祯皇帝本人事后也颇为后悔，加封李国瑞7岁的儿子李存善为侯，所追缴的这40万银两最后也全部退还。皇亲既然反悔，官员自然不会热心，募捐一事也就这样不了了之。

从崇祯元年起，在陕北就闹起了农民起义，这使崇祯皇帝如坐针毡，食不下咽，没有一天不在想着如何“剿匪”。然而，经过十几年的“剿匪”，由闯王李自成率领的一支农民义军却越战越强。1643年，这时的“流贼”李自成已在西安建立了农民政权，他的百万大军怀着必得天下之志从西安出发，此后又从军事要地宣府、大同进逼北京，并相继攻陷了平阳和太原，大明王朝的心脏北京城已指日可下。这时候的京城，缺兵少粮，守备虚弱，大明的局势可以说已到了火烧眉毛的窘状。

无计可施的崇祯皇帝特地召见了吴三桂的父亲吴襄和户部、兵部的官员们，讨论放弃宁远，调吴三桂军队紧急入卫北京。但吴襄却提出，如果让吴三桂进卫北京，大约需要100万两银子的军需。100万两银子在毕生俭朴的崇祯皇帝眼里，是一笔庞大得令他肉痛的数字。他不能忍受一下子付出这么多的银子，为此，崇祯皇帝只得放弃了这一原本还算不错的计划，然后坐困城中。

为了坚守京师，筹饷是一个大事。从召见吴襄之后，崇祯皇帝就多次向户部提出要解决这一问题，但此时的大明王朝已是油尽灯灭，国库里的存储竟然仅有区区40万两银子。户部的官员面对崇祯皇帝严峻的责骂也仍然无计可施，而与此同时，崇祯皇帝个人的财产却丰厚无比。为此，大臣们反复上疏恳请，希望崇祯皇帝能拿出属于他个人的内帑以充军饷。这无疑是要崇祯皇帝的命，他向大臣哭穷说："内帑业已用尽。"左都御史李邦华大概着急了，也顾不得是否当众顶撞圣上了，他说社稷已危，皇上还吝惜那些身外之物吗？皮之不存，毛将焉附？话已说得再明白不过了，崇祯皇帝却顾左右而言他，始终不肯拿出一分一厘来保卫他的江山。

到了李自成攻占北京，从他的宫内搜出的白银即多达3700多万两，黄金和其他珠宝还不在其中。这么多钱，若真是放用来赈灾助饷，可能李自成也不反了，清兵也进不来了，自己也不用煤山自尽了。为了节省100万两白银而丢掉了3700万两白银，乃至整个无法估价的万里江山，这本是一笔再简单不过的账，但自幼聪明好学的崇祯皇帝却到死也没有算清楚。

国库中没有钱，皇帝有钱却不想出，想再杀鸡取卵或是竭泽而渔地从百姓头上搜刮也已既没有充足的时间，又没有充足的地盘了。这时，崇祯皇帝万般无奈，只得要求文武百官无偿捐助，但天下最富的皇帝对拿钱来保自己的家天下都不乐意，又有几个官员肯拿出他们手里的钱呢？崇祯皇帝无奈，只得遣太监徐高通知周皇后之父、国丈嘉定伯周奎，让其捐白银10万两，以便起个表率作用。老丈人周奎年岁虽大了些，可对自己的口袋一点也不含糊，你皇上都不出钱，哪里又该我们这些当臣子的出呢？只是这话他不敢说出来，而是一个劲地哭穷，坚称没有。徐高再三说明上意，周奎也漫不经心，毫不介意。徐高愤而泣曰："后父如此，国事去矣。"周奎见话说到这个份儿上了，也怕崇祯皇帝归罪，答应勒紧裤带捐献白银1万两，崇祯皇帝认为少一点，要他拿出2万两。周奎不敢再讨价还价，却暗地里进宫去向女儿求援。皇后答应帮他出5000两，并劝他尽可能满足崇祯皇帝要求的数额。

可就是这本身出自崇祯皇帝内帑的5000两银子，周奎也只捐了3000两，余下的2000两反成了他的外快。其他后台不如周奎那么硬的大臣们，尽管个个富可敌国，却纷纷装穷（当然也有少数真穷的）。大学士魏藻德仅仅拿出百金，已被批准退休的内阁首辅陈演则专程入宫表白自己在任期间如何清白廉洁。还有一些官员则效法李国瑞，在自己门上写着："此房急卖。"表示他们家里已穷得只能卖房子过日子了，再拿出一些不值几个钱的器皿什物摆在市上兜售。自天子到大臣的集体哭穷，这大约是大明王朝上演的最后一幕闹剧。闹剧的导演自然是天子崇祯。

宫里的太监以王之心最富，但也仅献银万两。王永祚、曹化淳则捐银3万至5万两。后来李自成攻破北京之后，严刑拷打王之心，追出15万两白银，其家藏金银器物亦均为上品。周奎被抄掠之后，现银就有52万两，家中奇珍异宝、绫罗绸缎价值数十万两白银。

最后为搞平衡，干脆来了个摊派，比如浙江出银6000两，山东出银4000两等。个人的最高限额是3万两白银，但满朝竟然无人达标，仅有太康伯张国纪一人出到了两万两白银。就这样，本次举国募捐从京城皇亲国戚、士大夫官员组成的食禄一族那儿最终募集到的是一笔"巨"款：20万两白银。

这笔"巨款"数额如此，做军费实在没办法看。所以这20万两白银，崇祯皇帝全部用来犒赏慰劳京城守军。这一天，小民百姓痛哭捐金者甚多，多者有三四百两白银。

大臣们有钱不出钱，这个时候的崇祯皇帝除了一声叹息，也不能把他们怎么样了，只好又改个法子，号召有力出力，令众人各输粮草供给官军，或赡养将士们的妻子儿女，使京城守军无后顾之忧，但反应更为冷漠，无人响应，只好作罢。

吊死煤山

1644年4月23日，李自成的义军在隆隆的炮声中对北京全城发起攻击，只一夜之间，北京外城就被攻破。李自成决定给崇祯皇帝最后一次投降的机会。已投降义军的宦官杜勋，奉命进城，代表"大顺王"入宫谈判。崇祯皇帝接见了这个太监，他曾是皇帝的亲信。首辅魏藻德也在场。杜勋在其原来的主人面前十分坦率地说明了交换条件：明朝封李自成为王，赐银100万两，承认陕西和山西为其封国；李自成则负责平定国内其他起义军，并为明朝抗击满清，保卫辽东。

这些条件很有诱惑力，但崇祯皇帝听杜勋逐条阐述时，也考虑到，现在的让步，在将来的正统史家眼中，会永远成为他曾“偏安”的证明。不过，如果他能在大臣中为此绥靖策略找到支持者，对他的指责便可减轻。于是他转向魏藻德问道：“此议何如？今事已急，可一言决之。”魏藻德却一言不发，皇帝顿感不快，再次问道：“此议何如？”魏藻德仍沉默不语，拒绝为此决定分担责任。皇帝气得发抖，转身打发了杜勋。杜勋刚一离开，皇帝就当着魏藻德的面猛击龙椅，并将其一把推倒。他在这一天下了最后一道圣旨，一方面痛骂诸臣误国，一方面轻描淡写地作了自我批评。最后却无异于痴人说梦似的宣布，他赦免除李自成以外的所有农民起义人员，而如果有谁能将李自成生擒或杀死，则封万户侯。魏藻德慌忙退出，谈判之事遂再未提起。

当晚，李自成的军师宋献策占卜星象，说是若明日下雨，则此城必破。次日早晨，即4月24日，李自成醒来后，见外面下着细雨，遂下令部队准备进城。他也将营帐移至彰仪门（今广安门）外，守城总管、太监曹化淳打开彰仪门献城投降，义军进占外城。具有讽刺意味的是，这位宦官竟是崇祯皇帝最信赖的重臣。

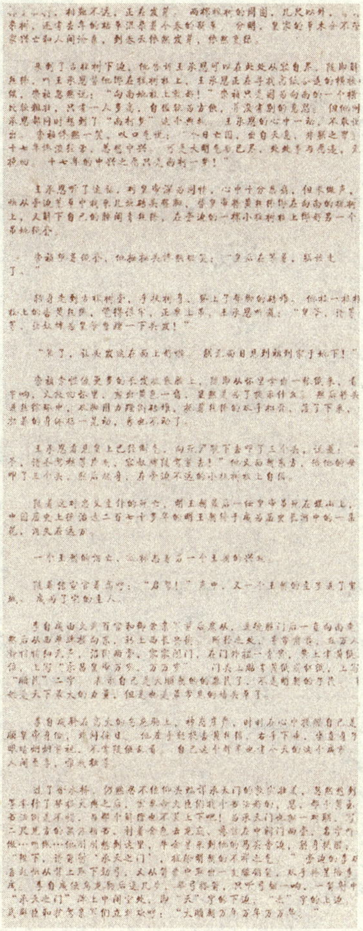

崇祯遗书

至夜幕降临时，李自成的军队已占领了南城。崇祯皇帝知道，在大顺军攻入紫禁城之前，留给他的时间已不多了。看到大势已去的崇祯皇帝，在与16岁的太子、11岁的永王、9岁的定王哭别后，让他们化装成平民，逃出紫禁城，并命令周皇后自杀。接着，他冲进宁寿宫，对最疼爱的15岁的长平公主，悲痛地说：“你为何生在我家？”不忍女儿落于敌手遭侮辱，他掩面挥剑刺向女儿，但没伤及要害，崇祯皇帝已悲痛得再也举不起剑。之后，他又来到西宫，胡乱将袁妃等几位妃嫔斩杀。而宫女们，则纷纷投河自尽。

随后，在昏暗的夜色中，他带着一批太监冲出宫门，逃命去了。他们出东华门，至朝阳门，又奔安定门……在城内兜了一圈，都被他的臣僚挡了回来，只得重返宫中。

次日凌晨，崇祯皇帝登上钟楼，鸣钟召集百官，但无一人前来。众叛亲离的崇祯皇帝与宦官王承恩一起溜出紫禁城，登上了后面的煤山（今景山），从煤山山顶，可以看到北京城外李自成大军的营帐里灯火通明，宵鼓阵阵。明天，他们就要攻城了。崇祯皇帝叹了口气，他用衣带草草地写好遗书，凌晨时分，恨恨地上吊自杀，时年34岁。他死后，王承恩也吊死在他对面。

崇祯皇帝在农民军攻城时，他望眼欲穿的吴三桂走了半个多月还没有从宁远赶来，在他上吊前的那一时刻，他是否想起了当年袁崇焕两昼夜急驰300余里来救他的事呢？

3天后，人们发现了崇祯皇帝的尸体。只见崇祯皇帝乱发覆面，身穿蓝衣，左足赤露，右着朱靴，衣前书写一段文字："朕自登极十七年，逆贼直逼京师。虽朕薄德藐躬，上干天咎，然皆诸臣之误朕也。朕死无面目见祖宗于地下，去朕冠冕，以发覆面，任贼分裂朕尸，勿伤百姓一人。"这段话，可以归结为三层意思：一是"诸臣之误朕"，再次强调他不是亡国之君，只因他的臣子们皆是亡国之臣，有推卸责任之嫌；二是"无面目见祖宗"，这是真正痛心的事；三是"任贼分裂朕尸，勿伤百姓一人"，这也应是真心话，他毕竟不是一位残暴之君。有人不忍目睹此惨状，遂将他葬在了3个月前死去的田贵妃墓中——即现在的思陵。就这样，明朝的统治覆灭了。

想来，崇祯皇帝在临死之时一定会不甘心地发问：为什么我的励精图治换来的却是亡国之悲与自缢之痛？

许多人都把崇祯皇帝的失败归结于农民起义和盘踞于满洲的后金势力，这点不假，它们的确是推动崇祯朝历史变迁的直接力量，但是，人们也知道，不管多尔衮和李自成存不存在，大明王朝的气数已是油尽灯枯了，多尔衮和李自成只不过是压塌骆驼背上的最后两根稻草罢了。王朝更迭的不可违之命就这样像抓阄一样抓到了崇祯皇帝的头上，他的悲剧命运就在于他不仅无法以一身之躯来阻止社稷颠覆之势，而且历史所能给予他的时间和空间也注定他成不了中兴之主。

以崇祯皇帝的个人素质和励精图治的志气，如果生在和平时期，未尝不可以列于明君之侧，因为在和平的年代里，崇祯皇帝个人的性格虽然有着各

崇祯帝吊死在北京景山公园

种弱点，但却不会是致命的；而他显然生错了时代，在那样一个大厦将倾的末世，他的悲剧性格加上他的求治甚急，励精图治只会加快王朝的灭亡。崇祯皇帝事实上成了他的祖父万历皇帝和哥哥熹宗的替罪羊。尽管他比这两位亲人要英明得多，勤勉得多，但他的祖父和哥哥却可以在宫中花天酒地过一生，他虽说旰食宵衣，却免不了背上亡国者的耻辱。

总之，在君主一人家天下的时代里，崇祯皇帝的悲剧其实是从这种体制上就决定了的，不管他是励精图治也好还是宵衣旰食也罢，最后无论如何也逃不脱亡命亡国的可悲下场。只不过，这一悲剧的源头并不在崇祯皇帝身上，而是应由他上溯到 300 年前，当那个做过和尚的朱元璋在遥远的南京城里登基时，悲剧的种子就已经埋下了。它的苦果在 300 年后成熟，并由这位下种的开国之君的子孙后代来品尝。

1644 年，统治 276 年的大明王朝结束了。本来，紫禁城的主人可能改姓李，但是，同样是农民出身的李自成，并没有朱元璋那样的治国之才，攻下北京后，他和他的部下即骄傲自大，故步自封，腐化堕落，并一再贻误战机，加之冒犯吴三桂而使他打开山海关，引清军南下，奋战 17 年得到的成果拱手让人，也算惨痛而有益的历史教训。

崇祯皇帝之死有着不同凡响的意义。他的死，不仅仅在于一个王朝不可逆转的灭亡，更在于一个可能忽略的事实：随着清王朝的入主中原，以一种野蛮落后的孔武粗陋接管一个文明熟透同时也是腐烂的国度，科技文化的因子受到严重窒息，人文精神的嫩芽受到百般摧残，领先世界两三千年的华夏文明几乎止住了脚步，开始落后于西方。

清末李鸿章曾有一句“三千年未有之大变局”的名言为时人所首肯，但这个变局的序幕不是在咸丰、同治之年拉开的，而应早在崇祯皇帝吊死煤山的1644年。崇祯朝无疑是中国历史的一个分水岭，也是破产的封建中国与涅槃的西方文明之间的分水岭。在它之后的中国没有迎来一个崭新的时代，迎来的却是一个既往封建王朝的拷贝件，而紧随其后的康乾盛世也不过是给我们演出了一场封建盛世的绝唱而已。

17世纪40年代的世界，东西方先后有两位君主走向绝境——一个将脖子伸进了树枝下丝带吊环里，另一个将脖子伸进了断头台的铡刀下。而两人死后其民族的走向却是天壤之别。就是在这个年代以后，西方的崛起与东方的没落明显加快，我们看到：世界的天平开始失衡……

对崇祯皇帝的死，包括不少史学家在内，众多的人抱有同情之心。同情什么？同情他的身世，同情他的结局。虽励精图治却无力回天，国运已经明显不行，苦苦支撑仍力不从心，正如他所说：朕非亡国之君，而事事皆亡国之象。自然，同情崇祯皇帝的背后隐藏着对一个国家和民族没落的悲叹。

二十八、光照日月的康熙大帝

清康熙皇帝爱新觉罗·玄烨，以他聪慧的才智和政治品格，为国家民族创建了从衰败到鼎盛的伟业，是中国历代帝王中文韬武略最突出的君王之一。他一生除鳌拜、平三蕃、视察黄河、疏通漕运、任用良将、东收台湾、北定疆界、与蒙古诸王结盟、西征葛尔丹，汲取汉文化，发展民族经济，推行富国强民的政策措施，完成统一中华、振兴中华的大业。康熙的一生是传奇的一生、辉煌的一生。

少年天子的雄才大略

1661年正月初九，顺治皇帝病逝后的第三天，年仅8岁的玄烨一身孝服坐在了金銮殿的宝座中，成为新一代少年天子，这就是康熙皇帝。康，即安宁；熙，即兴盛。康熙取万民康宁、天下熙盛的意思。

隆重的登基大典有条不紊地进行着，此时，站在前面的文武大臣，依稀会发现小皇帝的脸上竟然有几粒稀疏的麻子。也许他们没有想到，正是因为这几粒麻子，小皇帝才能够坐上今天的龙椅。

顺治皇帝突然病逝时不到24岁，此前对于接班人问题他并没有太多心理准备，直到染病卧床不起时才开始认真考虑继承人选。长期以来顺治皇帝一直看好次子福全，想立为太子，而顺治皇帝的母亲孝庄太后则更倾向于立三子玄烨。双方意见相持不下，只好求助于第三者的仲裁。这个第三者，就是在宫中当差的西洋传教士汤若望。汤若望在清宫服务多年，官至一品。他与顺治皇帝及孝庄太后之间长期保持着亲密关系，顺治皇帝曾尊称他为“玛法”，满语翻译过来就是“爷爷”。

理智的西洋传教士汤若望很快就帮孝庄太后和顺治皇帝下定了决心：立

皇三子玄烨为太子。理由简单而充分——玄烨已出过天花，对这种可怕的疾病有终身免疫力。

天花，中医称“痘疮”。作为一种烈性传染病，它很早就已开始为害人类。直到清初，天花依然被视为不治之症，令人谈虎色变。实际上，清朝时期，天花曾多次泛滥，为害生灵。康熙早年的生活一直笼罩在痘魔的阴影下。他刚出生时，正值天花大流行，不得不由乳母抱出紫禁城，栖身西华门外的一座宅邸(雍正时改为福佑寺)中“避痘”，长期得不到父母之爱。两岁那年，他患上了天花，在乳母、正白旗汉军包衣曹玺之妻孙氏悉心照料下，硬是从天花的魔掌中挣脱出来，但脸上却留下了与痘魔殊死搏斗的点点痕迹。这个经历，在康熙幼小心灵中留下了不灭的烙印。正所谓因祸得福，由于康熙已出过天花，并且有幸存活下来，而且以后再也不会得天花了。于是，天花让康熙登上了金銮宝座。

康熙是清朝第四位皇帝、定都北京后的第二位皇帝，在清朝前六代皇帝中承上启下，处于十分重要的地位。当时的大清，朝虽立而国未盛、民未安，守成和创业同等重要。上继父祖鸿业，下开后世太平，实现民众康宁、国家熙盛，是康熙帝面临的时代课题。事实证明，康熙承担起了这样艰巨的历史使命。

如果说顺治皇帝的即位是孝庄太后的英明决断，是人力所为的话，那么康熙皇帝的即位应该说是上天的安排，是老天爷为黎民百姓选择了一位好皇帝。

康熙皇帝画像

康熙即位时，由于年龄太小，顺治便把索尼、苏克萨哈、遏必隆和鳌拜四人接来，让他们做顾命大臣。这四个人在顺治帝面前宣誓，表示“协忠诚、共生死、辅佐政务”，“不计私怨，不听旁人及兄弟子侄教唆之言，不求无义之富贵”。但是不久，这四位大臣就忘记了他们的誓言，摆在康熙面前的形势是十分严峻的。

就朝廷以外的情况来说，满清入关不到20年，人心并未归附，前明之思还在人们心中隐藏着，尤其是镇守云南的平西王吴三桂、镇守福建的靖南王耿精忠、镇守

鳌拜像

广东的平南王尚之喜三藩，势力十分强大，多年来一直准备造反。台湾岛上郑成功的后代也虎视眈眈，窥视清朝的东南沿海一带，寻找时机，准备反攻。东北方有俄国军队不断骚扰边境，侵吞土地，掠夺人口财富。西边的西藏也很不安定，西北部的准噶尔部更是气焰熏天，不断向东进扰，北方还有诸蒙古部落伺机南下。

朝廷内部的局势就更令人忧虑了，在四个顾命大臣当中，索尼因年纪大了病死后，遏必隆勾结鳌拜，惟鳌拜之命是从。鳌拜是“巴图鲁”（满族语勇士）出身，号称“满洲第一勇士”，性格强暴，为人武勇，极难制服。他在朝廷之上更是专横跋扈、盛气凌人，根本无一点人臣之礼。别的大臣和他意见不合，就遭到排挤打击。他欺负康熙帝年幼，对康熙视若无物，经常当众与康熙大声争论，乃至训斥康熙，直到康熙让步为止。

另一辅政大臣苏克萨哈和鳌拜发生争执，鳌拜便怀恨在心，不久就对苏克萨哈开刀了。事情的导火线是土地问题。

清王朝入关后，曾用强迫手段圈了农民大片土地，分给八旗贵族。顺治初年圈地时，摄政王多尔衮利用权势，将原定圈给镶黄旗的永平府一带的好地让给正白旗，而另拨河间府一带次地给镶黄旗。这件事当时曾引起一场风波，但事过20年，旗民各安生业，旧怨也已淡忘。鳌拜掌权后，仗势扩大占地，而且旧事重提，让正白旗与镶黄旗互换土地，目的是讨好自己和遏必隆所在的镶黄旗，而打击苏克萨哈及其所在的正白旗。

这件事引起朝野上下的普遍反对，正白旗人诉告到户部。大学士、户部尚书苏纳海认为不可，直隶总督朱昌祚以此举会造成数十万失业者而抗疏称其不便，保定巡抚王登联以圈拨扰民而疏请停止。鳌拜诬陷这些官员大逆不道，矫诏将这三位大臣诛杀。

随后，鳌拜还勾结同党诬告苏克萨哈犯了大罪，奏请康熙帝把苏克萨哈凌迟处死。康熙帝认为他无罪，不肯批准，鳌拜就在朝堂上跟康熙帝争了起来，康熙仍是不许，鳌拜竟捋起衣袖，拔出拳头，大吵大嚷，上前要打康熙。康熙帝非常生气，但是一想鳌拜势力很大，只好暂时忍耐，由他把苏克萨哈杀了。

这样，朝廷之上就只有鳌拜一党了。他把持了朝廷大权以后，独断专横，大肆捕杀异己。

1667年，康熙14岁，按照当时的规定，他可以亲政（即亲自处理政事）了，但有鳌拜专权，他无论如何是亲不了政的。面对这种内忧外困的局面，康熙如果想开创一个太平兴盛的朝代，必然要有非凡的谋略和气魄。少年康熙表现出不同于一般人的胆识。首先，他决定除掉鳌拜，掌握实权，然后再作他图。康熙除掉鳌拜的方式极具少年的心性特点。当时，鳌拜掌握军权，如果直接下令捉拿，必定会引起叛乱，那样不仅鳌拜捉拿不到，连康熙自己也将面临生命危险。朝中的正直大臣，甚至太后都对此一筹莫展。一次，鳌拜称病不朝，康熙亲自去看望他。鳌拜躺在床上，卫士见他的神色有异，急忙向前检查，揭开被子，竟发现鳌拜的身下藏着一把极其锋利的匕首。鳌拜当时极为紧张，卫士也不知如何处置，康熙却突然插话道："随身携刀是满族人的风俗，不必大惊小怪。"康熙在不动声色之中稳住了鳌拜。

明捉不行，那么用什么办法才好呢？康熙终于想出一计，并且不动声色地干了起来。满族人喜欢"布库"（摔跤），康熙就挑选了一些身体强壮的贵族少年子弟，到宫中练习摔跤。练了一年有余，技艺大为长进，康熙也不时到摔跤房去练习，居然也窥得了门径。宫廷中的王公大臣以及后妃太监尽知此事，但都觉得是少年心性，十分自然，没有任何人怀疑康熙有什么其他的动机，就连鳌拜也是如此。他经常进宫去，看到这些少年吵吵嚷嚷地在御花园里摔跤，只当是孩子们闹着玩，一点也不在意。在不知不觉之中，康熙的这支"娃娃兵"就练好了。

在这期间，康熙还依照中国传统的"将欲夺之，必先与之"的做法，连连给鳌拜升官，鳌拜父子先后被升为"一等公"和"二等公"，再先后加上"太师"和"少师"的封号。不仅稳住了鳌拜，还使他放松了戒备。

在康熙16岁那一年，一切终于准备就绪了，他先把"娃娃兵"布置在书房内。有一天，鳌拜接到康熙帝命令，要他单独进宫商量国事。鳌拜像平常一样大模大样进宫去。刚跨进内宫的门槛，忽然一群少年拥了上来，围住了鳌拜，有的拧胳膊，有的拖大腿，登时把鳌拜掀翻在地，死命按住。鳌拜虽然是武将出身，力气也大。可是这些少年人多，又都是练过摔跤的，鳌拜敌不过他们，一下子就被打翻在地，任凭他大声叫喊，也没有人搭救他。康熙又让“娃娃兵”把鳌拜捆绑牢靠，投入了监狱。

这群“娃娃兵”做完了一件大事，鳌拜尚且蒙在鼓中，还以为是小皇帝爱胡闹，让他们捉自己较量功夫呢！也只有这样，才能守得住秘密，否则，鳌拜的耳目极其众多，只怕要“出师未捷身先死”了！

在捉住鳌拜之后，康熙立即宣布了他的十三大罪状，并组织人审判鳌拜，把鳌拜集团的首恶分子也一网打尽。大臣们认为，鳌拜飞扬跋扈，擅杀无辜，罪行累累，应该处死。但康熙帝对鳌拜做出宽大处理，免于处死，终身监禁；对遏必隆仅革太师，后还公爵。不久，鳌拜死于狱中。

这样处理，不仅一举清除鳌拜及其同党，而且稳住了镶黄旗。当时，康熙帝年仅 16 岁，而部署周密，沉着机智，处理得当，不失分寸，初露其胸怀谋略、临机果敢的政治家风范。

此后，康熙又为受鳌拜迫害和打击的人平反昭雪，发还了被鳌拜霸占的民田，又限制了奴仆制度，改革了政府机构。康熙真是“三年不鸣，一鸣惊人”，他这些雷厉风行的重大举措，使得一些反应慢的大臣简直有目瞪口呆之感，但他们很快就缓过神来，觉得康熙实在是一位英明的君主。群臣都不敢再把他当小孩子对待了，康熙也从此集中了权力，建立了威信。

康熙在从 8 岁到 16 岁这段时间中虽然因鳌拜专权而备受牵制和压抑，但他的少年生活基本上还是自由和正常的。也许是满族人刚刚入关的缘故，他们还没有汉人皇族那样严格的礼教观念，也不像汉人那样严格地照规矩去生活，所以，康熙在少年时代还可以像一般人家的子弟一样在身心两方面得到较为正常的发展，而不像以前的许多皇帝在童年、少年时代就造成了有一定畸形倾向的性格。

据说，努尔哈赤及其许多儿子都目不识丁，只有第八子皇太极略通文墨，可见，满族人重武轻文，到康熙这一代，仍无多少礼教观念。然而，康熙毕竟生活在汉人地区，汉族的文化开始渗透到满族的贵族之中，再加上满族人从皇太极开始就十分重视汉族的文化，因此，康熙自幼年起就开始大量接触中国的文化典籍了。

况且康熙本人也是一个爱读书、爱思考的人，对于中国传统文化的学习，他是发自内心，是主动的，而不是像前代的许多皇帝那样成天被人“谆谆教诲”被动地接受。因此，康熙通过学习，增长了见识，开阔了视野。他是一个真正善于读书而又能用书的人，甚至可以这样说，康熙成为一位英明的君主，其根本原因就在于他能活学活用中国的传统文化。

在铲除鳌拜之后，康熙又面临另一个十分棘手的问题——历法之争。

在顺治时期，西方的传教士就进入了中国，汤若望等一批人还受到了特殊的优待。在这一时期，汤若望用西方较为先进的算法推算出了一部天文历法，顺治把他封为“通玄法师”，并任钦天监监正（国家天文台台长）。这套历法在当时是较为准确的，但有一个叫杨光先的人投靠鳌拜，上书朝廷，说汤若望在《时宪历》的封面上印上了“依西洋新法”字样，是要清朝屈服西方，是“阴行邪教”。如果废了黄帝以来的中国天文历法，那就要把尧舜以来的礼仪制度都要废掉。杨光先的理论在今天看来十分荒唐可笑，不会有人理他，但在当时却是一种很厉害的理论。在鳌拜的支持下，杨光先出任钦天监监正，朝廷的许多大臣也都主张废除洋法，用中国的旧历法。礼部、刑部还做出了决定，杀了一批主张用洋历法的大臣。亏了孝庄太后的保护，汤若望才免于一死，但从此朝廷形成了两个历法派。

康熙本人对历法没有研究，不能做出决断，但他知道不能用祖宗的规矩来压制西洋的先进东西。在铲除鳌拜以后，康熙想实事求是地解决这一问题。于是，他一边派传教士南怀仁去推算比较两种历法，一边自己刻苦学习，了解历法的大概。

经过研究和使用，杨光先的历法屡屡出错，因此，康熙废了旧历法，推行新历法，并以实事求是的态度来同大臣们讲明道理，较好地解决了新旧历法之争，也显示出了康熙认真求实的态度，为他进一步赢得了威信。

平定三藩

康熙帝亲自执政后，大力整顿朝政，奖励生产，惩办贪污，使新建立的清王朝渐渐强盛起来。当时，南明政权虽然已经灭亡，但是南方有三个藩王却叫康熙帝十分担心。

这三个藩王本来是投降清朝的明军将领，一个是引清兵进关的吴三桂，另两个是尚可喜和耿仲明。因为他们帮助清朝消灭南明，镇压农民军，清王朝认为他们有功，封吴三桂为平西王，驻防云南、贵州；尚可喜为平南王，驻防广东；耿仲明为靖南王，驻防福建，合起来叫做“三藩”。

三藩占据要地，拥兵自重，成为清初的三个地方割据势力，其中以吴三桂实力最强，骄横不法。从顺治朝开始，军费开支浩大，每年入不敷出。以顺治十七年（1660 年）为例，国家正赋收入白银 875 万两，而云南一省就要支出白银 900 多万两，竭全国之财力，尚不足一藩之需求。到了康熙初年，财政困难局面仍旧未见好转。国家钱粮，大半耗于三藩。三藩在自己的独立王国里，设立税卡，私行铸钱，圈占土地，掠卖人口。吴三桂还自行选派官员，称为“西选”，根本不把朝廷放在眼里。

康熙帝知道要统一政令，三藩是很大的障碍。因此，他的态度极为明确，那就是坚决削藩，不能姑息养奸。不过，康熙也有自己的打算，他想，叛乱晚发生一天，就对自己有利一分，因为从年龄上讲，自己会一天天地长大，而吴三桂会一天天地老下去，自己会准备得越来越充分，而吴三桂则只会越来越不得人心。

正好 1673 年，尚可喜年老多病，把藩事交于其子尚之信代理。尚之信掌权以后，残忍好杀而又多行不义。尚可喜受不了其子的挟持，便上书请求撤藩，要求告老还乡，并让其子袭爵。康熙帝批准尚可喜告老，但是不让他儿子接替平南王爵位。

当时，吴三桂的儿子吴应熊在北京，听到这一消息后，立即飞马报告了云南的吴三桂，吴三桂又告知了福建的耿精忠（耿仲明的孙子），两人均感惊慌，因为他们害怕撤藩。在幕僚的劝说之下，吴三桂与耿精忠均于这年的十月上书，请求撤藩，其实际用意是在试探朝廷的态度，这一点，清廷大臣们一眼就看出来了。

平定三藩之乱要图

这些奏章送到朝廷，康熙帝召集朝臣商议。许多大臣认为吴三桂他们要求撤藩是假的，如果批准他们的请求，吴三桂一定会造反。围绕着是否撤藩这一问题，清廷展开了激烈的争论。绝大多数大臣找出种种理由来搪塞，认为不可撤藩，其实只有一个原因，就是害怕吴三桂等人造反。只有兵部尚书明珠、刑部尚书莫洛等几个大臣主张撤藩。几次讨论，都未取得共识。这时，康熙力排众议，十分决断地指出："三藩久握重兵，蓄谋已久，撤藩，他们要反；不撤，他们迟早也要反。与其晚撤，不如早撤。只是一边撤藩，一边准备应战罢了。"于是，康熙派出使者，催促三藩快撤。这一年，康熙 19 岁。

诏令一下，吴三桂果然暴跳如雷。他自以为是清朝开国老臣，现在年纪轻轻的皇帝居然撤他的权，就非反不可了。

1673 年，吴三桂在云南起兵，自称"天下都招讨兵马大元帅"。为了笼络民心，他脱下清朝王爵的服饰，换上明朝将军的盔甲，在永历帝的墓前假惺惺地痛哭一番，说是要替明王朝报仇雪恨。但是，人们都记得很清楚，把清兵请进中原来的是吴三桂；最后杀死永历帝的，还是吴三桂。现在他居然打起恢复明朝的旗号来，想骗谁呢？

叛乱的形势正如康熙当初估计的一样，吴三桂在西南一带势力大，一开始，叛军打得很顺利，一直打到湖南。他又派人跟广东的尚之信和福建的耿精忠联系，约他们一起叛变。这两个藩王有吴三桂撑腰，也反了。历史上把这件事称作"三藩之乱"。

一石激起千层浪。三藩一乱，"东南西北，在在鼎沸"，京城里有杨起隆举事，察哈尔有阿尔尼叛乱，四川、广西一带的文武官员也附和响应，半个中国都燃起了叛乱的战火。而且，先后发生京师大地震、太和殿火灾，康熙帝爱后赫舍里氏也崩逝。朝里与朝外，外叛与内变，雷火与地震，天灾与人祸，连连击到年轻的康熙皇帝身上。一时间人心惶惶，京师不少官员甚至把家眷送归江南乡里。

青年天子玄烨在危急时刻，持心坚定，气静不慌。原来主张不可撤藩的大学士索额图、户部侍郎魏象枢等，提出要处斩建议撤藩的大臣。康熙帝义正词严：撤藩出自朕意，他们何罪之有？这就坚定了主张平叛的大臣的决心。他下诏削夺吴三桂的官爵，公布其罪状。不久又将留居京师的吴三桂之子应熊、孙世霖等逮捕处死。这样，朝廷官员知道，朝廷再也没有退路，只有同吴三桂等叛军决一死战，因此统一了思想，坚定了信念。

消息传到吴军，吴三桂正在吃饭，闻讯大惊。后西藏五世达赖喇嘛为吴

郑成功收复台湾图

三桂说情，请求朝廷“裂土罢兵”，遭到康熙帝的坚决驳斥。他为了安定惊恐的军心、慌乱的民心，每天游景山，观骑射，以示胸有成竹。有人进行讽谏，康熙置若罔闻。事后他说：“当时我要是表现出一丝惊恐来，就会人心动摇，说不定会出现意外的情况！”他的坚定决心和平静心态，对于稳定大局和安定人心，起了很大的作用。

吴三桂开始打了一些胜仗，但康熙帝并没有被吓倒，而是首先确定正确策略，认为“三藩”之乱以吴三桂为首，其余多是胁从，若能击败吴三桂，其余叛军不难攻破或是收服。于是一面调兵遣将，集中兵力讨伐吴三桂；一面停止撤销尚之信、耿精忠的藩王称号，把他们稳住。尚之信、耿精忠一看形势对吴三桂不利，就又投降了。因此，清兵越打越强，吴三桂的力量渐渐削弱，被分化瓦解，困在了湖南，处境十分孤立。

1678年，康熙收复了浏阳等湘地的许多城池，吴三桂一看大势不好，想赶快过一过皇帝瘾，就马上撕下“复明”的假面具，于3月23日在衡山祭天，自称皇帝，改元昭武，改衡州为定天府。

同年8月，吴三桂连悔带恨，生了一场大病断气身亡。随后，其孙吴世璠即位，退据云南。1681年，清军分三路攻进云南昆明，吴世璠服毒自杀，其头颅被割下送往京城，吴三桂被掘坟折骨。耿精忠、尚可信等人早已被杀，川陕等地也已平定。这样，乱了8年之久，折腾了10多个省份的“三藩”之乱终于被彻底平定了。

群臣请上尊号，康熙帝严词拒绝。他认为，8年战火，生灵涂炭，应该务实，切戒虚名。

在平乱之中，康熙的英勇睿智表现在三个方面：一是坚决平叛，临乱不惊；二是方针正确，先攻吴三桂，分化收服其余；三是调兵遣将，指挥得当。平叛过后，这位少年天子已经28岁了，到这时，他已是一位成熟的政治家了。

随后，他开始着手统一台湾。1624年，荷兰人侵占台湾。1661年，民族英雄郑成功从荷兰人手中成功收复台湾后不久病逝，其子郑经继位，继续治理台湾，与大陆上的清王朝分庭抗礼。康熙帝多次招抚不成，便下决心武力解决台湾问题。

1681年郑经突然病故，他的儿子郑克塽继任王位，台湾内部发生内讧，康熙帝决定起用施琅攻台。施琅原为郑成功的得意爱将，后来背郑降清。1663年，康熙帝曾命其出任福建水师提督，征讨台湾。他两次出海，均遇台风，无功而返。朝内一些大臣对他产生怀疑，但康熙帝力排众议，仍然对施琅委以军政大权。施琅于1683年取得海战大捷，台湾收归清朝。

康熙设台湾府，隶属于福建。台湾府下设三县——台湾县（今台南）、凤山县（今高雄）、诸罗县（今嘉义），派总兵官一员，率官兵8000人，驻防台湾。从而加强了中央对台湾的管辖，促进了台湾经济文化的发展。

清王朝在中国的统治稳定下来了。但是，还有一点叫康熙帝不大放心，这就是怕有些明朝留下来的文人心里不服。于是，他采用了一个办法：开“博学鸿词科”，命令各地官员和朝廷大臣，把有学问的文人推荐给朝廷，马上封官。这一招果然很灵，不少全国著名的学者、文人应召到京城，做起官来。

雅克萨的胜利

正在朝廷庆祝平定叛乱胜利的时候，东北边境又传来沙皇俄国侵犯的消息，这就使康熙帝不得不把注意力放到北方边境上面去。

沙皇俄国是怎样侵略我国东北的呢？原来在明朝末年，清军正忙着进关，把北方边境的防备放松了。沙皇俄国趁机向我国黑龙江地区进犯。他们在我国掠夺财物，杀害人民，遭到我国各族居民的反抗。清军进关后，派兵打击沙俄侵略军，收复了被俄国占领的黑龙江北岸的雅克萨（在今黑龙江呼玛西北，漠河以东的黑龙江北岸）。

当康熙帝为了平定三藩，把大批兵力调到西南去的时候，有个俄国逃犯带了84名匪徒窜到雅克萨，在那里筑起堡垒，四处抢掠。他们把抢来的貂皮献给沙皇，沙皇不但赦免了逃犯的罪，还派他当了雅克萨长官，想永远霸占我国土地。

康熙帝刚刚平定了三藩之乱，听到东北边境遭到侵犯，十分气愤。为了

雅克萨之战

弄清敌情，他亲自到盛京，一面派将军彭春、郎谈借打猎为名到边境实地侦察；一面要当地官员修造战船，建立城堡，准备征讨敌人。

康熙帝做好一切准备之后，派人送信给雅克萨的俄军头目，命令他趁早退出雅克萨，沙俄军不但不肯退出，反而向雅克萨增兵，跟清军对抗。眼看和平解决已经不可能了，康熙帝就发布了进军的命令。

1685年，康熙帝派彭春为都统，率领陆军水军1.5万人，浩浩荡荡开到雅克萨城下，把雅克萨围了起来。

沙俄军队经过几年的准备，把城堡修得十分牢固。彭春观察了地形之后，在城南筑起土山，让兵士站在土山上往城里放弩箭。城里的俄军以为清兵要在城南进攻，就把兵力拉到城南。哪知道清军却在城北隐蔽地方放了火炮，趁城北敌人防守空虚之机，突然轰起炮来。炮弹呼啸着飞向城里，敌人的城楼被炮弹击中了，熊熊燃烧起来。

天色渐渐发白，清军又在城下堆起柴草，准备放火烧城。俄军头目这才吓慌了神，在城头上扯起白旗投降。

按照康熙帝的事前嘱咐，彭春把投降的俄军全部释放，勒令他们撤回本土。俄军头目托尔布津哭丧着脸，带着残兵败将走了。

俄军撤走后，彭春命令兵士把雅克萨城堡全部拆毁，让百姓耕种；接着，带着军队回到瑷珲城。但是，遭到惨败的俄军头目并没有死心，他们打听到清军撤出的消息，过了不久，又带兵溜回雅克萨，把城堡修筑得更加坚固。

边境的警报再次传到了北京，康熙帝决定彻底消灭侵略军。第二年夏天，

清初中俄边境形势

黑龙江将军萨布素再一次进军雅克萨。清军将士想到从他们手里放走的敌人又来了，恨不得马上将他们消灭。这一次，清军的炮火更加猛烈，俄兵几次出城反扑，都被清军打了回去。守城头目托尔布津中弹死去，留下一批侵略军不得不躲到地窖里，但是没几天，病的病，死的死，最后只剩下了 150 人。

沙俄政府慌忙派使者赶到北京，要求谈判，康熙帝这才下令停止攻城。

1689 年，中国政府派出谈判代表索额图，沙俄政府也派出戈洛文做代表，在尼布楚举行和谈，规定了中俄两国的东段边界，从法律上划定了以额尔古纳河、格尔毕齐河和外兴安岭为界，整个外兴安岭以南、黑龙江和乌苏里江流域（包括库页岛）都是中国的领土。这就是著名的《尼布楚条约》。这是中国历史上同外国签订的第一个平等条约，表明康熙帝独立自主外交的胜利。

三征噶尔丹

沙俄政府在雅克萨失败以后，并不甘心，就在尼布楚条约签订的第二年，又唆使准噶尔部（蒙古族的一支）的首领噶尔丹进攻漠北蒙古。

那时候，蒙古族分为漠南蒙古、漠北蒙古和漠西蒙古三个部分。除了漠南蒙古早已归属清朝外，其他两部也都臣服了清朝。准噶尔是漠西蒙古的一支，本来在伊犁一带过游牧生活。自从噶尔丹统治准噶尔部以后，他野心勃勃，先兼并了漠西蒙古的其他部落，又向东进攻漠北蒙古。漠北蒙古抵抗一阵失败了，几十万的漠北蒙古人逃到漠南，请求清朝政府保护。康熙帝派使者到噶尔丹那里，叫他把侵占的地方还给漠北蒙古。噶尔丹自以为有沙俄撑腰，十分骄横，不但不肯退兵，还以追击漠北蒙古为名，大举进犯漠南。

康熙帝召集大臣宣布他决定亲征噶尔丹。他认为噶尔丹气势汹汹，野心不小，既然打进来，非反击不可。1690 年，康熙帝分兵两路：左路由抚远大将军福全率领，出古北口；右路由安北大将军常宁率领，出喜峰口，康熙帝亲自带兵在后面指挥。

右路清军先接触噶尔丹军，打了败仗。噶尔丹长驱直入，一直打到离北京只有 700 里的乌兰布通（今内蒙古昭乌达盟克什克腾旗）。噶尔丹得意洋洋，还派使者向清军要求交出他们的仇人。

康熙帝命令福全反击。噶尔丹把几万骑兵集中在大红山下，后面有树林掩护，前面又有河流阻挡。他把上万只骆驼，缚住四脚躺在地上，驼背上加上箱子，用湿毡毯裹住，摆成长长的一个驼城。叛军就在那箱垛中间射箭放枪，阻止清军进攻。

清军用火炮火枪对准驼城的一段集中轰击，炮声隆隆，响得震天动地。驼城被打开了缺口，清军的步兵骑兵一起冲杀过去，福全又派兵绕到山后夹击，把叛军杀得七零八落，纷纷丢了营寨逃走。

噶尔丹一看形势不利，赶快派个喇嘛到清营求和。福全一面停止追击，一面派人向康熙帝请示。康熙帝下令说："快进军追击！别中了贼人的诡计。"果然，噶尔丹求和只是缓兵之计，等清军奉命追击的时候，噶尔丹已经带了残兵逃到漠北去了。

噶尔丹回到漠北，表面上向清朝政府表示屈服，暗地里重新招兵买马。1694 年，康熙帝约噶尔丹会见，订立盟约。噶尔丹不但不来，还暗地派人到漠南煽动叛乱。他扬言他们已经向沙俄政府借到鸟枪兵六万，将大举进攻。内蒙古各部亲王纷纷向康熙帝告发。

1696 年，康熙帝第二次亲征，分三路出击：黑龙江将军萨布素从东路进兵；大将军费杨古率陕西、甘肃的兵，从西路出兵，截击噶尔丹的后路；康熙帝亲自带中路军，从独石口出发。三路大军约定时期夹攻。

康熙帝的中路军到了科图，遇到了敌军前锋，但东西两路还没有到达，这时候，有人传说沙俄将要出兵帮助噶尔丹。随行的一些大臣就有点害怕起来，劝康熙帝班师回北京，康熙帝气愤地说："我这次出征，没有见到叛贼就退兵，怎么向天下人交代？再说，我中路一退，叛军全力对付西路，西路不是危险了吗？”

当下，康熙帝决定继续进兵克鲁伦河，并且派使者去见噶尔丹，告诉他康熙帝亲征的消息。噶尔丹在山头一望，见到清兵黄旗飘扬，军容整齐，连夜拔营撤退。

康熙帝一面派兵追击，一面赶快通知西路军大将费扬古，要他们在半路上截击。

噶尔丹带兵奔走了五天五夜，到了昭莫多（今蒙古国乌兰巴托东南）正好遇到费扬古军。昭莫多原是一座大树林，前面有一个开阔地带，历来是漠北的战场。费扬古按照康熙帝的部署，在小山的树林茂密地方设下埋伏，先派先锋400人诱战，边战边退，把叛军引到预先埋伏的地方，清军先下马步战，听到号角声起，就一跃上马，占据了山顶。叛军向山顶进攻，清军从山顶放箭发枪，展开了一场激战。费扬古又派出一支人马在山下袭击叛军辎重，前后夹击，叛军死的死，降的降。最后，噶尔丹只带了几十名骑兵脱逃。

经过两次大战，噶尔丹叛乱集团土崩瓦解，康熙帝要噶尔丹投降，但是噶尔丹继续顽抗。隔了一年，康熙帝又带兵渡过黄河亲征。这时候，噶尔丹原来的根据地伊犁已经被他侄儿策妄阿拉布坦占领；他的左右亲信听说清军到来，也纷纷投降，愿意做清军的向导。噶尔丹走投无路，就服毒自杀了。

打那以后，清政府重新控制了阿尔泰山以东的漠北蒙古，给当地蒙古贵族各种封号和官职。清政府又在乌里雅苏台设立将军，统辖漠北蒙古。

努尔哈赤和皇太极解决了漠南蒙古问题，康熙则进一步解决了漠西蒙古和漠北蒙古的问题。从秦汉匈奴到明朝蒙古的民族难题，到康熙时才算真正得到解决。康熙说：“昔秦兴土石之工，修筑长城。我朝施恩于喀尔喀，使之防备朔方，较长城更为坚固。”蒙古成为清朝北部坚固的长城。

后来，噶尔丹的侄儿策妄阿拉布坦攻占西藏。1720年，康熙帝又派兵远征西藏，驱逐了策妄阿拉布坦，护送达赖喇嘛六世进藏。以后，清政府又在拉萨设置驻藏大臣，代表中央政府同达赖、班禅共同管理西藏。

勤慎理政

康熙处理军国大政有两个显著的特点：一是“勤勉”，另一个是“谨慎”。正如他多次说的：“勤政实为君之大本，怠荒实亡国之病源。”明朝灭亡

于成龙

的一个原因，就是皇帝大多怠政。万历皇帝和天启皇帝都是有名的怠政庸君。万历皇帝二十几年不上朝，有人说是耽于酒色，有人说是首辅纵容，有人说是疾病缠身，但从根本上说是万历皇帝没有做皇帝的责任感。天启皇帝也一样，整天迷恋木工活，玩刀凿锯斧玩得津津有味。

清朝的皇帝，从顺治帝到光绪帝都是相当勤政的。从康熙开始，皇帝每天都要御门听政，即在皇宫乾清门前，由皇帝亲自主持御前朝廷会议。参加会议的主要有六部九卿（礼吏户兵刑工六部尚书、左都御史、通政使、大理寺卿）等官员。康熙从 14 岁亲政以来，每天御门听政，一年四季，无论冬夏，没有例外。即使在康熙十八年北京发生大地震期间，康熙照常早朝，御门听政。

康熙还一生谨慎，对于关系国计民生的大事，反复调查，慎重决策。如治河这件事就是一个典型。

1706 年治河，康熙在御门听政时，大臣们发生意见分歧。经过调查、面奏、辩论、验证等，整整进行了一年，才做出决策，真可谓慎之又慎。而康熙治河决策的过程是这样的：

他先派侍卫探查黄河之源，往返万余里，并绘成舆图。这是中国历史上第一幅经过实际踏勘而绘成的黄河图。

其次是任用能臣。康熙任用治河名臣靳辅和陈潢。靳辅受命后，一日八上奏疏，报告治河之策。他的治河方略是：统审全局，河运并治，浚河筑堤，束水攻沙，多开引河，量入为出。他重点治理黄河、淮河、运河交汇的清口。陈潢，浙江杭州人，善治水，怀才不遇，题诗祠壁。靳辅见而惊异，引为幕友，从此疏奏多由陈潢起稿，施工亦由陈潢监理。他们督率民工，日夜劳作，治河大成。但是，靳辅受到诸臣合讦交攻，发生了意见分歧。

三是展开御前辩论。河道总督靳辅与直隶巡抚于成龙在治河方略上意见相反。争论的主要是两个问题：一个是治河水退后出现的田地，是实行屯田还是由豪绅垦占？另一个是为了使河水通畅顺流入海，是开浚海口还是修筑大堤？康熙不妄加论断，而是命双方在乾清门进行御前辩论，各抒己见。辩

二则是借清官监督、打击贪官；三则是希望清官能为百姓做点好事；四则是推行“仁爱”理念，为自己博得仁政的美名。但是，清官往往为上司不喜欢，也普遍为同僚不喜欢。清官必遭贪官的嫉恨，也必遭贪官的报复。像于成龙、格尔古德、彭鹏、张伯行等无一例外。然而，康熙帝之所以仁明，在于他能明察是非曲直，而不使廉吏灰心，能信任并保全清官，遏制贪风日长。

好学不倦

过人的功业，因有过人的思想；而过人的思想，因有过人的学习。“学习”二字，是解开康熙一生开创宏图大业秘密的一把钥匙。康熙皇帝是一位学习型皇帝，是历史上唯一了解西方文明、尊重科学精神的皇帝。

康熙8岁丧父，10岁又丧母，很是可怜。母亲重病时，小玄烨“亲尝汤药，目不交睫，衣不解带”；母亲病故后，又昼夜守灵，水米不进，哀哭不停。一个才10岁的孩子，两年之间，父母双亡，形影相吊，应当说是人生幼年的最大不幸。他后来回忆说，幼年在“父母膝下，未得一日承欢”。人常是这样：生于忧患，死于安乐。忧患既使人痛苦，又激人奋进。幼年的忧患，激励了康熙奋发学习、自立自强的精神。

康熙的父亲是满族人，祖母是蒙古人，母亲是汉族人。他深受祖母的教诲，又向苏麻喇姑（孝庄太后随嫁贴身侍女）学习蒙古语，向满洲老师学习骑射，又接受汉族老师的儒家教育。康熙的勇武与奋进，受到满洲文化的影响；高远与大度，得益于蒙古文化的熏陶；而仁爱与韬略，则来自汉族儒学的营养。后来，他的开放与求新，则是受了传教士的西方文化的熏染。康熙帝吸收了中华多民族的、西方多国的、博大而又深厚的文化营养，这为他展现帝王才气，实现宏图大业，奠定了基础。

康熙是中国历史上少有的嗜书好学的帝王。他5岁入书房读书，昼夜苦读，甚至废寝忘食。继位后，学习更加勤奋。他读书不是为消遣，而是为“体会古帝王孜孜求治之意”，用以自己治国实践。他在出巡途中，深夜乘舟，或居行宫，谈《周易》，看《尚书》，读《左传》，诵《诗经》，赋诗著文，习以为常。直到花甲之年，仍手不释卷。

他重视文化教育，主持纂修了《康熙字典》、《古今图书集成》、《律历渊源》、《全唐诗》、《皇舆全览图》等，总计60余种，2万余卷。

康熙皇帝说自己“年力盛时，能挽十五力弓，发十三把箭”，可见他体格强健、长于弓马。40岁那年他得了疟疾，中医药未能治愈，耶稣会士洪若翰进金鸡纳霜（奎宁）。他服用后，很灵验，就召见洪若翰等。曹寅得了疟疾，康熙赐金鸡纳霜治好了他的病。此后，康熙便对西药发生兴趣，命在京城内炼制西药，还在宫中设立实验室，试制药品。他提倡种痘以防天花。关外的游牧族群，特别怕患上天花。顺治因患天花而死，康熙也出过天花，脸上留下麻子。清朝在塞外建避暑山庄、木兰围场，原因之一就是蒙古贵族可以不入京朝觐，减少出天花的机会。他破除迷信，推广种痘，命先给自己子女及宫中女子种痘，还给蒙古部民种痘，这就使千万人因种痘而免去患天花死亡或不死而留下麻子的悲剧。

康熙又喜爱研习自然科学。1688年，白晋、张诚等6位法国科学家在乾清宫受到康熙帝的召见，他们献上了从法国带来的30件科技仪器和书籍作见面礼。这些非同寻常的礼品，令康熙帝龙心大悦，当即决定让他们入宫，担任自己的科学顾问。从此开始了外国科学家在清宫从事科学活动长达数十年的局面。

白晋等人入宫后，与康熙相处很融洽。他们对康熙热衷科学的态度给予了高度评价，曾把他们的见闻写在给路易十四的报告中。1698年巴黎出版的白晋著《中国皇帝康熙传》中有过这样的记述：

康熙带着极大的兴趣学习西方科学，每天都要花几个小时同我们在一起，白天和晚上还要用更多的时间自学。他不喜欢娇生惯养和游手好闲，常常是起早贪黑。尽管我们谨慎地早早就来到宫中，但他还是经常在我们到达之前就准备好了，他急于向我们请教一些他已经做过的一些习题，或者是向我们提出一些新的问题……

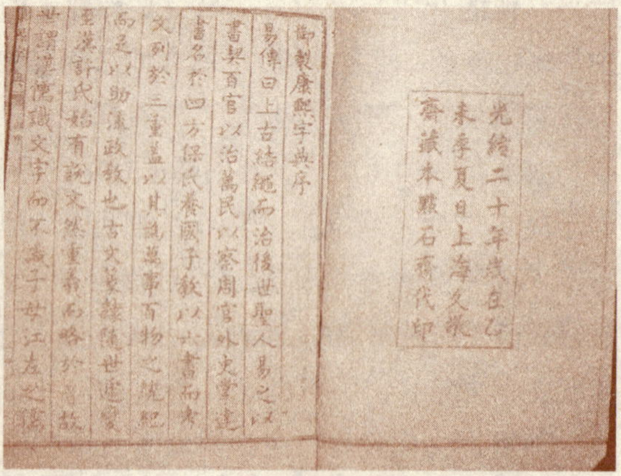
光緒二十年歲在乙未季夏日上海久敬齋藏本點石齋代印

御製康熙字典序
易傳曰上古結繩而治後世聖人易之以書契百官以治萬民以察周官外史掌達書名於四方保氏養國子教以六書而考文列於三重蓋以見致萬事百物之紀而足以助流政教也古文篆隸隨世遞變至漢許氏始有說文然重義而略於音故世謂漢儒識文字而不識子母江左之儒

《康熙字典》

有时他亲自用几何方法测量山的高度和池塘的宽度。他自己定位，调整各种仪器，精确地计算。然后他再让别人测量距离。当他看到他计算的结果和别人测量的数据相符合，他就十分高兴。

康熙通宝

法国巴黎凡尔赛宫2003年曾举办了“康熙大帝展”，展出故宫珍藏的康熙年间西洋科学仪器，至今仍运转自如，光彩照人。这些展品主要有：手摇计算机、铜镀金比例规、康熙角尺、绘图仪。

白晋、张诚之后，又陆续有不少西方科学家来到清宫。他们最大的成绩，在于促使康熙创建了被他们称为“中国科学院”的蒙养斋算学馆和促使康熙实施了中国地理大测绘这一伟大创举。

康熙组织的这次地理大测绘，对世界地理学的贡献也不容低估。法国科学家们也因此有机会到中国各地考察，在其他方面的收获也相当大。如1709年，杜德美参加了赴东北的勘测队。他在长白山见到采参的情况后，把参的性能、产地、采集、保存等，写成文字、绘出图样寄回法国发表。没想到4年后，另一位法国科学家参照杜德美的文章和图样，在加拿大与长白山纬度相近的魁北克一带，也发现了相似的参，于是就有了“西洋参”这个说法。

康熙大帝不论从哪个方面来看，都是中国历史上十分优秀的皇帝之一。康熙时的大清王朝，成为当时世界上幅员最辽阔、人口最众多、经济最富庶、文化最繁荣、国力最强盛的国家。那时清朝的疆域，东起大海，西至葱岭，南达曾母暗沙，北跨大兴安岭，西北到巴尔喀什湖，东北到库页岛，总面积约1300万平方公里。他奠下了清朝兴盛的根基，开创出康乾盛世的大局面。

他在位61年，享年69岁，是中国历史上有文字记载以来在位时间最长的君主。

二十九、铁面威猛的皇帝雍正

提起康乾盛世，人们都知道，那是清朝的鼎盛时期，也是中国封建社会的最后一个盛世。康熙、乾隆这两位皇帝的丰功伟绩也备受赞扬。然而，康乾之间还有一位雍正皇帝，对于这位皇帝，历来的评价却是褒贬不一。

雍正全名爱新觉罗·胤禛，康熙帝第四子，是清入关后第三代皇帝，在位共 13 年，庙号世宗。

登基迷雾

康熙号称“千古一帝”，他 8 岁登基，在位 61 年，擒鳌拜、平三藩、收台湾、剿噶尔丹，可以说功成名就，不可一世，然而他在自己的家事面前却一筹莫展。临终之时，连定谁为太子，都悬而未决。康熙生有 36 个儿子，除了夭折及过继出去的，还有 26 个。皇子们都为争夺太子之位，明争暗斗，私结朋党。1722 年 10 月康熙到南苑狩猎十几天后，觉得身体不适，很快就病情恶化，驾崩于北京西郊畅春园。随即銮舆载着康熙遗体，像日常皇帝出巡一样，连夜送回城中大内乾清宫。

次日，由康熙帝临终前的唯一“顾命大臣”、担任卫戍京城与皇宫的步军统领、国舅隆科多传达康熙遗诏，命皇四子胤禛继位。同时，皇宫内外采取了一系列非常措施：诸王非传令不得进大内；关闭京城九门 6 天，等等。11 月 20 日，胤禛在太和殿登基，受百官朝贺，颁布即位诏书，正式登上皇位宝座。次年改年号为雍正。雍正的突然即位，震动朝野。

关于雍正是如何登上皇帝宝座的，是清宫三大疑案之一，也是说法最多、最复杂的一个疑案。各种传闻纷纷扬扬，时至今日，仍是一个未解之谜。

关于雍正的继位，有三种代表性说法：遗诏继位说、改诏篡位说和无诏夺位说。雍正的皇位，是正取还是逆取？是继位还是篡位？从胤禛登基以来，几百年一直是一个争论不休的话题。

雍正皇帝画像

据正史记载，胤禛是奉康熙遗诏登上帝位的。1722年末，康熙病情突然恶化，传各位皇子入见。不久，皇三子、七子、八子、九子、十子、十二子、十三子以及步兵统领隆科多等人到了御榻旁，听取了康熙的遗诏："皇四子胤禛人品贵重，深肖朕躬，必能克承大统。著继朕登基，即皇帝位。"这一诏书出人意料，据说胤禛知道后也深感意外。

不久，有关雍正篡位的传说就开始流传开来，并引发篡位说与合法继位说两派的激烈争论。

而在民间传说中，更是广泛流传着多种版本的雍正篡位登基的说法，比较有代表性的：

一是"雍正改诏说"：在太子胤礽被废以后，康熙特别宠爱十四子胤祯。雍正是康熙的第四子，康熙本来是想把皇位传给十四子胤祯的，可当时胤祯正统帅西征，不在京城，于是权力很大的雍正就串通隆科多、年羹尧，暗地里把诏书中的"十"字改成"于"字,这样诏书就由"传位十四子"变成了"传位于四子"。雍正继位后，将胤祯调回北京关押起来，太后想见胤祯，雍正不准，太后一气之下撞柱而死。

二是"隆科多改诏说"：隆科多是当时的步军统领，负责康熙的安全警卫及执掌卫戍兵权，而他是雍正的舅舅，那时只有他能接近康熙。康熙病重时发谕旨叫远在西宁的胤祯紧急回京，要传位给他。可是隆科多却把遗诏捏在手里，没有发出去。等到康熙驾崩，隆科多假传圣旨立了四皇子胤禛，即雍正。

关于"隆科多改诏说"还有另一版本：康熙刚咽气，隆科多赶紧从"正大光明"匾后面取出密藏在那里的诏书，把"传位十四子"改成"传位于四子"。

三是"雍正投毒说"：康熙病重时，胤禛进了一碗参汤，康熙喝后就一命归天了。也有人说是雍正气死了康熙，密谋登上了王位。

四是“年羹尧改诏说”：年羹尧是当年的川陕总督，传说雍正的母亲曾与他私通，雍正是年羹尧的私生子，改诏的事是年羹尧干的。

这些传说都把雍正描述成一个弑父逼母、改诏篡位、残害兄弟的暴君，而在这些传说中，最关键的就是雍正是篡位还是继位。

在历史学家看来，这些民间传说大都属于捕风捉影，没有事实根据。比如，“传位十四子”被改成“传位于四子”是根本不会有这种可能的，因为康熙诏书是用满汉两种文字写成的，而且汉文中的“于”字是一个繁体字“於”，要想改诏书，将“十”改成“于”没那么简单，更何况还有满文呢？而从保存至今的康熙遗诏上可以看到，上面写着的是：“雍亲王皇四子胤禛，人品贵重，深肖朕躬，必能克承大统。著继朕登基，即皇帝位。”根本不是传说中所说的“传位于四子”那么简单的一句话。从遗诏看，所谓改成“传位于四皇子”之说是完全不可能的。

所谓康熙喝了雍正献的参汤而中毒也同样不可能，因为康熙根本不喜欢这东西。由于康熙精通医学，曾多次说人参宜于南方人，对北方人不合适，所以雍正要做手脚也不会用进参汤这一招。

而隆科多偷改诏书同样不符合历史，因为将秘密谕旨放在正大光明匾后的制度，是从雍正才开始的。雍正是年羹尧私生子之说更是无稽之谈，因为雍正比年羹尧年龄还大。何况年羹尧和雍正关系不一定很密切，同时作为川陕总督的他不可能钳制西征的抚远将军胤禵。胤禵兵力不多，即便知道京城有变，也不敢轻举妄动，用不着年羹尧去钳制。最后，从康熙末年的情况看，雍正可能是最佳皇帝人选。在有实力争夺储位的诸皇子中，皇长子胤禔因求皇位过急而遭贬，皇八子也犯了同样的错误。十四子地位虽显赫，但从种种迹象看并未被康熙定位继承人。而雍正狡猾无比，与诸兄弟表面关系很好，并深得康熙的好感。康熙晚年多次命他代行祭天，表明对他特别信任。另外，在诸多皇孙中，康熙特别喜爱雍正之子弘历（乾隆），这也是雍正即位的有利因素。

民间传说虽然十分荒谬，站不住脚，但历史学家通过研究，还是把结论分成两种：一种认为雍正是篡位，另一种则认为雍正是正常继位。

篡位论者认为，雍正在康熙病逝前后，精心策划了篡位阴谋。步军统领隆科多是雍正心腹，在康熙病危昏迷时，雍正在隆科多帮助下伪造了遗诏，变相软禁皇子，编造7位皇子和隆科多听到康熙口传遗诏的重要情节，乘机篡位。

因为证明雍正合法继位的关键问题，是康熙临终前是否曾召见过皇子和隆科多，并口授传位遗旨。学者经过对史料对比研究后认为，雍正继位前后对这一关键问题一直没有明确表述，直到敌对势力被打压下后才这样讲，所以很可能是编造的。

还有人称，在清宫秘档中发现了两份康熙遗诏，内容不一样，一份只有汉文，另一份则为满汉文，说明公布的遗诏很可能是假的。所以尽管民间所传“十”改“于”是不可能的，但并不能排除雍正矫诏篡立，因为正史记载有很多破绽。

这派学者认为，康熙晚年并不十分信任胤禛，而最喜欢的是胤祯，屡屡委派胤祯以重任，尤其是任命他为抚远大将军，实际已认定他为接班人，让他去西北打仗是为让他树立威信。而在年龄上，胤祯也处于优势。雍正继位时已45岁，比同母弟胤祯大10岁，因此有人认为康熙不可能选一位年龄过大的皇子接班。

对于康熙非常喜欢胤禛的儿子弘历，增加了胤禛继位砝码的说法，许多人认为这很牵强。因为从档案记载上看，康熙对皇孙们都非常喜爱，特别是对废太子胤礽的儿子和胤祯的儿子。何况雍正与隆科多、年羹尧的关系也确实可疑，年的“今日之不负皇上，他日不负王爷”，更是篡位铁证。另外，雍正即位后残害兄弟也难于用缺乏宽大之心来解释。

由此他们推论：正因雍正篡位心里有鬼，才没遵循“子随父葬”的习俗，他把自己的陵墓选在清西陵，而不是康熙陵所在的清东陵。

继位论者则坚持认为，是康熙钦定的雍正，所以才有临终传位之举。他们认为，康熙临终前召见了6位年龄在30岁以上的皇子和隆科多等人，下达了传位给皇四子胤禛的遗命，应该是真实的。康熙病危时派雍正代他祭天，而祭天一般都是皇帝亲自祭祀，这就有了特殊的意味。康熙在召见几个皇子时，下旨让雍正从天坛赶到康熙寝宫，显然是要把皇位交给他。

另外，在皇子们还在世时，雍正不可能编造康熙召见皇子们的事，否则他们一定会把真相揭露出来，可至今没有发现这方面的档案材料。

康熙虽然在22岁时就立了太子——皇二子胤礽，但后来由于皇太子骄横跋扈，挥霍无度，并在朝廷里结成太子党，对皇权构成威胁。所以康熙四十七年，康熙第一次废掉了太子。

废了太子后，皇子们争夺太子位的斗争愈演愈烈。康熙为制止这种情况，第二年不得不重新立胤礽为皇太子。但3年后，由于太子党的威胁，康熙再次废了太子，并倾向于从三子、四子和十四子中选继承人。而众皇子中，雍正性格坚毅，治理国家的能力有目共睹。

康熙六十年，康熙谕令胤禛清查京通粮仓，并明确表示：若派其他人不一定能办成。随后，康熙又指定胤禛代他去行祭天大典，这就不难看出康熙对胤禛的器重和信赖了。康熙曾多次说胤禛“诚孝”，说明他对这位皇子的人品也十分赞赏。

这就是说，雍正是靠“诚孝友爱”来得到皇位的。胤禛为了谋取皇位，费尽心机。他的心腹戴铎提出的策略是韬光养晦，对皇父要诚孝，同时适当展露才华。不露才华，英明的父皇瞧不上；露得过多，同样会引起皇父疑忌。对兄弟要友爱，要大度包容，和睦相待。对事对人都要平和，忍让为上，能忍则忍，能容则容，使有才能的人不嫉恨你，没有才能的人把你当作依靠。雍正正是按照这种策略，才得以绕过皇位争夺之旅中的险滩暗礁，向着皇帝的宝座曲折航行的。

胤禛知道，博得皇父的信赖和喜欢，是自己一生事业成败的关键。他在诸皇子争夺皇位激烈之时，极力表现出对皇父的“诚”与“孝”，既不公开竞争，又劝慰皇父保重。康熙帝第一次废太子后，大病一场。胤禛入内，奏请选择太医及皇子中稍知药性者胤祉、胤祺、胤禩和自己检视方药，服侍皇父吃药治疗。康熙帝服药后，身体逐渐康复。于是，康熙帝传谕：“当初拘禁胤礽时，并没有一个人替他说话，只有四阿哥深明大义，多次在我面前为胤礽保奏，像这样的心地和行事，才是能做大事的人。”

胤禛知道，善于处理兄弟之间的关系，是仅次于诚孝皇父的重要事情。他在继位之前，处理兄弟关系的原则是“不结党”、“不结怨”。胤禛没有参加太子党，也没有参加皇八子党。他表现出既诚孝皇父，也友爱兄弟的态度，使他躲避开皇父与兄弟两方面的攻击和嫉恨，而安然无恙。

胤禛的性格，有两个特点：一是喜怒不定，二是遇事急躁。康熙就此曾经批评过他。1702年，胤禛央求皇父说：“现在我已经30多岁了，请您开恩将谕旨内‘喜怒不定’四字，不要记载了吧。”康熙帝同意，因此发出上谕：“此语不必记载！”胤禛继位后，就以“戒急用忍”为座右铭，用以警示自己。

对于为什么康熙最后选中的不是皇十四子，人们认为，如果康熙真想传位给他的话，是不会在自己年老生病时，把他派到那么远的地方去的。

如果说康熙五十七年让胤祯到西北指挥对准噶尔的战斗，是为了让他建功立业，那么康熙六十年将已立战功的胤祯召回北京述职后，第二年又让他重回前线，显然表明皇位不是要传给他的。

雍正继位后，胤祯被召回北京，雍正软禁他，也只是雍正认为胤祯对皇权有威胁而采取的措施，不能认为雍正就是篡位。

而康熙选中胤禛，还因为他喜欢胤禛第四子弘历，这话也有些来历。康熙第一次见到弘历时，12岁的弘历天资聪颖、品貌端正，引起康熙的好感。康熙当即就令弘历搬到皇宫中，并亲自指导他读书。康熙到围场打猎或批阅奏章，都要弘历在一旁侍奉。

佐证这一说法的还有清东陵乾隆陵前的《裕陵神功圣德碑》，它记述了乾隆一生的丰功伟绩，也明确表述了康熙默定乾隆为继其皇位的第三代皇帝。这是最早明确表述康熙默定乾隆继未来帝位的官方说法，这也间接说明雍正是正常继位的。

至于雍正没有遵循“子随父葬”的习俗，作为篡位旁证是没有说服力的。因为顺治父亲的昭陵是在沈阳，顺治死后并没葬在沈阳；雍正墓在清西陵，其子乾隆的墓却在清东陵。而且，如果雍正因篡位死后无颜见康熙，那他也不敢进太庙才对，因为太庙供奉着清朝历代皇帝，按当时迷信的说法，在那里雍正不是还能见到康熙和他的祖先吗？

勤政务实

历史上的雍正是一位勇于革新、勤于理政的杰出政治家，他对康熙晚年的积弊进行改革整顿，一扫颓风，使吏治澄清、统治稳定、国库充盈、百姓负担减轻。

雍正的父亲康熙，可以说是雄才大略，平定三藩，统一台湾，稳定边陲，为大一统的清王朝打下了坚实的基础。但是，康熙在晚年，由于“太平盛世”而滋长了政宽事省的思想，这时期他处理朝政的原则是多一事不如少一事。由此，在朝野上下的官僚队伍中，虚诈、迎合、粉饰、浮夸等种种腐败之风严重泛滥，已经直接威胁着“盛世”的存亡。于是，惩治腐败、整顿官场风

雍正帝印玺

气的重担就落在了雍正的肩上。

雍正执掌朝政的13年，可以说，是以务实精神治天下的。雍正刚一即位，便针对腐败衰颓之风进行了坚决的惩治与清肃。他直截了当地告诉文武百官："朕生平最憎'虚诈'二字。""最恶虚名。"这一"憎"一"恶"，鲜明表达了他对虚伪、欺诈等腐败风气的批判态度。

虚假不实的奏报，在封建官场上比比皆是。因为巧于仕宦的官员，往往能通过弄虚作假、吹拍阿谀而获得那些好大喜功的君王的赏识，从中捞到好处。然而，这一套在以务实精神治天下的雍正皇帝那里却是行不通的。

清代官场上流行着这样一种陋习，各省文武官员刚到任时，几乎都是极力述说当地的吏治如何地糟，等过了几个月，就一定奏报说，通过自己雷厉风行的整顿，情况已如何好转了，以此显示自己的才干和政绩。对这类奏报，雍正说见得太多，都看得厌烦了，他毫不客气地指出："只可信一半。"

对大臣奏折中的浮夸成分，雍正总是毫不客气地明确指出，并进行尖锐批评。雍正四年（1726年）七月，巡视台湾的监察御史索琳上折说：台湾地方官兵认真操练，精益求精，可保海疆万载升平。看了这一言过其实的奏报，雍正警告说：凡事最重要的是务实，不欺不隐才算良吏，"粉饰、迎合、颂赞、套文陋习，万不可法"。主管黄河河道的总督朱藻曾接到雍正这样一则谕训：地方上一点小事，"何用如此夸张"，你的奏报虚浮不实，"朕甚不取"，"一处不实，则事事难以为信也"。雍正告诫百官，虚假奏报将会失去皇帝日后的信任。

浮夸粉饰，在有关雨雪水旱农业收成的奏章中问题尤其突出。对此类失真奏报，雍正每每透过夸夸其谈的文字游戏挤出其中的水分。雍正二年（1724年），河南巡抚石文焯奏报说，全省各州县的蝗虫灾害已扑灭十之八九。雍正通过查问河南的其他官员，察觉到石文焯的奏报不是实情，于是尖锐地批评石文焯：如果不是你在欺骗朕，就是你本人被下属欺骗了。不想，这个石文焯老毛病难改。他调任甘肃巡抚后，依旧故伎重演。1726年夏天，甘肃大旱，下了一场小雨后，石文焯赶紧奏报说：已是丰收在望，这都是皇上敬天爱民的结果。雍正看了很不耐烦，挥笔批道："经此一旱，何以可望丰收？似此粉饰之言，朕实厌观。”雍正就是这样，一眼就能看出谁在说真话，谁在拍马屁，对拍马屁的人总是很不客气。

雍正对笼统含糊的奏章也不放过。有一年，直隶总督刘于义奏报说，所属地方雨水充足。雍正览后批评他“所奏甚属含糊”，指示他日后将各州县雨水情况分别详细上报，不可一笔糊涂账。同年闰五月，江西巡抚谢旻有两个折子，一个说冬雪颇足，春雨亦调；一个说麦收情况不如往年。雍正仔细看过批复道：既然雨水一直充足，麦收为何减产，二者必有一处不实，着明白回奏。

清代从中央到地方的大小官员，无不存在着欺上瞒下的虚假劣习。为杜绝官场上的欺瞒互骗，雍正反复提醒内外大员，凡事要躬亲办理，不可轻信属员下手。雍正三年（1725年）秋，湖北沔阳遭受水灾，巡抚法敏将分设棚厂煮粥施赈之情奏报，雍正告诫他：“此等事只要勤实办理，万不可听信属员下役之欺隐。”清代刑罚，法律上没有明文规定的，多比照旧案，由于案例灵活多变，办案人员便可随意比附，稽查档案的书吏接受请托、收受贿赂后，往往是断章取义，或删去前后文词，只摘中间数语，或避重就轻。针对这种弊端，雍正谕令刑部衙门，一切“稿案”由司员“亲自主稿”，以免被书吏造假欺骗。

康熙晚年，清政府的朝中大员官僚习气相当严重，这些人身居高位，却饱食终日，无所用心，对皇帝指令商议的事件，文武大臣们往往一味附和，并不拿出主见，很难看到直言详议、据理力争的场面。雍正对朝臣的这种当一天和尚撞一天钟，甚至连钟都撞不响的苟且偷生恶习看得十分清楚，他刚即位不久就颁发谕旨，严加整饬此风。他毫不客气地指出：现今朝中九卿大员，每当商议事件，往往是“彼此推诿，不发一言”，有的假装打瞌睡，有的海阔天空地闲谈，等到需要拿出主意的时候，便鼓动一两个新来的科道官员发言表态，然后大家便“群相附合，以图塞责”。似此朝臣议事，何益之有？雍正指令朝中重臣，商议事件务要各抒己见，不得观望附和。

雍正认为，官场上流行的八面讨好、圆滑世故的习气最为可恶，指出这种劣习实为“国家之大蠹，妨政败俗莫此为甚”。他训导文武大员做官要有骨气，要果敢刚直。雍正四年（1726年），雍正将在京的文武大员召到勤政殿，训谕说：朝臣所议定事件，大多不合情理，究其原因，不外乎“议事理中各怀私心”。身为王子者，以现有众臣，我等不必先说；那些刚提升的大臣，又以现有老臣，何需我等班门弄斧而闭口不言；而资历深厚的老臣，深知枪打出头鸟，自己不拿意见。反而还能落个“从公议论”尊重别人的美名。为彻底改变这种彼此观望的劣习，雍正宣布，即日起将议事的亲王大臣分为三班，凡遇应议之事，分头酌议，每人都拿出自己的意见，如果大家意见一致，就照这一意见定稿启奏；若是意见不完全一样，由诸位大臣另行商议。“如此，不但不致互相推诿，而且亦各能出其主见。”雍正试图通过建立一种分班议事制度，让议事者必有所言，不得不言，从而使投机者失去附和的机会。

对臣下奏折中肉麻的称颂和不着边际的套话，雍正十分反感，每有这类折子送达御前，必遭严厉痛斥。

雍正十年（1732 年），陕西巡抚马尔泰奏报地方雨雪情形，说仰赖皇上洪福，今春风调雨顺。雍正用朱笔在“洪福”二字旁画了一道线，批道：仰赖洪福，这类套话实在没味，朕已再三告诫内外百官不要做迎合虚文，已是口干舌燥了，你竟仍务此道，难道没长耳目吗？有个叫刘应鼎的大臣，在升任四川布政使后写折子谢恩，说自己性情愚昧，见识短浅。看到这种过分恭谦并不实在的话，雍正批道：“似此心口相违之空文，朕实厌而恶之。”在雍正看来，内外百官中，这种过分恭顺谦虚的言辞，没有一句是心里话，都是言不由衷的套话。雍正七年（1729）冬，陕西降雪，巡抚武格没有及时奏报。当皇帝追问时，武格回奏说：“臣等愚昧，实难答辞。”雍正用朱笔将“愚昧”二字划去，怒加训斥：朕深恶此等虚诈俗谈！若让你这个愚昧之人为封疆大吏，那么朕的愚昧又怎样讲？还是诚实一些好，这样的空文再也不要有了！

清代官场上流行着这样一个术语，叫“名实兼收”。那么，什么是“名”，什么是“实”呢？对此，雍正做了入木三分的解释：“所谓名者，官爵也；所谓实者，货财也。”他进一步指出：“今之居官者，钓誉以为名，肥家以为实，而云名实兼收。”这种名实兼收的官僚，品行似乎很公道忠诚，操守看上去也很廉洁无私，实际上却是善于投机钻营者。他们对自己应尽的有关吏治民生的职责并不上心，专以逢迎上司为能，甚至暗通贿赂，私受请托，巧吞钱财，很是神通广大。结果，既捞到了实惠，又博得了美名，实在是名利双收。相反，那些“朴实无华，敦尚实治”的官员，却备受压抑和排挤，由于他们实实在在地奉公守法而吃不开，到头来钱财没得到，官位也升不上去，可谓“名实”皆无。面对这种吏治败坏的状况，雍正严加整顿，针锋相对地提出新的名实观，这就是：以百姓称颂为名，以奉公尽职为实。雍正要一改官场上的腐败陋习，树立一种新风。

看到雍正严惩贪污受贿的官员，有人为迎合皇帝，故作“廉洁”姿态，竟连正常的俸禄也不要了，想以此换取美名再升高官。对此，雍正很不以为然。他指出：凡事都有个度，哪有饿着肚子办公的道理？只要不欺不隐，不在分外谋财贪利，就是好官了。雍正说：“沽名邀誉，乃居官之大患。”

雍正朝有个敢讲真话的御史叫李元直，雍正对他很赏识。一次，李元直递上一道奏折，他说：现今一些大臣为保全官位一味迎合，皇上认为可以，没有一个敢说不可以；皇上若认为不可以，则没有一个敢说可以。李元直进而直言，这种陋习在朝廷随处可见。

讲这样的话，固然要有胆量，而听的人就更需要胸怀。雍正认为李元直“真实任事”，说中了要害，便把他召入内廷面谈，还一起吃荔枝，鼓励他以后仍要“尽言毋惧”。

雍正帝自己是一位勤奋理政的皇帝。他在位13年如一日，亲理政务。白天上朝研究政事，聆听大臣面奏，商讨各种建议，处理突发事件。晚间则要批阅各种奏章。他不像他的父亲康熙帝，也不像他的儿子乾隆帝，他没有南巡北狩，视察大江南北。他13年都是在北京城的办公桌上度过的，他的生活是很单调乏味的。可以说，他是一个不折不扣的工作狂。他58岁就死了，可以说是累死的。

雍正还为文武百官树立起“公忠诚勤，实心任事”的楷模。他所赏识的几位重臣，如田文镜、鄂尔泰、李卫等，都是以直言不讳、据实办事而得到特殊信任和格外擢用的。田文镜本是一个官位不高的内阁侍读学士，他引起雍正重视，是在雍正元年（1723年）祭告华山回京复命时，他在皇帝面前把山西全省闹灾荒财政亏欠的情形一一如实奏报，雍正认为，该员“直言无隐”，“若非忠国爱民之人，何能如此？”遂加重用，调任山西布政使。在以后的几年时间里，官职累迁。田文镜受宠而不迎合，凡事直言，更被雍正看中。雍正七年（1729年），朝中大臣商议，要在全国各州县的大乡村设立“讲约所”，每月初一召集农民宣讲《圣谕广训》，雍正批示“依议”，令各地推行。接到这一谕令，已任职河南山东两省总督的田文镜据实陈奏不同意见，说农事繁忙，按月宣讲，实在有所不能，而且各省乡村遍设讲约所，每年费用不下数十万，实属浪费。他建议在春仲、秋末、冬初农闲时酌情召民宣讲。

在这件事上，田文镜不因《圣谕广训》是康熙大帝的圣训集锦，而把不能如期宣讲、难以持之以恒的实情隐瞒下；也不因这件事经过朝臣商议已经得到皇帝谕准，而迎合顺从。可贵的是，田文镜以国事为重，直抒己见，对皇帝已经批准的事敢于说“不”。而雍正欣赏田文镜，也恰是这一点。在田文镜的这一奏折上，雍正挥笔批道：“此奏可嘉处不胜批谕。”欣然采纳了田文镜的建议。

深得雍正信任的浙江总督李卫，以严猛著称，他不苟同于官场积习，勇于任事，不徇私情，不避权贵，得罪了不少达官贵人。这些人联名向雍正告状，雍正却说：李卫“粗率狂纵，人所共知”，但他却是“刚正之人”，朕赏识李卫，就是因为他操守廉洁，实心任事。从这些被赏识的重臣身上，可以看到雍正着力提倡务实的良苦用心。

雍正帝还是一个很有创造性的皇帝。他在政治、经济方面提出了许多创造性的做法。

一是在经济方面，施行摊丁入地，这是一项重大的赋税改革。中国自古就有人丁税和土地税。人头税叫丁银，即按家庭人口数量交税，5 口人就要交 5 口人的税。土地税叫田赋，即按家庭拥有土地的数量征税。每个农家都要交这两种税。但由于连年战乱，无地或地少的贫苦农民交不起人头税。没有办法，他们只有隐瞒人口或逃亡在外，以躲避人头税，即丁银。这就造成了大量流民，使社会不稳，并影响国家税收。

这是一个拖延多年的老大难问题。顺治帝、康熙帝都没有彻底解决。雍正实行改革，将人丁税摊入地亩，按地亩多少定纳税数目。地多者多交，地少者少交，无地者不交。这就是“摊丁入地”，它一举取消了人头税。这对无地或地少的贫苦农民来说，是一个福音。他们不用再去逃亡躲税了。他们可以老老实实地种地，国家自然增加了税收。同时，减少了流民，使社会安定了。这是我国财政赋税史上的一项重大改革。

二是耗羡归公，我国古代以银、铜为货币，征税时，银两在兑换、熔铸、保存、运解中有一定的损耗，故征税时有一定的附加费。此项附加费称“耗羡”或“火耗”，一向由地方州县征收，作为地方办公及官吏们的额外收入。耗羡无法定征收额，州县随心所欲，从重征收，有的抽正税一两、耗羡达五六钱，百姓负担甚重。雍正实行“耗羡归公”，将此项附加费变为法定税款、固定税额，由督抚统一管理。所得税款，除办公费用外，作为“养廉银”，大幅度提高官吏们的俸禄。这样，既减轻了人民负担，又保证了廉政的推行。

三是创立军机处，推广奏折制度。明代权力集于内阁，故有权相产生。雍正把权力进一步集中在皇帝手中，创立军机处作为皇帝的秘书班子，为皇帝出主意、写文件、理政务。其特点是处理政事迅速而机密。军机大臣直接与各地、各部打交道，了解地方情形，传达皇帝意旨。此机构存在了200年，直至清末。

与创立军机处相伴随的是推广奏折制度。由于以前的公文批转手续繁复，且经多人阅看，时间拖延，且难于保密，而奏折则向皇帝直接呈送，直达皇帝本人。雍正扩大了可向皇帝上奏折的范围，不同身份的官吏可以及时反映情况，报告政务，使皇帝洞察下情，以便制定政策，也使官员们相互监督，皇帝得以了解他们的贤愚、勤惰、政绩、操守。

四是改土归流，我国西南及其他一些少数民族聚居的地区，实行土司制度，其职务为世袭，仅名义上接受朝廷的册封。土司们生杀予夺、骄恣专擅。这种制度妨碍了国家的统一和地区经济文化的发展。雍正即位后，废除了云南、贵州、广西、四川、湖南各地的许多土司，改成和全国一致的州县制度。“改土归流”是一场严重的斗争，许多土司武装反抗，雍正坚决派兵平定。在平叛战争中虽然也累及无辜，给少数民族造成伤害，但从长远来说，“改土归流”是进步的措施，打击和限制了土司的割据和特权，对民族地区的经济文化发展有利。

雍正帝还有一个重大发明，就是秘密建储制。清朝皇位的继承，开始没有实行中原王朝的嫡长子继承制。康熙帝研究了中原王朝的嫡长子继承制，觉得可以接受，便采纳了这一制度。皇帝生前，公开将嫡长子立为皇太子，是为储君。皇帝死后，他就自然继承皇位了。这种继承制有它的优点，也有它的缺点。缺点是如果嫡长子条件不具备，或皇帝对嫡长子不满意，一旦更换皇太子，就极易造成诸多皇子之间的明争暗斗。康熙帝二立二废皇太子，就是明证。这给康熙帝终生造成了极大的痛苦，也使政局动荡不稳。

雍正帝45岁即位，他亲眼目睹了康熙帝为此焦头烂额的情景。心中有数的他，在即位之初就着手解决这个难题。即位的当年，他便下令群臣讨论如何立储的问题。其实，他是把写好的谕旨让大臣们讨论，大臣们认为这是一个好办法。于是，当即确定下来。这就是秘密建储制。

所谓“秘密建储”，就是将秘密建储一事完全公开，但储君为何人则绝

藏立储诏书的乾清宫

对保密。皇帝把自己选定的皇太子写在纸上，装在匣中，置于乾清宫顺治帝御书的“正大光明”匾额之后。待皇帝病危之时，再予开启。由于不知皇太子是何人，皇子们也只有在修养自己、努力工作上下工夫了。

这个制度的实行，起到了巩固皇权、平稳政局的作用。以后几代的乾隆帝、嘉庆帝、道光帝的继位，都是采用了这个成熟的模式，使清代皇权得以一代一代地顺利交接，政局保持了相对的稳定。

铁腕重典

但雍正帝又是一个生性多疑、猜忌心重的人。在他的统治下，文字狱也更多更严重。最出名的是吕留良事件。

吕留良是一个著名学者。明朝灭亡以后，他参加反清斗争没有成功，就在家里收学生教书。有人推荐他博学鸿词，他坚决拒绝。后来他索性跑到寺院里，剃光了头当和尚，官员们拿他没办法。吕留良当了和尚之后，躲在寺院里著书立说。书里面有反对清朝统治的内容。幸好书写成了，没有流传开去。吕留良死了，更没被人注意。

后来湖南人曾静，偶然见到吕留良的文章，对吕留良的学问十分敬佩，就派了个学生张熙，从湖南跑到吕留良的老家浙江去打听他遗留下来的文稿。

张熙一到浙江，不但打听到文稿的下落，还找到吕留良的两个学生。张熙跟他们一谈，很合得来。他向曾静汇报后，曾静也约两人见了面，四个人议论起清朝统治，都十分愤慨，大家就秘密商量怎么想办法推翻清王朝。

他们觉得光靠几个读书人办不了大事。曾静打听到担任陕甘总督的汉族大臣岳钟琪，掌握很大兵权，因为讨伐边境叛乱的时候立了战功，受到雍正帝重用。他们想，要是能劝说岳钟琪反清，成功就大有希望。

曾静写了一封信，派张熙去找岳钟琪。岳钟琪接见张熙，拆看来信，见是劝他反清的，大吃一惊，问张熙说："你是哪里来的？胆敢送这样大逆不道的信。"张熙面不改色说："将军跟清人是世仇，您难道不想报仇？"岳钟琪说："这话从哪儿说起？"张熙说："将军姓岳，是南宋岳忠武王（岳飞）的后代，现在清朝皇帝的祖先是金人。岳王当年被金人勾结秦桧害死，千古称冤。今天将军手里有的是人马，正是替岳王报仇的好机会。"

岳钟琪听了，马上翻了脸，吆喝一声，把张熙打进监牢，并且要当地官员审问张熙，追查他是被什么人指使的。张熙受尽种种酷刑，就是不招，说："你们要杀要剐都可以，要问指使人，没有！"岳钟琪心想，这个张熙是个硬汉，光使硬的治不了他，就另想一个软的办法。第二天，他把张熙从牢里放出来，秘密接见了他。岳钟琪假惺惺地说：昨天的审问，不过是试探，他听了张熙的话，十分感动，决心起兵反清，希望张熙帮他出主意。

张熙开始不相信，但禁不住岳钟琪装得郑重其事，还真的赌神罚咒，才相信了他。两人商谈了几天，渐渐热络起来。张熙无话不谈，把他老师曾静怎样交代的话都抖了出来。

岳钟琪哄得了张熙提供的情况，一面派人到湖南捉拿曾静，一面立刻写了一份奏章，把曾静、张熙怎样图谋造反的情节，一五一十地报告给了雍正帝。

雍正帝接到报告，立刻下令把曾静、张熙解送到北京，严刑审问。这时候，张熙才知道上了岳钟琪的大当，要不招也没用了。雍正帝再一查，知道曾静还跟吕留良的两个学生有来往。

这样，案子就牵连到吕留良。吕留良已经死了，雍正把吕留良的坟刨了，棺材劈了，还不解恨，又把吕留良的后代和他的两个学生满门抄斩。还有不少相信吕留良的读书人也受到株连，被罚到边远地区充军。

像这样的案子还是真由反对朝廷的活动引起的，另外有不少文字狱，完全是牵强附会，挑剔文字过错，甚至为了一句诗、一个字而惹出大祸。有一次，翰林官徐骏在奏章里，把"陛下"的"陛"错写成"狴"，雍正帝见了，马上把徐骏革职。后来再派人一查，在徐骏的诗集里找出了两句诗："清风不识字，何故乱翻书？"挑剔说这"清风"就是指清朝，这一来，徐骏犯了诽谤朝廷的罪，把性命也送掉了。

这些可以说是雍正的败绩、劣迹，但实际上雍正在位期间，严惩贪官，整肃官风，使吏治为之一新，“数百年之颓风”为之一变。他临终时国库存银扩充为7000万两，建立了较为廉洁奉公的政治体制，为以后的乾隆盛世，奠定了稳定的政治和经济基础。可是，几百年来，雍正身后得到的却是骂名滚滚，这是为什么？原因就在他的行为做事的方式上。

雍正一生，最令人称道的莫过于赋税的改革和废除少数民族地区的土司制度等。有史料记载，康熙末年，名为盛世，其实内忧外患，外强中干，国库空虚，仅有存银50万两，经济上已到了崩溃的边缘。宫廷斗争尖锐复杂，皇子们为争夺皇位，结党营私，明争暗斗，几乎到了置之死地而后快，水火不相容的地步。贪官污吏横行乡里，大肆侵吞库银，水灾外患，民不聊生，这就是雍正继位时的状况，泱泱大清王朝实则是个烂摊子。雍正正是在清王朝由盛而衰的历史紧要关头登基的，所以他的所作所为，在一定的意义上，将最终决定清王朝的命运。

生性刚毅，办事一向雷厉风行，且有几分阴冷、狠毒的雍正，他一旦大权在手，便义无反顾。为充实国库，增强国力，他抄了王府和大臣的家；为重整吏制，清除腐败，他大开杀戒，一个个朝廷重臣成了阶下囚、刀下鬼，就是皇子皇孙也在所难免；为推行新政，实行“士绅一体当差，一体纳粮”，他得罪了天下几乎所有绅士和读书人，政敌遍布朝野上下，成了历史上少有的孤家寡人。这些人怕他、恨他、骂他，甚至捕风捉影，编造谎言诽谤他，也就不足为怪了。

而这些人恰恰正是宫廷内、官场上的达官贵人。当他们的权力受到制约，私利受到威胁，贪赃枉法被揭露遭到打击时，便疯狂反扑，笔锋直指雍正皇帝。在封建专制家长式的社会里，这些人在一定范围内个个都是说一不二的大人物，影响之大，可想而知，无论他们说什么都有人相信，因为只有这些人真正了解宫廷的内幕。因此，他们的言行就具有更大的欺骗性。而百姓都蒙在鼓里，只有道听途说，人云亦云。

说雍正是暴君，还有一个原因，就是清王朝被推翻之后，为了彻底清除清政府的影响，民国时期大量的武侠、演义小说纷纷面世，把雍正贬成一个谋反、逼母、杀兄、屠弟、诛忠、狂妄、奢靡、十恶不赦的皇帝，广泛流传，以讹传讹。这就是雍正身后骂名滚滚而来的原因所在。

比如，在雍正传说中有一个著名的血滴子故事，认为血滴子外面用革为囊，里面却藏着好几把小刀，遇着仇人，把革囊罩他头上，机关一拨，头便断入囊中，再用化骨药水一弹，立成血水，因此叫血滴子。这乃是雍正皇帝从几位绿林豪客处得来的利器。

这班绿林豪客的首领，便是四川总督年羹尧。年羹尧系富家之子，幼时脾气乖张，专喜耍枪弄棍。他的父亲年遐龄，请了好几个教书先生教他读书，都被年羹尧逐走。后来得了一个名师，能文能武，把年羹尧压服，方才学得一身本领。这名师临别赠言，只有“就才敛范”四字。年羹尧起初，倒也谨遵师训，嗣后与皇四子胤禛结交，受他重托，招罗几个好汉，结拜异姓兄弟，帮助这位皇四子。皇四子就保荐年羹尧，说他才可大用。

康熙帝召见，果然是一个虎头燕颔、威风凛凛的人物，遂接连超擢，从百总、千总起，直升至四川总督。后来雍正外恃年羹尧，内仗隆科多，所以才得到冠冕堂皇的帝位。他恐人心不服，有人害他，遂用这班豪客，飞檐走壁，刺探人家隐情。

关于血滴子，有这样一个故事，足以说明人们对其的恐怖和畏惧。

有一年春节，雍正皇帝升殿，受朝礼毕，连下谕旨十一道，训饬督抚提镇以下文武各官，大致是叫他们守法奉公，倘有不法情事，定当严惩的意思。次日复视朝，百官俱至。雍正帝问百官道：“昨日春节卿等在家，做何消遣？”众官员依次回答，或说饮酒，或说围棋，或说是闲着无事。只有一个侍郎，脸色微赧，听众人俱已答毕，不能再推，只得老老实实地说道：“微臣知罪，昨晚与妻妾们玩了一回牌。”雍正帝笑道：“玩牌原干例禁，昨日乃是春节，你又只与家人消遣，不得为罪。朕念你秉性诚实，毫无欺言，特赏你一物，你拿回去，与妻妾们一并看罢。”说毕，掷下小纸包一个，

文字狱

侍郎拾在手中，谢恩而退。回到家中，遵着上谕，拆开纸包，大家一瞧，个个吓得伸舌。连忙将昨天玩过的纸牌，仔细一检，恰恰少一张，而这张正是昨天所丢失的那张纸牌。

有一位妾道："昨日的纸牌是我收藏的，当时来不及细检，不知如何被皇上拿去一张，难道当今的圣上，是长手佛转世么？"侍郎道："不要多嘴，以后大家留意便是。"这位侍妾偏要细问，侍郎走出门外，四周瞧了一番，方才关上门，对妻妾道："我今日还算大幸，圣上问我昨天的事，我晓得这个圣上，不比那大行皇帝，连忙老实说了，圣上方恕我的罪，赐我这张纸牌。若少许欺骗，不是杀头，便是革职哩！"众妻妾又都伸舌道："有这么厉害？"侍郎道："当今皇上做皇子时，曾结交无数好汉，替他当差办事，这班人藏有一种杀人的利器，名叫血滴子。"说到此处，忽听檐上一声微响，侍郎大惊失色，连忙把头抱住。众妻妾不知何故，有几个胆小的，忙躲入桌下。歇了半晌，一物从帐中穿入。侍郎越加胆怯，勉强一看，乃是一只斑狸猫。侍郎至此，不觉失笑，随令众妻妾各归内室。众妻妾经此一吓，再也不敢问这血滴子。

蹊跷之死

关于雍正之死，清宫档案是这样记载的：雍正十三年（1735年）八月，雍正皇帝住在圆明园。八月十八那天他与大臣们商量处理少数民族事务，二十日召见宁古塔的几位地方官员。第二天仍然正常办公，说明这时他的身体仍然很好。但到了二十二日，他却突然得病，当天晚上，已经奄奄一息的雍正便宣布传位给儿子乾隆。第二天，58岁的雍正就在圆明园咽下了最后一口气。

对雍正皇帝的突然死亡，官方只有如此简单的记载，也没有说明任何原因。这就很容易引起人们的猜测，于是雍正不得好死的种种说法便产生了。

民间最为流行的说法是：当时有一位刚烈女子叫吕四娘，她的爷爷和父亲都因为文字狱而被雍正斩杀了。为了报这杀父之仇，吕四娘练了一身好武艺，成为远近闻名的侠女。她寻找机会潜入圆明园，挥剑砍去了雍正的头颅。因此，安葬雍正时，只好铸造了一颗金头来替代雍正的脑袋。

这个故事的另一版本是说：雍正用阴谋手段篡改遗诏，夺得了皇位后，为了保住帝王宝座，他不但杀害了曾与之不和的众多兄弟，就连为其篡位最出力的主谋人，即他自己的舅舅也不放过。雍正感到这样做仍不能消除后患，便想出了一个狠毒的计谋，他把那些对自己有过功劳，或认为对己不利的文武官员及政客、谋士们，都请到圆明园，亲自设宴赐酒，扬言要给赴宴官员加封奖赏，鼓励大家尽情饮宴。但雍正在酒中施放了烈性毒药，赴宴人员全被毒害而亡。

在这些冤死鬼里就有吕留良，他的独生女儿吕四娘听到父亲被害后，决心为父报仇雪恨。但她当时仅十几岁，无法为父报仇，于是带着年老的母亲，从江南来到北方，拜一个少林寺和尚为师，学艺练武，苦练过硬本领。不几年工夫，吕四娘练就一身高强武艺，刀法剑法神奇，可飞檐走壁，不留踪影地出没于殿宇及人群之中。

之后，吕四娘辞别师父和母亲，来到圆明园附近的一间破庙住下，她四下探听雍正在园中的日常活动及行走路线。有一天晚上她藏于阁楼之中，正当雍正从宫中出来之时，她飞身而下，一刀砍下雍正的脑袋，然后提首级腾空而去。

吕四娘的母亲日夜盼望着女儿的报仇讯息，老人家正在屋内愁思苦想之时，忽然一个人影在眼前晃动，定神一看是女儿回来了。四娘手提一个血淋淋的布包，兴奋地对母亲说："我的杀父之仇报了！我把仇人的头颅带了回来！"老太太打开布包，见是一颗戴着皇冠的人头，确认正是雍正的首级。然后将此头颅置放于吕留良的牌位前，进行祭奠。母女俩跪拜在地，告慰吕留良的在天之灵。吕四娘砍了雍正帝的脑袋，皇家无奈只得为其尸体安装上一个金头下葬，所以民间有此宫廷秘闻流传。

还有一种说法更让人吃惊：据说，《红楼梦》的作者曹雪芹有个恋人叫竺香玉，是林黛玉的化身。这竺香玉后来被雍正强占，成为皇后。曹雪芹想念恋人，便想方设法找了一个差事混入宫中，最终与竺香玉合谋，用毒药将雍正害死。

另有野史传闻，说是宫女与太监串通一气，用绳子把雍正勒死了。

这里，关于雍正死因的三种说法，都很有传奇色彩。正因是传奇，人们在茶余饭后谈起来，总是津津乐道，引人入胜。不过，这些只能算是民间传说，而不是历史事实。可以肯定地讲，这几种说法都不可信。

雍正的死因是什么？有的历史学家曾提出，雍正是突然中风死去的。虽然推论有一定的道理，可是并没有拿出特别有说服力的证据。那么，雍正究竟是怎么死的？随着清宫档案的挖掘和研究，越来越多的史学工作者认为，雍正吃丹药中毒致死的可能性极大。

自古以来，凡是幻想长生不老的帝王，大都迷恋神丹。从秦始皇派人入海访仙求药，到汉武帝命炼丹家李少君、栾大炼化“益寿”、“不死”的黄金器具；从三国的曹操遍招甘始、左慈等天下方士习炼“养性法”，到东晋哀帝“饵长生药”丧命；从隋文帝指派嵩山道士潘诞“合炼金丹”，到唐太宗李世民服食古印度方士的长生药“暴疾不救”；再从宋太祖赵匡胤召见高道苏澄隐询问“养生秘术”，到明宪宗以丹纵欲“气伤龙脉”而暴亡……一朝又一代的封建帝王对道家的丹术走火入魔，喜怒笑骂尽在其中。而清朝的雍正，可算是中国古代史上最后一位宠信道士迷恋丹药的皇帝了。

雍正没当皇帝的时候，就对丹药产生了兴趣。他曾写过一首《烧丹》诗：“铅砂和药物，松柏绕云坛。炉运阴阳火，功兼内外丹。”这首诗中，又是铅砂，又是炉火，烟雾缭绕，功兼内外，就好像一幅活灵活现的炼丹写真图。从中可以看出，雍正早年就对炼丹有了相当的研究和兴趣。

雍正当上皇帝后，极力推崇金丹派南宗祖师张伯端，把他封为“紫阳真人”，雍正特别赞赏张伯端发明了金丹要领。雍正的一生，更是与金丹仙药结下了不解之缘。从雍正四年（1726年）开始，雍正就经常吃道士炼制的一种叫“既济丹”的丹药。从他对田文镜奏折的批语中，可以知道他感觉服后有效，还把丹药作为礼品赏赐给鄂尔泰、田文镜等大臣。

在雍正大搞道教活动的同时，还在圆明园内开始秘密炼丹。清宫《活计档》是专门记载皇宫日用物品的内务府账本，里面披露了雍正炼丹的一些情况。最早的记载是在雍正八年（1730年），其主要内容是：十二月十五日，海望、刘胜芳和四执事侍李进忠一同传令：往圆明园秀清村送去矿银十两、黑炭一百斤、好煤二百斤。十月二十二日，

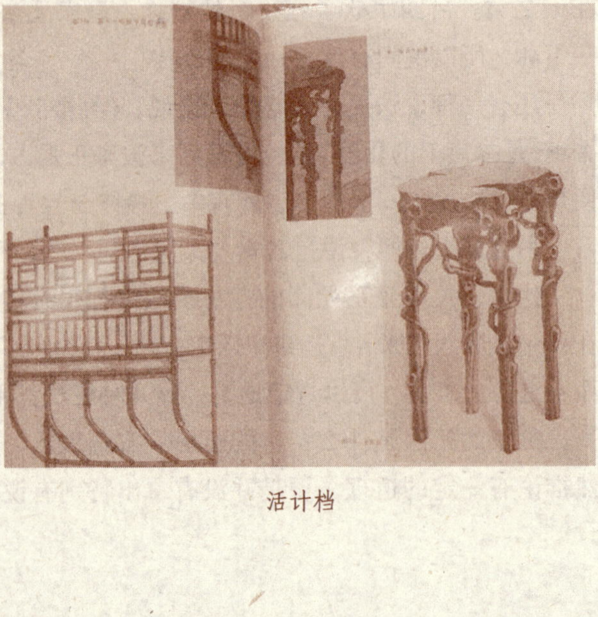

活计档

海望和李进忠又一同传令：圆明园秀清村正在炼银，要用白炭一千斤、渣煤一千斤。

这里提到的秀清村依山傍水，是一个进行秘事活动的好地方。根据档案记载，在一个多月的时间里，往秀清村送的木柴、煤炭就有2000斤。档案中的“矿银”、“化银”等，是炼丹所用必需品。由此可知，从雍正八年末，就在秀清村开始炼丹了。

当时在圆明园内为雍正炼丹的道士有好几个，其中最主要的是张太虚和王定乾。他们没有辜负雍正的期望，真的炼出一炉又一炉所谓的金丹。

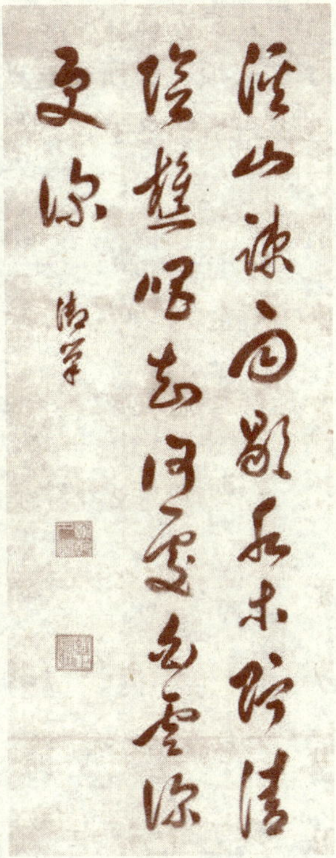

雍正帝书

雍正吃了道士炼制的丹药，自我感觉良好，所以他不但自己吃丹药，还拿出一部分赏赐给亲信官员。在田文镜的一份奏折上，雍正用朱砂笔写道：“此丹修合精工，奏效殊异，放胆服之，莫稍怀疑，乃有益无损良药也。朕知之最确。”雍正劝自己的宠臣对御赐丹药可以放开胆子吃，丝毫不用怀疑，因为他对这种丹药“知之最确”。这表明，雍正很注意研究丹药的药性，并且对他所服用的丹药已是确信不疑了。

但事实上，炼丹所用的铅、汞、硫、砷等矿物质都具有毒性，对大脑和五脏侵害相当大。雍正死前的12天，《活计档》中曾记录：“总管太监陈久卿、首领太监王守贵一同传话：圆明园要用牛舌头黑铅二百斤。”黑铅是有毒金属，过量服食可使人致死。200斤黑铅运入圆明园，之后不久雍正就在这个园子内突然死去，史学家认为这不是偶然巧合，而是直接证明了雍正之死完全有可能是丹药中毒造成的。

学者们还普遍注意到，雍正的儿子乾隆对炼丹道士的处理露出了许多破绽。就在雍正死后的第二天，刚刚即位的乾隆便下令驱逐炼丹道士张太虚、王定乾。如果不是他们惹下弥天大祸，在这种非常时刻乾隆哪至于大发肝火，还专门为两个小小的道士发一道上谕呢？乾隆在谕旨中还特别强调，雍正喜好“炉火修炼”是有的，但只是作为游戏，并没有服用丹药。如果真的没有吃丹药又何必辩解呢？岂不是此地无银三百两吗？

就在驱逐道士的同一天，乾隆还告诫宫内太监、宫女不许乱传“闲话”，免得让皇太后“心烦”。雍正刚死，究竟能有什么“闲话”？皇太后为什么听了“心烦”？所有这些，不能不让人推测雍正就是死于服用有毒的丹药，死于炼丹道士之手。

三十、最后一位盛世明君
乾隆皇帝

1735 年，雍正帝死于圆明园。根据他生前定下的规矩，内侍从乾清宫“正大光明”匾额的后面取下一个匣子，里面放着写有皇位继承人姓名的密旨。在众目睽睽之下，密旨被拆开，被指定为雍正继承人的是他的第四子——爱新觉罗·弘历，也就是清朝历史上赫赫有名的乾隆帝。

他在康熙、雍正两朝文治武功的基础上，进一步完成了多民族国家的统一，促进了社会经济文化的发展，在内政和外交上都取得了很大成绩，形成了历史上著名的“康乾盛世”。乾隆也是一位长寿皇帝，活了 89 岁，在位 60 年。

弘历小时候十分聪明，6 岁就能自己读书了。他的爷爷康熙皇帝特别喜爱他。有一天，康熙帝在牡丹台散步，看见弘历正在玩耍，不觉心头一动，把弘历从头到脚仔细打量了一番，自言自语地说：“这孩子浓眉大眼，脸方嘴圆，是一副福相。莫非将来继承皇位的就是他吗？”康熙帝想到这里，就命令随从太监传话，把弘历叫到皇宫。从此，康熙帝就派一些有名的老师，专门教导他。

一次，康熙帝带着弘历去打猎。康熙帝先举枪射中了一头大熊，那头大熊摇摇晃晃地倒在地上，康熙帝就让弘历去把他射死。弘历骑马上前，快到射程之内的时候，那头倒在地上的大熊突然站立起来，“嗷嗷”大叫，弘历镇定自若地举起手中的弓箭准备射击。走在后面的康熙帝非常紧张，唯恐发生意外，就急忙上前击毙了那头大熊。打猎回来，康熙帝高兴地说：“这个孙儿遇事不慌，将来定有一番大的作为。”

后来，康熙帝死了。弘历的父亲当了皇帝，就是雍正帝。雍正帝看弘历勤奋好学，又是康熙帝生前喜欢的孙子，就写了一份将来由弘历继承皇位的密旨，放在乾清宫“正大光明”大匾的后面。

身世疑云

乾隆的一生，为后世留下了许多故事，而其中最为人津津乐道的莫过于他的身世。直到今天，关于乾隆的身世和出生地仍然众说纷纭，莫衷一是。

乾隆认为自己出生在雍和宫。雍和宫坐落在北京城东北，是著名的喇嘛庙。在康熙时代这里是雍亲王府，也就是雍正做皇子时的王爷府。可是，就在乾隆还在位的时候，有人已对他的出生地有不同议论。当时朝中有一个官员叫管世铭，他随乾隆到避暑山庄时曾赋诗30首，其中一首就涉及乾隆的出生地："年年讳日行香去，狮子园边感圣衷。"诗后小注说："狮子园是乾隆的诞生地，因此乾隆常常在先帝雍正驾崩的忌日到那里小住几天。"狮子园是承德避暑山庄外的一座园林，康熙到热河避暑时，雍正随驾，狮子园便是雍亲王一家在热河的住处。

大概乾隆对自己出生地的流言有所耳闻，他在72岁那年正月到雍和宫拜佛后写诗作注说：我确实是在康熙辛卯年生在这雍和宫的。尽管乾隆再三强调自己生在雍和宫，但还是有人不信，甚至他的儿子嘉庆也大唱反调。嘉庆登基那年八月，乾隆以太上皇身份到避暑山庄过生日，嘉庆写诗庆贺，在诗后注解说，康熙在辛卯那年题写了"避暑山庄"的匾额，乾隆也恰好在这年降生在山庄，其中缘由实在不可思议。但十几年后，嘉庆又放弃了乾隆生于山庄这一看法。

乾隆皇帝画像

嘉庆十二年，嘉庆皇帝命令朝臣编修乾隆的《实录》和《圣训》。他审阅时发现，这两部文献典籍中，把乾隆的出生地都写成了雍和宫。他当即命令编修大臣认真核查。官员把乾隆当年的诗找出来送给嘉庆审阅，嘉庆感到问题的严重性，于是只好放弃狮子园说法。

可是，乾隆出生地的问题并没有因

此画上句号。嘉庆二十五年七月，嘉庆皇帝到塞外打猎，突然死去。在军机大臣以嘉庆名义撰写的遗诏中说，皇父乾隆当年就生在避暑山庄，今天我死在这里，也没什么遗憾了。

新继位的道光皇帝发现这一情况后，立即命令以每天六百里加急，将已发往琉球、越南、缅甸等藩属国的嘉庆遗诏从路上追回来。改写后的遗诏，把原来说乾隆生在避暑山庄，很牵强地说成乾隆的画像挂在避暑山庄。

道光为把乾隆生在雍和宫的说法作为结论确定下来，不得不把嘉庆当年说乾隆生在山庄的诗作都改过来。由于嘉庆的诗早已公开流行天下，这样大张旗鼓地修改，结果是越抹越黑，使天下的官员百姓对乾隆的出生地问题愈加议论纷纷。

后来，不仅乾隆的出生地闹不清楚，甚至连他母亲是谁，人们也产生了怀疑。其中一种很有意思的说法是，热河行宫里一个丑宫女在草棚里生下了乾隆。传说，雍正在做皇子时和山庄内一位很丑的姓李的汉族宫女有过一段露水姻缘，事后雍正忘得一干二净。第二年夏秋之际，康熙父子又来到山庄，听说那位宫女就要临产了，康熙怕这丑女生产坏了皇家的名声，急忙派人把她带到草棚，生下了乾隆。这一说法如果是真的，那么乾隆就不是纯正的满族人了。

尽管乾隆生在草棚的这一传说流传很广，影响也很大，但那毕竟是野史。乾隆的生母究竟是谁，只要看一看清朝皇家的家谱《玉牒》和乾隆时期的《实录》以及《圣训》怎么记载的，就一清二楚了。它们一致记载乾隆的亲生母亲是钮祜禄氏，也就是雍正的皇后。

围着这个出生问题，好像有人硬是和乾隆较上了劲，那个山庄丑女的故事还在传着，又冒出来另一个说法：乾隆不是雍正的亲生儿子，而是浙江海宁陈阁老家的儿子。这一说法在金庸武侠小说《书剑恩仇录》中更是得到大事渲染。其实，小说中的说法并非空穴来风，是有一定来历的。

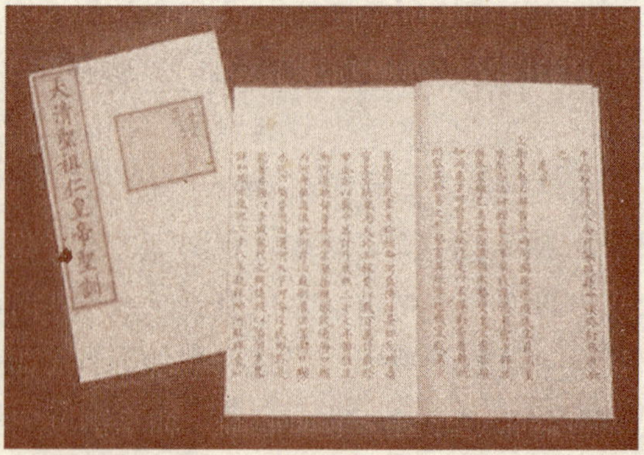

圣训

相传，海宁有位盐商叫陈世倌，俗称陈阁老，在康熙年间入朝为官。雍正帝胤禛为雍亲王时，与陈阁老家很好，两家来往频繁。今天陈阁老的旧宅，还保存一块九龙匾，据说是雍正亲笔书写的。更为离奇的是，有一年恰巧两家在同月同日同时辰生子，只不过雍亲王家为女孩，陈家为男孩。胤禛听说后，密令家人将陈阁老请来，并强调一定要带着小孩。然后借口福晋要看孩子，将小孩带入内室，将自己的女孩换给了陈家。陈家发现孩子被换，大惊失色。但迫于对方权势，不敢追究，也不敢声张。没想到，男孩天资聪明，深得康熙、雍正二帝的喜爱。不久康熙去世，传皇位于胤禛。胤禛即位后，陈氏一门数人也都官至显要。以后乾隆帝即位，对陈氏更是礼遇有加。乾隆六次南巡江浙，其中四次都到过海宁陈家，最后一次临走时步至中门，对陈氏说："以后若非皇帝亲临，这门不要轻易打开。"从此这扇门就再也没被打开过。

持这种观点的人还提出另外一些证据，海宁陈氏的宅堂中有两方皇帝亲笔书写的匾额，一方题为"爱日堂"，一方题为"春晖堂"。"爱日"一词，是从汉赋大家扬雄《孝至》一文"孝子爱日"中来的，后世把儿子奉侍父母之日叫爱日。"春晖"一词是从唐代孟郊《游子吟》"谁言寸草心，报得三春晖"的诗句中来的。后人常以春晖来比喻母爱。这两方匾额的题词内容都有儿子尊敬和孝顺父母的意思。后来，与海宁陈氏的儿子相交换的那个女孩便在海宁陈家成长，到了婚嫁年龄便嫁与江苏常熟蒋氏，蒋氏专门为她筑了一座小楼，后世称之为"公主楼"。

《清代外史》书中还说：乾隆知道自己不是满族人，因此在宫中常穿汉服，还问身边的宠臣自己是否像汉人。历史上的乾隆的确经常穿汉服，现在故宫还保存着不少乾隆穿汉服的画像。也许这就是引起传说的原因之一。这些史料更让人坚信乾隆是汉人之子。

但也有人提出反对的意见，认为雍正帝有皇子10个，公主6个。乾隆是雍正的第四子，不是长子，推及情理根本没必要把别姓的孩子换来当自己孩子以继承王位。也就是说，雍正并不担心无人继承他的王位。而且，当时的皇位之争已经进入白热化，雍正怎么敢与他人交换孩子，而给政敌留下话柄。这是最有说服力的论证。因此，乾隆身世之谜是子虚乌有。

而从清代皇帝与海宁陈氏的关系来看，也纯是君臣友谊。陈氏是清初的名门望族，在康熙、雍正、乾隆三朝，陈家历代都仕途通达，官居高职，煊赫一时。那位陈阁老，乾隆六年曾担任内阁大学士，但时间不长，就因起草谕旨出错而被革职。当时乾隆还骂他：“少才无能，实不称职。”

至于乾隆为什么六下江南，有四次到海宁并住在陈家私人花园，据考证，乾隆南巡到海宁，主要是视察耗资巨大的钱塘江海塘工程。

雍正初年，为了满足钱塘江下游经济发展和人民生活的需要，大举修建浙江海塘。但雍正帝忙于政务，而且海潮冲刷堤岸的危害还未到十分严重的程度，因此未能亲自前往。乾隆即位后，对这项工程非常重视，数次南巡，有四次来到海宁勘察，那么既然到了海宁，总得有个合适的住所。浙江海宁是一个偏僻的小县，陈氏由于做过康、雍、乾三朝宰辅，其家花园是海宁名胜，亭台楼榭，花木扶疏，当时找不到比陈家花园更好的地方让皇帝住了。这个园子本来叫“隅园”，乾隆帝把它改名为“安澜园”。“安澜”即水波不兴之意，由此也可以看出，乾隆帝临视海宁，是为了巡视海塘工程，而不是为了探视父母。

再说陈家花园离陈家住宅实际还有几里路远，乾隆在陈家花园住过四次，但对陈家子孙却一次也没有召见过，更谈不上“探望亲生父母”了。

至于那两块匾额，据考证，康熙三十九年（1700 年）四月，康熙在便殿召见群臣，说：“你们家中各有堂名，不妨当场写给我。我写出来赐给你们。”陈元龙奏称，父亲年逾八十，故拟“爱日堂”三字。康熙五十四年（1715 年）六月，因陈元龙胞弟陈维坤的妻子黄氏寡居 41 年，便御书“节孝”两字赐之，又赐以“春晖堂”匾额。这就是说，两方匾额的题词，是康熙帝根据臣下的请示书写的，与孝敬父母的意思根本没有任何联系。因而，说乾隆是汉人之子只是无稽之谈。

《清宫词》中有一首词说：“冕旒汉制终难复，曾向安澜驻翠蕤。”词中暗指乾隆与海宁陈氏关系，然而，这其中关系究竟怎样，乾隆身世究竟如何只能成为未解之谜了。

隆帝下江南

励精图治

乾隆依“密封建储”制，顺利地继承了帝位，避免了皇位争夺和朋党纠纷，但也正因为此，他在即位前并未能建立起足够的威望，在他的周围也未能聚集起一批可以信赖的臣佐。他在清王朝已臻富盛时即位，原只能做个守成的君主，但他并不甘心于守成，而渴望有所作为，以树立自己的声威，巩固皇室的统治。

乾隆即位时，由庄亲王允禄、果亲王允礼与大臣鄂尔泰、张廷玉受命辅政，组成最高的统治核心。乾隆帝亲政后的10多年间，对这个权力核心逐步整顿，使权力更加集中于皇帝。

允禄、允礼是雍正帝的兄弟，也是宗室中最有威望的亲王。1736年3月，乾隆帝因祭天时，允礼托病不到，就削去其亲王双俸和护卫。1738年，允礼病死，允禄受命总理事务并任理藩院尚书。乾隆帝察知他与弘皙、弘昌等来往，指为“私相交结，往来诡密”，于1739年10月交宗人府审处。弘皙革去亲王，弘昌革去贝勒。允禄从宽免革亲王，仍管内务府事，只革退议政大臣、理藩院尚书等职及亲王双俸。12月，弘皙又被告发听信巫术，向妖人询问国事，指为“大逆不道”，永远禁锢。允禄也被罚俸5年，“以示惩儆”。辅政两亲王先后失去权势，宗室子孙再也不敢“私相结纳”了。

乾隆帝亲政后，复设军机处，鄂尔泰与张廷玉分任满、汉军机大臣，总理朝廷大政，并将雍正帝生前的谕旨入于遗诏，说：“此二人者，朕可保其始终不渝。朕万年之后，二臣着配享太庙。”朝臣配享太庙，前此如费英东、额亦都等，都是满洲元勋。汉人文臣配享，是历来所不曾有的。清朝一代，也只有张廷玉一人。

鄂尔泰、张廷玉主持军机处后，权势尤盛。乾隆帝为防范满、汉朝臣结党，屡次申谕饬戒。1740年4月，在一个谕旨中说：“无知之辈，妄行揣摩，如满洲则思依附鄂尔泰，汉人则思依附张廷玉，不独微末之员，即侍郎、尚书中，亦所不免。”“鄂尔泰、张廷玉乃皇考与朕久用之好大臣，众人当成全之，使之完名令节，永受国恩。”“二臣当更仰体朕心，益加敬谨，以成我君臣际遇之美。”《啸亭杂录》说：“上习知其弊，故屡降明谕，引宪皇帝（雍正帝）朋党论戒之。”乾隆帝亲自处理朝政，大权独揽，又一再告诫，防止朋党的形成。

鄂尔泰是著名武将，又主持文坛，为翰林院掌院学士，主考会试，门下满、汉臣僚甚众。受命辅政，位至尊显。其子鄂容安也在1736年授任翰林院编修、南书房行走。后转侍读，擢升詹事府詹事。鄂氏一门在朝中权势甚盛。左都御史仲永檀，乾隆元年进士，是鄂尔泰主考的门生。乾隆七年十二月被揭发与鄂容安结党营私，将密奏留中事泄露。乾隆帝说他“依附师门，将密奏密参之事无不预先商酌，暗结党援，排挤不睦之人，情罪甚属重大”。审理此案的王公大臣请将鄂尔泰革职拿问，乾隆帝特予宽容，“交部议处，以示薄罚”，仍留原任。鄂容安革职，仲永檀死于狱中。1745年正月，鄂尔泰因病请解任，四月病死。

鄂尔泰获罪后，张廷玉主持军机处，权势益重。张廷玉是安徽桐城人，康熙时曾以翰林院检讨入直南书房。雍正时，为翰林院掌院学士、国史馆总裁、会典总裁，晋为大学士，草拟皇帝谕旨，深得雍正帝倚信。乾隆帝即位，受命辅政为总理事务大臣。乾隆元年，复为大学士、军机大臣。乾隆二年，与鄂尔泰同进三等伯。汉人文臣爵至侯伯，此为前所未有。张廷玉以进士出身，得三朝倚任，在朝连膺重任，并一再充会试考官，成为汉人文臣和文坛的领袖。

早在1741年，左都御史刘统勋即上奏说：“外间舆论，动曰桐城张、姚两姓，占却半部缙绅。”“今张氏登仕版者，有张廷璐等19人。姚氏与张氏世姻，仕宦者，有姚孔振等13人。”1746年，乾隆帝因廷玉年老，命其次子张若澄入直南书房，以便扶掖入朝。1748年，张廷玉以老病乞休，乾隆帝不准。次年冬，再次乞休，乾隆帝不悦，乃许致仕。次日，张廷玉未入朝，只命若澄入谢。乾隆帝大怒，命发旨诘责。张廷玉随即于次日晨入朝谢恩。乾隆帝又怀疑草拟诏旨的汪由敦泄露内情，将汪由敦革职，削去张廷玉伯爵，命以大学士衔休致留京。1750年，张廷玉疏请南还，乾隆帝更怒，严加斥责。张廷玉疏请治罪。1755年4月张廷玉病死，仍命配享太庙。

张廷玉在乾隆朝，执政10余年。作为汉人文臣的领袖和代表，权位至于极盛。乾隆帝倚用汉人文臣而又时加控制，并一再宣告“满汉均为朕之臣工”，不得相互歧视。乾隆帝即位后约20年间，满汉大臣之间并未出现严重的朋党纷争。

鄂尔泰死后次年，其侄鄂昌任广西巡抚，奏请将鄂尔泰列为广西名宦入祀，遭到乾隆帝的驳斥。1747年，乾隆帝令督抚大臣举贤自代。鄂昌举荐广西布政使李锡泰，说他“堪膺封疆之寄”。乾隆帝说，他曾召见过李锡泰。李锡泰痛贬前任广西巡抚托庸的坏处，极力称赞鄂昌居官的好处。现在鄂昌又来举荐李锡泰，这怎能避免党同朋比之嫌？1755年初，乾隆帝还在诏谕中说起，张廷玉当年乞休时，奏称史贻直曾说他不宜配享太庙，请求保证。史贻直是在单独奏对时说过这样话的，张廷玉怎么会知道？这能说没有朋党之风么？又说，南巡时准令兵部尚书梁诗正解职归乡，奉养老父，就有人怀疑，说是因汪由敦排挤而去。倘使汪由敦能在朕前排挤梁诗正，何以不能救护张廷玉？这不是很明白么！又下谕说：“徇情曲庇，即是党援门户之渐。昔皇考洞悉此等陋习，大加振刷。如查嗣庭、吕留良诸案，实足以挽颓风而励名教。”“倘以日久渐弛，复萌故智，将来如有似查嗣庭、吕留良不法之案，朕亦非不能执国宪以警奸顽者。诸臣其苦均之。”乾隆帝此谕，向诸臣发出警告，表明他将惩治查嗣庭案一类的事件。果然，这年二月，便有胡中藻、鄂昌狱兴起。

江西新建人胡中藻，1736年考取进士，鄂尔泰为会试正考官，因而自称鄂尔泰门人。他得到鄂尔泰的赏识，被视为“昌黎（韩愈）再世”。鄂尔泰死后，胡中藻出为陕西学政、广西学政，后解任归江西。

胡中藻平时爱吟诗，与鄂昌相唱和，汇集所作诗稿题为《坚磨生诗钞》，礼部侍郎张泰开曾作序刊刻。乾隆帝因而怀疑鄂昌与胡中藻等结党营私。1755年2月，密谕广西巡抚卫哲治：“将胡中藻任广西学政时所出试题及与人唱和诗文并一切恶迹，严行查出速奏。”卫哲治查出胡中藻曾出试题及唱和诗36首与在陕西时诗文一本奏呈。3月2日，乾隆帝又密谕协办陕甘总督刘统勋，乘鄂昌去安西之际，亲往兰州鄂昌抚署，“将其与胡中藻往来应酬之诗文、书信，严行搜查，并其与别人往来字迹中有涉讥刺嘱托者，一并搜查封固，差妥人驰驿送来”，并严示“不可预露风声”。13日，乾隆帝召谕大学士九卿等朝臣，痛斥胡中藻“诋讪怨望”，“非人类中所应有”，指斥胡中藻集内诗句“又降一世夏秋冬”，是隐喻清朝传三世以后至乾隆时“又降一世”。“一把心肠论浊清”，是“加浊字于国号之上”。呈南巡诗有“三才生后生今日”，是詈骂乾隆帝在三才（天、地、人）之后。又所出经义试题有“乾三爻不象龙说”，“乾隆乃朕年号，龙与隆同音，其诋毁之意可见”，等等。

乾隆帝还说：“伊在鄂尔泰门下，依草附木，而诗中乃有‘记出西林第一门’之句，攀援门户，恬不知耻。”乾隆帝认定：“胡中藻之诗，措词用意，实非语言文字之罪可比。夫谤及朕躬犹可，谤及本朝，则叛逆耳。”“鄂昌身为满洲世仆，历任巡抚，见此悖逆之作，不但不知愤恨，且丧心与之唱和，引为同调，其罪实不容诛。”最后说：“朕不得不申我国法，正尔嚣风，效皇考之诛查嗣庭矣。”随即将鄂昌、胡中藻拿解来京审讯，并将张泰开革职。

乾隆帝亲自铸成此案，旨在打击权势显赫的鄂尔泰家族，消除大臣间的朋党积习，用意是明显的。但以胡中藻狱为引线，任意指斥诗句为诽谤，则又继承了前朝以语言文字之过处置大臣的恶例。

雍正帝在位时因力矫康熙末年的积弊，施政不免严猛。乾隆即位的次年即1736年就在诏谕中说：“大抵皇祖圣祖仁皇帝时，久道化成，与民休息，而臣下奉行不善，多有宽纵之弊。皇考世宗宪皇帝整顿积习，仁育而兼义正，臣下奉行不善，又多有严峻之弊。朕缵承统绪，继述谟烈，惟日孜孜，正欲明作有功，以几敦大成裕之治。”乾隆帝这段话表明：他力图矫正前朝施政或宽或严的弊端，以“宽严相济”作为自己的施政方针。

他依据宽严相济的施政方针，对前朝已经处置的重大案件，又重新做了处理。当年雍正帝严惩宗室兄弟，翦除政敌允禩、允禟一党，令其削籍离宗，赐名阿其那、塞思黑。允禩、允禟相继死于狱中，宗室多人也被株连。乾隆帝即位后，于1735年9月，诏宗人府依圣祖康熙帝处置宗室例，将宗室、觉罗中有因罪革退名号，并其子孙除去玉牒，不准载入者逐一查明，分赐红带、紫带，附载玉牒。10月，谕将雍正帝拘禁的允禵宽宥，已死的允祉收入谱牒。又命廷臣重议允禩、允禟子孙事。11月，又依照康熙处置莽古尔泰等例，将允禩、允禟的子孙，给与红带，收入玉牒，即重新承认他们的宗籍，仍为皇族。乾隆帝此举，旨在争取皇族宗室的支持，用意是明显的。

雍正帝处置年羹尧案，涉及依附他的汉人文士汪景祺、查嗣庭，家属子孙均被流放。1736年3月，乾隆下诏赦免了汪景祺的子孙、兄弟族人。查嗣庭受牵连的后代子孙，也得以从宽发落。

乾隆帝在宽赦前朝满汉罪臣家族亲属的同时，又严厉处置了曾静、张熙。曾静及弟子张熙，因雍正时传播吕留良反满思想，劝说岳钟琪反清案被拘。雍正帝赦其死罪，命往江浙各地宣讲，自陈悔悟。乾隆帝即位后，随即加重处置，说：“在皇考当日或可姑容，而在朕今日断难曲宥。”1735年12月，他下诏将曾静、张熙凌迟处死。乾隆帝初即位，即处置曾、张，旨在镇压汉人的反抗，用意也是明显的。

另一方面，他还加强了对汉人文士的选拔任用。经过康、雍两朝采用汉制统治广大汉人地区，汉人文臣已在统治集团中逐渐占有重要地位。乾隆帝即位后，在处置曾、张以镇压汉人反抗思想的同时，又以多种方式，选擢文士，开拓仕途，以争取汉人文士的臣服。

康熙时曾于科举定例之外，特设博学鸿儒科，擢选文士。乾隆刚即位，就下诏说："皇考乐育群材，特降谕旨，令直省及在朝大臣，各保举博学鸿词之士，以备制馆之选。乃直省奉诏已及二年，而所举人数寥寥。……朕因再为申谕，凡在内大臣及各直省督抚，务宜悉心延访，速行保荐，定于一年之内，齐集京师。"

次年2月，各省所举文士即有100余人到京。9月，在保和殿御试176人，命大学士鄂尔泰、张廷玉及吏部侍郎邵基阅卷，考取一等5名，二等10名。乾隆帝亲自召见，授一等刘纶、潘安礼、诸锦、于振、杭世骏为翰林院编修。二等中由科甲出身的陈兆仑、刘玉麟、夏之蓉、周长发、程恂授为翰林院检讨，未经中举的杨度汪、沈廷芳、齐召南授为翰林院庶吉士。1737年7月，张廷玉等又考取续到的博学鸿词之士一等万松龄、张汉为翰林院检讨，二等朱荃、洪世泽为翰林院庶吉士。博学鸿词科是皇帝特设的制科，考取者即可入官翰林院，一时被士林视为殊荣，贵于例行的科举。

1737年5月，举行定例的科举，考取于敏中等324人，赐进士及第3人，进士出身80人，同进士出身341人。殿试进士，原由主考官阅卷。乾隆亲自阅定前10名，诏谕主考官说："卿等所拟第四卷，策语字画俱佳，可置第一。所拟第一卷改置第二。所拟第七卷亦佳，可置第三。所拟第二卷改置第四。"乾隆帝亲自阅卷，决定名次，掌握了科举取士的权柄。同年，又亲自考试翰林、詹事等官，说："非朕亲加考试，无以鼓励其读书向学之心。"阅卷后，依文字优劣，定为四等，分别予以升降，以至休致。乾隆帝由此加强了对文士的选擢和控制。康熙以来，国子监生和知县官缺，可输钱米捐纳，是一项弊政。乾隆帝即位后宣布停止捐纳，也有利于科举取士制的实行。

1736年6月，乾隆帝命内阁学士方苞主持选颁四书文，将明朝及清初的科举应试文章，选集数百篇颁布，以为举业指南。又谕各省督抚学政，采访近世研究经学的著述，不拘刻本抄本，随时进呈。乾隆十四年11月，诏谕各省公举潜心经学之士，不拘进士、举人、诸生以及退休闲废人员，以应精选。由此访得顾栋高等名儒4人，授国子监司业。乾隆帝通过多种途径察访文士儒生，也从而加强了对文化思想的统治。

盛世伟业

乾隆在位期间，军事、经济、政治、文化等方面都达到中国历史上的一个高峰。与同时期世界各国相比，康乾盛世是最高峰，堪称第一流国家，创造了中国历史上一个盛世。当时中国的人口和经济总量约占世界的三分之一。

封建社会征收赋税是对广大农民的主要剥削方式，也是向地主索取钱粮的主要手段。因而减免赋税便成为朝廷争取各阶层民众的最便当方法。乾隆帝即位时，前朝建树的富盛的国力，为他准备了减免赋税的物质条件。父祖因减免赋税而博得赞誉的事实，又为他提供了借鉴。乾隆帝刚即位即下诏颁布合行事宜，恩赏各级官员，即令查明“各省民欠钱粮，系十年以上者”，“候旨豁免”。此后10年间，乾隆帝不断减免各地赋税。

1736年2月，在豁免甘肃应征钱粮的同时，又谕“陕西只征一半，以昭格外之恩”，又免贵州通省钱粮一年。乾隆二年，免顺天直隶额赋，免山东正项钱粮一百万两。三年，免江南松江府额赋。四年，免陕西榆林等十一州县逋（欠）赋。六年，免福建台湾逋赋，江苏苏州等府属逋赋。七年，免直隶、江苏、安徽、福建、甘肃、广东等省雍正十三年逋赋，并免江南、浙江未完雍正十三年漕项。十年，又命普免全国次年钱粮，下诏说：“朕临御天下……躬行节俭，薄赋轻徭。……是以左藏尚有余积。数年以来，直省偶有水旱，朕加恩赈济，多在常格之外。如前年江南被水，抚绥安插，计费帑金千余万两。”“朕思海宇民安，民气和乐，持盈保泰，莫先于足民。”“将丙寅年（1746年）直省应征钱粮，通行豁免。”廷议三年之内轮免一周。

乾隆十年下诏普免钱粮，一时颂为盛事，也说明当时确是财力充裕，库藏有余。乾隆帝即位后的10多年间，正如他自己所说，各地遇有水旱雹灾地震等害，也都加赈济和减免额赋，并一再废止各地的多项杂税。乾隆帝以减少税收的办法，安定人心，防止动乱，取得了一定的效果。

乾隆帝即位日久，宫廷生活也日益奢靡，任情挥霍。典型的事例，是1751年冬为太后举行的60寿辰庆典。康熙帝曾为孝惠皇太后祝贺60寿辰，贡献各色珍贵礼物，备极豪奢。孝惠太后令停止筵宴，以为限止。乾隆帝效法乃祖，也为生母皇太后祝寿，但其豪华远远超过康熙时的庆典。

北京城西北有圆明园，原为雍正帝即位前藩邸赐园。圆明园之南，有畅春园。康熙时，以明人别墅改建。乾隆时，孝圣太后常居此园。11月25日为皇太后生日。19日，皇太后自畅春园去万寿山游幸。次日，自畅春园启銮，入居皇城的寿康宫受贺。

皇太后的庆寿活动虽在京师举行，但成为全国各省都要鼎力筹办的大事。早在本年春初，即由在京王公大臣奏准，于万寿山至京一路，“分段预备，公祝圣寿”。乾隆帝诏谕各省督抚，先期遣人进京，按分派地段，预备经坛、戏台之类。各省督抚自然竞相贡献，争奇斗艳。

城外自万寿山至西直门，城内自西直门至皇宫西华门，沿路10余里遍设万寿彩棚、戏台、彩灯楼阁之类。城内道路两旁房屋均被遮挡不见。广东省搭设的“翡翠亭”，宽约两三丈，亭瓦全用孔雀尾翎毛，不下万眼。湖北省搭建“黄鹤楼”，重檐三层，用玻璃作墙壁，高七八尺。浙江省献“出湖镜”，在广榭中用大圆镜嵌入藻井，小镜数万堆砌四旁，构成镜壁，人入其中，即可照影千百。各省搭设的祝寿棚，互竞豪奢，剪彩为花，铺锦为屋。每数十步，设一戏台。南北戏曲及四方乐舞，在台上演出祝寿。

不仅在京王公大臣及各省督抚各自搭设华奢的坛台，博取“圣母欢心”。在京及各省非现任职官的在籍人员，也有185名设立经坛庆祝，因而获得晋级和赏给职衔的“恩施”。11月初，西直门一路祝寿彩棚就已铺设，并特派步兵昼夜看守。大约自初十起，即开始乐舞庆祝，许居民观赏，以示“普天同庆”。史学家赵翼当时正在京师，说他曾到长街游览两次，“如入蓬莱仙岛，在琼楼玉宇中听霓裳曲、观羽衣舞”，“此等胜会，千百年不可一遇”。

不仅各省督抚以下的各级官员，都来京祝寿，地方绅民也相继来京，因人数过多而被制止。但直隶和湖广的老民老妇，因起程较早而陆续到京，受到恩赏。皇太后启銮回宫之日，在京文武官员、大臣命妇、八旗男妇、京师仕女及各省来京官民，都端服盛妆，跪伏在道路两旁，为太后祝寿。22日，乾隆帝为皇太后加上徽号，举行庆典。25日，举行祝寿大典，乾隆帝亲制《慈圣万寿九如颂》九章，书在屏风上进献。随后颁诏天下，说：“盛典特隆，洪恩用溥”，王妃、公主、满汉大臣命妇、外藩王妃以下，俱加恩赐。在京满汉文武大小官员，俱晋一级。内外官员，俱加封赠。太监、八旗满洲、蒙古、汉军兵丁，均给赏银。

乾隆帝喜欢热闹，爱讲排场。他75岁的时候，为了庆贺生日，在皇宫里举行了一次“千叟宴”，把全国上至王公大臣，下到普通百姓的老年男人，都请了来，有四五千人。这些老翁都在六七十岁以上，最老的“寿星”已经141岁。乾隆帝见了这几千个白胡子老头儿，十分欢喜，当场作诗，对对联，摆下盛大宴席招待大家。真有“太平盛世”的样子。

乾隆帝特别喜欢游山玩水。他曾经6次到江南，每次都要花掉大量银子。从前康熙帝也几次到江南，可那都是为了了解地方情况或治理河道，而且也比较俭朴。乾隆帝和他爷爷的作风就大不一样了。

那时候，交通不便利。乾隆帝下江南的时候，都是坐船去。他的龙船顺着大运河由北往南，运河两岸的地方官都要迎来送往，像过节一样。岸上都搭了戏台和彩棚，由艺人们唱戏弹曲，河边上还密密麻麻地排列着彩船。

再看皇帝的龙船，更是豪华无比。龙船后面有大大小小的随行船，足有1000多艘。龙船一开过来，河中和岸上都鼓乐喧天，弹唱歌舞，好不热闹！乾隆帝坐在船上，看着两岸的景象，非常得意。

龙船在运河中行走，要靠人在岸上拉纤。拉纤的每个人的脊背上被纤绳勒出一道道血印，再加上烈日的暴晒、汗水的浸泡，疼痛难忍。拉龙船的都是身强力壮的青壮年男子，他们身背大绳，在岸上一步一步地艰难地走着，全身流着汗水。这么多船，这么长的路程，要动用多少人来拉纤啊！

到了江南，他如何吃喝玩乐就更不用说了。地方官要专为皇帝建造行宫、花园，用的都是老百姓的血汗钱。

有一次，有一个官员从江南办事回京，见到乾隆帝。乾隆帝问他江南的情况。这个官员大着胆子说：“皇上上次南巡以后，江南百姓被搜刮钱财，生活很苦，都有怨言。”

乾隆帝一听，火冒三丈，大声叫起来：“你好大胆！谁的生活苦？哪个有怨言？你说出来！”然而，乾隆帝的这一行为遭到人民的厌恶，是他本人改变不了的。后来，“乾隆下江南”这句话的含义，差不多成了大肆挥霍浪费，搅乱百姓的代名词。

文治武功

乾隆天资聪颖，勤奋好学，擅长书画，兼长诗文，是一位非凡的文学家、语言学家、书法家、诗人和学者。他不仅精通新满文，而且熟知老满文；不仅对汉语汉文十分精通，还懂蒙、藏、维等多种语言文字。

乾隆喜爱书法，造诣精深。他长期痴于书法，至老不倦。自内廷到御苑，从塞北到江南，园林胜景，名山古迹，所到之处，挥毫题字，墨迹之多，罕与伦比。乾隆还撰写了大量诗文，仅编成文集的就有《御制文初集》、《御制文二集》、《御制文三集》、《御制文余集》，共1350余篇，还有《清高宗圣训》300卷。乾隆尤喜爱作诗。他的御制诗集，登基前有《乐善堂全集》，禅位后有《御制诗余集》。在位期间的《御制诗集》共有5集，434卷。有人统计，他的诗达42613首。而《全唐诗》所收整个唐代2200多位诗人的作品，才48000多首。乾隆帝是个业余诗人，以一人之力，其诗作数量竟与流传下来的全唐诗差不多，其数量之多、创作之勤，令人敬佩（当然，其中有一些是他人代笔）。可以说，乾隆诗作之多，有史以来，首屈一指。他自己也曾自豪地说："几务之暇，无他可娱，往往作诗。"又说："每天余时，或作书，或作画，而作诗最为常事，每天必作数首。"

不仅如此，他还练就了一身好武艺。一天，秋高气爽，乾隆帝来到北京西苑的畅春园。他走到西苑的西门，忽然有了射箭的兴致，随从立刻把弓箭拿来。乾隆帝一连射了20支，中了19支，引起周围人一阵喝彩，他自己也很得意。

在乾隆60年的皇帝生涯中，打了不少次仗。每次打仗，他都起得早，睡得晚，关心着前线的战况。就是在深夜，他也要派太监在门外等着军报，有时候自己干脆不睡觉，注视着正在进行的战争。仗打胜了，他才满意地去休息。

到了晚年，他想起自己一生中打的仗，一个劲儿地夸自己有"十全武功"，自称"十全老人"，并作《御制十全记》，令用满、汉、蒙、藏四种文体，建碑勒文。什么是"十全武功"呢？就是打了10次大胜仗。它们是："平准噶尔为二，定回部为一，扫金川为二，靖台湾为一，降缅甸、安南各一，即今二次受廓尔喀降，合为十。"

在这十次大仗中，情况不同，性质各异：有镇压民变，有平息叛乱，有扬兵耀武，有小题大做，有得不偿失，有多管闲事，有维护正义，有反击侵略。如新疆用兵3次，廓尔喀用兵2次，这5次用兵对新疆、西藏的巩固和国家统一具有重大的历史意义。这是他做的好事，但也有的是镇压农民起义和向外扩张，穷兵黩武，如大小金川之役，不像乾隆自己所宣扬的那样都是他的功劳，恰恰相反，应当说是劣迹、污点才对。

在乾隆帝即位的最初20年间，主要是稳定政局，巩固他的统治，并未发动大规模的战争。但初年曾出兵镇压贵州苗族的反抗，1746年又开始了对四川西部大小金川的征剿。

雍正在位期间，张广泗等攻占了贵州古州苗人地区，鄂尔泰在古州设镇，为总兵驻地。又在苗岭山脉及清水江、都江流域的清江、丹江等城设立协营驻兵。后改清江为镇，与古州分辖。鄂尔泰因而晋封伯爵，入为武英殿大学士。

1732年，清军在台拱驻兵，引起苗民反抗。次年，清军攻占台拱。1735年春，各地苗人因反抗征粮起义，接连攻陷数城。6月，雍正帝诏发云南、四川、湖北、广东等6省兵会剿，特授云南提督哈元生为扬威将军、湖广提督董芳为副将军，领兵作战。7月，又命刑部尚书张照为抚定苗疆大臣，总领其事。张照至苗疆，认为强行“改土归流”并非良策，与哈元生不和。清兵数月无功，苗人起义更加迅速发展。鄂尔泰也因此被免去大学士职。

乾隆帝即位后，先是逮捕了张照，命张广泗为七省经略，节制诸军。张广泗到任后，弹劾哈元生招抚无功，不仅解除其官职，还准备押送京城论斩。乾隆帝免去其一死，让他赴西路军效力。张广泗又弹劾董芳剿抚不力，然后张广泗调集贵州清兵，集中在镇远府，分三路进攻苗寨。1736年春，又增加兵力，分八路进军。四、五月间，对起义苗民进行大规模的屠杀，共毁苗寨1224所，斩杀1.7万余人，俘虏2.5万余人。乾隆帝不惜发动大军大肆屠杀，为苗民带来惨重的灾祸，但迫于苗民的坚决反抗，战事过后，仍不得不宣诏免除苗疆的钱粮，永不征收。苗人之间的诉讼，也仍依苗人习俗处理，不拘清朝的律例。六月间战事结束。

苗疆战事结束不久，四川又出事了。打箭炉西北，有瞻对土司居住在雅龙江畔的岸山中，称为上瞻对、下瞻对。各有首领（土目），居民是土著藏族。有人凭借天险劫夺沿途货物，甚至敢于抢夺清军财物。官府搜捕这些罪犯时，土司竟然隐匿不交。1745年，川陕总督庆复与四川巡抚纪山、提督李质粹联合上奏，请求发兵进剿。庆复、李质粹分兵数路围剿上瞻对，上瞻对土目四朗马上投降。于是清兵就合力进攻下瞻对诸寨，下瞻对首领班滚开始时顽强抵抗，被打败后不得已请求投降，但庆复没有答应。乾隆授予庆复文华殿大学士。1746年春，庆复以明正土司汪结为向导，继续进军。4月，庆复、李质粹领兵进攻丫鲁地方，烧毁碉楼40余座。碉楼内所居的男妇老幼，俱被一把火烧死。李质粹上报说班滚已经自焚而死。6月，庆复将这一消息上报给朝廷，乾隆帝觉得这件事十分可疑，反复指示对班滚这样的首犯，决不能让其漏网。下令庆复继续在当地四处查访，“留心踪迹，毋留遗孽”。清军暂且收兵。

随后，又爆发了第一次大小金川之战。四川西部金沙江的上游，有两条大河，因山中出产黄金，俗称为大小金川。藏族部落居住在这两条河的附近地区。大金川首领嘉勒塔尔巴于1666年被清廷授予嘉勒巴演化禅师职衔，统领部众。他的后世孙子莎罗奔曾随岳钟琪部进军西藏，有功于清廷。1723年被授予金川安抚使的封号。莎罗奔依靠清廷的支持，雄据一方，声势渐盛。又将自己的女儿阿扣嫁给小金川首领泽旺，希望借此控制小金川。1745年，莎罗奔曾捉拿了泽旺，后来被川陕总督庆复制止了。

1747年正月，四川巡抚纪山上奏朝廷说，莎罗奔侵占了邻近的革布什咱土司的地方，彼此展开一场仇杀，并诱夺了泽旺的印信。乾隆帝认为这是土司之间的“小小攻杀”，应当任其自行消解，不必派军讨伐。随后，庆复又上奏说莎罗奔“近攻革布什咱之正地寨，又攻明正土司所属之鲁察景谷，番民望风畏避。坐汛把总李进廷抵敌不住，退保吕利”。乾隆帝得报大怒，说：“看此情形，则贼首恃其巢穴险阻，侵蚀诸番，张大其势，并敌扰我汛地，猖獗太甚。”3月，调任镇压苗民有功的云贵总督张广泗为川陕总督，会同庆复相机进剿。

张广泗领兵3万进攻金川。6月，小金川土司泽旺及弟良尔吉来降。张广泗即驻兵于泽旺的美诺寨，命良尔吉从征。庆复被召回京。张广泗分兵两路攻打大金川。莎罗奔凭借天险，阻断山路，并修筑了石垒，使清军无法前进。10月，纪山及张广泗先后奏报莎罗奔请求投降。乾隆帝不同意，认为这次大军云集，就应当彻底剿灭，不能草草了结，命张广泗等一定要把莎罗奔擒获住。

在此期间，张广泗察知下瞻对首领班滚并没有死，而是躲藏了起来，庆复上奏说班滚自焚一事不实。乾隆帝命他继续查访核实，并将庆复免官，与李质粹一同下刑部审讯，最后以贻误军机论斩。次年正月，张广泗又奏请增兵1万进攻，但到了3月，战事仍无进展。4月，乾隆帝命大学士兼吏部尚书讷亲为经略大臣，到四川督师，并起用以前被削职的岳钟琪到军中听用，起用董芳为四川重庆总兵，跟随出征。

大金川以勒乌围与噶尔两寨为主要据点。莎罗奔自己驻军勒乌围，其侄郎卡据守噶尔。6月间，讷亲到了那里，立功心切，限令3日攻打下噶尔。于是清军发起猛攻，结果总兵任举、参将买国良战死，不得不无功而退。张广泗一贯瞧不起讷亲，进攻发起后，不与讷亲部队配合，造成清军各部间的互相推诿。讷、张不和，军心瓦解。讷亲上疏弹劾张广泗“糜饷劳师”。岳钟琪至军，升为四川提督。雍正时，岳钟琪曾经遭到过张广泗的弹劾，因而被罢了官。这时，他也密奏张广泗玩兵养寇，信用良尔吉，泄露军机。9月，乾隆帝将张广泗革职，交刑部治罪。12月逮捕入京处死。讷亲也被召回京，以贻误军机革职治罪。次年正月，被处死。

乾隆帝先后多次发动对瞻对和大小金川的征剿，战事经年，为当地居民带来极大的灾祸，清廷也遭受了重大的损失。战争的发动，并非由于藏族居民反抗清廷，而只是因为边地出现了某些纠纷。这些纠纷本来并不是不可以妥善处理的。乾隆帝轻率出动大兵，又一再拒不接受当地土司首领的投降，务期“尽灭”，以维护所谓的军威国体，实际上也就是树立自己的声威。乾隆帝横暴的镇压，遭到边地居民的顽强抵抗。清廷先后处死大学士、总督等满汉重臣3人，将官多员战死，伤亡兵士数千。战争耗费军需银775万两，以致不得不动用各地的后备，使“财用枯窘”。清廷在付出巨大代价后，仍然不得不收兵纳降，继续承认当地土司的统治。军事上的表面胜利，并不能掩盖事实上的失败。不必要的连年战争冲击了乾隆初年保持的承平局面，也为此后的黩武邀功开了端绪。

乾隆称得上是“武功”的最主要是用兵西陲，巩固新疆和西藏。在北疆，两次平准噶尔，使土尔扈特部回归，基本上解决了北疆的问题。

南疆，主要指天山以南的维吾尔族地域，清代称“回部”。准噶尔部强大时，回部受准噶尔贵族的欺凌与侵逼。但是，清军平定北疆后，回部贵族试图摆脱清朝，自立一方。为此，清军同回部军在库车、叶尔羌（莎车）等几座南疆重镇进行了激战，最终获胜，重新统一南疆。乾隆在南疆实行因俗而治，设立阿奇木伯克制，由清廷任命，并设参赞大臣（驻叶尔羌）等官，分驻各城，加强统辖。制定《回部善后事宜》，对南疆管理体制做出改革。乾隆在新疆设伊犁将军，实行军府制，修筑城堡，驻扎军队，设置卡伦，巡查边界，移民实边，进行屯垦，加强了对新疆地区的管辖。

乾隆平准定回诸役，统一了准、回各部，加强了中央政府对西域的统辖，铲除了准噶尔东犯喀尔喀和威胁京师及大西北的祸根，保持了西北、漠北及青海、西藏的社会安定。

其次是完善治理了西藏。乾隆两次派兵打败廓尔喀（今尼泊尔）的侵犯，制定《钦定西藏章程》。规定：设驻藏大臣督办藏内事务；在西藏驻军，分驻前藏、后藏；达赖喇嘛、班禅额尔德尼等圆寂后，在驻藏大臣亲监下，灵童转世设立金奔巴瓶制，用金奔巴瓶掣签决定继承人，这是乾隆的一个创造；西藏对邻国贸易必须进行登记；西藏货币一律用白银铸造，正面铸“乾隆宝藏”四个字；等等。《钦定西藏章程》是西藏历史上重要的文献，标志着清朝对西藏进行全面有效的管辖。在雍和宫的“金奔巴瓶”已成历史文物，在大昭寺内的“金奔巴瓶”制沿袭至今。

北京内城南面东为“崇文门”，标榜皇帝“崇文”。明清28位皇帝，真正称得上“崇文”的，只有两位，就是康熙和乾隆。康熙是一位学习型皇帝，雍正是一位改革型皇帝，乾隆则是一位文化型皇帝。乾隆跟他祖父一样，除了武功之外，还十分重视文治。

乾隆在文治方面做的事情很多，如编修《满文大藏经》、整理《无圈点老档》、敕编《八旗通志》、《满洲源流考》、《钦定满洲祭神祭天典礼》（满文本、汉文本）等。

乾隆命将汉文、蒙古文《大藏经》译成满文，后用朱文刻印（也称“龙藏”），这是一项巨大的文化工程。《无圈点老档》（又称《老满文原档》、《旧满洲档》）是以无圈点老满文为主书写的，是保存最为原始、系统、详尽、珍贵的清太祖、太宗时期编年体史料长编，形成于清政府入关之前，到乾隆中期已经百余年了，因为是以老满文书写的，不仅文字难以辨识，而且纸张年久糟旧，字迹漫漶不清。

乾隆命对《无圈点老档》进行整理，用无圈点老满文和加圈点新满文分别重抄——先抄出草本各一部，再抄出正本存内阁各一部，另抄出副本存沈阳崇谟阁各一部，并抄出存上书房一部。总计抄录7份。而《御制五体清文鉴》则是多民族文化的一个硕果。

当然，他最大的文化功绩是主持纂修了《四库全书》。他之所以举行这一浩大的文化工程，实际上是出于统治的需

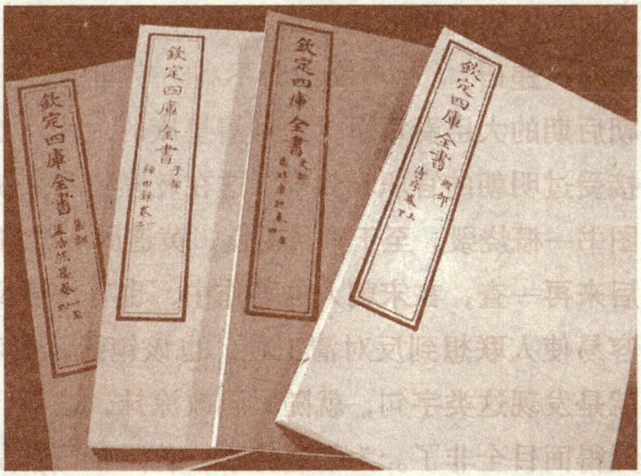

《四库全书》

要。乾隆当政后，一面继续开博学鸿词科，招收文人学者，编写各种书籍；一面又大兴文字狱，镇压有反清嫌疑的文人。乾隆时期文字狱之多，大大超过了康熙、雍正两朝。但是，乾隆帝懂得，光靠文字狱来实行文化统治是不彻底的。还有成千上万的书籍,贮藏在民间。如果里面有不利他们统治的内容，该用什么办法来解决呢？他终于想出一个办法，就是集中全国的藏书，来编辑一部规模空前巨大的丛书。这样做一来可以进一步笼络大批知识分子，显示皇帝重视文化；二来可以借这个机会把民间藏书统统审查一下。可说是一举两得。

1773年，乾隆帝正式下令开设四库全书馆，派了一些皇室亲王和大学士担任总裁，那些皇亲国戚大多是挂个名、起监督作用的，真正担任编纂官的都是当时一些有名的学者，像戴震、姚鼐、纪昀等人。这套丛书名称就叫《四库全书》。

我国古代常把图书分成经、史、子、集四个大类：经部，包括历来儒家的经典著作（像《诗经》、《论语》、《孟子》等）和研究文字音韵的书；史部，包括各种历史、地理、传记等书；子部，包括古代诸子百家学说和科技著作，像农学、医学、天文、历法、算法、艺术等；集部，包括文学的总集和专集等。按照四大类集中贮藏起来就叫做“四库”。

要编一套规模巨大的丛书，先得把书籍收集起来。乾隆帝下令各省官员搜集、收购各种图书上缴，并且定出了奖励办法，同时鼓励私人进献图书，进献越多，奖励越大。这道命令一下，各地图书果然源源不断地送到北京，仅两年，就有2万多种，再加上宫廷内部原来的大量图书，数量就很可观了。

书收集起来了，乾隆帝下令四库全书馆的编纂官员对图书认真检查。凡是有“违碍”（对清统治者不利）字句的，一概销毁。一查下来，发现在明朝后期的大臣奏章里，提到清皇族的上代，不那么尊重，譬如他们的上代就接受过明朝的官职和封号，这在乾隆帝看来是很不体面的，于是下令把这类图书一概烧毁。至于像吕留良、黄道周等抗清文人的著作，那就更不用说了。后来再一查，在宋朝人的著作中，也有许多反对辽、金的内容，这种内容很容易使人联想到反对清王朝，也该销毁，或者销毁一部分。还有一个办法，就是发现这类字句，就随时删改涂抹，这样，书虽然被保存下来，但是已经弄得面目全非了。为了这件事，乾隆帝可说是绞尽脑汁。据不完全统计，在编《四库全书》的同时，被查禁烧毁的图书也有300种之多。

但是不管乾隆帝的动机怎样，这部规模巨大的《四库全书》到底编出来了，而且保存下来了。编纂《四库全书》的学者们对大批图书进行编辑、校勘、抄写，足足花了10年工夫，到1782年正式完成，共收图书3503种，79337卷。当时把全书抄了7部，分别贮藏在皇宫、圆明园、热河行宫（今河北承德）、奉天（今沈阳）、杭州、镇江、扬州（其中3部后来在战争中被烧毁了）。

这对后人研究我国古代丰富的文化遗产，毕竟是一项重大的珍贵的贡献。至于查禁销毁一批书，当然对我国文化造成了损失，但是这种查禁也不可能彻底。当时就有不少爱护文物的人，冒着坐牢杀头的危险，把许多有价值的书藏了起来。到了清朝末年，就有不少被禁的书陆续出现了。

尤为难能可贵的是，他在有生之年做出了“禅位”的决定。1778年9月21日，乾隆宣谕：至六十年内禅。他说：“昔皇祖御政六十一年，予不敢相比。若邀穹苍眷佑，至乾隆六十年，予寿八十有五，即当传位太子，归政退闲。”意思是说，他的祖父康熙皇帝在位61年，自己不敢相比。如果能在位60年，就当传位给太子。

到乾隆六十年（1795年）九月初三，85岁的乾隆皇帝，召见皇子皇孙、王公大臣，宣示立皇十五子嘉亲王颙琰为皇太子，以第二年为新皇帝嘉庆元年，届期归政。嘉庆元年（1796年）正月初一，乾隆帝御太和殿，举行内禅大礼，授玺。颙琰即皇帝位，尊弘历为太上皇，训政。由礼部鸿胪寺官诣天安门城楼上，恭宣嘉庆钦奉太上皇传位诏书，金凤颁诏，宣示天下。

所谓“金凤颁诏”，是说皇帝从太和殿颁发的诏书，抬上黄舆，鼓乐高奏，礼仪隆重，由礼部官员，送上天安门。天安门城楼上有一只“金凤”，口衔诏书，从城楼上徐徐降下；城楼下的礼部官员跪接诏书，分送各地，公布天下。

乾隆内禅皇位后，又训政三年零三天。后人多讥评乾隆名为退位，实禅而不退。其实不然，纵观中国自秦始皇以下2000年的皇朝历史，由内禅归政者，前君罕见，后君亦无。别谈禅位了，就连立太子，皇帝心里都不乐意，如宋仁宗储位既定，郁闷不乐；宋英宗立太子后，泫然泪下。

乾隆在位既长，享年又高。在中国有文字记载的历史上，享年80岁以上的皇帝只有4人。除乾隆而外的3位皇帝是：一是梁武帝萧衍，享年85岁，在位48年。但他局处一隅，3次舍身入寺，长于文学，精通音律。侯景之乱后，饥病而惨死。二是宋高宗赵构，享年80岁，在位36年，建都临安（今杭州），半壁山河。三是元世祖忽必烈，享年81岁，在位35年。

这3位皇帝，或国偏一隅，或半壁江山，或在位不长，都不能与乾隆皇帝相比拟。难怪乾隆帝自称“得国之正，扩土之广，臣服之普，民庶之安”，罕与伦比。

风流佳话

乾隆不仅是一个励精图治的明君型皇帝，还是一个风流才子型皇帝，他的风流韵事更是为人津津乐道。在这些风流韵事中，最著名的就是他与香妃之间的故事，以及他与和珅之间的恩恩怨怨。

关于香妃的传说，主要有两个版本：

第一个版本是喜剧说：香妃天生丽质，身有异香，美貌绝伦。她家世居南疆叶尔羌（今莎车），兄长因不满霍集占虐政，举家搬到伊犁。其兄在反对霍集占之乱中，立下功劳，全家受召到了北京，后来长住北京。香妃入宫，受到皇太后的喜爱和乾隆帝的宠幸，生活过得很幸福。香妃死后，乾隆悲痛不已，恩准将香妃尸骨运回新疆喀什入葬。现在当地维吾尔族流传的就是这个版本。

第二个版本是悲剧说：香妃是乾隆年间平定回部大小和卓木叛乱时，被掳进皇宫的。乾隆因其貌美，且体有异香，而册封为香妃，并对她大加恩宠。但香妃矢志守节，随身怀刃，准备杀帝报仇。皇太后闻讯，将其赐死，后葬到清东陵。这一个版本流传得更广一些。

香妃画像

故事说：大约1745年，香妃生于新疆喀什的贫苦人家，出生后身上散发着一股麝香气，因此起名为“伊帕尔汗”〔维吾尔语，“香王（后）”之意〕。因香味而出名的伊帕尔汗才10来岁，就被阿帕克和卓的嫡系后裔“皇帝”霍集占小和卓纳为妃子。

1759年7月，在清军与大小和卓的最后一场战斗中，大小和卓遭到了彻底的失败。时年 14 岁且浑身香气扑鼻的伊帕尔汗就在这场战争中被俘。由于她是一位绝色佳人，身上又散发出一种天然的奇香，所以人称香妃。

第二年元月前后香妃被押至京城。乾隆皇帝非常喜欢她，便将她收为妃子，纳入自己宫中，还特地招来回教徒服侍她。又在宫中西苑造了回族的住房、礼拜堂，以博取她的欢心。但香妃却毫不动心，坚决不从，只对从新疆带去的沙枣花情有独钟，并经常落泪不止，要求回新疆。

1765 年，乾隆为讨香妃的欢心，解除她的思乡之念，下令把新疆沙枣树移植到宫廷。于是新疆乌什县的 240 人负责将事先栽种在木桶里的沙枣苗运往京城，后来因为不给报酬而酿成了新疆历史上有名的乌什人民起义。乾隆下令严厉镇压，其规模甚至比平定当年大小和卓的叛乱还要大，造成无数清军与乌什人民的死亡。

随后，乾隆带着她南下苏杭游玩。到杭州后，企图强占她，但香妃“袖出白刃”刺杀乾隆，未成。这事被皇后乌喇那拉氏知道后，要求立即处死香妃，但乾隆舍不得。为此，皇后乌喇那拉氏大闹了一场，并气愤地剪去了自己的头发，有意触犯了满族的大忌。乾隆命皇后乌喇那拉氏立即回京。不多久，乾隆带着香妃也回到了京城。回京后不久，香妃就悬梁自尽，时年 20 岁。第二年，乌喇那拉氏也死了。

香妃临终遗言：请把我的尸体和已故家族的尸骨运回新疆，我们要长眠在家族的陵墓里。乾隆皇帝派 124 人将香妃的遗体以及其已故家族的尸骨送回新疆，其中包括额色尹、帕尔萨和图尔都的尸骨。图尔都的满族妻子苏黛香陪伴灵柩在路上整整走了 3 年。

1770 年，苏黛香一行到达喀什，香妃被安葬在阿帕克和卓（香妃丈夫的曾祖父）陵墓内。由于香妃的品德是阿帕克和卓望尘莫及的，再加上她的名气，因此当地人开始将阿帕克和卓陵墓也称为伊帕尔汗墓。

香妃墓

关于香妃之死也有的

说是这样的：一天，宫女奉乾隆之命来劝说，香妃猛地取出一把匕首，吓得宫女四散躲避。太后怕乾隆遭到不测，趁乾隆去郊祭时，把香妃召来，令其自杀。乾隆知道后还生了一场病，事后下令将香妃遗体用软轿抬回新疆喀什入葬，建香妃墓。

1979 年，河北省遵化县的清东陵裕妃园寝内的一座墓自然坍塌，在露出的木板上有"奉至仁至慈的安拉之名"的阿拉伯文字。考古学家和历史学家通过对尸骨和文献等的研究，认为墓主就是《清史稿 · 后妃传》中乾隆的维吾尔族妃子"容妃"，也就是传说中的香妃。

但对这一观点，许多人表示不同意，认为容妃在清宫生活了 28 年，没有一个人称她为"香妃"；在《清史稿·后妃传》中有关她的许多记载也从未将她与"香"字联系起来，她不可能是香妃。

容妃，原名买木热·艾孜木，1734 年生于新疆莎车，是大户阿里和卓的千金，而香妃则是穷苦人家的孩子。阿里和卓早逝后，她由哥哥图尔都扶养成人。

1759 年，清政府为表彰额色尹、帕尔萨、玛木特和图尔都等人在平定"大小和卓之乱"中的功绩，让他们和另外三家在平叛中立功的维吾尔族上层人士陆续到北京朝觐乾隆皇帝。在庆功宴会上，乾隆皇帝召见了在平叛中立功的额色尹家族。接见时，额色尹家族行参拜大礼："谢圣上待西域臣民恩重如山，情深似海。"乾隆在御座上欠身答道："有功即登殿，休论东西南北。"大家面面相觑，不知如何回答。这时，买木热·艾孜木缓步向前，答道："无色也进宫，不分汉满蒙回。"

乾隆惊问道："下边答话的是何人？""小女和卓氏在谢万岁之恩。"说着伏地叩头，不慎把放在袖内的一枝沙枣花失落在地，素爱吟诗联句的乾隆皇帝，脱口吟道："小女子袖内携花，暗藏春色。"买木热·艾孜木见金碧辉煌的皇宫里香烟缭绕，便即景答道："万岁爷金殿秉烛，明察秋毫。"乾隆听后，深感这一西域女子竟如此才思敏捷，谈吐非凡，十分欢喜，当即封为"贵人"。这一年，买木热·艾孜木已经 26 岁了。

1763 年，买木热·艾孜木由贵人升为嫔。1768 年，买木热·艾孜木被晋封为"容妃"。1771 年春，容妃随皇太后、乾隆东巡，游览泰山、祭拜孔庙，路上受赏回族饽饽等食品。乾隆为容妃专门安排了回族厨师，为她做清真饭菜，如羊肉馄饨等。

乾隆帝还为容妃修建宝月楼（今中南海新华门门楼）。清朝在乾隆以前，没有回族妃嫔的先例。乾隆没有把容妃安置在后宫，特地营建了这座宝月楼，作为金屋藏娇之处，并在楼南隔街修建“回子营”和礼拜寺。乾隆诗中，有关宝月楼的诗很多。1760年夏，诗云：“轻舟遮莫岸边维，衣染荷香坐片时；叶屿花台云锦错，广寒乍拟是瑶池。”把容妃比作嫦娥。1763年新年又作诗：“冬冰俯北沼，春阁出南城。宝月昔时记，韶年今日迎。屏文新茀禄，镜影大光明。鳞次居回部，安西系远情。”乾隆还在诗中自注道：“楼近倚皇城南墙。墙外西长安街，内与回人衡宇相望，人称‘回子营’。新建礼拜寺，正与楼对。”

当时，八旗以外的所有百姓都住外城，唯独回子营近在咫尺，靠近皇宫。这是乾隆爱屋及乌的体现。

1788年5月，容妃病故于北京，被安葬在清东陵裕妃园寝内，享年54岁。买木热·艾孜木在宫中生活了28年，她把维吾尔族的木卡姆音乐和赛乃姆舞蹈带入宫廷，在宫廷大力提倡和传播。这对西域和中原音乐舞蹈艺术的进一步融合，对我国近代歌舞的形成，都起了一定的作用。

这就是乾隆与香妃之间带有香艳色彩的故事传说，令人不可思议的是，在乾隆与和珅之间的故事竟也涂有一层香艳色彩。

清朝的明君屈指可数，乾隆帝是其中较为突出的一个，但令人奇怪的是，在这样的一个贤君身边，竟时刻跟随着一个奸臣，这个奸臣就是和珅。然而为什么这样的奸臣会受到乾隆的无比宠幸呢？

有人说，这是因为和珅善于揣摩乾隆的心思。有名的“乾隆下江南”就是和珅鼓动而成的。一次，二人说起江南秀丽风光，繁华都市，乾隆道：“朕也想重游江南。但顾虑南北迢遥，劳民伤财，朕所以未决。”和珅马上答道：“圣祖皇帝六次南巡，非但未招致民怨，反而被颂为圣君。古来圣君，莫如尧舜，《尚书·舜典上》也说‘五载一巡狩’，可见自古巡览就是盛典。但凡圣君，道本相似，何况国库殷实，金银充足，区区巡游不会耗费多少库银。”和珅这一席话，正好逢迎了乾隆仿效先祖、学尧舜的喜好，乾隆遂降旨预备南巡。和珅亲自为皇帝监督龙舟等南巡的设施，华丽奢侈之极，库银由和珅流水般地挥霍掉了。和珅也因此更加得到皇帝的宠信，被升为侍郎。

这种观点认为，和珅论文论武，都没有什么才能，但因为他善玩心理战术，逢迎皇帝，才受皇帝的恩宠。1790年，有个叫尹壮图的官员向皇帝呈奏，各省库金银亏空。和珅对其怀恨在心，就一面奏请皇帝命尹壮图再去查实，一

和珅画像

面暗中派了自己的亲信前往查访。结果尹壮图被降职，原因是所奏不实，和珅更得宠信。官库虽然空虚，但和珅却以各种名目进行搜刮，所以皇帝不愁没银子花，和珅也更加受宠。

这是关于和珅受宠原因的一种说法，还有一种浪漫的说法。据记载，雍正帝的妃子马佳氏长得十分艳丽，在乾隆帝还是宝亲王的时候，曾钟情于马佳氏，而这马佳氏正是雍正皇帝宠爱的妃子。宝亲王时年17岁，情窦已开，常在没人的时候和马佳氏调笑。有一次乾隆因事进宫，正好从正在对镜梳发的马佳氏身后经过。乾隆出于逗乐，忽然从后面用双手捂住她的眼睛，马佳氏一惊，将梳子向后拍去，正好打在乾隆的额头上，留下了一个小小的伤痕。

第二天乾隆进宫去看望母亲（雍正帝皇后）时，被母亲发现了小伤痕，乾隆经不住皇后的再三盘问，便将事情的经过说了一遍。皇后听后大怒，以为妃子调戏了太子，下令将马佳氏牵到月华门勒死。宝亲王听后，流着泪赶到月华门前，但此时的马佳氏已奄奄一息，宝亲王放声大哭道："是我害了你。"说着，便咬破自己的指头，滴一滴血在马佳氏的颈上，说："我今生无力救你，来生以红痣相认，二十年后再来同我相聚。"话刚说完，马佳氏便淌了两行眼泪，一命归西。宝亲王又仔细端详了马佳氏的脸面，吩咐用上好的棺木盛殓，并买通宫女把马佳氏贴身的衬衣脱下来，日夜同眠。他登基后，这件事渐渐淡忘了。

乾隆朝中期时，有一次，乾隆准备出外巡视，就叫侍从官员准备仪仗。官员一下子找不到仪仗用的黄盖，急得不知怎么办才好。乾隆帝十分恼火，就问："这是谁干的好事？"官员们听到皇帝责问，吓得张口结舌。只有一个青年校尉在旁边从容不迫地说："管事的人不能推卸责任。"

乾隆帝侧过脸一看，那个校尉眉目清秀，唇红齿白，态度镇静，特别是相貌有似当年被冤屈而死的妃子马佳氏。乾隆帝心里一高兴，就把追问黄盖的事也忘了，问他叫什么名字。校尉答道："奴才叫和珅，满洲官学生，在銮仪卫充当差役。”乾隆又问他的家庭情况，读过哪些书，和珅也无不对答如流。

乾隆于是密召和珅进宫，令其跪在面前，反复端详。看到和珅脖子上有一红痣，宛如当年他给马佳氏留下的印记。再观其音容笑貌，均酷似马佳氏，故以为和珅就是马佳氏转世，从此备加怜爱。

和珅是个非常聪明伶俐的人，得此皇恩极为感激，对乾隆无微不至地小心侍奉，乾隆要什么，他件件都办得十分称心；乾隆爱听好话，和珅就尽说顺耳的。加之他善于舞文弄墨，能言善辩，日益得到乾隆的宠爱，而乾隆也认为只有在和珅身上多施恩德，才能对得起生死轮回而来的马佳氏替身。

不久和珅就被提升为户部侍郎、军机大臣、文华殿大学士等。同时乾隆还将自己最宠爱的第十个女儿和孝公主嫁给和珅的儿子丰绅殷德，结成了儿女亲家。和珅在乾隆的庇护下，别的大事他没心思管，却一味搜刮财富，甚至结党营私，贪污腐化，横行霸道，为所欲为。他不但接受贿赂，而且公开勒索；不但暗中贪污，而且明里掠夺。地方官员献给皇帝的贡品，都要经过和珅的手。和珅先挑最精致稀罕的留给自己，挑剩下来再送到宫里去。好在乾隆帝从不查问，别人也不敢告发，他的贪心就越来越大了。

有一回，大臣孙士毅，从南方回到北京，准备朝见乾隆帝，正巧在宫门口遇到了和珅。和珅一见孙士毅手里拿着一个盒子，就问：“你手里拿的是什么东西？”孙士毅说：“没什么，是一个鼻烟壶。”

和珅走上前去，毫不客气地把盒子抓在手里。打开一看，那个鼻烟壶竟是用一颗大珠子雕刻出来的。和珅拿在手里，看了又看，嘴里连声啧啧称赞，涎皮赖脸地说：“好宝贝！就送给我，怎么样？”

孙士毅慌忙说：“哎，不行。这件宝贝是准备献给皇上的，昨天已经奏明皇上了。”和珅脸色一沉，把烟壶往孙士毅手里一塞，冷笑着说：“我不过跟你开个玩笑，何必那样一副寒酸相！”

孙士毅把那个烟壶献给了乾隆帝。过了几天，他又跟和珅碰在一起，只见和珅得意扬扬地说：“我昨天也弄到一件宝贝，您看看，能不能跟您上次进贡的那个比？”孙士毅走过去一看，原来就是他献给乾隆帝的那个烟壶。孙士毅嘴里随口应付了几句，心里想，这件宝贝怎么会落到和珅手里，一定是乾隆帝赏给他了。后来，他偷偷打听，才知道和珅是买通太监从宫里偷出来的。

和珅利用他的地位权力，千方百计搜刮财富，一些朝臣和地方官员，知道他的脾气，就尽量搜刮珍贵的珠宝去讨好和珅。一些朝廷忠臣向乾隆帝多

光绪皇帝4岁登基，在位34年，享年38岁，是清朝第一位非皇子而入继大统的皇帝，也是中国历史上倒数第二个皇帝。这既是他的幸，也是他的不幸。从他能以非皇子的身份登上皇帝宝座来说，的确是天上掉下来的馅饼，但他这个皇帝当得也实在太窝囊了，没有一件国家大事可以自己说了算，整个一牵线木偶。不仅如此，就连自己的事也做不了主，处处受人摆布、牵制，乃至愚弄。在做了长达10年的“囚徒”后，终于不明不白地死去。他的一生是窝囊的一生，也是悲苦凄惨的一生。对于这位充满悲剧性色彩的皇帝来说，其38年的短暂人生旅途中，不仅事业不如意，亲政不过是骗局，而且爱情婚姻也不如意，大婚娶的不是意中人，更不可能享受到天伦之乐、家庭之福。他不甘心做亡国之君，想要奋起变法，没想到一场宫廷政变竟将自己送入天牢。

幸中的大不幸

同治十三年（1875年）十二月初五，同治皇帝崩驾了。初六，慈安、慈禧两太后宣布：“醇亲王奕谖之子载湉，著承继文宗显皇帝为子，入承大统，为嗣皇帝。”也就是说，他是作为咸丰皇帝嗣子继承皇位的。于是光绪被抬到皇宫养心殿，先到西暖阁，向两宫皇太后跪拜行了大礼。然后又到东暖阁同治的遗体旁边，叩拜祭奠，然后继了皇位。

当时同治皇帝的皇后阿鲁特氏已有身孕。慈禧担心阿鲁特氏日后如生下儿子，会威胁到她的地位，便下令断绝阿鲁特氏的饮食，她只得靠娘家送来的一些食物维持生命。阿鲁特氏暗暗写了一张纸条传到娘家，问她父亲该怎么办。她父亲写到“皇后圣明”四个字，意思是别人都没有办法救你，只有你自己决定了。阿鲁特氏绝望了，于1875年2月20日深夜吞金自杀。

光绪皇帝画像

慈禧为什么选载湉来入承大统呢？实际上完全是出于她的私心，是她想继续垂帘听政、掌握朝政大权的私心在作祟。

按乾隆定下来的辈分，皇族依次是“永、绵、奕、载”四辈，道光又接续了“溥、毓、恒、启”四个字。同治皇帝载淳属于“载”字辈。他死了以后，应当是“溥”字辈来继承。

同治没有儿子，要过继也应当是找“溥”字辈的。而“溥”字辈这时候有谁呢？就是道光的曾长孙溥伦，但是溥伦这一年已17岁了。如果溥伦继承皇位的话，最晚18岁就要亲政，那样一来“太后垂帘”这一说就没有了，所以，慈禧没有选“溥”字辈，而选了“载”字辈的。

在“载”字辈中，慈禧看上了醇亲王的儿子载湉。

奕譞跟慈禧有一种很特殊的关系，慈禧想要自己的妹妹也嫁给皇室，但慈禧在宫里面很少接触男人，经常接触的也就是奕䜣、奕譞这几个小叔子。这个时候是咸丰十年，奕䜣已经结婚了，所以不能再考虑了。老七奕譞19岁还没有结婚，而且奕譞这个人比较厚道，也比较实在，慈禧看上了，就撺掇这门婚事，把她妹妹嫁给了奕譞。奕譞的儿子中，老大夭折，老二就是载湉。同治死这一年，载湉4岁，再往下就太小了，所以选来选去就选了湉载。

因此，载湉对慈禧来说，有两重关系：从皇家来说，是她亲侄子；从她娘家来说是她亲外甥。还有一点，就是同治死了之后，“辛酉政变”这一年奕譞20岁，是奕譞带人到密云抓的肃顺。奕譞是跟咸丰灵柩回京的，走到密云半壁店的时候，肃顺睡熟了，奕譞突然闯进门里把肃顺抓起来。抓到北京之后，很快就把肃顺杀了，所以在“辛酉政变”中，奕譞对慈禧来说，有重大贡献，立下了汗马功劳，这样慈禧就选定载湉来继承咸丰的帝统，做了清朝的第十一任皇帝。

慈禧这样做，是对皇位继承的重大改动：一是改变了皇位父死子继的祖制。努尔哈赤死了，由儿子皇太极继承。皇太极死了之后一度有过是弟弟继承还是儿子继承的争论，最后还是儿子顺治继承了皇位。顺治死了，儿子康熙继

慈禧太后

承。康熙死了，儿子雍正继承。雍正死了，儿子乾隆继位。乾隆死了，儿子嘉庆继位。嘉庆死了，儿子道光继承。道光死了，儿子咸丰继承。咸丰死了，儿子同治继承。但到光绪这儿改了，这是清朝皇位继承制度的一个重大改变。

二是改变了皇位继承程序的祖制。清朝前几届皇位的继承有一个程序，清太祖太宗死了之后皇位由谁继承是由贵族会议集体讨论决定的，顺治之后，是顺治临死前由皇太后和顺治共同商量，用顺治的名义发布遗诏，说是由康熙继位，没有用皇太后的名义。康熙之后，史书说上是康熙遗诏由雍正继位，雍正之后改为秘密立储，乾隆、嘉庆、道光、咸丰都是秘密立储，由皇帝决定继承人。而同治死了之后，却是由太后决定谁来继承，整个皇位继承的决定程序也改动了。

三是还改变了幼帝由大臣辅政的祖制。清朝的第一个幼帝是顺治，由郑亲王济尔哈朗、睿亲王多尔衮两位亲王辅政，叫“辅政王”，后来改名为“摄政王”；第二个幼帝是康熙，由索尼、苏克萨哈、遏必隆、鳌拜四大臣辅政。咸丰死时，遗命八大臣怡亲王载垣、郑亲王端华、大学士肃顺、御前大臣额驸景寿，以及四位军机大臣穆荫、匡源、杜翰、焦祐瀛，来辅佐同治。这八位顾命大臣，也叫赞襄政务大臣辅政。后来慈禧发动“辛酉政变”，夺取了实权，恭亲王奕䜣做议政王辅政。

到了光绪的时候，既没有亲王，也没有大臣辅政，权力完全抓到皇太后手里。这是慈禧对清朝幼帝由大臣辅政的一个重大的改动。慈禧宣布这个消息时，在场的大臣没有一个敢提出异议的，事情就这么定了。

载湉继承皇位后，因为年龄太小，母亲又在醇亲王府不能见面，只好由他父亲醇亲王奕譞到宫里帮助照顾。醇亲王奕譞是一位知进退、明荣辱的人，也是深知慈禧的性格与为人的人。醇亲王奕譞做了几件事情：

第一，上《豫杜妄论》的密折给两宫太后。醇亲王奕譞提出，将来如果有人以嘉靖之说上疏，就以此奏驳斥。

为什么上这个密折呢？因为这里头有个历史典故，明武宗正德皇帝死了之后没有儿子，让他堂弟朱厚熜继承皇位，就是嘉靖帝。朱厚熜当时在哪儿呢？在湖北的安陆，明朝规定藩王不能在北京，都要分封在外地，于是把他接到北京来继承了皇位。继承皇位之后，发生了“大礼仪”的争议，也就是嘉靖皇帝称他亲生父亲叫什么？继承皇位的那个父亲叫什么？这里就存在着一个礼仪问题。当时朝廷中的官员分为两派：一派说，亲生的父亲应当叫“本生父”，即亲生了你；继承皇位的这个父亲，叫“皇伯父”。另一些大臣不同意，认为继承皇位，意味着你已经过继过去了。但嘉靖皇帝很拧，就是要称自己父亲为“本生父”，尊为皇帝，而称孝宗内伯。这一来事情就闹大了，何孟春等135个大臣，到金水桥的南面跪着大哭，声震庙堂，哭了两个时辰。嘉靖皇帝火了，让他们退下，他们就是不退下，于是嘉靖皇帝就把编修王相等大约180人，拉到午门前廷杖，因为打伤致病，死了17个人。大臣廷杖被打死17人，这是轰动朝野的“大礼仪”案子。

醇亲王奕譞知道这一历史典故，所以就预先写了《豫杜妄论》密折，防止明朝“大礼仪”这个案子重演。果然，过了一段时间，吴大徵就提出了这个问题。慈禧于是把醇亲王奕譞这个密折拿出来了，使这一问题圆满解决了。

第二，请求免去一切职务。当时奕譞职务很多：都统、御前领侍卫内大臣等。他儿子做皇帝了，他就请求免去这些职务。慈禧不同意，他再申请，才同意把醇亲王奕譞所有的职务都免掉，只保留亲王双俸，就是双倍俸禄之意，这个倒不过分。就负责一个事情，在毓庆宫照顾光绪皇帝读书，这样可以减少很多的闲话。

慈禧和侄女光绪皇后

第三，严于律己。奕譞住的正房名为“谦思堂”；书斋名为“退省斋”；几案上摆放“欹器”。

这个欹器的特点是；虚则欹，中则正，满则覆，即水没装满的时候是歪的；装到中间的时候是正的；装满了就会倾倒，水全洒掉。奕譞还在欹器上题上“满招损，谦受益”。此外，他还在家里挂了一幅字画，上题着“财也大，产也大，后来子孙祸也大，若问此理是如何，子孙钱多胆也大，天样大事都不怕，不丧身家不肯罢”。奕譞想，自己的醇亲王府旁边不有个太平湖吗？湖的名“太平”，家就要过一种太平的生活，他认为荣华富贵已经享尽了，该享太平了。

光绪二年四月，光绪帝开始在毓庆宫读书。这时他 6 岁，师傅为署侍郎、内阁学士翁同龢和侍郎夏同善。翁同龢主要教光绪读书识字，夏同善主要教光绪写仿格（写字）。御前大臣教习满语文、蒙古语文和骑射。

刚开始由于环境生，师傅生，伴读也生，一切都生，很不习惯，他就哭闹发脾气。翁同龢、夏同善哄不住，就报告给慈禧。慈禧说你们再好好开导一下皇帝，但开导以后仍然不听，发了脾气以后就摔书本。由于光绪当时还是小孩，只好让醇亲王奕譞到毓庆宫帮着照顾小皇帝读书。过了一段时间以后，光绪比较习惯了，而且读书很用功，慈禧夸他：“实在好学，坐、立、卧皆诵书及诗。”

光绪把读书同做国君相联系起来，如在《乙酉年御制文》中写道：“为人上者，必先有爱民之心，而后有忧民之意。爱之深，故忧之切。忧之切，故一民饥，曰我饥之；一民寒，曰我寒之。”意思是说，一个老百姓饥饿了，就等于我也饥饿，一个老百姓寒冷了，就等于我也寒冷了。这一年光绪才 15 岁。可见，他很想当一位有所作为的皇帝。

光绪虽然有父亲奕譞照料自己读书，但君臣之礼取代了父子之情。他和父亲是君臣关系。父亲是臣，他是君，他父亲在他面前跪着称臣，就家庭生活来说，这是一种悲剧。而且他父亲跟光绪也不能像一般的父子那样敞开心扉交谈。光绪在宫里，他母亲在醇亲王府，光绪想看看他母亲是不可以的，而他母亲想要看看他，不经过特殊的批准也是不可以的。见了面之后，像普通的母子那样拉拉家常，随便谈一谈也不可以。因此，作为一种家庭生活来说，这种母子关系绝对是一种悲剧。

而慈禧和光绪的关系呢？慈禧教光绪的只有两件事，一是叫他畏惧自己，二是让他学习。慈禧对光绪管教甚严，企图把他培养成自己驯服的工具。她让光绪叫自己“亲爸爸”，不让称太后，并经常训斥教导，可谓“教子有方”。因此，光绪虽然当了皇帝，但自从入宫以后，陪伴他的只有孤独。他是在繁琐的宫中礼节、慈禧的严厉训斥中长大的，没有母爱父爱，没有童年的欢乐，致使他从小就心情抑郁，身体积弱，难以抵挡疾病的侵袭，留下了难以治愈的病根。同时，在感情上、心理上留下缺憾和创伤。这使他的性格有点扭曲的成分，甚至还激起了一种逆反心理。

影响光绪这种性格形成的重要因素，主要有三方面：一是遗传因素。光绪的性格，更多的不是继承其父“敬谨”的因素，而是母亲“桀骜”的基因。其父奕譞“谦卑谨慎，小心翼翼”的性格，对光绪影响并不大。他的外祖父惠征曾因携银逃走被免官，可见其不守本分。她的姨妈慈禧太后的强悍性格更是表露鲜明，好强争胜，我行我素，咄咄逼人。这些或许对光绪皇帝的性格形成有着先天性的影响。二是教育因素。光绪在毓庆宫长达10余年的读书学习，儒家经典，师傅熏陶，是其性格形成的教育因素。三是社会因素。光绪在位期间面临战败赔款、民族灾难，则是其性格形成的社会因素。

光绪七年（1881年）时，宫中发生了一件大事，那就是慈安的突然死去。慈安太后的父亲是广西右江道，早故，家族不繁，较为寒落。对于慈安的死，有不同的说法，一种说法是病死的，一种说法是慈禧害死的。

之前慈禧害了一场大病，据说得的是“蓐劳”（月子病）。慈禧病好后，尽管慈安知道慈禧失德，但仍去看她，想感化她。慈禧也很高兴，就招待慈安吃点心，这是慈禧娘家做好送到宫里来的。慈安有个习惯，午觉醒了之后要吃点心，她看到慈禧这里的点心做得很漂亮，就吃了一些。慈禧问怎么样，她说这个点心很好吃。慈禧就说这是我娘家做的，过几天我让他们做好后，给你送去。慈安很受感动，就跟慈禧说：我们姐妹俩已经二十年了，一直都很好，有一件事情，我一直想跟你说，但没顾得上说，就是当年咸丰皇帝临死之前，留了一个手谕给我，我给你看一下。慈禧看后非常惊讶，手谕上说：如果慈禧跋扈无法，就用手谕处置她。

慈安太后

慈安说既然我们姐妹俩二十年了一直都很好，今天我就当着你的面，把它烧了。说完就在蜡烛上烧了，慈禧是又惊讶又感动。过了几天，慈禧派人送点心给慈安吃，里面下了毒。头一天慈安还挺好，第二天慈安突然就死了，年45岁。

而慈安死后，没等她的娘家人来，慈禧

就下令将其人殓了，这就更加引起人们的猜疑。

至于慈禧为什么要害死慈安，这还得追溯到同治八年，那年发生了一件严重的事：慈禧派心腹太监安得海出京替她做采办。安得海奉了皇太后的懿旨，得意洋洋，乘船顺运河一路南下。当时直隶总督曾国藩得到这个消息后，在直隶的管辖地区，没有做任何行动，但是，山东巡抚丁宝桢得到这个信息后，认为太监出京不合祖宗大法。

他一面秘密奏报，请示怎样处理安得海的出京，另一面秘密派人跟踪安得海。安得海到了山东以后，就弃船陆行，到泰安进香。快到泰安的时候，丁宝桢秘密派人逮捕了安得海一行。丁宝桢手下的官员说，要慎重处理，因为安得海是皇太后身边的太监，等到懿旨下来之后再处置。丁宝桢说，太监私自出京要正法。于是没等懿旨下来，就处死了安得海一行太监，并把得到的金银财宝上交给内务府。这件事情震动了朝廷，也震动了朝野上下。许多正义的官员表示，丁宝桢敢作敢为，坚持正义，但很多官员认为丁宝桢这一下虽然出了名，但是闯了大祸。慈禧收拾一个巡抚那还不是轻而易举的事，认为他可能轻则罢官，重则论斩。

当时，慈安太后接到了丁宝桢的上奏，找大臣商量怎么办，大臣说，按照清朝的家法，太监外出应当正法，慈安太后因此也就没有阻拦。丁宝桢杀了安得海之后，没有收尸，而是曝尸三日。

慈禧得到这个奏报后非常气愤，打狗还要看主人，何况我身边的贴身太监呢？但慈禧考虑来考虑去，最终却没有给丁宝桢任何处分，反而将丁宝桢由巡抚升为总督。

总之，当时慈禧得的是什么病？慈安是不是被慈禧害死的？咸丰临终之前到底有没有给慈安手谕？正史上都没有记载，从而给后人留下巨大的想象空间，也是至今难以解开的历史之谜。慈安死后，慈禧独掌大权。

光绪九年（1883 年），中法战争爆发，清军恐怕“失和”而“退让”。次年，法国舰队司令孤拔率领舰队驶入福建水师基地马尾军港，清军被迫迎战。同年，法军又进攻吴淞口。法军再侵犯台湾淡水、鸡笼（基隆），督办台湾军务刘铭传率领守军扼守淡水，击退敌军侵略。1885 年初，法军在水路进攻浙江镇海，在陆路进攻镇南关（今友谊关），清军获得大破法军的“镇南关大捷”。4 月，清朝“以胜求和”、“不败而败”，派李鸿章同法国代表在天津签订《中法越南条约》，结束中法战争。

求战变法

1887年正月十五，光绪皇帝在太和殿举行大典，开始亲政。

光绪临朝亲政后，53岁的慈禧表面上退居颐和园颐养天年，实际上权势依旧，仍把持着国家政务。她一方面处处限制光绪的权力，国家大事都要秉承她的懿旨去办理，光绪被她掌控在手里，成为她显示威严的权杖，或被她看作是御座上的玩偶。慈禧规定，每隔一日，光绪必须亲自向她奏报政务，听候训示。光绪经常披星戴月，往来奔波。遇有重大事情，更得随时请旨。名为皇帝，实则傀儡。另一方面她还通过自己的侄女隆裕皇后及亲信太监李莲英等人，暗中监视光绪的行踪。光绪在宫内宫外遇到的困境，超过了他的先祖。

光绪皇帝亲政后10年间，在政治上最大的举动是两件事：一是在甲午战争中“主战”，二是在戊戌变法中“求变”。

中法战争中，清政府吃了海军不行的亏，战争结束后，就成立了水师衙门，到19世纪80年代末，清政府的海军已逐渐建立起北洋、南洋、福建、广东水师，有一支可观的舰队，拥有大小70多艘军舰。其中北洋水师实力最强，拥有军舰20余艘，其主力舰皆购自英国和德国。南洋水师也有20余艘军舰，多系江南制造局和福州船政局制造，也有购自英国的几艘炮艇。福建水师的20艘军舰是福州船政局生产，还有几艘购自英、美的炮艇。这些拼凑的军舰，战斗力薄弱，无力参加重大海战。此后世界造船技术又有新的发展，相形之下清政府的海军力量没有跟上世界舰船制造技术的发展。

但是这个时候的国际形势和同治亲政的时候不一样，俄国向远东扩张，向中国的东北和西北侵略扩张，英国、法国等西方殖民者更从陆上和海上频繁地对中国侵略。尤其是日本，经过明治维新以后，不仅建立起一支强大的海军舰队，而且把侵略的矛头指向朝鲜和中国，从而在1894年爆发了中日甲午战争。

战争爆发后，光绪出于对国家前途的忧虑，“一力主战”，竭力筹划备战之策。他一面“请停颐和园工程以充军费”，一面严令李鸿章认真备战，曾下谕旨斥责李鸿章，指出“前李鸿章不欲多派兵队，原虑衅自我开”，现在“势甚急迫……李鸿章身膺重任，熟悉倭韩情势，着即妥筹办法”，并提醒李鸿章“俄使喀希呢留津商办，究竟彼国有无助我收场之策，抑另有窥觊别谋？李鸿章当沉思审察，勿致堕其术中，是为至要”。

7月1日，光绪再次通过军机处谕令李鸿章备战，并指出：南洋各海口均至关重要，台湾又孤悬海外，日本必为垂涎，命令各督抚“预为筹备，勿稍大意”。4日，光绪又针对李鸿章乞求英国领事转请英外交部派舰队赴日“勒令撤兵一节”，发出旨意：“倭人肇衅，挟制朝鲜，倘致势难收束，中朝自应大张挞伐，不宜借助他邦，至异日别生枝节。”并告诫李鸿章，这种“示弱于人”的做法，易生后患，“着勿庸议”。20日，日本派重兵云集朝鲜，战争一触即发。23日光绪谕令李鸿章“倘倭兵逼近，已露交仗之迹，则衅开自彼，立即整军奋击，不可坐失机宜”。为加强台澎防务，24日光绪命宿将刘永福赴台湾组织战守。25日，丰岛之战爆发，光绪下令“诏免出使日本大臣汪凤藻回国”，并专谕李鸿章“现与日本业已开仗，必须厚集兵力，广筹后应”。

8月1日，光绪下诏对日宣战，指出：“日本不遵条约，不守国法，专行诡计，衅开自彼，公论昭然。”派李鸿章率军迅速出击。21日命四川提督宋庆帮办北洋军务，29日以恭亲王奕䜣管总署、海军署事，并会同办理军务。

10月13日因为叶志超、卫汝贵临敌溃散，光绪将其罢职，以聂士成统两军。25日，日军强渡鸭绿江，接着连陷九连城、安东、凤凰城。29日，光绪谕裕禄饬金州战备。11月初，日军占领金州、大连。22日旅顺失陷，光绪责李鸿章“调度乖方，革职留任”。是日，美国驻华公使田贝向总署表示，愿意为中日“调处”，恭亲王奕䜣等向光绪和慈禧转达了田贝意愿。当时光绪就直接指出：“冬三月倭人畏寒，正我兵可进之时，而云停战，得毋以计误我耶？”

甲午战争形势图

光绪对畏敌如虎、不战即逃的将领严加惩处。11月27日，下令撤掉“擅离职守摇惑人心”的龚照屿的职务。12月3日，革去失金州城的副都统连顺之职，撤“救援不利”的提督程之伟和“拥兵不救”

的赵怀业之职，并交刑部治罪。10 日，鉴于奉天危急，谕军机大臣等设法调拨克虏伯炮支援。16 日，将已因“临敌退缩”革职，析木城遇敌“又复溃退”的副都统丰升阿、记名提督聂桂林交刑部治罪。次日，又令将叶志超、丁汝昌交刑部治罪。19 日复州陷敌。22 日，谕军机大臣迅速整顿队伍，激励将士，遏止敌人西窜之路，并令已革职提督程允和、张光前和总兵姜桂题戴罪立功，以观后效。这时，光绪在慈禧的压力下，不得不命张荫恒、邵友濂为全权大臣赴日求和，但同时又继续布置战事。28 日，命刘坤一为钦差大臣，“关内外各军均归节制”。

1895 年 1 月，日本舰队游弋于成山海面。14 日光绪“着李鸿章、李秉衡饬令各军，加意严防”。18 日，日军在荣成湾登陆，不久占领荣成，攻陷威海卫南帮炮台。31 日光绪颁旨惩罚“临敌退缩”之辈，并令北洋舰队和陆军“奋力冲击”，“且勿再失事机，致以战舰资敌”。此后，连发上谕，令海、陆军加强战守。

2 月 7 日，日岛炮台失守。9 日，定远管带刘步蟾自杀。同日，光绪诏责李鸿章：闻各舰被击沉情形，“不胜悲愤，北洋创办海军，殚尽十年财力，一旦悉毁于敌，震动畿疆。李鸿章专任此事，自问当得何罪？”令李鸿章“力图补救”，“齐力合剿”。17 日威海卫失守。

不久，慈禧太后派李鸿章赴日求和。在投降派和列强的逼迫下，光绪被迫接受李鸿章“以商让土地之权”的屈辱条件，但仍然强调必须“斟酌重轻，与倭磋磨定议”。

《马关条约》签订后，光绪以丧失领土、主权严重，表示坚决“不允”，拒绝签字。但是，以慈禧为首的投降派，威逼光绪画押。5 月 2 日，奕䜣、徐用仪、孙毓汶等人在朝廷上集体向光绪发难，要求光绪批准条约。“上（光绪帝）犹迟疑，问各国回电可稍后否？济宁（孙毓汶）坚以万不可恃为词，恭邸（奕䜣）无语，乃议定。众枢在直立候，上绕殿急步约时许，乃顿足流涕，奋笔书之”。翌日，《马

《中日双方签订马关条约》

关条约》才正式批准。11 日，光绪帝明发朱谕，宣示批准合约的苦衷，求“天下臣民皆当共谅”，“我君臣惟期艰苦一心，痛除积弊”。

《马关条约》规定：割让辽东半岛、台湾、澎湖列岛及附近岛屿给日本，赔偿日本军费白银二万万两（相当于清政府三年的财政总收入）等。

在这国家危难之际，慈禧又在做什么呢？在准备隆重庆贺自己的 60 大寿。慈禧表面上不再垂帘听政之后，改清漪园为颐和园，大兴土木。慈禧 60 大寿时，她想仿造乾隆给他母亲庆贺 70 大寿的那个场面。但时代不同了，乾隆的时候是清朝的全盛时期，即使这样，乾隆还抱怨花钱太多，有点吃不消。而慈禧 60 大寿这个时候已经是国贫民弱，外敌欺辱，根本没有条件来搞一个这么大规模的庆寿。

但慈禧不管不顾，竟然花了 700 万两银子来庆寿。自皇宫到颐和园沿途布置彩棚、彩灯，用了彩绸 10 万匹、红毡条 60 万尺。在花费的银两中，其中国库出 400 万两，京官捐了 121 万两，外官捐了 167 万两，两淮盐商各捐 40 万两，宫女太监也都要捐银子。

而当时北方正闹灾荒，哀鸿遍野，北京城多处设粥厂，救济难民。有人不满，就题写门联，贴于京城：万寿无疆，普天同庆；三军败绩，割地求和。

中法战争的失败，甲午海战的失败，使人们清醒地意识到清朝已到了非变革、变法不可的地步了，于是康有为、梁启超等人在光绪帝的支持下，掀起了一场轰轰烈烈的变法热潮，可惜这场变法不仅雷声大雨点小，而且是昙花一现，流星一闪，仅维持了 103 天，就在慈禧的铁腕高压下，销声匿迹，毁于一旦了。从光绪二十四年的四月二十三到同年的八月初六，一共 103 天，所以又叫“百日维新”。

慈禧寿礼

《马关条约》的签订，引起了中国正直知识分子极大的愤怒，康有为联合在京参加科举考试的举人 1200

多人联名上书，要求变法、拒和、迁都，是为“公车上书”。这次上书，不仅使清廷的顽固大臣感到震惊，还使妄图瓜分中国的帝国主义列强看到了中国人的觉醒，在当时产生了极大的反响。

但因清廷等级森严，“公车上书”的奏章没有送到光绪的手里。康有为等人十分气愤，在20多天后，又写了一篇万余言的长篇奏章，经过辗转反复，终于到了光绪手里。光绪对康有为提出的许多观点十分赞赏，并发出“上谕”，实行改革新政。当然，这种“上谕”的力量实在是太微弱了，如果用来罢一个人的官或是杀一个人的头则可，要想改变积年陈旧的封建官僚体制，实行所谓的新政，那就如清风吹泰山一般无济于事。

康有为见自己的奏章没有起到任何作用，就又于1897年愤然上书。康有为想起多次上书一直石沉大海，心中十分愤慨。在这篇奏章中，他措词十分激烈，指出日本国会及报纸天天讨论如何瓜分中国的问题，而中国却无动于衷，再不变法图强，中国亡国有日。但这一奏章又被顽固大臣压住不报，光绪没有看见。后来，奏章传开，在舆论界引起巨大反响，许多报刊杂志都加以介绍摘转，光绪才从报纸上看到这篇奏章，大为感动，要马上召见康有为。

恭亲王奕䜣坚决反对召见康有为，理由是祖宗成例，非四品以上官员不得召见。光绪无奈，只得派了翁同龢、李鸿章以及荣禄等人对康有为进行问话，其中翁同龢是光绪的老师，属于主张变法的一派，他把康有为的答词如实地报告了光绪，光绪再次为康有为的想法和态度所深深打动。他下令收集康有为的著作文章，自己认真阅读，从中学到了很多东西，坚定了变法的信念，并特别下诏，凡康有为的奏章随到随送，不得扣压。

光绪急于变法革新，但实权却操在慈禧的手里，光绪实际上是个徒有虚名的皇帝。为了能够推行新法，他多次向慈禧太后索要权力，甚至有一次说出了这样的话：“太后若不给我权力，让我变法强国，我宁愿不做这个皇帝，也决不做亡国之君。”

当时变法的呼声极为高涨，而朝中的守旧派却紧紧靠在慈禧太后的周围，不愿变“祖宗之法”。为形势所迫，慈禧不能不暂时放一点权力给光绪，让他先变一变法，等变不成功，她再以收拾残局的姿态居高临下地整治光绪。这种做法，要比她死命阻挠变法高明得多。于是，慈禧太后在加以严格限制的前提下，同意光绪试行变法。

光绪和梁启超等人获悉慈禧太后同意变法，惊喜若狂，以为变法就可成

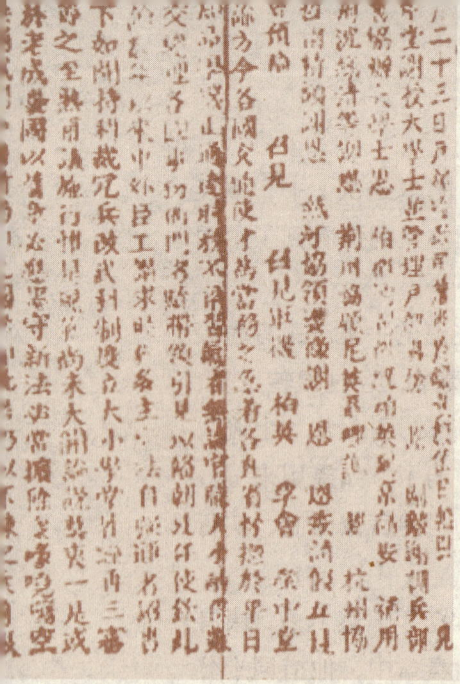

京报刊载的定国是诏

功了。1898年6月11日，光绪皇帝颁布了《定国是诏》，这实质上是变法的宣言书，诏书斥责了顽固守旧的官僚，指出变法图强是救国的必由之路，还对顽固官僚空有救国之言而无救国之实的虚伪情状进行了揭露。

这道《定国是诏》既表示了光绪变法革新的坚定信念，也使以慈禧太后为首的保守势力感到了极大的震惊。从这一时刻开始，光绪帝接连不断地下诏进行变革，慈禧太后则在调兵遣将，准备用武力扼杀革新运动。

光绪于6月16日不顾守旧大臣的阻挠，召见了康有为，破了皇帝不召见四品以下官员的成例，并且长谈达两三个小时。在这次召见以后，光绪不仅对变法更加增强了信心，对变法的内容也有了一定的认识。

在随后的100多天里，光绪共下诏书110多道，有时一天竟达五六道之多，内容包括：设立学堂、学习西学、派人出国游历学习；改革科举、废除八股；奖励创办报刊、提倡上书建议；鼓励修铁路、开矿业及农工商业；奖励新发明、新著作；撤驿站、办邮政；裁减官员、精简机构、改订规章条例；改革军队训练、对海陆军用新法操练；改革财政、制定财政预算；准许旗人自谋生路等。

毫无疑问，这些对政治、军事、经济、文化等领域进行全面改革的措施对于增加中国的国力是大有好处的，但其中许多措施触及了封建守旧派的观念和利益，引起了他们的恐慌和愤怒，他们鼓动慈禧太后坚决阻止改革。

慈禧太后一则对改革本身不同意，她是封建守旧派的代表，根本就没有改革的意识，更重要的是，她绝对不愿意放弃权力。如果光绪的改革继续深入发展下去，取得了一定的成效，在朝野上下赢得了人心，她就再也无法控制朝政了，因此，慈禧太后是决不允许光绪的改革获得成功的。

当时许多守旧大臣也对维新措施阳奉阴违，拒不执行，不仅当面“劝谏”光绪皇帝，还压住诏令不往下传，或是扣住奏章不往上送。一怒之下，光绪就罢了许多人的官。在处理一次扣压奏章不报的事件之中，光绪一下子就罢了6个大臣的官，造成了轰动一时的“罢黜六堂官”事件。

当然，慈禧太后一刻也没有放松对光绪的警惕，她躲在颐和园里，对光绪的一举一动全都清清楚楚。早在下达《定国是诏》的时候，慈禧就连下三道“上谕”，罢了翁同龢的官，使光绪失去了左膀右臂，并命凡二品以上的大官均须到太后面前谢恩，牢牢掌握了人事大权。

“六堂官事件”后，慈禧更是加紧密谋，让掌握军队大权的荣禄调派军队，包围北京。荣禄就把当时清朝最为精锐的几支陆军调到了北京的周围，一是把聂士成的甘军调驻天津，二是把董福祥的武毅军调驻北京西南。慈禧还派亲信重兵严密护卫颐和园。这样，慈禧就有恃无恐了。

相对于慈禧太后的十万雄师，光绪的改革者只是几个文弱书生。在“百日维新”期间，光绪授予了谭嗣同、刘光第、杨锐、林旭等人四品官位，担任军机处章京，做文书工作，人称“军机四卿”，再加上康有为、梁启超，也不过六人。而这些人一点军政实权都没有，只能今天上一个奏章，明天上一个奏章，连光绪的面也见不上。而光绪呢？只是今天一个诏令，明天一个诏令，没考虑能否实行下去。这种变法在思想文化上的影响固然是巨大的，但在实际操作上，无异于小孩过家家。

光绪对于慈禧太后的阴谋一无所知，只是从每日朝见慈禧太后的感觉中觉察到大势不妙，于是，他写了几道“密诏”，要康有为到上海办报馆，实是要他去避难。等光绪密召杨锐入宫，向他说明紧急情况，要他想办法时，杨锐惊慌失措，竟冒出了一句书生气十足的话：“这是陛下的家事，应当同你家里人商量。”至此，光绪已完全绝望，他慌急、焦躁、愤怒，但却一筹莫展。

他是个聪明人，知道自己只能坐以待毙。但他还想做一番努力，当时，袁世凯正在北京，光绪就于9月16日召见了袁世凯。在光绪看来，袁世凯对维新变法一贯表现得较为积极，他想争取袁世凯的军队，也许会有挽回败局的希望。在与袁世凯面谈时，光绪对他备加称赞，并大升其官。袁世凯先是一惊一喜，随后就恍然大悟，明白了光绪是想利用自己。袁世凯权衡了各方力量之后，立刻跑回天津驻军所在地，向荣禄告密。荣禄得讯，当晚就乘火车从天津赶往颐和园，向慈禧报告。

康有为

9月21日，慈禧太后从颐和园回来，光绪慌忙跪地迎接，慈禧太后声色俱厉地把他训斥了一番，以光绪的名义下了两道“上谕”，宣告自己重新训政。慈禧把光绪囚禁起来，又杀掉康广仁、杨深秀、杨锐、林旭、谭嗣同、刘光第六人，史称“戊戌六君子”。

这下，光绪帝完全成了一个囚徒，被监禁在瀛台或颐和园的玉澜堂。到过颐和园的都知道，这里完全是一个死院，东西两厢的墙是一个暗墙，不能从窗户跑，皇后住后院也不能到前院来。

“戊戌变法”是清朝五次历史机遇当中的最后一次，变法的失败使清朝丧失了最后一次改革变法的机会，导致的结果就是清朝的灭亡。

婚姻不幸

光绪皇帝一生政治生活可以做出一个结论，是悲剧，但是光绪的家庭生活也是悲剧。光绪只有一后二妃，这在清朝皇帝里面是十分罕见的。

1888年，光绪18岁，已到结婚年龄了。慈禧太后决定为光绪成亲。慈禧不顾光绪本人的反对，给他物色了一个他并不喜欢的皇后。她就是慈禧亲弟弟佳祥的女儿，比光绪大3岁，时年已21岁。这位皇后长得实在不漂亮，瘦弱驼背，才能也平庸，再仗着有慈禧这层关系，行为做事比较骄横。光绪虽然极为不满，但也无可奈何。

其实，光绪是慈禧亲妹妹的儿子，皇后是慈禧亲弟弟的女儿，他俩是表姐弟关系，属于近亲结婚。然而，慈禧之所以选自己的侄女为皇后，就是想利用皇后来控制和操纵皇帝，继续掌握朝廷大权。

光绪对这桩婚姻从定亲时，就不满意，接踵而来的不幸是择定婚期前一个多月迎娶皇后的必经之门太和门在深夜突然起了大火，吞噬了太和门及其左右的贞度门、昭德门等建筑，不得已，只好清理火场，临时赶制了太和门彩棚，才得以奉迎皇后入宫。

光绪与皇后的婚事也许正应了那场预兆不祥的大火，夫妻两人生活上一辈子不亲、政治上不合。在光绪与慈禧帝后两党之争中，皇后不仅始终站在慈禧一边，而且还起到了忠实帮凶的作用，是慈禧探听、监视皇帝行动的一个忠实耳目。

他俩在生活上也不协调，光绪始终不爱她，两人各闹各的犟脾气，你不迁就我，我更不迁就你，互不让步，只是当着慈禧太后的面或在别人面前，才装成夫妻样，但那是做给别人看的，事实上双方彼此并不说话。据说在光绪临死前的10多天，有一天皇后来请安，光绪当即吩咐皇后“跪安吧”，意味着请她马上退下。然而，皇后没有及时退下，而是装作没听见。光绪连发两次话，她都不答理。光绪是个易怒的人，他奋起身来拽下皇后的发髻，把皇后的一只玉簪子摔在地上。总之，光绪跟皇后斗气不斗嘴，有她只当没她，干脆把她晾在一边，他俩至死也没有感情，甚至还有解不开的怨仇。皇后事实上守了一辈子活寡。作为家庭生活来说，这不能不说是一个悲剧。

当时一块随皇后入宫的还有两位妃子瑾妃和珍妃。她二人是亲姐妹，瑾妃相貌一般，性格脆弱；珍妃貌美端庄，性情机敏。

珍妃入宫犹如一块石子投入一潭死水，珍妃性格活泼热情，年龄也小，无忧无虑，喜欢打扮，甚至于女扮男装，经常穿着男人的衣服。她对光绪的同情和体贴，激起了光绪对未来的憧憬和热情，同时，也引发了他要在政治上摆脱束缚有所作为的欲望。大婚后的数年间，他与珍妃共同度过了一生中较为轻松的时光，特别是珍妃与他政治上多有契合，珍妃支持他进行变革、变法。而这一点，是慈禧最不愿看到的。

后来，又发生了一件事，使慈禧对珍妃极端厌恶起来。裕宽想谋一个福州将军的职务，他先托人找李莲英，想走李莲英的后门来谋这个缺，李莲英要价太高，他没有接受，他由于跟珍妃家里有一层关系，就托珍妃来办这个事。结果，被李莲英察觉到了，就报告给了慈禧太后。慈禧太后知道后，非常生气。

随后，光绪循例到慈禧太后那儿请安时，慈禧不搭理他，头不抬，眼不睁，光绪跪了好长时间不敢起来，也不敢问。最后慈禧甩出一句话来，说你那个珍妃，你不管，我可要管一管了。光绪退出，回到他的宫里不久，一个太监就来跟他报告，非常慌张地说出事了，珍妃遭到了廷杖。

廷杖尽管明朝常用，但在清朝几乎没有用过，有人说慈禧还是实行的褫衣廷杖，就是脱了衣服打板子。这对一个妃子来说，既是肉体上的痛苦，又是精神上的羞辱。这件事正史没有记载，只说这一天御医给珍妃看病，珍妃受到惊吓，浑身肌肉颤动，甚至昏迷不醒，夜里几次紧急召太医到珍妃那儿。从这些记载来看，珍妃可能是真的受到了廷杖。这事传到光绪那里，光绪自己是皇帝，却连自己爱妃的利益、权利都不能保障，他内心的痛苦可想而知。

慈禧对珍妃实行廷杖，可以收到一石五鸟的效果：从光绪这个角度说，是对光绪的警告。你老宠着珍妃，不听我的话，我要杀鸡给猴看，杀一儆百，借着珍妃教训光绪。从皇后的角度来说，是对皇后的心理安慰。珍妃老受宠，你老被冷漠，我惩治珍妃，给你出口气，给自己亲侄女出口气。从珍妃角度说，做的事被慈禧抓住了，就要受到严厉的惩罚，以解慈禧多年对珍妃的心头之恨。从宫女的角度说，皇宫应当是一片净土，怎么可以在这里面贪污纳贿，卖官鬻爵，惩治一个人，教育一大片。谁再敢卖官鬻爵以此为戒。最后从慈禧来说，惩治了珍妃就吐出了一肚子的怨气，但事情还没完。慈禧接着又连发两道木牌，告诫瑾妃、珍妃和其他的人。

光绪后宫妃子相册

第一块木牌是大意是这样写的："如有不遵家法，在皇帝面前干预国政，颠倒是非，从重治罪。"看起来，光绪变法，珍妃可能从侧面支持或者鼓励了。

第二个木牌明确告诫瑾妃和珍妃："平素妆饰衣服，俱按宫内规矩穿戴，并一切使用物件不得违例，如有不遵者，重责不贷。"特别提到瑾妃和珍妃的穿着衣服，以及珍妃穿男人衣服，讲得很具体了。

之后，慈禧就命人把珍妃打入冷宫，大门反锁，饮食从门槛底下递进去。戊戌变法失败后，慈禧又将珍妃囚禁在钟粹宫后北三所，并且给她立下一条规矩：今后不许再见皇帝。

因此，光绪的一生，在爱情、婚姻和家庭中都充满着悲剧色彩。光绪无儿无女，身边没有子女的家庭欢乐，长期过着一种囚徒的生活，没有任何人跟他来往，孤苦伶仃，寂寞寡人，对个人生活来说，也是一种悲剧。

尤其是他与慈禧之间的恩恩怨怨更令人唏嘘不已。是慈禧点名让他继承皇位的，应当说慈禧是他的恩人；慈禧既是他的伯母，又是他的姨妈，他对慈禧叫"圣母皇太后"，又是慈禧把他抚养大的，按理说慈禧是他的亲人。但是在政治上，慈禧又是他的仇人和敌人。光绪亲政的10年，是与慈禧进行政治和权力斗争的十年，从中日甲午战争到戊戌变法运动，双方矛盾日益尖锐。

因此，慈禧既是光绪的亲人、恩人，又是光绪的仇人、敌人，这是一个矛盾，作为家庭生活来说，也是一种悲剧。

死因之谜

慈禧重新出面训政后，还多方凌辱折磨光绪。起初，慈禧想过要谋害光绪，后来又想把他废掉。光绪深知慈禧的险恶用心，日夜担惊受怕，常常对天长叹：我连汉献帝都不如啊！

光绪被囚于瀛台，由慈禧的四名亲信太监监视着。他或者坐在露台，双手抱膝，愁思哀伤，或者睡在木床上苦思冥想。在太监的监视比较松懈时，就偷偷地记日记。这样差不多被关押了整整两年。

1900年，中国北方爆发了以“扶清灭洋”为口号的义和团运动，引起英、俄、法、德、美、日、意、奥等八国联军入侵。在八国联军逼近北京时，光绪帝有“留京以镇人心之意”，慈禧太后却挟其逃往西安。临走前，慈禧命总管太监李莲英硬将光绪最为宠爱的妃子兼同道者珍妃推入东华门内的一口井内害死。

在逃亡中慈禧下令剿杀义和团。1901年9月7日，清政府在北京与各国所订立的条约，共十二款，以赔款一项为最重，数目高达白银4.5亿两，为不平等条约中最苛刻的。1902年1月，光绪又被慈禧带回北京，仍然被囚禁在瀛台。这时的光绪，在经历了大风大浪之后逐渐地成熟起来，更加坚信中国只有变法图强才能免于被帝国主义列强灭亡的命运，他一直念念不忘变法，并一直希望在慈禧太后死后自己能重掌大权，重行新法。但是，他始终没有扳倒慈禧这座压在他头上的大山，历史没有给他机会，他也没有勇气冲破封建伦理思想的束缚，因此，“天颜戚戚，常若不悦”，心境悲怆，终其一生是屈辱和哀怨的悲剧命运。

被囚禁的光绪，病情日益加重。御医在光绪的脉案中多次写下这样的话：皇上脉搏微弱，面色发黄，鼻子溃疡，吃饭不香，消化不良，心情烦躁，时常叹息，气短而懒得说话，精神恍惚，常常半夜醒来，对

八国联军侵略北京

墙无故发笑。皇上本来身体就不好，气血双亏，心肾两虚，现在又胸中郁闷，虚火上升，造成脾胃不和。

1908年10月，光绪生病卧床。这时慈禧也生病了。光绪在日记中写道：“我现在病得很重，但是我心里觉得老佛爷（指慈禧）一定会死在我之前。如果这样，我要下令斩杀袁世凯和李莲英。”不料这段日记被李莲英获悉，他立即报告了慈禧，说：“皇上想死在老佛爷之后呢！”慈禧听了，恨恨地说：“我不能死在他之前！”

当天，即21日就命令光绪的饮食、医药之事统统由李莲英服侍。这天下午，光绪的病情突然转危，不久死去。

在光绪皇帝临死前一天，慈禧太后也行将不起，由于光绪皇帝无后，慈禧太后在中南海召见军机大臣，商量立储人选，军机大臣认为内忧外患之际，当立年长之人。慈禧太后听后勃然大怒，最后议定，立3岁的溥仪为帝，并让溥仪的父亲载沣监国。大臣将此事告知光绪皇帝后，因为溥仪是自己的亲侄子，又让自己的亲弟弟监国，光绪皇帝十分满意。接着，光绪、慈禧在两天中相继死去。

半个月后，溥仪即位，由光绪皇后隆裕和载沣摄政。第二年改年号为“宣统”，就这样溥仪登上了大清王朝末代皇帝的宝座。宣统三年（1911年）辛亥革命爆发，次年2月12日，隆裕太后被迫代溥仪颁布了《退位诏书》，溥仪退居紫禁城中的养心殿，宣告了清王朝的灭亡和延续了2000多年的封建帝制的结束。

光绪皇帝和慈禧太后去世的消息一传出，就震惊了海内外。人们普遍认为，光绪在慈禧前一天死去，这不是巧合，而是处心积虑的谋害，是慈禧令太监将他毒死的。因为人们总觉得他只比慈禧早死一天，这太奇怪了。光绪当时身体很虚弱是不假，但为什么连这一天也拖不过去呢？

八国联军封锁街道，逐户进行抢劫